JN441039

프랑코 독재와 에스파냐의 민주화

황보영조

서울대학교 서양사학과를 졸업하고 박사 과정을 수료한 뒤, 마드리드콤플루텐세대학교에서 에스파냐 현대사 연구로 박사 학위를 받았다. 현재 경북대학교 사학과 교수로 재직 중이다. 주요 연구 활동 분야는 에스파냐 내전과 프랑코 정권, 아나키즘이다. 저서로는 『순례의 인문학: 산티아고 순례길, 이냐시오 순례길』, 『토지와 자유: 에스파냐 아나키즘 운동의 역사』, 『기억의 정치와 역사』, 『토지, 정치, 전쟁』, 공동으로 집필한 저서로는 『세계 각국의 역사논쟁』, 『스페인 문화 순례』, 『세계화 시대의 서양현대사』, 『역사가들』, 『꿈은 소멸하지 않는다』, 『대중독재』 등이 있고, 역서로는 『인류의 발자국』, 『세계사 특강』, 『전쟁의 패러다임』, 『정보와 전쟁』, 『대중의 반역』, 공동 역서로는 『피와 불 속에서 피어난 라틴아메리카』, 『현대 라틴아메리카』, 『아메리카노』, 『스페인사』 등이 있다. 이 밖에도 에스파냐 현대사 분야에 관한 다수의 학술 논문이 있다.

경북대학교 학술총서 29

프랑코 독재와 에스파냐의 민주화

찍은 날 2026년 1월 21일 · **펴낸 날** 2026년 2월 6일
지은이 황보영조 · **펴낸이** 허영우 · **펴낸 곳** 경북대학교출판부
출판등록 1973년 10월 10일 ㉣97호 · **주소** 대구광역시 북구 대학로 80 · **전화** 053-950-3830
팩스 053-953-4692 · **이메일** press@knu.ac.kr · **홈페이지** knupress.com
ISBN 978-89-7180-672-2 93920

정가는 뒤표지에 있습니다. 파본은 바꾸어 드립니다.

이 저서는 〈2025년 경북대학교 학술총서 집필 및 출간지원사업〉의 재원으로 출간되었습니다.

프랑코 독재와
에스파냐의 민주화

황보영조

경북대학교출판부

머리말

“프랑코에 대해 어떻게 생각하세요?” 30여 년 전인 1990년대 초에 간간이 듣던 질문이다. 제대로 공부해 보려고 고향을 떠나 이역만리 타향인 에스파냐로 유학을 온 내게 일부 한국 유학생들이 던진 질문이었다. 좀 더 격식을 갖춰 물어보는 이들도 있었다. “프랑코 독재에 대해 에스파냐인들은 어떻게 생각하고 있나요? 우리나라 사람들이 박정희 정권에 대해 생각하고 있는 것처럼 에스파냐인들도 프랑코 독재에 대해 그렇게 생각하고 있지는 않은가요?”

이런 부류의 질문은 그 시절에만 국한되지 않았다. 귀국 후 참석하게 된 학술발표회에서도 이런 부류의 질문을 받은 적이 있었고, 전공을 소개하는 가벼운 자리에서도 이런 종류의 대화를 나눈 적이 있었다.

유학 시절부터 지금까지 주변 지인들이 에스파냐 현대사 연구자인 내게 궁금해한 질문의 요지는 프랑코 정권의 성격이 어떠한가이다. 이 질문은 사실 에스파냐 현대사 연구자들에게도 중요한 질문이었다. 이 책의 서장에서 간략히 소개한 대로 이 질문에 대한 역사학자들의 대답은 역사적 관점에 따라 다양하다.

유학 시절에는 에스파냐 제2공화국의 토지 문제를 살펴보느라 프랑코와 프랑코 체제에 대해서는 사실 그다지 관심을 기울이지 못했다. 사정이 그러하다 보니 위의 질문들에 대해 일반 상식 수준에서 얼버무리듯이 몇 마디 얘기할 수밖에 없었다.

그러다가 귀국한 지 얼마 되지 않아 프랑코 독재를 제대로 살펴볼 기회를 얻게 되었다. 임지현 교수가 추진하는 '20세기 유럽의 대중독재 비교 연구' 팀에 합류하게 된 것이다. '대중독재'라는 개념을 통해 20세기 독재 체제를 비교 연구하는 팀이었다. 파시즘과 나치즘, 스탈린주의, 비쉬 프랑스, 영국의 파시즘 등 유럽의 독재 체제뿐 아니라 박정희 체제와 일본의 총력전 체제까지 아울러 비교 연구하는 팀에 합류하게 된 건 좋은 기회였다. 6년 동안 진행한 공동연구를 통해 독재 체제의 의미와 성격, 작동방식 등을 비교 검토할 수 있었다. 이 책에서 인용하고 있는 프랑코 체제에 관한 내 논문들 가운데 일부는 당시 연구한 결과물들이다. 이제 와 이 책을 쓰기 위해 그 글들을 다시 읽어보니 투박하고 거칠기가 이를 데 없다. 설익은 글이었음을 뒤늦게야 새삼 깨닫는다.

그런 가운데, 아마도 '대중독재' 공동연구를 하면서였을 것으로 기억하는데, 언제부터인가 프랑코 정권과 박정희 정권을 비교 연구하여 그 결과물을 단행본으로 내면 좋겠다고 생각하기에 이르렀다. 그리고 마침내 그 꿈을 실현해 나갈 기회를 얻게 되었다. 2011년에 LG 연암문화재단 해외 연구교수 지원사업에 선정된 것이다. "프랑코 정권과 박정희 정권의 비교 - 기억의 정치와 역사"를 연구주제로 삼고 파시즘과 프랑코 체제 연구자로 널리 알려진 스탠리 페인 교수가 있는 미국위스콘신매디슨대학교에서 연구하겠다고 신청했는데 선발되었다. 그 결과 2012년 한 해 동안 위스콘신매디슨대학교에서 스탠리 페인 교수와 교류하면서 지낼 수 있었다. 지금 생각해 보면 그것 또한 정말 좋은 기회였다. 당시 연구한 결과물을 독일 학술지에 게재했다.[1]

당시 논문 작성을 위해 연구를 정리하면서 한 가지 깨달은 점이 있었다. 비교 연구가 생각보다 만만치 않고 어렵다는 점이다. 게다가 비교 대상을 다 잘 알아야 하기에 단일 주제 연구 때보다 시간이 더 많이 걸린다. 그래도 당시에는 그러려니 했다.

그러면서 평소 생각해 온 주제의 책을 집필하는 데 매달렸다. 2014년에는 1930년대 에스파냐의 토지개혁 문제를 다룬 『토지, 정치, 전쟁』을 펴냈고,[2] 2020년에는 에스파냐 아나키즘 운동의 역사를 다룬 『토지와 자유』를 펴냈다.[3] 그러다 보니 세월이 훌쩍 흘러 버렸다. 『토지와 자유』를 출간하고 나서 다음 책을 구상할 무렵에 이르러서야 마침내 비교사 연구는 어렵겠구나 하고 현실을 파악하게 되었다. 프랑코 정권에 대한 정리도 힘들 텐데 박정희 정권에 대한 정리는 그야말로 무리라는 생각을 하게 됐다. 게다가 비교사 서술의 어려움은 새삼 말할 나위도 없었다. 생각이 여기에 이르자 어렴풋하게나마 구상해 온 비교사 연구서 집필의 꿈을 과감히 버릴 수 있었다. 그리고 집필하고 싶은 책의 제목을 '프랑코 독재와 에스파냐의 민주화'로 과감히 바꾸게 되었다.

---

1 Yeongjo Hwangbo, "The Political Uses of History of the Franco Regime and the Park Regime," *Comparativ*, 24-5 (2014).

2 황보영조, 『토지, 정치, 전쟁』 (삼천리, 2014).

3 황보영조, 『토지와 자유』 (삼천리, 2020).

에스파냐 현대사는 우리 현대사와 여러 가지 측면에서 많이 닮아 있다. 20세기만 놓고 본다면 1931년에는 군주제에서 공화제로 정치 체제의 대변혁이 일어났고, 1936년에서 1939년까지 동족상잔의 내전이 있었으며, 내전 이후 1975년까지는 프랑코 독재정이 장기간 펼쳐졌다. 1982년까지 정치 체제를 민주제로 전환하는 데 성공했고, 그 이후 오늘날에 이르기까지 평화적으로 정권 교체를 이룩해 오고 있다. 일제의 식민 지배 시기가 있었다는 사실이 다른 점이기는 하지만 군주제에서 공화제로의 체제 전환이 있었고, 1950년에서 1953년까지 한국전쟁을 겪었으며, 1961년 5·16 군사 정변 이후 1988년까지 박정희와 전두환의 독재정이 이어졌고, 그 이후 민주화가 진행되었다는 점은 에스파냐의 그것과 매우 흡사하다. 내전과 군사독재, 민주화의 경험이 특히 그러하다. 이런 점에서 에스파냐 현대사의 핵심 주제인 '프랑코 독재와 에스파냐의 민주화'에 관한 서술은 에스파냐 현대사를 이해하려는 하나의 시도일 뿐 아니라 우리 현대사를 들여다보게 하는 좋은 거울이 될 수도 있다.

이 책은 3부로 이루어져 있다. 각 부의 열쇠 말은 '독재', '민주화', '역사화'이다. 제1부에서는 프랑코 독재를, 제2부에서는 에스파냐의 민주화를, 제3부에서는 과거사 문제와 역사화를 다루고 있다.

우선 서장에서는 프랑코 독재의 이해를 돕기 위해 프랑코의 집권 과정과 프랑코 독재의 성격에 관한 논쟁을 다루고 있다. 프랑코의 간략한 생애와 쿠데타 과정을 서술하고, 그가 독재 체제를 구축하는 과정을 분석하고 있다.

제1부는 프랑코 독재의 성격과 내용에 따라 다시 '파시즘의 유혹과

생존(1939~1950년)'(제1장), '프랑코 체제의 기반 구축(1951~1966년)'(제2장), '경제개발과 위기(1966~1975년)'(제3장)로 나누어 다룬다. 제1장에서는 프랑코 독재의 파시즘적 측면을 좀 더 부각했다. 프랑코 정권을 지탱한 기둥에 해당하는 교회와 군대와 팔랑헤당의 역할과 의미를 살펴보고 프랑코 정권의 상징과 의례에도 상당한 비중을 할애했다. 추축국의 패배로 귀결된 제2차 세계대전 이후의 시기에 대해서는 국제적 고립 속에서 체제 생존을 위해 자행한 프랑코 정권의 탄압과 숙청, 지역 민족주의 억압, 문화 규제와 탄압을 다루고 있고, 그런 정권에 어떤 세력이 지지를 보냈고 어떤 세력이 반대했는지를 살펴보고 있다. 제2장에서는 정치적 변화 없는 제도 개혁과 자급자족 경제 정책의 수정 과정을 분석하고 그에 따른 사회갈등은 어떠했으며 반프랑코 운동은 어떠했는지를 살펴보고 있다. 제3장에서는 개발 정책 시기의 사회와 경제를 다루고 프랑코 독재가 처한 위기와 고민을 조명하고 있다.

제2부에서는 에스파냐의 민주화를 '민주주의로의 전환'(제4장)과 '민주주의의 공고화'(제5장), '지역 정당과 시민참여 민주주의'(제6장)로 나누어 다룬다. 제4장에서는 미국의 정치학자 새뮤얼 헌팅턴이 그의 저서 『제3의 물결』[4]에서 20세기 후반의 민주화를 이끈 대표적 사례로 다룬 에스파냐의 민주화 과정을 살펴본다. 아돌포 수아레스 총리의 개혁 구상을 심층적으로 조명하고, 정치개혁법 제정과 공산당의 합법화, 헌법 제정을 중심으로 수아레스 정부의 개혁 내용을 분석하고 있다. 제5장에서는 사회노동당의 곤살레스 정부와 국민당의 아스나르

4 Samuel P. Huntington, *The Third Wave: Democratization in the Late Twentieth Century* (Norman: University of Oklahoma Press, 1991).

정부, 다시 사회노동당의 사파테로 정부로 이어지는 각 정부의 주요 정책과 활동을 살피면서 정권 교체가 평화적이고 안정적으로 이루어졌음을 서술하고 있다. 제6장에서는 2008~2009년 금융위기로 그 민낯이 드러난 에스파냐 양대 정당(사회노동당과 국민당)의 비민주적 행태에 맞서 일어난 시민참여 민주주의 운동을 지역 정당 포데모스와 바르셀로나엔코무를 중심으로 들여다보고 있다.

마지막으로 제3부에서는 과거사 문제와 관련한 '과거사 논쟁'(제7장)과 '수정주의의 등장'(제8장), '전환기의 정의와 민주기억법'(제9장)을 다루면서 과거사의 역사화 움직임을 조명하고 있다. 제7장에서는 과거사 문제의 변천 과정을 침묵의 정치와 기억의 복원을 중심으로 살펴보고 역사가들 사이에서 벌어진 과거사 논쟁을 분석하고 있다. 제8장에서는 1990년대 말에 등장하기 시작한 수정주의 역사 서술의 등장 배경과 그 중심 테제를 분석하고 그에 대한 역사학계의 반응을 살펴보고 있다. 가해자와 피해자가 있는 과거사 문제는 언제나 첨예한 대립과 갈등을 낳는다. 그것을 역사화하는 작업이 어려운 이유가 여기에 있다. 프랑코 독재의 역사화 작업은 아직도 진행 중이다. 제9장에서는 전환기의 정의가 무엇인지를 살펴보고 그 내용에 비추어 민주기억법의 주요 내용을 분석한 후 최근 3년의 법 시행 내용을 평가해 본다. 이는 그동안 모범 사례로 여겨 온 에스파냐의 전환의 실제 진실이 무엇이고 온전한 전환을 위해 에스파냐가 뒤늦게나마 어떤 노력을 진행하고 있는지를 파악하는 계기가 될 것이다.

서술 방식에 있어서는 프랑코 독재를 다루는 제1부에서는 독재 체제의 작동 원리와 대중 동원 방식의 이해를 돕기 위해 정치사, 경제사,

사회사, 문화사 등을 모두 아우르는 전체사 서술 방식을 지향했다. 그러다 보니 저자가 잘 모르는 분야에 대해서는 선행 연구자의 저서에 많이 의존하게 되었다. 특히 보르자 데 리케르, 하비에르 투셀, 스탠리 페인, 폴 프레스턴의 저서들에서 많은 도움을 받았다.[5] 그에 반해 제2부에서는 제1부에서와 달리 정치사를 중심으로 민주화 과정과 민주주의의 공고화를 다루었다. 따라서 다소 딱딱한 느낌이 들 수도 있겠다. 하지만 중요 사건과 사안들은 빼놓지 않고 다루고자 애를 썼다. 특정 주제를 다룬 제3부에서는 해당 주제에 맞는 방식으로 서술했다.

모쪼록 프랑코 독재와 에스파냐의 민주화를 다룬 이 책이 앞서 얘기한 대로 20세기 에스파냐 현대사를 이해하는 필독서가 될 뿐 아니라 20세기 유럽의 독재 체제 비교 연구에, 특히 박정희 체제와의 비교 연구에 좋은 참고서가 되기를 바란다. 또한 정치학이든, 경제학이든, 문학이든, 모든 분야의 에스파냐학 연구자들에게 이 책이 좋은 길잡이가 되기를 바란다.

끝으로 '20세기 유럽의 대중독재 비교 연구' 팀에서 연구할 기회를 제공해 준 임지현 교수와 동료 교수들, 방문학자로 연구할 기회를 제공해 주고 에스파냐 현대사 연구에 대해 여러 가지로 조언해 준 스탠리 페인 교수에게 심심한 감사를 드린다. 이 책을 저술할 수 있도록 연구년의 기회를 제공해 준 경북대학교와 마드리드콤플루텐세대학교에

---

5 Borja de Riquer, *La dictadura de Franco* (Barcelona: Crítica / Marcial Pons, 2010); Javier Tusell, *La dictadura de Franco* (Madrid: Alianza Editorial, 1988); Paul Preston, *Franco. Caudillo de España* (Barcelona: Círculo de Lectores, 1994); Stanley G. Payne, *The Franco Regime, 1936-1975* (Madison, Wisconsin: University of Wisconsin Press, 1987).

도 감사를 드린다. 마드리드콤플루텐세대학교 근현대사학과에 재직 중인 안토니오 모레노 유스테 교수와 관계자들이 여러 가지 편의를 제공해 주었다. 부족한 원고를 경북대학교 학술총서로 선정하여 좋은 책으로 만들어 준 경북대학교출판부에도 깊은 감사를 드린다. 무엇보다도 아내의 조언과 배려가 없었더라면 이 책은 아마도 빛을 보지 못했을 것이다. 그런 점에서 이 책은 그동안 물심양면으로 함께해 준 아내와의 공동작품이나 마찬가지이다.

2025년 겨울

에스파냐국립도서관에서

목차

사진·그림·지도·표 목차

1. 사진

2. 그림

3. 지도

4. 표

※ 본문에서 출처를 밝힌 표를 제외한 사진과 그림, 지도는 모두 wikimedia commons에서 가져옴.

주요 기관과 단체

Acció Catalana Republicana 카탈루냐공화행동
Acción Española 에스파냐행동
Acción Popular 국민행동
Ahora Madrid 아오라마드리드
Alianza de Civilizaciones 문명동맹
Alianza Nacional 18 de Julio 7월18일국가연합
Alianza Nacional de Fuerzas Democráticas 전국민주세력동맹
Alianza Popular 국민연합
Alianza Sindical Obrera 노동조합연합
Alianza Socialista Democrática 사회민주연합
Antiterrorismo ETA 반테러 에타
Asamblea Libre de Estudiantes 대학생자유회의
Asamblea Nacional de Universidades 전국대학회의
Asociación Archivo, Guerra y Exilio 내전망명문서보존회
Asociación Católica Nacional de Propagandistas (ACNP) 전국가톨릭전교자회
Asociación para la Recuperación de la Memoria Histórica 역사기억복원회
Asociación Socialista Universitaria 사회주의대학생회
Asociaciones Profesionales de Estudiantes 학생회
Assamblea Permanent d'Intel·lectuals Catalans 카탈루냐지식인상설의회
Auxilio Social 사회부조
Banco de España 에스파냐은행
Barcelona en Comú 바르셀로나엔코무
Batallanes de Trabajadores 노동자대대
Batallanes Disciplinarios de Soldados Trabajadores 노동자병사훈육대대
Bloque Nacionalista Galego 갈리시아민족블록
Brigada Político-Social 정치사회계
Centrales Nacional-Sindicalistas (CNS) 노조중앙회
Centro de Investigaciones Sociológicas 사회과학연구소
Centro Democrático y Social 민주사회중도
Chunta Aragoneista 아라곤연합
Ciudadanos 시민당
Coalición Monárquica 군주제연합
Coalición Popular 국민연립
Comisaría del Plan de Desarrollo 개발계획청
Comisaría General Político-Social 정치사회국

Comisión de Coordinación y Programación Económica 경제기획조정위원회
Comisión pro Comunidad Ibérica de Naciones 이베리아범민족위원회
Comisiones de Censura Cinematográfica 영화검열위원회
Comisiones Obreras (CCOO) 노동자위원회
Comité de Coordinació de Forces Polítiques Democràtiques de Catalunya 카탈루냐민주정치 세력조정위원회
Comunión Tradicionalista Carlista 카를로스전통회
Confederación Española de Derechas Autónomas (CEDA) 에스파냐자치우익연합
Confederación Nacional de Trabajo (CNT) 전국노동연합
Congreso de Movimiento Europeo 유럽운동회의
Congreso Nacional de Estudiantes 전국대학생대회
Consejo de Guerra 군법회의
Consejo de la Hispanidad 히스파니아위원회
Consejo de Regencia 섭정위원회
Consejo del Reino 왕국위원회
Consejo Nacional de Euskadi 바스크위원회
Consejo Superior del Ejército 고등군사위원회
Consell de Galiza 갈리시아의회
Consell Nacional de Catalunya 카탈루냐위원회
Convergència i Unió 집중과연합
Coordinación Democrática 민주조정
Corpo Truppe Voluntarie 의용군
Council of Europe 유럽평의회
Cuerpo Superior de Policía 고등경찰
Delegación de Prensa y Propaganda 언론선전단
Delegación Nacional de Deportes 전국스포츠위원회
Dirección General de Seguridad 치안국
División Azul 푸른사단
En Comú Podem 엔코무포뎀
Equipo de la Democracia Cristiana 기독교민주팀
Equo 생태
Esquerra Republicana de Catalunya (ERC) 카탈루냐공화좌파
Estat Català 카탈루냐국가
European Economic Community (EEC) 유럽경제공동체
Euskadi Ta Askatasuna (ETA) 바스크 조국과 자유(에타)
Eusko Alkartasuna (EA) 바스크연대
Falange Española Tradicionalista y de las JONS 국가조합주의운동전통에스파냐팔랑헤(통합팔랑헤)
Falanges Juveniles de Franco 프랑코의 청년팔랑헤
Federación Anarquista Ibérica (FAI) 이베리아아나키스트연맹

Federación Progresista 진보연맹
Filmoteca Nacional 국립영상원
Foro por la Memoria 기억포럼
Frente de Juventudes 청년전선
Frente de Liberación Popular 민중해방전선
Frente Nacional Antifranquista 반프랑코전선
Frente Revolucionario Antifascista y Patriótico 반파시즘애국혁명전선
Front Nacional de Catalunya 카탈루냐민족전선
Generalitat 제네랄리탓(카탈루냐 지방자치 정부)
Groupes de Travailleurs Étrangers 외국인노동자단
Grupos Antiterroristas de Liberación 반테러해방단
Grupos Revolucionarios Antifascistas Primero de Octubre 10월1일반파시즘혁명단
Guardia Civil 치안대
Guardia de Asalto 돌격대
Guerrilleros de Cristo Rey 그리스도왕게릴라대
Hermandad Obrera de Acción Católica (HOAC) 가톨릭행동노동자형제단
Iniciativa per Catalunya 카탈루냐주도
Instituto de Reforma y Desarrollo Agraria 토지개혁개발청
International Bank for Reconstruction & Development (IBRD) 국제부흥개발은행
International Commission of Jurists 국제법률가위원회
International Labour Organization (ILO) 국제노동기구
International Monetary Fund (IMF) 국제통화기금
Institución Libre de Enseñanza 자유교육원
Instituto de Cultura Hispánica 히스파니아문화원
Instituto Español de Emigración 이민청
Instituto Español de Modena Extranjera 에스파냐외환공사
Instituto Nacional de Industria 산업진흥공사
Izquierda Unida 좌파연합
Junta de Auxilio a los Republicanos Españoles 공화주의자구호위원회
Junta de Calificación y Censura de Películas 영상물등급검열위원회
Junta Democrática 민주위원회
Junta Monárquica 군주제위원회
Junta Permanente de Estado 상설국가위원회
Juventud Obrera Católica 가톨릭노동자청년회
Juventudes Socialistas Unificadas 통합사회주의청년단
League of Nations 국제연맹
Legión Cóndor 콘도르 군단
Liga Comunista Revolucionaria 공산주의혁명연맹
Lliga Catalana 카탈루냐연맹

Maquis 마키
Marea Atlántica 마레아아틀란티카
Moviment Socialista de Catalunya (MSC) 카탈루냐사회운동
Movimiento Libertario Español 에스파냐자유지상주의운동
Movimiento Nacional 국민운동
Movimiento por la Recuperación de la Memoria Histórica 역사기억복원 운동
North Atlantic Treaty Organization (NATO) 북대서양조약기구
Nueva Izquierda 신좌파
Oposición Sindical Obrera (OSO) 노동조합저항
Opus Dei 오푸스 데이
Organización Juvenil Española 에스파냐청년연합회
Organización Sindical Española (OSE) 노조연합회
Organization for Economic Cooperation and Development (OECD) 경제협력개발기구
Organization of European Economic Cooperation (OEEC) 유럽경제협력기구
Partido Comunista de España 에스파냐공산당
Partido Comunista de España Internacional 국제에스파냐공산당
Partido Comunista de Euskadi 바스크공산당
Partido Comunista de los Pueblos de España 에스파냐인민공산당
Partido Comunista Marxista-Leninista 마르크스레닌주의공산당
Partido de Acción Democrática 민주행동당
Partido Demócrata Popular 민주국민당
Partido Democrático de la Nueva Izquierda 신좌파민주당
Partido Nacionalista Española 에스파냐민족당
Partido Nacionalista Vasco 바스크민족당
Partido Obrero de Unificación Marxista (POUM) 마르크스주의통일노동자당
Partido Popular 국민당
Partido Radical 급진당
Partido Socialista del Interior 국내사회당
Partido Socialista Galego 갈리시아사회당
Partido Socialista Obrero Español 에스파냐사회노동당
Partido Socialista Unificado de Cataluña (PSUC) 카탈루냐통합사회당
PCE Marxista-Revolucionario 혁명적 마르크스주의 에스파냐공산당
Plataforma de Convergencia Democrática 민주집중플랫폼
Plataforma de Organismos Democráticos 민주단체플랫폼
Plata-Junta 플랫위원회
Podemos 포데모스
Podem Catalunya 포뎀카탈루냐
Renovación Democrática 민주쇄신
Renovación Española 에스파냐쇄신

Requeté 카를로스 의용군
Sección Femenina 여성단
Servicio de Evacuación de Republicanos Españoles 공화주의자피난청
Servicio de Información Político-Militar 군사정치정보국
Servicio de Información y de Investigación 정보조사국
Servicio de Ordenación Rural 경지정리청
Servicio de Recuperación Documental 문서보존국
Servicio Nacional de Seguridad 보안청
Sindicato Democrático de Estudiantes 민주학생조합
Sindicato Español Universitario (SEU) 대학생조합
Sindicato Nacional de Espectáculo 흥행물노조
Sindicatos Verticales 산업별 노동조합
Solidaridad de Trabajadores Vascos (STV) 바스크노동자연대
Solidaritat d'Obrers Catalans 카탈루냐노동자연대
Solidaritat d'Obrers Cristianas (SOC) 기독교노동자연대
Somatén 비상경비대
Tribunal Constitucional 헌법재판소
UNESCO 유네스코
Unidad Popular 인민연합
Unidos Podemos 연합포데모스
Unió Democrática 민주연맹
Unió Democrática de Catalunya 카탈루냐민주연합
Unión de Centro Democrático 민주중도연합
Unión de Fuerzas Democráticas 민주세력연맹
Unión del Pueblo Navarro 나바라주민연합
Unión do Pobo Galego 갈리시아인민연맹
Unión General de Trabajadores (UGT) 노동자총연맹
Unión Militar Democrática 민주군인연맹
Unión Militar Española (UME) 에스파냐군인연맹
Unión Sindical Obrera 노동조합연맹
Vicesecretaría de Educación Popular 대중교육청
Vox 복스
World Health Organization (WHO) 세계보건기구
Zaragoza en Común 사라고사엔코문

서장

프랑코의 집권 과정과 프랑코 독재

프랑코의 생애

에스파냐 내전이 끝난 1939년에 프랑코에 의해 시작된 프랑코 독재는 그가 사망한 1975년까지 무려 36년 동안 지속되었다. 이 시기 에스파냐를 흔히 프랑코 독재 혹은 프랑코 에스파냐로 부른다. 프랑코 개인이 권력을 독차지했기 때문이다. 따라서 프랑코 독재를 이해하려면 우선 권력을 독점한 프랑코가 어떤 사람인지 살펴볼 필요가 있다.

본명이 프란시스코 프랑코 바아몬데인 프랑코는 1892년 갈리시아의 항구도시 엘 페롤에서 해군 가정의 둘째 아들로 태어났다.[1] 그의 유년 시절은 그리 행복하지 않았다. 그의 부친은 인습에 얽매이기 싫어하는 자유사상가였으면서도 자녀들에게는 매우 엄했다. 프랑코가 열네 살 되던 해에 그의 부친은 아내와 자녀들을 버리고 마드리드로 떠났다. 그런 부친과 달리 모친은 보수적이고 헌신적이었으며 가톨릭 신앙이 독실했다. 그런 모친에게서 정서적 유대감을 느낀 프랑코는 내성적이고 신중하며 종교심이 남달랐다.[2]

프랑코는 열네 살이던 1907년에 톨레도 육군보병학교에 최연소의 나이로 입학했다. 그가 가문의 전통과 달리 해군의 길을 접고 육군에 지원하게 된 데는 1898년 미국과의 전쟁에서 당한 에스파냐 해군의 수모가 상당한 영향을 미쳤다.[3] 프랑코는 이 육군보병학교에서 별로

---

1 프랑코 집안은 6대에 걸쳐 해군에 종사해 왔다. 부친 니콜라스 프랑코도 해군 장교였고 형 니콜라스도 마찬가지였다.

2 Stanley G. Payne and Jesús Palacios, *Franco: A Personal and Political Biography* (4th ed.) (Madison, Wisconsin: University of Wisconsin Press, 2014), pp.5-8.

3 게다가 더 이상 장교가 필요하지 않다고 판단한 해군사관학교는 1906년에서 1913년까지 신입생도를 뽑지 않았다. Gabrielle Ashford Hodges y María Isabel Salido Rodríguez, *Retrato psicológico de un dictador* (Madrid: Taurus, 2001), p.27; Javier Tusell, *Dictadura Franquista y Democracia, 1939-2004* (Barcelona: Crítica, 2005), p.13.

사진 1 프랑코의 초상화(1964년경)

두각을 나타내지 못했다.[4]

군인으로서 프랑코가 실력을 발휘한 것은 아프리카에서였다. 당시 에스파냐령 모로코는 에스파냐에 대항해 반란을 일으킨 리프족을 진압하려다가 에스파냐의 장교와 사병이 부지기수로 목숨을 잃은, 피하고 싶은 험지인 동시에 고속 진급의 기회가 주어지는 무대였다.[5] 프랑코가 이 아프리카 땅에 첫발을 내디딘 것은 그의 나이 열아홉 살이던 1912년이었다. 당시 그는 토착민들로 구성된 정규군 타격부대 레굴라레스(Regulares)를 이끌고 여러 차례 전과를 올렸다. 그러다가 1916년

---

4 Stanley G. Payne, *The Franco Regime, 1936-1975* (Madison, Wisconsin: University of Wisconsin Press, 1987), p.69.

5 Paul Preston, *Franco: Caudillo de España* (Barcelona: Debolsillo, 2004), pp.44-45.

에는 낭심에 중상을 입고 수개월 동안 치료받기도 했다.

그 후 오비에도를 중심으로 3년간 본토 생활을 한 프랑코는 에스파냐 외인부대(Legión)를 창설한 호세 미얀-아스트라이의 제안으로 1920년에 다시 아프리카로 복귀했다. 이듬해에는 리프족과의 전쟁에서 에스파냐인 8천 명 이상이 희생되는 아누알 재난(Desastre de Annual)이 발생했다. 그런 상황에서 프랑코는 모로코와 국경을 접하고 있는 해양도시 멜리야를 구하고 잃어버린 땅을 수복하면서 자신의 존재감을 유감없이 드러냈다. 1923년 6월에는 전임 부대장이 전사하자 중령 계급장을 달고 외인부대의 지휘까지 맡게 되었다. 그해 9월 에스파냐에서는 프리모 데 리베라의 독재가 시작되었다.

1923년 10월 프랑코는 카르멘 폴로와 결혼했다. 카르멘 폴로는 신심이 깊고 우아하며 쾌활한 여성이었다. 국왕 알폰소 13세가 프랑코를 자신의 시종으로 삼고 그의 결혼식에서 프랑코의 대부를 자처하자 프랑코의 위신은 하늘 높이 올라갔다. 그는 행복하고 단란한 가정을 꾸렸고, 부인과의 사이에서 딸 카르멘을 얻었다. 프랑코는 보수적 가치와 가톨릭 종교에 점점 빠져들었다.

한편 프랑코는 1925년에 부대를 이끌고 모로코 북부의 알호세이마에 상륙했다. 이는 에스파냐군이 프랑스군과 연합하여 리프 공화국을 무너뜨리는 계기를 제공한 상륙이었다. 이 작전에서 지도력을 인정받은 프랑코는 1926년 2월 서른세 살의 나이에 준장으로 진급했다. 장군으로서는 유럽에서 최연소였다.[6] 1928년에는 사라고사 육군종합사

---

6 Stanley G. Payne and Jesús Palacios, *Franco*, p.50.

관학교 교장에 취임하였고, 1931년 이 학교가 폐교될 때까지 교장으로 근무했다. 그 덕분에 그는 1936년 내전의 상황에서 자신이 교장으로 재임하던 시절에 사관학교를 졸업한 육군 장교들의 지지와 충성을 받을 수 있었다.[7]

프랑코는 1931년 4월 제2공화국이 출범했을 때 공화정에 반대하지 않았다. 하지만 1931년 6월에 정부가 사관학교를 폐교하자 당혹감을 감추지 못했으며, 그해 12월 정교분리와 종교의 자유를 포함하는 헌법이 공포되자 유대인과 프리메이슨, 공산주의자 등이 기독교 유럽을 파괴하고 있고 에스파냐를 주요 공격 대상으로 삼고 있다는 음모를 확신하기 시작했다.[8]

그의 생애에서 변곡점이 된 사건은 1934년 10월의 아스투리아스 혁명이다.[9] 그는 보수 정권을 타도하기 위해 봉기한 아스투리아스 혁명을 진압하는 데 전쟁부의 기술고문으로 참여했다. 그 사건 이후 그는 아프리카 주둔군 사령관을 거쳐 1935년 5월에는 육군 참모총장의 자리에 올랐다.

---

7 Julián Casanova and Carlos Gil Andrés, *Twentieth-Century Spain: A History* (Cambridge University Press, 2014), p. 238.

8 Paul Preston, "The Theorists of Extermination," Carlos Jerez and Samuel Amago (eds.), *Unearthing Franco's Legacy: Mass Graves and the Recovery of Historical Memory in Spain* (University of Notre Dame Press, 2010), pp.42, 45.

9 Javier Tusell, *Dictadura Franquista*, p.13. 1934년 10월 혁명은 그해 10월 초 우파 정당 에스파냐자치우익연합이 내각에 입각하면서 촉발되었다. 사건은 카탈루냐와 아스투리아스에서 주로 전개되었다. 사회노동당(PSOE) 당원들과 사회주의 노조인 노총련(UGT) 조합원들, 아나키즘 노조인 전노련(CNT) 조합원들이 봉기를 적극적으로 지지했다. 정부의 진압으로 2천 명가량이 살해되었으며, 이 사건을 계기로 우파와 좌파의 대립이 더욱 첨예화되었다.

반정부 음모와 쿠데타[10]

쿠데타로 이어지는 첫 단추가 될 반정부 음모가 그 윤곽을 드러낸 것은 1936년 2월 16일 총선에서 인민전선[11]이 승리를 거두게 되면서부터였다. 선거 결과 좌파연합의 인민전선이 절대다수 의석을 확보[12]한 것으로 나타나자 에스파냐자치우익연합(CEDA) 대표인 전쟁부 장관 힐 로블레스를 비롯한 일부 우익 정치인들과 육군 참모총장 프랑코를 비롯한 주요 장군들은 총리서리 포르텔라 바야다레스에게 선거 결과를 무효화하고 국가 비상사태를 선포하라고 촉구했다.[13] 프랑코가 만류하는 바람에 중단되기는 했지만, 프랑코의 사촌 프란시스코 프랑코 살가도는 심지어 마드리드 수비대를 이끌고 반란을 기도할 생각까지 했다.[14]

그러나 적법하게 치러진 선거의 결과를 무효화하라는 요구를 총리서리가 들어줄 리 만무했다. 그에 따라 프랑코와 그의 측근 장교들 일부가 3월 초에 마드리드에서 회동했다. 이 회동에서 그들은 서로 긴밀한 연락을 취하면서 향후의 상황 변화에 대비하고 혁명적 좌파가 집권할 시 군사 반란을 기도한다는 데 합의했다.[15]

그해 4월에는 여기저기서 반정부 음모가 진행되었다. 육군 장교간

---

10 이하의 내용은 필자가 쓴 논문「프랑코의 집권 과정을 통해 본 프랑코 정권의 성격」(『서양사연구』, 제45집 별책 (2011. 11.))의 일부를 수정·보완한 글이다.

11 에스파냐의 인민전선에 대해서는 황보영조,「에스파냐 인민전선의 성립과정」(『서양사론』, 제109호 (2011. 6.))을 참고하라.

12 Javier Tusell, *Las elecciones del Frente Popular* (Madrid, 1972), II, pp.190, 243.

13 앤터니 비버, 김원중 옮김,『스페인 내전』(교양인, 2009), pp.87-88.

14 Francisco Franco Salgado Araujo, *Mis conversaciones privadas con Franco* (Barcelona, 1979), pp.522-523.

15 Stanley G. Payne, *The Franco Regime*, p.83.

내 비밀조직인 에스파냐군인연맹(UME)이 에스파냐 전역에서 음모를 꾸미고 있었다. 총선 이후 에스파냐군인연맹의 회원 가입이 늘었다. 3월 말에 배포된 전단지에 따르면 연맹의 회원 수가 현역 장교 3,436명, 부사관 2,131명, 예비역 혹은 퇴역 장교 1,843명에 이르렀다.[16] 이 수치가 정확하다면 현역 장교의 3분의 1이 에스파냐군인연맹 관련자들이었다고 볼 수 있다. 하지만 연맹의 조직과 규정이 그렇게 탄탄하지는 않았고, 회원들 상당수는 이 연맹을 정치단체라기보다는 직능단체쯤으로 생각했다.

마드리드에서는 우익 장군들 모임인 장군회가 기회를 엿보고 있었고, 지방의 각 주에서는 개별 장군과 장교들이 모종의 움직임을 보이기 시작했다. 전 국왕 알폰소 13세를 옹호하는 군주제 정당 에스파냐쇄신(Renovación Expañola)의 지도자들은 군부가 나서야 한다고 촉구하고 있었다. 전통주의 정치 운동을 펴는 반자유주의 정당 카를로스전통회(Comunión Tradicionalista Carlista, 이하에서는 '카를로스회')는 카를로스최고군사위원회를 발족했다. 프랑스 남부 생장 드 뤼즈에 본부를 둔 이 위원회에 퇴역 장교들이 모여 반란을 모의하기 시작했다. 반면 1935년부터 공화 체제 반대 음모를 꾸미기 시작했던 팔랑헤당[17]은 신중한 반응을 보였다. 그런데도 팔랑헤당 지도부는 3월 중순 들어 폭

---

16 에스파냐군인연맹은 1933~1934년 겨울에 결성된 조직으로 군 본연의 위치를 지키고 조국을 수호하려는 애국장교회이기도 했고 좌파를 물리치기 위한 정치단체이기도 했다. 이에 대해서는 Stanley G. Payne, *Politics and the Military in Modern Spain* (Stanford, 1967), pp.293-317을 보라. 이에 맞서 일부 좌익 세력은 반파시즘공화주의군사연맹(Unión Militar Republicana Antifascista, UMRA)을 조직했다. 회원은 얼마 되지 않았지만, 혁명적 사회주의자들이나 공산주의자들은 물론 요직에 재직 중인 경찰 회원도 있었다.

17 이는 국가조합주의운동연합에스파냐팔랑헤당(Falange Española de las JONS)을 줄여 부른 명칭이다.

력과 선동을 일삼았다는 이유로 체포되었다. 당 최고위원 대부분은 그 이후 자유를 얻지 못했다.

이렇게 개별적으로 추진된 움직임들을 조직하고 나선 주동자는 새 정부가 단행한 전보인사에 따라 에스파냐 북동부의 팜플로나 수비대장으로 좌천된 에밀리오 몰라 장군이었다. 몰라는 에스파냐군인연맹에도 가입하지 않은 온건한 인물이었다. 4월 중순에 그는 혁명가들이 군대를 비방한다며 문제를 제기하는 공식 서한을 정부 관계자들에게 보낸 적이 있었는데, 당시에는 별다른 주목을 받지 못했다. 하지만 중북부 에스파냐군인연맹 지도자들이 그를 지역 군대가 벌이는 반정부 운동 기획가로 인정하면서부터 상황이 달라졌다.[18]

그로부터 한 달 뒤에는 반정부 음모 네트워크가 전국적으로 형성되기 시작했다. 몰라는 쿠데타가 성공하려면 무장 병력과 비무장 단체를 하나로 통합할 필요가 있다고 지적했다. 문제는 그 세력을 누가 이끌 것인가 하는 것이었다. 고위급 장성들 가운데서는 지도자를 자처할 인물이 나타나지 않았다. 그때 몰라가 모로코 작전의 영웅인 전 치안대장 호세 산후르호 장군[19]에게 편지를 보내, 자신들이 계획하고 있는 쿠데타가 성공하면 그를 과도정부의 수반으로 옹립하고 싶다는 뜻을 밝혔다. 그 제의를 받아들인 산후르호는 몰라에게 반란 기획의 임무를 맡겼다.[20]

5월 말에 이르러 몰라는 권력 장악을 위한 반란군의 집결 계획과 일

---

18 몰라의 전기로는 다음 두 권을 참고하라. Jorge Vigén, *Mola (El conspirador)* (Barcelona, 1957); B. Félix Maíz, *Mola, aquel hombre* (Barcelona, 1976).

19 산후르호는 치안대장 시절인 1932년 8월 10일 세비야에서 군사 반란을 기도한 적이 있다.

20 Stanley G. Payne, *The Franco Regime*, p.89.

정표를 짜기 시작했다. 그리고 혁명 집단들을 탄압하고 기존 정부를 대체할 과도군정을 기획했다. 6월 5일 제시한 초안에서 그는 공화제를 유지하되, 규율이 강한 국가를 만들겠다는 뜻을 밝혔다.[21]

몰라가 이렇듯 규율이 강한 국가를 바란 것은 무정부 상태와 같은 당시 상황 때문이었다. 당시 정부는 정국을 장악하지 못하고 있었다. 좌파 연대기 작가에 따르면, 1936년 2월 17일과 7월 17일 사이 에스파냐에서는 암살 기도가 213건, 지역 총파업이 113건, 부분 파업이 228건 발생했고, 이로 인해 269명의 사망자와 1,287명의 부상자가 발생했다.[22] 사회주의자 인달레시오 프리에토조차 "불안과 걱정과 염려가 가득하면 국가는 생존할 수 없다."고 경고할 정도로 공공질서가 무너진 상황이었다.[23] 내전이 일어날지도 모른다는 말들이 나돌았다. 몰라가 반정부 음모를 꾸민 것은 바로 이런 상황에서였다.

음모를 기획하면서 몰라가 부딪친 제일 큰 문제는 군부 그 자체에 있었다. 장교단 다수는 실패할지도 모를 모의에 연루되고 싶어 하지 않았다. 정부가 건재한 데다 헌법은 여전히 국법이었다. 게다가 혁명 세력이 체제 전복을 시도한 것도 아니었다. 하지만 장교들 가운데 일부는 반란을 일으키지 않으면 더 큰 위험에 빠질지 모른다는 결론을 내리고 음모에 적극적으로 가담했다.

그 대표적 인물이 바로 프랑코였다. 그는 일찍부터 이러저러한 반정

---

21 Joaquín Arrarás (ed.), *Historia de la cruzada española*, III (Madrid, 1941), p.449. 이 초안은 사실 한 국가의 정부를 타도할 쿠데타 계획이라고 보기에는 매우 엉성했다. 이것은 어디까지나 몰라 개인이 만든 초안임을 염두에 두어야 한다. 음모를 주동하는 지도자들이 새로운 정부의 구조와 정책에 대해 명확하게 합의한 적이 없었다.

22 José Peirats, *La C.N.T. en la revolución española*, I (Toulouse, 1951), p.121.

23 José Pla, *Historia de la Segunda República española*, IV (Barcelona, 1940), pp.437-438.

부 음모에 가담해 왔다. 하지만 구체적인 무장 반란에 뛰어드는 데는 주저하고 있었다. 그러다가 전보인사를 통해 카나리아 제도 주둔군 사령관으로 발령받았다. 그는 새로운 부임지인 테네리페에서 자신을 죽여 버리겠다는 벽서를 접하며 우울한 생각에 빠져들었고, 가톨릭 종교에 더욱 귀의하게 되었다. 동료 장군 루이스 오르가스의 반란 참여 설득에도 아랑곳하지 않았다. 7월 12일에는 몰라에게 무장 반란을 주저하는 전문을 보낼 정도였다.[24]

한편 당시 우익 정치세력은 별다른 대책이 없었다. 이들은 이러한 군부의 움직임을 지켜보거나 그것에 기대를 걸 수밖에 없었다. 의회에서 88석을 확보한 에스파냐자치우익연합 대표 힐 로블레스는 온건한 보수 성향 때문에 차츰 세력을 잃어 가고 있었다.[25] 그 대신 극우파의 칼보 소텔로가 우익 진영의 최고 지도자로 떠올랐다. 그는 6월 16일 의회의 임시 회의에서 공산당 의원들로부터 죽여 버리겠다는 협박까지 받았을 정도였다. 그러면서 그는 에스파냐 민족주의와 보수주의의 지도자 역할을 떠맡게 된다.[26] 그는 몰라의 반란 계획을 어렴풋이 알고 나서는 그 계획을 전면 지원할 마음을 먹었다.

군부의 반란 계획에 가담한 정치세력은 팔랑헤당이 유일했다. 하지만 세력이 약하고 분열된 데다 지도자들마저 감옥에 투옥된 팔랑헤당은 거사를 도모하는 데 별 도움이 되지 못했다. 당 지도자 호세 안토니

---

24 Ramón Garriga, *Los validos de Franco* (Barcelona, 1981), p.25.

25 힐 로블레스는 칼보 소텔로가 살해되기 전에 이미 북부 지방을 거쳐 프랑스로 건너갔다. 그 후 레옹 블룸 정권의 추방 조치로 다시 포르투갈로 이주했다.

26 Ricardo de la Cierva (ed.), *Los documentos de la primavera trágica* (Madrid, 1967), pp.495-567.

오 프리모 데 리베라는 옥중에서 군 장교들의 반정부 음모에 합류하기 위해 몰라와 접촉을 시도하면서도 그들의 계획을 신뢰하지는 않았다.[27] 그러다가 6월 29일에 이르러서야 당원들에게 군사 반란에 협조하라는 지시를 내렸다.

몰라는 세력을 규합하는 데 점차 관심을 기울였다. 군사 음모자들만으로는 불충분하다는 생각에서였다. 팔랑헤당이 제공할 지원의 규모나 수준을 신뢰하지 않았던 그는 나바라에 주둔하고 있던 카를로스 의용군(Requeté, 레케테)과의 접촉을 시도했다. 하지만 카를로스회 사무총장 마누엘 팔 콘데가 정치적 보증과 신설 정부의 각료직 배당(3명 가운데 2명)을 요구하는 바람에 그 접촉은 무위로 돌아가고 말았다. 다만 나바라주 주재 카를로스부대 지도자들은 이러한 전체 카를로스회의 방침과는 별개로 2색기 군주제 깃발 사용과 나바라주 장악을 조건으로 전면 지원에 합의했다. 물론 카를로스회 지도부는 당시 이 합의를 받아들이지 않았다.[28]

그런데 곧 이상에서 살펴본 반란 모의 세력의 주저와 우익 정치세력의 미온적 태도를 일시에 날려 버린 사건이 발생했다. 그것은 바로 칼보 소텔로 암살 사건이었다. 파업과 폭동, 방화, 재산 몰수, 흉기 난동, 살인이 난무하던 7월 12일 밤이었다. 좌파 경찰관이 사회주의 무장 강도와 공모해 야당 지도자 칼보 소텔로를 체포하고 이튿날에 그를 살해했다.[29] 이는 서유럽 의회 역사상 전례가 없는 범죄행위였다. 이 사

---

27 José Antonio Primo de Rivera, *Obras completas* (Madrid, 1952), pp.935-936.

28 Stanley G. Payne, *The Franco Regime*, p.96.

29 이에 대해서는 다음 자료를 참고하라. Ian Gibson, *La noche en que mataron a Calvo Sotelo* (Barcelona, 1982); Luis Romero, *Por qué y cómo mataron a Calvo Sotelo* (Barcelona, 1982).

건의 도화선은 전날 저녁에 벌어진 호세 카스티요 살해 사건이었다. 좌파 성향이 강한 돌격대(Guardia de Asalto) 중위였던 호세 카스티요는 팔랑헤당원을 죽였다는 이유로 살해되었다. 인민전선이 승리를 거둔 2월부터 이러한 폭력 사건이 꼬리에 꼬리를 물고 발생했다.

사람들은 칼보 소텔로 암살이 혁명적 급진주의가 통제 범위를 넘어섰고 헌정 체제가 무너졌음을 시사하는 사건이라고 생각했다. 군사반란 지지자들이 특히 그러했다. 그들은 더 나아가 이것이 공산주의자들이 벌이는 권력 장악 음모의 서곡이라고 생각했다. 그리고 훗날 자신들의 생각을 정당화하기 위해 허위 자료까지 들먹였다. 하지만 좌파의 정부 전복 계획은 없었고, 공산주의자들의 권력 장악 시도도 없었다.

그동안 반란 가담을 망설여 온 자들은 칼보 소텔로 암살 소식을 듣고 마음을 정했다. 프랑코가 마음을 굳힌 것도 바로 이 무렵이었다. 인민전선 정부하에서는 그 누구도 안전하지 못할 것이라고 확신하면서 그는 주저 없이 결단했다. 카를로스회 지도부도 7월 15일 몰라의 타협안을 수용하고 반란 지지를 약속했다. 알리칸테 감옥에 수감 중이던 호세 안토니오는 72시간 이내에 반란 일정을 확정하지 않는다면 팔랑헤당이 독자적으로 움직이겠다고 몰라에게 으름장을 놓았다.[30]

몰라 장군이 마침내 최후의 명령을 내렸다. 7월 18일 새벽 5시에 아프리카 주둔군이 행동에 나서고, 24시간 뒤인 7월 19일에는 이베리아반도 군대가 행동에 나선다는 내용이었다. 아프리카 주둔군과 본토 군대의 움직임에 이렇게 시차를 둔 것은 아프리카 주둔군이 에스파냐

30 Stanley G. Payne, *The Franco Regime*, p.97.

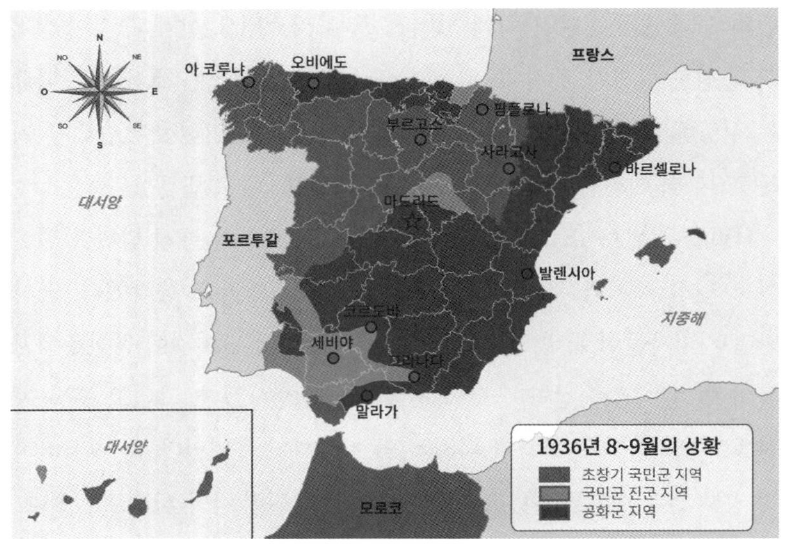

지도 1 군사 반란 직후의 에스파냐

령 모로코를 확보하고 지브롤터해협을 건너 안달루시아에 도착할 시간을 벌기 위해서였다.[31]

실제로 하루 앞서 7월 17일 모로코에서 반란을 일으킨 쿠데타군이 삽시간에 전 보호령을 장악했다. 반도 수비대들은 7월 18일부터 시차를 두고 반란을 일으켰다. 반도의 북부와 북서부에서는 쿠데타가 대체로 성공을 거두었다. 이 지역은 혁명 세력은 약한 데 반해 반좌파 운동 지지 세력은 강한 곳이었다.[32]

하지만 쿠데타의 성공 여부는 대도시에서 결정되기 마련이다. 그곳에 행정부가 있고 통신과 자원이 밀집해 있기 때문이다. 반란군이 세

---

31 앤터니 비버, 김원중 옮김, 『스페인 내전』, p.116.

32 Guillermo Cabanellas, *Cuatro generales: La lucha por el poder* (Barcelona, 1977), pp.13-195.

비야와 사라고사에서는 승리를 거두었지만, 마드리드와 바르셀로나, 발렌시아, 빌바오에서는 실패했다. 그 결과 반란군은 북부와 남부, 서부에서 무장 거점을 마련했지만, 쿠데타에 성공하지는 못했다.

한편 제2공화국 정부 관계자들은 7월 18~19일 밤에야 사태를 파악했다. 아사냐 정부에 뒤이어 들어선 카사레스 키로가의 공화좌파 내각이 사임하고 온건한 디에고 마르티네스 바리오가 임시 내각을 구성했다. 마르티네스 바리오는 반란군 주동자 가운데 한 명을 내각에 영입하고 국내 정책을 획기적으로 전환하며 좌파 민병대를 해체한다는 타협안을 제시하면서 반란군과 협상을 시도했다. 하지만 그런 미끼에 타협할 반란군이 아니었다. 마르티네스 바리오는 결국 임명 당일인 7월 19일에 사임했다. 그 뒤를 이어 총리가 된 공화좌파 호세 히랄은 반란군과의 타협을 중단하고 혁명적 좌파를 지원하기 시작했다. 이제 혁명 세력이 무장할 길이 열렸다. 그리고 군사 반란이 내전으로 비화했다. 자신들을 '국민군'이라 부른 반란군은 곧 에스파냐 전역의 3분의 1을 차지했다. 하지만 반란군은 이러한 초기의 기선 제압에도 불구하고 신속한 승리를 거두는 데는 실패했다.

프랑코의 집권[33]

쿠데타의 주역인 몰라가 7월 23일 부르고스에서 국방위원회를 창설했다.[34] 7명의 위원으로 구성된 이 위원회는 전권을 지닌 군정 구실을

---

33 이하의 내용은 필자가 쓴 논문 「프랑코의 집권 과정을 통해 본 프랑코 정권의 성격」(『서양사연구』, 제45집 별책 (2011. 11.))의 일부를 수정·보완한 글이다.

34 국방위원회 창설에 관한 법령이 Fernando Díaz-Plaja (ed.), *La historia de España en sus documentos. El Siglo XX: La Guerra (1936-1939)* (Madrid, 1963), pp.173-176에 수록되어 있다.

했다. 몰라와 퇴역 장군 3명(미겔 폰테, 피델 다빌라, 안드레스 살리케트), 에스파냐군인연맹을 대표하는 참모부 소속 중령 2명(페데리코 몬타네르, 페르난도 모레노 칼데론)이 이 위원회의 위원을 맡았고, 미겔 카바네야스가 위원장을 맡았다. 1934년에 급진공화당 코르테스 의원을 지낸 카바네야스는 1936년 7월 사라고사에 주둔한 제5사단을 지휘하고 있었다. 반란군이 프리메이슨 단원이자 자유주의자로 알려진 카바네야스를 국방위원장에 선임한 이유는 두 가지였다. 첫째로, 반란을 일으킨 장군들 가운데 그의 연공서열이 제일 높았기 때문이고, 둘째로, 온건파와 부동층을 결집하는 데 그의 이미지가 좋은 영향을 미칠 거라고 기대했기 때문이다.

국방위원회는 7월 28일에 '전시 상태'를 선포하고 즉결심판과 군 사법권의 우위를 선언했다. 그리고 몰라와 프랑코를 각각 북부군 사령관과 남부군 사령관으로 임명했다. 7월 30일에는 해군 대령 프란시스코 모레노 에르난데스를 위원에 추가하였고, 8월 3일에는 프랑코를 위원으로 임명했으며, 뒤이어 케이포 데 야노 장군과 루이스 오르가스 장군을 위원으로 위촉했다. 그 결과 국방위원회 위원이 11명으로 늘어났다.

이렇게 구성된 국방위원회는 팀으로 활동했다. 카바네야스는 꼭두각시 위원장으로 단순한 서명 작업만 했고, 참모장교 2명이 행정 업무를 맡았다. 반란군 진영의 행정은 느슨한 데다가, 그 대부분을 군사 조직이 통할했다. 이를테면 남부의 점령지는 케이포 데 야노 장군이 다스렸다. 그가 세비야에 사령부를 두고 서안달루시아 전체를 총괄 지휘했다. 8월과 9월 초까지는 국방위원회가 사실 군정 운영에 별다른 관심을 쏟지 못했다. 위원회가 확실하게 세운 계획은 전쟁이 끝날 때까지 군정을 유지한다는 것뿐이었다.

반란군은 8월 들어 자신들의 운동을 '국민주의'[35] 운동이라고 명명했다. 여기서 국민주의는 에스파냐의 종교와 전통을 옹호하는 애국주의를 의미한다. 에스파냐 인구의 절반을 차지하는 보수층이 이 국민주의 운동을 중심으로 결집했다. 그들은 교회 방화와 재산 탈취, 살인 등과 같은 과격한 민중 혁명에 대한 반감에서 결집하기도 했고, 가톨릭교의 지원을 받아서 그렇게 하기도 했다. 가톨릭교는 이 무렵에 반란군을 십자군으로 미화하며 반란군 진영에 문화적·정서적·영적인 지원을 제공하기 시작했다.[36]

반란군은 여전히 앞으로 수립할 정권의 성격에 대해 명확한 입장을 정하지 못하고 있었다. 쿠데타를 일으킬 당시에도 그에 대해 분명한 합의를 하지 않았고, 내전에 돌입한 상황에서는 군사 문제에 관심을 집중하느라 이 문제에 더 이상 신경 쓸 겨를이 없었다.

이때 이 문제에 대한 주의를 환기한 인물이 있었다. 그는 국왕 알폰소 13세 치하에서 공군을 창설한 군주제파 장군 알프레도 킨델란이었다. 킨델란은 알폰소 13세의 친구이자 열렬한 추종자로서 군주제 복고에 관심이 있었다. 그가 한번은 프랑코에게 군주제 복고를 위해 같이 일할 생각이 없는지 물었다. 이러한 킨델란의 질문에 프랑코는 군주제 복고가 최종 목표이기는 하지만 당분간은 그것을 고려하지 않고

35 에스파냐어 'nacionalismo'를 '민족주의'나 '국민주의'로 옮길 수 있는데 여기서는 후자로 옮긴다. 카탈루냐 민족주의나 바스크 민족주의를 아우르는 데는 '민족주의'보다 '국민주의'가 더 적절하지 않을까 생각해서이다.

36 Stanley G. Payne, *The Franco Regime*, p.110; 황보영조, 「스페인 내전의 전쟁 이념 분석」, 『이베로아메리카연구』, 12 (2001. 12.), pp.136-141.

있다고 대답했다. 국민주의 운동에 참여하고 있는 공화주의자들의 입장을 고려해야 한다는 이유에서였다. 그런데 그에 앞서 8월 10일 포르투갈 언론과의 인터뷰에서 프랑코는 "에스파냐는 공화국이고 앞으로도 그렇게 유지될 것이다. 체제도 바뀌지 않았고, 깃발도 바뀌지 않았다. 유일한 변화라면 질서가 범죄를 대신하고 정직하고 건설적인 노동이 강도 행위를 대신한 것이다."[37]라고 말한 적이 있다. 이를 보면 당시 프랑코의 생각은 다음 두 가지 가운데 하나였을 가능성이 있다. 첫째, 공화제에서 군주제로 그의 생각이 바뀌었을 수 있다. 그가 생각을 바꾸게 된 과정을 구체적으로 알 수는 없으나 8월 중순 들어서 군주제가 최종 대안이라는 생각을 하기 시작했을 수 있다. 둘째, 그는 애초부터 군주제를 마음에 두고 있었지만 공화주의자들을 붙들어 두기 위해서 그런 정치적인 발언을 했던 것일 수도 있다. 어느 경우이든 간에 당시 프랑코는 군주제를 확실하게 천명하지 않았다.

그래도 군주제가 최종 목표라는 프랑코의 말에 다소 안심을 한 킨델란은 조속한 시일 내에 통일된 단일 지휘체계를 수립해야 한다는 얘기를 꺼냈다. 지휘체계를 통일할 필요성은 시간이 흐를수록 더욱 분명해졌다.[38] 킨델란은 나아가 국왕이 복위할 때까지 프랑코가 최고사령관으로 섭정하는 게 좋겠다는 제안을 했다. 하지만 프랑코는 섭정이란 말을 거부했다. 섭정으로 운동의 통일성이 약화할지 모른다는 생

---

37 그러면서 "포르투갈, 이탈리아, 독일에 수립된 체제와 유사한 조합주의 체제가 에스파냐를 통치하게 될" 것이라고 덧붙였다. *The Times* (August 11, 1936). Stanley G. Payne, *The Franco Regime*, p.110에서 재인용.

38 지휘체계 단일화 문제는 내전이 마드리드 진격이라는 결정적 단계에 접어들면서 점차 시급한 현안으로 떠올랐다.

각에서였다.[39]

여기서 우리가 주목해야 할 점은 킨델란이 지휘체계 단일화 문제를 제기하면서 프랑코를 국민 진영의 최고 지도자로 거론했다는 사실이다. 사실 국민 진영 장군들 가운데 프랑코의 입지가 제일 탄탄했음은 의심할 나위가 없었다. 프랑코는 아프리카 주둔군과 남부군 사령관으로서 국민군 가운데 가장 중요한 부대를 지휘하고 있었고, 모로코에 있던 아프리카 주둔군의 본토 공수작전을 성공적으로 완수해 냈다. 그에 따라 테투안 주재 독일 영사는 물론이고 외국 언론인들도 프랑코를 반란 운동의 핵심 인물로 언급하기에 이르렀다. 게다가 프랑코도 몰라보다 더 적극적으로 독일 및 이탈리아 정부와 접촉했다. 이에 양국 정부가 프랑코를 에스파냐의 대표 사령관으로 간주하기 시작하자 프랑코의 입지는 더욱 강화되었다.

하지만 프랑코는 섣불리 나서거나 자신의 감정을 드러내는 성격이 아니었다.[40] 그런 그가 국민주의 운동의 수반을 자처하고 나서지는 않았을 것이다. 처음에는 정치에 그다지 관심을 보이지 않았던 그가 국민주의 운동의 수반이 된 데는 측근들의 성원이 상당히 작용했을 것이다.[41] 앞서 얘기한 킨델란도 그의 측근이었다. 프랑코는 자신의 속내를 겉으로 드러내지 않았지만, 이런 분위기 속에서 권력에 대한 야심

---

39 Stanley G. Payne, *The Franco Regime*, p.111.

40 Guillermo Cabanellas, *Cuatro generales*, p.327.

41 주요 측근으로는 포르투갈 정권의 지원을 받아 내고 프랑코 사령부가 위치한 카세레스에서 정치 비서 역을 수행하던 동생 니콜라스 프랑코와 루이스 오르가스를 비롯한 일부 군주제파 퇴역 장군들, 외교 고문을 맡은 호세 산그로니스, 선전부장 역할을 하던 전 외인부대 부대장 미얀 아스트라이, 친팔랑헤당 장교 후안 야구에 대령 등이 있었다. Stanley G. Payne, *The Franco Regime*, p.113.

을 차츰 키워 나갔을 것이다.

게다가 그에 필적할 경쟁자가 없었다. 가장 유력한 인물이라면 반정부 음모 때부터 최고 지도자로 거론된 산후르호 장군이었다. 1932년에 이미 반란을 일으킨 이력을 지니고 있던 그의 지도력은 자타가 공인하고 있었다. 하지만 그는 벌써 이 세상 사람이 아니었다. 7월 20일 망명지 리스본에서 귀국하는 그를 태운 비행기가 이륙 도중 폭발하는 바람에 사망하고 말았다.[42] 이 사고로 반란군 진영은 지도자를 잃게 되었지만, 프랑코에게는 그것이 더할 나위 없는 행운으로 작용했다. 한편 반정부 음모와 쿠데타를 기획해 온 몰라는 최고사령관의 야심을 진작에 포기했다. 게다가 그의 주변으로 카를로스 의용군이 몰려들어 그는 점점 더 '카를로스파 장군'으로 알려지게 되었다. 프리메이슨 단원이었던 국방위원회 위원장 카바네야스도 적임자는 아니었다. 군사적으로 서안달루시아를 장악하고 있었던 케이포 데 야노도 마찬가지였다. 그에게는 정치적 위엄이 별로 없었다. 요컨대 전투 경험과 명성, 대외적 영향력 면에서 프랑코를 능가할 자가 없었다.

이런 가운데 마드리드 진격을 앞둔 9월 중순부터 지휘체계 문제가 수면 위로 부상하기 시작했다. 마드리드 진격을 위해 상호 협조가 필요했지만, 남부에서는 프랑코와 케이포 데 야노가 갈등을 빚고 있었고, 중북부에서는 몰라와 야구에가 언쟁을 벌이고 있었다. 이에 프랑코가 지휘체계 통일 문제를 다룰 국방위 회의를 제안했고, 9월 21일

---

42 반란죄로 사형 선고를 받은 산후르호는 1934년 3월 레룩스 정부의 사면을 받고 포르투갈로 망명을 떠났다. Federico Bravo Morata, *Franco y los muertos providenciales* (Madrid, 1979), pp.49-96.

살라망카 근교에서 회의가 열렸다.

3시간 반가량 지속된 국방위 회의에서 합의한 내용은 프랑코를 최고사령관에 임명한다는 것이었다.[43] 하지만 이것은 국가수반이 되기를 바란 프랑코 측근들의 기대에 못 미친 결정이었다. 그들은 최고사령관의 권한을 명확히 하고 전시에는 그 지위를 국가수반으로 정해야 한다고 주장했다. 이어서 9월 27일 카세레스에서 열린 대중 기념행사에서는 프랑코가 유일한 지도자라며 그에게 환호를 보냈다.[44]

다음 날 살라망카에서 국방위원회 최종 회의가 열렸다. 킨델란은 이 회의에서 "최고사령관직은 전시에 국가수반의 임무도 수행한다. 따라서 정치, 경제, 사회, 문화 등 국정 활동 전반에 관한 권한을 지닌다."라고 명시한 법안을 제시했다.[45] 법안에 대한 반발은 상당했다. 무엇보다도 카바네야스가 프랑코의 지위를 국가수반으로 격상하는 데 반대하고 나섰다. 케이포 데 야노도 마찬가지였다. 하지만 그들이 다른 장군들의 지지를 받지는 못했다.

9월 29일 카바네야스가 서명하고 공포한 법령의 내용은 결국 "국방위원회의 결의에 따라 프란시스코 프랑코 바아몬데 장군이 에스파냐 국가의 정부수반이 되고 새로운 국가의 전권을 맡는다."로 되었다. 킨델란 안과 비교해 볼 때 이 내용에는 두 가지 변화가 나타난다. '국가수반' 대신 '정부수반'이란 표현이 사용되었고, '전시'라는 기한이 사라진 것이다. 국가수반 대신 정부수반이란 용어를 사용한 것은 카바

43 Alfredo Kindelán, *La verdad de mis relaciones con Franco* (Barcelona, 1981), p.29.

44 Juan José Calleja, *Yagüe, un corazón al rojo* (Barcelona, 1963), p.116.

45 Alfredo Kindelán, *La verdad*, p.31.

네야스나 케이포 데 야노의 반발을 무마하기 위한 술책일 수 있다. 이 두 사람은 정부수반(총리)의 권한을 국가수반(대통령이나 국왕)의 그것과 분리한 포르투갈 방식을 선호했다.[46] 그런데 10월 1일 프랑코가 부르고스에서 정부수반에 공식 취임한 직후 신문과 라디오 방송에서는 그를 국가수반이라고 불렀다.[47] 그러니까 실제로는 원래 의도를 관철한 것이나 다름없었다. 더욱 중요한 것은 '전시'라는 기간 제한을 삭제한 것이다. 이 제한은 토론이나 합의 과정을 거치지 않은 채 삭제되었다. 이로써 프랑코는 사실상 국가수반의 지위에 올랐고, 내전 이후에도 그 지위를 누릴 수 있게 되었다.[48]

프랑코의 정부수반 취임 연설은 간단하고도 단순했다. "여러분이 에스파냐를 제 손에 맡겨 주셨습니다. 제 뜻은 확고하고 제 맥박은 흔들리지 않습니다. 에스파냐의 역사와 지위를 과거의 그것에 걸맞게 격상시키겠습니다."[49] 취임하던 날 밤 라디오 연설에서는 "전체주의적인 통일과 연속성의 개념에 바탕을 두고 에스파냐를 조직하겠다."고 선언했다.

프랑코는 곧 기존의 국방위원회를 7개의 국으로 구성되는 기술위원회로 대체했다. 재정국, 법무국, 산업국, 농업국, 노동국, 문교국, 공공사업국으로 이루어진 기술위원회는 국가 행정을 총괄하는 임시정부 역할을 했다. 국방위원들 가운데 기술위원회에 다시 기용된 위원은 기

46 Guillermo Cabanellas, *Cuatro generales*, pp.338-340.

47 1936년 10월 2일 자 관보(*Boletín Oficial del Estado*)에서도 국가수반이란 용어를 사용했다.

48 하지만 프랑코를 선출한 동료 장교들은 상당 기간 그를 동료들 가운데 제1인자로 생각했다. 아무도 그 지위가 영구적일 것이라고 생각하지 않았다.

49 Guillermo Cabanellas, *Cuatro generales*, p.351.

사진 2 반란군 진영의 국가원수로 선출된 프랑코

술위원장을 맡은 피델 다빌라 한 명뿐이었다. 그는 프랑코를 지지하는 유능한 행정장교였다. 이 기술위원회는 1938년 1월 정부가 공식 출범할 때까지 국민 진영의 임시정부 역할을 했다.[50]

독재 체제 구축

국민 진영의 최고 지도자가 된 프랑코는 밖으로는 전쟁을 치르면서 안으로는 새로운 체제를 구축해야 했다. 국민군은 공화 진영에 비해 우월한 군사 지도력과 조직을 갖추고 있었고, 무솔리니와 히틀러의 지원도 받았다. 1937년 초에는 국민군이 에스파냐 영토의 60퍼센트가

50 José Luis Orella, *La formación del Estado nacional durante la Guerra Civil española* (Madrid: Actas, 2001), pp.83 이하.

량을 점령했고, 그해 가을에는 북부 지역을 독차지했다. 양 진영의 세력 균형이 무너지면서 프랑코가 이끄는 국민군의 우세가 좀 더 확실해졌다. 이러한 군사적 승리가 프랑코의 독재 체제 구축에 크게 이바지했음은 의심할 나위가 없는 사실이다.

이 무렵에 프랑코는 권력 집중을 위해 두 가지의 기본 조치를 단행했다. 1937년 4월 19일 자 정당 통합령과 1938년 1월 30일 자 행정법이 그것이다. 전자를 통해서는 통합팔랑헤당을 출범시켰고, 후자를 통해서는 초대 정부를 출범시켰다.

임시정부에 해당하는 기술위원회를 출범시킨 프랑코가 새로운 정치 체제를 구축한 것은 그로부터 6개월이 지나서였다. 그는 사실 정치체제에 대한 개념도 명확하게 지니고 있지 않았고, 대부분의 시간을 군사 문제에 할애하며 보냈다. 게다가 외교사절과 면담도 해야 했고, 국민 진영 대중들을 상대로 이따금 선언문을 낭독하기도 해야 했다. 하지만 그렇다고 해서 체제 구축 문제를 더 이상 미룰 수는 없었다.

당시 국민 진영은 보수우익 세력의 세계였다. 1936년 2월 선거 때까지만 하더라도 최대 규모를 자랑한 가톨릭계 대중 정당 에스파냐자치우익연합은 당 대표 힐 로블레스의 평판이 추락하면서 거의 유명무실해졌다. 힐 로블레스는 내전 초기에 포르투갈의 리스본으로 피신해 있었다. 전 국왕 알폰소를 따르는 군주제파 정당 에스파냐행동(Acción Española)과 에스파냐쇄신은 대중 조직이 없는 소규모 정당에 불과했다.[51] 시민 동원에 유리한 대중 조직을 갖춘 정당은 팔랑헤당과 카를로

51 이 정당들에 대해서는 다음 자료를 참고하라. Pedro Carlos González Cueva, *Acción Española. Teología política y nacionalismo autoritario en España (1913-1936)*

스회뿐이었다. 나바라와 알라바에 거점을 둔 카를로스회는 내전을 새로운 카를로스 전쟁으로 간주했다. 레케테라는 카를로스 의용군 지원병을 조직하기 위해 독자적인 군사학교를 설립할 계획이었지만, 이를 군사 지휘권 침해라고 판단한 프랑코에 의해 무산되고 말았다. 이에 불만을 품은 카를로스회 지도자 마누엘 팔 콘데는 국민 진영을 떠나 리스본 망명길에 올랐다. 카를로스회가 대중 정당이기는 했으나, 전통주의 정당이라는 퇴행적 이미지와 바스크와 나바라에 국한된 지역 정당이라는 성격을 지니고 있었다. 이에 반해 팔랑헤당은 유리한 점들이 많았다. 팔랑헤당은 카를로스회의 퇴행적 이미지에 비해 좀 더 근대적인 이미지로 비쳤고, 카를로스회와 달리 지부가 전국에 골고루 분포했다. 게다가 사회혁명 실현과 혁명 세력의 통합을 약속하고 있어서 좌파를 통합하는 데 유리할 수도 있었다.[52] 하지만 당 지도자들이 감옥에 투옥되어 지도부가 사실상 부재한 상태였다. 이에 1936년 9월 2일 임시 집행위원회를 구성하고 마누엘 에디야를 대표로 선출했으나, 당 설립자의 여동생인 필라르 프리모 데 리베라를 중심으로 '정통파'가 결집하면서 당은 에디야파와 정통파로 나뉘고 말았다.[53]

(Madrid: Tecnos, 1998); *Historia de las derechas españolas. De la Ilustración a nuestros días* (Madrid: Biblioteca Nueva, 2000); Julio Gil Pecharromán, *Conservadores subversivos. La derecha autoritaria alfonsina (1913-1936)* (Madrid: Eudema, 1994).

52 José Luis Rodríguez Jimémez, *Historia de Falange Española de las JONS* (Madrid: Alianza, 2000), pp.268-283. 물론 이들이 주장하는 사회혁명이 좌파가 주장하는 사회혁명과 동일한 내용은 아니었다. 하지만 기존 사회의 변화를 꿈꾸고 있다는 점에서 이들이 상대적으로 유리했으리라는 의미이다.

53 이에 대해서는 다음 자료를 참고하라. Joan Maria Thomàs, *Lo que fue la Falange* (Barcelona: Plaza & Janés, 1999), pp.166 y ss; Ricardo de la Cierva, "La trayectoria de la Falange hasta la unificación de 1937," Vicente Palacio Atard y otros,

이들 보수주의 정치세력은 내전이 즉각적인 승리로 이어질 것 같지 않자 통합 문제에 관심을 보였다. 모두가 통합을 바랐지만, 다 같은 통합은 아니었다. 에스파냐자치우익연합 대표 힐 로블레스의 생각에서부터 에스파냐쇄신 대표 안토니오 고이코에체아의 애국전선 창설에 이르기까지 그들의 바람은 다양했다.[54] 팔랑헤당원들은 자신들이 전권을 행사하고 싶어 했다. 프랑코나 군대가 없이는 아무것도 할 수 없고 카를로스회를 배제할 수도 없다는 사실을 알면서도 그들은 프랑코에게 전권을 요구할 생각이었다.[55]

통합의 움직임은 1937년 1월부터 시작되었다. 우익 집단 가운데 규모가 제일 작은 에스파냐민족당(Partido Nacionalista Español)이 "하나의 조국, 하나의 국가, 한 명의 카우디요(caudillo)"라는 구호를 내걸고 카를로스회와 통합하겠다는 뜻을 밝혔다. 그다음 달 중순에는 팔랑헤당 지도부와 카를로스회 집행부가 리스본에서 회동해 양대 정치세력의 통합 문제를 논의했다.[56] 한편 고이코에체아는 군주제파 세력의 통합을 위해 1937년 3월 소속 정당인 에스파냐쇄신을 해체했다. 그와 더불어 독일 대사 파우펠이 프랑코에게 독일식 국가 정당 창설을 촉구했고, 이탈리아도 정치적 통일을 재촉했다.[57]

Aproximación histórica a la guerra española (1936-1939) (Madrid, 1970), pp.204-240; Stanley G. Payne, *Falange. A History of Spanish Fascism* (Stanford, 1961), pp.116-131; Paul Preston, *Franco. Caudillo de España* (Barcelona: Círculo de Lectores, 1994), pp.324-346: José Luis Rodríguez Jiménez, *Historia*, pp.291-306.

54 Javier Tusell, *Franco en la guerra civil* (Barcelona: Tusquets, 1992), p.103.

55 Joan Maria Thomàs, *Lo que fue*, pp.131-134.

56 Martin Blinkhorn, *Carlism and Crisis in Spain 1931-1939* (Cambridge, 1975), pp.279-289.

57 Stanley G. Payne, *The Franco Regime*, p.169.

이처럼 아래로부터의 협상과 외부로부터의 촉구로 정치세력의 통합을 위한 환경이 조성되고 있었다. 그런 가운데 실제 통합 절차는 위로부터 진행되었다. 프랑코 또한 1937년 초에 이미 통합 작업을 구상하기 시작했다. 프랑코의 수석 정치고문 역할을 한 세라노 수녜르에 따르면, 프랑코는 이미 다양한 정당과 국민주의 운동 이데올로기들을 공통분모에 착안해 하나로 묶는 방안을 구상하고 있었다.[58] 프랑코는 카를로스주의가 정치적 근대성의 결여라는 문제를 안고 있고, 그 내용 대부분이 팔랑헤주의와 겹치는 것으로 파악했다. 반면에 팔랑헤주의는 '국민주의 에스파냐를 이념적으로 아우를 대중적·사회 혁명적 내용'을 지닌 것으로 이해했다.[59] 그가 결국 팔랑헤당에 카를로스회를 접목하는 형태로 정당을 통합하게 되는 것도 이 같은 이유에서였다.

프랑코는 정치 통합 운동이 자신의 정부와 별도로 진행되게 내버려 두지 않았다. 4월 11일에 그는 세라노 수녜르에게 광범위한 정치 통합의 초안 작성을 지시했다. 그다음 날에는 곧 정치 통합이 단행된다고 일부 측근들에게 귀띔했으며, 카를로스회에도 곧 통합령을 공포할 것이라고 통지했다. 독일 대사 파우펠에게는 좀 더 구체적으로 양대 정당을 단일 정당으로 통합하고 팔랑헤당원 4명과 군주제파 2명으로 집행위원회를 구성해 통합 정당을 이끌어 가게 하겠다는 의중을 전달했다.[60]

프랑코와 세라노 수녜르는 1937년 4월 19일 마침내 국가조합주의운동전통에스파냐팔랑헤(Falange Española Tradicionalista y de las JONS,

58 Ramón Serrano Suñer, *Entre Hendaya y Gibraltar* (Mexico City, 1947), p.33.

59 Ramón Serrano Suñer, *Entre Hendaya*, p.32.

60 Ismael Saz, "Política en zona nacionalista: la configuración de un régimen," *Ayer*, 50 (2003), p.76.

이하에서는 '통합팔랑헤당')라는 이름으로 두 정당을 통합한다고 선언했다. 프랑코는 새로운 국가를 위한 정치적 기반이 필요하다며 "다른 전체주의 국가에서와 마찬가지로" 전통 세력과 신흥 세력이 결합해야 한다고 했다. 이를 위해 새 정당은 전통—곧 16세기 전통과 19세기 카를로스회의 전통—을 이어받으며, 팔랑헤당 강령 26개 조항을 새로운 국가를 위한 강령으로 수용한다고 언급했다.[61] 이어서 다른 정당들을 모두 해체하고 국민주의 운동을 추종하는 모든 사람에게 통합팔랑헤당의 문호를 개방했다. 통합 정당의 대표는 물론 프랑코 자신이었다.

여기서 중요한 점은 당에 대한 국가와 정부의 정치적 우위였다. 정치 생활의 중심축이 당이 아니라 정부임을 확인한 것이다. 그 결과 국가수반인 프랑코의 권력은 전보다 더욱 강력해지게 되었다.[62]

4월 22일에 구성된 통합 정당 집행위원회 위원으로는 카를로스회 출신 당원 4명과 팔랑헤당 출신 당원 6명이 선임되었다. 마누엘 에디야를 제외한 모든 사람이 출신 정당보다는 프랑코에게 더 충성하는 자들이었다.[63] 프랑코의 권력 장악이 지나치다고 생각한 에디야는 그에 대한 협력을 거부했다. 4월 24일에는 팔랑헤 의용군의 정규군 합병과 팔랑헤 군사학교 폐쇄 조치가 이어졌고, 4월 25일에는 급기야 에디야가 체포되었다. 이러한 내용의 이른바 '에디야 사건'은 6월 초 군법회의에서 그가 사형 선고를 받는 것으로 일단락되었다.[64] 임시정부 당

---

61 Fernando Díaz-Plaja (ed.), *La historia de España en sus documentos*, 3 (Madrid, 1972), pp.297-299.

62 Joan Maria Thomàs, *Lo que fue*, pp.228 y ss.

63 Dionisio Ridruejo, *Escrito en España* (Buenos Aires, 1964), p.76.

64 이후 사형이 종신형으로 바뀌고 카나리아 제도에서 20년 복역하는 것으로 형이 감형되었다.

국은 그의 행동이 새로운 정치 구조를 파괴하는 행위라고 판단했다.

이렇듯 에디야를 비롯한 일부 팔랑헤당원들이 통합 조치에 불만을 품기는 했지만 다른 당원들 대부분은 그 조치를 기꺼이 받아들였다. 이는 카를로스회도 마찬가지였다. 팔 콘데가 이끄는 근본적 전통주의 세력은 통합에 반대했다. 하지만 나머지는 대체로 통합 조치를 수용했다. 국민 진영 내 다른 정치세력들도 서둘러 협력에 나섰다. 힐 로블레스는 에스파냐자치우익연합 산하 주요 단체인 국민행동(Acción Popular)을 해체했다.[65] 이로써 프랑코의 지도력에 도전하는 주요 정치 세력은 모두 사라졌다.

통합팔랑헤당을 조직하는 작업은 프랑코의 동서 세라노 수녜르의 몫이었다. 그는 그해 8월 4일 당헌을 만들어 발표했다. 이 당헌은 종전보다 더 위계적이고 권위주의적인 체제를 지향했다. 당헌 제47조에서는 프랑코의 역할을 다음과 같이 규정했다. "운동의 최고 지도자인 통합팔랑헤당 전국 대표가 당의 가치와 명예를 전형적으로 보여준다. 대표는 최고의 권력을 누리고 에스파냐의 운명과 운동의 목표를 실현할 (…) 역사적 책임자로서 절대적 권한을 지닌다. 대표는 오직 하느님과 역사 앞에서 책임을 진다." 프랑코는 이렇게 하느님과 역사 앞에서만 책임을 지는 명실상부한 에스파냐 최고의 권력자가 되었다.

더욱이 전국 대표는 지방 대표와 중앙위원회 대의원 임면권을 지녔다. 지역 대표와 지역 서기는 지방 대표가 선출하게 되었다. 당원은 활동가(militante)와 평당원(adherido)의 두 부류르 나뉘었다. 전자는 통

65 José Gutiérrez Ravé, *Gil Robles, caudillo frustrado* (Madrid, 1967), pp.198-199.

합 이전 팔랑헤당이나 카를로스회에 가입한 당원들, 군인들, 특수임무를 부여받은 자들이었고, 후자는 신규 가입자로서 아무런 권리 없이 통합팔랑헤당을 지원하는 자들이었다.[66]

1937년 10월 19일에 출범한 당의 초대 중앙위원회는 팔랑헤당 출신 20명, 카를로스회 출신 13명, 군주제파 4명, 군 지휘관 7명 등으로 구성되었다. 이 중앙위원회는 사실 유명무실한 기구였다. 오직 한 사람, 곧 전국 대표가 대의원을 임면했고 위원회도 불과 몇 차례밖에 열리지 않았기 때문이다.[67] 유명무실하기는 자문기구인 정치위원회도 마찬가지였다. 정치위원의 절반을 전국 대표가 임명하고 나머지 절반을 중앙위원회에서 선출했다.

이러한 정치적 재편에 대해 군주제파는 불만을 터뜨렸다. 그들은 이러한 시도가 군주정을 복고하는 데 장애가 된다고 보았다. 이에 세라노 수녜르가 전 국왕 알폰소 13세의 아들 돈 후안에게 직접 편지를 보내 군주제 문제는 나중에 다룰 테니 내전이 진행되는 동안에는 국민정부를 지지해 달라고 요청했다. 이를 받아들인 돈 후안이 전면 지원을 약속하면서 군주제파의 불만 문제는 일단락되었다.[68]

그렇다면 이렇게 등장한 프랑코 정권은 어떤 정권일까? 새로운 정

---

66 또한 당 조직으로 외교, 국민교육, 언론과 선전, 여성단, 사회사업, 조합, 청년 조직, 정의와 법, 국책사업, 통신, 수송, 재무와 행정, 정보와 조사 등 12개 전담 부서를 설치했다.

67 Ramón Serrano Suñer, *Entre Hendaya*, p.65.

68 Ramón Serrano Suñer, *Memorias: entre el silencio y la propaganda, la historia como fué* (Barcelona, 1977), p.164. 이때 제기한 군주정 복고 문제에 대해 프랑코는 나중에 다음과 같이 언급했다. "복고의 때가 온다고 하더라도 새로운 군주정은 1931년 4월 14일 몰락한 군주정과는 매우 달라야 할 것이다. 내용도 달라야 하고 그것을 구현하는 사람도 달라야 한다. (…) (그는) 조정자의 성격을 지녀야 하고 정복자가 되어서는 안 된다." Francisco Franco, *Palabras del Caudillo* (Madrid: Vicesecretaría de Educación Popular, 1943), pp.168-169.

권의 성격은 초대 정부를 구성하면서 명확히 드러났다. 내전을 마무리하고 1939년 8월까지 지속될 프랑코의 초대 정부는 1938년 1월 30일 행정법을 통해 그 실체가 드러났다. 프랑코는 사실 정부 체제와 각료회의 구성을 전쟁 종결 때까지 연기하고자 했다. 하지만 전쟁이 지속되자 그 계획을 바꾸었다. 프리모 데 리베라 독재 몰락 8주년을 맞이하여 초대 각료 명단과 정부 조직 마련을 위한 행정법이 공표되었다.

1938년 1월 행정법은 "국가수반이 일반적 성격의 법령을 공포할 최고 권한을 지닌다."(제16조)고 규정했다. 이 내용은 1938년 4월 22일 언론법에도 등장했다. 국가수반이 '일체의 절대적 권한'을 지닌다는 내용이었다. 프랑코의 권한이 절대적이라는 얘기였다.[69] 행정법은 정부수반의 직무도 국가수반의 직무에 귀속된다고 규정했다. 물론 프랑코는 정부수반의 지위조차도 준영구적으로 차지하게 된다.

1938년 1월 행정법에 따라 임명된 새 내각이 기존의 기술위원회를 대체했다. 부총리 겸 외무부 장관으로는 유능하고 존경받는 육군 중장 프란시스코 고메스 호르다나를 임명했다. 그는 1937년 6월 초부터 기술위원회 위원장을 맡아 국민 진영의 내치에 크게 이바지한 인물이었다. 법무부 장관에는 카를로스회 지도자 콘데 데 로데스노를, 국방부 장관에는 피델 다빌라 장군을, 재정부 장관에는 기술위원회에서 재정을 담당했던 안드레스 아마도를 각각 임명했다. 그리고 해군 장교이자 프랑코의 유년 시절 친구인 후안 안토니오 수안세스를 산업부 장관에, 군주제파 가톨릭교도인 페드로 사인스 로드리게스를 교육부

69 프랑코는 '카우디요(caudillo)'라는 칭호를 좋아했다. 지도자를 의미하는 카스티야어 카우디요는 무솔리니의 두체나 히틀러의 퓌러에 해당하는 칭호로 그동안 '총통'으로 번역해 왔다.

장관에, 공학자 알폰소 페냐 뵈프를 공공사업부 장관에, 프리모 데 리베라주의자 세베리아노 마르티네스 장군을 공공질서부 장관에 각각 기용했다. 팔랑헤당원이 받은 유일한 각료직은 농업부(페르난데스 쿠에스타)와 조합행동조직부(페드로 곤살레스 부에노)였다. 요컨대 각료들 11명 가운데 3명이 프리모 데 리베라와 협력한 퇴역 장군이었고, 2명이 군주제파였으며, 1명이 카를로스파였고, 2명이 특별한 정치적 성향이 없는 기술 관료였으며, 3명이 팔랑헤파였다. 이는 군부와 보수우파 정치세력의 이해관계를 적절히 고려한 인사라고 볼 수 있다. 차관직을 비롯한 고위공직자들도 이와 같은 비율로 충원했다.

이러한 국민 진영의 초대 정부 구성에서 통합팔랑헤당의 영향이나 역할은 찾아볼 수 없다. 요컨대 국민 진영의 제반 사항을 정당이 아니라 정부 기관이 지배하고 있음을 확인할 수 있다. 물론 정부 기관의 정점에는 프랑코가 있었다. 이렇듯 보수적 애국주의가 맹위를 떨치는 내전 속에서 프랑코는 독재 정권 구축에 별다른 어려움을 겪지 않았다.

게다가 1939년 3월 내전에서 완승한 프랑코는 그 어떤 에스파냐 통치자보다도 더 큰 권력을 거머쥐게 되었다. 내전이 종식되었기에 이때부터 프랑코는 에스파냐 전국을 대상으로 권력을 행사할 수 있게 되었다.

프랑코는 1939년 8월 8일 다시 전면적인 내각 개편을 단행했다. 두 명, 곧 세라노 수녜르와 알폰소 페냐 뵈브를 유임하고, 나머지는 교체했다. 이때는 팔랑헤당원과 군인들에게 14개 부처 중 5개 부처의 각료직을 각각 제공했다. 이를 근거로 이 정부를 팔랑헤당 정부라 부르는 이들이 있다. 하지만 자세히 들여다보면 꼭 그렇지도 않다. 통합팔랑헤당 소속 장관 5명 가운데 3명도 사실은 군인이었다. 프랑코는 이처럼 새 정부의 요직을 국민주의 운동을 주도하고 그 운동을 승리로 이끈 군인들에게 제공했다. 이제 중앙정부와 행정조직에서 군부가 중요한 역할을 담당하게 되었다. 프랑코는 심지어 정권의 주요 상징과 이념을 군사적 지도 원리에서 원용하기도 했다.

프랑코는 그다음 날인 1939년 8월 9일에 국가원수법을 공포했다. 이를 통해 1938년 1월 30일 공포된 법이 규정하고 있는 것보다 더 크고 분명해진 권력이 그에게 '영구적으로' 귀속되었다. 프랑코 독재는 이렇게 시작되었다.

프랑코 독재의 성격

프랑코 독재는 1939년에 시작하여 1975년에 막을 내리는 장기간의 정치 체제이다. 하지만 이런 특정 시기에 국한하여 프랑코 독재를 파악해서는 안 된다는 지적도 있다.[70] 그 연원을 1936년이나 1931년, 심지어는 에스파냐 특유의 통치 위기가 시작된 1917년으로 거슬러 올라가 파악해야 한다는 견해나, 프랑코 독재의 정치적 사망을 재촉하고 그 호흡을 멎게 한 1976년 정치개혁법 및 1978년 헌법 승인[71] 이후에도 프랑코 독재가 에스파냐 사회의 일정한 부문에 사회심리적 형태로 여전히 살아 있었고 특정한 개인들 속에 여전히 확고한 자리를 차지하고 있었다는 견해도 일리가 없지는 않다. 하지만 그렇다 하더라도

---

70 이를테면 에스파냐의 좌파 역사가 훌리오 아로스테기는 이러한 프랑코 독재 이해를 에스파냐 '역사의 중요 현상 가운데 하나'를 속되게 하는 것이라고 지적했다. Julio Aróstegui, "La historiografía sobre la España de Franco. Promesas y debilidades," *Historia Contemporánea*, nº 7 (1992), pp.77-99.

71 에스파냐 국민은 이 1978년 헌법을 통해 1936년 군인들이 무력으로 탈취한 주권을 돌려받았다.

프랑코 독재를 1939년과 1975년이라는 두 시점 사이의 역사적 현상으로 이해하는 게 일반적이다.[72]

프랑코가 사망한 지 반세기가 흘렀고 프랑코 독재의 마지막 몸부림이 사라진 지도 이미 오래다. 그간 프랑코 독재에 관한 연구가 활발히 진행되었고[73] 다른 무엇보다도 프랑코 독재의 성격을 둘러싼 논쟁[74]이 프랑코 사후 뜨거운 감자로 떠올랐다.

프랑코 독재의 성격에 관한 논쟁은 사실 내전 중에 이미 시작되었다. 공화 진영은 반란자들을 파시스트라고 불렀다. 특히 제3인터내셔널(코민테른)의 영향을 받고 있던 노동자 정당과 단체들은 내전 이전부터 이미 군주제와 가톨릭교의 부활을 도모하는 우파를 파시스트라고 부르고 있었다. 예컨대 1936년 2월 좌파 사회주의자 루이스 아라키스타인은 지주와 가톨릭교회, 군대의 지원을 받는 파시즘이 에스파냐에 확산하고 있다고 언급했다. 내전에서 공화 진영이 파시즘 척결을 선전 구호로 내건 것도 이와 같은 맥락에서다. 그들은 에스파냐에 파시즘 정권이 들어서게 될까 봐 우려했다.[75]

---

72 황보영조, 「프랑코 체제와 대중」, 『역사학보』, 제182집 (2004), pp.263-264.

73 에스파냐의 대표적 역사가 하비에르 투셀은 프랑코 독재의 연구가 에스파냐 역사가들에 의해 진행되었음을 지적하고 있다. 에스파냐 내전에 관한 연구가 주로 영미 역사가들에 의해 진행된 것과 대조를 이룬다. 그는 미국 역사가 스탠리 페인의 저서를 가장 추천할 만한 연구 업적으로 기리면서도 프랑코 독재 시기의 주요 현안들은 대개 에스파냐 역사가들에 의해 연구되었다는 점을 강조하고 있다. Javier Tusell, "La dictadura de Franco a los cien años de su muerte," Juan Pablo Fusi (ed.), *La historia en el 92* (Madrid: Ayer, 1993), pp.18-20.

74 이 논쟁은 다음 자료에 잘 요약되어 있다. Javier Tusell, *La dictadura de Franco* (Madrid: Alianza Editorial, 1988); Enrique Moradiellos, *La España de Franco (1939-1975). Política y Sociedad* (Madrid: Editorial Síntesis, 2000); Josep Fontana (ed.), *España bajo el franquismo* (Barcelona: Crítica, 2000). 이하 내용은 앞서 언급한 황보영조의 논문 「프랑코 체제와 대중」의 일부를 수정 보완한 글이다.

75 극히 일부이긴 하지만 공화 진영 내에서도 이런 견해에 동의하지 않는 자들이 있었다. 1936년

공화 진영이 반란군을 파시스트라고 부른 데는 또 다른 이유도 있었다. 그들이 파시즘 국가인 이탈리아와 독일의 지원을 받고 있었고, 전체주의 체제와 유사한 신국가 건설을 추진하고 있었기 때문이다. 이를테면 단일 정당제와 조합 논리를 채택하고 있었고, 로마식 경례를 하며 카우디요를 찬미하고 '전체주의 국가'라는 용어를 사용했다. 게다가 1937년 말 에스파냐 주재 영국 외교관들이 언급한 것처럼, 국민 진영의 에스파냐는 이탈리아 파시즘의 이념과 방식 상당 부분을 받아들이고 있었다.[76]

내전의 패자들은 내전 직후에도 여전히 프랑코 정권을 파시즘 정권으로 간주했고, 제2차 세계대전에서 추축국과 맞서 싸운 연합국들도 마찬가지였다. 1946년 12월에 열린 유엔 총회는 프랑코 정권을 파시즘 정권으로 공식화하기까지 했다.[77]

그런데 프랑코 정권이 파시즘 정권이라는 이런 주장에 이의를 제기하고 나선 인물이 있었다. 프랑코 체제의 성격에 관한 논쟁에 불을 지핀 이 인물은 바로 사회학자이자 정치학자인 후안 호세 린츠였다. 린츠는 1964년에 발표한 논문에서 프랑코 정권을 권위주의 체제로 규정했다.[78] 그는 정치 체제에는 두 가지 유형, 곧 자유 민주주의 체제와

5월부터 1939년 3월까지 공화국 대통령을 지낸 마누엘 아사냐가 그 대표적 인물이다. 그는 반공화국 세력이 승리를 거두면 에스파냐에 파시즘 정권이 아니라 전통적 성격의 군사독재가 수립될 것이라고 내다봤다. Enrique Moradiellos, *La España de Franco*, pp.210-213

76 Ismael Saz, *Fascismo y franquismo* (Valencia: Publicacions de la Universitat de València, 2004), pp.88, 245; Enrique Moradiellos, *La España de Franco*, pp.213-214.

77 Ismael Saz, *Fascismo*, p.245; Enrique Moradiellos, *La España de Franco*, p.214.

78 Juan J. Linz, "An Authoritarian Regime: Spain," Erik Allardt and Yrjö Littunen (eds.), *Cleavages, Ideologies and Party System. Contributions to Comparative Political Sociology* (Helsinki: Westermarck Society, 1964), pp.291-341.

전체주의 체제가 있는데 프랑코 체제는 그 어디에도 속하지 않고 그 둘 사이에 있는 제3의 유형, 곧 권위주의 체제에 속한다고 주장했다. 그는 권위주의의 특성으로 입법부와 정당의 활동을 제약하는 정치적 다원성의 제한, 정권의 정치적 정당성 호소, 반체제 활동의 억압과 정치적 동원의 최소화, 행정부 권한의 확대를 들었다. 권위주의 체제는 체제 유지를 위해 정치적 다원성을 제한하고, 대중은 별다른 관심 없이 수동적으로 그 체제를 따른다고 그는 강조했다. 이런 내용의 논문이 영어로는 진작에 발표되었지만, 에스파냐어로는 프랑코가 사망하기 몇 개월 전에 이르러서야 단행본 속에 포함되어 출판되었다.[79]

린츠의 이러한 주장은 프랑코 사후에 사회학자와 정치학자들로부터 맹공격을 받게 된다. 여기에는 프랑코 사후의 시대적 분위기가 미친 영향이 컸다. 민주적 총선을 앞두고 있어서 프랑코 체제에 대한 평가가 상대적으로 자유로운 상태였다. 그때 프랑코 독재에 대해 비판의 메스를 들이댄 자들은 대개 반프랑코 저항 세력과 관계가 있던 좌파 학자들이었다. 그들은 린츠의 주장이 프랑코 정권의 전반기는 도외시한 채 후반기인 1960년대를 위주로 분석한 것이며, 이는 프랑코 독재를 감싸려는 속셈에 지나지 않는다고 보았다.[80] 카탈루냐 경제사

---

79 Juan José Linz, "Una teoría del régimen autoritario: el caso de España," Manuel Fraga Iribarne, Juan Velarde Fuentes y Salustiano del Campo, *El Estado y la política: La España de los años setenta*, vol. III, (Madrid: Editorial Moneda y Crédito, 1974).

80 Manuel Tuñón de Lara, "Algunas propuestas para el análisis del franquismo," Manuel Tuñón de Lara, *Ideología y sociedad en la España contemporánea. Por un análisis del franquismo* (Madrid: Cuadernos para el Diálogo, 1977); Raúl Morodo, *La transición política* (Madrid: Tecnos, 1984), pp.42-43; Jorge de Esteban y Luis López Guerra, *La crisis del Estado franquista* (Barcelona: Labor, 1977), p.45; Ismael Saz, *Fascismo*, pp.248-249. 사회학자 에두아르도 세비야 구스만과 살바도르 히네르는

학자 주안 마르티네스 알리에르는 프랑코 정권에 대한 에스파냐 농촌 프롤레타리아들의 반감이 심했다고 지적하면서 권위주의 체제하에서는 대중이 정치에 무관심하였기에 대중 동원 정책을 펼 필요가 없었다는 린츠의 주장을 반박하였다. 그는 프랑코 체제를 다원성에 제약을 가한 부르주아 독재로 규정했다.[81] 한편 벤하민 올트라와 아만도 데 미겔은 체제의 정당성을 확보하는 데 이바지한 가톨릭교의 역할을 강조하기 위해 가톨릭 보나파르티즘(bonapartismo católico)이나 수도사 파시즘(fascismo frailuno)이란 개념을 사용했다.[82] 마누엘 투뇬 델 라라는 여기서 한 걸음 더 나아가 프랑코 정권이 가톨릭 파시즘(fascismo católico) 체제였다고 주장했다.[83] 그는 이 개념을 통해 헤게모니 기관으로서뿐 아니라 대중 조직으로서도 중요했던 가톨릭교회의 역할을 부각하려 했다. 가톨릭 파시즘이란 용어는 이탈리아 역사학자 엔조 콜로티가 가톨릭교회와 같은 전통적 세력의 사회통제 덕분에 위기가 그렇게 심각하게 드러나지 않은 국가들에 대해 사용한 용어였다. 그는 오스트리아와 독일, 이탈리아, 에스파냐, 포르투갈이 여

린츠가 프랑코 정권에 관용적 측면이 없지 않다고 강조함으로써 프랑코 정권에 대해 일종의 면죄부를 제공할 수 있는 내용이 그의 주장에 들어 있다고 비판했다. Eduardo Sevilla Guzmán y Salvador Giner, "Absolutismo despótico y dominación de clase: el caso de España," *Cuadernos de Ruedo Ibérico*, núms. 43-45 (1975), pp.83-104.

81 Joan Martínez Alier, "Notas sobre el franquismo," *Papers: revista de sociología*, 8 (1978), pp.27-51; Enrique Moradiellos, *La España de Franco*, p.216.

82 Benjamín Oltra y Amando de Miguel, "Bonapartismo y catolicismo. Una hipótesis sobre los orígenes ideológicos del franquismo," *Papers: Revista de Sociología*, 8 (1978), pp.69 y 82.

83 Ricardo Miralles, "Una visión historiográfica: La dictadura franquista según Manuel Tuñón de Lara," José Luis de la Granja, Alberto Reig Tapia y Ricardo Miralles (eds.), *Tuñón de Lara y la historiografía española* (Madrid: Siglo XXI, 1999), p.64.

기에 해당한다고 보았다. 그는 프랑코의 에스파냐를 개인 독재 형태의 지도자 원리와 전통적 사회정치 세력의 결합물로 파악했는데, 여기서 그가 말한 전통적 사회정치 세력이 바로 가톨릭교회와 군대였다.[84] 다시 말해 종교로서의 가톨릭교가 프랑코 체제를 떠받치는 기능을 했다는 것이다. 그런가 하면 파시즘을 전체주의 파시즘과 권위주의 파시즘으로 나눈 이탈리아 사회학자 지노 게르마니는 린츠의 주장 일부를 받아들여, 독일의 나치즘과 이탈리아의 파시즘은 전자에 속하고 프랑코주의는 후자에 속한다고 주장했다.[85] 요컨대 린츠의 주장에 대한 이러한 비판과 대안들은 결국 프랑코 체제가 파시즘 체제였다는 것으로 귀결된다.

그런 가운데 에스파냐 사회학자 살바도르 히네르는 린츠의 주장을 비판하면서 흥미로운 대안을 제시했다. 그는 프랑코 체제를 단순한 권위주의 체제로 평가해서는 안 되고, '근대전제 체제(despotismo moderno)'로 봐야 한다고 지적했다.[86] 여기서 그가 말한 '근대전제 체제'는 보수연합 세력이 군대의 지원을 받아 권력을 장악하는 정치 체제를 일컫는다. 에스파냐의 프랑코 체제와 포르투갈의 살라자르 체제, 그리스의 군사정권이 이에 속한다고 보았다. 그에 따르면 '근대전제 체제'는 계급 지배적 특성이 있기에 피지배계급을 동원한다거나 그들

84 Enzo Collotti, "Cinque forme di fascismo europeo. Austria, Germania, Italia, Spagna, Portogallo," Luciano Casali (ed.), *Per una definizione della dittadura franchista* (Milán: Franco Angeli, 1990), pp.51-77.

85 Gino Germani, *Autoritarismo, fascismo e classi sociali* (Bolonia: Il Mulino, 1975), p.153; Ismael Saz, *Fascismo y franquismo*, p.252.

86 이에 대해서는 다음 글을 참고하라. Salvador Giner, "Political economy, legitimation and the State in Southern Europe," R. Hudson and J. Lewis (eds.), *Uneven development in Southern Europe* (London and New York: Methuen, 1985).

의 사생활을 간섭하는 행동을 하지 않는다. 이런 점에서 그는 '근대전제 체제'에 속하는 프랑코 독재가 대중 동원과 사생활 간섭을 특징으로 하는 파시즘과 다소 거리가 있다고 본다.

린츠의 주장에 대한 이러한 비판과는 달리 그의 해석을 변용하거나 발전시킨 이들도 있었다. 에스파냐 사회학자 아만도 데 미겔은 프랑코 정권이 권위주의 체제이기는 하지만, 그것이 반의회주의를 지향했다는 측면에서 파시즘과의 접점이 없지는 않다고 했다. 보수층이 주도하는 권위주의 체제는 군대와 종교를 그 구성요소로 삼는다고 주장함으로써 그는 린츠의 테제에 융통성을 부여했다.[37] 에스파냐 법학자 로드리고 페르난데스 카르바할은 1967년 조직법이 통과되고 난 이후의 시기에 대해 '입헌개발독재(dictadura constituyente y de desarrollo)'라는 용어를 사용했다.[88] 또 다른 법학자 호르헤 데 에스테반과 루이스 로페스 게라는 프랑코 정권을 파시즘 체제로 보기 어려우며, 린츠의 주장이 실제에 더 부합한다고 지적했다. 그러면서 그들은 프랑코 독재 시기를 1957년 이전과 이후로 나누어 전기는 준파시즘 체제로, 후기는 기술관료 체제로 봐야 한다고 주장했다.[89]

이상에서 살펴본 린츠의 주장과 그에 대한 비판들, 린츠의 주장에 대한 변용을 통해 우리는 프랑코 체제의 성격 규정에 관한 좋은 시사

---

87 Amando de Miguel, *Sociología del franquismo. Análisis ideológico de los maestros del régimen* (Barcelona: Euros, 1975), pp.237-352.

88 Rodrigo Fernández Carvajal, *La Constitución española* (Madrid: Editora Nacional, 1969); Nicolás Sesma Landrín, "Un alineamiento para el Movimiento. Rodrigo Fernández-Carvajal y la redefinición del sistema político franquista," *Rúbrica Contemporánea*, vol.3, núm. 5 (2014), pp.99-101.

89 Jorge de Esteban y Luis López Guerra, *La crisis*, pp.45-49.

점 한 가지를 얻을 수 있다. 그것은 프랑코 독재를 하나의 시기가 아니라 몇 개의 시기와 단계로 나누어 살펴보아야 한다는 점이다. 그 후 이 논쟁에 뛰어든 학자들이 예외 없이 이를 고려하고 있다는 점에서 이러한 단계 구분의 중요성을 확인할 수 있다. 이를테면 에스파냐 법학자이자 정치학자인 마누엘 라미레스 히메네스는 1945년과 1960년을 기점으로 삼아 프랑코 정권을 세 단계로 나누고 각 단계를 전체주의의 영향을 받은 체제, 가톨릭-경험 체제(franquismo católico-empírico), 기술-실용 체제(franquismo tecno-pragmático)로 규정했다.[90] 미국 역사학자 스탠리 페인은 그의 책 『파시즘: 비교와 정의』에서 프랑코 정권을 권위주의 체제로 보는 린츠의 입장에 동의하면서도 프랑코 정권 초기는 준파시즘 체제로 규정했다. 그는 1942년에 시작된 탈파시즘화 과정이 1945년 파시즘 국가들의 패전으로 더욱 가속되었고 1950년대에는 관료적 권위주의 체제로의 전환이 일어났다고 파악했다.[91]

에스파냐 역사학자 주제프 폰타나도 프랑코 독재를 몇 단계로 나누어 고찰해야 한다는 라미레스 히메네스의 견해에 공감을 표시했다. 하지만 프랑코 정권 후반기에 대해서는 그 성격이 아리송하다고 지적했다. 그러면서 그는 본질은 그대로 두고 외양에 변화를 가하는 '위장'에서 성격이 모호한 이유를 찾았다. 다시 말해 프랑코 정권은 변함없이 파시즘적 성격을 지니고 있었는데 후반기에 들어서 세련된 기제를 동

90 Manuel Ramírez Jiménez, *España 1939-1975* (Madrid: Guadarrama, 1978); "Hace setenta años: El régimen político y su mentalidad," *Cuadernos de Pensamiento Político*, núm. 22 (2009), pp.159, 161-168.

91 Stanley G. Payne, *Fascism: Comparison and Definition* (Madison: University of Wisconsin Press, 1980), pp.153-156.

원해 대중의 동의와 합의를 유도하려 했기 때문에 아리송해 보인다는 것이다. 그러면서 프랑코 정권이 대중의 동의와 합의를 유도해 내려 했다는 점에서 정권 후반기를 대중의 수동적 동의에 기초한 독재 체제로 봐야 한다고 주장했다.[92] 또 다른 역사학자 하비에르 투셀은 린츠의 주장을 수용하면서도 페인과 마찬가지로 초기의 프랑코 정권을 준파시즘 체제로, 1960년대 이후부터는 권위주의 체제로 파악했다. 그는 1960년대 프랑코 독재 정권이 다원성을 제한하고 대중 동원을 최소화했다는 점에서 다원주의 성향이 다분했던 포르투갈의 살라자르 체제와 대중 동원력이 뛰어났던 이탈리아 파시즘 체제의 중간 형태라고 보았다.[93]

한편 프랑코 정권을 군사독재로 보는 이들도 등장했다. 역사학자 훌리오 아로스테기는 프랑코 독재하에서는 정당이 국가를 지배하지 않았기에 그것을 파시즘 체제로 볼 수 없고 '권위주의적 카우디요 체제'로 봐야 한다[94]고 했고, 법학자 후안 페란도 바디아도 '하느님과 역사 앞에서 책임을 지는' 정권의 주요 기관이 오직 카우디요였다는 점에서 그것을 카우디요 체제로 규정해야 한다고 주장했다.[95] 역사학자 안토니오 엘로르사는 프랑코 정권을 파시즘 체제의 성격을 지닌, 군대에

---

92 Josep Fontana, "Reflexiones sobre la naturaleza y las consecuencias del franquismo," Josep Fontana (ed.), *España bajo el franquismo* (Barcelona: Crítica, 1986), pp.9-36.

93 Javier Tusell, *La dictadura de Franco* (Madrid: Alianza, 1988); Ismael Saz, *Fascismo y franquismo*, pp.80, 153, 251; M. Pérez Ledesma (comp.), *Los riesgos para la democracia. Fascismo y neofascismo* (Madrid: Editorial Pablo Iglesias, 1997), p.95.

94 Julio Aróstegui, "Los componentes sociales y políticos," Manuel Tuñón de Lara y otros, *La Guerra Civil Española. 50 añs después* (Barcelona: Labor, 1985), pp.45-122.

95 Juan Ferrando Badía, *El régimen de Franco. Un enfoque político-jurídico* (Madrid: Tecnos, 1984), pp.54-66.

기반을 둔 개인 독재로 파악했다.[96] 그러니까 억압 방식과 상징에 있어서는 파시즘적이었지만 결국 군사독재였다는 것이다.

그런가 하면 1990년대 초에 프랑코 독재의 파시즘적 성격을 다시 강조하고 나선 역사학자들도 있었다. 훌리안 카사노바와 카르메 몰리네로, 페레 이사스가 그들이다. 프랑코 정권이 자본주의적 소유관계를 강화하였고 자본가 계급의 사회경제적 지배를 구축했으며 이탈리아나 독일의 파시즘 체제와 동일한 목적을 추구하고 동일한 역사적 임무를 수행하였으므로 결국 파시즘 체제로 분류할 수밖에 없다는 것이 이들의 주장이었다. 이들은 군대와 가톨릭교회가 중요한 위치를 차지하는 프랑코 정권의 독특성을 강조하기 위해 '에스파냐 파시즘'이란 표현을 사용했다.[97] 그런가 하면 이에 대한 반론도 등장했다. 마누엘 페레스 레데스마를 비롯한 다른 역사학자들은 자본가 계급의 사회경제적 지배 구축이 오직 파시즘을 통해서만 가능한 것은 아니라면서 프랑코 정권의 역사적 임무가 파시즘의 그것과 일치한다고 볼 수는 없다고 지적했다. 특히 페레스 레데스마는 프랑코 체제가 유럽 국가들의 파시즘과는 다른, 개인 독재 같은 것이라고 했다.[98]

---

96 Antonio Elorza, "El franquismo, un proyecto de religión política," Javier Tusell y otros (eds.), *Fascismo y franquismo. Cara a Cara. Una perspectiva histórica* (Madrid: Biblioteca Nueva, 2004), pp.69-82; *La modernización política en España* (Madrid: Endymion, 1988), pp.433-455; Ismael Saz, *Fascismo y franquismo*, p.253.

97 Julián Casanova, "La sombra del franquismo: ignorar la historia y huir del pasado," Julián Casanova y otros, *El pasado oculto. Fascismo y violencia en Aragón (1936-1939)* (Madrid: Siglo XXI, 1992), p.5; Carme Molinero y Pere Ysàs, *El régimen franquista. Feixisme, modernització i consens* (Vic: Eumo, 2003), p.48; Enrique Moradiellos, *La España de Franco*, pp.218-219.

98 Manuel Pérez Ledesma, "Una dictadura 'por la gracia de Dios'," *Historia Social*, 20 (1994), pp.173-193; Enrique Moradiellos, *La España de Franco*, pp.219 y 221.

이 무렵 그동안 전개된 린츠 논쟁을 정리하고 종합하려는 시도도 진행되었다. 역사학자 이스마엘 사스는 30년간의 논쟁을 분석하면서 프랑코 정권을 파시즘 체제로 보는 이들과 권위주의 체제로 규정하는 이들이 상호 이해를 위해 한 걸음씩 다가섰다고 정리했다. 한편에서는 '고전적 파시즘'과는 다른 특징들을 찾아내려 했고, 다른 한편에서는 '준파시즘' 단계나 '파시즘적 요소'의 존재를 인정하려고 노력했다는 것이다. 그러면서 그는 단순한 우파 독재나 권위주의 체제와 구별되고 파시즘 체제와도 구별되는 프랑코 독재 특유의 성격을 제대로 표현하기 위하여 '파시즘적 독재(dictadura fascistizada)'라는 용어를 사용하자고 제안했다.[99] 그가 제안한 '파시즘적(fascistizada)'이라는 용어는 일부 역사가들에게도 수용되었다. 이를테면 모라디에요스는 프랑코 체제가 '파시즘화' 과정을 겪었으나 제2차 세계대전 종전과 독일 및 이탈리아의 패배로 그 과정이 중단되거나 차츰 사라진 보수 반동적 군사독재였다고 보았다.[100] 보르자 데 리케르도 모라디에요스와 마찬가지로 이 용어를 사용해 프랑코 체제를 설명했다. 하지만 그는 모라디에요스와 달리 1945년 이후에도 파시즘적 요소가 완전히 사라지지는 않았다고 보았다. 30년이 넘는 긴 세월에 걸쳐 프랑코 체제 내에서 파시즘적 요소가 차지하는 비중이 점차 작아졌을 뿐이라는 것이다. 그는 또 프랑코 체제에서는 가톨릭교회와 군대의 역할이 상당했던 반면, 단일 정당의 역할은 미약했다고 지적했다.[101]

---

99 Ismael Saz, *Fascismo*, pp.80, 87-90, 153-154, 167, 253.

100 Enrique Moradiellos, *La España de Franco*, p.224.

101 Borja de Riquer, *La dictadura de Franco*, Vol. 9 de la *Historia de España*, dirigida por Josep Fontana y Ramón Villares (Barcelona: Crítica/Marcial Pons, 2010), pp.14-19.

이상에서 살펴본 것처럼 프랑코 독재의 성격에 관한 논쟁은 이제 모종의 합의를 위한 접점을 찾아가고 있다. 이 접점에 도달하기 위해서는 학자들 사이에 공감대를 더 넓혀 나가려는 노력이 필요하다. 이를 위해서는 파시즘을 좀 더 명확히 정의하고 프랑코 독재를 좀 더 깊이 이해할 필요가 있다.

제1부

프랑코 독재

제1장

파시즘의 유혹과 생존(1939~1950년)

내전의 손실

1939년 4월 1일은 프랑코 정권이 출범한 날이다. 프랑코 정권은 이날 내전의 종결을 공식 선언했다. 3년 가까이 이어진 동족상잔의 비극이 그렇게 막을 내렸다. 내전 직후 에스파냐가 직면한 현실은 비참했고, 이는 1940년대 내내 그러했다.

에스파냐가 내전으로 입은 손실과 피해를 정확하게 파악하기는 어렵다. 행정당국이 제시한 통계를 신뢰할 수 없기 때문이다. 그들은 신원 미확인 사망자를 호적부에 제대로 반영하지 않았고 내전의 희생을 최소화하려고 했다.

내전이 에스파냐 사회에 미친 영향과 프랑코 정권의 정치 탄압을 이해하기 위해서는 내전으로 발생한 인적 손실이 어느 정도인지 파악할 필요가 있다. 인적 손실의 규모를 제대로 파악하려면 전선과 후방에서 사망한 자들과 정치적 탄압으로 희생된 자들, 망명자들과 외국 이주민들을 모두 조사해야 한다. 이들의 규모가 어느 정도냐에 따라 정치적 함의가 달라지기 때문이다.

1940년의 인구 조사 통계를 신뢰하지 못했던 사회경제사 전문가 조르디 말루케르는 1930년의 통계를 근거로 삼아 1935년의 에스파냐

인구를 2,565만 4,503명으로 추산했다.[1] 내전 기간 중 전투원 사망자들에 관한 자료는 거의 존재하지 않으나, 공화군 진영의 사망자가 9만 명 정도이고 프랑코군 진영의 사망자가 6만 명 정도일 것으로 추산하고 있다. 그러니까 전투원 사망자는 모두 15만여 명에 달할 것으로 추정된다. 여기에다 정치적 탄압으로 희생된 19만 명[2]을 더하고, 공군과 해군의 폭격으로 사망한 민간인 1만 2천 명을 더하면, 내전으로 직접 희생된 자들의 수는 대략 35만 명에 이른다. 이는 1935년 에스파냐 인구의 1.36퍼센트에 해당한다.

이 수치에다 간접 희생자들의 수를 더할 필요가 있다. 전쟁으로 인한 생활 여건의 악화, 영양 결핍, 위생 소홀, 강제 이주 등으로 사망한 자들, 곧 전쟁이 일어나지 않았더라면 죽지 않았을지도 모를 과잉 사망자들은 대략 8만 명 정도일 것으로 추정된다.[3] 요컨대 직접적으로든 간접적으로든 내전으로 희생된 사람들의 수가 43만 명 정도에 달한다.

여기에다 내전으로 에스파냐를 떠난 사람들을 더해야 한다. 프랑스

1 조르디 말루케르는 1935년 7월의 인구를 1930년 7월의 수치보다 211만 8,000명이 더 늘어난 2,565만 4,503명으로 추산했다. 여기서 211만 8,000명은 인구의 자연 증가분에다 1929년 공황의 여파로 본국으로 귀국한 이주민들을 더한 수치이다. 그는 1939년 7월의 인구를 1935년 인구보다 5만 명가량이 적은 2,560만 1,144명으로 추산했다. 한편 1940년 인구조사에 따르면 에스파냐 인구는 2,601만 4,750명이었다. Jordi Maluquer de Motes, "La incidencia de la Gran Depresióny de la Guerra Civil en la población de España (1931-1940): una nueva interpretación," *Revista de Demografía Histórica*, vol. 25, núm. 2 (2007).

2 내전 기간에 공화군 진영의 정치적 탄압에 희생된 자는 5만 명에 조금 못 미치고 반란군 진영의 탄압에 희생된 자는 9만 명이 조금 넘는 것으로 추정한다. 내전 이후의 탄압으로 희생된 자는 4만 5천 명에서 5만 명 사이로 추정한다.

3 대개는 노약자들이 과잉사망에 이르렀다. 통계학자 훌리오 알카이데는 과잉 사망자를 8만 2,192명으로 추산했다. Julio Alcaide, "La renta nacional de España y su distribución. Serie años 1898 a 1998," Juan Velarde Fuentes (dir.), *1900-2000. Historia de un esfuerzo colectivo* (Barcelona-Madrid: Fundación BSCH/Planeta, 2000), pp.375-450.

정부가 조사한 발리에르 보고서(Informe de Valière)에 따르면, 1939년 2월 말 에스파냐인 44만 명이 본국을 떠나 프랑스로 갔다.[4] 그보다 앞서 떠난 2만 명과 1939년 3월에 떠나게 되는 1만 명을 더하면 모두 47만 명이 에스파냐를 떠난 셈이 된다. 시간이 지나면서 이들 가운데 상당수가 에스파냐로 귀국했다. 1940년 중반 프랑스에 남은 사람들은 14만 명이었다. 그 밖에 3만 명은 다른 국가들, 특히 라틴아메리카 국가들로 이주했다. 결국 사망자든 망명자든 내전으로 에스파냐를 떠난 사람들이 60만 명 정도에 달했다고 볼 수 있다.[5] 이는 1935년 에스파냐 인구의 2.3퍼센트에 해당하는 규모다.

이렇듯 양적 차원에서 입은 상당한 규모의 인적 손실은 질적 측면에서도 심각한 결과를 초래했다. 전투원 사망자들 대다수와 정치 탄압으로 희생된 자들 상당수가 젊은 남성이었다. 통계학자 훌리오 알카이데의 계산[6]에 따르면, 내전으로 희생된 사망자들의 90퍼센트 이상이 남성이었다. 전투원 사망자의 평균연령은 25세 정도였고, 정치 탄압에 희생된 자들의 평균연령은 35~45세였던 것으로 추정된다. 망명자들도 60퍼센트 정도가 남성이었다. 요컨대 사망자들과 망명자들 대다수가 생식 능력과 노동 능력이 있는 남성이었다. 이러한 젊은 남성들의 손실은 내전 직후 혼인율 감소와 평균 결혼연령 증가, 남성 인구 비율 감소로 이어졌다.[7] 이를테면 내전 직전에 여성 인구 100명

4 VV.AA., *Exilio* (Madrid: Edición Fundación Pablo Iglesias, 2002), p.24.

5 이는 중간 정도의 수치에 해당한다. 인적 손실이 54만 명에 달했다고 보는 이들이 있는가 하면 65만 명에 이르렀다고 보는 이들도 있다.

6 Julio Alcaide, "La renta nacional," pp.375-450.

7 물론 내전 직후의 열악한 생활 여건도 여기에 한몫했다.

당 95명이던 남성인구가 1940년 인구조사에서는 92명으로 감소했다. 15~44세 연령 집단에서는 그 수가 90.7명으로 줄었다. 출생률과 사망률의 차이, 곧 인구의 자연증가는 1948년까지도 1930년대 초반 수준을 회복하지 못했다.

이러한 인적 손실이 노동 분야에 미친 영향에 대해서는 아직 구체적 연구가 부족한 실정이다. 농민과 노동자는 물론이고 전문가들, 곧 기술자와 자유직, 교사, 대학교수, 연구원 등의 손실이 전후 에스파냐 경제에 막대한 영향을 미쳤을 것이라고 짐작할 뿐이다.

내전으로 인한 물적 손실도 제대로 파악하기 어렵다. 관련 자료가 거의 없기 때문이다. 그래도 그 손실이 프랑코 정권의 선전만큼 크지는 않았던 게 분명하다. 프랑코 정권 당국은 1940년대의 경제적 불황과 낮은 생활 수준이 내전으로 인한 막대한 피해 때문이라는 주장을 곧잘 인용해 왔다.

제일 많이 파손된 것은 도로와 철도, 다리, 항구 등의 기반 시설이었다. 내전으로 파괴된 주택은 25만 채로 추산된다. 이는 전체 주택의 5퍼센트 정도에 해당한다. 특히 전선에 있던 도시와 마을 200여 곳의 건물은 60퍼센트 이상 파괴되었다. 전투가 많이 벌어진 카탈루냐와 발렌시아 지방의 직물공업과 금속공업, 화학공업이 입은 피해도 컸다. 이뿐만이 아니다. 증기기관차의 35퍼센트와 화물차의 39퍼센트가 파손되었고, 상선의 20퍼센트와 어선의 15퍼센트도 파손됐다. 농기계 상당수가 파손되었고 경작 면적도 일시적으로 감소했다. 공화군 진영에서는 가축의 피해도 컸다. 이러한 피해의 규모는 1935년 에스파냐

사진 3 폐허가 된 게르니카(1937년)

국내 총생산량보다 더 클 정도였다.[8]

여기에 전쟁 비용도 추가해야 한다. 지금까지의 연구 결과에 따르면, 공화군 진영이 7억 4,400만 달러를 쓰고 프랑코군 진영이 7억 1,600만 달러를 지출한 것으로 알려져 있다. 이 비용을 공화국 정부는 현금으로 지불[9]했던 반면에, 프랑코군 측은 이탈리아와 독일에 채무를 지는 방식으로 처리했다. 내전 직후 프랑코 정권은 지불 능력이 없었다. 독일에 진 채무는 제2차 세계대전 동안에 물자 수출과 노동력

8 Joan R. Rosés, "Las consecuencias macroeconómicas de la Guerra Civil," Francisco Comín (coord.), *Economía y economistas españoles en la Guerra Civil*, vol. II (Barcelona: Galaxia Gutenberg, 2008), pp.339-364.

9 이를 위해 에스파냐은행(Banco de España)이 보유한 금보유고 가운데 4분의 3가량에 해당하는 510톤의 금을 소련에 지급했다. 이것이 이른바 '모스크바 금(oro de Moscú)'이다.

송출로 갚아 나갔으나 이탈리아에 진 채무는 종전 후 30년가량이 지난 1967년에야 모두 갚게 되었다.

프랑코 정권의 성격

프랑코 정권의 성격과 본질은 일찍부터 논란의 대상이 되어 왔고, 이는 지금도 마찬가지이다.[10] 이것이 이렇게 오랜 논란을 불러일으킨 이유 가운데 하나는 프랑코 정권의 존속 기간에 있다. 프랑코 정권은 거의 40년간 유지되었다. 오랜 기간 지속되면서 그 본질은 바뀌지 않았다고 하더라도 여러 가지 중대한 변화가 생겨났다. 그러다 보니 그 성격을 한 가지로 규정하기 어렵게 되었다.

프랑코 정권은 기본적으로 독재 체제였다. 프랑코 정권은 단순한 권위주의 체제와도 거리가 멀었고, 프리모 데 리베라 군사독재의 재판도 아니었다. 프랑코 정권은 사회정치적 반혁명과 반공화국을 지향했을 뿐 아니라 반자유주의 체제와 극단적 권위주의 체제 건설을 시도했다. 프랑코 정권은 1931년의 공화 정부 수립을 가능하게 만들었던 정치·사회·문화적 요소들을 일소하고 민주적이고 혁명적인 이념을 뿌리 뽑으려 했으며, 내전에서 승리한 사회세력의 이해관계를 반영하고자 노력했다.

---

10 프랑코 정권의 성격에 관한 논쟁은 다음 자료에 잘 요약되어 있다. Javier Tusell, *La dictadura de Franco* (Madrid: Alianza Editorial, 1988); Enrique Moradiellos, *La España de Franco (1939-1975). Política y Sociedad* (Madrid: Editorial Síntesis, 2000); Josep Fontana (ed.), *España bajo el franquismo* (Barcelona: Crítica, 2000); 황보영조, 「프랑코 체제와 대중」, 『역사학보』, 182 (2004.6), pp.267-276. 프랑코의 집권 과정은 황보영조, 「프랑코의 집권 과정을 통해 본 프랑코 정권의 성격」, 『서양사연구』, 45 (2011. 11.), pp.115-144에 잘 소개되어 있다. 아울러 이 책의 서장을 참조하라.

프랑코 정권은 새로운 정치 제도를 창설하고 반동적이고 반유대주의적인 극우세력의 전통에 기반을 둔 새로운 이념적 가치와 정치 문화를 확산하려고 했다. 이런 점에서는 프랑코주의를 느슨한 의미의 '에스파냐 파시즘'이라고 규정할 수 있을 것이다. 프랑코주의는 자유주의 의회제도의 위기에서 비롯된 반민주 운동이자 반혁명 운동이란 점에서 이탈리아 파시즘이나 독일 나치즘, 포르투갈 살라자르주의와 그 궤를 같이한다. 그렇지만 동족상잔의 내전을 거쳐 집권한 정권이란 점에서 이 정권들과는 다른 특이성을 지니고 있다.

프랑코는 정치적 상황에 따라 파시즘을 이용하고 활용했다. 정권 초창기에는 특히 그러했다. 그것이 권력을 강화하는 데 도움이 되었기 때문이다. 이를 위해 '신의 섭리를 따르는 카우디요(Caudillaje providencial)' 이론을 만들어 유포했다. 이 이론에 따르면 프랑코는 오직 '하느님과 역사 앞에서 책임을 지는' 존재였다. 이 이론을 주창한 프란시스코 하비에르 콘데에 따르면 프랑코에게는 구속적이고 문명적이며 섭리적인 사명 실현을 위한 카리스마적 지도력이 있었다.[11] 하지만 1945년에 우호적 관계를 맺고 있던 추축국 정권들이 무너지면서 난관에 봉착하게 된 프랑코는 전통적 권위주의로 돌아서지 않을 수 없었다.

이렇듯 프랑코 정권은 상황에 따라 일부 측면에 변화를 가했다. 하지만 독재적 성격은 변함없이 유지했다. 초창기에는 분명 파시즘적 성

---

11 Francisco Javier Conde, "Espejo del Caudillaje," Francisco Javier Conde, *Escritos y fragmentos políticos* (Madrid: Instituto de Estudios Políticos, 1973), pp.380-381, 383; Juan Ferrando Badía, *El régimen de Franco*, pp. 54 y 66. 콘데는 이 밖에도 자신의 저서 *Contribución a la doctrina del Caudillaje* (Madrid: Vicesecretaría de Educación Popular, 1942)에서 카우디요 이론을 잘 소개하고 있다.

향을 보였다. 단일 정당제를 시행하고 폭력을 사용해 반대 세력을 제압했으며 언론을 통제했다. 중요 집단들을 정치적으로 동원하고 지배 계층에 유리한 사회경제 정책을 추진했으며 국가를 제일 중요한 경제 주체로 삼았다. 외교적으로는 팽창주의적 제국주의 정책을 시도했다. 하지만 이러한 파시즘적 요소들은 시간이 지나면서 점차 약해져 갔다. 이를테면 단일 정당은 정부에 종속되었고, 군대와 가톨릭교회가 특별한 역할을 담당했다. 특히 제2차 세계대전에서 추축국이 패배하자 파시즘 담론이 퇴조하고 국가가톨릭주의(nacionalcatolicismo)가 우세를 보이기 시작했다.[12]

한편 프랑코 장군이 누린 권한은 막강했다. 국가 원수이자 총리였고 총사령관이자 단일 정당의 대표였던 그는 무솔리니처럼 국왕에 의해 해임될 염려도 없었고, 히틀러처럼 일부 군인들의 반대 음모가 일어날 것 같지도 않았다. 이 점은 프랑코 정권이 지닌 또 다른 특징이었다.

프랑코 정권의 기둥

프랑코 정권을 떠받친 기둥은 군대와 단일 정당, 가톨릭교회였다. 내전을 승리로 이끈 군대는 정권 내내 그 승리를 보증해 주었고 정권 말기까지 프랑코를 지지해 주었다. 국민운동(Movimiento Nacional)이라고도 부르는 통합팔랑헤당은 산하에 각종 단체를 거느리고 지지자들의 결속을 추진해 나간 유일한 합법 단체였다. 정권에 한결같은 지지를 보

12 이때 드러난 가톨릭적 성격이 에스파냐 파시즘이 지닌 매우 독특한 특이성에 해당한다. 이는 동시에 에스파냐 파시즘을 진정한 파시즘으로 보기 어렵게 만드는 요인이 되기도 한다. 이것이 최근 들어 흥미와 논쟁을 불러일으키고 있는 이스마엘 사스(Ismael Saz)의 테제이다. Ismael Saz, *Fascismo y franquismo* (Valencia: Publicaciones de la Universitat de València, 2004).

내지는 않았으나 가톨릭교회는 정권에 정당성을 부여해 준 핵심 요소였다. 군대와 정당과 교회는—비록 그 비율에 변동이 있기는 했어도—언제나 내각에 입각하여 정권을 유지하는 데 이바지한 기둥들이었다.

정부를 구성할 전권은 1939년 8월 8일 자 중앙정부조직법(Ley de Reorganización de la Administración Central del Estado)에 의해 프랑코 장군에게 부여되었다. 프랑코는 이제 정부 운영에 필요한 법적 규정을 마련하고 관련 기관을 설치할 수 있게 되었다. 그는 이 법이 선포된 다음 날 군인 6명, 팔랑헤당원 2명, 가톨릭교 신자 2명, 카를로스파 1명, 군주제파 1명으로 내전 후 초대 내각을 구성했다. 그 후 프랑코 정권이 지속되는 동안 내각 구성에 일정한 변화가 나타났다. 1939년에서 1945년까지는 군인과 팔랑헤당원이 각각 46퍼센트와 38퍼센트 정도를 차지해 압도적으로 많았다. 1945년에서 1957년까지는 군인이 43퍼센트로 여전히 우세했으나 팔랑헤당원은 27퍼센트로 감소했고 가톨릭교 신자가 29퍼센트로 약진했다. 마지막으로 1957년에서 1975년까지는 군인의 비율이 현저히 줄어들었으며 오푸스 데이(Opus Dei) 관련 가톨릭교 신자들이 내각에 기용되었다. 프랑코 정권의 전체 기간으로 보면 군인과 팔랑헤당원과 가톨릭교 신자에게 장관직의 28퍼센트와 25퍼센트와 9퍼센트 정도가 각각 돌아갔으며, 나머지 각료직은 내전 승리에 이바지한 여러 정파와 각 분야의 전문가들에게 분배되었다.[13]

군대는 내전 이후에도 정권의 안정을 보장하는 주역을 맡았다. 군부 주요 인사들은 육·해·공 삼군부 장관직과 내무부, 공공사업부, 산업부

13 Miguel Jerez Mir, *Elites políticas y centros de extracción en España, 1938-1957* (Madrid, 1982), pp.121 y 230; Borja de Riquer, *La dictadura*, pp.25-26.

등의 장관직을 수행하며 정치활동에 상당한 영향을 미쳤다. 내전 승리와 정권 유지의 상징이었던 군대는 프랑코 정권 초기에 국가 예산의 40퍼센트가량을 지원받았고, 간부와 장교단 규모도 엄청났다. 군 당국은 군인이 민간인보다 우월하기에 자신들이 사회를 주도하고 정치를 이끌어 나가야 한다는 인식을 지니고 있었으며, 국민을 보호하고 통제할 권리가 혁명과 파국의 위험에서 '조국을 구출한' 적이 있는 자신들에게 있다고 생각했다. 1936년 7월과 유사한 상황이 벌어진다면 그들은 언제든 다시 '봉기'를 일으킬 태세였다.

에스파냐 가톨릭교회는 내전을 정당화하고 그것을 성전으로 축복했다.[14] 그 덕분에 1939년에 '순교자교회(Iglesia mártir)'나 '개선교회(Iglesia triunfante)'를 자처할 수 있었다. 가톨릭교회는 또한 프랑코 독재 정당화와 독재 체제 구축에도 적극적으로 협력했다. 그 결과 공화국 시절에 사라졌던 특권들 상당 부분을 다시 누리게 되었고, 프랑코 정권으로부터 예산도 지원받았다.

당시 에스파냐 가톨릭교회는 인간의 작품인 국가는 불완전하고 하느님에게서 비롯된 교회는 완전하다는 통합주의(integrismo)를 신봉하고 있었다. 교회는 또한 교회와 국가가 서로 존중할 때 양립과 상호 이해가 가능하다고 보았다. 그런 점에서 교회는 광범위한 자율권과 특권을 기대하며 프랑코 정권에 대한 정치적 지지 입장을 분명히 밝혔다. 교회 지도자들은—적어도 1960년대 중반까지는—프랑코 독재를 가톨릭교 성향의 정권으로 수용하고 지지하는 것에 별다른 이견을 보이지 않았다.

14 황보영조, 「스페인 내전의 전쟁 이념 분석」, 『이베로아메리카연구』, 12 (2001.12), pp.137-141.

이러한 교회의 정치 개입에서 생겨난 것이 바로 국가가톨릭주의이다. 국가가톨릭주의는 가톨릭교 중심의 국가 통일을 지향한다. 이는 가톨릭교와 조국은 본질적으로 동일하다는 신념에서 나온 것이다. 그런 점에서 교회와 국가는 단순한 연대를 넘어서 서로의 이익을 위해 매우 긴밀하게 협력해야 할 존재였다. 가톨릭 종교가 특정 정권, 곧 프랑코 정권과 협력해야 할 이유도 여기에 있었다.[15]

한편 단일 정당인 국민운동은 프랑코 정권에서 여러 기능을 수행해야 했다. 국민의 지지와 지방정부의 충성을 확보해야 했고, 언론 통제와 검열을 지휘해야 했으며, 반프랑코 세력과 반역자들을 억압하는 데 집중해야 했다.

국민운동 지도부 내에는 곧 두 가지 서로 다른 전략을 추구하는 계파들이 감지되었다. 이른바 '정통파'는 파시즘당이나 나치당의 경우와 유사하게 당이 국가를 장악해야 한다면서 당이 주도하는 전체주의 정치 체제를 추구했다. 반면에 실용파는 당의 국가 장악이 그렇게 쉽지 않다는 현실을 인식하고 프랑코 정권 내부에서 자신들의 영향력을 극대화하는 데 주력했다. 사실 국민운동은 갈수록 중앙정부에 더 예속되어 갔다. 이것이 다른 파시즘 정당들과 구별되는 에스파냐 팔랑헤당의 특징이었다.

---

15 Rafael Díaz Salazar, *Iglesia, dictadura y democracia. Capitalismo y Sociedad en España (1953-1979)* (Madrid: Ediciones Hoac, 1981), pp.67-73; Hilari Raguer, "El nacionalcatolicismo," Ángel Viñas (ed.), *En el combate por la historia. La República, la guerra civil, el franquismo* (Barcelona: Pasado y Presente, 2012), pp.547-553. 예수회 수사이자 역사학자인 알폰소 알바레스 볼라도(Alfonso Álvarez Bolado)가 국가가톨릭주의를 처음 연구했다. Alfonso Álvarez Bolado, *El experimento del nacional-catolicismo* (Madrid: Edicusa, 1976).

팔랑헤당은 1942년까지 놀라운 성장세를 보였다. 그해에 당원이 93만 2,000명으로 늘었다. 여기에다 팔랑헤당 산하 조직인 여성단(Sección Femenina)의 단원 60만 명을 더하면, 팔랑헤당 관련 회원이 150만 명가량 되었다.[16] 1939년 이후 가입한 신입 회원들의 대다수는 45세 이하였다. 당은 가톨릭교도, 카를로스파, 군주제파 등 다양한 정치적 전통을 지닌 우익 활동가들로 넘쳐났으며, 카탈루냐연맹(Lliga Catalana)과 급진당(Partido Radical)을 비롯한 중도좌파 집단 인사들도 입당했다. 시대의 흐름을 따라 가입한 이들도 있었고, 정치·경제적 속셈이나 사회적 이유로 가입한 이들도 있었다. 하지만 당은 기본적으로 전통적 지배 세력 중심의 계급적 성격을 지니고 있었다.

당의 위계 구조 또한 매우 뚜렷했다. 우선 당 대표는 카우디요가 맡았고, 그 아래에 그가 임명하는 사무총장과 정치위원회(Junta Política)가 있었다. 프랑코가 위촉하는 소수의 당 원로들로 구성되는 정치위원회는 한동안 프랑코의 동서 라몬 세라노 수녜르가 그 책임을 떠맡았다. 이 정치위원회 산하에 당의 전략 문제를 연구하는 정치연구소(Instituto de Estudios Políticos)가 있었다. 한편 프랑코가 위촉하는 당원 100여 명으로 구성된 당 중앙위원회(Consejo Nacional del Movimiento)는 당과 국가의 주요 정책 노선과 국제 문제를 다루었다.

당은 관련 조직을 통해 시청과 의회, 경제단체, 상조회, 협동조합 등 각종 기관과 단체를 관리했을 뿐 아니라, 대중을 포섭하기 위한

---

16 Joaquín Bardavío, *La estructura del poder en España* (Madrid, 1969), p.117. 1943년 이후에는 당원 가입이 현저히 둔화했으며 1945년에는 신규 가입자 수가 1,700여 명에 불과할 정도였다.

대중 조직도 운영했다. 청년전선(Frente de Juventudes)과 여성단, 대학생조합(Sindicato Español Universitario, SEU), 노조중앙회(Centrales Nacional-Sindicalistas, CNS)[17]는 규모가 큰 대중 조직이었다. 이 밖에 재향군인회나 교사회, 교수회 같은 단체들도 있었고, 언론 통제를 위한 언론선전단(Delegación de Prensa y Propaganda)과 구제를 위한 사회부조(Auxilio Social) 단체도 있었다.

1940년 12월 청년 세력을 겨냥해 창설된 청년전선은 스포츠와 문화 활동, 행군, 합숙, 야영을 통해 7세에서 18세까지의 청년들에게 정치 교육과 준군사 교육을 제공했다. 초창기인 1941년에는 해당 연령대 청년들의 10퍼센트가 넘는 56만여 명이 가입하여 그 규모가 급속하게 팽창했으나, 1947년 무렵에는 이 비율이 전체 청년들 대비 3.7퍼센트 정도로 감소했다. 1940년대에는 청년전선 내에 '프랑코의 청년팔랑헤(Falanges Juveniles de Franco)'가 결성되었는데, 이 산하 조직 가입은 곧 당 지도부나 정권의 고위직에 오르기 위해 거쳐야 할 필수 코스로 떠올랐다. 1961년에 청년전선은 군국주의 냄새가 나는 '전선'이란 명칭을 버리고 단체 이름을 에스파냐청년연합회(Organización Juvenil Española)로 바꾸었다. 그와 더불어 군사 훈련을 단계적으로 폐지하고 소풍과 스포츠, 야영을 위주로 활동했다. 하지만 1962년에는 17만여 명의 단원들 가운데 4분의 1이 20년 차 이상이고 45세 이상이 85퍼센트를 넘을 정도여서 청년연합회는 더 이상 '청년' 단체가 아닌 관료기구로 전락했다.[18]

---

17 팔랑헤당 산하 산업별노동조합을 이렇게 불렀다.

18 Stanley G. Payne, *The Franco Regime, 1939-1975* (London: Phoenix Press, 2000),

팔랑헤 여성단은 팔랑헤당을 창설한 호세 안토니오 프리모 데 리베라의 여동생 필라르 프리모 데 리베라가 창립한 단체였다. 팔랑헤당의 산하 단체이기는 하지만 상당한 자율성을 누리고 있었고, 1939년에는 단원 수가 58만 명에 달했다. 여성단의 목적은 가톨릭교와 국가조합주의 정신으로 여성들을 교육하는 데 있었다. 이들에 따르면 여성의 지위와 역할은 어머니와 아내였다. 다시 말해 여성은 남편을 돕는 배필이자 자녀를 낳아 기르는 어머니였다. 여성은 가족의 품속에서 살아야 하고, 체념과 헌신, 희생과 포기를 감수해야 할 존재였다. 여성단은 7세에서 18세에 해당하는 소녀들에게 여성의 지위와 역할에 관한 정신 교육과 더불어 바느질에서부터 요리와 육아에 이르는 가정교육을 실시했고,[19] 내전 직후의 궁핍한 시절에는 유아 사망률을 낮추는 데 집중했다. 여성단은 또 사회부조 단체와 협력하여 병원과 보호시설, 고아원, 유치원, 특수학교, 도서관 등지에서 봉사활동을 벌였다.[20] 하지만 1950년대 이후 국가조합주의가 퇴조하고 예산과 각종 정부 지원이 줄어들면서 여성단의 규모와 활동은 눈에 띄게 축소되었다. 1962년에는 단원 규모가 30만 명 정도에 달했지만, 그중 70퍼센트 이상이 50세 이상이었다.[21]

---

p.240; Borja de Riquer, *La dictadura*, pp.46-48; Juan J. Linz, "From Falange to Movimiento-Organización," Samuel P. Huntington and C. H. Moore (ed.), *Authoritarian Politics in Modern Society* (New York, 1970), p.167.

19 이 교육을 마친 여성들은 성인 여성 조직에서 활동을 계속했다.

20 17세에서 35세 사이 여성들에게 3개월에서 6개월에 이르는 사회봉사를 법령으로 의무화한 1940년 5월 이후에는 여성단이 이 사회봉사 업무를 관리했다. 공공 행정직 지원, 여권과 운전면허 취득, 일부 직업(교사와 사서 등) 활동, 대학 교육과정 이수 등에 이 사회봉사 증명서를 반드시 제출해야 했다.

21 Geraldine M. Scanlon, *La polémica femenista en la España contemporánea (1868-*

초창기에 청년전선 산하에 설치된 대학생조합은 1939년 9월에 공포된 법령으로 유일한 대학생단체가 되었다. 대학생들을 정치적으로 통제하기 위한 기구였던 대학생조합은 팔랑헤당원들의 철저한 통제를 받았다. 하계 야영 시에는 대학생 전용 병영 훈련 조직인 대학생민병대를 운영했다. 처음에는 자발적이었던 학생들의 가입이 1943년 대학관리법 제정 이후에는 의무화되었다. 하지만 조합 지도부가 청년 팔랑헤당원 세대로 교체되면서 조직의 자율성을 확보하려는 움직임이 생겨났고, 1950년대 말에는 학생들의 정치적 동원조차 난관에 부닥치게 되었다. 1960년대에는 대학의 위기 속에서 반프랑코 성향 학생들의 지도부 진출을 저지하기도 어렵게 되었다. 이런 상황 변화 속에서 적극적 활동가와 대다수의 방관자 사이의 틈은 더욱 벌어졌다. 그 결과 1962년에는 10만 명이 넘는 학생들 가운데 팔랑헤당 활동가는 3,310명에 불과했다. 1965년에 결국 해체되고 마는 대학생조합은 당의 대중 조직 중 프랑코 정권에 의해 해체된 유일한 단체가 되었다.[22]

마지막으로 네 번째 대중 조직인 노조중앙회는 내전 중이던 1937

1974) (Madrid: Ediciones Akal, S. A., 1986), p.324-327; Mª del Carmen Agulló Díaz, "'Azul y rosa': Franquismo y educación femenina," Alejandro Mayordomo (coord.), *Estudios sobre la política educativa durante el franquismo* (Valencia: Universitat de València, 1999), p.254; Pilar Primo de Rivera, *Discursos. Circulares. Escritos* (Madrid: Afrodisio Aguado, 1943?), pp.23-24, 45-46, 259; *Recuerdos de una vida* (Madrid: Dyrsa, 1983), p.177; Sección Femenina, *Consejo nacionales (libro segundo)* (Madrid: SF de FET y de las JONS, s. f.), pp.11-12, 33-34; *La Sección Femenina: Historia y organización* (Madrid: SF de FET y de las JONS, 1952), p.98; 황보영조, 「프랑코 체제 전기 팔랑헤당 여성단의 정체성 문제」, 『지중해지역연구』, 제9권 제2호 (2007. 10.), pp.196-211.

22 Sergio Rodríguez Tejada, *Zonas de libertad (vol. 1): Dictadura franquista y movimiento estudiantil en la Universidad de Valencia (1939-1965)* (Valencia: Universidad de Valencia, 2011), pp.259-260.

년 프랑코의 국민군 진영에서 기존의 모든 사용자 단체와 노조를 통합하여 만든 단체였다. 원로 팔랑헤당원들이 조합을 관리하기는 했지만 팔랑헤 계열 단체와 가톨릭 계열 단체, 카를로스 계열 단체 등 설립자가 서로 다른 단체들을 통합하기가 쉽지 않았다. 사용자들과 기술자들과 노동자들을 통합했기 때문에 '산업별 노동조합(sindicatos verticales)'이라고도 부른 이 노조중앙회는 자율성을 누리지 못하고 팔랑헤당과 정부에 예속되어 있었다. 전국대표에서부터 주대표와 지역대표에 이르기까지 노조 지도부는 모두 정부가 임명하는 당 활동가들이 차지했다. 노조중앙회는 이렇듯 당의 통제를 받았고 국가에 예속되었다.

1941년에는 이러한 노조중앙회에 커다란 변화가 생겼다. 팔랑헤당과 노조중앙회를 사회와 경제를 조정하고 움직일 중심축으로 만들려 했던 노조중앙회 전국대표 헤라르도 살바도르 메리노가 동년 6월 노조 대회에서 사용자 단체들의 해체 방안을 제시했기 때문이다. 그러자 사용자 단체들이 격분하고 나섰고 그에게 비밀공제조합원이라는 누명을 씌웠다. 결국 그해 가을 살바도르 메리노는 해임되었는데, 이로 인해 열성적인 국가조합주의자들은 큰 타격을 입었고, 노조중앙회의 주요 기능도 노동자 통제로 국한되었다.[23]

당시 팔랑헤당이 직면한 주요 문제 가운데 하나는 예산 부족이었다. 1941년에서 1945년까지는 그나마 사정이 좋았으나, 1945년 이후에는 예산이 5분의 1로 감축되었다. 그러자 예산 부족에 대한 하소연이 여

23 Javier Domínguez Arribas, *El enemigo judeo-masónico en la propaganda franquista, 1936-1945* (Madrid: Marcial Pons, 2009), p.441.

기저기서 쏟아져 나왔다. 하지만 뾰족한 수가 없었다. 당 지도부는 자신들에게 실권이 없음을 알고 있었다. 그런 가운데서도 예산은 주로 노조 활동에 사용되었다.[24]

팔랑헤당의 주요 업무 가운데는 정치적 억압과 통제도 있었다. 이를 위해 정보조사국(Servicio de Información y de Investigación)을 꾸리고 관계자들을 자치단체에 파견했다. 정보조사국은 정치경제 상황과 여론 동향에 관한 정보를 정기적으로 수집하고 시민들의 개인 파일을 관리하는 준경찰 조직이었다. 이 기관은 1940년에 단원과 협력자와 정보원 등 3,028명의 인력을 보유했고, 5백만 명이 넘는 시민들의 개인 파일을 관리했다. 하지만 1945년 이후 정치 사찰과 정보 통제 업무의 상당 부분이 치안대(Guardia Civil)와 경찰총국(Cuerpo General de Policía)에 이첩되면서 그 기능이 대폭 축소되었다.

팔랑헤당은 또한 준군사 조직인 민병대를 운용했다. 하지만 이 민병대는 1942년 7월 법령으로 무장해제 되었으며 육군부에 배속되었다. 그들 가운데 상당수가 푸른사단(División Azul)에 자원입대하여 제2차 세계대전에 참전했다. 그 후에는 민병대의 규모가 급격히 줄어들었다.

팔랑헤당은 프랑코 독재의 '파시즘화' 단계인 1942년까지 매우 적극적으로 활동했다. 세라노 수녜르가 주도하던 이 시기가 당의 전성기였다. 장관과 정치위원회 위원장을 겸직하고 있던 세라노 수녜르는 소위 말하는 정권의 2인자였다. 이 시기에 당원 수도 제일 많았고, 산하

---

24 1939년에서 1959년까지 20년간 예산 지출을 분석해 보면, 노조 활동에 전체 예산의 79.6퍼센트를 썼고, 사회부조에는 5.8퍼센트, 청년전선과 여성단에는 각각 4퍼센트를 지출했다. Borja de Riquer, *La dictadura*, p.39.

단체들의 활동도 매우 활발했다. 하지만 당 정치위원회는 프랑코에게 철저히 예속되었다. 앞서 얘기한 대로 그는 위원 위촉권과 위원회 소집권을 독차지하고 있었다.

국민운동은 정기간행물 발간과 라디오 방송에도 관여했다. 대표 기관지 『아리바(Arriba)』를 비롯하여 총 43종의 일간지와 잡지를 발행했고, 라디오 방송국을 분할 신설하여 1960년대에는 18개의 방송국을 보유하게 되었다.

1942년 말에는 이러한 팔랑헤당의 위상에 커다란 변화가 생겨났다. 일부 지방에서는 1940년 이래 주지사(Gobernador civil)와 주당위원장(Jefe provincial del Movimiento) 사이에 갈등이 불거지고 있었다. 이는 당과 지방정부의 이원 체제에서 비롯된 문제였다. 이 문제를 해결한 인물이 바로 1942년 11월 내무부 장관에 임명된 블라스 페레스 곤살레스였다. 그는 프랑코와 친밀하면서도 팔랑헤당에는 전혀 공감을 보이지 않던 인물이었다. 그가 기준의 통일을 주장하고 당 사무총장 호세 루이스 아레세에게 이원 체제의 종식을 받아들이게 했다. 이때부터 당 사무총장실보다 내무부가 우위에 서게 되었고, 주지사와 주당위원장을 당이 아니라 내무부가 임명하는 것으로 바뀌게 되었다.[25]

이러한 당과 산하 단체들의 활동에 대해 국민은 과연 어떤 반응을 보였을까? 그들의 활동이 정권에 대한 국민의 지지를 끌어내는 데 얼마나 도움이 되었을까? 이 질문에 관한 최근 연구들은 그것이 대중의

---

25 Antonio Cazorla Sánchez, *Las políticas de la victoria. La consolidación del Nuevo Estado franquista (1938-1953)* (Madrid: Marcial Pons, 2000), pp.19-20; Borja de Riquer, *La dictadura*, p.43-45.

사회적 지지를 거의 얻지 못했으며, 새로운 국가 프로젝트에 대한 정치적 합의를 만들어 내지도 못했다고 이구동성으로 지적하고 있다. 이를테면 노동부와 노조중앙회, 여성단을 중심으로 당정의 주요 활동을 연구한 카르메 몰리네로는 그것이 별다른 성공을 거두지 못했다고 지적했다. 독일이나 이탈리아에서와 달리 에스파냐에서는 가톨릭교회와 군대가 이런 활동에 상당한 영향을 미쳤고, 이를 지원할 경제적 지원이 부족했으며, 통합과 조화 일색의 정치적 메시지가 정적에 대한 가혹한 탄압으로 퇴색되고 말았기 때문이라는 것이다. 실제로 노동자들은 노조중앙회에 대한 불만과 적대감을 표출하곤 했다. 당과 지방정부와 경찰의 공식 자료에 이런 점들이 잘 나타나 있다.[26]

프랑코 정권의 상징과 의례

프랑코 정권은 또한 체제 선전을 위한 특별 행사를 개최했다. 1939년 5월 19일 거대한 규모의 개선 행진 행사를 개최하였고, 그 이튿날에는 승리의 검 헌정식을 거행했다. 이는 프랑코 정권의 이념적 가치를 상징적으로 보여준 행사였다.

개선 행진은 내전을 승리로 이끈 군대의 힘을 과시하는 행사였다. 12만 명의 군인들이 마드리드의 카스테야나 대로를 6시간 동안 행진했다. 행진은 개선문 아래에 마련한 연단에서 프랑코가 직접 주재했다. 행진에는 에스파냐 군부대들뿐 아니라 독일의 콘도르 군단과 이탈리아의 의용군 부대, 팔랑헤 민병대도 참여했다. 행사는 페르난도 3

26 Carme Molinero, *La captación de las masas: política social y propaganda en el régimen franquista* (Madrid: Cátedra, 2005).

사진 4 개선 행진(1939년 5월 19일)

세의 월계수 십자가를 프랑코에게 인계하는 것으로 끝났다.[27]

승리의 검 헌정식은 프랑코가 승리의 검을 가톨릭교회에 헌정하는 의례였다. 이 행사는 마드리드의 산타 바르바라 교회에서 거행되었다. 프랑코가 '하느님의 은총으로 된 에스파냐의 카우디요'로서 카스티야 국왕들의 전례를 따라 수석 추기경이 주재하는 20명의 주교단에게 '이교도'를 물리친 승리의 검을 바치는 이 의례야말로 카우디요의 신성성을 인정해 주는 도유식(塗油式)이나 대관식 같은 행사였다. 이제 카우디요는 재정복 운동을 추진한 기독교 군주와 같은 대우를 받게 되었다. 프랑코가 헌정한 검은 톨레도 대성당에 모셔져 있는 알폰소 6세의 검 옆에 안치되었다.[28]

---

27 Pedro Montoliú, *Más que un desfile. Madrid en la posguerra, 1939-1946: los años de la represión* (Madrid: Sílex, 2005), p.69; Borja de Riquer, *La dictadura*, 59.

28 Paul Preston, *Franco. "Caudillo de España"* (Barcelona: Grijalbo Mondadori, 1998),

이 밖에도 프랑코는 승전일(4월 1일), 통일의 날(4월 19일), 국민봉기일(7월 18일), 카우디요의 날(10월 1일), 인종의 날(10월 12일), 호세 안토니오의 날(11월 20일) 등과 같은 여러 기념일과 더불어 성 야고보 축일(7월 25일), 성모 수태일(12월 8일), 예수 성심 대축일(6월 1일) 등과 같은 종교적 축일들을 국가적 축제일로 지정하고 성대하게 기념했다. 이런 축제 때는 군부대의 행진이 있었고, 팔랑헤당·여성단·청년전선 등 다양한 단체들의 집회도 열렸다. 이 단체들은 저마다 단체 특유의 제복을 입고 깃발을 들었으며, 단가를 부르거나 '에스파냐 만세!', '프랑코 만세!'와 같은 구호를 외치며 팔을 위쪽으로 펴는 파시즘식 경례를 했다.

집권 초기에 프랑코는 여러 도시를 순방했는데, 이 가운데 일부는 정말 화려하게 진행되었다. 이를테면 1942년 1월 27일 진행된 사바델의 방문이 그러했다. 도시 '해방' 3주년을 기념하는 이 (방문)행사에서는 독재자 앞을 지나는 분열 행진이 몇 시간이나 계속되었다. 팔랑헤당 단체들의 활동가들과 여성단 소속 가무단은 물론이고 학생들과 공장노동자들, 야경원들, 경비원들, 소방관들, 청소부들, 가로등 지기들, 축구선수들, 문화 단체 회원들, 스포츠 단체 회원들, 음악 단체 회원들, 오락 단체 회원들, 엽사 단체 회원들까지 이 분열 행진에 동원되었다.

새 정권을 홍보하는 이러한 행사에 주민들은 적극적으로 참여해야 했다. 1939년에서 1945년까지는 특히 그러했다. 정치권력과 행정기관의 통제를 받고 있던 라디오 방송국과 신문 같은 언론 매체들이 주민들의 참여를 적극적으로 유도했다. 공무원들과 공직자들은 행사에 강

---

p.412; Borja de Riquer, *La dictadura*, pp.59-60.

제 동원되었고, 주민들은 집 발코니에서 깃발과 천을 흔들어야 했다. 1940년대에 이 행사에 참석한 노동자들에게 기업가들은 반나절 보수를 지급해 주어야 했다.

프랑코 정권과 지방

프랑코 정권의 특징을 보여주는 또 하나의 상징은 주지사였다. 프랑코 독재하에서 주지사는 지방행정을 관리하고 통제하는 중요 인사였다. 1938년 규정에 따르면 주지사는 지방에서 내무부를 대신해 지방정부를 통할할 임무를 지니고 있었다. 중앙정부의 시책에 따라 지역정부(시·군의회와 시·군청)와 치안 책임자, 체제홍보 담당관을 직접 통할하는 것이 그의 주된 임무였다. 따라서 주지사의 권한은 막강했고, 활동 범위는 광범했다. 1941년 8월부터는 주지사가 시장과 시 당 위원장을 임명하기에 이르렀고, 1942년 말에는 주지사가 주 당위원장을 겸직하게 됐다. 주지사는 경찰력과 비상경비대(Somatén), 당 민병대—곧 군부대를 제외한 모든 무장 조직—를 직접 지휘했다. 주지사의 기본 업무는 사실 산하 시의회와 시청을 관리하는 것이었다. 지역행정기본법이 발효된 1948년 이후에는 주지사가 시의회와 시청 관리의 중요 업무를 떠맡았다.[29] 이제 제도상 지방 자치 시대가 끝났고, 지방 행정은 중앙 권력에 철저히 예속되게 되었다.

주지사직은 고위공직으로 진출하는 엘리트 코스의 주요 관문이었다. 1950년대와 1960년대에는 장차관들과 총국장들 상당수가 주지사

---

29 1948년까지 지역 행정은 주정부가 임명하는 관리위원회(comisiones gestoras)에 의해 이루어졌다.

출신이었다. 중요성이 큰 마드리드나 바르셀로나 같은 주와 문제의 소지가 있는 아스투리아스나 비스카야 같은 주의 주지사 임명에는 프랑코가 직접 관여했다. 주지사로는 대개 해당 지방을 잘 모르는 타지방 출신 인사가 임명되었는데, 이는 신임 주지사의 정실 인사와 과도한 정치적 영향력 행사를 예방하기 위함이었다.

1945년에 제정된 법으로 지역정부에서는 주요 공직자의 대표성과 피선거권이 사실상 사라졌고,[30] 상급자의 '신뢰'가 중요한 원칙으로 부각되었다. 공직자로 발탁되는 데는 상급자와의 이념적 친밀성이 중요하게 작용했고, 공직자가 된 뒤에도 그러한 예속 관계는 지속되었다. 이와 더불어 지역 행정의 기능이 축소되고 예산도 대폭 삭감되었다. 중앙정부의 통제가 늘어났으며 자치는 사실상 사라졌다. 프랑코 정권에서 지역정부는 더 이상 '권력' 기관이 아니었다.

프랑코 정권 초기 20년 동안 임명된 지방정부 고위공직자들(이를테면 주지사, 각료 위원, 군지휘관, 치안부대장, 법원장과 판사)의 출신을 분석한 결과에 따르면, 군인과 팔랑헤당원이 각각 37퍼센트와 30퍼센트를 차지했으며, 나머지는 애국연합, 에스파냐쇄신, 에스파냐자치우익연합 등의 반공화주의 극우세력이 나누어 차지했다. 한편 시장과 시의원에는 부유층(지주, 기업가, 상인)과 전문직 종사자들(변호사, 의사, 약사 등)이 우세를 보였으며 공무원들도 일부 있었다. 1948년에 임명된 시

30 물론 1945년 기본법에 따르면 선출직 시의원이 있었고 가장들이 이들을 선출했다. 하지만 대부분의 선거는 속임수였다. 입후보자 명단을 시장이 작성하고 주지사가 승인했을 뿐 아니라 선출직 시의원 수와 후보자 수가 같았기 때문에 선거 절차도 진행되지 않았다. 관련 규정에 따라 후보자가 자동으로 선출되었다. 따라서 아무도 선거의 진정성을 신뢰하지 않았다. Borja de Riquer, *La dictadura*, pp.66-69.

장과 시 당위원장을 분석한 연구에 따르면, 전체 3천여 명 가운데 30퍼센트 이상이 지주였고, 20퍼센트가량이 기업가나 상인이었으며, 변호사와 의사와 공무원이 각각 28퍼센트와 9퍼센트와 7퍼센트를 차지했다. 공화국 정부 출범과 더불어 시청과 시의회 집행부에서 밀려났던 부유층 상당수가 프랑코 정권하에서 다시 복권된 셈이다. 이들 부유층은 이제 재산과 종교, 질서와 전통 국가를 수호하겠다는 프랑코 정권을 적극적으로 지지하는 세력이 되었다. 이렇듯 프랑코 정권은 1940년대와 1950년대에 독재 체제의 기반을 다질 때 지역의 전통 세력을 잘 활용했다. 프랑코 정권은 또한 지방공무원직을 재향군인들·포로 석방자들·전사자 가족들에게 일종의 전리품으로 제공했는데, 그 비율이 전체 지방공무원직의 80퍼센트에 달할 정도였다. 그런 관행은 1960년대 중반까지 이어졌다.[31]

지역정부들은 내전 직후 복구 작업에 심혈을 기울여야 했으나 경제적 어려움으로 이 일을 제대로 처리하지 못했다. 이들은 난민들을 파악하고 분류하여 제 고장으로 돌려보내는 난민 이송 작업에도 관심을 기울여야 했다. 시청들은 특이하게도 거리와 광장의 명칭을 변경하는 일에 각별한 관심을 기울였다. 승자들과 관련이 없는 인물이나 기관의 명칭을 변경했으며, 기존의 이름 앞에다 '성'이나 '성녀'를 덧붙여 이름을 기독교식으로 바꾸거나 지명을 카스티야어 지명으로 개명했다. 이를테면 도시와 마을의 주요 거리에 '총사령관 프랑코(Generalísimo Franco)', '호세 안토니오 프리모 데 리베라(José Antonio Primo de

---

31 Borja de Riquer, *La dictadura*, pp.64, 71-73; María Encarna Nicolás, "Los poderes locales y la consolidación de la dictadura franquista," *Ayer*, nº 33 (1999), pp.65-86.

Rivera)', '몰라(Mola)', '산후르호(Sanjurjo)', '칼보 소텔로(Calvo Sotelo)' 같은 명칭을 붙였고, '콘도르 군단(Legión Cóndor)', '의용군(Corpo Truppe Voluntarie)', '두체 무솔리니(Duce Mussolini)'처럼 외국인 협력자들을 기리는 거리도 만들었다. 또 여기서 더 나아가 '하느님과 조국에 목숨을 바친 전사자'를 기리는 기념물을 건립하기도 했고, 교회 건물 정면 현판에 내전 희생자들의 이름을 새겨 넣기도 했다.

제2차 세계대전과 프랑코 정권

1939년 9월 1일 제2차 세계대전이 발발했다. 에스파냐 내전이 종결된 지 불과 5개월이 지난 시점에 일어난 전쟁이었다. 유럽 각국은 물론이고 프랑코의 에스파냐도 이 전쟁의 영향에서 벗어날 수 없었다.

전쟁 초기에 에스파냐의 대외정책을 주도한 인물은 1940년 10월 외무부 장관에 취임한 라몬 세라노 수녜르였다. 하지만 대전 기간은 물론이고 그 이후에도 프랑코와 그의 각별한 협력자 루이스 카레로 블랑코가 에스파냐의 대외정책 전반을 철저히 관리했다.

당시 프랑코 정권의 대외정책에 영향을 미친 요소는 두 가지였다. 우선 프랑코 정권은 내전 당시 친공화주의 성향을 보인 유럽 민주주의 국가들과 소련을 응징하고 싶어 했다. 그런 이유에서 반민주주의와 반공산주의를 외교활동의 기조로 삼았다. 다음으로 격화된 민족주의 담론과 제국주의 담론을 내세우며 아프리카로의 팽창을 기도했다. 그런 점에서 당시 프랑스의 아프리카 식민지가 처한 정치적 위기는 더할 나위 없는 기회였다. 요컨대 당시 프랑코 정권은 한편으로는 프랑스와 영국에 강한 반감을 지니고 있었고, 다른 한편으로는 독일과 이탈리아의 팽창주의에 이념적 동질성을 느끼고 있었다.

대전 초기 3년간은 프랑코가 추축국의 입장에서 그들을 지원하는 정책을 폈다. 추축국에 대한 프랑코 정권의 동조는 1939년 4월 7일 에스파냐의 반코민테른 협정(Pacto Anti-Komintern) 가입으로 구체화되었다. 1936년 11월 독일과 일본이 체결한 이 협정에 이탈리아가 추가로 가입해 있었다. 그보다 며칠 앞서 독일과 비밀 협정을 맺은 프랑코 정권은 1939년 5월 9일 국제연맹(League of Nations)을 탈퇴했다. 정권 기관지 『아리바』는 이 연맹이 프랑스와 영국의 자본주의적 이해를 도모하던 '노쇠한 단체'였다며 연맹 탈퇴를 정당화했다.[32]

대전 발발 시 에스파냐의 공식 입장은 중립이었다. 하지만 그렇다고 해서 독일의 폴란드 침공을 이해한다는 공식 입장을 숨기지는 않았다. 이어서 갈리시아와 카나리아 제도에 주둔 중인 독일 해군에게 보급 기지를 제공하기로 하는 비밀 협정을 독일과 체결하였고, 베를린과 로마, 파리 주재 대사관에 친추축국 인사들을 외교관으로 파견했다. 프랑코 정권은 독일이 프랑스에서 신속한 승리를 거두자 더욱 노골적으로 비교전국 행세를 했다. 비교전국은 중립국과 달리 교전국에 외교적·경제적 지원을 할 수 있었다.

그런 가운데 프랑코 정권은 '제국의 의지'를 드러냈다. 1940년 6월 14일, 독일군이 파리에 입성하던 바로 그날에 에스파냐군은 탕헤르를 점령했다. 이는 프랑코와 급진적 팔랑헤주의자들의 제국주의적 야욕을 드러낸 사건이었다. 이들은 여기에서 더 나아가 프랑스령 모로코

32 "El Editorial," *Arriba*, 9 de mayo de 1939.

전역에 대한 점령을 시도했다. 이틀 뒤인 6월 16일, 곧 공군부 장관이 될 후안 비곤 장군이 베를린으로 날아가 모로코 전체를 에스파냐의 보호령으로 삼고 싶다는 바람을 히틀러에게 전했다.[33] 하지만 프랑코는 모로코 정복을 포기할 수밖에 없었다. 모로코 주둔 프랑스 육군의 전력이 우세한 데다가, 독일이 전면 반대하고 나섰기 때문이다. 그해 9월 독일을 방문해 리벤트로프와 히틀러를 만난 세라노 수녜르는 모로코 문제가 양국의 군사동맹에 커다란 장해물이 되고 있다는 사실을 확인했다. 한편 에스파냐를 방문한 독일 친위대 총사령관 하인리히 힘러는 프랑코 군대가 추축국의 전쟁 수행에 아무런 도움이 되지 않는다고 결론 내렸다.[34]

10월에는 양국의 외무 장관이 배석한 가운데 프랑코와 히틀러가 에스파냐와 인접한 프랑스 국경도시 앙다이에서 회동했다. 회동의 목적은 에스파냐의 대전 참전 문제였다. 프랑코는 히틀러가 얘기한 유럽의 신질서 구축에 참여하는 대신 지브롤터와 프랑스령 모로코 일부를 차지할 수 있도록 지원해 달라고 요구했으나, 당시 대독 협력 정책을 펴고 있던 필리프 페탱과의 관계를 더 중요시하고 있던 히틀러는 이를 일언지하에 거절했다. 프랑코와 히틀러는 이 회동에서 결국 명시적 합의에 이르지 못했고, 에스파냐는 대전에 참전하지 않았다. 회동 이후 주고받은 모호한 내용의 비밀의정서가 회동의 성과라면 성과였다.[35]

---

33 Luis Suárez Fernández, *Franco* (Barcelona: Ariel, 2005), pp.164-165.

34 Manuel Espadas Burgos, *Franquismo y política exterior* (Madrid: Rialp, 1988), p.111.

35 에스파냐는 프랑코의 판단에 따라 대전에 참전하고 독일은 '아프리카 영토의 일부'를 양도받도록 에스파냐에 보장해 준다는 내용이었다. 앙다이 회동에 대한 자세한 설명은 Ricardo de la Cierva, *Hendaya: Punto final* (Barcelona, 1981)을 참조하라. Enrique Moradiellos,

그림 1 프랑코와 히틀러의 앙다이 회동 기념 삽화

그런데도 프랑코 정권은 이 회동에서 에스파냐의 대전 불참을 끌어낸 인물이 바로 프랑코라며 프랑코의 외교적 수완을 치켜세웠다. 하지만 이 선전은 결국 거짓이었다. 프랑코-무솔리니 회담과 세라노 수네르-페탱 회담도 이를 확인해 준다. 1941년 2월 12일에 개최된 프랑코와의 회담에서 무솔리니는 프랑코의 영토 야욕을 지지하지 않았으며, 그 이튿날 몽펠리에에서 개최된 회담에서도 페탱이 북아프리카에 대한 프랑코의 주장을 전면 거부했기 때문이다.

사실 에스파냐 군대는 대전에 참여할 상황이 아니었다. 1940년 3월

La España de Franco (1939-1975). Política y sociedad (Madrid: Síntesis, 2000), p.66; Paul Preston, *Franco*, pp.490-498, 503-504; Stanley G. Payne, *The Franco Regime, 1936-1975* (London: Phoenix Press, 2000), pp.273-274; Javier Tusell, *Historia de España en el siglo XX*. vol. III (Madrid: Ed. Taurus, 1999), pp.63-64.

고등군사위원회(Consejo Superior del Ejército)에 제출한 킨델란 장군의 보고서에 따르면 고위급 장교들 상당수는 "우리는 별로 준비가 돼 있지 않다."면서 대전 참여를 내켜 하지 않았다.[36] 내전 직후 에스파냐의 육·해·공군은 사실 전쟁에 뛰어들 상황이 아니었다. 게다가 일부 장군들에 대한 영국 정부의 매수 노력도 있었다. 에스파냐가 대전에서 중립을 지키도록 최선을 다해 달라고 영국 정부가 그들에게 금품을 제공했다.[37] 이들 고위급 장교들은 물론이고 무역업계와 가톨릭계도 새로운 전쟁에 휘말려 들지 않기를 바라고 있었다.

적어도 1942년까지는 에스파냐가 독일과 정치 노선을 같이했다. 독일이 소련을 공격한 1941년 6월에는 한층 더 그러했다. 그해 여름 에스파냐는 지원병을 모집해서 조직한, 이른바 '푸른사단' 부대를 동부전선에 파병했다. 또 독일의 전쟁 수행 지원을 위해 노동자 1만 명을 독일에 파견했다.[38]

이 무렵 당내에는 정통파 내지는 '순수파'가 브상하고 있었다. 이들은 초창기의 혁명 정신을 배신하고 틈만 나면 출세를 도모하는 '벼락

---

36 Javier Tusell y Genoveva García Queipo de Llano, *Franco y Mussolini. La política española durante la Segunda Guerra Mundial* (Barcelona: Planeta, 1985), p.97.

37 Informe de Hoare a Halifax, 4 de junio de 1940, FO 371/24508, Archivo del Foreign Office, Correspondence General, 1939-1945. 이에 대한 자세한 내용은 다음 자료를 참조하라. Richard Wigg, *Churchill y Franco. La política británica de apaciguamiento y la supervivencia del régimen, 1940-1945* (Barcelona: Debate, 2005); Ángel Viñas, *Sobornos. De cómo Churchill y March compraron a los generales de Franco* (Barcelona: Crítica, 2016).

38 노동력 제공은 내전 당시 독일에 진 채무를 갚는 일이기도 했다. 푸른사단에 대해서는 다음을 참조하라. Xavier Moreno Juliá, *La División Azul -sangre española en Rusia* (Barcelona: Ed. Crítica, 2005); Xosé Manoel Núñez Seixas, "La 'Cruzada europea contral el bolchevismo': Mito y realidad," *Cuadernos de Historia Contemporánea*, 34 (2012), pp.31-63.

출세자'와 '기회주의자'를 비난하고 국가조합주의 성격이 부족한 정부의 관점을 비판했다. 그들 가운데는 독일 편에 서서 전쟁에 나서지 않으면 자신들이 꿈꾸는 혁명을 결코 성공시킬 수 없을 것으로 생각하는 급진주의자들도 있었다. 이들은 세라노 수녜르를 따르는 '세라노파'와 더불어 프랑코에게 팔랑헤당의 정치적 역할 증대와 대전 참전을 주문했다.

하지만 1941년 5월 5일 단행한 내각 개편에서 프랑코는 오히려 팔랑헤당의 역할을 축소했다. 프랑코는 자신이 신뢰하는 군인 발렌틴 갈라르사를 내무장관에 임명하고 군주제파 군인 3명을 군사 관련 고위직에 발탁했으며, 무명의 해군 소령 루이스 카레로 블랑코를 국무조정실장에 해당하는 총리실 차관으로 기용했다. 또 당 사무총장과 농업부 장관, 노동부 장관에는 각각 호세 루이스 아레세, 미겔 프리모 데 리베라, 호세 안토니오 히론 데 벨라스코를 임명했다. 이들은 당 원로들이면서도 세라노 수녜르보다는 프랑코에게 더 충성하는 팔랑헤주의자들이었다. 특히 아레세와 히론은 당이 국가와 프랑코에게 예속되어 있음을 상징적으로 보여주는 인물들이었다. 이들은 세라노 수녜르를 프랑코와의 인척 관계로 성공을 거둔 벼락출세자로 여기고 있었다. 따라서 이들의 기용은 세라노 수녜르의 당권을 박탈하는 데 이용할 좋은 카드가 될 수 있었다.

시간이 흐를수록 프랑코 정권 내부의 정파 갈등이 서서히 부각했다. 정권이 안고 있는 주요 정치 문제는 상당수 팔랑헤주의자들의 반항적 태도와 카를로스주의자들의 음모라고 카레로 블랑코는 언급했다. 카를로스주의는 내전 이후 팔랑헤당과의 통합과 프랑코 정권과의 협력을 수용하는 집단과 그렇지 않은 집단으로 나뉘면서 약화했다. 마누엘 팔 콘데가 이끄는 후자의 전통회(Comunión Tradicionalista)는 프랑코에게 즉각 전통 군주제로 복귀하라고 요구했으며, 레케테와 '마르가리타회(margaritas)' 같은 단체들을 재건하고 정치 집회를 개최했다.[39] 1941년 여름, 팔 콘데가 카를로스주의자들의 푸른사단 입대를 금지하자[40] 프랑코 정권은 그를 메노르카로 유배 보냈다.

1942년 8월에는 프랑코 독재 최대의 정치 위기가 발생했다. 빌바오에 있는 베고냐 성당에서 육군부 장관 바렐라 장군의 주재로 내전에서 희생된 카를로스회 장병들을 위한 추도 미사가 거행되었는데, 그때 미사를 마치고 나오는 사람들을 향해 일부 팔랑헤주의자들이 수류탄을 투척하는 사건이 일어났다. 바렐라를 비롯한 고위급 장교들은 이를 팔랑헤당의 '육군 공격' 사건으로 간주하며 당 정치위원회의 의장을 맡고 있던 세라노 수녜르의 해임을 요구했다. 9월 3일 프랑코는 하는 수 없이 세라노 수녜르를 해임했고, 그와 더불어 그의 해임을 요구한 바렐라 장군과 발렌틴 갈라르사 장군도 장관직에서 해임했다.[41]

정권의 제2인자 세라노 수녜르의 해임에는 이 밖에도 다른 두 가지 요소가 더 영향을 미친 것으로 보인다. 우선 그의 처신에 대한 장군들

---

39 Manuel de Santa Cruz, *Apuntes y documentos para la historia del tradicionalismo español*, tomo 5 (Madrid: Gráficas Gonther, 1980), p.180; Mercedes Vázquez de Prada, "El nuevo rumbo político del carlismo hacia la colaboración con el régimen (1955-56)," *Hispania*, vol. 69 (2009).

40 카를로스주의자들은 친연합국 입장을 지니고 있었다.

41 Paul Preston, *Franco*, pp.580-588; Enrique Moradiellos, *La España de Franco*, pp.77-78; Stanley G. Payne, *El primer franquismo. Los años de la autarquía* (Madrid: Historia 16 - Temas de Hoy, 1997), p.38; Luis Suárez Fernández, *Franco. Los años decisivos, 1931-1945* (Barcelona: Ariel, 2011), pp.223-224.

의 적대감을 들 수 있다. 세라노 수녜르에 대한 군인들의 반감은 진작부터 있었다. 이를테면 1941년 12월 15일 고등군사위원회 본회의에서 킨델란 장군이 정권의 내부 사정과 대외관계 문제에 대한 비판을 늘어놓았는데, 이는 세라노 수녜르를 겨냥한 것이었다. 그 이듬해 1월에는 고등군사위원회 소속 장군들이 세라노 수녜르의 해임을 프랑코에게 공식 요청했다. 다음으로 1942년 중반부터 나타나기 시작한 연합국의 반격을 들 수 있다. 이로 인해 프랑코 정권은 외교정책의 기조를 수정할 필요가 생겼고, 외무부 장관을 교체할 수밖에 없었다. 프랑코는 세라노 수녜르보다 좀 더 신중한 고메스 호르다나 장군을 후임 외무부 장관으로 임명했다.

이 밖에도 프랑코는 법학자 블라스 페레스 곤살레스를 내무 장관에 기용하고, 카를로스 아센시오 카바니야스 장군을 육군부 장관에 임명했다. 이렇듯 베고냐 위기 이후 팔랑헤당의 전체주의 세력이 정치적 주도권을 상실하게 되었던 반면에 비팔랑헤주의자들의 세력은 오히려 강화되었다.

한편 에스파냐가 중립을 지키고 독일을 지원하지 않는다면 연합국은 에스파냐를 공격하지 않겠다고 공언했지만, 프랑코는 1942년 12월 독일과 무역 협정을 맺고 보급품을 계속 독일에 공급했다. 또 이듬해 2월에는 연합국의 에스파냐 영토 통행을 허용하지 않겠다는 비밀의정서도 채택했다.

하지만 1943년 7월 중순 이후 이런 에스파냐의 외교정책에 변화가 나타나기 시작했다. 이 무렵 시칠리아에 대한 연합군의 침공이 전개되었고 무솔리니의 해임과 체포가 진행되었다. 에스파냐 내에서는 이탈리아 파시즘 정권의 붕괴를 일종의 경고로 받아들이는 사람들이 많았다. 추축국 열강과 거리를 두고 경제 지원과 병참 지원을 중단하라고 영국과 미국 행정부가 프랑코 정권에게 요구한 것도 이 무렵이었다. 결국 추축국 열강과 공식적으로 거리를 둘 수밖에 없게 된 에스파냐는 그해 9월 12일 푸른사단을 철수했고, 10월 1일에는 내전에 대한 엄정한 중립을 선언한 후 가톨릭적이고 반공주의적 성격의 국민운동, 곧 '에스파냐의 길'을 강조하라는 보도지침을 언론에 하달했다.

이 시기에 국내 정치에도 몇 가지 새로운 변화가 나타났다. 우선 1942년 7월 17일 법령으로 코르테스(의회)를 구성할 수 있게 되었다. 이 코르테스는 노조 단체와 기관 단체와 지방자치 단체가 각각 3분의 1씩 대의원을 내는 방식의 단체 대표성에 입각한 '유기적 민주주의' 체제를 지향했지만, 사실은 독립된 입법기관이 아니라 행정부에 예속된 기관이었다. 당연직 대의원들(장관, 당 전국위원, 주도(州都) 시장, 대학 총장, 왕립학술원 원장 등)과 선출직 대의원들의 절대다수를 행정부나 프랑코가 임명했다. 국가원수는 법안 발의권과 거부권을 지니고 있었으므로 코르테스는 국가원수의 협력 기관에 불과했다. 초대 코르테스는 1943년 3월 17일에 구성되었다.

초대 코르테스가 구성되자 바르셀로나 백작 돈 후안(Don Juan)이 프랑코에게 군주제 복고의 필요성을 역설했다. 이에 대해 프랑코는 자신의 정권이 과도기적인 것이 아니고 장차 들어설 군주제는 국민운동의 정치 원리를 받아들여야 한다고 매우 단호하게 자신의 견해를 밝혔다.

군주제 운동은 1943년 2월 이후 두 집단을 중심으로 전개되었다. 과거에 장관을 지낸 카탈루냐 지도자 주안 벤토사 이 칼벨이 주도하는 집단은 군주제로의 이행을 끌어내기 위해 프랑코와 좋은 관계를 유지해야 한다는 견해를 지니고 있었다. 반면에 에스파냐자치우익연합의 대표였던 호세 마리아 힐 로블레스를 중심으로 하는 집단은 프랑코 앞에서 굽실거리는 태도를 버리고 군주제의 즉각적 복원을 주장했다. 주안 벤토사는 1943년 6월 코르테스 대의원 27명과 함께 프랑코에게 청원서를 제출했다. 주요 군주제주의자들이 연대 서명을 한 이 청원서에는 에스파냐의 역사적 전통에 제일 부합하는 군주제를 복원하여 카우디요와 군대가 착수한 과업을 마무리할 때가 되었다는 내용이 담겨 있었다. 이에 대해 프랑코는 분할통치 방식으로 대응했다. 그는 일부 서명자들에 대해서는 아무런 문제도 삼지 않았던 반면에, 또 다른 서명자들에 대해서는 대의원직을 박탈하거나 유배를 보냈다. 3개월 후인 9월 8일에는 육군 중장 8명이 프랑코에게 서신을 보냈다. 육군이 국내 질서를 책임질 테니 지체하지 말고 군주제로 복귀하라고 요청하는 내용이었다. 프랑코는 이에 대해서도 교묘한 수완을 발휘했다. 일부에게는 기대를 유발하는 모호한 답변을 제시했던 반면에, 다른 일부에게는 격리와 유배 조치를 단행했다.[42]

1944년 초에는 연합국이 대(對)에스파냐 석유 공급을 중단했다. 이는 독일에 공급하고 있는 에스파냐의 볼프람, 즉 텅스텐 수출을 중단하라는 일종의 압력이었다.[43] 1944년 8월 고메스 호르다나의 뒤를 이어 외무 장관이 된 호세 펠릭스 데 레케리카는 연합국의 신뢰를 얻고 프랑코 정권에 대한 적대감을 해소하기 위해 애썼다. 그는 진정한 위

42 Borja de Riquer, *La dictadura*, pp.97-99.

43 당시 볼프람은 에스파냐의 주요 외화 수입원이었다.

험은 공산주의와 소련의 야욕에 있다고 주장했다.

이 시기에 에스파냐의 정치 변화를 주문하는 연합국의 압력도 최고조에 달했다. 프랑코에게 군주제로의 이행 필요성을 설득하는 움직임이 국내외에서 일어나고 있었다. 돈 후안은 프랑코에게 보낸 1943년 8월 2일 자 전보를 통해 무솔리니의 운명을 상기시켜 주었다. 미국의 루스벨트 대통령은 물론이고 영국의 외무 장관 앤서니 이든과 주에스파냐 영국 대사 새뮤얼 호어까지 에스파냐에 민주적 해결 방안을 주문했다.[44] 이러한 주문에 대해 에스파냐 외무 장관 레케리카는 공산주의의 팽창이야말로 진정한 국제적 위험이라고 주장하면서 영국 정부를 설득하려 했다. 그는 처칠에게 반소비에트 동맹 구상을 제시하기까지 했다. 하지만 영국 정부는 이런 주장과 시도를 일축하며, 만일 에스파냐가 정치적 변화를 도모하지 않는다면 국제기구에서 배제당할 것이라고 경고했다.

프랑코 정권의 국제적 고립

프랑코 정권의 대독 관계 변화는 독일에서 비롯되었다. 1945년 4월 30일 히틀러가 사망한 것이다. 그의 사망 소식이 알려지고 며칠이 지난 5월 8일 프랑코 정권은 독일과의 외교 관계를 단절했다. 그다음 날인 5월 9일에 독일은 항복을 선언했다.

이러한 추축국의 몰락에 프랑코 정권 지지자들은 좌불안석이었다.

---

44 하지만 이들과 달리 영국의 제국주의적 이해를 무엇보다 우선시한 영국의 총리 처칠은 세계를 무대로 싸우는 연합국의 전쟁이 민주주의를 위한 투쟁은 아니라면서 이러한 민주적 해결 방안에 반대했다.

팔랑헤당을 탈당하는 이들이 속출했고 황급히 외국으로 탈출하는 이들도 있었다. 프랑코 정권은 이제 전승국들의 적대감과 반프랑코 저항 세력의 압력에 직면해야 했다. 생존을 위해 파시즘의 외양을 벗어 던져야 할 처지가 되었다.

프랑코 정권에 대한 적대감은 1945년 5월 19일 개최된 샌프란시스코 회의에서 그대로 드러났다. 멕시코의 제의로 에스파냐가 국제연합 가입 대상에서 제외되었다. 에스파냐 정부가 파시즘의 지원으로 수립되었다는 이유에서였다. 곧이어 열린 포츠담 회의에서도 승전국들은 프랑코 정권을 공개적으로 비난했고, 에스파냐를 새로운 국제사회의 일원으로 받아들일 수 없다고 밝혔다.[45]

이런 상황 속에서 군주제 복고 움직임이 활기를 띠어 갔다. 앞서 얘기한 대로 국내 거주 지도자들 대다수는 프랑코와 일정한 관계를 유지하는 전략을 취하고 있었고, 힐 로블레스와 사인스 로드리게스를 비롯한 리스본 거주 정치인들은 군주제 복고 문제에 대해 프랑코가 수작을 부리지 못하게 해야 한다는 생각을 갖고 있었다. 1944년 2월에는 군주제위원회(Junta Monárquica)가 마드리드에서 출범했다. 알폰소 13세의 사촌 알폰소 데 오를레앙 대군이 위원회를 대표하고 있었다. 위원회는 돈 후안으로부터 군대와의 접촉을 유지하면서 군주제 복고에 대해 프랑코와 협상을 전개하라는 지시를 받았다. 1945년 봄에는 보수우익 단체들, 곧 에스파냐자치우익연합, 에스파냐쇄신, 카탈루냐

---

45 Enrique Moradiellos, "La Conferencia de Potsdam de 1945 y el problema español," Javier Tusell y Rosa María Pardo Sanz (coord.), *La Política exterior de España en el siglo XX* (Madrid: UNED, 1997), pp.307-326.

연맹, 전통회로 구성된 군주제연합(Coalición Monárquica)이 등장했다.

하지만 군주제 복고 운동의 주역은 돈 후안으로 더 잘 알려진 바르셀로나 백작 후안 데 부르봉이었다. 그가 3월 19일 스위스 로잔에서 성명을 발표했다. 이 성명서에서는 프랑코 정권이 전체주의의 영감 속에서 생겨났고, 에스파냐의 전통과 배치되며, 전쟁 이후 구성될 새로운 유럽과도 어울리지 않는다는 정권에 대한 비난이 담겼다. 그러면서 그는 전통 군주제가 유일한 해결책이므로 이를 복원해야 한다고 프랑코에게 호소했다. 나아가 그는 새로운 체제에서는 광범한 정치적 사면을 단행하고 사회적 불평등을 해소할 경제적 조치를 단행해야 하며 개인의 자유와 권리와 지역의 다양성을 인정하는 정치적 민주화도 이루어져야 한다고 주장했다. 프랑코 정권에 대한 부정과 내전 패배자들에 대한 배려를 염두에 둔 것으로 해석할 수 있는 이 로잔 성명(Manifiesto de Lausana)은 공화국 망명 정부의 주장과 대전 승전국들의 이념에 더 부합하는 것으로 보였다.[46] 이에 대해 국내 군주제파, 특히 군인들이 거세게 반발했다. 이들을 깜짝 놀라게 한 것은 내전 패배자들의 복권 가능성이었다. 로잔 성명은 공화주의자들의 복귀를 두려워한 사람들이 프랑코를 중심으로 다시 결집하는 결과를 초래했다.

한편 미국·영국·드골 장군의 프랑스 정부는 프랑코의 자발적 퇴진을 바라고 있었다. 이들은 그가 민주주의로의 이행을 완수하기를 바랐다. 하지만 그러면서도 질서 유지를 더 중요시했다. 그들이 제일 우려한 것은 에스파냐의 불안정이었다.

46 Luis Suárez Fernández, *Franco*, p.290; Paul Preston, *Franco*, pp.655-656; Borja de Raquer, *La dictadura*, pp.103-104.

프랑코 정권은 이러한 국내외의 압력에 맞서 그동안 주장해 온 공식 담론을 수정하기 시작했다. 이를테면 에스파냐 내전은 반공주의 투쟁이었지 반공화국 투쟁은 아니었다고 주장했다. 한 걸음 더 나아가 카레로 블랑코는 세계대전에서 에스파냐가 독일 측에 가담한 것은 반공주의 투쟁을 지원하려는 바람에서 그랬던 것이며, 프랑코 정권은 군주제로의 이행 가능성을 배제하지 않는 보수 가톨릭 정권이지 파시즘 정권은 아니라고 주장했다. 그는 또한 에스파냐가 새로운 국제무대에서 활용해야 할 정치적 무기 3가지가 있는데, 그것은 바로 가톨릭교와 반공주의와 지정학적 위치라고 주장했다.[47]

프랑코는 이런 상황을 타개하기 위해 내각을 개편했다. 1945년 7월 18일 개편된 내각에서는 팔랑헤주의 각료가 3명으로 줄어든 반면에 군인들은 6명으로 여전히 다수를 차지했다. 프랑코는 당 사무총장 호세 루이스 아레세를 해임하고 사무총장을 차관급으로 강등시켰으며 1948년 11월까지 그 자리를 공석으로 두었다.[48] 또 전국가톨릭전교자회(Asociación Católica Nacional de Propagandistas)의 대표를 맡고 있던 알베르토 마르틴 아르타호를 외무 장관에 임명했다. 이렇게 국제관계의 책임을 가톨릭 신자에게 맡긴 데는 정치적 계산—정권에 대한 국제사회의 인식이 점차 나빠지는 상황 속에서 국제가톨릭운동 및 교황청과의 관계부터 개선해 나가야겠다는 속셈—이 깔려 있었

47 Javier Tusell, *Carrero. La eminencia gris del régimen de Franco* (Madrid: Temas de Hoy, 1993), p.117; Antonio Téllez Molina, "España y la Segunda Guerra Mundial. Los informes reservados de Carrero," *Mélanges de la Casa de Velázquez*, 29-3 (1993), p.279; Borja de Raquer, *La dictadura*, p.106.

48 이때 사무총장직이 다시 장관급으로 승격되고 라이문도 페르난데스 쿠에스타가 사무총장에 임명되었다.

다. 이뿐만이 아니었다. 프랑코는 언론 검열을 담당하는 국민교육실장(Vicesecretaría de Educación Popular)에 가톨릭전교자회의 이바녜스 마르틴을 임명했다. 또한 상공부 장관에는 경제자립 정책의 의지를 보여주기라도 하듯 산업진흥공사(Instituto Nacional de Industria) 사장 후안 안토니오 수안세스를 기용했다. 이러한 내각 개편에는 카레로 블랑코의 전략이 반영되어 있었다. 소련과의 대립을 인식하고 있는 서구 열강들이 에스파냐가 심각한 위기와 무질서에 빠지게 내버려두지는 않을 것이라고 확신한 그는 국내외의 압력에도 불구하고 기존의 정책 기조를 그대로 유지하는 게 좋겠다고 프랑코에게 조언했다. 그는 '질서, 통일, 인내'의 구호를 중심으로 체제 지지자들을 결집해야 한다고 주장했다.[49]

요컨대 대전 이후 새로운 국제 정세에도 불구하고 독재 체제라는 프랑코 정권의 본질에는 아무런 변화도 일어나지 않았다. 다만 급진적 성격의 팔랑헤주의가 정치적으로 약해졌을 뿐이다. 당 정치위원회가 장식용 기관으로 전락했으며 당 중앙위원회도 사라질 처지에 놓였다.[50] 국내 정치에서는 이제 친독일파가 자취를 감췄으며 로마식 경례 같은 파시즘적 의례들도 사라졌다.

1945년에서 1947년 사이에는 군주제의 복원 가능성이 높아 보였다. 가톨릭교회, 특히 교황청이 이 복원 작업을 지원하고 나섰다. 고위급 장교들 상당수도 군주제의 복원을 바랐으며 수동적이기는 하지만 기

49 Antonio Téllez Molina, "España," p.280; José María Marín, Carme Molinero, Pere Ysàs, *Historia política de España, 1939-2000* (Madrid: Istmo, D. L., 2001), p.66.

50 당 정치위원회는 국가예산 승인을 위해 1년에 한 차례 열리게 되고 당 전국위원회는 1956년까지 프랑코가 회의 소집을 하지 않았다.

업계와 은행가들도 복원을 지지했다. 게다가 영국 정부와 미국 정부도 이 복원 작업에 호의적 태도를 보였다. 하지만 이 작업의 성공 여부는 프랑코에게 달려 있었다. 그가 물러나야 했고, 이것을 그에게 설득할 필요가 있었다. 이를 위해 기존의 정치적 입장에서 급선회한 세라노 수녜르가 1945년 9월 프랑코에게 과도 내각 구성을 제안하기까지 했지만, 프랑코는 일언지하에 거절했다.[51]

1946년에는 국제적 압력이 더욱 거세졌다. 신생 국제연합은 프랑코 정권이 대전 패전국들의 지원을 받아 무력으로 집권했다고 비난하면서 에스파냐의 회원 가입을 거부했다. 그해 3월에는 프랑스 정부가 에스파냐와의 국경을 폐쇄하기로 결정했고, 12월에는 국제연합 총회에서 마드리드 주재 대사 철수와 프랑코 정권과의 경제 관계 중단을 각국에 권고하기로 의결했다. 프랑코 정권이 나치 독일과 파시스트 이탈리아의 지원으로 수립된 파시즘 정권이라는 이유에서였다.[52] 포르투갈, 아일랜드, 스위스, 아르헨티나, 교황청을 제외한 국제연합 대다수 국가가 이 거부 운동에 동참했다. 하지만 유엔의 의결을 받아들이면서도 그 파장을 최소화하려고 노력한 나라들도 있었다. 영국과 미국이 바로 그런 경우였다. 이 두 나라와 프랑스는 에스파냐 내정에 간섭하지 않기로 한 '3자 각서(Nota tripartita)'를 1946년 3월 4일에 이미 주고받았다. 심지어 영국의 처칠은 그다음 날인 3월 5일 '냉전'의 시작을

---

51 Stanley G. Payne, *Fascism in Spain, 1923-1977* (Madison: University of Wisconsin-Madison, 1999), p.401; Javier Tusell, "Serrano Suñer, tragedia personal y fascismo político," *El País*, 2 de septiembre de 2003; Borja de Riquer, *La dictadura*, p.109.

52 "Resolución 39(1) de la Asamblea General de la ONU sobre la cuestión española," Fundación Acción Pro Derechos Humanos, 2022. 8. 22. 접속.

알리는 '철의 장막'에 관한 연설을 했다.[53] 이런 분위기 속에서 미국과 아르헨티나는 에스파냐에 각각 석유와 밀을 여전히 공급했다. 이런 이유로 유엔이 추진한 대(對)에스파냐 무역 거부 운동 조치는 그 효과가 다소 약해졌다. 하지만 그것만으로도 에스파냐의 경제 사정을 악화시키기에는 충분했다.

프랑코는 이러한 국제적 압력에도 아랑곳하지 않았다. 언론을 장악한 그는 국제적 압력이 새로운 내전을 부추기려는 외국 정부들의 음모이고, 자신은 외세를 배격하고 평화를 추구하려는 애국자라고 주장했다. 프랑코 정권은 또한 '프랑코 아니면 공산주의'라는 이분법적 구호를 유포했다. 민족 자존심과 내전의 기억을 교묘히 활용하여 군주제 복원 지지자들을 외세나 프리메이슨에 협력하는 반(反)에스파냐 인사들로 호도하였으며, 프랑코의 퇴진은 새로운 내전의 시작을 의미한다고 호소했다. 당시 나라가 또다시 심각한 대립으로 치닫기를 바라는 에스파냐인들은 사실상 거의 없었다. 한편 대다수 군인은 이러다가 정권이 무너질 수도 있겠다는 위기의식에 사로잡혀 프랑코를 중심으로 다시 결집하기 시작했다.[54]

이 시기 프랑코 정권은 몇 가지 정치 혁신을 시도했다. 그것이 에스파냐인특별법(Fuero de los Españoles)과 지방자치기본법(Ley de bases del Régimen Local), 국민투표법(Ley de Referéndum), 국가원수계승법(Ley de la Sucesión en la Jefatura del Estado, 이하에서는 '계승법')으로 구

53 그는 미국 미주리주의 풀턴에서 공산주의자들이 유럽을 둘로 쪼개는 '철의 장막'을 건설하고 있다고 연설했다.

54 일부 군인들이 프랑코의 세력을 약화하려는 음모를 꾸미기도 했지만 모두 실패했다.

체화되었다. 1945년 7월 17일에 선포된 에스파냐인특별법은 프랑코의 에스파냐에서도 시민들이 일정한 정치적 자유를 향유하고 있음을 과시하기 위해 만든 법에 지나지 않았다. 각종 권리만 법에 언급했을 뿐, 그것을 보장할 실제적 장치들은 전혀 제시하지 않았다.

한편 1947년 7월 6일에 국민투표에 부쳐져서 그해 7월 27일에 발효된 계승법[55]은 프랑코의 종신 집권을 보장하려는 법이었다. 국가원수가 적절한 시점에 계승자를 지명하도록 규정한 이 법에 따라 프랑코는 이제 미래의 국왕을 지명할 수 있게 되었다. 그가 정통성의 유일한 원천이 된 것이다. 이 법에 따라 프랑코가 임명하는 위원들로 구성된 두 개의 기구, 곧 섭정위원회(Consejo de Regencia)와 왕국위원회(Consejo del Reino)가 신설되었다. 이 법으로 제일 큰 타격을 받은 사람은 당시 프랑코의 유일한 경쟁자였던 바르셀로나 백작이었다. 그는 1947년 4월 7일 에스토릴 성명(Manifiesto de Estoril)을 통해 왕위 계승자와 상의하지 않고 군주제의 성격을 바꾸려는 법안의 내용은 불법이라고 비판했다. 하지만 백작의 대응은 정치적 파장이 그렇게 크지 않았다. 군주제파를 자처하는 자들 상당수가 이미 이 법안을 수용하고 있었고, 프랑코와의 대립을 바라지 않았다. 백작은 하는 수 없이 이듬해 8월 25일에 자녀 두 명을 에스파냐로 보내 교육받게 하겠다고 프랑코와 합의했다. 이는 돈 후안이 계승법을 암묵적으로 승인했음을

---

55 국민투표를 관리한 내무부는 법안에 대한 비판적 선전을 금하고 유권자에게 투표를 강요하는 방식으로 투표를 진행했으며 그 결과도 조작했다. 투표 결과 유권자들의 82퍼센트가 투표에 참여하고 투표자의 93퍼센트가 찬성표를 던진 것으로 집계되었다. 그런데 정말 '놀랍게도' 유권자 수보다 더 많은 찬성표가 나온 지역들도 있었다. 이들이 이 국민투표에 이렇게 관심을 보인 이유는 이 투표가 프랑코 개인과 그의 업적 전반에 대한 국민투표의 성격을 지니고 있다고 보았기 때문이다. Borja de Riquer, *La dictadura*, pp.116-117.

의미했다. 한편 이 계승법은 카를로스주의자들의 분열을 초래하기도 했다. 그들은 부르봉-파르마가의 하비에르(Javier de Borbón-Parma)와 부르봉가의 후안(Juan de Borbón, 돈 후안), 합스부르크-부르봉가의 카를로스(Carlos de Habsburgo y Borbón)를 계승자로 각각 추대하는 세 집단으로 분열되었다. 프랑코는 왕위 계승 요구자들이 3명이나 되는 현실을 교묘하게 잘 이용하며 국왕 지명 문제를 수면 아래로 가라앉힌 채 20년 정도를 더 버텨 나갔다.

1947년과 1948년에는 국제무대에 새로운 변화가 생겼다. 냉전이 시작된 것이다. 이탈리아, 프랑스, 벨기에 같은 일부 유럽 국가들은 공산당을 추방했다. 프랑코 정권은 이러한 반공주의 분위기의 혜택을 받았다. 냉전의 긴장이 고조되면서 서방 국가들과의 외교 관계와 경제 관계를 점차 정상화해 나갈 수 있었다. 또한 라틴아메리카 국가들이나 일부 아랍 국가들과도 우호 관계를 맺으면서 국제적 고립을 어느 정도 극복해 나갈 수 있었다. 에스파냐에 대한 외교적 압력과 경제적 압박도 갈수록 줄어들었다. 미국이 에스파냐의 전략적 가치를 재평가하기 시작했다.

하지만 프랑코 정권이 독재 체제를 유지하면서 입은 손실은 적지 않았다. 1947년에 시작된 미국의 대(對)유럽 경제원조 계획(마셜플랜)의 혜택을 받을 수 없었고, 1949년에 출범한 북대서양조약기구(나토)에도 가입할 수 없었다.

1948년 2월에 프랑스가 국경을 다시 개방한 것, 그해 5월과 6월에 프랑스와 영국이 에스파냐와 상업 및 금융 협정을 체결한 것은 그나마 다행이었다. 1949년과 1950년에는 미국 정부와 체이스내셔널은행

(Chase National Bank)으로부터 차관을 지원받았다. 1950년 11월에는 종전의 대사 철수 협정을 철회하는 유엔 결의가 있었고, 영국과 미국의 대사들이 마드리드로 돌아왔다. 한국전쟁으로 조성된 국제 정세도 프랑코 정권이 서구 세계의 정치적 인정을 받는 데 중요하게 작용했다. 1953년에는 에스파냐가 미국과는 방위협정을, 교황청과는 정교협약을 각각 체결했고, 1955년에는 마침내 유엔의 회원국이 되었다.

탄압과 숙청

프랑코 정권은 내전 패배자들을 사회정치적으로 통합하거나 그들과의 화해를 모색하는 데에는 관심이 없었다. 신질서를 구축하고 신국가를 건설하겠다는 프랑코 정권은 그들을 탄압하고 민주주의 세력을 발본색원하는 데 집중했다. 이를 위해서 그들은 각종 법과 제도를 마련하고 다양한 수단들을 동원했다. 특히 1940년대에는 일벌백계주의를 내세우며 대대적인 탄압을 광범위하고 지속적으로 자행했다. 이러한 탄압과 숙청은 독재 체제를 확고하게 다져 나가야 할 필요성과 맞물려 이루어졌다.

프랑코 정권의 탄압은 그 특성상 크게 두 단계로 나뉜다. 1944년까지는 탄압이 보편적이고 격렬했으나 그 이후에는 다소 완화되었다. 하지만 1945년 이후에도 탄압이 격심한 시기가 간헐적으로 있었다. 1947~1950년과 1958~1963년, 1969~1975년이 그랬다.

프랑코 정권은 자신들의 정치적 이익에 부합하는 사법 기구를 신설했으며, 내전 패배자들을 색출하고 처벌하는 데 입법과 사법 행정을 이용했다. 특히 군법에 따라 가혹한 처벌도 가능한 군대를 제일 강력한 탄압 기관으로 활용했다.

프랑코 정권은 내전과 내전 직후에 탄압의 근거가 되는 법률들을 제정했고, 필요에 따라 그 법률들을 확대 개정했다. 정당금지령(1936년 9월), 노조 및 정치결사 금지법(1936년 10월), 정치책임법(1939년 2월), 프리메이슨·공산주의 억압법(1940년 3월), 국가보안법(1941년 3월), 군사반란법(1943년 3월), 집단강도·테러행위 억압법(1947년 4월), 치안유지법(1959년 7월)이 여기에 해당한다. 앞의 다섯 개 법률은 내전 이전과 내전 중의 활동을 대상으로 한 것이었고, 뒤의 세 개 법률은 내전 이후의 활동을 대상으로 한 것이었다.

이 법들 가운데 1936년 7월 18일 이후 공화 진영에 협력한 자들에게 정치적 책임을 묻겠다는 정치책임법은 그 적용 시점을 1934년 10월 아스투리아스 혁명까지로 소급했다. 프랑코 정권은 이 법에 따라 군인 2명, 팔랑헤당 중앙위원 2명, 재판관 2명으로 구성되는 정치책임 중앙재판소(Tribunal Nacional de Responsabilidades Políticas)를 설치하고 엔리케 수녜르를 재판소장에 임명했다. 지방재판소들도 이와 유사한 조직을 갖추었다. 1939년 8월부터 각 시청은 정치적 책임이 있는 용의자들의 명부를 작성하여 관할 지방재판소에 제출했다. 프랑코 정권의 정치·경제적 탄압을 연구한 마누엘 알바로 두에냐스에 따르면 1966년까지 대략 40만 명의 혐의자가 재판받았고, 그들 가운데 절반 가량이 유죄 판결을 받았다.[56]

56 Manuel Álvaro Dueñas, *Por ministerio de la Ley y voluntad del Caudillo: La Jurisdicción especial de responsabilidades políticas (1939-1945)* (Madrid: Centro de Estudiso Políticos y Constitucionales, 2006); Julio Gil Pecharromán, *Con permiso de la autoridad. La España de Franco (1939-1975)* (Madrid: Temas de Hoy, 2008),

한편 프리메이슨·공산주의 억압법은 에스파냐 국내에 광범한 반(反) 에스파냐 프리메이슨 공모 세력이 존재한다는 프랑코 정권의 강박 관념을 해소하기 위한 법이었다. 에스파냐 국내 프리메이슨 단체 회원 수가 5천 명을 넘지 않던 시기에 프랑코 정권은 이 법으로 8만 명 정도를 고발했다. 종교와 조국과 주요 제도에 반하는 이념을 주장했다는 이유에서였다. 1940년 6월 관련 재판소를 설치하고 악명이 자자한 팔랑헤당 중앙위원이자 군인인 마르셀리노 데 울리바리 에길라스에게 초대 재판소장을 맡겼다. 재판소는 제일 먼저 망명 중이던 저명한 공화파 정치인들, 곧 디에고 마르티네스 바리오, 산티아고 카사레스 키로가, 알바로 데 알보르노스, 훌리안 알바레스 델 바요, 후안 네그린, 루이스 히메네스 데 아수아 등에게 유죄 판결을 내렸다. 1940년 4월에는 법무부 장관 시행령으로 검찰청을 통해 '마르크스주의 혁명에 관한 일반소송(Causa General)'을 진행했다. 이 소송의 목적은 내전 시기 공화 진영의 범죄 행위뿐 아니라 1931년 제2공화국 수립 이후 정부 당국과 그 지지자들의 활동에 관한 증거를 수집하는 데 있었다. 시청, 증인, 가족, 친구들로부터 입수한 정보들이 정치 재판의 증거로 활용되었다. 1960년대까지 진행된 이 일반소송의 희생자는 무려 8만 6,000명에 달했다.[57] 이 일반소송은 관련 책임자들을 숙청할 근거를 제공해

---

p.39; Julián Casanova, "La dictadura que salió de la guerra," Julián Casanova (ed.), *Cuarenta años con Franco* (Barcelona: Crítica, 2015), p.61; Borja de Riquer, *La dictadura*, pp.128-129.

57 Montserrat Armengou y Ricard Belis, *Las fosas de Franco. ¿Hay un holocausto español?* (Barcelona: Debolsillo, 2005), pp.103-115; Carlos José Márquez, *Cómo se ha escrito la Guerra Civil española* (Madrid: Lengua de Trapo, 2006), pp.70-76; Santiago Moreno Tello y José J. Rodríguez Moreno, *Marginados, disidentes y olvidados en la historia* (Cádiz: Servicio Publicaciones UCA, 2009), p.301.

주었을 뿐 아니라, 일반 시민들에게 '적색 공포'를 조장하고 그들을 위협하는 선전 수단이 되었다. 이 소송은 1936년 7월의 군사 반란을 정당화하고 프랑코 정권을 합법화하려는 정치적 목적에도 유용했다.[58]

이 밖에도 1943년의 군사반란법으로 국민운동에 반하는 모든 활동을 '군사 반란'으로 규정하면서 파업과 시위를 군사 반란으로 다루었다. 또한 치안대와 군대의 반프랑코 게릴라 소탕 활동에 합법성을 부여하기 위한 1947년의 집단강도·테러행위 억압법으로 정치범들을 약식재판으로 처리했다.[59] 반프랑코 게릴라 운동단체 마키(Maquis)의 활동이 주요 표적이었다. 마지막으로 1959년에 제정한 치안유지법을 통해 치안에 영향을 미치는 범죄 활동들을 내전이 끝난 지 20년이 지난 시점에서도 여전히 군사법원에서 다룰 수 있게 되었다.[60]

정치책임재판소와 군법회의의 구성과 처리방식은 비교적 단순했다. 경찰과 치안대, 팔랑헤당, 시청이 지방재판소에 고발장을 제출하면 지방재판소는 그것을 접수하고 사건을 관할 주재판소(tribunal provincial)와 관할 군재판소(tribunal comarcal)로 이첩했다. 주재판소와 군재판소는 중대 사건을 군사법원에 회부하고 나머지 사건은 자체적으로 처리했다.

---

58 Julián Casanova, "La dictadura," p.67; Daniel Oviedo Silva, "Violencia masiva y tortura en la guerra civil," Pedro Oliver Olmo (ed.), *La tortura en la España contemporánea* (Madrid: Los Libros de la Catarata, 2020), p.95.

59 이 법령은 게릴라들의 투쟁에 정치색을 부여하지 않으려고 게릴라 대원을 전투원이 아니라 '강도'로 다루었다. 1958년에는 법치국가에서는 찾아보기 어려운 즉결재판법(Ley de Procedimientos Sumarísimos)을 제정하고 과격 활동을 전담하는 특별군사재판소(Juzgado Militar Especial)를 설치했다. César Lorenzo Rubio, "La máquina represiva: la tortura en el franquismo," Pedro Oliver Olmo (ed.), *La tortura*, p.144; Julio Gil Pecharromán, *Con permiso*, p.154.

60 César Lorenzo Rubio, "La máquina," pp.158-162.

탄압 정책을 추진하는 주요 집행기관은 군대였다. 군사법원과 특별 군사재판소에서 열리는 군법회의(consejo de guerra)는 군인들로 구성되었다. 검사와 변호사도 마찬가지였다. 이들은 법적 소양을 갖추지도 않았다. 군법회의는 신속하고 독단적으로 진행되어 사건 심리와 회의 개회, 사형 판결과 처형이 며칠 내에 처리될 때도 있었다. 피고는 대체로 재판이 시작될 때까지 무슨 내용으로 고소를 당했는지 모를 정도로 무방비 상태였으며, 같은 지역에 거주하고 있다는 이유 하나만으로 10명 이상이 한꺼번에 재판받기도 했다. 공정한 재판이나 사건의 진상 파악에는 관심이 없었기 때문에 고발 내용을 확인하는 절차도 거의 없었다. 그들의 관심은 오직 '빨갱이들을 처벌하는' 데 있었다. 처벌은 군사 반란 지원, 군사 반란, 군사 반란 가담에 따라 6년 이상의 징역형에서 사형에 이르기까지 표준화되어 있었으며, 피고가 무죄 석방되는 경우는 매우 드물었다.[61]

비록 정확한 수치는 알 수 없으나 군법회의의 판결에 따라 강제수용소에 수감된 수용자들이 1936년에서 1942년 사이 대략 50만 명에 달했던 것으로 추정된다.[62] 이는 1939년 에스파냐의 교도소와 강제수용소의 수용 능력을 초과하는 수치였다. 이에 교도소의 수용 능력 부족 문제를 해결하고 값싸고 풍부한 노동력을 제공하기 위해 구금자

---

61 Borja de Riquer, *La dictadura*, pp.132-133.

62 프랑코 정권 초기에는 수용소의 수가 300곳이 넘었다. 이 시기에 수용소에 수감된 수용자가 70만 명에서 100만 명에 달했다는 주장도 있다. Borja de Riquer, *La dictadura*, p.133; Javier Rodrigo, "Internamiento y trabajo forzoso: los campos de concentración de Franco," *Hispania Nova: Revista de Historia Contemporánea*, 6 (2006); Carlos Hernández de Miguel, *Los campos de concentración de Franco: Sometimiento, torturas y muerte tras las alambradas* (Barcelona: Ediciones B, 2019), p.72.

들과 포로들을 최소 6개월간 노동자대대(Batallones de Trabajadores)로 편성하기도 했다.[63] 1940년 5월에는 군부대로 편입하기에는 위험한 '반체제 인사들'을 교정하기 위한 노동자병사훈육대대(Batallones Disciplinarios de Soldados Trabajadores)를 창설했다. 1942년 6월 통계에 따르면 51개 대대에 4만 6,000여 명이 편성되어 강제노동을 수행했다. 노동자대대와 노동자병사훈육대대는 대개 도로와 다리, 철도, 공공건물(병영, 교도소, 병원, 교회, 학교, 시장 등) 등의 재건 사업을 담당했다.[64]

한편 여성 수형자들은 남성 수형자들보다 더 잔인한 대우를 받았다. '빨갱이'나 '반역자'로 분류된 여성들은 감시와 탄압, 성폭력의 대상이 되었다. 그들 가운데 상당수는 피마자기름을 마시고 머리를 빡빡 밀고 거리를 활보해야 하는 수모를 겪기도 했다. 게다가 자녀들도 함께 수감되었는데[65] 나중에는 자녀들을 수형자들에게서 빼앗아 사회부조 단체에 넘겼다. 수형자들이 자녀를 양육하기에 적합하지 않다는 이유에서였다.

최근 들어 역사가들 상당수가 정리한 바에 따르면, 프랑코 진영이 내전 기간과 내전 이후에 정치적 이유로 처형한 사람들의 수는 적어도 14만 명이다. 이 가운데서 내전 이후에 처형된 자들이 3분의 1 정도였을 것으로 추정된다. 그러니까 대략 5만 명 정도가 프랑코 정권

---

63 1939년 7월 현재 9만 3,000여 명의 수감자가 137개 대대에 편성되었다.

64 노동자대대와 노동자병사훈육대대에 대해서는 다음 자료를 참조하라. Carme Molinero, Margarita Tintó Sala y Jaume Sobrequés (eds.), *Los campos de concentración y el mundo penitenciario en España durante la guerra civil y el franquismo* (Barcelona: Crítica, 2003); Edurne Beaumont Esandi y Fernando Mendiola Gonzalo, "Batallones Disciplinarios de Soldados Trabajadores: Castigo político, Trabajos forzados y Cautividad," *Revista de Historial Actual,* vol. 2, núm. 2 (2004), pp.31-48.

65 1943년 여성교도소에 1만 2,042명의 어린이가 있었고 남성교도소에도 9,000여 명이 있었다는 기록이 존재한다.

의 잔인한 정치 보복에 희생되었다.[66] 이러한 정치 탄압은 남부의 농업 지역에서 특히 심했다. 안달루시아에서는 5만 3,655명의 희생자가 700곳 정도의 암매장지에 매장되었을 것으로 추정되는데, 그들 가운데 1만 3,000명 이상이 1939년 4월 1일 이후에 희생되었다. 처형된 자들 대다수는 노조 및 좌파 정당들과 관련이 있는 농민들과 산업노동자들이었다.[67]

프랑코 정권이 내전 패자들에 대해 단행한 또 다른 탄압 조치는 숙청이었다. 프랑코 정권은 공공행정 분야에서 대규모 숙청을 단행했고, 민간 부문에도 그와 유사한 압력을 행사했다. 공무원 숙청의 기준을 마련한 1939년 2월 10일 법에 따르면 국민운동 가입 여부가 그 기준이었다. 프랑코 군이 통제한 지역에서는 내전 중에도 이와 유사한 기준을 채택하고 있었다. 이러한 숙청은 반프랑코 세력을 처벌하려는 조치였을 뿐만 아니라 신국가 건설에 걸맞은 공무원을 양성하려는 조치이기도 했다.

1939년 3월부터 모든 공무원은 주 당국에 8일 이내에 국민운동 가입 서약서를 제출하고 정치 활동과 노조 활동에 관한 갖가지 질문에 답변해야 했다. 심사위원들은 경찰과 치안대, 팔랑헤당, 군사정치정보국(Servicio de Información Político-Militar)이 제공하는 정보를 토대로 그 답변의 진실성을 확인하고 재임용이나 징계 조사 여부를 결정했다. 징

---

66 이 밖에 교도소와 강제수용소의 열악한 생활 여건으로 1만 5,000명가량이 더 희생되었다. 한편 정치적 희생자들 가운데 전 카탈루냐 지방총리 유이스 콤파니스와 전 네그린 정부의 내무부 장관 훌리안 수가사고이티아, 전 라르고 카바예로 정부의 노동부 장관 주안 페이로는 1940년 8월 독일이 점령한 프랑스에서 게슈타포에 의해 체포되어 프랑코 정권 당국에 인도된 뒤 처형되었다.

67 Borja de Riquer, *La dictadura*, pp.140-143.

계 조사 대상자가 된 공무원은 소명서를 제출해야 했다. 공무원의 징계 여부는 최종적으로 재판소가 판단했다. 징계 처분은 정직과 감봉, 전근에서부터 해임에 이르기까지 다양했다. 결국 국민운동에 반대 의견을 나타낸 자들은 공직에서 추방당했다. 유임된 자들도 안심할 처지는 못 됐다. 그들도 언제 닥칠지 모를 징계의 위협을 느끼며 살았다.[68]

숙청은 특히 카탈루냐 지방에서 대대적으로 단행되었다. 숙청의 정도는 매우 다양했는데, 공무원들의 절반 이상이 징계받은 곳들도 있었다. 이를테면 예이다에서는 공무원들의 56퍼센트가 해임되었으며, 기타 징계를 받은 사람들도 전체의 9퍼센트에 달했다.

부문별로는 교육 분야의 숙청이 제일 철저하고 엄격하게 진행되었다. 이것은 제2공화국 시절 도입한 교육 개혁을 철폐하고 국가가톨릭주의에 입각한 새로운 교육 정책을 수립하기 위한 물밑 작업이었다.[69] 이를 위해 내전 중에 이미 공화주의 이념을 따르는 교재와 도서를 수거하여 불태웠고 공화국 이념에 동조하는 교원을 해임했다. 1936년 가을에 시작한 교원 숙청 작업은 1940년대에 들어서야 일단락되었다. 초기에는 국민운동의 원칙을 따르지 않는 교사들이 주로 숙청의 대상이

---

68 *Boletín Oficial del Estado*, 14 de febrero de 1939, pp.856-859; Francisco Moreno Sáez, *La represión franquista en la provincia de Alicante* (https://archivodemocracia.ua.es/es/repression-franquista-alicante/documentos, 2022. 8. 27. 접속). 공무원 숙청에 대해서는 다음 자료를 참조하라. Josefina Cuesta Bustillo (coord,), *La depuración de funcionarios bajo la dictadura franquista (1936-1975)* (Madrid: Fundación Francisco Largo Caballero, 2009).

69 이에 대해서는 프란시스코 모렌테가 종합 연구서를 내놓았다. 그 후 지방사 연구가 활발하게 진행되고 있다. Francisco Morente Valero, *La escuela y el Estado Nuevo. La depuración del magisterio nacional (1936-1943)* (Valladolid: Ámbito, 1997); "La depuración franquista del magisterio público. Un estado de la cuestión," *Hispania. Revista Española de Historia*, LXI/208 (2001), pp.661-688; 황보영조, 「프랑코 정권 초기의 교육 정책」, 『대구사학』, 111 (2013. 5.), pp.245-275.

었다. 하지만 내전이 끝난 뒤에는 공화국에 대한 적대감이 드러난 교사들도 조사를 피할 수 없게 되었다. 교사들은 종교적 소양과 애국심을 고양하는 교육 과정을 이수해야 교직을 유지할 수 있게 되었다.[70] 연구 결과에 따르면 조사 대상 국가직 초등교원 6만 1,000명 가운데 26퍼센트가 징계받았다. 네 명 중 한 명꼴로 징계를 받은 셈이다. 교육대학 학생들과 중등교원도 숙청의 대상이었다. 중등교원은 24퍼센트가 징계받았다. 대학 교수들에 대한 숙청도 가혹했다. 망명을 떠난 사람들도 있었으며 처형되거나 파면된 자들도 있었다. 1940년에 교수직을 떠나거나 박탈당한 정교수들이 1935년 정교수 수의 절반에 육박할 정도였다. 개혁적이고 자유주의적인 전통과 단절하려는 취지에서 단행된 대학 교수에 대한 숙청은 뜻밖에도 학문 분야의 퇴보를 가져왔다.

우정국 직원들에 대한 숙청은 더욱 비극적으로 진행되었다. 내전과 내전 직후에 1만 3,000명이 넘던 전체 직원들 가운데 292명이 사살되었고 35퍼센트가 징계를 받았다. 사법 행정 부문에서는 판사의 14퍼센트와 검사의 22퍼센트가 징계를 받았다. 외무부에서는 공무원들의 26퍼센트가 징계를 받았는데, 그들 가운데 절반 이상은 해임 처분의 징계를 받았다. 1939년에는 이미 퇴직한 연금생활자들도 '마르크스주의 운동'을 지원하지 않았다는 진술서를 작성하고 관계 당국의 보증을 받아서 제출하는 정치적 복권 절차를 밟아야 연금을 다시 받을 수

70 Equipo de Estudios, "Panorama de la educación desde la Guerra Civil," *Cuadernos de Pedagogia*, núm. 9 (septiembre 1975), p.27; Gregorio Cámara Villar, *Nacional-catolicismo y Escuela: La socialización política del franquismo, 1936-1951* (Jaén: Editorial Hesperia, 1983), p.84; Ramón Navarro Sandalinas, *La enseñanza primaria durante el franquismo (1936-1975)* (Barcelona: PPU, 1990), pp.368-369: 황보영조, 「프랑코 정권 초기의 교육 정책」, p.258.

있게 되었다.[71]

민간 부문의 숙청에 대해서는 아직 밝혀진 바가 거의 없다. 기업체와 영리사업체는 군사 당국의 지시와 노동국의 지침을 따랐다. 사용자들이 처벌하고 싶은 노동자 명단을 경찰청과 노동국에 제출하면 이 기관들은 그것을 승인해 주었다. 피해 노동자들이 해고 처분에 불복하여 노동위원회에 상소할 수는 있었으나 그 처분이 번복될 가능성은 매우 낮았다. 이러한 민간 부문의 숙청은 그 작업이 경영진이나 기업주의 의지에 달린 문제여서 일정하게 진행되지는 않았다. 물론 망명자들과 구금자들은 즉각 해고되었고 민병대원이나 노조위원회 위원 전력이 있는 자들도 마찬가지였다. 이러한 숙청의 물결을 노동자 해고의 기회로 악용하는 사용자들도 있었기에 불의한 해고에 반발하는 고발도 여기저기서 제기되었다.

이 밖에도 변호사와 의사, 언론인, 스포츠인들, 철도와 전차와 버스 같은 공공서비스 부문 종사자들, 금융기관 및 통신회사 종사자들에 대한 숙청이 단행되었다. 대도시에서는 심지어 식당과 호텔, 카페 종업원들조차 경찰서에 노동허가 신청서를 제출하고 승인을 받아야 했다.

물론 이러한 숙청으로 혜택을 본 사람들도 있었다. 그들은 1939년 8월 25일 법령으로 공공기관 일자리의 80퍼센트를 제공받을 수 있게

---

71 이상 부문별 숙청에 대해서는 다음 저서를 참조하라. Jaume Claret, *El atroz desmoche: la destrucción de la universidad española por el franquismo 1936-1945* (Barcelona: Crítica, 2006); Juan Carlos Bordes, *El servicio de Correos durante el régimen franquista (1936-1975): depuración de funcionarios y reorganización de los servicios postales* (Madrid: Cinca, 2009); Mónica Lanero, *Una milicia de la Justicia: la política judicial del franquismo, 1936-1945* (Madrid: Centro de Estudios Constitucionales, 1996); Julián Casanova (coord.), *Morir, matar, sobrevivir: la violencia en la dictadura de Franco* (Barcelona: Crítica, 2002).

된 퇴역군인과 상이군인, 포로 생활자들, 전사자의 가족과 고아들이었다. 공공행정 부문은 이 법령을 엄격히 따랐다. 하지만 민간 부문은 프랑코 정권의 개입에도 불구하고 이를 제대로 지키지 않았다. 특히 대기업들은 퇴역군인과 상이군인을 거의 채용하지 않았다.

이러한 인적 숙청은 내전 패자들 관련 단체들의 소유 재산과 개인 소유 재산의 약탈과 몰수로 이어졌다. 특히 1939년 9월에 제정한 아나키즘·마르크스주의 노조 재산 몰수법(Ley de Incautación de Bienes de los Antiguos Sindicatos Marxistas y Anarquistas)으로 '국민운동을 충실하게 따르지 않는' 정당, 노조, 단체, 개인 등의 동산과 부동산과 기타 경제적 자원을 환수하여 팔랑헤당에 귀속시킬 수 있게 되었다. 이들의 재산과 시설은 사실 내전 중이던 1937년부터 몰수해 왔다. 살라망카의 성 암브로시우스 수도원에는 문서보존국(Servicio de Recuperación Documental)이 수집한 당시 자료들이 보존되어 있다. 이때 여러 정당과 노조의 언론사들도 폐쇄되었는데,[72] 이들의 재산과 집기는 팔랑헤당 언론사나 행정 당국에 귀속되었다. 이 몰수법으로 망명자들과 유죄 선고를 받은 자의 재산에 대한 압류와 경매도 가능하게 되었다. 협동조합들, 특히 농업과 상업 협동조합들의 재산도 몰수 대상이었다. 그 결과 안달루시아와 엑스트레마두라, 카탈루냐에서는 기존 농업협동조합의 80퍼센트가량이 자취를 감추게 되었고 그 재산은 대부분 국민운동 소속 농업단체들에 귀속되었다. 또한 공화군 진영이 내전 중에 몰수한

72 이 조치로 바르셀로나에서는 1936년 20종이던 일간지가 1940년에는 7종으로 줄었다. 7종 가운데 2종은 국민운동 일간지였다.

농장 650만 헥타르가량도 1939년에 이전 소유주에게 반환되었다.[73]

지역 민족주의 억압

프랑코 정권은 기본적으로 하나의 에스파냐를 천명했고 모든 법률에 이를 명시했다. 에스파냐 민족주의 이외의 다른 민족주의는 '반(反) 에스파냐'적인 것으로 간주되었고, 전면 부정당했다. 이는 카탈루냐 문제와 그것보다는 덜 심각한 바스크 문제를 반공화주의의 핵심 요소로 파악해 온 극우 세력의 시각을 반영한 것이다. 이들에게는 내전도 반(反)분리주의 전쟁이자 '완전한 에스파냐' 수호 전쟁이었다. 프랑코 자신도 1938년에 이미 하나의 언어와 하나의 정체성을 중심으로 국민 통일의 과업을 이룩하겠다고 밝힌 바 있다. 그 언어는 카스티야어였고, 그 정체성은 에스파냐인이었다. 따라서 프랑코 정권은 카스티야어가 아닌 언어와 카스티야 문화가 아닌 문화를 금지와 억압의 대상으로 삼았으며, 에스파냐 민족주의가 아닌 다른 민족주의와 지역주의에 대한 탄압을 가장 큰 정치적 과제로 여겼다.

갈리시아에서는 갈리시아의 언어와 문화를 억압하고 저명한 갈리시아주의(galleguismo) 정치인들과 지식인들을 추적하여 암살하거나 투옥했다. 특색이 분명한 갈리시아주의의 문화적 표현을 금지하고 관련 단체들과 출판사들도 폐쇄했다. 하지만 사생활에서는 물론이고 특정 주제, 곧 종교나 풍속, 민속에 관해 이야기할 때는 갈리시아어 사용이 어느 정도 가능했다.

---

73 Borja de Riquer, *La dictadura*, pp.153-157.

바스크 지방에서는 내전 당시 이곳을 점령한 국민군이 정치적 통일 담론과 언어와 문화의 동질성 담론을 퍼뜨렸고, 관료 생활과 공공 부문에서는 바스크의 언어와 문화 활용을 금지했다. 여기서도 갈리시아에서와 마찬가지로 가톨릭교회와 신학교와 수도원에서는 바스크어 사용이 가능했다.

카탈루냐는 점령 이후 그것을 어떻게 처리해야 할지가 프랑코 진영의 쟁점으로 떠올랐다. 카탈루냐 민족 정체성을 수호하던 자치 정부가 있었고 카탈루냐어가 자치 행정부의 공식 언어로 사용되고 있었으며 그 문화 또한 매우 발달해 있었기 때문이다. 심지어는 선전국(Servicios de Propaganda) 내에서조차 카탈루냐어 허용 정도를 두고 논쟁이 벌어질 정도였다. 1937년에 전개된 이 논쟁의 쟁점은 카탈루냐의 언어와 문화를 과연 에스파냐의 언어와 문화로 받아들일 수 있겠는가에 있었다. 언어는 중립적이지 않은 이념을 담고 있는데, 그런 점에서 카탈루냐어는 빨갱이 분리주의자들의 언어가 되었다는 급진적 주장이 제기되었다.[74] 프랑코 진영에서 교육국을 담당하고 있던 호세 페마르틴은 심지어 '재국민화' 작업을 주장하기도 했다. 결국 1938년 4월 프랑코가 카탈루냐를 점령한 후 취한 첫 번째 조치는 카탈루냐지방자치법의 폐지였다. 프랑코군이 바르셀로나에 진입한 1939년 1월 26일부터는 카탈루냐어를 공공어로 사용하지 못하도록 금지하는 조치가 내려졌다. "제국의 언어를 사용하자."거나 "프랑코처럼 말하자."

74 Francesc Vilanova, "Luis de Galinsoga i els seus amics: cinc anys commemorant la liberación de Barcelona, 1940-1944," *Franquisme & Transició*, I (Barcelona: Fundació Carles Pi i Sunyer, Centre d'Estudis sobre les Èpoques Franquista i Democràtica, 2013), p.118.

는 구호를 유포하면서 카탈루냐어를 억압하는 카스티야어화 정책이 전개되었다. 이제 카탈루냐어는 갈리시아어나 바스크어와 마찬가지로 공공 생활 언어로 사용하기에는 부적절한 사투리로 치부되었다.

1939년에는 교육과 공공행정 분야는 물론이고 상업 분야에서도 카탈루냐어와 바스크어, 갈리시아어 사용을 근절하기 위한 규정들이 마련되었다. 이를테면 출판과 잡지, 라디오, 영화에서 카탈루냐어 사용이 철저하게 금지되었다. 그 결과 카탈루냐어로 발간하는 정기간행물 수백 종이 사라졌으며, 카탈루냐 민족주의를 바탕에 깔고 있는 기관과 단체들이 폐쇄되었다. 카탈루냐 민족주의를 담고 있는 노래와 깃발과 상징들도 금지되었다. 학교, 신문, 라디오에서뿐 아니라 공공 생활 전반과 종교 활동[75]에서도 카탈루냐어와 바스크어, 갈리시아어를 사용할 수 없게 되었다. 카탈루냐 민족주의와 관련이 있을 법한 기념물은 도로에서 사라졌고, 도시와 마을, 영업소, 기업체 등의 명칭들도 카스티야어로 바뀌어야 했다. 바스크와 갈리시아 지방에서도 전개된 이러한 지역 민족주의 억압 정책은 일부 역사가들이 지적했다시피 일종의 문화 학살 정책이었다.[76] 하지만 이 정책이 카탈루냐인들과 바스

---

75 교회의 종교 언어 사용 문제를 두고 민간 당국과 종교 당국 사이에 갈등이 있었다. 내무부는 교회 내에서 다른 언어를 사용하더라도 그것을 '제대로' 사용하는지 민간 당국이 관리 감독하겠다고 주교들에게 공지하는 것으로 이 갈등을 정리했다.

76 문화 학살(genocidio cultural)이란 용어는 주제프 베넷이 처음 사용했다. Josep Benet, *Desfeta i redreçament de Catalunya* (Barcelona: Crítica, 1978), p.14. 그는 나중에 이를 책 제목에도 사용했다. Josep Benet, *L'intent franquista de genocidi cultural contra Catalunya* (Barcelona: Publicaciones de l'Abadia de Montserrat, 1995). 이 밖에도 다음 저서들을 참조하라. Josep M. Solé i Sabaté, *El franquisme a Catalunya* (Barcelona: Edicions 62, 2005-2007), p.12; *La repressió franquista a Catalunya, 1938-1953* (Barcelona: Edicions 62, 1983); Albert Balcells, "L'intent de genocidi cultural del franquisme. Una perspectiva catalana," Agustí Alcoberro y Giovanni Cattini (eds.), *Entre la construcció nacional i la repressió identitària* (Barcelona:

크인들, 갈리시아인들의 민족주의 정서를 뿌리 뽑지는 못했다. 그들은 망명지에서 그 명맥을 유지해 나갔을 뿐 아니라 국내에서도 비밀리에 그것을 이어 나갔다. 또한 일부 영역을 제외한 사생활의 영역에서는 주민 대다수가 여전히 모어(母語)를 사용했다. 오히려 이 정책은 의도하지 않은 결과를 초래했다. 1960년대에 들어 이념적·정치적 과격화로 이어지게 되는 강한 문화적 반발을 불러일으켰기 때문이다.

프랑코 정권은 정치 탄압을 위해 치안 부대도 재정비했다. 당시 치안 부대로는 치안대와 경찰이 있었다. 1939년 9월 법령으로 소속이 육군부로 이관된 치안대는 1940년 3월 법령으로 조직이 재창설 수준으로 재편되었다. 이들의 임무는 주민 통제를 위한 정보 수집과 반대세력에 대한 정치 탄압이었다. 치안대는 이론적으로는 주민 수 1만 명 미만 농촌 지역의 질서 유지를 위한 기관이었지만 실제로는 대도시의 치안 유지뿐 아니라 국경 지역과 해안 지역의 경비 업무도 떠맡았다. 그러다 보니 인력 증원이 필요했다. 그 결과 1934년에는 4만 8,000명이던 치안대의 규모가 1940년에는 5만 9,000명으로 늘어났고 1950년에는 6만 1,000명으로 불어났다. 치안대는 1939년 한 해에만 무려

Museu d'Historia de Catalunya, 2012), pp.283-298; Antonio Elorza, "Genocidios," *Historia Nova: Revista de Historia Contemporánea*, 10 (2012), pp.1-15; Borja de Riquer, *La dictadura*, p.168; Paul Preston, *The Spanish Holocaust: Inquisition and Extermination in Twentieth-Century Spain* (W. W. Norton & Company, 2013). 이에 대한 반론은 다음 글을 참조하라. Francesc Vilanova, "Did Catalonia endure a (cultural) genocide?", *Journal of Catalan Intellectual History*, 1(11) (2018).

프랑코 정권의 탄압은 발렌시아 지방에서도 혹독하게 나타났다. 발렌시아 특유의 정체성 표시를 없애고 발렌시아 민족주의를 대표하는 저명인사를 사살하거나 감금했다. 그런가 하면 발렌시아에서는 발렌시아 민족주의를 지역주의로 대체하려는 시도가 진행되기도 했다. 발렌시아의 지역적 특수성을 희석하고 발렌시아 민족주의를 폄훼하거나 파괴하려는 시도가 있었다. 프랑코 정권에 대한 발렌시아 특유의 협력주의가 존재했다.

14만 명을 잡아들였고, 10년 뒤인 1949년에도 6만 명이나 감금했다. 정치적인 사유가 대다수였다. 치안대는 또한 마키를 소탕하는 전투부대 구실도 했다.

경찰은 1941년 3월 법령을 통해 일반경찰과 무장경찰로 나누었는데, 일반경찰은 다시 형사계, 정치사회계(Brigada Político-Social) 등의 전담 계(系)로 나뉘었다. 노조 운동을 진압하면서 잔뼈가 굵은 베테랑 경찰들을 중심으로 구성된 정치사회계는 일종의 비밀경찰이었다. 이들은 프랑스 망명자들의 체포와 정보 교환 등을 위해 나치의 비밀경찰(게슈타포)에게 자문을 구하고 협력을 받았다. 시간이 흐르면서 반정부 활동이 늘어나자 정치사회계 산하에 '노동문제팀', '공산주의팀', '아나키즘·트로츠키주의팀', '대학팀'과 같은 전담팀이 편성·운영되었고, 반프랑코 세력을 겨냥한 전담 계와 팀들을 총괄 조정하는 정치사회국(Comisaría General Político-Social)도 신설되었다.

한편 제2공화국 기간에 창설된 돌격대를 해체하고 만든 무장경찰은 군 장교의 지휘를 받는 무장 부대로서 대도시에 배치되었다. 제복의 색깔 때문에 '회색부대'로 더 잘 알려진 무장경찰은 치안대보다 규모가 작았다. 따라서 대도시의 공공질서를 통제하기에는 충분하지 않았다.

프랑코 정권은 정치 탄압의 일환으로 주민들의 이동과 활동을 엄격히 통제했다. 주민들은 언제든 당국(시청, 경찰, 치안대, 팔랑헤당)이 발부하는 허가증이나 보증서를 제시해야 했다. 교사나 우편집배원 같은 직업에 지원하기 위해서는 정당 가입과 선행 내용이 담긴 보고서를 제출해야 했고 군대에 자원입대할 때도 마찬가지였다. 심지어 연금 수령을 위해서도 마르크스주의 운동을 지지하지 않았다는 증명서를 제출해야 했다. 사정이 이러하다 보니 허가증이나 보증서를 남발하는 사례가 생겨났고, 위조와 매매를 전담하는 업체도 등장했다. 팔랑헤당 지부들 가운데는 시민들의 정치적 성향과 직업, 주소 등을 기록한 개인 파일을 작성하여 보관하는 곳도 있었다. 그들은 시민들을 지지자(adicto), 반대자(desafecto), 이견자(disconforme)[77]로 분류했다. 시민들은 1940년대 말까지 서신 검열을 받았고, 다른 주로 이주할 때는 보안청(Servicio Nacional de Seguridad)이 발부한 허가증과 함께 백신접종 증명서 등을 제시해야 했다.

이렇듯 체계적이고 다양한 양상으로 진행된 정치 탄압으로 주민들 상당수는 정치 이야기를 두려워하게 되었으며, 반체제 세력도 현저히 약해졌다. 이른바 '공포의 시기'와 그로 인한 침묵의 시기가 상당 기간 지속되었다. 요컨대 프랑코 정권은 주민들을 탈정치화하는 데 상당한 성공을 거두었다.

지지와 반대

프랑코 정권이 정치적 합의를 끌어내는 데 성공을 거두었는지, 프랑코 정권을 지지한 계층이 어떤 계층이고 그들이 왜 그리고 어떻게 그 정권을 지지했는지는 정치적·역사적으로 중요한 논란거리이다. 프랑코 정권을 이렇다 할 사회적 기반이 없는 사회적 고립 체제로 파악하는 시각은 지나치게 단순한 입장이다. 프랑코 정권이 장기간 지속될 수 있었던 이유를 찾는 편이 오히려 더 나을 것이다.

---

77 여기서 이견자는 카를로스주의자와 군주제주의자를 일컫는다.

크게 보면 내전 직후 에스파냐인들은 내전에서 승리를 거둔 집단, 내전에서 패배한 집단, 새로운 상황에 적응하려는 집단으로 나뉘었다. 이들을 프랑코 정권에 대한 입장에 따라 지지자와 반대자, 수동적 방관자로 분류할 수 있다.

프랑코 정권은 이들을 통합하기 위한 정치적 노력을 거의 기울이지 않았고, 무조건적 지지와 수동적 침묵과 철저한 복종을 요구했다. 중간 입장을 허용하지 않고 반대자들과 적대 세력을 굴복시켰으며, 앞서 살펴본 것처럼 적대 세력을 멸절하는 보복 정책을 폈다. 제도적 폭력과 탄압은 독재 정권의 마지막 순간까지도 계속되었다.

프랑코는 내전 당시 자신을 지원해 준 사회정치적 보수 세력이 반가워할 정책을 폈다. 제2공화국 시절 제정된 사회경제적 법률의 폐기와 공화국 이전의 사회경제적 권력 복원을 위해 단행한 일련의 조치들은 이들 보수 세력을 위한 것이었고 그 주요 수혜자는 상류층이었다. 노동운동과 좌파 정치세력 척결을 비롯한 사회질서 회복과 각종 사회문제 해결도 마찬가지였다. 이런 정책과 조치에 만족한 상류층은 프랑코를 암묵적으로 혹은 드러내 놓고 지지했다. 프랑코가 '법과 질서를 유지하고 생명과 사유재산을 존중해 준' 것이 이들 보수층의 지지를 불러일으켰다. 지주들과 기업가들은 입법을 통해 자신들의 이해관계를 보호해 준 프랑코 정권에 감사한 마음을 지니고 있었다.

하지만 상류층들은 이러한 사회경제적 혜택에 대한 대가를 치러야 했다. 그 대가는 바로 정치적 자율성의 상실이었다. 이들은 국민운동에 참여해야 했다. 이는 정치적 자유주의를 포기한다는 의미이기도 했다. 이렇듯 1940년대에 상류층은 정치적 자율성을 잃었고 그에 따라 시민사회가 필요로 하는 다양한 역할과 기능을 상실하게 되었다.

하지만 에스파냐 상류층이 이념 면에서 한결같지는 않았다. 전통적으로 바스크 민족주의와 카탈루냐 민족주의를 지지해 온 상류층은 프랑코가 승리를 거두자 매우 난처한 처지에 놓였다. 내전에서 공화군 진영과 연대했다는 이유로 바스크민족당(Partido Nacionalista Vasco, PNV)이 처벌과 박해를 받게 되었고 그 당에 가입한 적이 있는 기업인들은 재산을 몰수당했다. 하지만 정부의 관리가 허술한 틈을 타 이러한 정치 보복의 피해자들을 지원하는 바스크 민족주의자들도 있었고, 바스크 문화운동을 전개하는 '분리주의자들'도 있었다. 카탈루냐에서는 카탈루냐연맹 지도자들 일부가 내전에서 프랑코를 지지했음에도 불구하고 정치책임법에 따라 처벌을 받는 일이 발생했다. 그런 가운데서도 보수적 카탈루냐 민족주의자들 대다수는 과거를 잊고 사업에 몰두하는 길을 택했다. 하지만 비밀리에 전개되는 카탈루냐 문화운동을 지원하는 자들이 없지는 않았다.

한편 중산층의 정치적 성향은 복잡했다. 중산층에는 정치적 입장이 서로 다르거나 심지어는 대립적인 다양한 부류가 존재했다. 일반적으로 상당수의 지식인과 자유직업인들, 소상공인들, 회사원들, 공무원들은 민주화 운동과 탈종교 운동, 진보 운동에 관심을 가졌고 공화주의 체제를 환영했다. 하지만 사회혁명은 너무 급진적이라고 생각했다. 심지어 혁명 세력에 반감을 지닌 이들도 있었다. 이들 중산층 가운데는 프랑코 정권을 이념적·정치적으로 배격하는 좀 더 민주적 성향을 지닌 부류도 있었다. 이들은 프랑코 체제를 무력에 의한 억압 체제이자 독재 체제로 보았다. 하지만 정치 활동에는 무관심하거나 수동적인 태도를 보였다.

프랑코 정권은 이들 중산층과 서민층을 체제 지지자로 포섭하기 위해 가톨릭교회와 교육제도를 활용하였고, 라디오와 영화와 언론 같은 대중매체 수단도 이용했다. 군대도 예외는 아니었다. 프랑코는 병역 의무제를 활용하여 이들을 포섭하려고 했다. 하지만 그렇게 효과적이지는 않았다. 적극적 수용이든 소극적 수용이든 간에 이들이 프랑코 체제를 수용하도록 만드는 데 큰 역할을 한 것은 가톨릭교회였다. 교회는 광범한 사회 계층에 영향을 미칠 능력뿐 아니라 수단도 지니고 있었다. 교육과 문화, 도덕과 관습의 통제를 통해 교회는 개인의 사회정치 생활에 깊숙이 개입했고, 국가에 버금가는 공적 기능을 수행했다. 1940년대와 1950년대에는 특히 그러했다. 교회는 내전의 승자들을 지지하는 운동을 벌였고, 내전을 무신론적 공산주의에 맞선 십자군 전쟁으로 치켜세웠으며, 프랑코를 가족과 종교, 도덕성, 재산, 질서의 수호자로 찬미했다.[78] 또 '프랑코 아니면 공산주의'라는 이분법 프레임을 개발하였고 내전이 되풀이될지 모른다고 위협하기도 했다. 무엇보다도 교회는 자신들이 관리하고 있던 초중등 교육을 다음 세대에 영향을 미치는 효과적 수단으로 활용했다. 1945년에 제정된 초등교육법에 따르면 학교는 이념을 전수하는 기관이었다.[79] 국기 게양식과 거

78 반면에 공화국은 마르크스주의적이고 반종교적인 적에스파냐(anti-España)로 규정했다. José Ángel Tello, *Ideología y política de la Iglesia católica española, 1936-1959* (Zaragoza: Universidad de Zaragoza, 1984), p.61; Antonio Marquina, *La diplomacia vaticana y la España de Franco* (Madrid: CSIC, 1982), p.45; 황보영조, 「스페인 내전의 전쟁 이념 분석」, 『이베로아메리카연구』, 제12권 (2001), pp.137-141.

79 Ramón Navarro Sandalinas, *La enseñanza primaria durante el franquismo (1936-1975)* (Barcelona: PPU, 1990), pp.79-81, 143, 156-159; Alejandro Mayordomo, "Iglesia y Estado en la política educativa del franquismo," Javier Vergara Ciordia, coord., *Estudios sobre la secularización docente en España* (Madrid: UNED, 1997), p.188; Manuel de Puelles Benítez, "Oscilaciones de la política educativa en los últimos

수경례, 팔랑헤당가나 군단가 등 국가와 유사한 노래 제창으로 오전 일과를 시작했고, 아베 마리아라는 인사를 나누고 종교가를 부르며 수업을 시작했으며, 정오에는 삼종(三鐘)기도를 드렸다.[80] 전후에 교육받은 세대는 이러한 초중등 교육의 영향을 강하게 받았다.

중산층 가운데는 프랑코 정권의 이념을 적극적으로 지지하는 집단들도 있었다. 1936년 군사 반란에 참여한 카를로스주의자들과 극단적 가톨릭교도들, 팔랑헤주의자들, 극우파들이 바로 그런 경우였다. 프랑코의 승리로 신분 상승과 취업의 혜택을 받은 일부 서민층도 프랑코 정권을 적극적으로 지지했다. 공무원으로 임용되거나 정권 담당자들과 특수 관계를 맺게 된 퇴역군인이나 포로 생활자, 전사자 가족이 여기에 속했다.

다른 한편 제2공화국 시절부터 실망과 좌절을 느껴 온 서민층은 내전 패배로 더욱 깊은 상실감과 패배 의식에 빠져들었고, 대개는 프랑코 정권에 대한 적대감을 지니고 있었다. 독단적이고 잔혹한 정치 탄압과 생활 여건의 악화, 엄격한 노동 규제가 이러한 적대감을 부추겼으며, 엄습해 오는 빈곤과 불행, 불안과 두려움도 마찬가지였다. 하지만 이들은 곧 반감을 누그러뜨리고 육체와 정신의 안정을 추구하며 소극적 태도를 보였다. 서민들 다수가 이런 반응을 보인 데는 정치 탄

---

cincuenta años: Reflexiones sobre la orientación política de la educación," *Revista Española de Pedagogía*, núm. 192 (1992), p.314; 황보영조, 「프랑코 정권 초기의 교육 정책」, pp.269-271.

80 Gregorio Cámara Villar, *Nacional-Catolicismo y escuela. La socialización política del franquismo (1936-1951)* (Jaén: Hesperia, 1984), pp.345-349; Andrés Sopeña Monsalve, *El florido pensil. Memoria de la escuela nacionalcatólica* (Barcelona: Crítica, 1996), p.16; 황보영조, 「프랑코 체제와 대중」, pp.287-288.

압과 대중매체 선전의 영향도 있었지만, 빈곤과 불행 속에서 살아남고자 하는 생존 욕구도 크게 작용했다. 여기에는 다수의 서민이 안전상의 이유로 지하활동을 벌일 수밖에 없었던 소수의 저항 세력과 유리된 점도 영향을 미쳤다. 하지만 그런 와중에도 게릴라들과 구금자들을 지원하며 반정부 활동에 참여하는 무리도 있었다. 전후 발렌시아 노동자들의 정치적 태도를 분석한 에스파냐 역사가 이스마엘 사스는 노동자들을 ① 이념적 동질성을 느끼고 정권을 지지하는 소수, ② 상황을 받아들이고 소극적 동의를 제공하는 부류, ③ 체념하는 광범한 다수, ④ 반발하는 부류, ⑤ 반대 운동에 참여하는 소수로 나누었다.[81] 팔랑헤당 정보조사국의 보고서에 따르면 1939년에서 1945년까지 에스파냐 전역의 서민층들은 프랑코 정권을 매우 부정적으로 생각했다.[82] 열악한 경제 상황과 생활비 급등은 그들이 이런 생각을 갖도록 더욱 부채질했다.

에스파냐 국민, 특히 서민들은 프랑코주의에 별로 공감하지 않았다. 정치 책임자들과 치안 담당자들도 주민들을 이념적으로 통합하는 데 성공을 거두지 못했다고 생각했다. 그런 가운데서도 정권 유지를 위한 정치 탄압은 계속되었다.

하지만 제2차 세계대전에서 추축국이 패배하자 프랑코 정권은 사

---

81 Ismael Saz, “Entre la hostilidad y el consentimiento: Valencia en la posguerra,” Ismael Saz (ed.), *El franquismo en Valencia: formas de vida y actitudes sociales en la posguerra* (Valencia: Epísteme, 1999), pp.9-36.

82 Antonio Cazorla Sánchez, *Las políticas de la victoria: La consolidación del Nuevo Estado franquista (1938-1953)* (Madrid: Marcial Pons, 2000), pp.102-103; José María Marín, Carme Molinero, Pere Ysàs, *Historia política de España, 1939-2000*, II (Madrid: Istmo, 2010), p.28.

회적 지지를 끌어내기 위한 담론을 바꿀 수밖에 없었다. 승리의 담론은 곧 평화의 담론으로 바뀌었다. 에스파냐가 대전에 참전하지 않은 것은 프랑코의 정치적 수완 덕분이고, 프랑코 정권을 종식하려는 국제사회의 압력은 또 다른 내전을 유발하게 될 것이라고 선전하기 시작했다. 이른바 '프랑코의 평화'라는 담론이 1945년 이후 사회 곳곳에 유포되었다. 하지만 이는 '승리'의 카우디요를 '평화'의 카우디요로 바꾼 것에 불과했고, 프랑코를 찬미하기는 마찬가지였다.

1950년 무렵 프랑코 정권은 에스파냐 안팎의 적대 세력이 약해진 데다가 정치 탄압이 어느 정도 효과를 거둔 덕분에 다소 느긋한 마음을 가질 수 있었다. 1940년대 반프랑코 활동에 영향을 미친 것은 제2차 세계대전과 연합국의 승리, 세력 자체의 내분, 당국의 정치적 탄압이었다. 당국의 탄압이 제일 혹독했던 1944년 초까지는 내부의 저항이 미약했던 반면에, 연합국이 승리를 거둔 1947년까지는 프랑코 정권의 몰락에 유리한 국제 환경이 조성되면서 내부의 반대 운동과 게릴라 운동이 일시적으로 증가했다. 하지만 경찰과 치안대에 의해 내부 반대 운동이 진압되고 독재 체제의 기반이 잡히는 1948년부터 1950년까지는 저항 운동의 사기가 다시 떨어졌다.

내전이 종결될 무렵 조국을 떠난 에스파냐 난민은 47만 명에 달했다. 그들 가운데 대다수는 위생 상태도 엉망이고 경찰이나 군대의 감시도 받아야 하는 강제수용소에 수용되는 수모를 겪어야 했다. 이들 난민의 상당수, 특히 여성들과 노약자들은 굴욕적인 대우를 견디다 못해 본국으로 귀환하는 길을 선택했다. 그들이 이런 선택을 한 데는 프랑코 당국의 귀환 유인책도 한몫했다. 제2차 세계대전이 시작된

1939년 12월 말을 기준으로—자의에 의한 것이든 강압에 의한 것이든—본국 땅을 다시 밟은 이들이 27만 명에 이르렀다. 그러나 16만 명은 프랑스에, 1만 9천 명은 북아프리카에 각각 잔류했으며, 3만 명가량은 제3국, 특히 라틴아메리카로 이주했다. 프랑스에 머문 난민들 가운데 5만 5,000명은 프랑스 노동부 산하 외국인노동자단(Groupes de Travailleurs Étrangers)과 군부대 및 군사 관련 시설에 수용되었고, 4만 명가량은 독일로 강제 이송되었다.[83] 이 밖에도 1936년 말부터 각국으로 흩어진 전쟁 난민 어린이들(niños de la guerra)이 있다. 내전 이후 에스파냐인들의 망명을 연구한 알리시아 알텟에 따르면 1939년 4월 기준 전쟁 난민 어린이들의 수는 3만 2,000명에 달했다. 그 가운데 2만 명가량은 본국으로 귀환했고, 나머지는 계속 난민으로 남았다.[84]

한편 1939년 3월에는 공화주의자피난청(Servicio de Evacuación de Republicanos Españoles, 이하에서는 '공피청')이 파리에 설립되었다. 망명정부의 총리 후안 네그린이 설치한 이 공피청은 프랑스 거주 망명자들에게 경제적 지원과 제3국 이주 지원을 제공하기 위한 기관이었다. 하지만 곧 네그린계와 공산주의자들에게 정부 재원으로 혜택

83 프랑스 자료에 따르면, 남성 난민들의 50퍼센트는 공업 활동 종사자였으며, 30퍼센트는 농업, 나머지는 서비스업 종사자였다.

84 Alicia Alted, "Los niños de la Guerra Civil," *Anales de Historia Contemporánea*, 19 (2003), pp.52-53. 에스파냐인들의 망명에 대해서는 다음 자료를 참고하라. José Luis Abellán y otros, *El exilio español de 1939* (Madrid: Taurus, 1976); Santos Juliá (coord.), *Vítimas de la guerra civil* (Madrid: Temas de Hoy, 1999); Josefina Cuesta y Benito Bermejo (coords.), *Emigración y exilio. Españoles en Francia 1936-1946* (Madrid: Eudema, 1996); Geneviève Dreyfus-Armand, *El exilio de los republicanos españoles en Francia. De la guerra civil a la muerte de Franco* (Barcelona: Crítica, 2000); Javier Rubio, *La emigración de la guerra civil de 1936-1939* (Madrid: San Martin, 1977); 황보영조, 「공화 진영 에스파냐인 망명사 연구의 주요 흐름」, 『대구사학』, 153 (2023. 11.), pp.205-242.

을 제공한다는 논란에 휩싸였다. 인달레시오 프리에토 지지자들은 그에 맞서 1939년 여름에 공화주의자구호위원회(Junta de Auxilio a los Republicanos Españoles, 이하에서는 '공구위')를 설치했다. 멕시코와 파리, 두 곳에 본부를 둔 공구위는 난민들의 수용소 탈출과 아메리카 이주를 지원하기 위한 기구였다. 공피청과 공구위의 지원으로 아메리카 대륙의 땅을 밟은 에스파냐 난민 수는 1940년까지 3만 명에 달했는데, 그 가운데 2만 명 이상이 멕시코에 안착했다.[85] 이런 성과에도 불구하고 공피청과 공구위는 공금 유용과 정치적 편향성 문제에 휘말렸고 에스파냐 공화 진영의 분열을 초래하는 결과를 낳았다.[86]

내전 패배 이후 분열이 더욱 심해진 공화 진영 정치세력은 국내외에서 별다른 영향을 미치지 못했다. 사회노동당은 프리에토계·카바예로계·네그린계로 나뉘어 서로 비판하고 있었고, 아나키즘 노조 전국노동연합(Confederación Nacional de Trabajo, 이하에서는 '전노련')은 개혁파와 정통파로 분열해 대립하고 있었다. 초창기에는 반파시즘 정치세력과 협력하자는 개혁파와 비정치주의로 돌아가자는 정통파의 규모가 비슷했다. 후자는 1939년 2월 파리에서 자유지상주의운동 총평의회(Consejo General del Movimiento Libertario Español)를 창설했다.[87] 한편 에스파냐공산당(Partido Comunista de España)은 1939년 8월 독소불가침 조약 체결로 난감한 처지가 되었다. 그동안 소련을 지지해

85 이들의 멕시코 망명에 관한 연구는 다음 자료를 참고하라. 황보영조, 「공화 진영 에스파냐인들의 멕시코 망명에 관한 지배 담론과 실제」, 『동서인문』, 23 (2023. 12.), pp.7-34.

86 Abdón Mateos, *La batalla de México. Final de la Guerra Civil y la ayuda a los refugiados, 1939-1945* (Madrid: Alianza, 2009), pp.68-70, 80.

87 이들의 분열과 대립에 대해서는 황보영조, 『토지와 자유』 (삼천리, 2020), pp.405-430을 참고하라.

온 그들의 주장이 설득력을 잃게 되었고 국제 반파시즘 운동도 심각한 위기에 빠졌다. 에스파냐 반파시즘 전선의 단일대오는 1941년 6월 독일이 소련을 침공하고 나서야 가능해졌다. 그들은 프랑코 정권을 히틀러 정권이나 무솔리니 정권과 동일시하고 팔랑헤당을 나치당과 동일시했다.

바스크 정당들과 카탈루냐 정당들의 민족주의 입장은 내전 패배 이후 한층 강화되었다. 바스크의 경우에는 민족주의자들이 바스크 자치정부 수반 호세 안토니오 아기레를 중심으로 결집했던 반면에, 1939년 2월에 자치정부를 해산한 카탈루냐의 경우에는 카탈루냐공화좌파(Esquerra Republicana de Catalunya) 지도자들끼리 서로 다투었다. 카탈루냐공화좌파와 카탈루냐국가(Estat Català)의 청년 민족주의자들이 카탈루냐민족전선을 결성한 것은 그 이듬해인 1940년이었다. 재불 바스크 망명정부와 카탈루냐 망명정부는 공피청과 공구위에 참여하면서도 자기 지방 출신 난민들을 대상으로 별도의 지원 사업을 벌였다. 하지만 프랑스의 상당 지역이 독일에 점령당하면서 에스파냐의 망명 조직들은 무너지기 시작했다. 카탈루냐 자치정부 수반 유이스 콤파니스는 게슈타포에 체포되었고,[88] 바스크 자치정부 수반 아기레는 브라질로 이주했다. 그러면서 영국과 아메리카 주재 망명자 단체들이 정치적 주도권을 잡게 되었는데, 이들은 1940년 7월에 바스크위원회(Consejo Nacional de Euskadi)와 카탈루냐위원회(Consell Nacional de Catalunya)를 런던에 설치했다. 바스크와 카탈르냐의 자결권을 재확

88 바르셀로나로 이송된 콤파니스는 군법회의에 넘겨져 재판받고 1940년 10월 15일에 처형되었다.

인해 준 영국 정부에 대해서는 물론이고 1941년 8월 루스벨트와 처칠이 발표한 대서양 헌장에 대해서도 지지 의사를 밝힌 양 위원회는 점차 분리 독립 성향을 드러냈다. 1941년 12월 미국이 대전에 참전한 이후부터는 재미 망명자들의 활동이 두드러지게 늘어났다. 1942년 1월 런던 주재 바스크위원회의 기능이 정지되고 전권이 자신에게 주어지자 아기레는 뉴욕에서 바스크 문제를 국제적으로 공론화하는 작업에 착수했다. 그는 바스크 분리 독립을 위해 미국과의 협력 방안을 모색했고, 바스크 정당들 상당수는 이러한 아기레를 전폭적으로 지지했다. 그에 반해 런던 주재 카탈루냐위원회는 카탈루냐 망명정부 임시 수반의 승인은 물론이고 카탈루냐공화좌파 사무총장의 승인도 받지 못한 처지에 있었다.

1940년 8월 이후 프랑스 경찰과 게슈타포가 공화 진영의 주요 인사들을 체포하기 시작했고, 체포된 자들 가운데 상당수를 독일의 강제수용소에 수용했다. 그해 8월 초창기 포로들이 마우트하우젠(Mauthausen) 강제수용소에 수용된 것을 필두로 1945년까지 에스파냐인들 수천 명이 각지의 수용소에 수용되었다. 수용자들 가운데 전후 생존자는 41퍼센트 정도에 불과했다. 이 밖에도 군사시설 건축에 강제 동원된 에스파냐 난민이 3만 5,000명에 달했다.

프랑스 거주 에스파냐 난민들은 제2차 세계대전 동안 레지스탕스 활동에도 참여했다. 내전에서 공화 진영의 전투원으로 참전한 적이 있는 난민들 가운데 1만 명가량이 프랑스 무장 지하조직 마키를 비롯한 각종 게릴라 단체에 가입해 활동했다.

망명지에서 지도자들이 서로 갑론을박하는 사이 에스파냐 국내에서는 반체제 활동가들이 무너진 정치단체와 노조를 복원하느라 안간힘을 쓰고 있었다. 하지만 프랑코 정권의 정치 탄압은 혹독했다. 경찰 당국은 1939년에서 1943년 사이에 노동자총연맹(UGT) 집행위원회를 일곱 차례나 해산시켰다. 전국노동연합(CNT) 전국위원회는 물론이고 공산당과 마르크스주의통일노동자당(POUM)을 비롯한 다른 정당 지도부도 마찬가지였다. 프랑코 정권의 탄압이 절정에 이른 이 시기에 국내의 반프랑코주의 운동은 지리멸렬했다. 1943년까지 저항 활동은 바르셀로나와 마드리드를 비롯한 일부 도시들을 중심으로 산발적으로 진행되었다.

에스파냐 국내외에서 반프랑코주의 운동이 다시 활기를 띤 것은 연합국에 의해 프랑스가 해방된 1944년 여름 이후였다. 공화국 정부를 비롯하여 카탈루냐와 바스크의 자치정부들을 재건하고 반프랑코주의 정치 단체와 노조를 재조직하기에 유리한 국제적 환경이 조성되었다. 1944년 10월 마드리드에서는 개혁파 아나키스트들과 프리에토계 사회주의자들과 공화주의자들이 주도하는 전국민주세력동맹(Alianza Nacional de Fuerzas Democráticas, 이하에서는 '전민동')이 출범했다. 전민동은 공화국의 부활을 주창하고 서구 열강이 마련한 대서양 헌장의 민주적 원리를 지지했다. 전통적 강세 지역인 카탈루냐와 안달루시아, 발렌시아에서뿐 아니라 마드리드와 아라곤, 아스투리아스, 갈리시아 등지에서도 상당한 약진을 보인 전노련은 각 지역에서 다수의 노조를 복원하고 주와 지방 단위의 위원회를 조직했으며 비밀리에 잡지를 발간했다. 공산주의자들도 비밀리에 주요 조직망을 재건하고 잡지를 발간했다. 그들은 민중 봉기를 준비해야 한다고 역설했다. 마르크스주의통일노동자당도 카탈루냐와 발렌시아를 중심으로 조직을 복원해 나갔다. 하지만 기존의 공산주의 이념을 버리고 사회주의로 돌아선 일부 이탈자들은 1945년 1월 망명지에서 카탈루냐사회운동(Moviment Socialista de Catalunya, MSC)이라는 정당을 창당했다.

멕시코에서는 1945년 8월 10일부터 8월 17일까지 의원들 1백 명가량이 참가한 공화국 코르테스 회의가 열렸다. 이는 의회라는 기관을 중심으로 공화국의 정치적 통합이 이루어졌음을 의미했다. 코르테스는 디에고 마르티네스 바리오를 대통령 권한대행으로 승인하고 후안 네그린 대신에 호세 히랄을 신임 총리로 선출했다. 히랄은 공산주의자들과 네그린계 사회주의자들을 배제한 가운데 내각을 구성하고 연합국 열강과 신생 유엔에 공화국의 정통성과 프랑코 정권의 부당성을 알리며 프랑코 독재 종식 운동을 지도했다. 하지만 1946년 3월, 미국과 영국과 프랑스는 에스파냐 문제에 개입하지 않기로 했다. 게다가 냉전이 시작되고 있었다. 이런 상황에서 히랄 정부는 국제사회의 지지를 거의 받지 못했다. 라틴아메리카 국가들 가운데서는 유일하게 멕시코의 지지를 받았고, 내각에 공산주의자들을 받아들인 1946년 3월 이후에는 동유럽 신생 국가들의 지지를 받았을 뿐이다. 공화국 총리 히랄과 바스크 자치정부 수반 아기레, 카탈루냐 자치정부 수반 주제프 이를라는 1946년 2월 19일 성명서를 통해 공화 질서를 수호하고 군주제주의자들과 타협한 이행 절차에 반대하는 공동 전선을 구축한다고 밝혔다. 2개월 뒤에는 외국 정부들과 유엔을 대상으로 공화주의 외교활동을 펴기 위한 상설국가위원회(Junta Permanente de Estado)도 발족시켰다. 하지만 이들의 외교활동은 프랑코의 정치적 수완과 서구 열강의 미온적 태도에 가로막혀 별다른 성과를 거두지 못하고 대외적으로 프랑코 독재를 비난하는 수준에 그쳤다. 미국과 영국과 프랑스의 외교 당국은 오히려 프랑코 정권의 불안정이 또 다른 내전으로 이어지게 되지나 않을까 염려했다.

한편 분리 독립을 추구하던 바스크와 카탈루냐의 망명 단체들은 1944년 9월 런던에서 이베리아범민족위원회(Comisión pro Comunidad Ibérica de Naciones)를 발족하고 이베리아 공화국 연합을 도모했다. 같은 해 12월 멕시코에서는 갈리시아, 바스크, 카탈루냐의 민족주의 정당들이 모여 갈레우스카 협정(pacto Galeuzca)을 체결했다. 아기레가 주도하여 성사된 이 협정의 목적은 장차 건설될 민주 국가 에스파냐에서 민족 자결권을 보장받는 데 있었다. 아기레는 1945년 3월 이후 좀 더 실용적인 정책을 추구하며 공화국의 정당성을 옹호하는 데 앞장섰다. 그는 바스크민족당 대표들과 비프리에트계 사회노동당 대표들, 공화주의자들, 공산주의자들이 참여하는 바스크 연립 정부를 구성하였고,[89] 바스크민족당 대표들을 보내 공화국의 히랄 내각과 그에 뒤이은 로돌포 요피스 내각에 입각하게 했다. 아기레의 바스크 연립 정부는 1947년 5월 1일 빌바오에서 내전 이후 최대 규모의 반프랑코 총파업을 진행했다. 카탈루냐공화좌파는 1945년 6월 툴루즈에서 당 대회를 열어 자치정부 제네랄리탓(Generalitat)을 재건하기로 하면서 그간의 갈등을 봉합했고, 반파시즘 인민전선의 국면을 마무리지었다. 카탈루냐 자치정부 수반 이를라는 카탈루냐공화좌파, 카탈

89 1948년에는 공산당 대표를 연립 정부에서 배제했다.

루냐공화행동(Acció Catalana Republicana), 카탈루냐통합사회당, 분리 독립 인사들로 자치정부를 구성했다. 하지만 카탈루냐민족전선(Front Nacional de Catalunya), 카탈루냐민주연합(Unió Democràtica de Catalunya), 전노련, 마르크스주의통일노동자당, 카탈루냐사회운동은 이 정부에서 제외되었다.

다른 한편 사회노동당은 1944년과 1945년 프랑스에서 몇 차례 당 대회를 개최했다. 네그린계가 참석하지 않은 이 대회들에서 프리에토계와 카바예로계는 공산당과의 협력을 거부하고 공화국 기관들을 수호하기로 뜻을 모았다. 1946년에는 네그린을 비롯한 네그린계 지도자들을 아예 당에서 축출했다. 전노련도 이 시기에 심각한 내홍을 겪었다. 1945년 5월 자유지상주의운동(Movimiento Libertario Español)이 개최한 파리 대회에서 개혁파와 정통파가 격돌했다. 같은 해 8월 국내 전노련 전국위원회가 정통파들과 달리 히랄 정부에 참여하기로 결정하면서 자유지상주의운동의 내분은 극에 달했다. 그때부터 자유지상주의운동은 둘로 나뉘었고, 다시 통합하기 전까지 15년 동안 두 부류의 전노련이 존재하게 되었다. 자유지상주의운동-전노련(MLE-CNT)이란 약어를 쓰는 망명지의 정통파는 히랄 정부 참여에 반대하고 반프랑코 무장 투쟁을 지지했다. 반면에 자신들을 전노련이라고 부른 개혁파는 공화국 정부에 대한 협력을 지지하고 노조 활동을 우선시했다. 이 개혁파들이 에스파냐 국내 아나키스트들 가운데 다수를 차지했다.[90]

이렇듯 반프랑코주의 세력들은 국내외에서 정치 조직을 갖추고 활

90 황보영조, 『토지와 자유』, pp.432-448.

동을 벌여 나갔다. 하지만 공동보조를 위해 정치적으로 단결하거나 통합을 이루지는 못했다. 추구하는 목표와 방식이 서로 달랐기 때문이다. 망명지와 국내의 반프랑코 세력들 사이에도 그런 차이가 있기는 마찬가지였다.

프랑스에서 반나치 저항 운동에 참여한 에스파냐 공화 진영 전투원 출신들 일부는 반프랑코주의 단체를 만들고 무장 투쟁에 뛰어들었다. 그들은 대개 공산주의자들과 아나키스트들(자유지상주의자들)이었다.[91] 이들의 반프랑코 게릴라 활동은 1944년과 1948년 사이에 매우 활발했다. 그들의 목표는 프랑코 정권을 교란하고 민중 봉기를 일으켜 '에스파냐 문제'를 연합국이 개입해야 할 세계대전의 문제로 만드는 데 있었다. 1944년 6월 연합군의 노르망디 상륙 작전이 성공을 거두고 프랑스뿐 아니라 북이탈리아와 유고슬라비아, 그리스에서 반(反)독일 게릴라 활동이 성과를 거두는 상황에서 이들은 프랑코 정권을 타도할 기대에 부풀어 있었다. 하지만 이들은 세력 통합을 이루지 못했으며, 투쟁의 단일대오도 갖추지 못했다. 상호 조율 없이 독자적이고 산발적인 형태로 운동을 전개했다.

게릴라 대원들이 피레네산맥을 넘어 침투해 들어오자 프랑코 정부는 프랑스와의 국경지대에 병력을 증강 배치하고 드골 장군이 이끄는 프랑스 임시정부와도 접촉을 시도했다. 드골의 임시정부는 1944년 11월 프랑코 정부의 승인을 받고 나서 프랑코 정권에 유리한 조치를 단

91 사회주의자들과 마르크스주의통일노동자당원들은 무장 투쟁에 그렇게 적극적인 반응을 보이지 않았고, 공화주의자들과 카탈루냐 민족주의자들, 바스크 민족주의자들은 무장 투쟁에 반대했다.

행하기 시작했다. 에스파냐 난민들을 국경에서 일정한 거리 밖으로 이주시켰고, 라디오 툴루즈의 카스티야어 방송과 카탈루냐어 방송을 폐지했으며, 프랑스 주재 에스파냐 난민들에 대한 경계를 강화했다. 양국의 군사정보 당국들이 비밀리에 접촉하기 시작한 것도 이때부터였다. 하지만 1945년 8월 21일에 개최된 프랑스 총선에서 좌파 정당들이 승리를 거두면서 이러한 드골 정부의 반마키(antimaqui) 정책은 어려움에 봉착했다. 그런데도 에스파냐 난민들에 대한 프랑스 정부의 압박은 계속되었으며, 그 결과 1947년에 9만 8,000명가량이던 프랑스 거주 에스파냐 난민들의 절반 정도가 1950년에 프랑스를 떠나게 되었다.

한편 프랑코 정부는 피레네 국경지대에 5만 명 이상의 병력을 집결시키고 국경지대의 관리를 치안대에 맡겼다. 치안대는 마키를 소탕하기 위해 군사부대 수준의 조직을 갖추었고 카탈루냐 비상경비대(소마텐)의 지원도 받았다. 관계 당국은 게릴라 근절을 위해 도적과 테러 방지법(Ley de Bandidaje y Terrorismo)을 남용하였고, 치안대와 경찰과 군대는 고문이나 약식 처형 같은 잔혹한 방법을 동원했다. 민간인들에 대한 탄압도 가혹했다. 마키를 지원한 '동조자'로 분류되면 국외로 추방되거나 살해당했다. 여성들과 어린이들도 예외는 아니었다. 이런 상황에서 통신과 보급, 무기 등의 병참 지원을 제대로 받지 못한 마키의 무장 투쟁이 효과를 거두기는 어려웠다.

치안대를 비롯한 관계 당국이 제시한 자료에 따르면, 1944년에서 1949년 사이 에스파냐 국내에서 발생한 무력 충돌은 9천 건이 넘는다. 이로 인해 게릴라 대원 2,173명이 사망하고 3,387명이 체포되었으며, 치안대원과 경찰과 군인은 307명이 사망하고 446명이 부상당했다. 또한 같은 기간 동안 민간인 22,113명이 '협력자'와 '연락원'으로 체포되었다. 하지만 실제로는 이 수치들보다 훨씬 더 많았을 것으로 보인다. 전문가들은 1944년에서 1954년 사이 에스파냐에서 활약한 게릴라 대원이 8,000여 명에 이르렀을 것으로 추산하고 있다.[92]

게릴라 활동이 정치적·군사적으로 별다른 성과를 거두지 못하자 반프랑코 세력은 그 활동을 재고하게 되었다. 게릴라 활동이 대중의 적극적인 지지를 얻지도 못한 데다가, 냉전으로 인해 에스파냐 문제에 대한 연합국의 무력 개입이 불가능하게 되자 그들의 지지와 지원을 얻어 내겠다는 게릴라 활동의 본래 의미마저 퇴색되었다. 이런 상황에서 내부 갈등과 대립뿐 아니라 체포와 탈주에 직면하게 된 상당수 게릴라 집단들이 해체의 길을 걸었다. 1948년 10월 사회노동당이 아스투리아스에 있는 게릴라 대원들을 철수시켰고, 정통파 아나키스트들도 1940년대 말에 이르러 대원들의 활동을 더 이상 독려하지 않았다. 공산당은 1952년에 이르러서야 비로소 대원들에게 해산 명령을 내렸다.

요컨대 이 시기 게릴라 운동은 프랑코 정권을 약하게 만들지도, 민중 봉기를 유발하지도 못했다. 또한 국제사회로부터 정치적 승인을 받지도 못했고, 물질적 지원을 받지도 못했다. 하지만 반프랑코 게릴

92 반프랑코 게릴라 활동에 대해서는 다음 자료를 참고하라. Eduard Pons Prades, *Guerrillas españolas (1936-1960)* (Barcelona: Editorial Planeta, 1972); Francisco Gómez Moreno, *La resistencia armada contra Franco. Tragedia del maquis y la guerrilla* (Barcelona: Crítica, 2001); Hartmut Heine, *La oposición política al franquismo. De 1939 a 1952* (Grijalbo: Crítica, 1983); Julio Arostegui y Jorge Marco, *El último frente. La resistencia armada antifranquista en España, 1939-1952* (Madrid: La Catarata, 2008); Jorge Marco, *Guerrilleros y vecinos en armas. Identidades y culturas de la resistencia antifranquista* (Granada: Comares, 2012); Dolors Marín Silvestre, *Clandestinos. El maquis contra el franquismo* (Barcelona: Plaza & Janés, 2002); Secundino Serrano, *Maquis. Historia de la guerrilla antifranquista* (Madrid: Temas de Hoy, 2001).

라 대원들 마키는 프랑코의 승리에 굴복하지 않은 공화 진영 최후의 전투원들이었다.

프랑코 정권은 오히려 1947년 이후 대내외적으로 이전보다 유리한 처지에 놓였다. 대외적으로는 냉전이 시작되면서 체제 변화에 대한 서구 열강의 압력이 상당히 줄어들게 되었고, 대내적으로는 1947년 계승법으로 돈 후안을 추종하는 세력이 약해졌다. 반면 반프랑코 세력은 공산주의 세력 확대 저지를 위한 트루먼 독트린의 영향과 군주제 우파와의 협상 문제로 갈등과 혼란에 빠지게 되었다. 반프랑코 세력은 행동의 통일을 바랐지만 앞서 언급한 대로 통일된 조직을 갖추지도 못했고 공동의 대응을 하지도 못했다. 1947년 2월 히랄 정부가 해체되고 카바예로계 지도자이자 사회노동당 사무총장인 요피스가 그 뒤를 이어 새로운 정부를 구성했으나 정치적인 지지를 받지는 못했다. 그 이후 구성된 망명정부들[93]도 망명지에서 별다른 영향력을 발휘하지 못하기는 마찬가지였으며 국내 반프랑코 운동 세력들과의 관계도 점점 멀어져 갔다.

1948년 3월 제16차 전당대회에서 인달레시오 프리에토를 대표로 선출한 사회노동당은 공화제 복고 전략을 포기하고 돈 후안의 군주제파와 협력한다는 프리에토의 구상을 당의 공식 전략으로 채택했다. 프리에토는 국가의 정체 문제를 국민투표에 부쳐야 한다고 생각했다. 이는 에스파냐 국민이 원하면 군주제도 받아들이겠다는 얘기였다. 국내의 전민동도 이와 유사한 견해를 지니고 있었다. 프리에토는 1948

93 요피스 이후에는 사회주의자들이나 아나키스트들이 더 이상 망명정부에 참여하지 않았고 공화주의 정당들이 내각을 구성했다.

년 8월 프랑스의 생장드뤼즈에서 비프랑코주의 군주제파 호세 마리아 힐 로블레스와 더불어 민주주의 이행 절차에 관한 협정을 맺었다. 이 협정에서 그들은 정치 탄압을 종식하고 국가의 정체를 묻는 국민투표를 소집하겠다고 밝혔다. 하지만 그들이 국내 군주제파들의 지지를 얻지는 못했다.

한편 전노련은 두 단체로 나뉘어 상대방의 정통성을 부정했고 서로 다른 전략과 전술로 맞서고 있었다. 정치적 주도권을 회복하여 프랑코 정권을 타도하려 했던 국내의 '협력주의자들'은 새로운 상황을 파악하고 그에 대처하는 능력이 부족했고, 철저한 고립을 유지해야 한다고 주장한 망명지의 이베리아아나키스트연맹(Federación Anarquista Ibérica, 이하에서는 '이아연') 조합원들은 총파업 소집을 시도했다. 이렇듯 행동의 통일을 기하지 못한 전노련은 이후 세대교체에도 실패하면서 점차 쇠퇴의 길을 걸었다.[94]

공산주의자들도 어려움에 직면하기는 마찬가지였다. 그들은 냉전의 시작과 더불어 다른 반프랑코 세력들에게 무시당했고, 일부 지도자들은 스탈린에 의해 숙청되었다. 정치적으로 고립되면서 모스크바의 지령에 전적으로 의존하기 시작한 에스파냐 공산주의자들은 상황과 현실을 극단적으로 파악했다. 그들은 프랑코 정권이 미국에 매수되고 반프랑코 세력들 다수가 반공주의에 너무 집착한 나머지 결국 프랑코와 미국만 이득을 보게 되었다고 생각했다. 그런 가운데 탄탄한 조직을 갖춘 공산주의자들이 곧 국내 최대 규모의 반프랑코 세력으로 떠

94 황보영조, 『토지와 자유』, 제9장을 참고하라.

올랐고, 프랑코 정권 제일의 표적이 되었다. 공산당의 주장에 따르면 1951년 무렵 국내에서 활동한 공산주의자들이 수천 명에 달했는데, 그들 가운데 3,500여 명은 교도소에 수감되어 있었다.

이 시기 국내 교도소들은 반프랑코 활동가들과 게릴라 대원들로 다시 넘쳐 나기 시작했다. 1939년 이후 1949년까지 정치 활동을 이유로 교도소에 수감된 재소자들을 성향에 따라 분류해 보면, 공산주의자들이 40퍼센트, 자유지상주의자들―곧 아나키스트들―이 35퍼센트, 사회주의자들이 15퍼센트, 민족주의자들과 공화주의자들이 나머지 10퍼센트를 차지했다.

반프랑코주의 운동이 최악의 상태에 다다른 것은 1950년대 초였다. 하지만 그들은 프랑코 정권 타도라는 기본 목표를 달성하지 못했다. 잔혹하고 끈질긴 프랑코 정권의 정치 탄압과 외교활동에서부터 무장 투쟁에 이르기까지 반프랑코 세력들이 보여준 여러 활동들의 무기력함을 그 이유로 들 수 있겠다. 게다가 국제 정세도 반프랑코주의 운동에 매우 불리했다. 냉전이 시작되면서 추축국을 물리친 서구 열강이 기대와 달리 나치즘에 동조한 프랑코 정권을 타도하는 데 발 벗고 나서지도 않았고, 공화국 정부의 복귀를 지원하지도 않았다. 그들은 에스파냐 정국의 불안정과 새로운 내전 발발을 우려했다. 이런 가운데 반프랑코 세력들은 행동의 통일을 기하지도 못했고, 단일한 정치적 대안을 제시하지도 못했다.

자급자족과 간섭주의

프랑코 정권은 이 시기에 자급자족과 간섭주의 경제 정책을 추구했다. 이는 대외경제의 영향과 자유주의 경제를 멀리하면서 경제적 독립을 실현하기 위한 선택이었다. 1938년 8월 프랑스 잡지사와의 대담에서 프랑코는 "우리에게는 생활에 필요한 모든 것이 있고, 우리 경제에 아무런 지장이 없을 정도로 넉넉하게 생산하고 있습니다. 그 어떤 것도 수입할 필요가 없습니다."라고 단언했다.[95] 프랑코 정권 초기에는 정부가 생산과 유통에서부터 원자재 공급과 수출 인허가, 시장 가격 통제에 이르기까지 경제 활동 전반에 깊숙이 개입했다. 정부가 노사관계를 규제하고 노동자들의 임금까지 통제했다. 프랑코 정권은 이러한 간섭주의 정책을 1940년대 내내 강화해 나갔다.

정부의 교역 규제로 대외무역이 급격히 감소하고 수입 의존 부문이 적잖은 타격을 받았다. 수입대체 정책은 각종 원자재와 장비의 부족을 초래했고 금속공업과 카탈루냐의 직물공업에 영향을 미쳤다. 예를 들어 1940년대 중반 면화 수입은 내전 직전의 50퍼센트에도 미치지 못했고, 1942년 석유 수입은 1935년의 3분의 1 수준으로 떨어졌다. 다른 한편으로는 페세타화가 고평가되었다. 1950년에는 공정 환율이 달러당 10.9페세타였지만, 실제 시장에서는 달러당 40~52페세타로 거래되었다. 게다가 1945년까지는 추축국에 대한 무역 의존도가 높았다. 1941년에서 1945년 사이 에스파냐의 제1 교역국은 독일이었다. 이 기간에는 대독일 수출이 에스파냐 전체 수출의 29.7퍼센트를 차지했는데, 주요 수출품은 볼프람이었다.[96] 이러한 페세타화의 고평가와 추

95 Carlos Barciela, "Los años del hambre," *El País*, 4 de febrero, 2012.

96 1945년까지는 주요 수입국도 독일(17.9퍼센트)이었다. 그러나 1945년 이후에는 주요 교역국이 달라졌다. 수출국은 영국(20퍼센트), 미국(15퍼센트) 순이었고, 수입국은 아르헨티나(18퍼센트), 미국(13퍼센트), 영국과 브라질(9퍼센트) 순이었다

축국 중심의 대외정책으로 에스파냐는 수출에 많은 어려움을 겪었다.

정부는 또한 원자재와 생필품의 유통을 통제했다. 이를 위해 할당제를 도입하고 공정 가격을 고시했다. 전자는 대개 임의로 할당했고 후자는 시장 가격보다 낮았기 때문에 이 두 요소는 시장의 기능을 크게 약화시켰다. 1939년 5월부터는 생필품에 대한 배급제가 도입되었고, 1941년에는 그것이 소비재 전반으로 확대되었다.[97] 그 결과 '암시장'이 생겨났고, 공정 가격보다 적게는 2배에서 많게는 10배나 비싼 가격에 물품들이 거래되었다.

수입대체 정책은 산업 장비 개량에도 부정적인 영향을 끼쳐서 낡은 기계를 최대한 활용할 수밖에 없도록 만들었다. 그 결과 생산성이 크게 떨어졌다. 1952년 카탈루냐 직물공업을 예로 들면 기계의 20퍼센트가 19세기에 제작된 것이었고, 생산한 지 30년 넘은 기계는 수두룩했다. 그 결과 1941년과 1945년 사이 에스파냐의 산업생산 증가율은 0.8퍼센트에 불과했고, 1946년과 1950년 사이의 증가율도 3.6퍼센트에 불과했다. 이는 당시 유럽에서 제일 낮은 증가율이었다. 에스파냐는 1950년까지도 1930년의 산업생산 수준을 회복하지 못했다. 내전 이후 제일 발달한 산업 부문은 금속공업과 화학공업이었으며, 시멘트 생산도 상당히 증가했다. 이 시멘트는 주로 철도와 도로, 다리, 항구 등을 건설하는 공공 토목공사에 사용되었다.

정부 간섭주의 정책은 경제 활동의 관료화를 낳았다. 인허가와 할

97 빵, 밀가루, 쌀, 올리브유, 설탕, 감자, 콩, 달걀, 대구 등의 주식에 대한 배급제가 1939년 5월부터 에스파냐 전역에 걸쳐 실시되었다. 1940년에는 흡연자 수첩이 생겨났는데 당시에는 여성은 흡연하면 안 된다고 생각했기 때문에 이 수첩은 남성들에게만 제공되었다.

당, 가격 책정, 배급 등을 위한 각종 기구가 설치되었고 관련 규정들이 마련되었다. 정부는 이런 기구들과 규정들을 통해 마치 투자자나 기업가인 양 국가의 경제 활동에 직접 개입했다. 그 결과 상품 시장과 자본 시장이 상당히 왜곡되었다. 정부의 지원을 받는 기업들의 독과점이 형성되었고, 외국 자본의 유입도 쉽지 않았다. 이를테면 1946년 은행법(Ley de Ordenación Bancaria)을 통해 대형 은행들이 중소 은행들을 흡수하고 상당수의 거대기업을 지배할 수 있게 되었다. 그 결과 1930년에 162개이던 금융기관 수가 1955년에는 126개로 줄어들었다. 물론 이 법의 가장 큰 수혜자는 4대 은행—중앙은행(Banco Central), 이스파노-아메리카노(Hispano-Americano), 에스파뇰 데 크레디토(Español de Crédito, 바네스토), 산탄데르(Santander)—이었다. 이 시기에는 저축 은행들도 매년 20퍼센트 이상씩 성장을 거듭해 1952년 에스파냐 전체 예금의 47.5퍼센트를 관리할 정도에 이르렀다. 또한 1940년대에는 자본이 마드리드로 집중되고 주요 기업들도 본사를 마드리드로 이전하여 마드리드가 '자본의 수도'로 떠오르기 시작했다.

이러한 정부 간섭주의 정책은 1950년대까지 20년간 지속된 인플레이션을 유발했다. 그 결과 봉급생활자인 서민층과 중산층의 실질 임금은 대폭 줄어들고 구매력도 떨어졌으며 생활 여건과 노동 조건도 나빠졌다. 반면에 기업가들은 프랑코 정권이 마련한 저임금과 보호무역, '사회적 평화' 조치들로부터 상당한 혜택을 보았다. 최대 수혜자는 정부 간섭주의와 물품 부족을 이용해 암시장에서 재미를 본 투기꾼들, 곧 암거래상들이었다. 이들은 정부 당국과 관료들의 부패를 십분 이용했다.

프랑코 정권은 또한 주요 부문의 공업 생산과 용역을 중심으로 국영화 정책을 추진했다. 최초의 국영회사는 1941년에 모든 철도 회사를 국유화하여 만든 에스파냐국영철도회사(Red Nacional de Ferrocarriles Españoles, Renfe)였다. 1945년에는 통신회사인 텔레포니카사(Compañía Telefónica)를 국영화했다. 국영화 사업과 관련하여 매우 의미심장한 조치는 산업진흥공사(Instituto Nacional de Industria, INI)의 창설이었다. 1941년 9월 파시즘 이탈리아의 산업부흥공사(IRI)에 영감을 받아 만든 이 공사는 자급자족 정책의 일환으로 주요 공기업을 창설하여 산업 발전을 도모하려 했던 일종의 지주회사였다. 이 공사를 창설하고 1963년까지 사장을 지낸 인물은 프랑코의 절친 후안 안토니오 수안세스였다. 1945년부터 1951년까지 상공부 장관을 지내게 되는 그는 1939년에 외환 관리와 환율 조정을 위한 에스파냐외환공사(Instituto Español de Moneda Extranjera, IEME)도 창설했다. 산업진흥공사는 사회경제적 기반과 국방 분야에 우선 투자하고 여러 기업을 설립했다. 이 시기에 산업진흥공사가 설립한 기업으로는 액화연료회사 엔카소(Encaso, 1942년), 조선 및 해운회사 엘카노(Elcano, 1942년), 항공사 이베리아(Iberia, 1943년), 외환은행(Banco Exterior, 1943년), 전력회사 엔데사(Endesa, 1944년), 수력발전회사 에네르(ENHER, 1946년), 화물자동차회사 에나사(ENASA, 1946년), 제철회사 엔시데사(Ensidesa, 1949년), 자동차회사 세아트(SEAT, 1950년) 등이 있다.

정부 간섭주의는 농업에도 커다란 영향을 미쳤다. 대다수 농산물의 생산과 유통, 가격과 소비를 정부가 직접 규제했다. 곡물과 콩류, 포도주, 올리브유, 감자 등에 대한 정부의 공정 가격 인하 조치로 소농들은 이 농작물들의 재배를 포기했고, 중농과 부농들은 수확물 상당수를 은닉했다. 1935년에 450만 헥타르이던 밀 재배 면적은 1940년에 340만 헥타르로 줄어들었고 1947년이 되어서도 400만 헥타르를 넘어서지 못했다. 그 결과 밀 수확량이 크게 줄었다. 1940년대의 밀 생산량은 1930년대 때보다 20퍼센트에서 30퍼센트가량 줄어들었다. 사탕무와 오렌지 생산량은 같은 시기에 30퍼센트 감소했고 감자 생산량은 심지어 절반으로 줄어들었다. 이 농작물들의 생산량은 1950년대 중반까지도 내전 이전 수준에 이르지 못했다.[98] 1950년 에스파냐의 농업 생산은 유럽 최저 수준이었다. 여기에는 간섭주의 정책뿐 아니라 비료와 종자와 농기계의 수입을 제한한 자급자족 정책도 커다란 영향을 미쳤다.

한편 중농과 부농들은 은닉한 수확물을 암시장에 내다 팔았다. 경제사학자 카를로스 바르시엘라의 분석에 따르면 1940년대 밀 수확량의 40퍼센트가 암시장으로 흘러 들어갔고 올리브유는 30퍼센트 이상이 그렇게 되었다. 이는 부패한 관료와 당국의 공모 없이는 불가능한 규모였다. 암시장의 거래 가격이 공정 가격보다 서너 배나 더 비쌌기 때문에 암거래상들이 남긴 이득은 그야말로 엄청났다. 암시장은 막대한 부를 축적한 '신흥 부유층'을 낳았으며 주요 농산물의 은닉을 유발한 배급제가 자취를 감추게 되는 1954년까지 존속했다.[99]

---

98 이를테면 1940년에서 1954년 사이 매년 밀 30만 톤 이상을 아르헨티나로부터 수입할 정도로 밀 생산이 턱없이 부족했다.

99 마드리드와 바르셀로나 같은 주요 도시들에서는 암시장 거래 가격과 공정 가격의 격차가 더 벌어졌다. 이를테면 1943년에 암시장에서 거래된 빵 가격은 공정 가격보다 8배 비쌌고, 1947년에 올리브유는 7배, 1946년에 설탕은 무려 10배나 비쌌다. 농산물 배급과 암시장 단속을 담당한 주무 기관들은 무능하거나 소규모 거래상 대상의 보여주기식 단속과 처벌을 단행했을 뿐이다. Carlos Barciela y Inmaculada López Ortiz, "El fracaso de la política agraria del primer franquismo, 1939-1959. Veinte años perdidos para la agricultura

내전으로 심각한 손실을 본 목축업도 회복이 더뎠다. 사료 작물과 건초 부족으로 돼지와 가금 사육에 어려움을 겪었으며 1944~1946년의 혹독한 가뭄으로 축우 사육도 감소했다. 1950년 에스파냐의 1인당 육류 소비량은 포르투갈을 포함한 서유럽 국가들 가운데서 제일 낮았고, 심지어는 그리스보다도 낮았다.

이렇듯 내전 후 농업은 한동안 정체 상태에 머물러 있었다. 하지만 그렇다고 해서 농가인구가 줄어든 것은 아니었다. 1940년 농가인구는 1930년보다 70만 명이 더 많은 487만 8,000명이었고 1950년에는 535만 3,000명으로 늘어났다. 이 농가인구는 당시 서유럽 최대 규모였고 그 비율은 폴란드, 헝가리, 포르투갈, 그리스보다도 더 높았다. 농업노동자들도 1940년에 134만 8,000명에 달했으며, 1955년에는 내전 이전보다 두 배나 더 많은 191만 4,000명으로 늘어났다. 이 수치는 사상 최대 규모였으며 그 이후 급속도로 감소하기 시작했다. 이러한 농가인구의 증가에도 불구하고 1인당 생산량과 생산성은 1950년대 중반까지도 내전 이전 수준에 다다르지 못했다.

프랑코 정권하의 에스파냐 경제는 1950년대 중반까지도 후퇴를 거듭했다. 1960년 에스파냐의 1인당 소득은 미국의 34퍼센트에 불과했고, 독일과 프랑스와 영국의 52퍼센트, 이탈리아의 67퍼센트에 불과했다. 여기에는 프랑코 정권의 자급자족 정책이 상당한 영향을 미쳤다. 프랑코 정권의 자급자족 정책은 20세기 초에 시작된 에스파냐 경제의 근대화에도 제동을 걸면서 서유럽 국가들과의 경제 수준 차이

---

española," Carlos Barciela (ed.), *Autarquía y mercado negro: el fracaso económico del primer franquismo, 1939-1959* (Barcelona: Crítica, 2003), pp.55-94.

를 더욱 벌려놓았다. 이러한 자급자족 정책의 흔적은 경제안정화 정책(Plan de Estabilización)을 수립한 1959년까지 사라지지 않고 이어졌다.

프랑코 정권은 기성 노동자단체들을 모두 불법화하고 새로운 유형의 노사관계와 노조 관계를 만들어 나갔다. 앞서 언급했다시피 내전 중인 1937년에 이미 노조중앙회를 창설했고, 1940년과 1941년 사이에는 사용자들과 노동자들과 기술자들이 참여하는 산업별 노조를 조직하기 위한 각종 규정을 반포했다. 하지만 노조 가입 여부가 상대적으로 자유로웠던 팔랑헤당 중심의 초창기 노조중앙회는 노동자들의 관심은 물론이고 사용자들의 관심도 끌지 못했다. 정부의 강압에도 불구하고 노조중앙회 가입 인원은 가입 대상 노동인구의 15퍼센트에 불과했다. 게다가 가입한 노동자들마저도 노조중앙회로부터 지원과 도움을 받은 게 없다고 불평을 늘어놓았다.

사용자 단체들과 일부 군인들로부터도 압력을 받은 정부는 결국 1941년 9월 이후 노조연합회(Organización Sindical Española, OSE)[100]로 명칭을 바꾼 노조중앙회를 정부 산하의 공식 기구로 재편하고 가입을 의무화했다. 노조연합회는 이제 모든 노동자가 참여하는 기구이자 노동자들에게 규율을 부여하고 그들의 요구에 제동을 걸며 분쟁을 미연에 방지하는 기구로 전환되었다. 이제 모든 '생산자들'은 프랑코 정권 지지자들, 곧 팔랑헤당원들과 프리모 데 리베라 독재 시기의 조합 지도자들이 관리하는 노조에 의무적으로 가입해야 했고, 임금과 노동 조건에 관한 협상은 노동부의 소관 업무가 되었다. 이로써 산업

100 1940년대부터는 노조중앙회를 노조연합회라고 불렀다.

별 노조는 단순히 자문 역할만 하는 관료 조직으로 탈바꿈했다.

새로운 노조연합회의 주요 수혜자는 기업가들이었다. 이들은 정부와 사용자 단체들 사이에서 소통과 협상 창구 역할을 하는 노조의 경제과(Secciones Económicas) 부서에 관여하거나, 노조의 고위직을 차지하며 시청·시의회·코르테스에 노조 대표로 참석했다. 1941년 말에는 사용자 단체들 대다수가 노조연합회에 가입했고 상인 조합들도 마찬가지였다. 그렇게 해야 기존의 단체와 재산을 유지할 수 있었다. 노조연합회의 지도부를 차지한 기업가들은 프랑코 정권을 더 이상 비판하지 않았다. 기업가들과 사용자 단체들은 오히려 자신들에게 유리한 임금 정책과 노동 정책을 편 프랑코 정권을 지지하는 쪽으로 돌아섰다.[101]

노조연합회의 행정 기구와 산하 기관들은 물론이고 노동자들을 담당하는 사회과(Secciones Sociales) 부서도 팔랑헤당원들이 관리했다. 노조 업무를 관리하고 산하기관의 노조 대표단들을 통제하는 이 팔랑헤당원들이야말로 진정한 수구 세력이었다. 이들에게는 이른바 '노조 연락원(enlaces sindicales)' 역할을 하는 노동자 대표를 선출하는 일이 제일 골칫거리였다. 초창기에는 국민운동 가입자에게만 입후보 기회를 제공했고, 선거도 당이 엄격하게 관리했다. 하지만 1947년 이후부터는 팔랑헤당원이 아닌 노동자들이 일부 사무소의 '대표'로 선출되기도 했다. 또 1950년 이후에는 공산주의를 지향하는 일부 노동자들과 기독교 단체 노동자들이 이 선거판에 뛰어들기도 했다.

프랑코 정권은 노사관계 문제를 정리하기 위해 노동관계법과 노동

---

101 이들이 정부와 갈등을 벌인 유일한 사건은 1947년 노사조정위원회(jurados de empresa) 설치 문제였다.

계약법 같은 일련의 법률과 규정을 제정했다. 이 법률들은 기본적으로 정부에 노사관계 통제권을 부여했고, 노동자들과 사용자들 간의 직접 교섭은 배제했다. 계약의 유형과 직무의 등급, 기본급, 노동시간 등을 노동부가 설정하거나 마련하였고, 기업의 징벌제도 역시 노동부가 인가했다. 이 법률들은 또한 기업가들에게 절대적 권한을 부여하면서 처벌이나 해고가 쉬운 엄격한 규율을 도입하게 했다. 사용자들은 언제든 경찰의 협조를 받을 수 있었다. 고분고분하지 않은 노동자를 경찰에 고발만 해도 해고할 수 있었고, 치안을 어지럽혔다는 이유로 경찰에 체포되게 할 수도 있었다. 요컨대 프랑코 정권이 마련한 노사관계는 권리는 없고 의무만 부과된, 위계적이고 권위적인 것이었다.

노동자들은 1939년 봄부터 장시간 노동과 저임금에 시달리고 있었다. 공식 노동시간은 주당 40시간에서 48시간으로 늘어났고, 임금은 1936년 7월 18일 이전 수준으로 내려갔다. 하지만 실제로는 아무런 대가도 받지 못한 채 더 많은 시간을 일해야 했다. 1940년대에는 하루 10시간이나 11시간씩 6일을 노동하는 경우가 흔했다. 주당 60시간 내지는 70시간을 노동한 셈이다. 임금은 내전 이전 수준으로 돌아갔고 구매력도 40퍼센트 정도 하락했다. 노동부가 인플레이션을 반영한답시고 임금을 쥐꼬리만큼 인상하기는 했으나 늘어난 생활비를 감당하기에는 언제나 턱없이 모자랐다. 이런 사정을 고려해 기업들이 정부의 허락을 받아 각종 수당을 제공했다. 하지만 그마저 노동시간의 연장으로 이어졌다.

주지하다시피 이 시기의 생활비를 산정하고 임금의 구매력을 계산하는 데는 상당한 어려움이 있다. 따라서 우리는 대략의 수치를 추정할 수밖에 없다. 그런 추정들 중에는 1940년대 10년 동안 생활비는 550퍼센트 정도 상승했지만 실질 임금은 350퍼센트밖에 오르지 않았다는 연구도 있다.[102] 1945년 에스파냐 사람들 1인당 실질소득은 1935년 1인당 실질소득의 3분의 1에 불과했으며, 1954년에 이르러서야 비로소 1935년 수준에 다다르게 되었다. 특히 서민들의 생활 수준은 1940년대 내내 줄곧 하락했다.

1940년대의 서민들에게는 저임금과 고물가, 가난과 굶주림이 슬픈 추억으로 남아 있다. 그들의 식탁에서는 신선한 생선과 고기가 사라졌다. 1950년 에스파냐 도시민들 1인당 빵 소비량은 1936년과 비교하면 절반으로 줄었고, 올리브유와 감자와 쌀의 소비는 각각 4분의 1, 5분의 1, 6분의 1로 줄었다. 1947년 발렌시아 주지사가 제출한 보고서에 따르면, 배급으로 제공되는 하루 식사의 열량은 1일 섭취 권장량의 절반에도 못 미치는 953칼로리에 불과했다.[103] 그 결과 시민들은 영양 부족에 시달리며 체력이 약해졌고 질병에도 취약해졌다. 일해야 하는 노동자들은 특히 더 그러했다. 1939년에서 1944년 사이 매년 2만 5,000명이 가난한 자들의 질병인 결핵으로 숨졌다.[104]

이 시기에는 생활 여건도 매우 취약했다. 서민들을 위한 주택이 부족했으며 대도시 이주민들을 위한 주택은 턱없이 모자랐다. 마드리드와

---

102 Borja de Riquer, *La dictadura*, p.280.

103 프랑코 정권은 1939년 5월부터 1952년 5월까지 주요 식료품들에 대해 배급제를 실시했다. Israel Viana, "Los 'cadávares' del racionamiento español," *ABC*, 12 de junio de 2013; Roque Moreno Fonseret, "Movimientos interiores y racionamiento alimenticio en la posguerra española," *Investigaciones Geográficas*, nº 11 (1993), pp.309-316.

104 빌바오나 바르셀로나 같은 공업 지역에서는 1946년에서 1950년까지 남성 사망자들 가운데 결핵으로 죽은 자들의 비율이 10퍼센트에 달했다. 이는 1935년의 그것에 비해 3배나 더 늘어난 수치였다.

바르셀로나, 발렌시아, 빌바오 같은 대도시에서는 지하실을 주거지로 사용하거나, 다른 사람이 임차한 주택 일부를 임차인으로부터 재임차하는 경향이 늘어났으며, 교외 여기저기에는 빈민가가 들어섰다. 1950년에 에스파냐 인구의 15퍼센트는 매우 비참한 곳에서 살았으며, 25퍼센트는 기반 시설이 없는 열악한 주거지에 거주했다. 전체 637만 세대의 상수도 보급률은 35퍼센트였고 하수도 보급률은 55퍼센트였다.

1950년에 에스파냐 인구의 69.8퍼센트는 인구 2만 명 미만의 자치단체에 거주했고, 10만 명 이상의 도시에 거주한 인구는 18.6퍼센트에 불과했다. 인구 대부분은 농촌 지역과 남부 지방에 거주했다. 1940년에 농업에 종사한 인구는 전체 경제활동인구의 51퍼센트였는데, 이는 1930년에 비해 오히려 5퍼센트가 늘어난 것이다. 2차 산업 종사자는 1930년의 30퍼센트에서 7퍼센트가 줄어든 23퍼센트였고, 서비스 산업 종사자는 1930년의 23퍼센트에서 2퍼센트가 늘어난 25퍼센트였다. 1950년 에스파냐의 경제활동인구 비율은 35.6퍼센트로 유럽에서 제일 낮았다. 비율이 이렇게 낮았던 이유는 미완료된 내전 사망자들과 망명자들의 파악, 비정규직 제외, 여성 노동의 은폐[105] 등에서 찾아볼 수 있다.

한편 프랑코 정권이 수립되면서 에스파냐 사회는 다시 전통 사회로 돌아갔다. 각종 기념물과 성당을 건립하고 성지 순례를 장려하며 순교자를 찬미하는 기독교화 움직임과 더불어 총고해 성사·영성체·새벽기도 등의 종교 활동 참여 강요, 집단 참회 움직임 등이 활발해졌다.

105 당시에는 여성이 일하지 않기를 바라는 분위기 때문에 여성 노동을 집계하지 않는 경향이 있었다. 여성 노동인구의 비율이 1940년에는 경제활동인구의 8.3퍼센트에 불과했다. 1940년에 110만 명이던 여성 노동인구가 1950년에는 170만 명으로 늘었다. 당시 여성 노동인구의 대다수(41퍼센트)는 직물공업에 종사했다.

1940년대와 1950년대에는 신학생 수가 늘어났으며, 매년 8백 명 정도가 사제의 서품을 받았다.[106] 내전 직후에는 사회정치적 강압에 못 이겨 가톨릭교로 개종하는 국민의 수가 늘었으나, 곧 다시 줄어들기 시작했다. 미사 참석자들의 수도 마찬가지였다. 시민들은 세례, 결혼, 장례와 같은 생애주기의 전환점에 해당하는 주요 의례들을 가톨릭식으로 치러야 했으며, 이혼과 낙태는 금지되었다. 가톨릭교회는 해수욕장과 수영장을 이용하는 여성들의 복식을 규제했고, 카니발과 모던 댄스를 금지했다. 남성을 유혹하고 범죄를 유발한다는 이유에서였다.

여성들은 제2공화국 시절에 잠시 누렸던 시민권과 노동권을 상당 부분 박탈당한 채 엄마와 아내의 역할에 충실해야 했다. 일하던 여성들은 결혼과 더불어 '공장에서 해방되어' 가정으로 돌아가야 했고, 학교에서는 남녀 공학이 사라졌다. 남존여비의 관행과 함께 가부장제가 더욱 강화되었다. 가톨릭교회와 팔랑헤당 산하 여성단이 이런 성 정책을 유지·확산하는 데에 상당한 영향을 미쳤다.[107] 그럼에도 불구하고 1940년대에는 생계유지를 위해 노동시장에 뛰어든 여성들이 적지 않았다.

문화 규제와 탄압

프랑코 정권은 이전의 문화적 전통과 단절했다. 제2공화국 시절 전개된 문화적 전위 운동과는 물론이고, 합리주의나 자유주의나 사회적 진보주의와도 거리를 두었다. 근대화나 유럽화와도 마찬가지였다. 문학에서부터 예술에 이르는 각 분야와 소수 문화에서부터 대중문화에

106 서품받은 사제의 수는 1960년대 중반부터 줄기 시작해 1970년대 초에는 3백 명 정도에 이르렀다.
107 황보영조, 「프랑코 체제 전기 팔랑헤당 여성단의 정체성 문제」 참조.

이르는 온갖 층위의 문화 활동에 이런 성향이 압도적 영향을 미쳤다. 이 시기 문화 활동과 관련하여 프랑코 정권은 특정 주제들을 배격하고 민족주의적 요소에 과도하게 집착하는—반자유주의와 파시즘을 버무린—정책을 폈으며, 각종 규제와 통제와 단속을 아끼지 않았다.

그 결과는 참담했다. 우선 내전으로 지식인들 상당수가 사망하거나 흩어졌다.[108] 1939년의 망명 러시는 에스파냐 역사에서 그 유례를 찾아볼 수 없을 정도였다. 내전이 끝나자마자 문화계와 학술계와 예술계의 내로라하는 인사들이 망명을 떠났다. 이들 중 대학교수 100여 명, 변호사 1,000여 명, 의사 500여 명, 기술자 400여 명, 중등교원 2,000여 명, 직업군인 2,500여 명, 저술가와 언론인 수백 명, 숙련 노동자 수천 명은 끝내 귀국하지 않았다. 인적 자원의 손실은 이만저만이 아니었다.[109]

최대 규모의 망명자 거류지가 프랑스에 조성되었고, 그보다 규모가 훨씬 작기는 하지만 소련과 영국에도 거류지가 생겨났다. 망명자들 상당수의 최종 정착지는 라틴아메리카였는데, 그중에서도 사람들이 제일 많이 정착한 곳은 멕시코였다.[110] 오랫동안 에스파냐의 식민지였던 멕시코는 여러 면에서 적응하기 쉬웠고, 공동체로 모여 살기에도 괜찮았다. 해를 거듭하면서 망명자들은 자신들을 받아 준 수용 국가들 내

---

108 내전 도중이나 직후에 사망한 자들로는 대표적으로 철학자 미겔 데 우나무노, 시인이자 극작가 라몬 델 바예 잉클란, 비평가 라미로 데 마에스투, 시인 페데리코 가르시아 로르카, 정치인 안드레우 닌, 시인 안토니오 마차도, 시인이자 극작가 미겔 에르난데스, 정치인 훌리안 베스테이로, 정치인 마누엘 아사냐를 들 수 있다.

109 공화 진영 에스파냐인 망명사 연구에 대해서는 황보영조, 「공화 진영 에스파냐인 망명사 연구의 주요 흐름」을 참고하라.

110 망명자들은 이 밖에도 쿠바, 도미니카공화국, 아르헨티나, 베네수엘라, 콜롬비아, 칠레, 미국으로 건너갔다.

에서 여러 방면으로 두각을 나타냈다. 그들은 출판사를 차리고 잡지를 발행했으며, 문예 단체를 조직하고 교육기관을 설립했다.[111]

망명자들은 머지않아 고국으로 돌아가리라 기대했다. 하지만 제2차 세계대전이 끝나도 이렇다 할 변화가 없자 그 기대를 접기 시작했다. 1975년에 프랑코가 사망하고 나서야 일부가 노인이 되어 고국 땅을 다시 밟았으나, 상당수는 귀국을 포기했다.

대학교수와 연구자들 상당수가 망명을 떠나 버린 에스파냐의 대학과 학문 분야는 상당한 어려움을 겪었다. 건축 분야와 음악 분야, 예술 분야와 문학 분야에서도 타격이 있기는 매한가지였다.

한편 프랑코 정권은 1939년 이후 문화 활동을 규제하고 통제하기 시작했다. 이를 위해 1941년에는 대중교육청(Vicesecretaría de Educación Popular)을 신설하고[112] 가톨릭 극단주의 팔랑헤당원 가브리엘 아리아스 살가도에게 그 임무를 맡겼다. 라디오 방송과 영화, 흥행물에 대한 통제는 물론이고 각종 도서의 승인 여부까지도 이제 그의 손에 달리게 되었다. 대중매체는—공영이든 민영이든 가릴 것 없이—모두 정부가 제시한 지침을 따라야 했다.[113] 제2차 세계대전 직후에는 정부의 언론 통제가 매우 심했고 그 이후에는 차츰 완화하는 경향을 보였다. 정부의 통제는 자유주의적 성격의 언론법이 제정되는

---

111 내전 종결로부터 1950년까지 멕시코로 이주한 공화 진영 에스파냐인 망명자는 대략 2만 명에 달한다. 황보영조, 「공화 진영 에스파냐인들의 멕시코 망명에 관한 지배 담론과 실제」, 『동서인문』, 23 (2023. 12.).

112 대중교육청은 1945년에 해체되고 조직과 기능이 교육부 산하 대중교육실로 이관된다. Alejandro Pizarroso Quintero, *Diplomáticos, propagandistas y espías* (Madrid: CSIC, 2009), p.62; Justino Sinova, *La censura de prensa durante el franquismo* (Barcelona: DeBolsillo, 2006), p.124.

113 당시 정기간행물 40여 종과 일간지 37종이 발행되고 있었고 방송매체는 70여 개에 달했다.

1966년까지 이어졌다.

대중매체와 출판은 새로운 공식 문화를 전파하는 매체였다. 여기에 다른 이념이 끼어들지 못하도록 당국은 압수와 검열과 정화 작업에 착수했다. 부적절하거나 반민족적으로 보이는 외국의 영향은 철저하게 배격했고, 금서목록은 점점 더 길어졌다. 반가톨릭과 프리메이슨, 반전론, 반파시즘, 마르크스주의, 아나키즘, 분리주의 등을 조장하는 것으로 보이는 도서들은 아예 발을 붙이지 못하게 했다. 그 대신 민족주의 고양과 십자군 찬미, 카우디요 숭배, 가톨릭교 전파, 에스파냐를 대적하는 적(敵)에스파냐에 대한 공격에 중요한 가치를 부여했다.[114] 또한 그림과 기념물, 출판물, 영화, 연극, 노래, 문학작품 등에서 내전 승자들의 문화를 표현하고 그것을 찬미하도록 조장했다. 역사가 호세 카를로스 마이네르가 지적했다시피 프랑코 정권 초창기에는 팔랑헤주의계 지식인들이 체제 선전기구의 책임을 맡아 활약했다.[115]

당시에는 프랑코주의자들 사이에서도 에스파냐가 당면한 문제의 근원을 놓고 파벌이 나뉘었다. 팔랑헤주의계 지식인 페드로 라인 엔트랄고는 폐쇄적 시각의 국가가톨릭주의가 내전 패자들이 제기한 문제 해결에 아무런 도움이 되지 않는다며 98세대의 유산을 복원하자고 주장했다. 이에 가톨릭계가 반발했는데, 그 선두에는 라파엘 칼보 세테르가 서 있었다. 오푸스 데이 회원인 그는 가톨릭이 진정한 민족 전통

---

114 황보영조, 「프랑코 정권 초기의 교육 정책」, pp.250-255; Ángel I. Jiménez de la Cruz, *La depuración de los maestros en el franquismo: el caso de Toledo* (Toledo: Yelmo, 2003), pp.56-57; Francisca Montilla, *Selección de libros escolares de lectura* (Madrid: CSIC, 1954), pp.21-22.

115 José Carlos Mainer, *Falange y literatura* (Barcelona: Labor, 1971).

이니만큼 가톨릭을 복원하고 자유주의적 유물은 배격해야 한다고 주장했다. 그는 내전 패자들이 적에스파냐를 상징하기에 그들이 제기한 문제는 고려할 대상이 아니라고 보았다.[116] 하지만 극명하게 갈린 이들의 견해차도 시간이 지나면서 줄어들었다. 라인 엔트랄고는 팔랑헤 전체주의를 포기했고, 칼보 세레르는 극우 가톨릭의 반자유주의와 거리를 두었다.

1945년 이후에는 국가가톨릭주의가 두각을 나타내기 시작했다. 여기에는 칼보 세레르가 창간을 주도한 고등과학연구원(CSIC)의 잡지 『아르보르(Arbor)』가 상당한 영향을 미쳤다. 국가가톨릭주의는 민족의 근본을 이루는 가톨릭 종교 수호, 가톨릭의 대항 종교개혁 운동 찬미, 내전 패자들의 각종 이념 배격을 주요 골자로 삼았다. 라틴아메리카에 대해서는 이것이 히스파니아위원회(Consejo de la Hispanidad)의 설치로 나타났다. 1940년 11월 외교부 산하에 설치한 히스파니아위원회에는 디오니시오 리드루에호와 안토니오 토바르 같은 세라노 수녜르계 팔랑헤주의자들이 대거 참여했다. 1947년 이후 히스파니아문화원(Instituto de Cultura Hispánica)으로 이름을 바꾸게 되는 이 위원회는 1939년에 설립된 정치학연구소(Instituto de Estudios Políticos)와 더불어 초창기 프랑코 정권의 이념적 기초를 마련하는 데 중요한 역할을 했다.

문학 활동은 프랑코의 승리로 생겨난 거대한 문화적 공백과 사회의 현실에 눈을 감도록 요구한 검열의 영향을 받았다. 작가들 대다수

---

116 이 두 사람의 생각을 잘 보여주는 책은 다음과 같다. Pedro Laín Entralgo, *España como problema* (Madrid: Escelicer, 1949); Rafael Calvo Serrer, *España, sin probloma* (Madrid: Ediciones Rialp, S. A., 1949).

는 검열관에게 작품을 제출하기 전에 자신의 표현을 스스로 검열하는 자기 검열을 하지 않을 수 없었다. 그러다 보니 독창성 없는 작품들이 수두룩했다. 하지만 그런 가운데서도 혁신적 시도가 없지는 않았다. 소설에서는 카밀로 호세 셀라가 『파스쿠알 두아르테 가족』(1942)을 통해 농촌에서 벌어지는 에스파냐 국민의 처참한 삶을 조명했고, 『벌집』(1951)을 통해서는 전후 마드리드 사회의 절망스러운 현실을 표현했다. 여류 작가 카르멘 라포렛은 1944년에 초대 나달상(Premio Nadal)을 수상한 『아무것도 없다』(1944)에서 전후 부르주아지의 타락상을 그렸다. 시 세계에서는 팔랑헤주의계 시인들이 민족주의와 제국을 찬미하고 신비주의와 고전주의로의 회귀를 시도했다. 가르시아 로르카와 함께 27세대에 속하는 다마소 알론소는 이들과 달리 리얼리스트의 길을 걸었다. 그는 마드리드 시민들의 비참한 삶을 표현한 시집 『성난 아이들』(1944)을 출간했다. 연극에서도 1930년대에 활기를 띤 아방가르드 경향이 사라지고 민족주의 성향과 도덕적 성격의 작품 공연이 장려되었다. 그런 가운데 예술성보다는 재미를 추구하는 오락극이 크게 흥행했다. 1949년에 공연한 안토니오 부에로 바예호의 희곡 「어느 계단의 이야기」는 예외였다. 이 작품에서 그는 젊은 남녀의 사랑과 좌절을 그리며 전후 사회의 부도덕한 현실을 고발했다. 전후의 정치적 상황은 조형예술에도 영향을 미쳤다. 건축에서는 파시즘 미학과 엘에스코리알 양식이 압도했다. 마드리드의 공군부 청사와 같은 공공건축물은 물론이고 그란비아에 들어선 은행 건물 상당수가 이 양식으로 지어졌다. 전몰자 기념비들과 이른바 '전몰자의 계곡'으로 불리는 쿠엘가무로스에 건립된 거대한 성전은 기독교 고전주의와 융합한 파시즘 미학의 흔적을 보여준다.[117] 회화와 조각에서는 아방가르드와 실험예술을 떨쳐 버리고 종교예술과 전통적 형식주의, 초상화와 풍속 묘사로 돌아가려는 경향이 뚜렷이 나타났다. 초현실주의 화가 살바도르 달리는 예외였다.

이 시기에 지방 문화, 특히 카탈루냐와 바스크, 갈리시아의 지방 문화는 커다란 어려움에 봉착했다. 카스티야어를 공식 언어로 채택하고 다른 언어의 사용을 금했기 때문이다. 그 결과 카탈루냐어 문화권과 바스크어 문화권, 갈리시아어 문화권에서는 카스티야어 문화권에서보다 전통문화의 단절이 훨씬 더 뚜렷하게 나타났다. 대학교수들과 예술가들, 저술가들 대다수가 망명을 떠난 카탈루냐어 문화권에서는 특히 더 그러했다. 1947년까지는 카탈루냐어와 바스크어, 갈리시아어 도서 출판이 전면 금지되었다. 이들 언어로 된 문학 작품들은 이때까지만 해도 대개 망명자들의 집단 거류지, 곧 프랑스와 라틴아메리카에 있는 카탈루냐인 거류지, 바스크인 거류지, 갈리시아인 거류지에서 나왔다. 에스파냐 국내에서도 일부 작품들이 나왔으나 비밀리에 출판해야 했다. 1947년 이후에는 도서와 잡지의 출판에 약간의 숨통이 트였다. 하지만 당국의 검열을 받아야 하기는 마찬가지였다. 소설과 시, 여행서는 대체로 이 검열의 벽을 통과한 데 반하여 아동문학과 청소년문학, 교과서, 역사서, 수필은 그렇지 못했다.

카탈루냐 문화는 1950년대에 새로운 단계로 접어들었다. 망명문학

---

117 Daniel Sueiro, *El Valle de los Caídos: los secretos de la cripta franquista* (Barcelona: Argos Vergara, 1983); Simón Marchán Fiz, "El Valle de los Caídos como monumento del Nacionalcatolicismo," *Guadalimar*, núm. 19 (1977); 황보영조, 「프랑코 정권의 기억 만들기와 그 기억의 변화」, 『역사학연구』, 39 (2010), pp.198-201.

이 점차 퇴조하고 카탈루냐 지방문학이 양과 질 모든 면에서 나아졌다. 여기에는 일부 전전 세대 지식인들이 상당한 역할을 했다. 한편 카탈루냐에 비해 문화 단체와 교육기관, 출판사 같은 하부구조가 상대적으로 허약한 바스크 지방에서는 바스크어 사용 자체가 정치적 저항을 상징했다. 민속과 스포츠, 오락 분야의 단체 활동과 가톨릭교회의 지원 덕분에 바스크 문화는 1940년대에도 그 명맥을 이어 갈 수 있었다. 갈리시아는 내전 직후 카탈루냐와 마찬가지로 망명지, 특히 수십 년 된 갈리시아인 사회가 있던 아르헨티나를 중심으로 문화 활동을 전개해 나갔다. 부에노스아이레스에 도착한 갈리시아 출신 정치인과 지식인들은 다양한 정치 단체와 문화 단체를 만들어 활동했다. 갈리시아 내부에서는 1950년 비고에서 설립된 갈락시아 출판사가 갈리시아 문화 부흥에 박차를 가하기 시작했다.

프랑코 정권은 교육 분야에도 손을 댔다. 프랑코는 내전 도중에 이미 공화국 정부의 교육 정책을 폐기한 후 가톨릭적이고 반자유주의적인 전통 부활에 목적을 둔 다양한 법령과 규정을 제정하고 공포했다. 내전 직후에 마련된 법령들도 마찬가지였다. 남녀 공학과 세속교육 대신에 학교와 학급의 성별 분리제, 종교교육 의무화, 프랑코와 호세 안토니오 프리모 데 리베라의 초상들과 십자가의 교실 벽 게시, 카스티야어 이외의 언어 사용 금지 등의 조치가 단행되었다. 이후 교육계는 이러한 새로운 지침에 따라 교재를 집필했고 학교 도서관의 도서를 검열했으며 교사 양성 과정을 개편했다.[118]

---

118 황보영조, 「프랑코 정권 초기의 교육 정책」, pp.250-255, 268-269; Marina Subirats, "La mujer domada," *Cuadernos de Pedagogía*, Suplemento nº 3 (1976), pp.43-44.

교육 당국은 교육의 목표를 하느님과 조국을 위한 인재 양성에 두었다.[119] 이 목표를 달성하기 위한 가치와 원칙도 명확히 했다. 에스파냐와 가톨릭교의 대적들[120]을 배격하고 그 대신 애국심과 가톨릭 윤리를 고취한다는 내용이었다. 학생들에게 위계와 훈육, 복종의 원칙을 익히게 하고 체제와 사회질서를 받아들이게 했다. 가족의 기능과 여성의 예속성을 기독교 사회의 토대로 강조했고, 선택된 소수의 역할을 중요시했다.[121]

이런 목표에도 불구하고 프랑코 정권이 교육 분야에 투입한 재정은 보잘것없었다. 교육에 배당된 예산은 전체 예산의 3퍼센트 내지는 4퍼센트에 불과했다.[122] 국민 한 사람에게 돌아가는 1인당 교육 예산으로 보자면 스웨덴의 10분의 1 정도밖에 되지 않는 액수였다. 이런 추세가 1950년대 말까지 이어졌다. 이 시기에 학교 문턱을 밟아 본 에스파냐인은 3명 가운데 2명꼴이었다. 취학률이 내전 이전 수준에 다다른 건 1951년 이후였다. 그러다 보니 문맹률 감소 비율이 낮아졌다.

---

119 초대 교육부 장관 페드로 사인스 로드리게스가 1938년에 천명한 내용이다. Pedro Sainz Rodríguez, “Editorial,” *Revista Nacional de Educación,* nº 1 (1941); Jaume Carbonell Sebarroja, “Cuatro décadas de educación franquista. Marco legal y política educativa,” *Cuadernos de Pedagogía,* Suplemento nº 3 (1976), pp.24-29.

120 코르도바 주교를 지내고 프랑코와 친분이 있던 가톨릭 사제 알비노 곤살레스 메넨데스 레이가다는 『에스파냐인 애국 문답서』에서 이 대적을 7가지로 소개했다. 그것은 자유주의, 민주주의, 유대주의, 프리메이슨, 자본주의, 마르크스주의, 분리주의였다. Albino González Menéndez Reigada, *Catecismo Patriótico Español* (Salamanca, 1939).

121 José Pemartín, *¿Qué es lo nuevo? Consideraciones sobre el momento español presente* (Madrid: Espasa Calpe, 1940), p.161.

122 이는 당시 유럽 국가들 가운데 최저 수준에 해당하는 예산이었다. Ramón Navarro Sandalinas, *La Enseñanza Primaria durante el Franquismo (1936-1975)* (Barcelona: PPU, 1990), p.175; José J. Martí Ferrándiz, *Poder político y educación. El control de la enseñanza (España, 1936-1975)* (Valencia: Publicacions de la Universitat de València, 2002), p.164.

1950년 에스파냐 문맹률은 14.24퍼센트로 유럽에서 제일 높은 축에 속했다. 여성 문맹률은 남성 문맹률보다 2배나 높았고 지역별 편차도 심했다.[123]

특이하게도 1950년대 말까지 초등학생 수는 내전 전보다 줄어들었는데 중고등학생 수는 더 늘어났다. 사립학교 신설에 유리한 1938년 중등교육법 덕분에 사립 중고등학교가 늘어나고 공립 중고등학교는 오히려 줄었다. 신설 사립학교는 대부분 가톨릭 재단의 학교였다. 1956년에는 중고등학생들의 공립 대 사립 비율이 15.4퍼센트 대 84.6퍼센트로 사립학교 학생들이 압도적으로 많았다. 가히 가톨릭 교육기관의 황금시대라고 할 수 있을 정도였다.[124]

대학은 가톨릭교회의 통제를 직접적으로 받지는 않았다. 하지만 기독교의 교리와 가치를 따라야 했고 종교교육도 도입해야 했다. 프랑코 정권 당국은 대학의 구성원들이 새로운 정권을 위해 복무하도록 만드는 것이 대학의 기능이라고 처음부터 선언했다.[125] 교원 숙청의 회오리바람으로 1939년에 대학 정교수직의 절반이 미충원 상태에 있었는데 성직자들, 특히 수도회 성직자들이 그 자리의 상당수를 차지했다. 대학생 수는 1940년에 3만 7,319명에서 1950년에 5만 4,605명

123 칸타브리아와 아스투리아스, 바스크, 나바라 지방의 문해율은 100퍼센트에 육박했는데, 남부 지방인 무르시아와 안달루시아, 카나리아 제도, 엑스트레마두라, 카스티야 라 만차의 문해율은 70퍼센트에도 못 미쳤다.

124 1943년에 553개교이던 사립학교가 1950년에는 950개교로, 1960년에는 1,248개교로 늘어났다. 이 가운데 압도적 다수는 가톨릭 수도회 소유였다. 가톨릭교회가 중등교육을 사실상 독점했다고 볼 수 있다. 이런 추세는 기술관료들의 근대화 의지를 반영한 1970년 교육법(Ley General de Educación) 제정 때까지 지속되었다.

125 José Ibáñez Martín, "El sentido político de la cultura en la hora presente," Discurso pronunciado en el acto de inauguración del año académico 1942-1943, en el Paraninfo de la Universidad Central, p.23.

으로 늘어났고, 1960년에는 8만 1,142명으로 늘어났다. 하지만 1950년 통계를 보면 이는 18세에서 25세 사이 청년들의 1.4퍼센트에 불과한 것이었다. 그마저도 남학생이 압도적으로 많았으며 여학생 비율은 14.8퍼센트에 불과했다.

프랑코 정권은 1943년에 대학관리법(Ley de Ordenación Universitaria)[126]을 제정하고 대학의 관료화와 서열화, 중앙집권화를 추진했다. 교육 과정을 체계화하고 교재 사용을 의무화했으며 교수들과 학생들은 각각 고등교육교실(Servicio Español del Profesorado de Enseñanza Superior)과 대학생조합에 예외 없이 가입해야 했다. 규모가 큰 마드리드대학과 바르셀로나대학의 인문학부는 제2공화국 시절에 추진되었던 혁신적 교육 과정과 내용을 청산하고 종전의 낡은 과정으로 되돌아갔다. 이를테면 역사에서는 제국의 과거, 곧 가톨릭 왕들, 합스부르크가(家), 아메리카 정복, 대항 종교개혁의 찬미를 강조했고 제국의 멍에와 화살, 구호 '플루스 울트라(더 멀리)', 독수리 등을 국민 통합을 위한 상징물로 활용했다. 반면에 18세기와 19세기의 계몽주의와 합리주의와 자유주의는 배격했고, 19세기와 20세기의 자유 민주주의는 아예 역사에서 지워 버렸다.

독실한 가톨릭교 신자였던 교육부 장관 호세 이바녜스 마르틴은 1957년에 오푸스 데이 사제 서품을 받게 되는 화학자 호세 마리아 알바레다와 함께 1939년에 고등과학연구원을 창설했다. 이 연구원은 쓸 수 있는 연구 재정이 부족한 데다가 민족주의적 자립 전략을 추구하

---

126 Texto de la ley de 29 de julio de 1943 sobre ordenación de la Universidad española, en la web del Boletín Oficial de España.

는 바람에 상당 기간 국제 과학계로부터 고립되었으며 연구력도 제한적이었다. 게다가 이 연구원을 주도한 오푸스 데이 회원들은 과학정책보다는 이념적이고 종교적인 요소를 우선시했다. 인문학과 사회과학 분야에서 특히 그러했다. 이렇듯 고등과학연구원은 연구단체로서 에스파냐인들을 이념적으로 '재국민화'하는 데 앞장섰다.

한편 프랑코 정권의 선전 부서는 대중문화를 정치적으로 활용했다. 내전 직후 주민들 대다수는 열악한 생활 여건의 고충과 정치적 탄압의 긴장에서 잠시라도 벗어날 필요가 있었는데, 라디오와 영화 같은 대중매체가 그들 속을 파고들었다. 이런 상황에서 관계 당국은 정권이 설정한 주요 원리를 고취하고 주민들을 탈정치화할 속셈으로 오락문화를 통제하고 관리했다. 이를테면 내용을 문제 삼거나 감독이나 작가의 이념을 들먹이며 특정 오락물이나 특정 노래, 특정 영화, 특정 연극을 금지 조치했다. 그 대신 민족주의와 대중 영합주의, 가톨릭 도덕주의 색채가 뚜렷한 민속문화는 대중매체를 통해 확산하게 했다. 당국은 이를 위해 재정을 통제하고 검열을 시행했다. 공연장에 참석한 관객들은 모두 일어서서 국가(國歌)를 들은 다음에 팔을 번쩍 치켜들고 팔랑헤당가 「태양을 바라보며」를 불러야 했다. 이것은 내전과 프랑코의 승리를 떠올리게 하는 일종의 국민의례였다.

여가와 오락의 동기와 형태는 사회집단별로 다양했다. 상류층은 부와 권력을 과시할 축하연과 축제를 다시 열기 시작했고, 밤이면 카바레와 나이트클럽·댄스파티에 드나들었으며 성매매업소도 기웃거렸다. 반면에 서민층은 영화와 뮤지컬, 축구, 투우에 관심을 보였다.

내전 직후 제일 영향력이 컸던 대중매체는 라디오였다. 프로그램이 다양하고 방송 시간이 긴 라디오는 청취자들에게 비용 부담 없는 손쉬운 기분 전환의 기회를 제공해 주었다. 작업장이나 소규모 회사나 상점에서도 라디오를 듣는 경우가 많아졌고, 가정에서는 이미 필수품이 되었다. 1943년 100만 대가 조금 넘던 라디오 보유 대수가 1955년에는 300만 대 정도로 늘어났다. 당시 라디오 보유 가구는 전체 가구의 47퍼센트에 달했다. 라디오 보유 대수 증가와 더불어 라디오방송사 수도 늘었다. 1939년에 50개 미만이던 방송사 수가 1955년에는 300개 정도로 증가했다.[127]

일찍이 라디오 방송의 사회적 영향력을 간파한 프랑코 정권은 애초부터 이것을 최상의 체제 선전 매체로 간주하여 엄격한 방송 통제를 시행했다. 국영방송사인 라디오나시오날(Radio Nacional)에만 뉴스 방송을 허용했으며, 공영방송과 민영방송을 가리지 않고 프로그램 대본을 사전에 검열했다. 또 종교 관련 프로그램을 의무화하여 미사와 성주간(Samana Santa)의 제례와 종교행렬을 중계방송하게 했다.

한편 방송사들은 방송사 나름대로 청취자 확보를 위한 프로그램을 개발했다. 그 가운데 연속극이 대성공을 거두었으며 일요일 오후에 편성한 축구 경기 중계 방송도 상당한 인기를 얻었다. 대중음악을 확산하는 데도 라디오 방송이 획기적인 역할을 했다.

라디오가 가정 내 오락물이었다면 영화는 가정 밖 오락물이었다. 영

---

127 공영방송사가 65개, 민영방송사가 64개, 국민운동 산하 단체인 청년전선(Frente de Juventudes) 관련 방송사가 60개, 교회방송사가 116개였다. Jon Murelaga Ibarra, "Historia contextualizada de la radio española del franquismo (1940-1960)," *Historia y comunicación social*, nº 14 (2009), pp.367-386.

화는 관람료가 비교적 저렴[128]한 데다가 연속 상영이나 버라이어티쇼도 즐길 수 있어서 인기가 많았다. 게다가 많은 사람이 제2의 집으로 생각할 정도로 영화관 시설이 비교적 쾌적했다. 이에 상영관 수요가 폭발적으로 늘어나서 1940년 중반에 이미 3,500개가 넘는 상영관이 전국에서 성업 중에 있었다.

영화의 이념적·정치적 유용성을 파악한 프랑코 정권 선전국은 모든 영화에 대해 엄격한 검열을 시행하였고, 일정한 비율로 에스파냐 영화를 상영하도록 강요했다.[129] 1943년 1월에는 선전국이 제작한 10분짜리 뉴스영화 〈노도(NODO)〉가 첫선을 보였다. 1976년 1월까지 영화관에서 의무적으로 상영해야 했던 〈노도〉는 프랑코 찬미, 프랑코 정권의 업적 소개, 국가 발전 홍보를 다루었으며 이따금 다른 여가 활동(축구, 투우, 민속공연)도 언급했다.[130] 내전 직후 제작된 에스파냐 영상물의 주류는 과거를 찬미하는 역사 영화와 사극, 멜로영화, 종교영화였다.

하지만 에스파냐 대중들 다수는 외국 영화를 더 좋아했다. 작품이 더 우수하고 주제가 더 마음에 들며 배우가 더 매력적이고 메시지가 정치와 무관했기 때문일 것이다. 1939년에서 1961년 사이 마드리드에서 상영된 영화는 모두 5,156편이었는데 그 가운데 17퍼센트인 879편이 에스파냐 영화였으며, 나머지 4,277편은 외국 영화였다. 외국 영화

---

128 마드리드나 바르셀로나 영화관의 관람료는 지하철 요금이나 전차 요금과 같았다.

129 영화 검열을 위해서 1938년에 영화검열위원회(Comisiones de Censura Cinematográfica)를 설치했고 1952년에는 신설한 정보관광부 산하에 영상물등급검열위원회(Junta de Calificación y Censura de Películas)를 설치했다.

130 실제로는 1981년까지 상영했다. 노도를 상영하기 이전에는 독일과 이탈리아 정부가 제작한 우파(UFA) 뉴스와 루체(Luce) 뉴스를 상영했다. 우리나라에서도 1952년부터 1994년까지 공보처 산하 국립영상제작소에서 정부의 업적을 홍보하는 대한뉴스를 제작해 전국의 모든 영화관에서 의무 상영하게 한 적이 있다.

가운데서는 미국 영화가 2,065편으로 40퍼센트를 차지했으며, 독일 영화와 이탈리아 영화가 그 뒤를 이었다. 미국 영화가 이렇게 인기를 끈 것은 그것이 전쟁영화나 서부영화, 혹은 뮤지컬이나 탐정물 같은 오락 영화였기 때문이다. 하지만 그렇다고 해도 프랑코 정권에 적대감을 드러냈다고 생각되는 감독이나 배우나 영화에 대해서는 정치적으로 확실하게 차별했다.[131]

라디오와 영화는 대중음악을 확산하는 데 크게 이바지했다. 그 결과 1940년대와 1950년대에는 에스파냐 민요와 극음악, 볼레로(민속 무곡)가 크게 유행했다. 국제적 차원에서는 쿠바와 멕시코의 리듬이나 아르헨티나의 탱고, 스윙과 부기우기에서 재즈에 이르는 미국의 리듬들이 인기를 끌었다.

프랑코 정권은 또한 스포츠 통제에도 많은 관심을 보였다. 무엇보다도 엄청난 관람객이 몰려드는 축구 경기를 관리하는 데 심혈을 기울였다. 프랑코 정권은 1941년 2월 22일 국민운동 사무총장 산하에 모든 스포츠를 총괄 지휘하는 전국스포츠위원회(Delegación Nacional de Deportes)를 설치하고 이 위원회를 통해 연맹과 대회를 사찰했으며 클럽 이사회 선거에 개입하고 심판단을 통제하기까지 했다.[132] 대표적인 대중 흥행물인 축구는 온갖 부류의 조작과 정치적 압력이 만연했던 종목이었다. 클럽 이사회는 관계 당국의 승인을 받아야 했고 구단주는 정권에 우호적인 인사여야 했다. 축구 국가대표팀은 민족주의의 촉

131 이를테면 영화 「위대한 독재자」(1940), 「분노의 포도」(1941), 「누구를 위하여 종은 울리나」는 심지어 프랑코가 사망한 후에도 공개되지 않았다.

132 황보영조, 「프랑코 체제와 축구」, 『역사학연구』, 28 (2006. 11.), pp.222-224.

매제로 활용되었다. 1950년 브라질 월드컵에서 축구 종주국인 영국을 물리치고 우승을 거두었을 때 이 점을 분명히 확인할 수 있다. 당시 에스파냐 축구는 세계에 확실한 인상을 심어 주었다. 에스파냐 스포츠가 세계의 주목을 받은 것은 내전 이래 이것이 처음이었다.[133]

1950년대에는 축구가 대중적 흥행물로 큰 성공을 거두었다. 특히 에스파냐 축구 4대 '거대 클럽' 가운데 하나인 레알 마드리드가 각종 대회에서 우승하며 세계 제일의 팀으로 떠올랐다.[134] 이것은 헝가리의 쿠발라와 아르헨티나의 디 스테파노 같은 스타 선수 영입으로 가능했다. 국민운동 사무총장 호세 솔리스와 외무장관 페르난도 마리아 카스티에야는 레알 마드리드를 '최상의 외교 사절'이라고 극찬했고,[135] 저널리스트 프란시스코 세레세도도 마찬가지였다. 세레세도는 "1950년에서 1960년 사이에 일어난 주요 사건 세 가지는 의심할 나위 없이 바티칸과의 정교협약 체결, 미국과의 협정 체결, 유럽컵 5회 연속 우승이었다. 피오 12세와 아이젠하워, 베르나베우는 에스파냐를 명실상부한 국제사회의 일원으로 만들었다고 볼 수 있다."[136]며 레알 마드리드 우승의 외교적 의미를 격찬했다.

마지막으로 프랑코 정권은 투우 경기를 민족 축제로 장려했다. 마드

---

133 César Alonso de los Ríos, "Deporte, sociedad y política," *Cuadernos para el Diálogo*, XXV extraordinario (mayo de 1971). 황보영조, 「프랑코 체제와 축구」, pp.240-241.

134 4대 거대 클럽은 레알 마드리드, FC 바르셀로나, 아틀레틱 데 빌바오, 아틀레티코 데 마드리드를 일컫는다. 레알 마드리드는 1955~1958년 에스파냐 리그전에서 우승하고 유럽 각국 리그전 챔피언들의 대회인 유럽컵에서도 우승을 거두었다.

135 *Boletín del Real Madrid C. F.*, 128 (enero de 1961); *ABC* (12 de diciembre de 1968).

136 Francisco Cerecedo, "Sociología insolente del fútbol español," *Posible*, 5 (Madrid, 15 de enero de 1975).

리드, 바르셀로나, 세비야, 발렌시아 같은 대도시에서는 내전 이후 연간 40회 이상 투우 경기가 열렸다. 시간이 지나자 엄청난 인기를 누리는 투우사들이 등장했다. 본명이 마누엘 라우레아노 로드리게스 산체스인 마놀레테는 프랑코 정권의 공식 투우사가 되었다. 그는 1947년 8월 29일 경기 도중 입은 상처로 서른 살이라는 이른 나이에 사망했다. 그의 죽음이 '민족의 비극'으로 여겨질 정도로 그는 온 국민의 사랑을 받았다.[137]

137 마놀레테의 죽음에 관해서는 다음 책을 참고하라. Barnaby Conrad, *The Death of Manolete* (Phoenix Books, 2007).

제2장
프랑코 체제의 기반 구축(1951~1965년)

1950년대 초의 변화

1950년대 들어 프랑코 정권은 상대적으로 평온한 시기를 맞이했다. 국내 정적들이 제압된 데다가 국외 반체제 세력도 약해졌기 때문이다. 1950년대는 프랑코 독재의 지속 가능성을 판가름할 중요한 시기였다. 에스파냐는 고립을 벗어나 국제사회의 일원이 되느냐 마느냐의 기로에 서 있었다. 그런 점에서 1953년은 매우 중요한 해였다. 이해에 에스파냐는 미국과 마드리드 협정(Pactos de Madrid)을 체결했고, 로마교황청과는 정교협약(Concordato)을 맺었다. 에스파냐 저널리스트 루이스 데 갈린소가가 프랑코를 일컬어 '서구의 보초'라고 부른 것도 바로 이때였다.[138] 프랑코가 서구 문명 수호와 반공 투쟁의 선구자라는 의미였다.

이 시기에는 경제성장, 국제기구 가입, 대규모 국내 이주가 진행되었고, 사회적·경제적·정치적으로도 여러 변화가 일어났다. 하지만 이러한 변화는 어디까지나 시작에 불과했다. 새로운 기반 구축을 어렵게 만드는 과거의 유산이 사라지지 않고 있었기 때문이다. 1959년에 '경

---

138 그는 이 표어를 1956년에 출판한 프랑코 전기의 책 제목으로 삼았다. Luis de Galinsoga, *Centinela de Occidente: semblanza biográfica de Francisco Franco* (Barcelona: AHR, 1956).

제 안정화 및 자유화 계획'을 시행할 때까지 프랑코 정권은 경제 면에서뿐만 아니라 정치와 문화 면에서도 시행착오를 거듭했다.

1950년대는 또한 국가가톨릭주의가 절정에 달한 시기였다. 이는 팔랑헤당 사무총장 호세 루이스 아레세가 추진하려던 팔랑헤주의 정책을 무산시킬 정도였다. 다른 한편으로는 이 시기에 들어 노동운동과 학생운동이 차츰 고조되기 시작했고, 반프랑코주의 저항 세력도 재건되기 시작했다. 이들은 독재 종식을 위한 연대의 필요성과 에스파냐인들의 화해를 강조했다. 하지만 이들의 움직임이 정권을 심각하게 위협할 정도는 아니었다. 프랑코 정권은 현상 유지 정책과 억압 정책을 여전히 고수했다.

돈 후안으로 알려진 바르셀로나 백작 후안은 이 시기에도 군주제 복원을 위해 노력했다. 하지만 이렇다 할 성과를 거두지는 못했다. 그는 결국 자신의 두 아들 후안 카를로스와 알폰소에게 교육의 기회를 제공한다는 선에서 프랑코와 타협했다. 또한 이 시기에는 각료들을 중심으로 체제의 제도화를 위한 논쟁이 일었으나, 이는 어디까지나 프랑코의 영구 집권 욕망을 실현하기 위한 것에 불과했다.

1950년대에는 인구가 증가했다. 1950년에 2,800만 명 정도이던 인구가 1960년에는 3,000만 명을 넘어섰다. 이는 사망률 감소와 출생률 증가 덕분이었다. 1940년대의 보릿고개를 사라지게 한 풍작과 경제 여건 개선도 여기에 한몫했다. 또한 이 시기에는 국내외 이주에 변화가 나타났다. 1951년부터 1960년까지 180만 명가량이 다른 지방과 외국으로 이주했다. 국내 이주민들은 대개 전통적 농업 지역인 안달루시아와 카스티야, 갈리시아, 엑스트레마두라를 떠나 카탈루냐와 마드리드, 바스크 지방으로 이주했다. 그 결과 도시화가 촉진되고 대도시에 인구가 집중되는 현상이 나타났다. 1960년에 마드리드 인구가 200만 명을 넘어섰고 바르셀로나 인구는 160만 명에 육박했다. 또한 이들 대도시 주변에는 주거지 기능을 수행할 베드타운들이 들어섰다.[139]

국외 이주 대상지는 라틴아메리카와 유럽이었다. 이 시기에 무려 37만 명이 이주한 라틴아메리카로의 이주가 압도적이었다. 이주민 상당수가 아르헨티나와 쿠바, 브라질, 베네수엘라에 정착했다. 1950년에 3,000명 정도에 불과했던 유럽으로의 이주는 1960년에 2만 명으로 늘어났다. 이민자들은 주로 프랑스와 스위스, 독일, 벨기에에 정착했다. 여기에는 1956년에 창설한 이민청(Instituto Español de Emigración)과 당사국 간 상호협정이 커다란 역할을 했다.[140]

1950년 에스파냐의 경제는 1940년대 자급자족 경제의 그늘에서 여전히 벗어나지 못하고 있었다. 온갖 경제지표가 내전 이전 수준에도 못 미쳤다. 경제활동인구의 47.6퍼센트가 농업에 종사한 에스파냐는 서유럽 최빈국들 가운데 하나였다. 좀 지나친 표현이기는 하지만 경제협력개발기구(OECD) 1950년 보고서는 에스파냐를 서유럽에서 '제일 원시적인 나라'로 간주했다.[141] 자료에 따르면 1951년 수출의 80퍼센트가 1차 산품이었고, 공산품은 13퍼센트에 불과했다. 경제구조의 변

---

139 Ramón Tamames, "Los movimientos migratorios de la población española durante el período 1951-1960," Separata de la *Revista de Economía Política*, Madrid (1962), pp.115-120; 138-140.

140 Guillermo Díaz-Plaja, "La condición emigrante. Los trabajadores españoles en Europa," *Cuadernos para el Diálogo*, Madrid (1974).

141 Josep Fontana y Ramón Villares (dir.), *Historia de España*, vol. 9 (*La dictadura de Franco*) (Madrid: Crítica/Marcial Pons, 2010), p.351.

화는 이렇듯 더뎠다.

하지만 경제활동인구 구조에는 상당한 변화가 나타났다. 1960년에는 경제활동인구의 36.7퍼센트 이상이 농업에 종사했고 공업 부문 종사자는 33퍼센트였으며 서비스업 종사자는 27.3퍼센트였다. 더디기는 하지만 공업 부문 종사자가 차츰 늘어났다. 여성 노동인구의 비율도 여전히 매우 낮은 수준이었지만, 1950년대 10년 동안 11퍼센트에서 15퍼센트로 증가했다. 특히 카탈루냐와 바스크 같은 공업 지역에서는 1950년대 중반에 커다란 변화가 나타났다. 에스파냐 전체 농업 인구 비율이 43퍼센트이던 1957년에 이 두 지역에서는 농업 인구 비율이 20퍼센트 아래로 떨어졌고, 공업 인구의 비율은 50퍼센트에 육박했다. 1인당 소득에서도 지역별 격차가 크게 벌어졌다. 1955년 1인당 소득은 마드리드, 바스크, 카탈루냐가 엑스트레마두라, 카스티야 라만차보다 3배나 많았고, 안달루시아, 무르시아, 갈리시아보다는 2배나 많았다. 이러한 지역별 소득 격차가 앞서 언급한 대규모 국내 이주의 한 요인으로 작용했다.

한편 대도시에서는 주택 문제가 심각해졌다. 대규모 이주가 이를 더욱 부채질했다. 1950년 인구조사에 따르면 건물의 25퍼센트가 비위생적이었으며, 무주택 가구는 1백만 호를 넘어섰다. 이 문제를 해결하기 위해 1957년 신설된 주택부의 초대 장관 호세 루이스 아레세는 공공주택 보급에 앞장섰다.[142] 마드리드와 바르셀로나를 비롯한 대도시

142 그는 프롤레타리아의 에스파냐가 아니라 소유주의 에스파냐를 건설하겠다고 천명했다. José Luis Arrese, "Discurso pronunciado ante los agentes de la propiedad inmobiliaria," *ABC*, 2 de mayo de 1959.

주변에 대규모 공공주택 단지를 조성하고 1956~1960년에 실시한 제1차 주택보급계획(I Plan Nacional de la Vivienda)을 통해 주택 40만 호를 공급했다. 하지만 주택 문제를 해결하기에는 턱없이 모자란 규모였다. 상하수도와 도로포장, 대중교통, 학교 등도 제대로 갖추지 못했다. 1950년대 중반 에스파냐의 도시들은 여전히 무질서하고 불결하며 음울한 공간이었다.

프랑코 정권은 1951년 초에 상당한 규모의 사회적 저항에 직면해야 했다. 바르셀로나에서 전차 파업과 총파업이 전개되었기 때문이다. 전차 파업은 바르셀로나의 주요 교통수단인 전차 요금 인상으로 촉발된 승차 거부 운동이었으며, 1951년 3월 1일부터 6일간 진행되었다. 특정한 주동자나 특정한 정치 집단이 개입하지 않은 가운데 전개된 이 저항 운동에 전차 이용자들의 97퍼센트가 동참했고, 그 결과 이 기간에 팔려 나간 전차표는 평상시 매표의 2퍼센트에 불과했다. 바르셀로나 주지사는 결국 요금 인상을 철회했다. 하지만 노동자 대표들은 3월 6일 관변노조인 노조중앙회[143] 본부에서 총회를 열고 물가 인하와 구속자 석방을 위한 총파업을 결의했다. 3월 12일 열린 총파업에 30만 명 가량의 노동자들이 참여했다. 이에 관계 당국은 무장경찰과 치안대를 투입하고 함선을 동원하여 파업을 진압했다. 하지만 파업은 위성도시들로 확산하였고 비스카야와 기푸스코아, 비토리아, 팜플로나 등지에

143 1938년에 산별노조로 창설된 노조중앙회는 1971년까지 존속된다. 프랑코 정권하에서는 노동자와 사용자 모두 가입이 의무였다. 1971년 노동조합법으로 에스파냐노조연합회(Organización Sindical Española, OSE)로 명칭이 바뀌게 된다. Glicerio Sánchez Recio, "El sindicato vertical como instrumento políticio y económico del régimen franquista," *Pasado y Memoria: Revista Historia Contemporánea*, n.1 (2002).

서도 물가상승에 대한 시위 물결이 이어졌다. 이러한 파업의 물결은 에스파냐에 이제 새로운 사회적 갈등이 시작되었음을 알려 주었다. 정치단체나 노조의 지휘를 받지 않고 조직도 갖추지 못한 이 저항 운동에 수천 명의 노동자가 참여했다. 프랑코 정권에 저항하는 비밀단체들은 이들의 성공에 놀라움을 감추지 못했다. 노동자들은 "저항하지 않으면 임금이 오르지 않는다."는 구호를 내건 반면에 산별노조 책임자들은 이러한 노동자들의 요구를 자제시키느라 안간힘을 썼다. 이제는 노사문제도 1940년대처럼 그렇게 호락호락하지 않았다. 노조 대의원 호세 솔리스 루이스는 이러한 사실을 잘 알고 있었고 바르셀로나 주지사도 마찬가지였다. 따라서 프랑코 정권 지도부의 염려 또한 상당했다.[144]

결국 1951년에 새로운 내각이 구성되면서 정치에 변화가 나타났다. 변화의 핵심은 카레로 블랑코의 등장이었다. 그는 장관급에 해당하는 총리부(Presidencia) 차관에 임명되었다. 정보관광부도 이때 신설되었다. 새 내각은 치안 유지, 서방 진영과의 연대 강화, 경제 정책 수정을 주요 목표로 삼았다.

1951년 내각은 우선 에스파냐의 서방 진영 편입 작업을 추진했다. 이를 위해 상호원조 협정 체결과 각종 정치·경제·문화 기구 가입을 시도했다. 당시 전개되고 있던 한국전쟁이 프랑코 정권 인정에 유리한

144 1951년 4월에 치안을 제대로 유지하지 못해 정부 이미지가 상당히 나빠졌으며 정책을 수정할 필요가 있다고 카레로 블랑코가 프랑코에게 보고한 적이 있다. Archivo General de la Administración (AGA), Presidencia, Secretaría General del Movimiento (SGM), Informe de los sucesos ocurridos en Barcelona los días 12 y 13 de marzo, c. 73; AGA, Sindicatos, CNS de Oviedo, Parte mensual reservado de marzo de 1951, c. 8029. Pere Ysàs, "El movimiento obrero durante el franquismo. De la resistencia a la movilización (1940-1975)," *Cuadernos de Historia Contemporánea*, vol. 30 (2008), pp.173-174에서 재인용.

국제 환경을 제공해 주었다. 에스파냐는 1953년에 미국과 협정을 체결하였고 교황청과도 정교협약을 맺었다. 또 1955년에는 유엔에 가입했다.[145] 이 일들은 에스파냐의 국제관계에 새로운 이정표 역할을 했다. 프랑코 정권은 마침내 오랫동안의 국제적 고립을 벗어나게 되었다. 하지만 유럽공동시장을 출범시킨 1957년 로마 조약에서는 프랑코 정권이 배제되었다. 프랑코 정권의 반민주적 성격 때문이었다.

프랑코 정권을 국제무대에 알린 최초의 행사는 1952년 5월 바르셀로나에서 열린 제35차 세계 성체대회였다. 프랑코와 교황청 대표 페데리코 테데스키니 추기경을 비롯하여 추기경 12명, 주교 300명, 사제와 신학생 1만 5,000여 명이 참여한 이 대회는 내전 이후 에스파냐에서 열린 최초의 국제행사로서 프랑코 정권의 가톨릭적이고 반공주의적 이미지를 국제사회에 알리는 데 크게 이바지했다. 프랑코는 "교회의 역사는 우리나라의 역사이고, 교회의 영광은 우리의 영광이며, 교회의 적은 우리의 적이다."라며 정권의 이미지를 선양하는 데 이 행사를 십분 활용했다.[146]

이 성체대회의 성공적 개최로 프랑코 정권과 교황청 간의 협상이 한결 쉬워졌다. 양측의 종교협약 체결은 사실 교황청이 그간 견지해 온 정책 노선을 유연화한 덕분이었다. 당시까지만 해도 교황청은 프랑코 정권의 탈팔랑헤주의와 군주제 복원을 바라고 있었다. 그런 교황청이

---

145 이보다 앞서 1950년에는 유엔식량농업기구(FAO)에 가입하고 1951년에는 세계보건기구(WHO)에 가입했으며 1952년에는 유네스코(UNESCO)에 가입했다. 또한 1956년에는 국제노동기구(ILO)에, 1958년에는 국제통화기금(IMF)과 국제부흥개발은행(IBRD)에 각각 가입했다.

146 Paul Preston, *Franco. Caudillo de España* (Barcelona: Debolsillo, 2015), p.673; Borja de Riquer, *La dictadura*, p.361.

에스파냐 성직자들의 요청을 받아들여 프랑코 정권과의 협상에 임했다. 1953년 8월 27일 체결된 정교협약을 통해 교황청은 프랑코 정권을 공식 승인했고, 프랑코 정권은 에스파냐가 가톨릭교 국가임을 선언했으며, 가톨릭교회의 특권적 지위를 인정했다. 이로써 교회가 교육 분야에서 주도적 특권을 쥐게 되었고, 풍습과 도덕을 규제하는 데도 관여하게 되었으며, 각종 검열에도 참여하게 되었다. 국가는 교회의 재정을 부담하고 성직자들에게 법적 특권을 부여했다. 1953년 12월 21일 교황 피오 12세는 교황청이 줄 수 있는 최고의 훈장을 프랑코에게 수여했다.[147]

이 정교협약은 에스파냐 가톨릭교회의 승리이기도 했지만 프랑코 정권의 승리이기도 했다. 교황청이 국가가톨릭주의의 정당성을 인정해 주었고, 프랑코 정권이 정통 가톨릭 정권임을 공식 승인해 주었기 때문이다. 게다가 프랑코는 주교 추천권을 획득하게 되었는데, 이 덕분에 정권에 우호적인 협력자들로 고위 성직자단을 구성할 수 있게 되었다. 프랑코 정권은 이제 유럽에서 제일 특권적 지위를 누리는 가톨릭 정권이 되었다.

한편 정교협약 체결과 동시에 진행된 미국과의 마드리드 협정 체결은 훨씬 더디게 이루어졌다. 1951년 7월에 개시된 양측의 대화와 협상은 협정 체결에 걸림돌이 된 민주당의 트루먼 행정부가 막을 내리고 1953년 1월 공화당의 아이젠하워 행정부가 들어서면서 속도를 내기 시작했다. 협상은 비밀리에 진행되었다. 그러다 보니 에스파냐에서는

147 Feliciano Montero y Joseba Louzao (ed.), *Catolicismo y franquismo en la España de los años cincuenta. Autocríticas y convergencias* (Granada: Editorial Comares, 2016), pp.xiv-xv; Guy Hermet, *Los católicos en la España franquista.* Vol. 1. *Los actores del juego político* (Madrid: CSIC, 1985), p.415.

외교 당국과 군 당국 간의 이견 조정이 잘 이루어지지 않았다. 이 점이 1953년 9월 26일 체결된 협정 내용에 고스란히 반영되었다. 게다가 국제적 지위도 미약하고 경제적 상황도 불안정하던 프랑코 정권은 미국이 제시한 방안을 그대로 받아들일 수밖에 없던 처지였다.

협정 내용은 군사협력과 경제원조로 이루어졌다. 미국은 마드리드와 세비야, 사라고사, 카디스에 주요 군사시설을 구축하고 그것을 이용할 수 있게 되었다. 그 대가로 에스파냐는 군대를 현대화할 전쟁물자와 경제원조 및 기술원조를 받게 되었다. 하지만 에스파냐가 실제로 받은 전쟁물자 일부는 무용지물이었고, 원조 규모 또한 당시 서방 진영의 일부 나라들이 받고 있던 것에 비하면 턱없이 작았다.[148]

이 협정에서 가장 심각한 문제는 에스파냐가 미국에 군사기지 이용권을 양도한다는 의미를 함축하고 있는 비밀조항에 있었다. 양국의 공동이용을 명시하고 있음에도 서방의 안전을 위협하는 공산주의의 침략이 있을 때는 '에스파냐 당국과 사전 협의 없이' 미군이 군사기지를 이용할 수 있도록 되어 있었기 때문이다. 이 내용이 '식민주의적 강요'에 해당한다는 비판이 각료회의에서 제기되면서 에스파냐의 주권을 수호해야 한다는 주장이 있었으나, 무위로 돌아갔다. 이 밖에도 미국은 에스파냐에 핵무기를 도입할 수 있었고 6,000명에서 9,000명에 달하는 미군 병력은 치외법권적 지위를 누릴 수 있었다. 불평등한 관계는 상호방위의 부재에서도 나타났다. 에스파냐가 타국에 의해 침략받을 때 미국은 에스파냐를 지원하지 않아도 되지만, 국제적 이해관계

148 Julio Gil Pecharromán, *Con permiso*, pp.108-109.

사진 5 토레혼 기지를 방문한 아이젠하워와 프랑코(1959년)

를 위해서는 개입할 수도 있었다.

마드리드 협정은 이러한 문제점에도 불구하고 프랑코에게 명백한 정치적 성공을 안겨 주었다. 그것이 서방 진영의 에스파냐 수용을 의미했기 때문이다. 프랑코 정권은 이제 미국의 동맹국이 되었다. 이 협정은 서방 진영과의 외교 관계와 무역 관계를 정상화하는 데도 순기능을 했다. 그것이 결국 1955년 12월 에스파냐의 유엔 가입으로 이어졌다. 요컨대 이 협정은 미국 역사가 스탠리 페인이 지적한 대로 에스파냐 안팎에서 프랑코 정권의 이미지를 강화하는 데 이바지했다.[149] 그뿐 아니라 이 협정은—시간이 걸리기는 했지만—에스파냐 군대를

149 Stanley G. Payne, *El primer franquismo*, p.109.

현대화하는 데도 이바지했다. 이는 미국으로부터 지원받은 일부 신식 무기와 미군이 주문한 에스파냐 군대의 전문화 덕분이었다.

프랑코에 대한 에스파냐 군부의 정치적 신뢰는 변함이 없었다. 하지만 1953년에는 내전에서 두각을 보였던 장군들 상당수가 이미 사망하거나 퇴역한 상태였다. 자기 신념을 갖고 지도력을 발휘할 능력이 있는 장군은 아구스틴 무뇨스 그란데스와 라파엘 가르시아 발리뇨, 후안 바우티스타 산체스 곤살레스뿐이었다. 이들 가운데 프랑코의 최측근은 1951년부터 1957년까지 육군 장관을 지내게 되는 무뇨스 그란데스였다. 악명이 자자한 군주제파였던 가르시아 발리뇨는 모로코에서 고등판무관으로 활동하면서 정치적인 기력을 다했다. 산체스 곤살레스는 돈 후안을 추종하는 후안파(派)로 차츰 기울어 프랑코에게 군주제 복원을 요청할 정도였다. 무뇨스 그란데스로부터 경거망동하지 말라는 주의를 받기도 한 그가 1959년 1월 갑작스레 사망하자 군주제 음모를 주도할 만한 군부 지도자는 완전히 사라지게 되었다.[150]

한편 에스파냐교회에서는 정교협약 성사 이후 톨레도 대주교 엔리케 플라 이 데니엘이 두각을 나타냈다. 1946년 이래 추기경을 지내고 있던 플라 이 데니엘은 유능한 협상가이자 열정적인 교권 수호자였다. 그와 함께 가톨릭 일간지 『엘 데바테』의 편집국장을 지낸 앙헬 에레라 오리아의 영향력도 덩달아 커졌다. 1947년 말라가 주교에 임명된 그는 전국가톨릭전교자회 활동을 주도했다.

가톨릭교회는 프랑코 정권의 정치 구조에 잘 순응했다. 프랑코가 지

150 이 때문에 그가 암살당했다는 이야기를 비롯한 온갖 소문들이 나돌았다.

명한 주교 4~7명이 코르테스 대의원을 맡았는데, 그 가운데서도 마드리드 주교 레오폴도 에이호 이 가라이가 제일 유력했다. 이 밖에도 고위 성직자들은 성전 건축 비용을 비롯한 상당 규모의 지원을 국가로부터 받았다. 게다가 국가가톨릭주의 덕분에 성직자 수도 늘었다. 1950년 무렵에는 신학생이 8,000명, 사제가 3만 명, 수사가 1만 9,000명, 수녀가 5만 8,000명에 달했다. 또한 가톨릭교회와 단체가 상당수의 일간지와 정기간행물, 라디오 방송국을 보유했다. 가톨릭 교육기관과 대학교의 수가 1950년대에 2배로 늘었고 공립대학에서 교수로 활동하는 성직자의 수도 상당했다.

하지만 모든 성직자가 정권에 순응했던 건 아니다. 추기경 페드로 세구라, 발렌시아 대주교 마르셀리노 올라에체아, 카나리아 주교 안토니오 필다인, 칼라오라 주교 피델 가르시아 마르티네스는 정권과 고위 성직자 간의 갈등을 유발한 대표적 인물들이다. 또한 1955년 12월 정보관광 장관 아리아스 살가도가 사회정의를 언급한 교황 피오 12세의 성탄절 미사에 대해 신중하지 못하다고 비판하면서, 그리고 추기경 4명을 비롯한 8대 거대도시 주교들이 공동교서(Carta colectiva)를 통해 에스파냐의 사회경제 상황을 염려하고 위정자들에게 더 나은 사회정의와 노동권을 주문하면서 성직자들과 정권 사이에 갈등이 벌어지기도 했다.[151]

프랑코 정권 내에서 정치적 논쟁을 벌이거나 이견을 제시할 수 있는 기관은 각료회의가 거의 유일했다. 집권 세력 내에 정치적 견해를

151 Borja de Riquer, *La dictadura*, pp.370-372.

달리하는 계파들이 존재하기는 했으나 언론과 출판물의 엄격한 검열로 의사 표현이 자유롭지 않았다. 1956년까지는 국민운동당 중앙위원회도 '동면' 상태에 있었고 코르테스 또한 정치 논쟁의 장 구실을 하지 못했다. 그러다 보니 정치적인 갑론을박을 벌일 수 있는 곳은 각료회의밖에 없었다.

1950년대에 각료회의는 매주 정기적으로 열렸고 회의 시간도 길었다. 프랑코의 장황한 기조연설로 시작되는 각료회의는 가벼운 사안들에서부터 국가의 중요 현안들까지 두루 다루었다. 이 시기 각료회의의 주요 논제는 체제의 제도화 문제였다. 1956~1957년에는 프랑코의 후계 문제를 중점적으로 논의했다. 이 문제를 둘러싸고 각료들의 의견이 서로 나뉘었고 계파 대립이 드러나기도 했다. 하지만 이들의 대립이 큰 문제가 되지는 않았다. 그들의 정치력이 보잘것없었기 때문이다. 그들의 정치 생명은 프랑코의 손에 달려 있었다. 이 각료회의에 대한 연구는 잘 알려지지 않은 정권 내부의 정치적 긴장들을 이해하는 데 도움을 준다.

이 시기에 지방행정에는 큰 변화가 없었다. 변화가 있었다면 1950년대 초에 주지사의 40퍼센트를 차지하고 있던 팔랑헤당파가 차츰 줄어들고 특정 이데올로기 성향이 없는 관료와 군인들이 점점 늘어났다는 점 정도다. 행정부와 의회의 요직에서 에스파냐자치우익연합 당원·전통파·군주제파 등이 점차 사라지고 서로 다른 정치 성향의 팔랑헤당파·전통파·가톨릭계가 뒤섞이는 가운데, 내전에서 승리를 거둔 내전 세대가 그 후속 세대인 프랑코주의 세대로 교체되는 현상이 서서히 나타났다.

이 시기에 지방자치단체 선거는 주지사가 장악하고 있었다. 주지사가 입후보자를 검증했다. 따라서 그와 거리가 먼 사람은 입후보하기가 어려웠다. 투표 없이 당선되는 시의원도 허다했다. 선거 결과가 뻔했기에 투표 참여율도 저조했다. 이를테면 군주제파의 당선을 막기 위해 팔랑헤당과 내무부가 공작을 벌이고 압력을 행사한 1954년 마드리드 시의원 선거에서 팔랑헤당 청년전선 대의원 호세 안토니오 엘롤라 올라소는 군주제파 후보와 맞붙어 손쉽게 승리를 거두었다. 공직자들이 이렇게 당선되다 보니 그들의 직무능력은 갈수록 떨어졌다. 1951년과 1954년, 1957년, 1960년에 치러진 선거 결과에서 이러한 추세가 뚜렷하게 나타났다. 상당수 주지사의 내부 보고서에 따르면 지방행정의 상당 부분이 마비되었으며 부패도 심했다. 시정과 시의회의 의사 결정권은 소수의 고위 관료에게 집중되어 있었으며, 시장과 시의원들 상당수는 시정 활동 도모보다는 사적 이해관계 구축에 더 많은 관심을 가졌다.

한편 팔랑헤당의 정치적 영향력과 활동은 갈수록 약해졌다. 여기에는 카레로 블랑코의 영향이 컸다. 팔랑헤당원들에 대한 불신이 깊었던 그는 주요 공직자의 임명을 팔랑헤당이 아니라 내무부가 관장해야 한다는 주장을 폈다. 이에 일부 팔랑헤주의자들이 새로운 목소리를 내기 시작했다. 그들은 1951년 내각에서 교육부 장관을 맡은 호아킨 루이스 히메네스와 시인이자 저술가인 디오니시오 리드루에호였다.

루이스 히메네스는 에스파냐가 유럽 사회를 따라잡기 위해서는 교육기관을 혁신해야 한다고 주장했다. 이를 위해 그는 중등교육과 직업교육의 근대화를 추진했고 사상과 문화생산에 대한 관용을 도모했다. 그는 특히 정권의 지지 기반을 넓히기 위해서는 '군중에 대한 두려움, 시행착오와 비판에 대한 두려움, 자유에 대한 두려움'을 극복하고, 온건한 비판자들을 수용하며, 학문의 발전을 도모해야 한다고 주장했다.[152] 교육 분야에서 자신들의 특권적 지위를 잃게 될 것을 염려하던 가톨릭계는 루이스 히메네스의 이러한 이념 개방과 문화 개방 주장에 반대하며 그의 교육 개혁에 우려를 표명했다.[153]

또한 공식 팔랑헤주의와 입장을 달리하는 팔랑헤주의 분파(falangismo discrepante)도 내전 극복과 에스파냐 문화 복원의 필요성을 제기하기 시작했다. 이들을 대표하는 리드루에호는 프랑코 정권이 합의의 범위를 확대하고 반대 세력도 일부 수용해야 한다고 생각했다. 그는 정권 내부에 포용과 배제의 두 심성이 대립하고 있고, 의견교환의 장을 확대하려는 혁신가들과 정통을 고집하는 전통파들 사이에 내분이 전개되고 있다고 파악했다.

1956년은 프랑코 정권에 중요한 해였다. 정권의 미래를 규정할 다섯 가지 요인이 발생했기 때문이다. 그것은 모로코의 독립, 대학의 위기, 새로운 노동 갈등, 정권 제도화의 필요성을 둘러싼 논쟁, 경제 정책 변화의 필요성이었다.

1956년 3월 2일, 파리회담을 통해 프랑스는 프랑스와 에스파냐의 보호령인 모로코의 독립을 허용했다. 나중에야 이 사실을 알게 된 에

---

152 그는 심지어 대학의 활성화를 위해 1940년대에 숙청된 대학 교원을 다시 대학에 받아들여야 한다고 주장했다. Joaquín Ruiz-Giménez, "Entre el dolor y la esperanza," *Alcalá*, 23-24 (enero de 1953), pp.1-6; Leticia Pérez Puente y Enrique González González (coord.), *Permanencia y Cambio II. Universidades hispánicas, 1551-2001* (México, D. F.: UNAM, 2006), p.432.

153 오푸스 데이 회원이자 역사철학자인 라파엘 칼보 세레르는 1953년 11월 프랑스의 한 잡지를 통해 그의 문화 정책을 신랄하게 비판했다. Borja de Riquer, *La dictadura*, p.381.

스파냐 정부는 경악을 금치 못했다. 하지만 그해 4월 7일 에스파냐는 리프 지역을 신흥 모로코 왕국에 양도하지 않을 수 없었다. 예기치 못한 리프 지역 상실로 에스파냐 군대는 상당한 충격과 분노에 휩싸였다. 이는 프랑코와 그 측근들이 추구해 온 아프리카 드림이 무너지고 1940년대에 각광을 받은 팔랑헤 '제국' 프로젝트가 실패로 돌아간 것을 의미했다. 그에 뒤이어 1957년 11월부터 그 이듬해 4월까지 치른 이프니 전쟁을 통해서는 북사하라 일부 지역이 모로코에 양도되었으며, 1969년에는 이프니 지역도 모로코에 내주었다.

1956년 대학의 위기가 미친 파장도 상당했다. 루이스 히메네스의 대학 혁신 정책으로 대학생조합이 문화 활동의 중심축으로 부상했다. 대학생조합은 상당수의 대학에서 연극공연, 시 낭송회, 콘서트 등과 같은 다양한 문화 행사를 추진했다. 문화 활동 프로그램의 활성화를 위한 전국대학생대회(Congreso Nacional de Estudiantes)를 개최하고, 대학 교육 문제를 다룰 전국대학회의(Asamblea Nacional de Universidades)도 열었다. 하지만 1954년 1월 마드리드에서 발생한 영국 여왕 엘리자베스 2세의 지브롤터 방문 반대 시위로 상황은 급반전했다. 경찰이 강경 진압에 나섰을 뿐 아니라 시위 확산을 우려한 대학생조합 팔랑헤 지도부도 대학에서 벌어지는 반체제 활동을 저지하기로 방침을 바꾸었다. 그 결과 루이스 히메네스의 개혁 정책은 큰 타격을 입게 되었다. 이에 일부 대학생들은 다른 정치세력, 곧 공산당과 연계하여 활동을 전개하기 시작했고[154] 디오니시오 리드루에호와 마드리드대학교 총장 페드

154 저술가 하비에르 프라데라와 정치인 엔리케 무히카, 경제학자이자 역사가인 라몬 타마메스는 공산당과 관계를 맺었다. Roberto Mesa (ed.), *Jaraneros y alborotadores: documentos*

로 라인 엔트랄고가 이들을 지지하고 나섰다. 1955년 10월 오르테가 이 가세트의 사망은 마드리드 대학생 집회의 기폭제가 되었다. 오르테가 이 가세트는 그렇게 자유사상의 상징 인물로 떠올랐다.

1956년 2월 3,000명 이상의 대학생들이 새로운 전국대학생대회 소집을 요구하면서 마드리드대 학생들과 대학생노조가 격렬하게 대치했다. 경찰 및 팔랑헤당원들과 대학생들 사이에 벌어진 이 충돌 사건은 각료회의에서도 논란이 되었다. 곧 교육부 장관 루이스 히메네스에게 거센 비난이 쏟아졌다. 결국 정권은 성명서 주동자들을 체포하고 거주의 자유와 체포의 제한을 규정하고 있는 에스파냐인특별법(Fuero de los Españoles) 제14조와 제18조를 3개월간 정지한다는 결정을 내렸다. 이어서 마드리드대 총장 라인 엔트랄고를 해임하고 대학을 폐쇄했다. 정부의 조치는 여기서 그치지 않았다. 팔랑헤주의자들과 극우 가톨릭교도들의 요청으로 프랑코는 교육부 장관과 팔랑헤당 사무총장 페르난데스 쿠에스타를 해임했다. 청년들이 자신들의 불만을 표출한 이 마드리드대학 사건은 정권 내부에서 막 움트기 시작한 문화 개방과 개혁 움직임의 종말을 의미했다.

이와 유사한 대학생 시위가 1956~1957년 학기에 바르셀로나대학교에서도 발생했다. 정부는 이에 대학교 폐쇄와 벌금 부과로 대응했다. 아리아스 살가도는 이것이 '강단의 자유'를 옹호하는 시위의 자연스러운 결말이라고 주장했다. 바르셀로나대학에서는 1957년 2월 학교 출입이 재개되자 다양한 계파의 학생들이 대학생조합과 별도로 대

---

sobre los sucesos estudiantiles de febrero de 1956 en la Universidad Complutense de Madrid (Madrid: Editorial de la Universidad Complutense, 1982), p.18.

학생자유회의(Asamblea Libre de Estudiantes)를 개최하고 경찰력 철수와 징계 철회, 대학생조합 폐지, 집회와 표현의 자유 보장, 전국대학생대회 개최를 요구했다. 이에 대학 교육 사무총장 토르쿠아토 페르난데스 미란다는 대학에 경찰력을 투입해 상당수의 학생을 체포하고 등록재학생의 9퍼센트에 달하는 738명을 징계 조치했다. 체포된 학생들 상당수는 나중에 징역형을 선고받았다. 이 사건이 미친 파장은 작지 않았다. 우선 지식인들이 교육부 장관에게 징계 철회를 요구하는 서신을 보냈다. 극작가 아소린, 소설가 카밀로 호세 셀라, 언어학자 라몬 메넨데스 피달 등 100여 명에 달하는 지식인들이 이 서신에 연대 서명했다. 이는 지식인들 최초의 반체제 시위에 해당했다.

마드리드와 바르셀로나에서 등장한 대학생 운동은 당시 대학에 나타나고 있던 변화의 징후였다. 내전 승자의 자녀들 일부가 독재 정치와 가치, 제도를 거부하는 세대 단절이 시작되고 있었다. 더욱 적극적인 학생들은 비밀단체를 조직하여 시위에 참여하고 노동자 투쟁과 연대했다. 이들은 이념적으로 급진적인 공산주의 학생과 사회주의 학생들이었다. 당시 대학생들의 여론을 분석한 조사에 따르면 학생들 다수가 사회경제 구조와 문화 풍토에 대해 불만족을 표시했다. 이른바 '1956년 세대'로 알려진 이 세대는 대체로 과거를 묻어 두어야 한다는 생각을 지닌 내전 승자의 자녀들로 이루어졌다. 특히 정권을 쇄신하려는 팔랑헤주의 분파가 이들을 주도했다.[155]

이 시기 대학의 위기와 관계 당국의 억압은 프랑코 독재의 기본 이

---

155 Borja de Riquer, *La dictadura*, p.394. 1956년 세대에 대해서는 다음 자료를 참고하라. Pablo Lizcano, *La generación del 56. La Universidad contra Franco* (Barcelona: Grijalbo, 1981).

념을 건드리지 않고서는 개혁 추진이 불가능하다는 점을 보여주었다. 그것은 또한 비판과 자유에 대한 보수주의자들의 두려움을 보여준 사건이기도 했다.

1951년 내각은 경제 정책에도 약간의 변화를 주었다. 여기에는 에스파냐의 경제가 무너지고 정치가 무질서하다는 팔랑헤당의 1951년 3월 보고서가 상당한 영향을 미쳤다. 이에 정부는 생산과 소비를 활성화하고 식료품 유통을 자유화하기 위한 일련의 조치를 단행했다. 미국의 원조와 대외무역의 부분 개방으로 생산을 활성화하는 데 필요한 원자재와 석유, 자본재, 기계류 등의 수입이 가능해졌다. 그 결과 농업과 공업의 생산성이 늘어나고 수요도 증가했다. 1957년에는 1인당 국민소득 수준이 내전 이전 수준에 도달했다. 1940년대에 급속히 나빠졌던 기계·화학·식료품·소비재 분야에 변화가 나타나기 시작했고, 공공사업 투자와 전력산업 및 자동차 산업 육성도 이 시기에 이루어졌다. 이를테면 1950년에는 피아트와 합작하여 자동차 제조업체 세아트(SEAT)를 창립했고, 이듬해에는 르노와 합작하여 파사(FASA)를 창립했다. 기타 산업에 대한 외국인 투자도 상당히 증가했으며 서비스 산업의 비중도 늘었다. 1951년 정보관광부 신설과 함께 관광산업도 발전하여 1951년에 67만 6,000명이던 외국인 관광객이 1958년에는 240만 명으로 늘어났고, 1960년에는 433만 명으로 늘어났다. 경작 강화와 기술혁신, 비료와 종자와 기계의 도입으로 1950년에서 1960년 사이 농업 생산은 2배 증가했다. 특히 과수와 채소, 감자, 옥수수, 콩 재배가 상당히 늘었고 유제품과 육류 수요 덕분에 목축업도 꽤 발전했다.

하지만 이러한 경제지표의 호조가 1951년 내각의 정책 변화 때문만은 아니었다. 그것이 자유시장 경제를 채택한 결과인지는 분명하지 않다. 게다가 자급자족 정책이 완전히 사라지지도 않았다. 수안세스가 이끄는 산업진흥공사는 1950년대에도 여전히 무분별한 투자를 계속했다. 이를테면 1952년에 가축 사료 생산 업체 에니라사(ENIRASA)를 설립했으나 1964년에 엄청난 적자를 내고 문을 닫았다. 각종 농업 프로젝트에도 상당한 투자를 했으나 이렇다 할 사회경제적 소득을 올리지 못하고 국가에 채무만 안겨 주었다.

중산층과 봉급생활자에게 주로 세금을 물리는 불공정한 조세 제도 또한 문제였다. 주요 직접세에 해당하는 토지세와 공업세, 상속세 수입이 전전 수준보다 훨씬 적어서 1960년 국가 재정 수입은 1935년 수준에도 미치지 못했다. 그런데다가 중앙정부 공무원 수는 10퍼센트 늘었다.

이러한 경제 정책의 모순에 반발해 기업가들이 시위에 나섰다. 특히 카탈루냐 지방의 일부 기업가들은 정부의 경제 정책 방향과 카탈루냐 지방의 차별 대우에 불만을 제기했다. 카탈루냐의 기업가와 정치인들은 1955년 10월에 프랑코를 접견하고 조세 제도 개혁, 자유무역 추진, 산업 보호 강화, 사회기반시설 개선을 주문했다. 요컨대 일부 자유화 조치와 자급자족 정책의 혼재로 경제 혼란이 가중되었으며, 균형과 질서가 없는 경제성장, 심각한 대외무역 적자, 치솟는 인플레이션 등으로 사회불만도 늘어났다.

1956년 위기의 또 다른 요소는 노동쟁의였다. 앞서 얘기한 대로 1951년 이래로 에스파냐에는 새로운 형태의 노동자 투쟁이 등장했다. 1951년 3월 바르셀로나 총파업과 그에 뒤이은 바스크 지방 노동쟁의가 내건 요구 사항은 임금인상이었다. 그 후 1953년까지 카탈루냐의 직물공장에서 파업이 일어났고 빌바오의 조선소에서도 총파업이 있었다. 1954년과 1955년에는 아스투리아스의 광산업에서도 파업과 시위가 있었다.

이 시기 노동쟁의에 나타난 새로운 요소는 가톨릭 단체들의 활동이었다. 추기경 플라 이 데니엘의 주도로 1946년에 창설한 가톨릭행동노동자형제단(Hermandad Obrera de Acción Católica, HOAC)과 가톨릭노동자청년회(Juventud Obrera Católica, JOC)가 교황청의 지침에 따라 가톨릭 사회운동에 뛰어들었다. 이러한 기독교 노동조합 운동은 대도시 노동자 지구와 직업교육 학교에서 활동하던 젊은 사제들 덕분에 가능했다. 보수적 성격을 지향한 종전의 기독교 노동운동과 달리 차츰 반프랑코주의 성격을 띠게 되는 이들의 노조 활동은 에스파냐 노동운동에 등장한 새로운 현상이었다. 바스크에서는 바스크민족당과 연대한 바스크노동자연대(Solidaridad de Trabajadores Vascos, STV)가 등장했고, 카탈루냐에서는 훗날 카탈루냐노동자연대로 이름을 바꾸게 되는 기독교노동자연대(Solidaritat d'Obrers Cristians, SOC)가 발족했다.

1951년에 전개된 노동쟁의는 뜻밖에도 공산당과 카탈루냐통합사회당(PSUC)이 1948년 이래 채택해 온 전략의 모호성을 극복해 나갈 수 있게 해 주었다. 이를테면 공산당은 노조중앙회를 활용하는 전략을 여전히 유지하면서도 노동조합저항(Oposición Sindical Obrera, OSO)이라는 비밀단체를 창설했다. 반면에 상황의 변화를 이해하지 못하고 여전히 반정부 총파업을 고수한 아나키즘 노조 전노련의 카탈루냐 지부는 경찰의 가혹한 탄압을 견디지 못하고 해체되고 말았다.[156]

156 황보영조, 『토지와 자유』, 제9장을 참조하라.

1956년에는 새로운 물결의 시위가 벌어졌다. 그해 4월 노동자들이 바르셀로나 금속제조업체 라 마키나 테레스트레 이 마리티마를 점거했다. 하지만 경찰에 의해 시위는 곧 진압되었고 정부는 공장을 폐쇄 조치했다. 시위는 대규모 금속제조업체들로 확산하고 사용자들은 공장폐쇄로 이에 맞섰다. 이때부터 금속 분야의 노동운동이 카탈루냐에서 제일 전투적인 노동운동으로 떠올랐다. 그해 봄에는 비스카야와 아스투리아스, 마드리드에서도 파업이 진행되었으며, 그 물결이 1958년까지 이어졌다. 파업에 참여한 노동자들이 3년에 걸쳐 20만 명을 넘어섰고 그 가운데 경찰에 체포된 자들이 1,200여 명에 달했다. 이 시기에는 노동자들의 청원 운동도 활발하여 임금 문제 및 해고와 관련하여 아스투리아스 광부들이 노동위원회에 제기한 청원이 무려 7,000건이 넘었다. 이런 청원 운동과 관련하여 역사를 자랑하는 아나키즘 노조 전노련과 사회주의 노조 노총련은 별다른 역할을 하지 못했다. 전노련은 카탈루냐와 마드리드, 발렌시아, 안달루시아에서 소수의 활동가만 명맥을 유지하고 있었고, 아스투리아스와 바스크에 소규모 조직을 갖추고 있던 노총련의 처지도 그와 비슷했다. 반면에 공산주의자들은 노동자 동원에 온갖 수단을 동원했다. 1950년대 말에는 이들이 에스파냐 노동운동의 주도권을 장악했다.

이러한 노동자들의 압력과 경제 상황의 변화로 노동부는 차츰 임금 인상을 단행했다. 1956년에는 산업노동자들의 구매력이 처음으로 전전 수준을 회복했다. 하지만 전반적인 물가상승과 인플레이션이 이러한 임금인상 효과를 갉아먹었다. 1956년 말 에스파냐 경제는 여전히 매우 불안정했다. 경제 정책에 상당한 변화가 불가피한 상황이었다.

정치 논쟁과 경제 정책의 수정(1956~1960년)

1956년에는 프랑코 이후 독재 유지를 위해 제도적 공백을 메울 필요가 있다는 주장이 제기되었다. 프랑코의 나이가 64세였기 때문이다. 1947년에 계승법을 제정하기는 했으나 체제는 여전히 프랑코에게 절대적으로 의존하고 있었다. 정권의 지도자들은 이 사실을 누구보다도 잘 알고 있었다. 그들 가운데 일부는 미래에 대해 초조함을 감추지 못했다. 그와 더불어 서로 다른 프랑코주의 계파들 사이에서 정치적 긴장이 고조되기 시작했다.

이런 상황에서 관심은 계승법의 구체적 적용 문제, 곧 군주제 문제로 쏠렸다. 1946년 이래 포르투갈의 에스토릴에 머물고 있던 돈 후안이 군주제 복원을 위해 애를 썼으나 프랑코의 반대로 무위로 돌아갔다. 그 대신 그는 자신의 두 아들을 에스파냐에서 교육받게 한다는 데 프랑코와 합의했다. 그에 따라 첫째 아들 후안 카를로스가 1955년 9월 사라고사 육군사관학교에 입학하여 군사 훈련을 받기 시작했다.[157]

그 후 1956년부터 근 1년 동안 프랑코 정권 내에서는 정권의 제도화 및 국민운동 정당의 성격과 역할을 둘러싼 정치 논쟁이 벌어졌다. 논쟁은 국민운동 신임 사무총장 호세 루이스 아레세가 작성한 개혁안에서 비롯되었다. 아레세는 이 개혁안을 통해 정권의 정치 활동을 통제하려고 했다. 이는 계승법을 구체화하는 차원이었다. 또한 그는 이 개혁안을 통해 국민운동의 성격을 강화하고자 했다. 국민운동이 7월 18일의 이념적 원칙을 보증하는 기관으로 자리매김하기를 원했기 때문

157 둘째 아들 알폰소는 1956년 3월 에스토릴에서 사고로 사망했다.

이다. 이는 '자신의 지휘를 따르는 훈육되고 통일된 팔랑헤당'을 원한 프랑코의 바람에 따른 것이었다. 국민운동이 서로 다른 성향을 가진 내전 승자들의 공존을 도모하고 단일한 의사결정 기구 역할을 해야 한다고 생각한 아레세는 이 단일 정당의 주도권을 강화하고 당에 최대의 자율권을 부여하고자 했다. 좀 더 구체적으로 말하자면 그는 1945년 이후 동면에 들어간 당 중앙위원회를 다시 활성화하고 정부에 책임을 요구할 수 있을 정도의 정치적 권한을 부여하고자 했다. 당 사무총장은 당 대표에 의해서가 아니라 당 중앙위원회에서 선출되고, 권력 서열 제2인자가 되며, 내각 구성에 의견을 개진할 수 있어야 한다고 그는 생각했다. 하지만 이 개혁안을 구체화하는 후속 법안들에서도 프랑코의 후계자에 관한 언급은 없었고, 후계자의 권력에 관한 규정도 없었다.[158]

이러한 개혁안은 팔랑헤주의자들 사이에 제기되고 있던 불온한 움직임을 통제하고 군주제파의 압력을 제압하려던 프랑코의 당초 바람과 달리 팔랑헤주의자들의 열정을 한층 더 자극했고, 돈 후안을 추종하는 후안파와 전통파, 군부, 가톨릭계 사이에 불안을 더욱 증폭시켰다. 비팔랑헤주의자들은 이 개혁안이 정권 장악을 위한 시도라고 보았다. 그들은 이 안을 단호하게 반대했다. 코르테스 의장 에스테반 빌바오에서부터 카레로 블랑코를 비롯한 내각 구성원 상당수에 이르는 정

---

158 Enrique Moradiellos, *La España de Franco*, p.113; Francisco Morente, "Hijos de un Dios menor: la Falange después de José Antonio," Ferran Gallego y Francisco Morente (eds.), *Fascismo en España: ensayos sobre los orígenes sociales y culturales del franquismo* (Barcelona: El Viejo Topo, 2005), pp.225-226; Julia Gil Pecharromán, *Con permiso*, p.134.

권의 주요 인사들도 이 개혁안의 개정을 주문했다. 아레세 안은 이렇듯 체제 내분을 불러일으켰다. 체제의 미래와 관련한 전략은 크게 세 갈래로 나뉘었다. 그것은 아레세 노선(또는 팔랑헤 노선)과 카레로 노선, 군주제-후안파 노선이었다. 첫 두 노선은 프랑코 이후에 당의 원칙이 지배하는 체제를 만들어야 한다는 데 목적을 같이했다. 하지만 저명한 오푸스 데이 저술가 라파엘 칼보 세레르의 주장을 상당 부분 받아들이고 있던 카레로 노선은 엄격한 팔랑헤 노선도 아니고 군주제 복원 노선도 아닌 제3의 길을 지향했다. 이들은 우선 프랑코의 절대권을 강화하고 그 이후에는 전통적 군주제를 복원하는 것이 팔랑헤주의자들이 주장하는 모호한 절충주의보다 더 낫다고 생각했다. 상황이 이렇다 보니 고위 성직자들의 입장이 중요해졌다. 이때 에스파냐 추기경 3명이 아레세 안은 부적절한 방안이며 그것이 결국에는 이탈리아의 파시즘과 독일의 나치즘처럼 일당독재로 귀결되고 말 것이라고 주장했다. 1957년 1월 11일 각료회의에서는 아레세와 다른 각료들 사이에 열띤 논란이 벌어졌다. 하지만 각료들 대다수는 곧 프랑코를 중심으로 결집했다.

1957년 2월 초에 프랑코는 카레로 블랑코의 조언을 받아들여 아레세의 개혁을 전면 중단하고 체제 안정화를 추진하는 데 주력하기로 결심했다. 아레세의 개혁은 결국 무위로 돌아갔다. 프랑코는 1957년 2월 25일에 새로운 내각을 구성했다. 정치적 불안정을 해소하고 새로운 경제적 도전에 대비하기 위해서였다. 기존의 각료 18명 가운데 12명을 교체했다. 가톨릭계 아르타호, 팔랑헤주의자 히론, 관료 블라스 페레스, 군주제파 바예야노 등이 사라지고 아레세는 신설 부처인 주택부로 밀려났다. 그 대신 가톨릭계 페르난도 마리아 카스티에야와 절충주의적 팔랑헤주의자 호세 솔리스, 군인 카밀로 알론소 베가, 카탈루냐 경제전문가 페드로 구알 비얄비가 내각에 합류했다. 새 내각에서는 군인들의 역할이 더욱 강화되었다. 무려 7명이나 입각했다. 그 가운데서도 특히 카레로 블랑코의 영향력이 더욱 커졌다. 새 내각에서 특기할 또 다른 점은 기술관료 2명이 경제 관련 부처에 기용되었다는 사실이다. 마리아노 루비오가 재정부를 맡았고 알베르토 우야스트레스가 상업부를 담당했다. 이들은 오푸스 데이 회원이기도 했다.

총리부 차관으로서 내각을 주도하게 된 카레로 블랑코는 정치적 성격의 개혁을 뒤로 하고 행정개혁과 경제개혁을 우선하는 전략을 택했다. 이 전략을 수립하는 데 결정적 도움을 준 인물이 행정법 교수 라우레아노 로페스 로도였다. 카레로 블랑코와 로페스 로도는 대외 개방과 민간 부문 활성화를 위해 경제의 전면 자유화가 필요하다고 주장했다. 새로 내각에 입각한 '기술관료들(tecnócratas)' 또한 에스파냐 자본주의의 근대화를 제안했다. 이들은 팔랑헤당이 주도하는 아레세의 팔랑헤주의적 전체주의에 맞서 정부가 주도하는 관료독재를 추구했다. 정권의 독재적 성격에는 손을 대지 않은 가운데 경제성장을 추구한다는 것이 이들의 기본 테제였다. 하지만 이들은 정부 내에서 아직 소수에 불과했다.[159]

새 내각은 1958년 5월 국민운동당의 원칙에 관한 법률을 공포했다. 팔랑헤당의 기존 원칙 26개 조항을 12개 조항으로 축소하고 파시즘적

---

159 Javier Tusell, *Carrero Blanco. La eminencia gris del régimen de Franco* (Madird: Temas de Hoy, 1993), p.257; Laureano López Rodó, *Memorias*, vol. 1 (Barcelona: Plaza y Janés, 1990), p.91; Raymond Carr, *España 1808-1975* (Barcelona: Ariel, 1982), p.690; Borja de Riquer, *La dictadura*, pp.422-423.

표현을 삭제한 이 법률은 서로 다른 계파들이 합의한 결과물이었다. 종교, 가족, 사회질서와 같은 전통적 가치의 옹호와 에스파냐가 단일 국가라는 선언을 주요 골자로 하는 이 법률은 종전과 마찬가지로 에스파냐가 가톨릭 국가이며 사도 국가이자 로마 국가라고 규정하고 있고, 시민들은 사회생활의 기본단위인 가족과 자치단체와 노조 형태의 기관대표(representación orgánica)를 통해 정치에 참여할 수 있다고 선언하고 있다.[160] 여기에는 정당의 역할을 최소화하려는 기술관료 이론가 로페스 로도와 곤살로 페르난데스 델 라 모라의 노력이 반영된 것으로 보인다.

이상에서 살펴본 것처럼 1956~1957년 위기를 극복한 결과 프랑코와 카레로 블랑코의 개인 권력이 확실하게 강화되었다. 권력을 장악하려던 팔랑헤주의자들의 노력은 실패로 돌아갔고, 군주제 복원을 위해 음모를 꾸미고 압력을 행사하려던 후안파의 시도도 마찬가지였다. 정부의 행동을 통일할 필요가 있다는 카레로 블랑코의 제안에 프랑코가 새로운 내각 구성으로 응답했다. 이는 카레로 블랑코가 이끄는 총리부의 승리였다. 그는 여기에서 멈추지 않았다. 공공질서법과 행정법, 행정절차법을 비롯한 여러 법적 조치를 통해 국민운동의 활동을 계속 통제해 나갔다. 이제 정부에는 타협적 팔랑헤주의자만 남게 되었다. 새로 국민운동 사무총장과 노조 전국 대의원을 맡은 호세 솔리스 루이스가 그 대표적 인물이었다. 하지만 이것이 정부 내 정치 갈등이 종

160 "LEY FUNDAMENTAL DE 17 DE MAYO DE 1958 POR LA QUE SE PROMULGAN LOS PRINCIPIOS DEL MOVIMIENTO NACIONAL," *Boletín Oficial del Estado*, núm. 119 (19 de mayo de 1958), pp.4511-4512; VV.AA., *Ley de Principios del Movimiento Nacional* (Cádiz: Librería Raimundo, 2006).

결되었음을 의미하지는 않았다. 팔랑헤주의자들과 기술관료들 간의 긴장은 여전히 존재했다.

한편 앞서 살펴보았다시피 고물가와 높은 인플레이션은 대중의 불만과 잦은 노동자 시위의 원인을 제공했다. 신임 내무 장관 카밀로 알론소 베가는 이러한 노동자들의 시위와 파업을 종식하고 비밀단체를 해체하고자 했다. 치안국장 카를로스 아리아스 나바로의 지원이 이 일에 큰 도움이 되었다. 1958년 1월에는 극단주의자들의 활동을 재판할 특별재판소가 도입되었고, 1959년 7월에는 집단파업을 중대 범죄로 규정하는 공공질서법이 공포되었다. 그리고 주지사들에게는 노동자들의 시위에 강경하게 대응하라는 지시가 내려졌다. 그러나 임금동결에 반대하는 파업에 노동자 수천 명이 참여했고, 아스투리아스에서는 그들이 광부들과 연대하기도 했다. 2만 5,000명이 넘는 아스투리아스 광부들이 참여한 1958년 2월과 3월의 총파업은 프랑코 정권에 상당한 충격을 안겨 주었다. 바스크와 카탈루냐에서도 비슷한 상황이 발생하자 정부는 에스파냐인특별법 제14조와 제18조를 또다시 일시 정지시켰다. 아스투리아스에서는 광부 300명을 체포하고 32명을 군사재판에 넘겼으며, 바르셀로나에서는 5개 공장을 폐쇄 조치하고 노동자 200명가량을 체포했다. 그들 가운데 일부는 군법회의에 반란죄로 고발되었다.

그러나 정부가 이렇듯 잔인한 탄압에만 호소하지는 않았다. 정부는 노사관계를 유연화할 필요도 느끼고 있었다. 정부와 경영자 단체는 분쟁의 확산과 정치화를 방지하기 위해 노동자들과 사용자들에게 직접 교섭의 길을 터주는 게 필요하다고 생각했다. 이를 위해 1958년 4월에 단체교섭법을 제정했다. 그 결과 1959년에 205건의 단체협약이 체결되었고 43만여 명의 노동자들이 그 혜택을 입었다. 단체교섭법은 노동자들에게 청원서 제출이라는 새로운 투쟁의 길을 열어 주었다. 내전에 참전하지도 않았고 정치 집단이나 노조 단체에 가입하지도 않은 새로운 세대의 노동자들이 과거의 노동조합 운동과는 상당히 거리가 먼 새로운 노동운동의 주역이 되었다.[161]

한편 이 시기에 국가 재정은 파산 지경에 이르렀다. 인플레이션이 하늘 높이 치솟았고 재정적자는 심각했다. 외환청이 보유하고 있는 달러 보유액이 9,600만 달러였는데 갚을 외채는 4억 달러가 넘었다.[162] 이런 상황을 극복하기 위해 로페스 로도는 1957년에 설치한 경제기획조정위원회(Comisión de Coordinación y Programación Económica)를 통해 몇 가지 조치를 단행했다. 그가 단행한 일련의 조치는 자급자족 정책의 종식과 경제 자유화 추진이 목적이었다.

그런 가운데 에스파냐는 1958년 1월에 유럽경제협력기구(OEEC)에 가입했고, 그해 7월에는 국제통화기금과 국제부흥개발은행에 가입했다. 이들은 에스파냐가 서방의 경쟁적 자본주의 세계에 적응하는 데 도움을 줄 기구들이었다.

그런데 문제는 자급자족 정책 종식이 그렇게 호락호락하지 않았다는 점이다. 보수 진영은 물론이고 프랑코 자신조차 마지막 순간까지 그 정책에 대한 미련을 버리지 못했다. 에스파냐가 처한 경제 사정에

---

161 Marta Martínez Matute, "La evolución del sistema de negociación colectiva en España: Una panorámica general," *Temas Laborales*, núm. 123 (2014), pp.141-142.

162 Carlos Barciela, "Guerra Civil y primer franquismo (1936-1959)," Francisco Comín, Mauro Hernández Benítez y Enrique Llopis Agelán, *Historia económica de España, siglos X-XX* (Barcelona: Crítica, 2003), pp.354-356.

비추어 볼 때 국방예산을 지나치게 과하게 책정했다고 코르테스에서 의견을 개진한 재정부 장관 나바로 루비오가 징계위원회에 회부되고, 군대는 그를 추방하겠다는 협박을 퍼부을 정도였다. 하지만 나라를 개인 기업에 비유하면 파산을 선고하고 군인들을 포함한 모든 공직자를 해고해야 할 상황이라거나 외환청이 석유 수입 대금 지불 능력이 없어서 휘발유를 배급해야 할 정도라는 현실을 들어 프랑코를 겨우 설득할 수 있었다. 여기에는 경제협력개발기구 사절단의 보고도 큰 역할을 했다. 1958년 8월 에스파냐의 경제 사정을 조사하기 위해 방문한 사절단은 에스파냐의 외환이 고갈되었다고 지적하며 과감한 경제 정책 전환이 시급하고 불가피하다는 결론을 내렸다. 이에 얼마 지나지 않아 에스파냐 정부는 경제 정책을 전환하겠다는 의지를 밝혔다. 1959년 7월 21일 발표된 경제안정화 정책은 이런 과정을 거쳐 수립되었다.

'경제 안정화 및 자유화 방안(Plan de Estabilización y Liberalización Económico)'으로 더 잘 알려진 경제안정화 정책의 골자는 민간 부문과 자유시장 경제의 우위 및 국가 간섭주의의 종식이었다. 공공 부문은 사회기반시설과 서비스에 대한 투자를 늘리고 규정에 따라 절차를 감독하면 그만이었다. 정부는 이 정책에 따라 외국 자본의 투자에 유리한 환경을 조성하고 외화 송금을 장려하며 대외무역 개방을 촉진하게 되었다.[163]

---

163 Manuel Varela, "El Plan de Estabilización: elaboración, contenidos y efectos," Enrique Fuentes Quintana (dir.), *Economía y economistas españoles*. vol. 8. *La economía como profesión* (Barcelona: Galaxia Gutenberg, 2004), pp.129-162; Mariano Rubio Jiménez, "El Plan de Estabilización de 1959," *Moneda y Crédito*, 105 (1968), pp.3-38; Joan Clavera y Jacinto Ros Hombravella, *Capitalismo español: de la autarquía a la estabilización (1939-59)*, tomo II (Madrid: Cuadernos para el

이 정책은 나바로 루비오가 에스파냐은행(Banco de España) 연구부장 주안 사르다 덱세우스에게 조언을 구해서 기획하고 추진했다.[164] 초기 단계에서는 구매력이 현저하게 떨어지고 수요가 감소하여 상당수 기업이 문을 닫고 실업이 증가하는 부작용이 발생했다. 그에 따라 각종 사회악과 대중시위가 늘어났고 대외이주가 확산하는 등 사회적 반향도 컸다. 하지만 2년 뒤인 1961년부터는 1960년대 내내 경제성장이 지속되는 단계로 들어섰다. 이러한 성장의 비법은 다름 아닌 자급자족 정책의 종식에 있었다. 경제의 자유화는 더 나은 노동력 활용과 생산성 증대, 외국 자본과 신기술 도입을 가능하게 해 주었다.

반프랑코 운동의 재편

반프랑코 운동 단체들에게 1950년대는 그야말로 어려움이 가중된 시기였다. 프랑코 정권이 체제를 구축해 나가는 과정을 지켜봐야 했으며, 그것이 국제사회로부터 승인받고 각종 세계 기구에 가입하는 뜻밖의 정치 현실에 적응해 나가야 했다. 또한 이주와 산업화, 도시화 등과 같은 새로운 변화에 발맞추어 정치 전략과 조직 형태, 활동 방식을 수정해야 했다.

망명지에서의 반프랑코 운동은 내전에서 비롯된 갈등과 공화국 정통성의 수용 여부를 둘러싼 논란으로 여전히 홍역을 앓고 있었다. 공화정 복고를 주장하는 이들은 공화주의자들과 카탈루냐 민족주의자

Diálogo, S. A., 1973).

164 Banco de España, *60 Aniversario del Plan de Estabilización. Homenaje a Joan Sardà* (Madrid, 2019), pp.5-12.

들, 바스크 민족주의자들, 네그린계 사회주의자들 등 소수에 불과했다. 망명정부는 베테랑 공화파 활동가들이 차지했다. 국내 반프랑코 운동과의 관계는 갈수록 힘들어졌고, 점차 흐지부지되었다. 망명 정치인들은 국내 현실과 동떨어진 논쟁을 일삼았을 뿐 아니라 국내 활동가들에게 별다른 관심을 두지 않았다. 일부 공화주의자들과 아나르코생디칼리스트들, 사회주의 분파로 이루어진 그들은 과거를 대변할 뿐이었다. 게다가 망명지의 반프랑코 운동가들은 공화주의자들과 사회주의자들, 자유지상주의자들, 공산주의자들로 분열되어 있었다.

카탈루냐인 망명자들은 1954년 멕시코에서 카탈루냐공화좌파 사무총장 주제프 타라데야스를 카탈루냐 자치정부 제네랄리탓의 수반으로 선출했다. 그는 전임자의 전통을 따라 망명지에서 정부를 꾸리지 않고 공화국 정부의 복고를 위해 노력했으며 카탈루냐 민족주의 운동을 이끌었다. 하지만 그가 국내 저항 운동 활동들에 대해 비판을 가하면서 카탈루냐인 망명지 내부에서는 물론이고 카탈루냐공화좌파 내에서도 정치적 분열 현상이 나타났다. 망명지의 카탈루냐 민족주의자들은 프랑코 정권의 억압 정책을 비난하면서 국제기구들을 대상으로 에스파냐 허입(許入) 반대 운동을 벌였다. 하지만 별 소득은 없었다.

그런가 하면 망명지의 바스크 민족주의자들은 1956년 9월 파리에서 제1차 세계바스크인대회(Congreso Mundial Vasco)를 개최했다. 바스크 자치정부 20주년을 기념하여 열린 이 대회에서 정부 수반 호세 안토니오 아기레와 그의 자치정부는 제2공화국에 대한 충성을 다시금 확인했다. 바스크 민족주의자들은 망명지, 특히 베네수엘라에서 제일 활발한 정치 활동과 문화 활동을 벌였다. 한편 갈리시아 민족주의 운동은 갈리시아 의회(Consell de Galiza) 의장 알폰소 로드리게스 카스텔라오의 사망으로 큰 타격을 입었다. 갈리시아 민족주의 운동으로 망명지에서 명성을 누리던 그는 1950년 1월 부에노스아이레스에서 타계했다. 갈리시아에서는 이 시기에 출판사 갈락시아(Galaxia)를 창립한 라몬 피녜이루가 시민운동과 문화 활동을 전개했다.

이 시기 국내에서 활동한 반프랑코 노동자단체들 사이에서는 아나키스트들과 사회주의자들이 차츰 세력을 잃었고 공산주의자들의 활약이 늘었다. 내전 당시 활동한 베테랑 세대 이후 세대교체를 제대로 이루지 못한 전노련은 동력을 잃고 말았다. 그런데도 경찰은 자유지상주의 운동에 대한 탄압의 고삐를 늦추지 않았고, 그 결과 그 비밀조직들은 소멸할 위기에 놓였다. 1952년에는 결국 국내 전노련 지도부가 해체되었다. 1950년대 중반에는 일부 활동가들이 산발적으로 활동할 뿐이었다. 한편 망명지에서는 자유지상주의 운동이 이념적 분열로 홍역을 앓았으며 국내 운동과 연락을 주고받는 횟수도 갈수록 줄어들었다.

사회노동당과 노총련의 내분은 네그린계가 사실상 사라지고 프리에토계와 카바예로계가 프리에토계를 중심으로 재결합한 이후에야 다소 진정되었다. 그리고 프란시스코 라르고 카바예로가 1946년에 타계하고 후안 네그린과 인달레시오 프리에토가 각각 1952년과 1962년에 타계하는 등 이 시기에는 에스파냐 사회주의를 대표하는 주요 인사들의 사망이 이어졌다. 이 시기에 에스파냐 사회주의자들은 차츰 정치적 고립을 겪게 된다. 물론 경제적 지원을 제공하는 유럽 사회주의 정당들과는 우호적인 관계를 맺고 있었다. 사회노동당은 1952년 제5차 전당대회를 열어 군주제파와의 제휴를 중단하고 공산주의자들과의 협력을 거부하기로 의결했다. 당 사무총장 로돌포 요피스는 국내 당 조직이 거의 무너진 것으로 간주하고 망명지의 당 조직을 유지하는 데 심혈을 기울였다. 1955년 망명지에서 개최한 제6차 전당대회에서는 '에스파냐의 화해'를 모색하기로 했으나, 1958년에 개최한 제7차 전당대회에서는 인달레시오 프리에토와 국내 대의원단 사이에 갈등이 불거졌다. 국내 대의원단은 프리에토를 반프랑코주의자가 아니라 반공산주의자라고 비난했다. 에스파냐 국내에서는 사회주의자들이 아스투리아스와 비스카야에 일부 거점을 유지하고 있었다. 하지만 경찰의 탄압으로 마드리드 지도부가 붕괴하고 바르셀로나와 발렌시아, 빌바오 등지에서도 지도자들이 체포되면서 1960년 무렵에는 사회노동당이 과거의 추억으로 전락했다. 마드리드에서는 사회주의적 인식을 지닌 대학생들이 1956년에 공산주의자들과 협력하기 위해 사회노동당 외부에 사회주의대학생회(Asociación Socialista Universitaria, ASU)를 창설했다. 노총련의 처지도 사회노동당의 그것과 비슷했다. 국내에서는 조직이 갈수록 약해졌고 망명지에서만 그 명맥을 유지하고 있었다.

반면에 에스파냐공산당과 카탈루냐통합사회당 소속 공산주의자들은 1950년 무렵의 난국을 잘 극복했다. 그들은 경찰의 탄압에도 불구하고 카탈루냐와 마드리드, 아스투리아스, 바스크, 안달루시아 등지에서 비밀단체를 재건했다. 공산당 지도부는 활동가들과 동조자들에게 명확한 지침을 하달하고 반독재 투쟁을 독려했다. 여기에는 라 피레나이카(La Pirenaica)를 비롯한 라디오 방송매체가 중요한 역할을 했다. 이러한 공산주의자들의 노력은 지침을 거의 내려보내지 않고 선전 활동을 제대로 벌이지 않은 사회주의 지도부나 전노련 지도부의 그것과 대조적이었다. 공산주의자들은 1956~1958년 노동자 투쟁의 기회를 잘 활용했으며 마드리드와 바르셀로나의 학생운동에서도 중요한 역할을 했다.

하지만 1953년 3월에 스탈린이 사망했음에도 불구하고 공산주의자들은 이념의 근거를 여전히 스탈린주의에 두고 있었다. 그런 차원에서 지도부를 정기적으로 숙청했다. 내전 당시 선출된 중앙위원회 위원들 절반가량을 당에서 추방하고 반체제 인사들로 반프랑코전선(Frente Nacional Antifranquista)을 구축했다. 그러면서도 에스파냐 내의 '봉건 잔재' 청산을 역설하는 시대착오적인 사회경제적 분석을 내놓았다.

에스파냐 공산주의자들이 탈스탈린화에 착수하기 시작한 것은 1956년 2월에 개최된 제20차 소련공산당 대회 때였다. 이때부터 에스파냐공산당 지도부의 대다수는 니키타 흐루쇼프 테제를 지지하고 나섰다. 그해 8월의 중앙위원회 총회 이후에는 지도부의 구성에 다소 변화가 나타났다. 비센테 우리베를 비롯한 베테랑 지도자들이 배제되었고 통합사회주의청년단(Juventudes Socialistas Unificadas) 출신 지도자들이 기용되었다. 새로 출범한 지도부는 1956년 8월에 성명서를 내고 새로운 전략을 발표했다. 그것은 '에스파냐 문제의 민주적·평화적 해결과 국민화해'였다.[165] 다시 말해 사회적 항의와 청원 운동으로 총파업을 소집할 여건을 조성하고 그렇게 소집한 총파업을 통해 프랑코 정권을 무너뜨리겠다는 전략이었다. 이것이 이른바 내전 극복을 위

165 Partido Comunista de España, *Declaración del Partido Comunista de España: por la reconciliación, por una solución democrática y pacífica del problema español* (s.l.: PCE, 1956). 에스파냐공산당은 1959년 12월 프라하에서 개최한 제6차 당 대회에서 이 국민화해 정책을 추인했다.

한 '국민화해' 정책이었다. 민주주의 복원을 위한 최소강령[166]을 중심으로 광범한 연대를 결성하고 내전으로 인한 국민 분열을 종식하자는 내용이었다. 이것이 프랑코 정권 말기까지 유지해 나간 에스파냐공산당의 '국민화해' 전략이었다. 1959년 6월 공산주의자들은 평화적 총파업을 소집했으나 실패했다. 지도자들이 체포되었으며 반프랑코 운동 내에서도 이렇다 할 반향을 일으키지 못했다. 하지만 공산주의자들은 수나 활동 면에서 제일 강력한 반프랑코 운동 세력이었다.

이 시기 반프랑코 운동 진영에는 새로운 흐름이 등장했다. 그것은 기독교 단체 출신의 청년 노동자와 대학생들의 참여였다. 이들의 참여를 이끈 담론도 이 시기에 새롭게 등장했다. 사회정치적 분석과 변혁의 수단으로서 기독교와 마르크스주의가 양립 가능하다는 내용이었다. 이것은 공산당 노선이나 전노련 노선, 사회노동당 노선과는 내용이 다른 새로운 노선이었다. 가톨릭행동노동자형제단(HOAC) 단원들과 가톨릭노동자청년회(JOC) 회원들, 젊은 사제들과 청년들이 노동자들의 권리를 옹호하고 사회적 불의를 고발하는 데 뛰어들었고 저항 운동과 노동자 투쟁에 참여했으며 반프랑코 비밀운동단체에 가입했다. 1958년 9월 마드리드에서는 청년 노조원들과 기독 대학생들이 주도하는 민중해방전선(Frente de Liberación Popular, FLP)이 출범했다. 흔히 '펠리페(felipe)'라는 이름으로 더 잘 알려져 있는 민중해방전선은 반프랑코 무장 투쟁을 주장했으나 그것을 실행에 옮기지는 않았다. 그들은 프랑코 체제를 '부르주아 독재'로 규정했다. 서유럽을 부

166 그들은 정치적 자유와 사면, 노동자들의 생활 개선을 제1 목표로 내걸었다.

르주아 민주주의와 자본가들이 지배하고 있다고 비난한 그들은 프랑코 정권이 몰락한 이후 에스파냐에 의회민주제를 복원하기보다는 비권위주의적 사회주의 체제를 건설해야 한다고 주장했다. 이들은 청년 조합원들과 대학생들, 직업인들 상당수를 시위와 투쟁에 동원하는 데 이바지했다. 펠리페의 지도자들은 대개 마드리드와 바르셀로나의 대학생들이었다. 초창기의 민중해방 운동은 개방적이었으며 권위주의적 중앙집권제를 피하고 연방제 구조를 택했다. 1959년 6월에는 공산주의자들과 함께 평화적 총파업을 시도했으나 실패했으며, 1960년대 말 무렵에는 프랑스 68운동의 영향과 그로 말미암은 갈등으로 계파별 분열이 일어났고 결국에는 자취를 감추고 말았다.[167]

바스크의 반프랑코 운동에서도 사회주의자들이 점차 약화했다. 그 대신 바스크공산당(Partido Comunista de Euskadi)이 소규모 거점을 구축했고, 바스크민족당이 우세를 떨쳤다. 하지만 1951~1952년 경찰의 탄압으로 반프랑코 운동 자체가 크게 약화했다. 그런 가운데 청년 민족주의자들이 1952년에 설립한 바스크 민족운동 비밀단체 에킨(Ekin)이 1959년에는 바스크민족당 청년 분파 일부를 흡수하여 에타(바스크 조국과 자유, ETA)를 창설했다. 에타는 출범하자마자 반프랑코 무장 투쟁과 바스크(에우스카디)의 독립을 추구했다. 하지만 1960년대 중반까

167 민중해방전선에 대해서는 다음 자료를 참고하라. Julio Antonio García Alcalá, *Historia del "Felipe" (FLP, FDC y ESBA): de Julio Cerón a la Liga Comunista Revolucionaria* (Madrid: Centro de Estudios Políticos y Constitucionales, 2001); Eduardo García Rico, *Queríamos la revolución. Crónicas del FELIPE, Frente de Liberación Popular* (Barcelona: Flor del Viento Ediciones, 1998); VV.AA., *Historia del Franquismo. Franco, su régimen y la oposición* (Madrid: Información y Prensa, 1985), pp.609-625.

지는 격렬한 활동을 벌이지 않았다.[168]

카탈루냐의 반프랑코 운동은 이념과 정치의 양 측면에서 1930년대에 강세를 보인 카탈루냐연맹과 공화좌파, 전노련의 3대 단체가 차츰 자취를 감춘 1950년대 초부터 매우 다양한 양상을 띠었다. 1958년에는 공화국 시절 맹활약을 펼친 정당 활동가들이 모여 카탈루냐 민주정치세력조정위원회(Comité de Coordinació de Forces Polítiques Democràtiques de Catalunya)를 발족했다. 하지만 반프랑코 운동을 주도한 단체는 좌파 집단들, 곧 카탈루냐통합사회당과 카탈루냐사회운동, 기독교 성향의 청년 민족주의자 집단들이었다. 1952년 제1차 당대회에서 에스파냐공산당과 똑같은 전략을 채택하고 카탈루냐 민족정당으로 자리매김한 카탈루냐통합사회당은 1957~1959년 대학생 시위와 노동자 투쟁을 거치며 카탈루냐 반프랑코 운동의 주도 세력으로 떠올랐다. 1945년에 마르크스주의통일노동자당(POUM) 전 활동가들이 창당한 카탈루냐사회당은 사회노동당 밖에서 사회주의 운동과 카탈루냐 민족주의 운동을 추구하는 단체를 자처해 왔다. 하지만 1950년대 중반에 이르러서 망명지의 지도부는 사회노동당 노선을 따르기 시작했고 대학생과 직업인, 청년 노동자들로 이루어진 국내 카탈루냐사회당은 공산주의자들을 포함한 좌파들과의 단일대오에 동참했다. 카탈루냐사회당의 노선이 지역에 따라 이렇게 둘로 나뉘었다.

카탈루냐에서는 또한 시민·문화 운동이 생겨났다. 중산층 이상의 청년 기독교인 집단들이 주도한 이 운동은 민주화와 민족주의 운동의 의

---

168 황보영조, 「1960년대 에따 내부의 이념 투쟁: 민족 대 계급」, 『이베로아메리카연구』, vol. 23, no. 2 (2012), pp.177-180.

미도 지니고 있었다. 대표적 인물이 조르디 푸졸이었다. 젊은 의사였던 푸졸은 1954년에 카탈루냐 기독교도나 카탈루냐 그리스도의 두문자(頭文字)로 이름을 붙인 'CC'운동의 창설을 주도했다. 기독교와 민주주의, 현실적 개혁주의 이념에 바탕을 둔 'CC'운동은 사회적 타협과 카탈루냐 민족주의를 표방했다. 카탈루냐가 내전에서 패배한 책임이 당시 급진주의를 내건 카탈루냐 자치정부 지도부에 있다고 파악한 이들은 공화국과 내전의 경험은 물론이고 그런 갈등을 겪은 당시 세대와도 거리를 두면서 카탈루냐 재건을 위한 시민·문화 운동을 전개했다.[169] 이를테면 1959년에 이들은 강경 프랑코주의자이자 『라 방과르디아 에스파뇰라(La Vanguardia Española)』의 편집장으로서 카탈루냐인들에 대한 비판을 늘어놓던 루이스 마르티네스 데 갈린소가에 대한 비판 운동을 벌였다. 그 결과 일간지 판매 부수가 3만 부나 줄고 광고주의 절반가량이 떨어져 나갔다. 갈린소가는 결국 해직되었고 민주적 저항이 승리를 거두었다. 그 직후 프랑코 정권은 카탈루냐 운동을 약화하기 위해 프랑코가 바르셀로나에 장기 체류하는 이른바 '카탈루냐 작전(Operación Cataluña)'을 시도했고, 조르디 푸졸은 1960년 5월 19일 카탈루냐 모더니즘 시인의 대부 주안 마라갈의 탄생 1백 주년 기념행사가 열린 카탈루냐음악당(Palau de la Música Catalana)에 선전 전단을 작성해 배포하며 이 작전을 무력화하려고 했다. 이 사건으로 푸졸

169 Joan Bta. Culla Clarà, *«CC». Diccionari. Catalunya durant el franquisme* (Eumo Editorial, 2006), p.87; Josep Espar Ticó, *Amb C de Catalunya: Memòries d'una conversió al catalanisme (1936-1963)* (Barcelona: Edicions 62, 1994), p.124; Borja de Riquer y Joan Bta. Culla Clarà, *El franquisme i la transició democràtica. 1939-1988*, VII Història de Catalunya, dirigida por Pierre Vilar (Edicions 62, 1989). p.301.

은 체포되었고 군법회의에 넘겨져 징역 7년형을 선고받았다.[170]

한편 국내에서는 좀 더 온건한 성향의 반프랑코 저항 운동이 공공의 민주적 목표와 행동의 통일을 모색하고 있었다. 탈프랑코주의를 위한 평화적 출구를 모색하던 일부 정치인들은 미래의 정치 체제 결정을 위한 방안으로 국민투표를 제안하기도 했다. 이러한 제안은 1958년부터 1960년까지 계속되었다. 이 당시 군주제 운동은 지도자들 상당수가 계승법을 수용하고 돈 후안의 복위 운동을 포기하는 바람에 재편을 겪고 있었고, 세대교체에도 실패했다. 바르셀로나 백작의 정통성을 주장한 이들은 호세 마리아 페만이나 헤수스 파본 같은 일부 지식인들뿐이었다. 카를로스주의를 따르는 전통주의 운동은 이 당시 혼란을 거듭하며 해체의 길을 걷고 있었다. 카를로스주의의 일파로서 하비에르 데 부르봉 파르마의 왕위 계승권을 주장하는 하비에르파(javieristas)가 정치 활동을 시작했고, 1952년 5월 전통회(Comunión Tradicionalista)의 전당대회에서 그 계승권을 인정받았다. 이런 결정에 격노한 프랑코는 하비에르 데 부르봉 파르마와 그 자녀들의 에스파냐 입국 불허 조치로 대응했다. 하지만 1956년 1월 하비에르는 결국 자신이 '에스파냐인들의 왕'이라고 선언했다. 이런 하비에르와 하비에르주의에 대해 프랑코는 치를 떨었다. 카를로스주의는 카탈루냐 전통주의의 지도자 마우리시오 데 시바테가 카탈루냐 내에 또 다른 분파를 결성하면서 그 상황이 더욱 복잡해졌다.

1950년대에는 도시 중산층이 확대되면서 사회적 규범에도 변화가

---

170 Enric Juliana, *España en el diván. De la euforia a la desorientación, retrato de una década decisiva (2004-2014)* (Barcelona: RBA, 2014), p.73.

생겼다. 대도시에서는 신세대를 중심으로 신앙의 세속화가 나타났고 정치 무관심층도 늘어났다. 물론 과거의 이념과 과거의 정치 단체 및 노조에 공감하는 장년층도 여전히 존재했다. 하지만 군주제나 공화제, 내전 같은 과거의 기억이 젊은 세대에게는 거의 존재하지 않았다. 프랑코 정권은 평화와 안전이 이념보다 더 중요하고 정치는 소수의 몫이라는 관념을 퍼뜨렸다. 여기에는 가톨릭교회도 중요한 역할을 했다. 특히 농촌과 소도시에서는 성직자들의 영향력이 상당했다.

1950년대에는 또한 대중문화가 어느 정도 자리를 잡기 시작했으며, 프랑코 정권은 대중매체를 정권 홍보의 수단으로 활용했다. 특히 정보관광부는 도서, 출판, 연극, 흥행물에 대한 전통적인 검열 외에도 사회적 파장이 더 큰 영화와 텔레비전을 통제하는 일에 심혈을 기울였다. 그들은 편집인 임면을 통해 언론을 거의 확실하게 통제했다. 예를 들어 『아베세』지 편집장 루카 데 테나는 관련 지침을 따르지 않았다는 이유로 1953년 11월 6일 자로 해임되었다. 이 당시에는 당이 장악하고 있던 언론이 에스파냐 전체 일간지의 절반 정도에 달했다. 정보관광부 장관 아리아스 살가도는 새로운 대중매체인 영화와 텔레비전도 엄격히 통제해야 한다고 주장했다. 그는 '15년의 평화'라는 구호를 내걸고 정권 홍보 운동을 전개하려고 했으나 내각의 반대로 실패했다. 10년 뒤에 후임 장관 프라가 이리바르네가 이 아이디어를 이어받아서 '25년의 평화'라는 이름으로 정권 홍보 운동을 추진하게 된다.[171]

---

171 이 행사를 다룬 책이 최근 출판되었다. María Asunción Castro y Julián Díaz Sánchez (coords.), *XXV años de paz franquista. Sociedad y cultura en España hacia 1964* (Madrid: Silex Ediciones, 2017).

에스파냐에서는 에스파냐텔레비전(Televisión Española)이 1956년 10월 첫 방송을 시작했다. 1959년에는 레알 마드리드와 FC 바르셀로나의 축구 경기가 처음으로 생중계되었다. 당시 에스파냐 텔레비전 보유 대수는 10만 대에도 못 미쳤다.[172] 1960년대에 이르러서야 텔레비전 가격이 하락하고 보유가 일반화된다. 1950년대에는 라디오가 황금시대를 구가하고 있었다.[173] 따라서 이 시기에 음악을 보급하고 유행과 기호를 확산하는 주요 수단은 단연코 라디오였다. 당시에는 전형적인 에스파냐 리듬이 인기를 끌었다. 음악에서는 춤곡 볼레로(bolero)와 민요 코플라(copla), 극음악 토나디야(tonadilla)가 특히 유행했다.

이 시기에 정부가 국정홍보의 주요 수단으로 삼은 매체는 영화였다. 정보관광부는 1951년부터 부처 산하의 영상물등급검열위원회를 통해 분류한 등급에 따라 영화제작을 지원하는 정책을 폈다. 게다가 부처 산하의 산별노조인 흥행물노조(Sindicato Nacional del Espectáculo)가 제작비의 40퍼센트까지 대출도 해 주었는데, 정치적 관심사가 특히 큰 영화는 '국익' 영화로 분류하여 전폭적인 재정 지원을 해 주었다. 영화 〈헤로민〉(1953년)과 〈마르셀리노 빵과 포도주〉(1954년), 〈15년 전에 죽었다〉(1954년)가 그렇게 제작되었다.[174]

에스파냐에서 영화는 1950년대에 최고의 인기를 누렸다. 1950년에 3,642곳이던 상영관 수가 1959년에는 5,629곳으로 늘었다. 이는 300만 명을 수용할 수 있는 규모로, 인구 9명당 1명에게 좌석을 배정할

---

172 월급이 2만 페세타도 안 되던 시절에 텔레비전 한 대 가격이 2만 페세타에 달했다.

173 1955년 라디오 방송 채널이 에스파냐에 3백 개가 넘었다.

174 1950년대 에스파냐 영화에 대해서는 다음 논문을 참조하라. 박재현, 「프랑코 정권(1939~1975)하의 스페인 영화의 한 경향」, 『현대영화연구』, vol. 10 (2010), pp.228-237.

수 있을 정도였다. 게다가 정부의 요금 규제로 입장권 요금도 비교적 저렴했다. 이 시기에는 에스파냐 영화제작 편수도 상당히 증가했다. 1950년에 연평균 40편 제작되던 영화가 1960년에는 70편 이상으로 늘었다. 하지만 이런 수치상의 증가에도 불구하고 영화의 질은 기대에 훨씬 못 미쳤다. 에스파냐 영화감독 후안 안트니오 바르뎀의 표현을 빌리자면, 에스파냐 영화는 "정치적인 효과도 없고 사회적으로는 위선이며 지적으로는 천박하고 미학적으로는 젬병이며 사업적으로는 남는 게 별로 없었다."[175] 그나마 한 편을 꼽자면 루이스 가르시아 베를랑가 감독이 제작한 〈환영합니다, 미스터 마셜〉(1953년)을 들 수 있겠다. 미국의 원조를 풍자한 이 영화는 칸 영화제에서 최우수 각본상을 받았다. 이 밖에도 수준이 괜찮은 영화로는 〈사이클 선수의 죽음〉(1955년), 〈대로〉(1956년), 〈플라시도〉(1961년)가 있다. 당시 흥행에 성공한 영화는 물론 외국 영화, 특히 미국 영화였다. 1950년에서 1959년까지 에스파냐에서 상영된 미국 영화가 무려 811편에 달했다. 그 가운데 특히 〈솔로몬 왕의 보물〉(1950년), 〈이브의 모든 것〉(1950년), 〈파리의 아메리카인〉(1951년), 〈하이 눈〉(1952년), 〈혁명아 사파타〉(1952년), 〈로마의 휴일〉(1953년), 〈지상에서 영원으로〉(1953년), 〈십계〉(1956년, 〈벤허〉(1959년)가 대중의 인기를 끌었다. 배우로는 매릴린 먼로, 에바 가드너, 게리 쿠퍼, 말런 브랜도, 클라크 게이블, 험프리 보가트, 찰턴 헤스턴이 각광을 받았다.

---

175 Juan Antonio Bardem, *Discurso en las Conversaciones de Salamanca, 1955* (https://www.juanantoniobardem.es/discurso-en-las-conversaciones-de-salamanca, 2025. 3. 26. 접속); Guido Aristarco y otros, *Cine español (1896-1988)* (Madrid: Instituto de la Cinematografía y de las Artes Audiovisuales, 1989), p.226.

이 시기 문학은 사회 현실을 반영하려고 노력했다. 그런 점에서 그 내용이 뉴스영화 〈노도〉[176]에 등장하는 선전 내용과는 전혀 달랐다. 사회비판 소설과 사회고발극, 참여시가 등장했다. 여기에는 새로운 문학 세대의 등장이 미친 영향이 컸다. 이른바 '50년대 세대'로 알려진 이 세대는 내전 극복과 사회고발, 혹독한 생존 투쟁을 작품에 담아내려고 했다.[177] 그뿐만이 아니었다. 이들은 1959년 6월 정치범 사면과 망명자들의 귀환을 촉구하는 공동탄원서를 법무부 장관에게 제출하기도 했다.[178] 이 세대는 창작활동을 통해 비판의식을 기르고 프랑코 정권의 토대를 송두리째 무너뜨리려고 했다. 네오리얼리즘 소설은 이렇게 탄생했다. 이들은 소설에서 프랑코 정권이 감추고 있는 현실, 곧 노동자와 농민의 생활환경, 서민들의 힘겨운 생활, 세대 갈등, 폐쇄적인 소부르주아 세계, 사회적 위선 등을 다루고자 했다. 대표적인 작품으로는 라파엘 산체스 페를로시오의 『엘 하라마』, 카르멘 마르틴 가이테의 『커튼 사이로』, 아나 마리아 마투테의 『첫 번째 기억』을 꼽을 수 있다. 이들은 1955년과 1957년, 1959년에 각각 나달상을 수상했다. 이 밖에도 루이스 고이티솔로와 후안 고이티솔로, 아르만도 로페스 살리나스, 후안 가르시아 오르텔라노의 사회비판 소설이 있다. 이들보다

---

176 이 뉴스영화는 1943년부터 제작·상영하기 시작한 프랑코 정권의 주간 홍보 뉴스로 프랑코 독재 이후 1981년까지 상영되었다. '노도(NO-DO)'는 'Noticiarios y Documentales(뉴스와 다큐멘터리)'의 음절 약어이다.

177 이들 가운데 상당수는 이탈리아의 사회적 리얼리즘의 영향을 받았다.

178 에스파냐 왕립학술원 원장 라몬 메넨데스 피달이 탄원을 주도했고, 아소린과 다마소 알론소, 비센테 알레익산드레, 호세 루이스 아랑구렌, 안토니오 부에로 바예호, 호아킨 칼보 소텔로, 카밀로 호세 셀라, 가브리엘 셀라야, 루이스 고이티솔로, 라몬 페레스 데 아얄라, 훌리안 마리아스, 카르멘 마르틴 가이테, 미겔 미우라, 디오니시오 리드루에호 등 당대의 저명한 지식인들이 탄원서에 연대 서명했다.

앞선 세대에 속하는 카밀로 호세 셀라의 『벌집』(1951년)과 곤살로 토렌테 바예스테르의 『기쁨과 그늘』(1957~1962년)도 이런 부류에 속한다.

시에서는 블라스 데 오테로와 가브리엘 셀라야, 호세 이에로 같은 베테랑 시인들과 그들보다 젊은 하이메 힐 데 비에드마, 호세 아구스틴 고이티솔로, 카를로스 바랄 같은 시인들이 활약했다. 이들은 저항 정신을 시로 표현하는 리얼리즘 미학을 구현했다. 이들은 세고비아와 살라망카, 산티아고에서 카탈루냐인과 카스티야인, 갈리시아인이 서로 교류하는 대회를 열기도 했다. 망명지에서는 시인 라파엘 알베르티와 후안 라몬 히메네스가 창작활동을 했다. 후안 라몬 히메네스는 1956년 10월에 노벨문학상을 수상했다.

역사서술 분야에서는 에스파냐의 정체성에 대해 서로 논쟁을 벌이기도 한 중세사학자 클라우디오 산체스 알보르노스와 아메리코 카스트로가 중요한 역할을 했다. 자우메 비센스 비베스는 에스파냐 대학에 아날학파의 방법론을 도입하고 역사적 유물론에 토대를 둔 사회·경제사를 주창했다. 그는 반프랑코주의적 입장에서 에스파냐 역사를 집대성했다.

언어 면에서는 비(非)카스티야어들이 어려움에 봉착했다. 교육기관의 카스티야어 사용 및 대중매체의 카스티야어 사용 의무화가 가져온 문화적 결과가 1950년대에 두드러지게 나타났다. 사전과 문법서 편찬에는 카탈루냐어와 바스크어, 갈리시아어 번역을 허용했으나 창작활동에서는 이들 언어의 사용을 사실상 금했다. 하지만 카탈루냐에서는 카탈루냐 문화 운동이 시민사회 주도로 일어났다. 크고 작은 단체들이 비공식적으로 카탈루냐어 교실을 열었으며, 닛 데 산타 루치아(Nit de Santa Llúcia) 문학상과 같은 새로운 문예 창작 지원 플랫폼을 만들어 카탈루냐어 창작활동을 지원했다. 카탈루냐나 갈리시아에서와 달리 바스크에서는 일부 종교교육 기관이 바스크어 교육을 시행하며 바스크어와 바스크 문화를 보호하는 데 중요한 역할을 했다.

프랑코 정권은 1950년대 말에도 여전히 정권 창설 당시의 이념적 원칙을 고수하고 있었다. 이것을 잘 보여주는 것이 당시 '전몰자의 계곡'[179]이라고 부른 곳에 건축한 바실리카 추념물이다.[180] 내전 종전 20년이 지난 1959년 4월 1일 완공된 이 추념물은 마드리드 인근 과다라마산맥의 쿠엘가무로스 계곡에 건축되었다. 내전을 신성화하고 프랑코를 카우디요로 찬미하며 정권의 민족성 및 종교성을 보여주려는 상징물이다. 바실리카는 '십자군 영웅과 희생자들의 영예로운 판테온'이기도 했다. 에스파냐인들의 화해가 아니라 프랑코의 승리를 찬미하는 이 추념물을 건축하는 데 무려 20년이 걸렸고 정치범 수천 명이 동원되었다. 제복을 입은 팔랑헤당원 수천 명이 팔랑헤당 설립자 호세 안토니오 프리모 데 리베라의 유해를 이곳 바실리카에 안치했다.

정치적 변화 없는 제도 개혁

1960년대 에스파냐에는 새로운 변화들이 생겨났다. 한편으로는 경제가 괄목할 정도로 성장하고 생활 수준이 향상되었으며 대규모 이주가 진행되었다. 그에 따라 사회에 상당한 변화가 생기고 시민들의 생

179 2022년부터는 민주화 차원에서 지명을 따 '쿠엘가무로스 계곡'으로 부르고 있다.

180 이 추념물의 건축에 대해서는 다음을 참조하라. 황보영조, 「프랑코주의 건축물에 나타난 모더니즘」, 『지중해지역연구』, 제10권, 제4호 (2008), pp.151-154.

활과 태도에도 변화가 나타났다. 다른 한편으로는 사회적 시위와 저항이 늘어났다. 노동운동이 재건되고 시민운동이 증가했다. 이런 변화는 가톨릭교회의 내부 위기 및 지역 민족주의의 부상과 맞물려 일어났다.

이런 사회적 긴장의 증대는 프랑코 정권의 이미지에 부정적 영향을 미쳤다. 이에 프랑코 정권은 정치적 반격을 가하고 선전 활동을 더욱 강화했다. 국가비상사태를 선포하는 일도 잦았다.[181] 사회적 갈등과 분쟁이 늘어나고 다변화되면서 프랑코 정권의 치안 유지 능력도 차츰 약화했다. 이런 상황에서 한편으로는 현상 유지 정책이 프랑코 체제에 장애물로 작용하고 있다는 인식이 확산하고 있었지만, 다른 한편으로는 정치 개혁이 정권의 미래를 위협하게 될 것이라고 보는 인식이 지배층 내에 도사리고 있었다.

앞에서 살펴본 대로 국민운동 지도자들과 관변노조, 베테랑 팔랑헤주의자들이 영향력을 잃어 가는 가운데 권력은 여전히 프랑코 장군에게 집중되어 있었고, 내각은 오푸스 데이 출신의 기술관료들이 주도하고 있었다. 이른바 '막후의 참모'로 알려진 카레로 블랑코에게 카우디요는 막강한 권력을 부여했고, 카레로 블랑코는 그에게 절대적 충성을 바쳤다. 그와 더불어 각료진 구성에도 변화가 있었다. 내전에 참전하지 않은 인사들이 장관에 발탁되기 시작했다. 1957년과 1962년의 내각 구성이 이를 잘 보여준다. 하지만 내각 구성에 나타난 이런 변화의 파장이 그렇게 크지는 않았다. 1957년에 경제적 자유화를 추진

181 이를테면 1962년과 1963년에는 아스투리아스와 기푸스코아, 비스카야에 비상사태를 선포했고, 1967년에는 비스카야에, 1968년에는 기푸스코아와 비스카야에, 1969년에는 에스파냐 전국에 비상사태를 선포했다.

한 각료들이 정치적 자유화에도 호의적 반응을 보였을 것이라는 주장이 있으나, 이는 전적으로 잘못된 것이다. 이른바 기술관료들은 정치적 자유화나 민주화가 아니라 독재 정권의 지속에 관심을 둔 정치인들이었다. 그들은 변화를 가하지 않으면 체제가 경직될지도 모른다고 두려워한 개혁가들이었다. 그래도 프랑코 정권은 1969년 여름 위기가 발생할 때까지는 정치적 안정을 누렸다.

1962년 7월 11일 단행한 내각 개편은 카레로 블랑코가 주도했다. 하지만 한 가지는 예외였다. 프랑코가 그의 전우 아구스틴 무뇨스 그란데스를 육군 대장으로 진급시키고 부총리에 임명한 후 자신의 궐위 시 그 직무를 대신할 수 있게 했다.[182] 이로써 무뇨스 그란데스가 권력 서열 제2인자가 되었다. 내각 개편에서 각료들 상당수는 유임되었지만 8명은 교체되었다. 이 내각 개편에 나타난 의미 있는 변화는 정보관광부 장관을 아리아스 살가도에서 마누엘 프라가로 교체한 것이다. 팔랑헤당원이자 갈리시아 정치인이던 마누엘 프라가는 당시 40세였다. 그와 함께 오푸스 데이 출신의 기술관료 그레고리오 로페스 브라보가 산업부에, 마누엘 로라 타마요가 교육부에, 친 오푸스 데이 팔랑헤주의자 헤수스 로메오 고리아가 노동부에 각각 기용되었다. 요컨대 1962년 내각에는 기술관료들이 한층 더 강화되었다. 프라가와 로페스 브라보가 내전에 참전하지 않은 젊은 세대의 대표로 내각에 입각한 것 또한 1962년 내각 구성의 특징이었다.

---

182 당시 프랑코의 나이는 69세였고 후계자 문제도 아직 해결되지 않은 상태였다. 이 조치는 프랑코가 이런 사정을 고려해 내린 것으로 보인다. 사실 그로부터 얼마 뒤인 1964년 초 프랑코에게 파킨슨병의 징후가 나타났다. 당시 프랑코의 측근들은 후계자 문제로 매우 마음 졸이고 있었다.

1962년에 내각을 이렇게 개편한 데는 국내외적으로 두 가지 배경이 있었다. 우선 아스투리아스 광산 파업과 정부의 강경 진압을 그 배경으로 들 수 있다. 1959년 경제안정화 정책 이후 파업의 물결이 일어나고 있었고 1962년 봄 아스투리아스에서도 마찬가지였다. 그해 3월 미에레스에서 시작된 파업이 아스투리아스 광산 지대로 확산하자 정부는 경찰과 군대를 동원해 진압했다. 아스투리아스의 광산을 모두 폐쇄하고 광부 5만 명을 거리로 내몰았다. 그러자 파업이 바스크로 확산하여 바스크 노동자 6만 명이 파업 연대운동을 벌였다. 이에 정부는 아스투리아스와 비스카야, 기푸스코아에 비상사태를 선포하고 표현의 자유와 집회의 자유, 결사의 자유를 규정하고 있는 에스파냐인특별법 관련 조항들의 효력을 정지시켰다. 하지만 분쟁이 사그라들기는커녕 더 확산하여 바르셀로나의 금속 기업들까지 파업에 돌입했다. 이 분쟁은 5월 25일 당국 대표단과 광부 대표단이 구금자 석방과 임금인상에 합의하고 나서야 종결되었다.

이 파업들은 당시 대외관계 개선에 노력을 기울이고 있던 프랑코 정권에 부담으로 작용했다. 1962년 2월, 정부가 유럽경제공동체(EEC)에 가입을 신청했으나 프랑코의 에스파냐가 민주주의 체제가 아니라는 이유로 거부당했다. 1962년 6월 뮌헨에서 개최된 제4차 유럽운동회의(Congreso de Movimiento Europeo)에서는 유럽경제공동체에 가입하려는 에스파냐가 위선적이라는 결의안이 통과되었다. 이 결의안에 큰 충격을 받은 프랑코 정권은 그것이 '뮌헨의 야합'이라며 반발했으나 별 소용이 없었다.[183] 이것이 두 번째 배경이었다.

신임 내각은 또다시 새로운 노동분쟁과 씨름해야 했다. 1962년 가을과 1963년 초 아스투리아스 광산에서 일어난 분쟁 때문이었다. 정부의 엄격한 언론 검열로 처음에는 관련 내용이 세상에 드러나지 않았다. 하지만 정부의 억압 정책과 광부들의 연대운동이 나중에 알려지면서 국제사회의 반향이 컸다. 국내에서도 경찰의 고문과 탄압을 비난하는 항의서에 지식인들의 서명이 잇달았다. 하지만 프라가는 이들이 비난하는 내용의 진실성을 부인했다. 1963년에는 프랑코 정권의 성격을 보여주는 새로운 사건이 발생했다. 4월 20일에 공산당 지도자 훌리안 그리마우가 처형되었던 것이다. 1962년 11월 체포된 그리마우는 치안국(Dirección General de Seguridad) 유치장에서 고문받고 약식 군법회의에 넘겨져 사형을 구형받았다. 이에 영국 총리 해럴드 윌슨과 독일 총리 빌리 브란트를 비롯한 세계 지도자들이 사면 청원 운동을 벌였다. 이런 청원 운동에 대해 프랑코 정권 내에서도 긍정적 반응을 보인 자들이 있었다. 그들은 오푸스 데이 출신 기술관료들이었다. 하지만 군부와 팔랑헤주의자들은 이에 반대했다. 프랑코 자신도 이러한 국제적 움직임을 내정 간섭이라고 생각했다. 프라가는 그가 '고약한 암살자'였다며 그리마우의 처형을 정당화했다.[184] 1963년 8월에는 아나키즘 활동가 2명의 교수형이 집행되었다. 치안국과 노조 본부에 폭

---

183 Diego Cameno Mayo, "El contubernio de Múnich (1962): balance historiográfico," *Revista de Historiografía*, núm. 35 (2021), pp.48-53.

184 그리마우 사건을 둘러싼 정권 내 갈등을 살펴보려면 다음 논문을 참고하라. Ximena Machado, "Las tensiones entre el 'aperturismo' y el 'inmovilismo' franquistas. El caso Grimau," *Historia del Presente*, 22 (2013), pp.139-150.

탄을 투척했다는 이유에서였지만, 이는 사실이 아니었다.

이에 프랑코 정권의 대외적 평판은 현저하게 떨어졌다. 새 내각은 하락한 에스파냐의 국제적 위신을 세우기 위해 한편으로는 미비한 법률을 정비하고 다른 한편으로는 선전 활동을 강화했다. 1963년 12월, 프랑코 정권은 종전의 프리메이슨과 공산주의 억압을 위한 특별재판소 제도를 폐지하고 일반 재판소와 치안재판소를 설치했다. 그리고 군부와 군법회의의 역할을 축소했다. 이는 에스파냐에서 벌어지고 있는 사법적 무력화와 기본권 침해, 상습적 고문, 과도한 군사재판을 고발한 국제법률가위원회(International Commission of Jurists)의 보고서[185]를 염두에 두고 단행한 조치였다.

하지만 대내적으로는 선전 활동을 강화하고 다변화했다. 정부는 이미지 개선을 위해 앞서 언급한 적이 있는 '25년의 평화'를 구호로 내걸었다. 프라가가 정보관광부를 통해 추진한 이 선전 활동의 목표는 내전 이후 25년간 에스파냐가 프랑코 치하에서 누린 평화를 강조하는 데 있었다. 그는 이를 위해 기념전시회와 도서 출판, 잡지 특집 보도, 텔레비전 특별 프로그램 편성 등 다채로운 행사를 전국적으로 개최했다. 또한 1942년에 영화 〈혈통〉을 제작한 영화감독 호세 루이스 사엔스 데 에레디아에게 카우디요의 삶과 업적을 다루는 장편영화 제작을 의뢰했다. 그 영화가 바로 1964년에 개봉한 다큐멘터리 영화 〈인간 프랑코〉이다. 감독 사엔스 데 에레디아는 이 영화에서 프랑코 치하의 질서와 평화를 강조했다. 이를 위해 과거 역사, 특히 제2공화국의

185 1962년 말에 제출된 이 보고서의 제목은 "에스파냐의 법의 지배(El imperio de la ley en España)"였다.

혼란과 무정부 상태를 대조했다. 또한 경제 발전과 정치적 안정을 카우디요의 업적으로 치켜세우고, 그것들을 자유 민주주의가 불러온 위기들과 대비했다. 그는 이렇듯 프랑코라는 인물을 한껏 띄웠다. 그리고 군인들과 팔랑헤주의자들이 그동안 주장해 온 기원의 정통성뿐 아니라 '업적'의 정통성까지 강조했다. 이 영화에서 프랑코 정권은 에스파냐 역사에서 에스파냐 전체 국민의 부와 사회정의와 복지를 증진한 유일한 정부로 소개되었다.

이 시기에 프랑코는 정권 창출에 이바지한 모든 파벌로부터 전폭적인 지원을 받고 있었다. 내부 알력이 없지는 않았으나 프랑코를 중심으로 단결하여 그것을 극복했다. 다만 군주제 복원을 꾀하던 전통파의 일부인 '하비에르파'는 예외였다. 프랑코는 군대와 가톨릭 고위성직자 대다수의 전폭적인 지지도 받고 있었다.[186] 사회정치적 보호와 1960년대 경제 발전의 혜택을 입은 사업가, 금융업자, 제조업자, 대상인, 지주들도 프랑코 정권을 지지했다. 이들이 프랑코 체제를 지지한 적극적 합의의 세력이었다면, 그 체제를 수동적으로 받아들인 또 다른 부류의 부르주아 집단들과 도시와 농촌의 중산층은 수동적 동의의 세력에 해당한다. 한편 서민층은 정권에 대해 약간의 염려를 하면서도 독자적 행보를 보이지는 않았다.[187]

이에 반해 1960년대에는 프랑코 정권에 대한 저항이 대학생들과 산업노동자들, 자유업 종사자들, 일부 지식인들, 젊은 성직자들 사이에서 차츰 늘어갔다. 여기에는 세대 변화가 뚜렷이 나타났다. 저항 참여

186 제2차 바티칸공의회 이후에는 일부 고위성직자들이 다른 목소리를 내기 시작했다.
187 Borja de Riquer, *La dictadura*, p.485.

자들 가운데 내전을 겪지 않은 젊은이들의 비중이 점차 커졌다. 유럽 경제공동체 가입 신청을 거부하고 정치적·사법적 문제를 제기하면서 국제사회도 프랑코 독재의 억압적 성격을 문제 삼았다.

한편 프랑코 정권 내부에는 1957년 내각 구성 이후 점차 두 부류의 세력이 형성되고 있었다. 그들은 개방파(aperturistas) 내지는 개혁파와 현상유지파(inmovilistas)였다. 일정한 변화의 필요성을 받아들이고 있었다는 점에서 내각을 구성하고 있던 각료 모두가 개혁파였다고 볼 수 있지만, 변화의 속도와 우선순위에서 차이를 보였기에 이렇게 두 부류로 나뉜다.

우선 현상유지파는 프랑코 정권의 정치적 지속을 바란 자들이었다. 그들은 프랑코 이후에도 제도가 정권의 지속을 보장해 줄 것으로 확신했다. 이들은 대개 내전을 일으킨 세대에 속했고 기술관료들이 주장하는 이념적 담론의 지원을 받아들였다. 프랑코와 그의 최대 협력자 카레로 블랑코, 고위급 군 장교들 등이 이 부류에 속했다. 이들은 상황에 따라 군대가 정치에 개입할 수 있다고 생각했다. 이들은 또한 노조나 정당이 아니라 정부가 사회경제 정책을 수립하고 추진해야 하며 프랑코의 후계자를 지명해 제도를 완성할 필요가 있다고 주장했다. 경제가 발전하고 전 국민의 복지가 향상되면 사회적 합의가 이루어지고 그렇게 사회적 합의가 이루어지면 체제가 안정된다는 점에서 이들은 정치적 성격의 개혁에 반대하고 경제성장을 최우선시했다.

반면에 개혁파는 사회경제적 변화에 부응하는 소규모의 제도 개혁을 지지하는 자들이었다. 이들의 논리는 경제성장은 '정치 발전'을 수반해야 한다는 것이었다. 이를 위해 중요한 의사결정들을 정부가 도맡아서는 안 되고, 코르테스와 당 중앙위원회 같은 정치 기관과 노조연합회에 힘을 실어 주어 체제의 사회적 기반을 확장해 나가야 한다고 주장했다. 이들은 현상유지파보다 젊었으며, 대다수는 기술관료들이 주장하는 과도한 경제주의를 못마땅하게 여겼다. 정보관광부 장관 마누엘 프라가와 국민운동 사무총장 호세 솔리스가 이들을 대표한다고 볼 수 있다. 이들은 굳이 후계자를 지명하지 않더라도 프랑코 이후에 각 기관이 체제의 지속 문제를 해결해 나갈 수 있다고 보았고, 그 과정이 제대로 이루어지도록 일부 제도의 개혁이 불가피하다고 주장했다.

개혁파는 우선 호세 솔리스와 마누엘 프라가의 주도로 당 중앙위원회를 활성화하는 작업에 착수했다. 이를 위해 당 중앙위원회 예산을 1958년 1억 200만 페세타에서 1970년 13억 4,500만 페세타로 증액 편성했으며, 당 중앙위원회 산하에 일련의 소위원회를 설치해 주요 현안들을 다루었다.[188] 물론 현안들을 다루면서 '의견 대립'이 발생하기도 했다. 이 의견 대립 문제를 어떻게 해결할지는 이들에게 남겨진 새로운 과제였다.

한편 이 무렵 국민운동의 영향력은 대폭 감소했다. 이는 당원 감소와 일부 지부 폐쇄, 출판물 정간으로 나타났으며, 그에 따라 관련 행

188 가장 논란이 된 사안은 공산주의 반란 문제, 청년 문제, 카탈루냐와 바스크의 '분리주의' 문제였다. 하지만 이들은 어떤 현안들을 다루어도 호세 안토니오의 교리를 자신들의 올바른 행동 지침으로 삼는다는 데는 흔들림이 없었다. 당 중앙위원회의 기능과 조직에 대해서는 다음 자료를 참조하라. Miguel Ángel Giménez Martínez, "El Consejo Nacional del Movimiento: la 'cámara de las ideas' del franquismo," *Investigaciones Históricas*, 35 (2015), pp.271-298; Pere Ysàs, "El Consejo Nacional del Movimiento en el franquismo tardío," Miguel Ángel Ruiz Carnicer (coord.), *Falange, las culturas políticas del fascismo en la España de Franco (1936-1975)*, vol. 1 (Zaragoza: Instituto 'Fernando el Católico', 2013), pp.365-380.

사도 줄었다. 1961년에 에스파냐청년연합회로 명칭이 바뀌는 청년전선의 회원이 절반으로 감소했으며, 대학의 위기를 맞아 기울기 시작한 대학생조합은 1965년에 해체되고 말았다. 당 산하의 여성단 또한 단원이 감소했고 사회적 영향력도 줄어들었다. 호세 솔리스가 1963~1964년에 '결사'에 관한 법안을 마련한 것은 이런 상황 때문이었다. 이는 당내 다양성과 참여 확대를 증진하기 위한 개혁안이었다. 이 법안은 결사가 혐오스러운 정당들을 되살아나게 하는 첫걸음이라고 본 현상유지파의 반발에 부딪히며 10년 넘게 질질 끌다가 1974년 12월에야 마침내 공포되었다.

1965년과 1967년 사이에는 사회정치적 파장이 큰 법 3가지가 통과되었다. 그 법들은 고용주와 노동자들에게 더 큰 주도권을 부여하는 노조연합회 관련 법들과 언론법, 국가조직법(Ley orgánica del Estado)이었다.

우선 노조연합회 관련 법들은 호세 솔리스 팀이 마련했다. 이들은 정부에 대한 일종의 대항권력으로서 노조연합회의 영향력을 향상하는 데 입법 목적을 두었다. 이를 위해 노조연합회에 더 큰 주도권과 자율권을 부여했다.[189] 그리고 굵직한 사회경제 정책들을 결정할 때 노조연합회가 더 많이 참여하기를 바라면서 내각을 지배하는 기술관료 정치인들을 견제할 압력단체로 연합회 내에 사용자위원회와 노동자위원회 같은 수평 조직을 구성하자고 제안했다. 호세 솔리스는 또

189 프랑코 정권 시기 산별노조인 노조연합회에 대해서는 다음 자료를 참고하라. Glicerio Sánchez Recio, "El sindicato vertical como instrumento político y economico del régimen franquista," *Revista de Historia Contemporánea*, núm. 1 (2002), pp.5-29.

한 연합회 회의를 정기적으로 개최하기로 하고, 1961년 연합회 선거에서는 노동자들의 참여를 독려하기 위해 후보자 입후보 자격 제한을 없애기도 했다.[190] 1966년 노조연합회 선거에서도 그는 정치적 개입이 없는 노동자들의 참여를 강조했다. 솔리스의 이러한 노력에 대해 프랑코주의 노조 지도자들은 그의 노조연합회 강화 전략을 자신들의 정치적 목적에 활용하려고 했다. 강화된 노조연합회를 노동 정책과 사회정책을 관리하고 사회갈등을 완화할 수단으로 삼으려 했던 것이다. 하지만 이들의 시도는 실패로 돌아갔다. 내각의 다수를 차지하고 있던 현상유지파와 고용주들이 자율성을 부여받은 노조연합회는 위험하다고 판단하고 있었던 데다가 선거에서 당선된 자들 가운데 일부 적극적인 노동자들이 반정부 노동조합 운동 쪽으로 기울기 시작했기 때문이다. 게다가 새로 등장한 공산주의 계열 노조인 노동자위원회(Comisiones Obreras) 후보들이 1966년 선거에서 당선되면서 노조의 자유를 위한 시위를 주도하고 민주적이고 독립적이며 반정부적인 노동조합 운동에 힘을 실어 주기 시작했다.

호세 솔리스는 마침내 1967년 1월 '노동조합 자치'에 관한 법안을 공표했다. 정부에 대해 독립적인 기능을 보장하고 임금과 노동에 관한 단체협상력을 강화하며 경제 정책 수립에 참여할 수 있도록 노조연합회의 구조를 개혁한다는 내용의 법안이었다. 1968년 5월 타라고나에서 개최한 노조연합회 제4차 회의는 이 법안을 거의 만장일치로

---

190 María Hebenstreit, *La Oposición al Franquismo en Puerto de Sagunto* (Valencia: Universidad de Valencia, 2014), p.58. 여기서 연합회 선거란 연합회 대표와 대의원 선출을 위한 선거를 일컫는다.

지지했다. 이런 움직임에 대한 현상유지파의 반발은 불을 보듯 뻔했다. 로페스 로도는 고용주들에게 노조의 개입이 정치와 경제 문제에 초래할 위험이 무엇인지를 주지시켰다. 각료회의는 솔리스의 안이 현행 정치 제도와 양립 불가능하다고 선언했다. 노조연합회가 반정부 기관이 될 위험성이 있다는 이유에서였다. 카레로 블랑코 또한 노조연합회의 기능이 도를 넘어섰다고 맹비난했다. 그는 노조연합회가 경제 정책에 관여하게 되면 정부가 그 정책을 건설적이고 효과적으로 수행해 나갈 수 없게 된다고 주장했다. 결국 대폭 수정을 거쳐 각료회의를 통과하고 1969년 9월 코르테스에 상정된 솔리스 법안은 사실상 거의 쓸모없는 것이 되고 말았다. 게다가 그해 10월 솔리스마저 해임되었다. 그가 해임되자 법 시행 자체도 중단되었다. 그로부터 2년 후 다시 통과된 노조법은 솔리스가 제기한 원 법안과 내용이 매우 달랐다. 그 어떤 세력도 이 노조법에 만족하지 않았다. 팔랑헤주의자들과 고용주들은 물론이고 노동자들도 마찬가지였다.[191]

1965년 7월에는 내각이 새롭게 개편되었다. 이번에도 개각을 주도한 인물은 카레로 블랑코였다. 로페스 로도가 구임소 장관 겸 개발계획청(Comisaría del Plan de Desarrollo) 청장에 임명되고 파우스티노 가르시아 몽코와 후안 호세 에스피노사 산마르틴이 각각 상무부 장관과 재정부 장관에 임명되는 등 기술관료의 진출이 두드러졌다.

191 Àlex Amaya Quer, "'Unidad, totalidad y jerarquía': Continuidades y rupturas en la teoría y la praxis de la Organización Sindical Española, 1939-1969," *Historia y Política*, núm. 28 (2012), pp.321-327; Carme Molinero y Pere Ysàs, *La anatomía del Franquismo* (Barcelona: Crítica, 2008), pp.124-131; Borja de Riquer, *La dictadura*, pp.494-498.

이 기술관료들은 경제 발전과 생산의 현대화, 공공행정의 합리화를 통해 프랑코 체제를 공고히 할 수 있다고 생각하는 사람들이었다. 이들에 따르면 번영과 복지를 통해 높은 사회적 합의가 이루어진다면 정권의 정당성을 확인하기 위해 굳이 투표할 필요가 없었다. '업적의 정당성'이 '기원의 정당성'을 완성한다고 이들은 생각했다. 이를테면 로페스 로도는 사회가 성숙하고 발전하여 1인당 국민소득이 1,500달러에 이르면 에스파냐가 서유럽 국가들과 유사한 민주 국가가 된다고 생각했다. '에스파냐의 경제 기적' 선전은 이렇게 시작되었다. 이것이 이 당시 정부를 지탱한 기술관료들의 정치 담론이었다.

언론법은 이런 맥락에서 제정되었다. 1965년 10월 각료회의를 통과하고 1966년 3월 코르테스의 승인을 받은 언론법은 마누엘 프라가 개인의 작품이어서 '프라가법'으로도 알려졌다. 프라가는 정기간행물과 도서의 검열을 완화하고 연극과 영화와 흥행물에 대해 좀 더 관용하도록 법안을 제안했다. 무뇨스 그란데스와 카레로 블랑코, 알론소 베가는 이 법안이 위험하다며 소극적 반응을 보였고 기술관료들도 마찬가지였다. 프랑코는 상황 때문에 마지못해 동의했다. 이렇게 최종 승인된 법은 언론사 사주에게 편집인 임명권을 허용하고 사전 검열을 폐지했다. 그리고 표현의 자유를 보장했다. 하지만 그러면서도 진실과 도덕, 국민운동 원칙법과 기타 기본법을 존중해야 한다는 제한을 두었다. 국방과 국가의 안전, 공공질서, 평화, 권력기관에 대한 존중은 언제나 신중하게 다뤄야 할 민감한 주제들이었다.[192]

---

192 1966년 언론법의 입법과정과 그 의미에 대해서는 다음 글을 참조하라. Elisa Chuliá Rodrigo, "La Ley de Prensa de 1966. La explicación de un cambio institucional

이 언론법은 프라가가 이룩한 중요한 업적이었다. 하지만 그것이 그의 아킬레스건이 되기도 했다. 약간의 표현의 자유를 허용한 이 법 때문에 예측하지 못한 정치적 결과가 발생할 때마다 그는 비판과 논란의 대상이 되었다. 정권에 대해 독립적이거나 비판적인 잡지와 간행물들이 등장했고 당국을 자극하는 비판 여론을 확산하는 젊은 언론인들도 생겨났다. 이에 카레로 블랑코와 로페스 로도는 이 법이 허용하고 있는 관용에 대해 몹시 못마땅해했다. 최소한의 비판도 용납하지 않으려는 정부는 곧 모호한 법 조항을 이용해 잡지와 일간지를 탄압하기 시작했다. 벌금을 물리고 정간 조치하고 편집인을 처벌했다. 그리고 보도를 삭제하거나 제한하기도 했다. 더 나아가 1967년 4월과 1968년 4월에는 언론의 자유를 제한하는 별도의 법률을 제정하여 공포했다.

마지막으로 국가조직법은 1966년 11월 22일 코르테스를 통과했다. 그리고 국민투표를 거쳐 1967년 1월 10일 발효되었다. 이로써 프랑코 정권은 체제의 제도적 틀을 완성하게 되었다. 9년 전인 1958년에 제안된 초안이 이때 이르러서야 결실을 거두게 되었다. 그만큼 법안의 입안 과정이 복잡하고 더뎠다. 이는 1947년 계승법의 모호함과 불완전함 때문이었다. 카우디요 체제 이후의 에스파냐 국가기관과 제도에 대해 1947년 계승법은 명확하게 규정하고 있지 않았다. 게다가 미온적이었던 프랑코의 태도 또한 법안 마련을 더디게 만들었다. 1966년 여름에 완성된 법안은 국민운동 중앙위원회를 거치지 않고 곧바로 코르테스에 상정되었다. 법안은 별도의 논의나 투표 절차를 거치지 않았

---

arriesgado y de sus efectos virtuosos," *Historia y Política*, núm. 2 (1999), pp.197-220.

다. 참석 대의원들은 기립 박수로 법안을 통과시켰다.

조직법에서 제일 의미심장한 내용은 군주제에 관한 것이었다. 프랑코 이후 수립될 군주제는 과거 군주제의 복원이 아니라 국민운동의 원칙에 바탕을 둔 새로운 군주제였다. 이 군주제에서는 국가원수와 총리의 역할과 기능을 분리하고, 총리는 국가원수가 임명하는 것으로 정리했다. 당 중앙위원회의 성격을 당의 대표 공동체로 재규정하고 이 위원회에 정당 원칙의 순수성을 수호하고 사회·경제·문화 분야의 조직들이 사회정의의 요구에 부응하는지를 감시하며 당내 의견 대립을 조정하는 임무를 부여했다. 그리고 코르테스법을 개정하여 대의원 수를 564명으로 늘렸다.[193]

국가조직법은 그해 12월 14일 국민투표에 부쳐졌다. 투표를 앞두고 프랑코와 각료들은 투표 참여와 지지를 호소하는 선거운동을 대대적으로 진행했다. 특히 마누엘 프라가는 현대적인 홍보 수단과 선전기구를 적극적으로 활용했다. 거리는 프랑코 사진과 '예(SÍ)'라는 거대한 홍보물로 넘쳐났고, 신문과 라디오와 텔레비전은 "평화에 투표하고 발전에 투표하고 '예'에 투표하라.", "투표하지 않는 것은 모스크바 지령을 따르는 것이다.", "평화를 원하면 '예'에 투표하라."는 투표 독려 구호를 연신 내보냈다. 관공서는 급여를 받으려면 투표확인증을 제출하라고 공무원과 노동자들에게 공지했고, 민간기업은 투표확인증이 있으면 반차를 즐길 수 있다고 홍보했다. 주교회의는 물론이고 유명

---

193 Enrique Moradiellos, *La España de Franco*, pp.151-152; Glicerio Sánchez Recio, "Inmovilismo político y cambio social en los años sesenta," *Historia Contemporánea*, 26 (2003), pp.18-26.

투우사와 가수, 축구선수도 투표 독려에 동원되었다. 반면에 반프랑코 운동 진영은 국민투표 거부 운동과 기권 운동을 전개했다. 하지만 그 효과는 미미했다. 결국 유권자의 88퍼센트에 달하는 2,100만 명이 투표에 참여했고, 그중 96퍼센트 정도가 찬성표를 던졌다.[194] 프랑코와 그의 정부 그리고 새로운 체제의 정당성을 에스파냐 국민의 압도적 다수가 지지했다.

한편 1967년 7월 무뇨스 그란데스가 질병으로 사임했고, 2개월 후에는 그를 대신해 카레로 블랑코가 부총리가 되었다. 이로써 나중에 설명하게 될 '왕세자 작전(Operación Príncipe)'을 추진할 길이 열리게 되었다.

정부는 이 밖에도 세 가지 입법을 더 추진했다. 그것은 종교자유법(Ley de Libertad Religiosa)과 가족대표법(Ley de Representación Familiar), 국민운동 및 중앙위원회 조직법(Ley Orgánica del Movimiento Nacional y de su Consejo Nacional)이었다. 이 법들 또한 개혁파와 현상유지파 사이에 심각한 갈등을 불러일으켰다.

종교자유법의 기초는 카스티에야 법안에 있었다. 외무부 장관이었던 카스티에야가 일찍이 1964년에 종교의 관용을 확대하는 법안을 제기한 적이 있다. 이는 제2차 바티칸공의회의 권고를 따르고 에스파냐의 대외 이미지를 개선하기 위한 시도였다. 이 법안에서 그는 종교의 자유를 인간의 존엄성에 기초한 권리라고 선언했다. 하지만 법안은 각료회의를 통과하지 못하고 무산되었다. 법안이 통과되면 비가톨릭 종교가 에스파냐 내에서 개종 활동을 벌일 거라며 카레로 블랑코가 이를 완강

194 투표 감시를 제대로 하지 않아서 심지어 유권자의 126퍼센트가 투표한 자치 구역도 있었다.

하게 반대했기 때문이다. 그런데 3년 후인 1967년 6월 28일 종교자유법이 통과된 것이다. 하지만 종교의 자유가 인정되었음에도 비가톨릭 종교의 종교시설과 문화시설, 교육시설 건립은 여전히 거의 불가능했다.

종교자유법이 처리되던 날에 가족대표법도 통과되었다. 코르테스 가족 대의원 108명의 선출에 관한 이 법[195]은 가장과 기혼여성에게만 투표권과 피선거권을 부여했으며, 전 대의원이나 시장, 의장, 대의원 5명의 보증을 받은 자, 주 유권자 1퍼센트의 지지를 받은 자로 후보를 제한했다. 1967년 10월에는 이 법에 따른 가족 대의원 선거가 처음으로 실시되었다. 현상유지파는 이 선거를 치르면서 돈으로 표를 매수할 수 있는 부유한 반정부 인사가 선거에 입후보할까 봐 몹시 염려했다. 공직자 출신 후보들이 압도적 승리를 거두었지만 부유한 무소속 후보도 일부 당선되었다. 후자들 가운데 일부는 실제로 정부에 여러 질문과 이의를 제기했고 정례 회동을 열기도 했다.[196]

국민운동 및 중앙위원회 조직법안 또한 격렬한 논란을 불러일으켰다. 카레로 블랑코와 기술관료들을 비롯한 각료들 대다수는 국민운동의 정치 개입을 반대하고 있었다. 그에 반해 호세 솔리스를 비롯한 팔랑헤주의자들 상당수는 국민운동의 정치 활동 강화를 주장했다. 이 법안은 카레로 블랑코와 로페스 로도의 반대에도 불구하고 1967년 6월에 통과되었다. 정치적 공백 발생을 염려한 프랑코의 지지가 결정적

---

195 당시 코르테스는 당연직 대의원과 선출직 대의원, 임명직 대의원으로 구성되었다. 가족 대의원은 선출직 대의원에 해당했다. Manuel Fraga Iribarne, *El reglamento de las Cortes Españoles* (Madrid, 1959), pp.30 y ss.

196 Francisco Miranda Rubio, "Los procuradores de representación familiar en la novena legislatura franquista (1967-1971)," *Príncipe Viana*, núm. 203 (1994), pp.615-638.

역할을 했을 것이다. 국민운동은 이제 국가원수인 프랑코와 중앙위원회, 당 사무총장, 주위원회와 지역위원회 등을 통해 정치 활동을 벌일 수 있게 되었다.

한편 1968년 12월 당 중앙위원회는 당이 정부에 종속된다는 당 조직에 관한 규정(Estatuto Orgánico del Movimiento)을 승인했다. 이 조직규정에 따라 당 중앙위원회 위원장은 이제 당 사무총장이 아니라 총리에게 책임을 지게 되었다. 1969년 7월에는 당 중앙위원회가 결사에 관한 규정을 승인했다. 이로써 자유로운 결사를 통해 여론 형성에 이바지할 수 있게 되었다. 전자, 곧 당 조직에 관한 규정이 로페스 로도의 작품이라면 후자, 곧 결사에 관한 규정은 호세 솔리스의 작품이라고 할 수 있다. 현상유지파와 개혁파는 당규에 대해서도 이렇듯 입장과 의견이 서로 달랐다.

1965년과 1969년 사이에는 다양한 사회정치적 갈등이 불거졌다. 노동운동이 다시 고조되고 대학생들의 시위도 거세졌다.[197] 이에 대해 정부는 1967년 4월과 1968년 8월에는 일부 지역에, 1969년 1월에는 전국에 국가비상사태를 선포했다. 에스파냐인특별법의 일부 조항들을 정지하고 언론 검열을 재도입했다. 1969년 3월 군경 진압대에 의해 체포된 자가 729명에 달했으며, 그들 가운데 301명이 대학생이었다.

이런 갈등과 분쟁으로 정부와 체제의 내부 위기는 더욱 심화했다. 정부의 억압 정책은 개혁파의 비판과 해임으로 나타났다. 현상유지파는 호세 솔리스가 노동자위원회의 세력을 증대하고 노동자연합회를

197 대학생들은 1967년 2월 국가의 전 기관에 영향을 미칠 대학생 총파업을 주도했다. 이에 정부는 강력한 억압 조치를 단행하고 이듬해 4월에는 교육부 장관을 교체했다.

전노련에 갖다 바친 장본인이라며 그를 비난했다. 일련의 분쟁과 시위가 소수의 선동가, 곧 공산주의자들의 침투와 이들과 결탁한 일부 팔랑헤주의자들의 공모에서 비롯되었다고 판단한 이들 현상유지파는 사회적 소요 해결을 위해 더욱 강력한 탄압에 호소했다.

이 시기에 정치인들 상당수는 여전히 한 가지 문제와 씨름하고 있었다. 그것은 프랑코의 뒤를 이어 에스파냐 국왕이 될 후보자를 지명하는 문제였다. 앞서 살펴보았다시피 돈 후안에 대해서는 프랑코가 썩 달가워하지 않았다. 돈 후안 카드는 사실 1960년대 중반에 확실하게 폐기되었다. 이때 프랑코가 측근들에게 1945년 선언[198]을 수정하지 않으면서 반체제 인사들만 주위에 끼고 있는 왕족에게 정권을 이양할 수 없다고 여러 차례 밝힌 것이다. 그다음 대안은 돈 후안의 아들 후안 카를로스였다. 후안 카를로스는 사관학교 교육을 마치고 인문교육을 받고 있었다. 1961년부터는 마드리드 외곽에 있는 사르수엘라(Zarzuela)궁에 거주했다. 1962년 5월 그리스 공주 소피아와 결혼한 이후에는 공식 활동에 자주 참여했다. 1964년 7월에는 프랑코와 함께 처음으로 승리의 열병식을 사열했다.

후안 카를로스를 국왕 후보로 옹립하려는 '왕세자 작전'이 추진된 것은 이런 상황에서였다. 카레로 블랑코와 로페스 로도가 이 작전을 주도했다. 카레로 블랑코는 1968년 10월 카우디요에게 올린 보고서에서 국왕이 될 적임자는 후안 카를로스라고 주장했다. 그가 전임 국왕 알폰소 13세의 손자인 데다가 에스파냐에서 교육받았고 프랑코나 정

198 돈 후안이 프랑코 독재와의 결별을 선언한 1945년 로잔 선언을 일컫는다.

부의 활동을 비판한 적이 한 번도 없으며 국민운동의 원칙을 존중했다는 이유를 들었다. 1961년부터 그에게 차츰 호감을 보이기 시작한 프랑코는 1969년 7월 22일 코르테스에서 자신의 뒤를 이을 후계자로 후안 카를로스를 지명하겠다는 의사를 밝혔다.[199] 이 지명안에 대해 대의원 491명이 찬성표를 던졌다. 전통파와 일부 팔랑헤주의자들은 반대표를 던지거나 기권했다. 다음날 후안 카를로스는 프랑코와 국민운동 원칙과 기본법들에 충성을 다하겠다고 코르테스 앞에서 맹세했다. 자신이 여전히 왕조적 정통성을 지닌 자라고 주장하고 있던 돈 후안은 이런 사실을 알고도 아들의 행위를 공개적으로 비난하지는 않았다. 다만 에스파냐의 왕은 모든 에스파냐인의 왕이어야 한다고 주장했다.

이렇게 마무리된 '왕세자 작전'이 프랑코 정권의 내분을 가라앉히지는 못했다. 이 작전에 대해 호세 솔리스와 국민운동의 일부 기관들은 여전히 못마땅해했다. 또한 로페스 로도가 기획한 경제 정책을 둘러싸고도 내분이 일어났다. 당 중앙위원회와 노조연합회가 그 정책을 공개 비판하고 나선 것이다. 호세 솔리스는 당과 연합회를 주요 결정에서 배제하려는 경제 관련 부처 장관들의 움직임에 우감을 표시하고 로페스 로도가 기획한 제2차 개발계획에 대해 비판을 퍼부었다.

이런 상황에서 1968년 여름 카레로 블랑코가 내각 개편 카드를 꺼냈다. 일부 친팔랑헤주의 각료들이 정부 정책의 발목을 잡는다는 이유에서였다. 프랑코에게 올린 보고서에서 그는 마누엘 프라가와 호세 솔리스, 페르난도 마리아 카스티에야를 해임해야 할 필요성을 일일이 열

199 그보다 며칠 전에 프랑코가 후안 카를로스에게 그를 후계자로 지명할 생각을 밝히고 그의 의견을 물었는데 군주제 복원 가능성을 염두에 두고 있던 후안 카를로스가 그 제안을 받아들였다.

거했다. 1969년 여름에 발생한 마테사 사건(caso Matesa)은 위기를 더욱 심화했다.[200] 직물회사 마테사가 있지도 않은 가짜 수출을 빌미로 막대한 액수의 수출용 신용대출과 관세 인하의 특혜를 누린 사실과 각료들 상당수가 이 금융 비리에 연루되었다는 사실이 드러났다. 개혁파는 이른바 '마테사 스캔들'로 알려진 이 사건을 일부 언론에 대서특필하고 기술관료들을 공격하는 데 십분 활용했다. 대법원은 이 사건을 다룰 특별판사를 임명하였고 코르테스는 진상조사위원회를 꾸렸다. 사건은 마침내 정부에 치명상을 입힐 대형 사건으로 발전했다. 그런데 정부는 뜻밖에도 스캔들을 고발한 각료들(마누엘 프라가와 호세 솔리스, 페르난도 마리아 카스티에야)을 해임하는 것으로 대응했다.[201]

1969년 10월 16일 카레로 블랑코는 프랑코에게 즉각적인 내각 개편의 필요성을 다시 촉구했다. 그 결과 며칠 뒤인 10월 29일 내각 개편이 단행되었다. 마침내 개방파나 개혁파가 한 명도 없는 '단일' 정부가 구성되었다. 카레로 블랑코가 부총리에 유임되면서 프랑코의 질병 악화 시 그가 총리 권한대행을 맡을 수 있게 되었다. 새 내각은 군인 5명, 오푸스 데이 관련 인사 2명, 기술관료 5명, 실용주의적 팔랑헤주의자 2명 등으로 구성되었다. 오푸스 데이와 관련 있는 기술관료들이 압도적인 정부였다.

이 시기에 프랑코와 프랑코 정권의 우려를 자아낸 문제가 또 하나

---

200 여기서 마테사는 오푸스 데이 회원이 1956년에 설립한 직물회사 이름이다.

201 반면에 스캔들에 연루된 의혹을 받은 각료들은 승리자로 행세했다. 대법원에 의해 처형받은 자들마저도 2년 후 프랑코 즉위 35주년 기념 특사로 풀려났다. César Vidal, "¿Cuál fue la causa del escándalo Matesa?," *Libertad Digital* (16 de mayo de 2003); M. P. Pando Ballesteros, "La denuncia de la corrupción en el franquismo: 'El caso Matesa'," *Cuadernos para el Diálogo*, vol. 10, núm. 18 (2019), pp.51-79.

있었다. 그것은 바로 가톨릭교회 일부에서 등장하고 있던 프랑코 정권에 대한 반감이었다.[202] 가톨릭교회를 위한답시고 한 모든 일들이 왜 이런 반감을 사게 되었는지 그 까닭을 프랑코는 도무지 이해하지 못했다. 프랑코 정부는 물론이고 고위성직자들도 에스파냐교회에 일어나고 있던 세대 변화를 알아차리지 못했고, 제2차 바티칸공의회에서 일기 시작한 변화의 진정한 의미도 파악하지 못했다.

1960년대 초 에스파냐 주교단의 평균연령은 65세로 매우 높았다. 이들은 내전을 겪고 국가가톨릭주의 문화의 세례를 받은 자들로서 당시 교회에 불고 있던 새로운 변화의 바람을 등지고 교권 지상주의에 여전히 안주하고 있었다. 교황 요한 23세의 공의회 소집 공고에도 이들은 아무런 관심을 보이지 않았다. 에스파냐 정부도 마찬가지였다.[203]

제2차 바티칸공의회는 1962년 10월 11일 요한 23세가 소집하여 1965년 12월 8일 바오로 6세가 폐회할 때까지 3년 동안 진행되었다. 가톨릭교회는 이 공의회에서 교회 내부 문제에서부터 대외관계 문제에 이르기까지 폭넓은 주제를 다루었다. 에스파냐 고위성직자와 정부 인사들은 종교의 자유, 인간의 자유와 권리, 대의제 정부 옹호 등과 같이 프랑코 체제와는 양립 불가능한, 심지어는 1953년 정교협약과도 양립 불가능한 내용들을 공의회에서 승인하고 있다는 사실을 1963년 무렵에야 파악하기 시작했다. 게다가 그해 6월 21일에는 프랑코 정권의 억압 정책에 비판적 입장을 지닌 추기경 몬티니가 교황(바오로 6세)

---

202 프랑코 치하의 가톨릭교회에 대해서는 다음 자료를 참조하라. José Andrés-Gallego, "La Iglesia en la España de Franco," *Almogaren*, 22 (1998), pp.145-207.

203 교황청 주재 대사 호세 마리아 두시나게는 극우 추기경들이 공의회를 주도하고 있다고 상황을 오판했다.

으로 선출되었다. 이는 프랑코 자신이 정권에 '찬물을 끼얹는' 선출이라고 푸념할 정도로 프랑코 정권에는 커다란 불행으로 여겨졌다.[204]

에스파냐 정부는 공의회 결의안 실행을 두고 교황청과 끊임없이 갈등했다. 정권과 결탁한 일부 고위성직자들은 에스파냐교회는 다르다며 일부 결의안 내용을 자의적으로 수정하기도 했고, 종교의 자유와 같은 일부 규정의 문자적 적용을 면제해달라고 교황에게 청원하기도 했다. 이 청원을 교황청은 단호하게 거절했다. 한 걸음 더 나아가 바티칸은 공의회 정신을 따르는 에스파냐의 젊은 주교들에게 힘을 실어주면서 에스파냐교회가 정권으로부터 독립적인 길을 걷도록 권유했다. 이를 위해 바티칸은 주교단을 젊은 주교로 교체하도록 주선했다. 그 결과 1974년 에스파냐 주교단의 평균연령은 57세로 낮아졌다.

바티칸공의회에서 시작된 새로운 변화는 사제들의 반프랑코 비판에도 영향을 미쳤다. 1963년 말 에스파냐에는 '25년의 평화' 축제가 열리고 있었다. 그때 아우렐리 마리아 에스카레 사건이 터졌다. 프랑스 일간지 『르 몽드』에 실린 그의 성명서가 큰 소동을 불러일으켰다. 베네딕트회 수도원장이던 그는 이 성명서에서 이 축제가 '25년의 평화'의 축제가 아니라 '25년의 승리'의 축제이며, 프랑코 정권은 기독교의 원칙을 따르지 않고 있다고 주장했다. 이는 고위성직자가 낸 최초의 반프랑코 성명서였다. 이 성명서에 분개한 정부는 교황청에 강한 압박을 가했다.[205] 1965년 3월 에스카레는 결국 모국을 떠나 밀라노 인근 수도원에 거주했고 1966년에는 그마저 사임했다. 1966년 3월에

---

204 José Andrés-Gallego, "La Iglesia," p.190.

205 프랑코는 에스카레가 에스파냐를 무신론적 공산주의로 몰아가고 있다고 비판했다.

는 민주학생조합(Sindicato Democrático de Estudiantes) 대의원들을 감금하고 폭행한 바르셀로나의 카푸친회 수도원 사건에 대해 사제와 수도사 130명이 시위를 벌였다. 이 사건들은 정권의 사회정치적 블의를 규탄하는 집단이 가톨릭교회의 중요 세력으로 부상하고 있음을 보여주는 징후였다.

1960년대 말에는 교회 내에 이념적 반대 세력이 존재했으며, 사제와 일반 성도의 반프랑코 활동이 두드러지게 나타났다. 우선 프랑코 정권과 견해를 달리하는 가톨릭 잡지들이 등장했다. 『엘 시에르보(El Ciervo)』, 『콰데르노스 파라 엘 디알로고(Cuadernos para el Diálogo)』, 『문도 소시알(Mundo Social)』 같은 잡지들이 여기에 속한다. 또한 일부 기독교도들은 상호협력과 공동행동을 위해 극좌 집단들과 사회정치적으로 타협하기도 했다. 일부는 '사회주의를 위한 기독교도' 단체를 만들었고, 다른 일부는 공산주의 단체인 반데라 로하(Bandera Roja)나 공산주의 정당인 카탈루냐통합사회당이나 에스파냐공산당에 합류했다. 이에 정부는 사모라에 사제 죄수 전용 '종교 교도소(cárcel concordataria)'를 설립하고 문제의 성직자들을 그곳에 수용했다. 얄궂게도 1974년에는 유럽 국가들 전체에 수용된 사제 정치범들보다 가톨릭 국가 에스파냐에 수용된 사제 정치범들이 더 많았다.[206]

이렇듯 상당수 에스파냐 성직자들 사이에 반프랑코 정서를 불러일

---

206 Paul Preston, *Un pueblo traicionado* (Barcelona: Debate, 2019), p.467. 이 교도소에 대한 자세한 정보는 다음 자료를 참조하라. Francisco Fernández Hoyos, "La cárcel concordataria de Zamora: Una prisión para curas en la España franquista." (centresderecerca.uab.cat/cefid/sites/centresderecerca.uab.cat.cefid/files/comunicIII-5.pdf, 2025. 4. 2. 접속)

으킨 제2차 바티칸공의회는 프랑코 정권의 기초를 뒤흔들 심각한 영향을 미쳤다. 공의회는 국가가톨릭주의를 전면 부정했고, 공의회 정신을 따르는 자들과 정권의 십자군 정신을 따르는 자들로 성직자들을 갈라놓았다. 게다가 이 때문에 1970년대 초에는 에스파냐 정부와 교황청의 관계마저 상당히 나빠졌다. 이제 국가가톨릭주의 세계는 치유 불가능한 치명상을 입었고 정부 지도자들 상당수는 출구를 찾지 못하고 당혹스러워했다.

1960년대에 에스파냐는 유럽경제공동체 국가들과 정치·경제적으로 우호적인 관계를 맺고 미국과의 상호협정을 확실히 다지는 데 외교정책의 최우선을 두었다. 여기에 한 가지를 더하자면 외무부 장관 페르난도 마리아 카스티에야가 집요하게 추진했던 지브롤터의 반환 요구를 들 수 있다. 카스티에야는 추기경 에레라 오리아와 매우 친밀한 가톨릭교도로서 호세 마리아 데 아레일사와 함께 전후 프랑코 제국주의의 대표 저작인 『에스파냐의 회복』을 펴냈다.[207] 그는 오랜 장관 시절(1957~1969년) 동안 카레로 블랑코의 생각과는 다른 외교정책을 추진하여 그와 적잖은 갈등을 빚기도 했다.

에스파냐 정부는 1962년 2월 유럽경제공동체 가입을 위한 협상을 추진했다. 이미 수출의 50퍼센트 이상과 수입의 47퍼센트가량을 유럽경제공동체와 주고받는 상황이었기에 정부 관계자들은 협상 결과를 낙관하고 있었다. 하지만 결과는 기대와 달랐다. 유럽경제공동체는 아무런 대응도 하지 않았다. 프랑코의 에스파냐가 회원국 가입 조건에

---

207 Fernando María Castiella y José María de Areilza, *Reivindicaciones de España* (Madrid: Instituto de Estudios Políticos, 1941).

맞지 않았기 때문이다. 유럽의 민주 국가들 대다수는 프랑코의 에스파냐를 유럽의 제도와 양립 불가능한 독재 체제로 보고 있었다. 이에 한 발 물러선 에스파냐는 1964년에 단순한 무역 협정을 위한 협상을 제안했으나 이마저도 1970년 7월에 이르러서야 겨우 체결되었다.

지브롤터 회복 문제는 이보다 좀 더 복잡했다. 이 문제는 1964년 10월 지브롤터에 대한 타협책 마련을 위해 영국과 에스파냐를 초대해 논의하자는 유엔 탈식민위원회의 결의안이 나오기까지 정체 상태에 있었다. 양국은 1966년 5월에야 대화를 시작했으나 합의에 이르지는 못했다. 에스파냐는 이 문제가 '에스파냐 영토의 통일과 보전'에 관한 문제라고 지적했고, 영국은 지브롤터 주민들의 자기 결정권이 더 중요하다고 주장했다.[208] 에스파냐는 지브롤터행 비행기의 자국 영토 비행을 금지했고, 영국은 지브롤터 주민의 주민투표를 시행했다. 1967년 9월에 실시한 주민투표의 결과는 압도적이었다. 투표자들의 95.8퍼센트가 영국의 주권에 찬성표를 던졌다. 1967년 12월 17일 유엔 총회는 찬성 73표, 반대 19표, 기권 27표로 이 주민투표 결과 수용을 거부하고 양국이 협상을 재개하도록 촉구했다. 영국은 이 제안을 거부했고, 1969년 5월에는 지브롤터 주민들에게 자치정부 수립을 허용하는 지브롤터 헌법을 승인했다. 얼마 후 영국령 지브롤터 초대 정부가 출범하자 에스파냐는 국경의 철문을 폐쇄하고 왕래를 금하는 조치로 대응했다.

---

208 Vanessa Barford, "Gibraltar: las dos caras de un viejo conflicto territorial," *BBC Mundo* (13 de agosto de 2013); George Hills, *Rock of Contention. A History of Gibraltar* (London: Robert Hale, 1974), p.456; United Kingdom Secretary of State for Foreign Affairs, *Gibraltar talks with Spain (May-October 1966)*, Presented to Parliament by the Secretary of State for Foreign Affairs by Command of Her Majesty (London, 1966), p.36.

한편 아프리카 식민지에 대해서는 에스파냐가 곤란한 처지에 놓였다. 지브롤터의 반환을 주장해 온 에스파냐가 아프리카의 탈식민화에 직면하게 된 것이다. 카레로 블랑코는 특히 유엔이 추진하는 탈식민화에 비판적이었다. 그것이 소련을 이롭게 한다는 이유에서였다. 그리고 1957년에서 1959년 사이에 사하라 사막과 이프니(Ifni), 페르난도 포(Fernando Poo), 리오 무니(Río Muni)를 속주로 편성했다. 하지만 국제사회가 가만히 있지 않았다. 1963년 8월 미국과 유엔이 에스파냐 정부에 탈식민을 위한 협상을 강요했다. 이에 프랑코 정권 내부에서는 갈등이 불거졌다. 외무부 장관 카스티에야는 독립을 허용하여 신생 국가에 대해 정치·경제적 영향력을 유지해 나가자고 주장한 데 반해, 부총리 카레로 블랑코는 그것에 다소 회의적이었다.

마지막으로 대미 관계에서 좋은 결과를 거두긴 했으나 그렇다고 갈등이 없지는 않았다. 1953년 마드리드 협정으로 미국은 바라던 것을 다 차지했던 반면에, 에스파냐는 미국의 요구를 순순히 들어 주었다는 인상이 에스파냐 각료들에게 남아 있었다. 게다가 1962년 말에는 쿠바 미사일 기지 설치 문제로 미국과 소련 사이에 일촉즉발의 위기가 발생했고, 에스파냐 내 미국 공군기지는 최고 경계 태세에 돌입했다. 이런 상황에서 1953년 협정의 10년 만기가 다가왔다. 에스파냐 외무부 장관과 주미 에스파냐 대사는 에스파냐의 북대서양조약기구(NATO) 및 유럽경제공동체 가입 지원과 경제원조 증액 등을 케네디 행정부에 요구했다. 하지만 미국은 에스파냐의 이러한 요구를 거부했고, 에스파냐는 별 성과 없이 협정을 연장해 줄 수밖에 없었다. 1963년에 양국은 협정을 5년 연장하는 데 합의했다. 내용은 10년 전과 거의 비슷했다. 협정을 갱신해야 할 1968년에도 에스파냐 정부는 5년 전과 유사한 내용을 요구했으나 존슨 행정부는 이 요구를 딱 잘라 거절했다. 새 협정은 결국 1970년 8월에 체결되었다. 불리한 협정을 강하게 반대하던 카스티에야는 1969년 10월 내각 교체 시 해임되었고, 그의 뒤를 이은 신임 외무부 장관 그레고리오 로페스 브라보가 '우호 협력' 협정을 체결했다. 새 협정에는 서방의 안전이 위협받을 때는 양국 정부의 긴밀한 협조하에 군사기지를 사용할 수 있다는 내용을 명시했다. 이는 주요 동맹국을 잃어서는 안 되는 절박한 상황에서 프랑코 정권이 고육지책으로 선택한 협정이었다.[209]

사회갈등과 반프랑코 운동

1960년대에는 사회정치적 긴장이 늘어나고 다양해졌다. 노동쟁의가 증가하고 대학생 시위가 과격해졌으며 가톨릭교회 내에 반정부 세력이 등장했다. 또 카탈루냐와 바스크에서는 민족주의 운동이 되살아났다. 이런 움직임이 반프랑코 운동 세력, 특히 좌파 세력이 확산하는 토대가 되었다. 이 시기에는 마르크스주의의 영향을 받은 극좌파가 중요한 역할을 하게 된다.

프랑코 정권에 대한 정치적 도전 가운데 제일 큰 도전은 새로운 노동운동이었다. 노동자 시위와 노동운동은 관변노조 중심의 노동운동

---

209 카스티에야와 견해가 달랐던 카레로 블랑코조차도 1969년 10월 초에 프랑코에게 올린 보고서에서 "오늘날 영국이 지브롤터 문제로 우리의 적이 되었고 (…) 바티칸과의 관계도 나빠졌습니다. (…) 만약에 우리가 외교정책의 방향을 바꾸지 않는다면, 우리는 매우 심각한 처지에 빠지게 될 것입니다."라고 에스파냐가 처한 당시의 복잡한 국지 정세를 지적했다. Borja de Riquer, *La dictadura*, pp.545-546.

통합 시도나 경찰의 탄압으로도 사그라들지 않았다. 노동운동은 이제 임금인상과 노동 조건의 개선을 요구하는 단체교섭 요구 운동으로 발전했다. 중간 규모 이상의 기업에서는 단체교섭 협상이 노사관계의 핵심 쟁점이 되었다. 하지만 이런 단체교섭도 자주 문제가 되었다. 팔랑헤주의 노조가 노동자 대표 역할을 자처하거나 노동자들의 요구 사항을 왜곡할 수 있었기 때문이다. 노사갈등의 상당 부분은 이렇듯 단체교섭을 진행하는 도중에 발생했다. 갈등은 대개 노동 조건이나 임금 문제로 불거졌으나 사용자들의 비타협적 태도에 가로막히면서 정치화되기 마련이었다. 그렇게 되면 사용자들은 분쟁 해결을 위해 노조연합회 지도부나 경찰에 호소했다.

1960년대와 그 이후에 전개된 노동쟁의의 전반적인 흐름 가운데 특히 1962~1963년과 1967년, 1974~1975년에는 그 상황이 복잡했다. 그렇게 신뢰할 만한 자료는 아니나 노동부와 노조연합회가 제시한 자료를 통해 이를 확인할 수 있다. 1962년에 시작된 분쟁은 경제안정화 정책과 관련이 있었다. 임금을 동결하고 특정 분야의 산업 구조를 조정한 이 정책으로 말미암아 노동자들이 일자리를 잃게 되거나 초과근무를 해야 하는 일이 발생했다. 그 결과 앞서 살펴본 대로 아스투리아스 광산에서 파업이 시작되었고 그 파업이 바스크와 카탈루냐로 확산했다. 적어도 25만 명의 노동자들이 이 파업에 참여했다. 이러한 분쟁은 1964년에서 1966년 사이에 감소했다가 이후 다시 늘어났다. 1967년에는 파업 횟수가 증가했고 그에 따라 파업 참가자 수도 늘고 작업시간 손실도 늘었다. 1966~1970년 시기에는 임금 관련 분쟁이 줄고 사회정치 관련 분쟁이 늘었다. 이를테면 1967년 금속 분야에서는 다른 노동자들과의 연대 분쟁이 31퍼센트에 달했다. 파업은 대개 노동운동의 전통이 강하고 산업노동자들이 밀집해 있는 지역에서 집중적으로 일어났다. 1960년대 노동쟁의의 70퍼센트가량은 아스투리아스와 바르셀로나, 비스카야, 기푸스코아에서 발생했다. 이 밖에 마드리드, 세비야, 발렌시아, 사라고사 같은 도시들에서도 분쟁이 있었다. 쟁의는 금속업, 광업, 직물업, 건설업, 화학공업에서 주로 발생했다. 이 5대 직업 분야에서 발생한 쟁의가 전체의 80퍼센트에 육박했으며, 그중 절반은 금속업에서 발생했다.

노동쟁의에는 동료들을 위해 위험을 무릅쓰고 활동을 주도하는 소수의 적극적 노동자들이 중요한 역할을 했다. 1956년 무렵 노동운동에는 새로운 노조 활동가들이 등장했는데, 이들은 대개 정치 경험이나 노조 활동 이력이 없고 내전을 겪지도 않은 젊은 노동자들이었다. 1960년대에 등장한 노동자위원회의 창설을 주도한 이들이 바로 이 젊은 활동가들이었다.

노동자위원회는 오랜 과정을 거쳐 생겨났다. 이 위원회의 모체는 노동자들이 기업가들에게 자신들의 요구 사항을 제시하도록 선출한 '협상자위원회(comisiones negociadoras)'였다. 이 협상자위원회는 협상이 끝나거나 분쟁이 해소되면 해체되었다. 노동자들에게 이 위원회는, 경찰의 탄압에는 그 조직이 매우 취약했지만, 그동안 폐쇄적으로 활동해 온 기존의 정치 단체나 노조 단체보다 훨씬 더 쓸모가 있었다. 노동자위원회는 1962년 아스투리아스에서 지하조직으로 처음 등장했고, 그 후 다른 지역으로 퍼져 나갔다. 마드리드에서는 금속 노동자위원회가 1964년 9월에 생겨났고, 바르셀로나에서는 60여 개 회사의 노동자 300명이 참석한 노동자위원회 창립총회가 1964년 11월에 열렸다. 1963년 말에는 노동자위원회 관련 인사들이 노조연합회 선거에 무소속으로 출마했으며, 그들 가운데 일부가 당선했다. 이는 물론 노조연합회에 침투하여 노동자들의 이익을 대변하기 위해서였다. 1966년에도 노동자위원회 후보들이 노동분쟁이 심한 바르셀로나와 비스카야, 마드리드, 아스투리아스, 기푸스코아 등지의 노조연합회 선거에 출마해 승리를 거두었다. 이를테면 바르셀로나의 대형공장에서 당선된 노동자 대표와 배심원의 75퍼센트가 노동자위원회와 관련이 있는 무소속 후보였다. 이렇듯 노동자위원회의 노조연합회 침투 시도와 전략은 일정한 성공을 거두었고, 주와 군, 면 단위에서 활동할 조정자들을 배출해 냈다. 노동자위원회는 한 걸음 더 나아가 노조연합회의 고위직을 차지하고자 시도했다.[210] 1966년 12월에는 국가조직법 국민투표 반대 운동에 참여했고 1967년 초에는 자신들의 이미지를 대대적으로 선전했다. 노동자위원회는 노조의 자유와 노동자들의 이해를 옹호하고 대변하는 단체라는 내용이었다.[211]

이런 상황에서 이들의 관리가 불가능하다고 우려한 노조연합회 지도부는 무소속 대표들의 연합회 침투를 차단하는 조치를 단행했다. 그들을 징계하고 해임하고 추방했으며 경찰에 고발했다. 노동자위원

---

210 그들의 이러한 시도를 팔랑헤주의 노조 지도부는 매우 못마땅하게 생각했다.

211 Emanuele Treglia, "El PCE y la huelga general (1958-1967)," *Espacio, Tiempo y Forma, Serie V. Historia Contemporánea*, Tomo 20 (2008), pp.256-261; José Manuel Arija, "El nacimiento de Comisiones Obreras," *Historia 16*, tomo 1, nº 6 (1976), pp.9-24; Pere Ysàs, "El movimiento obrero durante el franquismo. De la resistencia a la movilización (1940-1975)," *Cuadernos de Historia Contemporánea*, Tomo 30 (2008), pp.178-183.

회에 경찰을 침투시켜 그 지도자들을 검거하기도 했다. 1967년에 노동자위원회 활동가로 체포·기소된 인원이 바르셀로나주에서만 152명에 달했다. 1967년 3월에는 대법원이 노동자위원회를 불법단체로 판결했다. 노동자위원회가 공산당 하부조직이라는 이유에서였다. 게다가 같은 달 대법원은 파업은 모두 불법이라는 판결도 내렸다.

이런 탄압에도 불구하고 노동자위원회는 1967년 5월 1일 평화적인 노동자 집회를 열었다. 노동자단체가 여기저기서 공개적인 집회를 개최하기는 1939년 이후 처음이었다. 이에 관계 당국은 치안대와 무장경찰을 동원해 집회를 해산했다. 하지만 오래지 않아 노동자위원회의 조직 정비와 세 확장이 이루어졌고, 곧 제일 강한 투쟁단체로 변신했다. 1967년에는 에스파냐 전국에서 567건의 노동분쟁이 일어났는데, 노동자 36만 6,000명 이상이 이 분쟁에 참여했다.

이 노동자위원회는 공산당과 같은 불법 정당에서 활동하는 노동자들로 구성된 지하조직이었으며, 대개 대기업에서만 조직되었다. 또 노동자위원회가 거의 상설조직화된 곳도 있었지만, 필요에 따라 구성되었다가 사안이 일단락되면 해체되는 지역도 있었다. 1968년과 1969년에는 위원회의 주도권 쟁탈전이 벌어져 위원들이 나뉘고 조직이 약해지기도 했다. 게다가 1969년에 실시된 비상조치는 노동운동뿐 아니라 노동자위원회에도 강한 충격을 주었다. 그로 인해 규모가 축소된 노동자위원회는 반프랑코주의 정치 단체의 성격을 좀 더 강하게 띠었고, 의식이 있는 노동자들은 노동자 투쟁이 노조 투쟁인 동시 프랑코 독재 종식을 위한 정치 투쟁이라고 생각하기에 이르렀다. 노동자위원회 운동은 곧 다양한 반프랑코 운동 세력을 아우르며 에스파냐 전국으로 확산했다. 공산주의자들이 다수를 이룬 가운데 다양한 부류의 사회주의자들과 기독교도들도 여기에 참여했다. 노동자위원회의 침투 전략은 노조연합회에 큰 충격을 안겨 주었고 국민운동과 프랑코 정권 내부의 상호불신을 조장하는 데도 크게 이바지했다.

이 밖에 전통적으로 사회주의 세력이 강했던 지역, 곧 비스카야와 아스투리아스에서는 사회주의 노조 노총련이 소규모로 활동하고 있었고, 바스크에서는 바스크노동자연대가 세력을 떨치고 있었다. 한편 기푸스코아에서 청년기독교노동자들이 창설한 노동조합연맹(Unión Sindical Obrera, USO)은 비스카야와 아스투리아스를 거쳐 마드리드와 세비야로 그 활동 범위를 확대했다. 카탈루냐에서는 카탈루냐노동자연대(Solidaritat d'Obrers Catalans, SOC)와 노동조합연합(Alianza Sindical Orera, ASO)이 활약하고 있었다.

한편 1960년대 에스파냐 정치에서 주목해야 할 또 다른 움직임은 대학생들의 시위였다. 각 대학으로 확산하면서 심각한 치안 문제를 야기한 이 대학생들의 시위는 프랑코 체제에 대한 불신을 유발하는 주요 요인 가운데 하나가 되었다. 이 시기 대학은 정치적 선동과 비판의 온상이었으며 시민사회에 커다란 영향을 미쳤다. 프랑코 정권의 청년 정책 실패는 1965년 4월 대학생조합의 해체로 이어졌다.

이 시기에 대학생들의 시위가 확산한 배경으로 무엇보다도 대학생 수의 급증을 들 수 있다. 1961~1962년 학기에 9만 5,000명이던 대학생 수가 1971~1972년 학기에는 25만 5,000명으로 늘었다.[212] 이러

212 그러나 유럽의 평균치에는 아직 미치지 못했다. 1971년 경제협력개발기구(OECD) 국가들의 평균 대학생 수가 인구 10만 명당 849명이었던 데 비해 에스파냐의 대학생 수는 708명이었다.

한 학생 수의 증가는 교수 인력의 증가로 이어졌는데, 당국은 부족한 교수진 대부분을 학기마다 계약을 다시 체결해야 하는 비전임교수(Profesor no numerario, PNN)로 충원했다.[213]

앞서 살펴본 대로 1956~1957년 마드리드와 바르셀로나의 대학생 운동은 대학생들이 대학생조합 지도부와 대립하는 가운데 등장했다. 대학생조합 지도부는 기성 질서를 옹호하며 프랑코 정권에 충성을 다하고 있었다. 1964~1965학년도부터 자신들의 일상적인 문제들에 무관심한 대학 당국에 불만을 품기 시작한 일부 대학생들은 대학생조합에 반기를 들고 정부의 현상 유지 정책과 억압 정책에 반대하는 새로운 운동을 조직했다. 이는 기성 정치와 문화를 거부하는 세대 단절 운동이자 과학적이고 민주적인 대학 옹호를 위한 운동이었다. 마드리드대학이나 바르셀로나대학에서는 학생들이 총회를 개최하고 표현과 정보, 집회, 결사의 권리가 보장되는 '자유 지대(zonas de libertad)'를 교내에 설치했다. 일부 교수들도 이들의 활동을 적극적으로 지원했다. 1965년 2월과 3월에는 바르셀로나와 마드리드에서 학생들이 총회를 열고 대학생조합과의 결별을 의결했다. 정부는 경찰력을 투입해 이러한 학생들의 움직임을 억압했고, 일부 교수들은 학생들의 석방을 요구하다가 처벌을 받기도 했다. 이렇듯 대학생조합에 대한 학성들의 불만이 커지고 팔랑헤 지도부가 조합의 대표성을 상실하게 되자 정부는 그해 4월 2일 각료회의를 열고 대학생조합 폐지와 새로운 학생단

---

213 1960년에는 전임교수가 1,200명 정도였고 비전임교수가 3,000명가량이었던 데 반해, 1971년에는 전임교수가 1,500명이었고, 비전임교수가 1만 4,500명가량이었다. 비전임교수가 전체 교원의 90퍼센트를 차지했다.

체 신설 허용을 골자로 하는 법령을 승인했다. 하지만 이렇게 해서 출범한 학생회(Asociaciones Profesionales de Estudiantes, APE)도 비민주적으로 구성되기는 마찬가지였다. 이에 바르셀로나에서는 학생들이 총회를 열어 별도의 단체를 조직하기로 했다. 그 결과 1966년 3월에 민주학생조합이 발족되었다.[214] 민주학생조합을 지지하는 학생들의 시위가 전국으로 확산하자 정부는 일부 대학을 폐쇄했다. 1967년 1월 말에는 전국 대회 준비를 위한 전국 민주학생조합 조정위원회 회의가 발렌시아에서 열렸다. 이 회의에서 정부 정책을 비판하고 운동을 전국으로 확산한다는 공동선언문이 채택되자 당국은 집회를 해산하고 일부 학생 대표들을 체포했다. 이에 학생들은 1967년 2월 7일 전국의 거의 모든 대학이 참여하는 대학 총파업을 전개했다. 이는 프랑코 독재하에서 전개된 유일한 대학 총파업이었다. 이때 지식인들 850명도 학생 대표들의 석방을 촉구하고 나섰다. 4월 26일 마드리드에서는 마드리드대학 민주학생조합 창립총회가 개최되었다. 학생 2,000여 명이 참여한 이 대회는 반프랑코 집회의 성격을 띠고 있었다.

이렇게 대학생들의 시위가 확산하자 정부의 탄압도 덩달아 심해졌다. 치안재판소에 넘겨진 학생 대표들 상당수는 징역형을 선고받고 군대에 강제 징집되었다. 에스파냐 학생운동은 1968~1969학년도에 에

---

214 Francisco Fernández Buey, "La insólita, aunque breve, experiencia de un sindicato democrático bajo el fascismo (1965-1968)," *Materiales*, N° 2 (1977), pp.71-81; "Documentos del Movimiento Universitario durante el franquismo," *Materiales*, Extraordinario N° 1 (1977). 이에 대해 프랑코가 직접 총회 해산 지시를 내렸다. 하지만 학생들은 대규모 연대 시위를 벌였고 학생들이 체포되자 교수들이 석방 운동에 나섰다. 학생들이 총회로 모인 수도원의 이름을 따서 '카푸친 사건(capuchinada)'으로 알려진 이 사건은 국제적으로도 상당한 반향을 불러일으켰다. Joan Creixell, *La Caputxinada* (Barcelona: Edicions 62, 1987).

스파냐 안팎에서 광범한 공감과 연대를 불러일으켰으며 더욱 과격해졌다. 학교 당국과 경찰의 탄압으로 학생운동은 극단으로 치달았다. 여러 부류의 극좌파 학생운동 집단이 등장한 것도 이 무렵부터였다. 여기에는 1968년 5월 프랑스 68운동의 영향도 한몫했다.

1960년대 에스파냐의 학생운동은 사실 극좌파가 주도했다. 다른 유럽 대학에서와 마찬가지로 에스파냐의 대학에서도 마르크스주의가 상당한 영향을 미쳤다. 1960년대 말에 실시된 대학생들의 정치 태도 조사에 따르면, 대학생들의 40퍼센트가량이 헤르베르트 마르쿠제나 장 폴 사르트르 같은 극좌파 사상가들의 영향을 받았다고 털어놓았다. 이들 가운데 상당수가 정당과 노조 활동에 뛰어들어 반프랑코 투쟁을 지속하게 된다. 1970년대 중반 이후 민주주의로의 전환을 주도해 나갈 여러 정당 지도부를 구성한 것도 바로 이들이었다.

한편 1970년에 이르러서는 공산주의 진영의 학생운동 정책이 실패하면서 학생운동 전위대에 균열이 생겨났다. 일부 좌파는 공산주의를 버리고 떠났으며, 인민해방전선파는 트로츠키파나 마오파 같은 반자본주의 집단들로 갈라져 나갔다. 이념적 급진주의와 소규모 비밀집단의 과격 활동을 특징으로 하는 새로운 학생운동이 출현하기 시작했다.[215]

1960년대에는 반프랑코 투쟁의 전략과 전술을 놓고 민주 저항 세력 내에서 활발한 움직임과 재편이 일어났다. 여기에는 앞서 살펴본 새로운 물결의 노동운동과 학생운동이 영향을 미쳤다. 이들이 정치적

215 프랑코 정권하의 에스파냐 학생운동에 대해서는 다음 자료를 참조하라. Miguel Gómez Oliver, "El Movimiento Estudiantil español durante el Franquismo (1965-1975)," *Revista Crítica de Ciências Sociais*, 81 (2008), pp.93-110.

반프랑코주의를 확산하고 새로운 정치 단체의 등장을 자극했다. 또한 정부 내 기술관료팀의 선전이 기대와 달리 실패로 드러나면서 새로운 사회 투쟁이 확산한 측면도 있다. 국민의 복지 수준이 나아지면 사회 갈등이 사라지게 될 것이라고 그들은 선전했지만 실제로는 자유와 민주적 인권에 대한 요구가 더 늘었다. 이러한 요구에 당국은 체포와 해고, 벌금을 비롯한 각종 처벌로 대응했다. 그러다 보니 경제적 성과에도 불구하고 프랑코 정권의 독재적 성격이 더욱 명확하게 드러났고, 사회갈등도 더 커지게 되었다.

반프랑코주의 저항 세력은 이러한 사회경제적 현실에 적응해야 했다. 내전에 참전하지 않은 세대의 사회적 영향이 갈수록 커지는 상황에서 사회에 영향력을 행사하기 위해서는 이러한 변화를 이해할 필요가 있었다. 다시 말해 내전 극복의 필요성을 이해하고 낡은 강령을 수정하며 정치적 복안을 좀 더 구체화해 나가야 했다. 이들은 대중 동원과 투쟁으로 프랑코 정권을 무너뜨릴 수 있다고 기대했다. 하지만 프랑코 정권의 실체를 바라보는 시각차로 저항 세력들의 내부 갈등은 더 심해졌다.

앞서 살펴본 대로 이 시기에 반프랑코주의 활동가들 사이에서는 마르크스주의 사상이 널리 확산했다. 지식인과 전문직 종사자들은 물론이고 대학의 구성원들과 소수의 의식 있는 노동자들도 마르크스주의 이념을 받아들였다. 1966년 이후에는 일부 출판사들이 마르크스주의 이념 서적을 앞다투어 출간했다. 그 결과 마르크스주의의 경제적 분석과 역사적 유물론을 에스파냐에서 일어나고 있는 사회경제적 변화의 의미를 파악할 유용한 수단으로 여기는 이들이 차츰 늘었다.

우선 에스파냐공산당은 독재 종식을 위한 민주 세력의 단결을 기본 목표로 내걸고 '국민화해' 정책을 추구했다. 여러 부류의 반프랑코 운동 세력이 공산주의자들의 이러한 이념적 편견 극복을 위한 노력을 긍정적으로 평가했다.[216] 그 결과 에스파냐공산당과 카탈루냐통합사회당 가입자들이 늘어서 1968년 무렵에는 5,000명 정도에 달했다. 물론 여기에는 프랑코 정권의 선전도 일정한 영향을 미쳤다. 프랑코 정권이 각종 시위와 저항의 주범으로 공산주의자들을 지목하자 반독재 성향의 시민들 사이에서는 오히려 공산주의자들의 평판이 좋아졌다. 국외의 망명 에스파냐인들 사회에서도 공산주의자들의 반정부 투쟁은 집요하고 유의미한 운동으로 알려졌다. 실제로 공산주의자들은 치안 당국의 끈질긴 추적과 체포의 대상이었다. 1968년 부르고스교도소에 수용된 정치범들의 소속을 살펴보면 공산주의자들이 다른 정당들 소속 정치범들보다 더 많았던 것으로 나타났다.

그러나 공산당 조직도 내분을 겪었고, 추방과 탈당도 있었다. 1964년에는 일부 당원들이 에스파냐공산당을 탈당해 마르크스레닌주의 공산당(Partido Comunista Marxista-Leninista)을 창당했다. 이 정당은 1970년에 네그린계 사회주의자 훌리오 알바레스 델 바요가 이끄는 테러 조직인 반파시즘애국혁명전선(Frente Revolucionario Antifascista y Patriótico)을 출범시켰다.[217] 1964년에는 또한 페르난도 클라우딘과 호

216 Ismael Saz, *Fascismo y franquismo* (Valencia: Publicaciones de la Universitat de València, 2004), pp.188-190; Julio Gil Pecharromán, *Con permiso*, p.148: Santos Juliá, *Un siglo de España. Política y sociedad* (Madrid: Marcial Pons, 1999), pp.173-174.

217 Carlos Hermida Revilla, "La oposición revolucionaria al franquismo: el Partido Comunista de España (marxista-leninista) y el Frente Revolucionaria Antifascista y Patriótica," *Historia y Comunicación Social*, núm. 2 (1997), pp.297-312.

르헤 셈프룬의 추방이 있었다. 이들은 프랑코 독재의 종말이 임박했다고 믿는, '승리주의'에 빠져 있는 당 지도부와 달리 총파업이 프랑코 정권 종식을 위한 유일한 길이라는 전략을 내세웠었다. 1965년 7월 파리에서 열린 제7차 당 대회에서 에스파냐공산당은 클라우딘 일파의 주장을 배격하고 산티아고 카리요의 대중운동 전략을 압도적으로 지지했다. 대중의 참여를 유도하는 사회운동에 박차를 가하면서 프랑코 정권을 점차 압박해 나간다는 전략이었다. 당 지도부의 이러한 전략은 노동자위원회와 민주학생조합의 뜻을 반영한 것이기도 했다. 에스파냐공산당은 1967년에 대중정당으로 전환하기 시작했고, 1969년 9월 이후에는 '자유를 위한 협정'이란 구호를 내걸고 민주 세력들의 대동단결을 모색했다.

또한 이 시기의 에스파냐공산당 지도부는 이탈리아공산당과 마찬가지로 소련의 국제공산주의 운동과 거리를 두고 독자노선을 걷기 시작했다. 그들은 소련과 동유럽 국가들의 현실사회주의에 매우 비판적이었다. 1968년 8월에는 체코슬로바키아를 침공하여 프라하의 봄을 진압한 바르샤바 조약 군대의 침략을 비난하고 소련을 강하게 비판했다. 에스파냐공산당 지도부의 이러한 태도는 반프랑코 민주주의 투쟁에서 에스파냐 공산주의자들이 정치적 신뢰를 얻는 데에 중요한 역할을 했다.

카탈루냐 공산당인 카탈루냐통합사회당은 사회운동과 민주 세력들의 단결을 에스파냐공산당보다 더욱 강력히 추진했다. 그들은 1965년 12월 당 대회를 열어 에스파냐공산당 지도부와 같은 입장을 지닌 그레고리오 로페스 라이문도를 사무총장으로 선출했고, 카탈루냐 반프랑코 운동 공동강령 작성을 추진 전략으로 채택했다. 1966년에 이들은 체포자와 포로들의 석방 지원을 위한 연대위원회 창설을 추진하기도 했다. 하지만 카탈루냐통합사회당 내부에서 위기가 발생했다. 점진주의 세력과 제휴하자는 당 지도부의 입장에 반대하는 이들이 이탈하였기 때문이다. 이 이탈자들은 1967년 바르셀로나에서 자신들의 단체를 결성하였는데, 이 단체는 1969년에 국제에스파냐공산당(Partido Comunista de España Internacional, PCI)[218]으로 발전하였다. 1968년 말에는 프랑스 68운동과 중국 문화혁명의 영향을 받은 '붉은 기(Bandera Roja)' 집단이 카탈루냐통합사회당으로부터 이탈해 나갔다.

인민해방전선 또한 반프랑코 투쟁에서 적극적인 역할을 했다. 에스파냐공산당의 개혁주의나 거의 소멸하다시피 한 에스파냐사회노동당의 온건주의와는 달리 급진적이고 혁명적인 담론을 주장한 '펠리페들(felipes)'[219]은 카탈루냐와 바스크, 마드리드를 중심으로 활약했다. 그러나 이들의 급진적인 주장은 지도부와 조직을 약화시키는 요인으로 작용했다. 지도부 일부가 체포되면서 위기에 봉착한 대원 상당수가 에스파냐공산당이나 에스파냐사회노동당으로 이동했다. 인민해방전선은 결국 1969년에 다양한 집단들로 분열·해체되고 말았다.

이러한 극좌파의 확산과 달리 사회주의자들의 활동은 미미했다. 그 지도부가 여전히 망명지에 있었던 에스파냐사회노동당은 조직 보호를 우선시하고 대중 동원과 시위를 부차적으로 여기는 정책을 펴고 있었다. 그들은 공산주의자들과의 제휴를 거부했고, 노동자위원

---

218 이 정당은 마르크스레닌주의 정당으로서 마오주의 성향을 보였다.

219 인민해방전선(Frente de Liberación Popular)의 대원들을 두문자어 'FLP'를 활용하여 이렇게 부른 것으로 보인다.

회가 공산주의 단체라는 생각에 당원들의 노동자위원회 가입도 금지했다. 1960년에 사무총장 로돌포 요피스가 바스크민족당, 에스파냐민주공화동맹, 기독교민주좌파, 노총련 등이 참여하는 민주세력연맹(Unión de Fuerzas Democráticas, UFD)[220]을 프랑스에서 창설하기는 했지만 정작 에스파냐 국내에서는 이렇다 할 존재감이나 영향력을 보이지 못했다.[221] 1970년 툴루즈에서 개최된 사회노동당 제11차 전당대회는 에스파냐 사회주의가 갈림길에 서 있음을 보여주었다. 이 대회는 물론 베테랑 당원들이 당의 쇄신과 전략수정을 요구하는 국내 출신 청년 당원들을 압도한 대회였다. 하지만 국내에서는 소규모이지만 다양한 부류의 사회주의자들이 활동을 펴고 있었다. 그 가운데 하나가 1968년에 엔리케 티에르노 갈반을 중심으로 뭉친 국내사회당(Partido Socialista del Interior, PSI)이었다. 국내사회당은 공산주의자들이나 펠리페들과의 연합 활동을 전개하거나 노동자위원회에 참가하면서 그 영향력이 상당한 정도에 이르렀다.

아나르코생디칼리스트들은 리모주와 툴루즈에서 대회를 개최하여 1945년 이후 분열된 국내와 망명지의 전노련을 다시 통합했으나 여전히 지리멸렬한 상태를 벗어나지 못했다. 에스글레아스와 문세니 부부가 이끄는 비정치 조직 이베리아아나키스트연맹이 이들을 사실상 주도하고 있었다. 하지만 전노련 지도부는 세대 변화를 담아내지도, 에

220 민주세력연맹은 창립 성명에서 '전체주의 세력'과의 협력 거부를 명확히 했다. 여기서 '전체주의 세력'은 공산주의자들을 가리키는 말이다.

221 국내에서는 세비야와 마드리드, 빌바오를 중심으로 전문 직업인과 노동자, 학생들이 소규모 집단으로 활동하고 있었다. 이들 가운데서 펠리페 곤살레스와 알폰소 게라, 파블로 카스테야노, 루이스 고메스 요렌테 등이 1970년대에 지도자로 활동하게 된다.

스파냐의 사회경제적 변화를 제대로 파악하지도 못했다. 과거의 조직에 얽매여 있던 이들의 운동은 새로운 노동운동과는 아직 거리가 멀었다. 국내에서는 일부 아나르코생디칼리스트들이 노조연합회 팔랑헤 지도부의 통합과 협력 제안을 받아들여 1965년에는 노조의 통일과 가입 의무를 비롯한 5개 조항에 잠정 합의했다. 하지만 국내 전노련 지도부가 이를 거부하고 노조연합회 지도부마저 전노련과의 협력을 철회하기로 하면서 관변노조와의 협력 시도는 결국 무산되었다. 협력파는 전노련에서 추방되었다. 국내 전노련은 경찰의 탄압을 견디지 못하고 1968년 9월 다시 자취를 감추게 되었다.[222]

이 시기에는 민주 단체들의 온건한 저항도 활기를 띠었다. 자유주의 단체와 기독교민주 단체, 사회민주 단체들이 등장했는데 이들 대부분은 군주제파였다. 이들은 여론 조성을 위해 다양한 잡지를 활용했다.[223] 소규모로 흩어져 활동하던 이들은 1962년 6월 뮌헨에서 열린 제4차 유럽운동 회의에 참석하여 에스파냐 정부의 유럽경제공동체 가입 신청에 대한 반대 활동을 벌였다. 결국 회의는 에스파냐가 민주적인 대의제를 이룩해야 유럽 기구에 가입할 수 있다는 결의안을 통과시켰다. 이때 회의에 참석했던 자들은 귀국하자마자 당국에 의해 체포되고 구금되었다.

1960년대에는 또한 카탈루냐와 바스크를 중심으로 민족주의 운동이 상당히 활발하게 일어났다. 프랑코 정권이 에스파냐 담론을 남용

222 황보영조, 『토지와 자유』, 제9장 참조.

223 이를테면 잡지 『콰데르노스 파라 엘 디알로고(Cuadernos para el Diálogo, 비평 노트)』와 『데스티노(Destino, 사명)』, 『엘 시에르보(El Ciervo)』, 『트리운포(Triunfo, 승리)』를 활용했고 일간지 『마드리드』도 이용했다.

하자 에스파냐 민족주의를 독재와 동일시하는 경향이 차츰 나타났다. 프랑코 정권은 사실 제도와 교육, 문화를 통해 에스파냐의 국민화를 매우 공격적으로 추진했다. 과거의 영광스러운 제국과 극단적 가톨릭주의, 전통주의에 바탕을 둔 영원한 에스파냐라는 관념은 분명 보수적이고 중앙집권적인 반자유주의와 밀접한 관련을 지니고 있었다. 카탈루냐와 바스크는 이러한 국민통합의 1차 대상 지역이었다.

좌파 정당들은 반프랑코 운동을 벌이면서도 이러한 프랑코주의에 맞설 대안적 담론을 만들어 내지 않았으며, 새로운 에스파냐 국민이 장차 어떤 국민이어야 하는지에 대해서도 구체적인 대안을 내놓지 않았다. 이들은 연방제 담론과 전략을 실용적 차원에서 받아들이고 있을 뿐이었다. 1970년대 초 좌파 세력의 대다수는 카탈루냐와 바스크, 갈리시아의 민족 자결권을 수용할 수 있다는 강령을 채택하고 있었다.

바스크에서는 1960년에 바스크 망명정부의 수반 호세 안토니오 아기레가 사망하면서 정체 상태에 빠져 있던 바스크민족당이 1964년 이후 다시 대중집회를 열기 시작했다. 이 집회를 경찰 당국이 탄압했으나 이 탄압으로 바스크민족당의 사회적 영향력이 오히려 되살아났다. 한 기업체에서 바스크 전역으로 확산한 장기간의 파업이 발생하자 당국은 1967년 4월에 비상사태를 선포하기에 이르렀다. 이것이 1968년 이후 에타가 무장 투쟁을 벌이기 시작한 배경이었다.

이 무렵 에타는 민족파와 사회혁명파가 대립하고 있었다. 이 대립에는 바스크 지역의 노동쟁의뿐만 아니라 마르크스레닌주의와 제3세계 독립운동의 여파가 상당한 영향을 미쳤다. 1967년 5차 총회에서 소수파가 된 혁명파는 에타를 떠나 노동자위원회 가입과 대중운동을 지향하는 에타-베리(ETA-berri)를 신설했다. '새로운 에타'라는 의미의 에타-베리는 에타와 구분하기 위해 자신들을 코무니스타크(공산주의자)라고 불렀고, 1970년에는 공산주의운동(Movimiento Comunista)으로 그 명칭을 바꾸었다. 한편 다수파였던 민족파는 자신들을 에타-사라(ETA-zarra)라고 불렀다. 이들은 제3세계의 급진적 민족주의를 강조했다. 또한 바스크 문제를 종주국 에스파냐와 식민지 에우스카디(바스크)의 대립으로 규정하면서 에스파냐 점령 세력의 추방을 제일의 목표로 삼았다. 1970년에는 또 다른 분파가 에타에서 떨어져 나갔다. 에타-섹스타로 불린 이들은 트로츠키를 따르는 혁명 정당 공산주의혁명연맹(Liga Comunista Revolucionaria)을 창당했다.[224]

에타는 1968년 6월 치안대와 총격을 벌이다가 요원 한 명이 사망하자 그에 대한 보복으로 치안 부대원들을 습격하기 시작했다. 이에 프랑코 정권은 비스카야와 기푸스코아에 비상사태를 선포했다. 에타의 폭력이 바스크 정치에 상당한 변화를 가져오기 시작했다.

카탈루냐의 상황은 바스크의 그것과 사뭇 달랐다. 카탈루냐 민족주의 운동은 문화 활동과 시민 활동의 형태로 시민사회 전 분야로 확산하고 있었다. 1966년 3월에는 반프랑코 운동 단체로 '타울라 로도나(Taula Rodona)'가 출범했다. 이 단체는 내전 후 카탈루냐에 등장한 최초의 통합 단체로 정부의 탄압으로 피해를 본 학생과 노동자들을 지원하기 위해 설립되었다. 3년 뒤인 1969년에는 공산주의자들과 사회주의자들, 기독교 민주주의자들, 민족주의자들, 공화주의자들이 대거 참

---

224 황보영조, 「1960년대 에따」, pp.190-200.

여하는 카탈루냐민주정치세력조정위원회가 발족되었다. 이 위원회는 정치적 자유의 회복과 사면, 자치령 복원, 제헌의회 소집 등을 명시한 통합강령을 마련했다. 타울라 로도나와 카탈루냐민주정치세력조정위원회는 모든 민주 세력이 예외 없이 참여한 반프랑코 운동 단체였다.

사회 대타협의 절정은 카탈루냐의회(Assemblea de Catalunya)의 창설이었다. 1970년 12월, 카탈루냐 지식인 300여 명이 몬세랏 수도원에 모여 암살 혐의를 받고 있던 에타 요원 16명을 약식 재판한 부르고스 재판에 항의하며 카탈루냐지식인상설의회(Assemblea Permanent d'Intel·lectuals Catalans)를 만들었다. 그 이듬해에 카탈루냐의회로 발전한 이 상설의회를 주도한 정당은 카탈루냐통합사회당이었다. 카탈루냐통합사회당은 카탈루냐의 언어와 문화를 수호하고 카탈루냐 민족주의 운동에 박차를 가해 왔던 대표적인 정당이었다. 그들은 이 민족 문제가 계급을 분열시키는 요인이 되지 않기를 바랐다. 한편 카탈루냐사회운동(MSC)은 카탈루냐통합사회당과의 협력 여부나 노동자위원회 가입 여부를 놓고 두 단체로 분열했다.

1930년대에 활약하던 전통적인 정치 단체들은 이 시기에 거의 소멸하거나 세력이 약해졌다. 카탈루냐공화좌파와 카탈루냐행동이 그 대표적 사례였다. 특히 카탈루냐공화좌파의 세력이 약화한 데는 1957년 강제 사임 때까지 망명정부의 수반을 지낸 주제프 타라데야스의 영향이 컸다. 이 단체는 망명지에서는 물론이고 카탈루냐 내에서도 그를 지지하는 소수의 반공산주의자 집단과 다수의 통합 전략 지지자들로 분열되었다. 이 두 정당과 달리 민주연맹(Unió Democràtica)은 여전히 그 세력을 유지하고 있었다.

이 시기에 카탈루냐 저항 운동의 상징으로 떠오른 인사는 앞서 언급한 적이 있는 조르디 푸졸이었다. 카탈루냐음악당 사건으로 수용되었다가 석방된 푸졸은 프랑코 독재하에서는 정치 활동이 별로 생산적이지 못할 것이라는 조언을 받아들여 시민 활동과 문화 운동에 집중했다. 출판사를 설립하고 잡지를 발간하였으며 카탈루냐의 언어와 문화를 교육할 연구소와 단체도 설립했다. 이 활동들을 후원하기 위해 그는 자신이 주도적으로 관여하고 있던 카탈루냐은행을 활용하기도 했다. 카탈루냐인들의 언어와 문화와 정체성을 유지하려는 이러한 그의 노력 덕분에 카탈루냐 전역에 걸쳐 그를 도우려는 협력자들이 생겨났으며, 그에 따라 시민사회에 미치는 그의 영향력도 더욱 커졌다.

1960년대에는 갈리시아에서도 시민·문화 활동이 활발했다. 여기에는 정치인 라몬 피녜이루의 역할이 컸다. 그는 비밀단체들을 갈리시아화하고 극단적인 민족주의 담론을 완화하려는 바람에서 카탈루냐의 푸졸과 마찬가지로 시민 활동과 문화 운동에 집중했다. 하지만 이러한 그의 움직임에 반발하여 민족자결의 원리를 주장하는 청년 좌파 운동이 곧 등장했다. 그것은 향후 갈리시아 민족운동과 반프랑코 운동을 주도해 나갈 갈리시아인민연맹(Unión do Pobo Galego)이었다. 한편 1963년에는 갈리시아사회당(Partido Socialista Galego, PSG)이 창당되었다. 사회주의적 민족운동의 세례를 받고 출범한 갈리시아사회당은 1960년대 말에 갈리시아의 사회경제적 후진성을 고발하는 혁명적 마르크스주의로 기울었다.

제3장

경제개발과 위기(1966~1975년)

개발 정책 시기의 사회와 경제

1960년대에 에스파냐 경제는 국내총생산이 매년 7퍼센트 증가할 정도로 괄목할 만한 성장을 이루었다. 이는 서유럽 최고 수준의 성장이었고 경제협력개발기구 내에서는 일본과 맞먹을 정도였다. 하지만 에스파냐 경제는 출발 지점이 매우 낮았음을 고려해야 한다. 에스파냐가 유럽 여타 국가들과의 격차를 줄이고 그들의 수준을 따라잡은 것은 1970년 무렵이었다. 성장이 연속적이었던 것도 아니다. 1966년까지는 모든 부문이 급속도로 성장했다. 하지만 1966년부터 1968년까지는 성장이 잠시 둔화했다. 그리고 1969년부터 1974년까지 다시 고도의 성장을 보여주었다.

이 시기 성장의 추진력은 무엇보다도 공업에 있었다. 공업 생산의 증대는 기술 장비 도입 덕분이었다. 이 시기에는 서비스 산업도 성장했다. 공공행정의 증대, 관광업의 발달, 대외무역의 활성화가 서비스 산업의 발달에 박차를 가했다. 그 결과 에스파냐 사회의 생산구조가 공업과 서비스업 위주로 급격히 변화했다. 농업과 공업, 서비스업이 국내총생산에서 차지하는 비중이 1960년대 초에는 각각 17퍼센트, 38퍼센트, 44퍼센트였는데, 1974년에는 각각 10퍼센트, 40퍼센트, 49퍼센트로 바뀌었다. 수출에 비해 수입(기술과 소비재, 원자재 등)의 비중이 커서 적자를 면치 못하던 대외무역도 외국 자본 유치와 관광 수입 증대, 이민자들의 국내 송금 증대로 수지를 맞출 수 있었다. 이런 '경제 기적'의 성과를 프랑코 정권은 정부의 공으로 돌렸다. 하지만 사실은 전후 유럽의 경제성장에 힘입은 바가 컸다.

에스파냐 경제의 성장은 에스파냐 경제의 자유화 덕분에 가능했고 에스파냐 경제의 자유화는 앞 장에서 살펴본 경제안정화 방안에서 비롯되었다. 그 후에 추진한 개발계획 정책은 사실 기대한 만큼의 영향을 미치지는 못했다.

정부는 1960년대 초에 프랑스의 경제성장 프로젝트인 '지표계획'[225] 모델을 따르기로 결정했다. 이는 총리실의 제안과 로페스 로도의 자문을 거쳐 내린 결정이었다. 그리고 1962년 2월에는 이를 추진할 기관으로 개발계획청을 신설했다. 이 개발계획청의 책임은 1973년 기관 폐지 때까지 로페스 로도가 맡았다. 로페스 토도는 우선 경제안정화 방안의 개혁 정책들을 관리하고 확대하는 데 관심을 기울였다. 하지만 1964년 이후 역효과가 나타나기 시작했다. 한편으로는 높은 인플레이션이 지속되었고, 다른 한편으로는 보호 조치를 취하라는 팔랑헤주의자들과 일부 기업가들의 정치적 압력이 있었다. 결국 경제 정책이 좀 더 보호주의적인 방향으로 재조정되었다. 그 결과 성장동력이 다소 떨어져 1967년에서부터 1972년까지의 경제성장률은 연 6퍼센트

---

225 국가가 주요 방침을 계획하고 민간은 시장 원리에 따라 그 방침을 자율적으로 집행하는 방식이다. 이는 소련식 계획경제와 다른 프랑스식 계획경제에 해당한다. 페터 가이스·기욤 르캥트랙 외 저, 김승렬 외 역, 『독일 프랑스 공동 역사교과서: 1945년 이후 유럽과 세계』 (서울: 휴머니스트, 2008) 참조.

에도 미치지 못했다.

개발계획은 1964년에서 1975년까지 3차례로 나누어 진행되었다.[226] 제1차 개발계획은 1964~1967년에, 제2차 개발계획은 1968~1971년에, 제3차 개발계획은 1972~1975년에 추진되었다. 제1차 개발계획은 에스파냐 자본주의 체제의 극대화와 공공 부문의 활성화, 민간 부문의 지원에 목표를 두었다. 이를 위해 상공업 개발의 흔적이 거의 없는 미개발지를 '개발 대상지(polos de desarrollo)'로 선정하여 경제개발을 추진했다. 하지만 마드리드와 바르셀로나, 발렌시아, 빌바오 등의 대도시 변두리에 조성한 일부 개발 단지들만 긍정적 성과를 거두었을 뿐 나머지는 실패로 돌아갔다. 제2차 개발계획을 통해서도 몇몇 도시를 '개발 대상지'로 선정해 개발을 시도했다. 정부는 1972년에 이르러서야 이러한 '개발 대상지' 정책이 실패로 돌아가고 있음을 알아차렸다. 투자는 물론이고 정부 부처 간의 협력이 제대로 이루어지지 않은 탓이었다. 게다가 대기업과 금융기관의 주요 이익집단들은 이러한 정부 지침과 입법의 혜택을 톡톡히 누렸지만, 중소기업은 접근하기조차 매우 어려웠다.[227]

이 시기에 무역적자를 메운 주요 수입원은 외화 송금과 관광 수입이었다. 1960년부터 1972년까지 매년 10만 명의 노동자들이 일자리를 찾아 유럽으로 갔다. 1968년 무렵에는 외국에 영구 거주하는 에스파냐

226 이상 개발계획의 전략과 실제에 대해서는 다음 자료를 참고하라. Rosa Alsina Oliva, "Estrategia de desarrollo en España 1964-1975: planes y realidad," *Cuadernos de Economía,* vol. 15 (1987), pp.337-370.

227 각종 정부 지원금과 저리 대출, 면세 조치의 혜택은 조선업과 제철업 같은 대규모 기업에 주로 돌아갔다.

인이 85만 명, 임시 거주하는 에스파냐인이 70만 명에 달할 정도였다. 그에 따라 이들이 국내로 송금하는 외화도 갈수록 늘었다. 1960년에는 5,800만 달러이던 외화 송금액이 1969년에는 5억 6,200만 달러로 늘었고, 1973년에는 15억 4,300만 달러로 늘었다. 이 기간에 송금한 외화총액 41억 달러는 무역적자의 절반을 메울 수 있는 액수였다. 관광 수입 또한 급증했다. 1960년에 2억 9,700만 달러이던 수입은 1970년에는 16억 8,100만 달러, 1975년에는 34억 400만 달러로 늘었다.

이 기간에는 외국 자본의 투자도 늘어 1960년브터 1972년까지의 투자총액이 약 70억 달러에 달했다. 제1 투자국은 전체 투자액의 40퍼센트를 차지한 미국이었고, 그다음으로는 스위스, 독일, 영국, 프랑스의 순이었다. 에스파냐 시장의 성장 잠재력뿐만 아니라 저임금과 엄격한 노동자 관리, 낮은 세금이 외국인 투자자들을 끌어들인 매력이었다. 외국 자본의 투자는 1950년대에는 주로 자동차 산업에 집중되었지만 1960년대 초부터는 화학공업과 금속공업으로 쏠렸다. 지역별로는 외국 자본의 투자가 바르셀로나와 마드리드에 집중되었다.

1960년대 에스파냐 경제에 나타난 제일 두드러진 변화는 무엇보다도 공업의 발전이었다. 1960년대는 물론이고 1974년까지만 해도 공업 생산이 매년 10퍼센트 이상씩 증가했다. 이는 전례 없는 증가였다. 대규모 투자는 물론 전통적인 공업 지역인 카탈루냐와 바스크 지방에 집중되었다. 하지만 신흥 공업 중심지 마드리드를 비롯한 다른 도시에도 투자가 진행되었다. 1960년대 말 공업 생산 규모로 볼 때 카탈루냐가 에스파냐 전체 생산의 48.9퍼센트를 차지했고, 바스크와 마드리드가 각각 24.7퍼센트와 12.7퍼센트를 차지했다. 이들 세 지역의 생산이 무려 전국 공업 생산의 85.3퍼센트를 차지했다. 부문별로 보면 소비재, 특히 자동차와 가전제품의 생산이 급증했다. 이는 생활 수준의 향상과 밀접한 관련이 있었다. 또한 건축 및 공공사업 수요와 공업화 덕분에 금속 생산이 늘었으며, 화학공업도 제약과 세제, 인조섬유, 석유화학제품 생산 등으로 다변화하면서 생산량을 끌어올렸다. 조선과 제철업도 정부의 지원을 받으며 팽창했다. 생활 수준의 향상과 더불어 유제품과 냉동식품 등 식품공업도 발달했다. 그에 반해 직물업 같은 분야는 상대적으로 위축되었다. 하지만 기술혁신과 노동시장의 재편으로 경제 전반의 생산은 증가했다.

1960년대에 제일 크게 발전한 산업 분야는 관광업이었다. 외국인 관광객이 1960년 600만 명에서 1973년에 3,400만 명으로 13년 사이에 6배가량 증가했다. 관광 수입으로 벌어들인 외화가 1970년에는 16억 달러였으나 1974년에는 그 액수가 2배로 늘었다. 유럽의 중산층과 서민층을 끌어들인 매력은 저렴한 가격이었다. 무엇보다도 일광욕을 즐기기 위한 해변 관광객이 지중해 해변과 발레아레스 제도 해변으로 몰렸다. 이러한 관광산업의 발달은 호텔과 레스토랑, 바, 오락시설의 일자리 창출로 이어졌다. 이를테면 1966년에 351만 명이던 호텔 종업원 수가 5년 뒤인 1971년에는 626만 명으로 늘었다. 관광 붐은 또한 건축업과 도로 건설에도 상당한 영향을 미쳤다. 호텔과 소형 아파트를 비롯한 관광지의 각종 시설 건축이 호황을 맞이했으며, 프랑스로부터 들어오는 육로관광객을 겨냥한 고속도로 건설도 진행되었다. 하지만 철도 건설에는 아직 이렇다 할 진전이 없었다. 다만 마드리드와 바르셀로나를 잇는 '탈고(Talgo)'가 1959년에 개통되었다. 인구 이동과

물자 수송에는 도로 수송이 여전히 압도적이었다.

에스파냐의 농업구조는 소농이 지배적이었지만 지역별로 차이가 있었다. 북부에서는 소농이 지배적이었고 남부에서는 대농이 우세했다. 이를테면 오렌세에서는 경작지의 60퍼센트가 5헥타르 미만의 농장이었지만, 코르도바에서는 경작지의 48퍼센트가 100헥타르 이상의 농장이었다. 심지어 1962년에 실시한 토지조사에 따르면 1,000헥타르 이상의 대농장 182곳이 미경작 상태에 있었으며, 그 절반이 안달루시아에 있었다. 영세농장 문제 해결을 위해 1952년에는 농지통합법(Ley de Concentració Parcelaria)이 제정되었고, 1964년에는 경지정리청(Servicio de Ordenación Rural)이 신설되었다. 그 결과 20여 년에 걸쳐 400만 헥타르 이상의 농지가 통합되었다. 이러한 농지통합으로 기계화가 가능해지고 노동시간이 줄어들었으며 창고와 사일로 같은 공동시설 건립이 가능해졌다. 토지개혁개발청(Instituto de Reforma y Desarrollo Agraria)과 민간이 주도한 관개사업도 추진되었다. 알리칸테, 예이다, 발렌시아, 우에스카, 카스테욘 주가 주 대상지였다. 이 중 지중해 연안 지역에서는 주로 감귤을 재배했다. 1960년과 1975년 사이에는 트랙터와 경운기, 수확기를 도입하는 등 농업의 기계화를 추진하여 일부 농산물의 수출이 가능하게 되었다. 1970년대에는 에스파냐 농업이 상당한 정도로 기계화되고 현대화되었다. 전통적인 지주 과두제의 지배가 사라지고 그들이 농업기업가들로 변신하거나 대체되었다.

한편 경제 발전은 지역 격차를 한층 더 두드러지게 했다. 사회경제적 측면에서 보면 1970년에 두 개의 에스파냐가 존재했다고 말할 수 있을 정도였다. 부유한 지역과 가난한 지역, 인구 밀집 지역과 인구 희박 지역의 격차가 더욱 커졌다. 카탈루냐와 바스크, 마드리드 지방이 제일 부유했다. 1973년에 이들 세 지방의 총생산이 에스파냐 국내총생산의 55퍼센트를 차지했으며 이들 세 지방의 주민 1인당 총생산은 엑스트레마두라 지방민의 2배에 달했다.

사회경제적 격차가 벌어진 대표적 사례는 안달루시아와 카나리아 제도였다. 안달루시아는 에스파냐와 유럽의 인력 공급처였다. 1955년에서 1975년 사이에 무려 140만 명이 다른 곳으로 이주해 나갔다. 안달루시아는 에스파냐 제일의 농업지대였지만, 실업률도 제일 높은 지방이었다. 산업 투자가 거의 이루어지지 않아서 전국 대비 안달루시아 지방 산업의 비중은 9퍼센트에 불과했다. 주택과 보건, 교육에 대한 중앙정부의 투자도 미미했다. 1975년 안달루시아 지방민 1인당 소득은 에스파냐 전국 평균 1인당 소득의 71퍼센트에 불과했다. 안달루시아는 '에스파냐의 기적'의 영향을 거의 받지 않은 지방으로 보였다.

'에스파냐의 기적'의 영향을 거의 받지 않은 또 다른 지방은 카나리아 제도였다. 1940년대와 1950년대에 카나리아 제도는 반도의 에스파냐인들에게 거의 알려지지 않았던 낙후지였으나, 1960년대에 관광산업이 발달하면서 경제구조에 변화가 생겨나기 시작했다.[228] 1955년 전체 인구의 55퍼센트를 차지했던 이곳의 농업 인구가 1975년에 21퍼센트로 줄었다. 그 대신 서비스업 종사자는 늘어나서 1975년에는 카나리아 주민의 52퍼센트가 서비스업에 종사했다. 1975년에 카나리아 주민 1인당 소득은 에스파냐 전국 평균 1인당 소득의 79퍼센트였다.

---

228 관광업은 카나리아 제도를 이루고 있는 3개의 큰 섬 테네리페와 그란카나리아, 란사로테를 중심으로 발달했다.

1970년 정부의 재정 지출은 국내총생산의 20.1퍼센트였다. 1960년의 14.8퍼센트에 비해서는 늘었으나 경제협력개발기구 국가들 평균의 44.3퍼센트에 불과했으므로 여전히 낮은 수준이었다. 정부 예산이 증가하기는 했으나 부처별 예산에는 차이가 있었다. 1960년대에 예산이 늘어난 부처는 교육부와 노동부, 공공사업부, 주택부였다. 늦은 감이 없지 않았지만 1963년 12월 사회보장기본법이 통과되었고, 1967년 1월 1일부로 사회보장제가 시행되었다. 노동부 장관 로메오 고리아가 주도한 이 법으로 질병보험과 연금보험 등 다양한 제도의 보험들이 하나로 통합되었고, 보장범위도 확대되었다. 이 사회보장제도는 복잡하고 비효율적인 관료제와 재원 부족으로 어려움을 겪기는 했으나, 에스파냐인들의 건강관리에 새로운 전기를 마련해 주었다.

이렇듯 1970년대 초 에스파냐의 사회와 경제는 내전 후에 비하여 많이 바뀌었다. 하지만 유럽의 수준과 비교해 볼 때 에스파냐의 생산성은 여전히 매우 낮았고 기술 개발은 제한적이었으며 노동력은 아직 그렇게 숙련되지 않았다. 1960년대 에스파냐 기업가들은 여전히 정치적이고 경제적인 보호주의에 안주하고 있었으며, 위험을 감수하려거나 기술을 혁신하려고 들지 않았다.

이 시기에 에스파냐 인구는 1960년 3,043만 명에서 1970년 3,382만 명으로, 10년 사이에 340만 명이 늘었다.[229] 이는 높은 출산율과 사망률 감소 덕분이었다. 1970년에 에스파냐는 비교적 젊은 나라였다. 전체 인구 중 65세 이상 인구가 10퍼센트 정도였던 데 비해 14세 미만

---

229 1975년 인구는 3,571만 명이었다.

인구는 27.8퍼센트였다.

1960년대 에스파냐 인구에 나타난 가장 두드러진 현상은 국내외 이주민 수가 매우 증가했다는 사실이다. 대략 200만 명 이상이 국내에서 거주지 주를 옮겼고 150만 명이 외국으로 이주했다. 1975년 조사에 따르면 태어난 주를 떠나 사는 에스파냐인이 4명 중 1명꼴이었다. 1955년에서 1975년 사이에는 460만 명이 다른 주로 이주했다.[230] 이러한 국내 이주는 출발지뿐 아니라 도착지에도 커다란 영향을 미쳤다. 출발지는 농업 위주의 인구 희박 지역이 되고, 도착지는 공업과 서비스업 위주의 인구 밀집 지역이 되었다. 이 시기에 빠져나간 이주민의 수가 제일 많은 출발지는 안달루시아였고, 카스티야 이 레온과 카스티야 라 만차, 엑스트레마두라, 갈리시아, 무르시아가 그 뒤를 이었다. 반면에 들어온 이주민 수가 제일 많은 도착지는 카탈루냐였고, 마드리드와 발렌시아, 바스크가 그 뒤를 이었다.

국외 이주는 1964년까지는 매우 활발했다가 1968년까지는 매우 둔화하였고 1974년까지는 다시 매우 활발한 리듬을 보여주었다. 이 시기 국외 이주의 목적지는 기본적으로 유럽이었다. 1970년 조사에 따르면 유럽에 거주한 에스파냐인이 120만 명이었다. 그 가운데 65만 명이 프랑스에 거주했고, 25만 명이 독일에, 10만 명이 스위스에, 5만 명이 벨기에에 각각 거주했다. 출신 지방별로 보면 안달루시아인이 전체 국외 이주민의 30퍼센트로 제일 많았고 갈리시아인이 25퍼센트로 그 뒤를 이었다. 이들 국외 이주민들은 앞서 얘기한 대로 에스파냐 경제

230 이들이 이주를 선택한 것은 더 나은 삶과 안정된 일자리, 더 나은 미래를 찾아서였다.

발전에 매우 유익한 공헌을 했다. 한편으로는 외화를 송금해 주었고, 다른 한편으로는 국내의 잉여 노동력 문제를 해소해 주었기 때문이다.

이 시기에는 인구의 도시 집중 현상이 두드러지게 나타났다. 1960년에서 1970년까지 10년 사이에 인구 10만 명 이상의 도시가 26개에서 38개로 늘어났다. 1970년에 인구 1만 명 이상의 자치단체에 거주하는 인구가 전체 인구의 66.5퍼센트에 달했다. 대도시에서도 인구가 계속 증가하였다. 1970년 마드리드와 바르셀로나 인구는 각각 318만 명과 174만 명이었으며, 발렌시아와 세비야 인구는 60만 명을 넘었다.

이 시기에 특기할 만한 현상 가운데 하나는 경제가 성장했음에도 불구하고 경제활동인구와 취업인구의 증가는 미미했다는 사실이다. 1960년대에 경제활동인구는 20만 명 증가했을 뿐이고, 1964년에서 1973년 사이 새로운 일자리 증가율은 연 1퍼센트 미만이었다. 취업인구 비율도 주변 국가들에 비하면 여전히 낮은 편이었다. 경제활동인구의 증가가 미미했던 이유는 국외 이주 증가와 취학 기간의 확대, 낮은 여성 취업률에서 찾아야 한다.

여성의 취업률은 매우 낮았다. 1970년에 여성 경제활동인구는 304만 명이었는데 그 가운데 취업 여성은 24.9퍼센트에 불과했다. 이는 경제협력개발기구 국가들의 평균치인 40퍼센트에 훨씬 못 미치는 수준이었다. 취업 여성의 절반가량은 서비스업에 종사했고 농업과 공업에 종사한 여성들이 각각 25퍼센트였다. 여성 취업률이 낮았던 데는 여성은 가사에 충실해야 한다는 프랑코 체제의 공식 담론과 여성 노동에 대한 각종 규제(결혼 시 직업 포기, 변호사 등의 특정 직업 취업 금지 등)가 미친 영향이 컸다. 동일노동 동일임금과 남녀 차별 폐지를 규정한 1961년 7월 22일 자 법으로 여성 노동에 대한 각종 규제가 명목상 사라지기는 했지만, 여성이 경제 활동을 하기 위해서는 여전히 배우자의 허락이 있어야만 했다.

이 시기에는 산업별 종사자 비율에도 상당한 변화가 나타났다. 1960년 36.6퍼센트이던 1차 산업 종사자는 1970년에 22.8퍼센트로 줄어들었고, 같은 기간에 제조업 종사자는 22.9퍼센트에서 27.1퍼센트로 늘어났다. 건설업 종사자도 6.7퍼센트에서 10.5퍼센트로 늘었고, 서비스업 종사자도 29.0퍼센트에서 38.2퍼센트로 늘었다. 지역별로 보면 안달루시아와 갈리시아, 엑스트레마두라, 카스티야에서는 농업 종사자가 압도적이었고, 카탈루냐와 바스크, 나바라에서는 제조업 종사자가 절반을 넘었으며, 마드리드와 발레아레스 제도, 카나리아 제도에서는 서비스업 종사자가 절반 이상이었다.

이러한 1960년대의 경제적 변화는 사회 계층의 변화에도 영향을 미쳤다. 프랑코 정권은 농민이 토지를 보유할 수 있도록 해 주는 토지개혁을 통해서가 아니라 가난한 농민들의 대규모 이주를 통해서 농촌 문제를 해결했다. 농촌을 떠난 농업노동자들 대다수는 도시에서 건설업과 제조업, 상업에 종사하는 미숙련 노동자 계층을 이루었다. 물론 전문 자질을 갖추고 공장노동자들보다 임금과 노동 조건이 더 나은 서비스업에 종사한 이들도 있었다. 하지만 이들은 소수였다. 1970년에 제조업과 서비스업에 종사하던 노동자들의 절반은 미숙련 노동자들이었고, 그들 대부분은 농촌에서 왔다. 기업가들이 숙련 노동자를 선호하면서 숙련 노동자와 미숙련 노동자의 대우와 처지는 갈수록 달라졌다.

이 시기에는 새로운 중산층도 생겨났다. 농촌과 소도시에 기반을 둔 전통적 중산층은 상당수가 대도시로 이주하는 바람에 그 수가 줄었지만 공업의 발달과 서비스업 증대, 구매력 증대, 도시화 등의 영향으로 새로운 중산층이 등장했다. 각종 제품에 대한 도시민들의 수요가 증가하면서 대기업과 연관을 맺은 소규모 작업장들이 생겨났고, 종전의 숙련 노동자들이 이 작업장들을 경영했다. 한편 직원이 없는 개인 사업자들의 절반이 넘는 소상인과 상점주들은 대도시에 기반을 둔 신흥 기업 및 대형 상업망과 경쟁해야 할 처지에 놓였다. 새로운 중산층에는 도시에 등장한 전문직 종사자들도 있었다. 대다수가 봉급생활자인 이들 전문직 종사자들은 주로 행정 업무를 수행했다. 이들은 대개 대학 졸업자로서 민주적 이념과 보편타당한 문화가치를 지니고 있었다.

교육 또한 사회 계층의 변화에 상당한 역할을 했다. 14세 어린이까지 법정의무교육을 실시하는 1964년의 의무교육확대법(Ley de Ampliación de la Escolaridad Obligatoria)으로 상당히 많은 어린이가 중등교육과 고등교육에 접근할 수 있게 되었다.[231] 그 결과 문맹률이 대폭 줄었다. 1960년에 13.7퍼센트이던 성인 문맹률이 1970년에는 9퍼센트로 떨어졌다. 게다가 문맹자들의 대다수는 55세 이상에 속해 있었다. 하지만 에스파냐인들의 교육 수준은 여전히 낮았다. 1970년에 전체 인구의 17.1퍼센트가 자신이 무학자라고 고백했고, 69퍼센트가 초등교육을 이수했으며, 12퍼센트가 중등교육을 마쳤다. 대학 졸업자는 2퍼센트에도 못 미쳤다. 고등교육 이수자는 소수였고 중산층 이상 출신이 압도적으로 많았다. 반면 노동자나 농민의 자녀는 6퍼센트에 불과했다.

231 의무교육 이수율이 1970년에는 83퍼센트였고 1975년에 이르러서야 100퍼센트에 달했다.

1970년에는 교육부 장관 호세 루이스 비야르 팔라시가 추진한 교육법이 통과되었다. 초등교육에서부터 고등교육에 이르는 교육제도 전반을 재조정한 이 법의 기초는 1969년의 『교육백서』였다. 에스파냐 교육의 실태를 분석하고 교육 정책의 방향을 제시한 이 『교육백서』에 따르면 에스파냐 교육의 문제는 예산 부족에 있었다. 경제협력개발기구 국가들의 평균 교육 예산이 국내총생산의 5퍼센트였던 시기에 에스파냐의 교육 예산은 2퍼센트도 되지 않았다. 반면에 양질의 교육을 위한 좋은 조건도 있었다. 교사 수의 증가로 교사당 학생의 비율이 감소했다.[232]

1960년대에는 봉급이 증가했고 그와 더불어 구매력도 상당히 늘어났다. 1960년에 400달러이던 봉급이 1974년에는 1,350달러로 늘었다. 하지만 에스파냐 노동자의 임금은 유럽 노동자 임금의 절반 정도에 불과했다. 서유럽 산업노동자들이 1969년에 주당 평균 44시간을 일할 때 에스파냐 산업노동자들은 55시간을 일했다. 소득 불평등도 주변 유럽 국가들보다 훨씬 더 심했다. 1970년에 전체 인구의 10퍼센트에 해당하는 상류층의 소득이 국민소득의 40퍼센트를 차지했던 반면에, 소득이 제일 낮은 10퍼센트 인구의 소득은 1.8퍼센트에 불과했다.

1960년대에는 소비사회가 시작되었다. 무엇보다도 가전제품 구매가 부쩍 늘었다. 냉장고와 세탁기, 텔레비전 같은 대형 가전제품을 가정에 들여놓기 시작했다. 가장 널리 보급된 가전제품은 냉장고였다. 1960년에 전체 에스파냐 가정 중 4퍼센트만 가지고 있었던 냉장고는

---

232 1960년에 9만 9,000명이던 중등교원이 1970년에는 13만 6,000명으로 늘고 1975년에는 20만 6,000명으로 증가했다.

1971년에 66퍼센트로 늘어났고, 1976년에는 87퍼센트로 확대되었다. 여성을 손세탁에서 해방한 세탁기는 1960년에 에스파냐 가정의 19퍼센트만 보유하고 있었으나, 1971년에는 52퍼센트가, 1975년 무렵에는 80퍼센트가 보유하게 되었다. 텔레비전은 1960년에 전체 가정의 1퍼센트만 보유하고 있었으나, 1971년에는 60퍼센트 이상으로, 1976년에는 90퍼센트로 늘어났다. 이 밖에도 전축과 믹서기, 진공청소기도 구매하기 시작했다. 자동차 구매 또한 새로운 사회의 특징적인 현상이었다. 1960년대 초에 전체 가구의 4퍼센트만 보유했던 자동차를 1974년에는 절반 정도의 가구가 보유했다.

이러한 소비유형은 물론 지역마다 뚜렷하게 달랐다. 발레아레스 제도를 포함하여 지로나에서부터 알리칸테에 이르는 지중해 해안 지역과 마드리드, 바스크, 나바라에서는 소비수준이 높았던 데 비해, 안달루시아와 엑스트레마두라, 갈리시아, 카나리아 제도에서는 낮았다. 이를테면 전자의 지역에서는 90퍼센트가 넘는 가정이 냉장고를 보유했던 데 반해 후자의 지역에서는 대략 55퍼센트 정도만 냉장고를 보유했다. 소비유형은 또한 사회적으로도 커다란 차이를 나타냈다. 최하위 저소득층은 지출의 절반 이상을 식품 구매에 썼지만, 고소득 가구는 지출의 15퍼센트 이상을 여가와 교육, 문화, 교통에 썼다.

생활 수준에 변화가 나타나고 복지가 개선되면서 에스파냐인들의 생활양식과 사회적 태도에도 상당한 변화가 있었다. 새로운 노동 유형과 생활 형태로 프랑코 정권과 가톨릭교회가 에스파냐인들에게 부여한 도덕적 가치와 문화적 표현의 상당 부분이 위기에 봉착했다. 특히 젊은이들은 프랑코 정권과 가톨릭교회가 제시한 의례와 가치와 관습에 수동적이나마 저항하는 태도를 보이기 시작했다. 에스파냐 사회는 세속화 과정에 접어들었다. 이것이 보수적 가톨릭주의와 밀접한 관련이 있는 엄격한 도덕주의와 그 풍습을 거부하는 것으로 나타났다. 이러한 전통적 가치의 위기는 도시에서 특히 더 두드러지게 나타났다. 이를테면 1972년 미사 참석자 수는 에스파냐 전체 인구의 24퍼센트로 줄어들었으며, 도시에서는 그 비율이 더 낮아 8퍼센트에도 미치지 못했다. 이런 세속화 과정은 안달루시아와 발렌시아, 카탈루냐에서 특히 더 강하게 나타났다. 그에 반해 나바라와 카스티야 이 레온, 아라곤, 바스크 지방에서는 이 비율이 비교적 높게 유지되었다.

프랑코주의 정치인들은 이러한 태도 변화를 우려 가득한 시선으로 바라봤다. 현상유지파들이 특히 더 그러했다. 가족과 종교를 기본 구조로 하는 위계적이고 유순한 그들의 세계가 심각한 도전을 받고 있다고 생각했기 때문이다. 이러한 태도 변화에 대해 프랑코 정권 당국은 자신들의 전통적인 이념적 가치를 수호하기보다 정치적 정보를 통제하는 일에 더 많은 관심을 쏟았다. 국민정신교육(Formación del Espíritu Nacional) 과목과 종교 과목 같은 의무 교과목이 점차 사라지는 데 대해서는 소극적으로 대응했다.[233] 물론 젊은이들에 의해 풍속이 타락하고 있다고 지적하는 당국이나 성직자가 있기는 했다. 하지만 그들이 변화를 거스르는 데 영향을 미치지는 못했다.

1960년대 중반의 대학생 세대는 1956년 세대와 또 달랐다. 그들은

233 Rafael Valls, "Ideología franquista y enseñanza de la historia en España, 1938-1953," Josep Fontana (ed.), *España bajo el franquismo* (Barcelona: Crítica, 1986), pp.230-245.

1956년 세대보다 권위주의적 가족 구조에 더 크게 반발했고 인습과 사회적 위선도 더 신랄하게 비판했으며 가톨릭교회의 도덕적 가치와 더 확실하게 거리를 두었다. 여가를 즐기는 방식과 음악적 취향도 매우 달랐고, 옷을 입는 방식과 생활방식도 마찬가지였다. 이들은 청바지를 즐겨 입었으며 머리와 수염을 길렀다. 넥타이는 점차 사라졌다. 여성들 사이에서는 미니스커트와 비키니가 유행했다.

여성의 역할에도 커다란 변화가 나타났다. 중등교육과 고등교육을 받는 여성들의 비율이 점차 늘어나면서 결혼율이 점차 감소하고 결혼 연령은 더 늦어졌다. 출산율도 약간 낮아졌다. 출산율이 낮아진 데는 가톨릭교회가 금지하고 있는 피임약 보급의 확산이 상당한 영향을 미쳤다. 그뿐 아니라 출산에 대한 인식의 변화가 미친 영향도 있어 보인다. 1972년에 실시한 산아제한에 관한 인식 조사에 따르면 조사 대상 인구의 22퍼센트가 피임약 사용 제한에 절대 거부 의사를 밝혔고 25퍼센트는 부분적 거부 의사를 밝혔으며 16퍼센트만이 찬성한다고 응답했다.[234]

1960년대에는 노동시간이 늘고 여가가 줄었다. 집에서 보내는 시간이 더 많아졌고 여가를 보내는 방식도 바뀌었다. 이것은 더 쾌적해진 주택과 텔레비전 때문이었다. 영화와 연극, 콘서트, 스포츠 중계 등을 집에서 텔레비전을 통해 무료로 편안하게 볼 수 있었다. 다른 한편 도로가 개량되고 자동차가 보급되면서 대도시에서는 교외에서 여가를 보내는 일도 갈수록 잦아졌다. 주말이나 일요일에는 야외로 가족 나

234 나머지 37퍼센트는 아무런 응답도 하지 않았다.

들이를 가거나 별장을 찾았다. 중산층은 물론이고 일부 서민층도 여름에는 차츰 여름휴가를 즐기기 시작했다.[235]

1960년대에는 또한 대중문화가 확산했다. 이 시기 에스파냐의 문화생활을 다룰 때는 이른바 고급문화와 대중문화, 다시 말해 소수의 비판 문화와 서민 대중의 문화를 구분하는 게 좋다. 좀 더 개방적인 도덕적·민주적 가치를 표방하는 새로운 세대와 공식적인 프랑코주의 세계가 이념적이고 정치적인 대립을 보인 곳은 오직 전자, 곧 소수의 고급문화에서였다. 고급문화에서 제기한 비판 정신은 에스파냐 사회의 변화와 밀접한 관련이 있는 대중문화의 발달과 동시에 나타났다.

프랑코 정권은 대중문화 세계를 이념적으로 지배하는 데 별 어려움을 겪지 않았다. 그들은 텔레비전과 영화, 라디오의 내용을 철저하게 통제하고 지침을 어길 때는 가혹하게 처벌했다. 편의시설을 갖추기 시작한 소비주의 사회에서 사회적 파급력이 큰 대중매체는 텔레비전이었다. 텔레비전은 소비주의와 개인주의의 가치를 확산하는 수단이자 대표적인 오락 매체였다. 텔레비전은 화목하고 행복한 가정을 이루자는 담론을 확산하고 개인의 사회적 성공 가능성을 부추겼다. 이런 메시지가 신흥 중산층은 물론이고 일부 서민층까지 파고들었다. 바로 이 시기에 에스파냐텔레비전방송국의 토대가 마련되었다. 여기에는 1964년에서 1969년까지 방송국 국장을 지낸 헤수스 아파리시오 베르날의 역할이 컸다. 그는 무엇보다도 다양한 프로그램 편성을 강조했다. 뉴스와 다큐멘터리는 물론이고 다양한 텔레비전 영화, 연극, 뮤지

235 1970년 무렵 에스파냐 가구의 25퍼센트가 여름에 1주일 이상의 휴가를 즐겼다.

컬, 쇼, 경연, 스포츠와 투우 중계 프로그램을 시청자들에게 제공했다. 프랑코 정권은 1964년 '25년의 평화' 행사를 진행하면서 이 텔레비전을 적극적으로 활용했다. 1965년에는 광고로 재정을 충당하는 공영방송 모델을 허용했다. 1966년에는 이른바 UHF라는 교육문화 전문 방송 채널을 개국했다.

이러한 텔레비전 방송 덕분에 아나운서와 특파원, 가수들이 인기를 얻게 되었고, 잘나가는 스포츠 선수와 투우사도 마찬가지였다. 또한 텔레비전 덕분에 축구가 대표적인 대중 흥행물이 되었다. 대중 스포츠가 지닌 사회적 영향력을 간파한 프랑코 정권은 국내외 선전 수단으로 축구를 대대적으로 활용했으며, 에스파냐 축구 클럽의 성공을 에스파냐 발전의 상징으로 이용했다. 이를테면 1960년대에 레알 마드리드가 거둔 유럽컵 축구대회 5회 우승을 그렇게 활용했다. 또한 '25년의 평화'나 1966년 12월의 국민투표 같은 정부 주도의 정치 행사에 축구 클럽들을 강제로 동원했다. 1964년 마드리드에서 열린 유럽 네이션스컵 축구대회[236]에서 마르셀리노 마르티네스의 결승골로 에스파냐 국가대표팀이 소련 대표팀을 물리치고 승리를 거두자 프랑코 정권은 에스파냐 내전에서 거둔 프랑코 진영의 승리를 스포츠가 인정해주었다며 이를 언론에 대서특필했다.[237]

텔레비전이 등장하면서 라디오 방송 애청 시간대는 텔레비전 방송을 하지 않는 새벽과 오전으로 바뀌었다. 라디오 방송국은 지역 정보와 이슈, 문화생활, 유용한 생활 정보(날씨, 교통, 영화)를 제공했다.

236 이 대회가 다음 대회부터는 유럽 축구 선수권 대회(UEFA)로 불리게 된다.

237 황보영조, 「프랑코 체제와 축구」, pp.234-236.

1964년에는 세르(SER) 채널이 방송을 시작하면서 에스파냐라디오방송(Radio Nacional de España, RNE)의 독주 체제가 무너지게 되었다. 트랜지스터라디오 보급과 함께 FM 방송이 가능해지면서 젊은이들을 대상으로 한 특별 음악 프로그램도 제공되었다.

이 시기에 취향과 취미에 나타난 두드러진 변화 가운데 하나는 음악에 대한 열정이었다. 1960년대 초 비틀스나 롤링스톤스 같은 록밴드가 에스파냐에 소개되었고, 1965년에는 마드리드와 바르셀로나에서 비틀스의 공연이 열렸다. 1968년 무렵에는 히피와 함께 미국의 포크송이 소개되었다. 이제 전통적이고 토착적인 음악과의 세대 단절이 나타났다. 젊은이들은 이러한 새로운 현대음악에 열광했으며, 새로운 시대와 새로운 가치, 새로운 사회정치적 태도의 대변인 역할을 하는 가수들의 노래를 들으면서 저항 의식을 느끼기도 했다. 싱어송라이터들은 '긴 밤'이나 '어두운 터널' 같은 은유의 노랫말로 정치적 억압을 비판했고 그 노래로 대중과 호흡했다. 그들은 자유와 공정한 사회에 대한 갈망을 노래로 표현했다.

1960년대에는 진정한 비판 문화가 싹트기 시작했다. 경제 발전과 정치적 이념의 부조화를 고발하고 관용의 부재와 자유의 부정을 비판하는 목소리가 소수의 고급문화 세계에서 터져 나왔다. 문화계도 점차 마르크스주의 사상을 도입하고 있었다. 사실주의 문학과 참여시, 수필 등의 다양한 분야에 비판의식이 스며들었고 인문과학 저서에서는 에스파냐 민주주의의 실패 요인이나 진정한 민주 질서 구축의 길등과 같은 당대의 문제들이 직간접적으로 언급되었다. 상당수의 지식인은 작품이나 출판물, 반정부 운동 참여를 통해 자신들의 소신을 밝혔다. 이들은 성명서와 항의서를 작성하거나 서명에 동참하며 정치·문화 활동에 가담했다.

비판의식을 확산하는 데 이용될 매체는 대개 잡지를 비롯한 정기간행물과 책이었다. 비판적 성향의 정기간행물로는 『트리운포(Triunfo, 승리)』, 『콰데르노스 파라 엘 디알로고(Cuadernos para el Diálogo, 비평 노트)』, 『레비스타 데 옥시덴테(Revista de Occidente, 서구지)』, 『데스티노(Destino, 사명)』등이 있었다. 특히 『비평 노트』는 좌파 민주주의자들과 우파 민주주의자들, 내전 세대와 청년 세대, 심지어는 기독교도와 마르크스주의자들이 서로 의견을 주고받는 만남의 공간 역할을 했다. 이 시기에는 또한 『마드리드』나 『텔레/엑스프레스(Tele/Exprés)』 같은 일간지도 등장하여 새로운 이념을 소개하는 매체 구실을 했다. 그러나 정부는 이러한 정치적 화해 시도를 거부하고 토론의 가능성을 배제한 채 기존의 내전 기억을 유지하는 데 집착했다. 정보관광부 관계자들은 비판적 내용의 출판물이나 영상물에 대해 강경한 태도를 보였다. 일부 출판사들이 외국에서 출판 활동을 전개한 이유가 여기에 있다. 대표적으로 1961년 파리에서 설립한 루에도 이베리코(Ruedo Ibérico)를 들 수 있다. 이 출판사는 1965년에 잡지 『콰데르노스 데 루에도 이베리코(Cuadernos de Ruedo Ibérico)』를 창간하여 망명지와 국내 지식인들의 글을 실었다. 출판사 루에도 이베리코는 프랑코주의 역사가들의 저작들과는 다른 역사 연구서를 출판하거나 실었다. 미국 역사학자 허버트 사우스워스의 『프랑코 십자군의 신화』[238]가 그 대표

---

238 Herbert R. Southworth, *El mito de la cruzada de Franco* (Ruedo Ibérico, 1963).

적 사례이다. 이 당시 학술계에서는 새로운 역사 연구가 진행되었다. 자우메 비센스 비베스의 제자들이 그의 연구 방법을 따르고 있었고, 새로운 사회경제사 연구가 그 뿌리를 내리고 있었다. 마누엘 투뇬 델 라라의 영향을 받은 역사가들은 매년 콜로키움을 개최하며 노동운동과 문화사를 연구했다.[239]

살바트(Salvat)와 플라네타(Planeta), 오세아노(Océano) 같은 일부 출판사들은 백과사전과 예술사 관련 전집이나 분책을 판매하여 수익을 올렸다. 가격이 저렴한 '문고본(libro de bolsillo)'도 이 시기에 등장했다.[240] 이 당시 출판사들이 가장 많이 펴낸 것은 소설로, 전체 출간물의 40퍼센트에 달했다.

카스티야 소설에 나타난 변화의 상징은 루이스 마르틴 산토스가 1962년에 펴낸 『침묵의 시간』이었다. 그는 이 작품에서 새로운 형식의 소설 기법을 실험했다. 미겔 델리베스의 소설 『마리오와의 다섯 시간』(1966년)과 후안 고이티솔로의 소설 『정체성의 표시』(1967년)도 마찬가지였다. 후자의 책은 프랑코 정권에 의해 금서로 지정되었다. 후안 마르세는 사회 현실을 문학적 상상력으로 표현해 낸 사회적 사실주의 작품 『테레사와 함께한 마지막 오후』(1966년)를 펴냈다. 그런가 하면 주제프 마리아 지로넬라는 소설 『백만의 죽음』(1962년)에서 내전을 보수적이고 가톨릭적인 시각으로 그려 냈다.

이 시기에 문화적 활기가 넘친 도시는 역시 바르셀로나였다. 여기에

---

239 마누엘 투뇬 델 라라에 대해서는 다음 글을 참조하라. 황보영조, 「현대사의 증인 마누엘 투뇬 델 라라」, 『역사비평』, 87 (2009), pp.323-344.

240 문고본은 대개 출판사 알리안사(Alianza)와 브루게라(Bruguera), 아리엘(Ariel), 세이스-바랄(Seix-Barral)에서 펴냈다.

는 마리오 바르가스 요사와 가브리엘 가르시아 마르케스, 훌리오 코르타사르 같은 문인들이 그곳에 잠시 머무르고 있었던 데다가 새로운 출판사들이 모여 있었던 것이 아마도 크게 작용했을 것이다. 물론 에리히 프롬에서 헤르베르트 마르쿠제에 이르는 비판 이론가들의 신간이나 마르크스주의 서적을 보급하는 출판사들도 있었다.

이 시기에는 시어(詩語)에도 변화가 나타났다. 이 변화를 만들어 낸 이들은 표현의 자유를 주창한 젊은 시인들이었다. 주제프 마리아 카스테옛이 그의 시선(詩選) 『9인의 최신예 시인들』에서 다룬 시인들은 모두 내전 이후에 태어났다. 기예르모 카르네로와 펠릭스 데 아수아, 후안 실레스, 마누엘 바스케스 몬탈반 같은 시인들이 그랬다.

다른 한편 텔레비전과 영화산업의 흥행으로 연극은 위기에 빠지게 되었다. 전통 희극과 익살극 무대의 인기가 차츰 약화했다.

에스파냐 영화도 텔레비전의 위력에 눌려 관람객이 현저히 감소했다. 하지만 현실과 사회적 신념을 다루는 영화는 계속 제작되었다. 이는 유럽의 신영화 운동들과 이탈리아의 신사실주의의 영향, 역사 이야기에 관한 관심 덕분이었다. 루이스 부뉴엘의 영화 〈비리디아나〉(1961년)가 이것을 상징적으로 보여주었다. 칸 영화제에서 황금종려상을 받은 이 영화는 신성모독적이라는 이유로 에스파냐에서는 상영이 금지되었다. 베네치아 영화제에서 국제비평가협회상을 수상한 루이스 가르시아 베를랑가의 블랙코미디 영화 〈집행자〉(1963년)와 바실리오 마르틴 파티노의 영화 〈전후의 노래〉(1971년)도 이와 유사한 처지에 놓였다. 프랑코 정권은 사실 1963년 영화 검열 관련 법률 제정, 재정 지원 정책과 국립영상원(Filmoteca Nacional) 설립을 통해 아동물이나 종교물, 역사·애국물이 아닌 영화를 제작하지 못하도록 영화 내용을 통제했다. 따라서 에스파냐에서 사회의 변화에 대한 성찰을 주제로 다룬 영화가 등장한 것은 젊은 세대의 감독과 시나리오 작가, 비평가, 제작자들 덕분이었다. 특히 1962년에 설립한 영화학교(Escuela Oficial de Cinematografía)를 졸업한 신예 감독들이 중요한 역할을 했다. 이 당시 제작된 영화를 신영화(nuevo cine)라고 부른다.[241] 대표작으로는 바실리오 마르틴 파티노의 〈베르타에게 보낸 9편의 편지〉(1965년)와 베를린 영화제에서 은곰상을 수상한 카를로스 사우라의 〈사냥〉(1965년), 미겔 피카소의 〈툴라 이모〉(1964년)를 꼽을 수 있다. 1970년대에는 상징과 은유를 활용한 영화가 많이 등장했다. 카를로스 사우라의 〈쾌락의 동산〉(1970년)과 〈사촌 앙헬리카〉(1973년), 마누엘 구티에레스 아라곤의 〈언어장애 소녀가 말하다〉(1973년), 빅토르 에리세의 〈벌집의 정령〉(1973년), 호세 루이스 보라우의 〈밀렵꾼〉(1975년)이 이런 영화에 해당한다.

조형예술에서는 1950년대 말부터 구상과 추상을 놓고 열띤 논란이 벌어졌다. 1960년 이후 구상이 차츰 밀려나고 앵포르멜(비정형)이 두각을 나타내기 시작했다. 국제적으로 널리 알려진 안토니 타피에스가 대표적인 앵포르멜 예술가였고 모드스트 퀴사르트와 알베르트 라폴스 카나마다, 주제프 귀노바르트, 마드리드 예술단 엘 파소,[242] 페르난

241 임호준, 「위기의 남성들: 내전의 트라우마와 '새로운 스페인 영화'」, 『이베로아메리카연구』, 제12집 (2001), pp.185-189 참조.

242 1958년에 창단되었으며, 화가 안토니오 사우라, 마누엘 미야레스, 라파엘 카노가르, 마누엘 리베라, 안토니오 수아레스, 루이스 페이토, 후아나 프란세스, 조각가 파블로 세라노, 비평가 호세 아일론, 마누엘 콘데가 단원으로 활동했다.

도 소벨을 필두로 하는 쿠엥카 학파 등이 여기에 속했다. 그렇다고 해서 사회와 현실을 고발하는 구상 예술이 사라진 건 아니었다. 아라스 브라보와 바르톨로치 같은 예술가들 덕분에 '팝 아트'도 발달했다.

이 시기에는 또한 바스크와 갈리시아, 카탈루냐 고유의 문화적 표현이 상당히 활발해졌다. 바스크에서는 바스크 민족성의 표지로 바스크어를 수호해야 한다는 종교인들과 여러 시민사회 단체들의 요구에 따라 바스크어를 사용하는 초등학교 '이카스톨라(ikastola)'가 1960년과 1975년 사이 169개나 설립되었다. 1974~1975학년도에 '이카스톨라'에 등록한 학생은 2만 7,000명 정도에 달했다. 이렇듯 언어교육과 문학 활동에 박차를 가할 수 있었던 데는 1968년에 바스크어학술원(Academia de la Lengua Vasca)이 추진하여 실현된 바스크어 정상화 조치가 결정적 역할을 했다. 이 조치로 바스크 전 지역에서 바스크어를 표준어로 사용할 수 있게 되었다. 이 시기 갈리시아에서 출판한 책들 가운데 제일 뜻깊은 작품은 의심할 나위 없이 서정시인 셀로 에밀리오 페레이로의 시집 『돌의 긴 밤』(1962년)이다.[243] 이주와 호족 지배(caciquismo), 정치적 착취에 시달린 갈리시아 서민층의 비참한 삶을 고발한 이 책은 갈리시아 안팎에서 상당한 관심을 받았다.

카탈루냐에서는 의미심장하게도 반프랑코주의 성격의 통합 시민운동이 광범하게 일어났다.[244] 이런 움직임을 못마땅하게 생각한 정부는 1963년 12월 문화옴니움(Òmnium Cultural)을 폐쇄했다. 문화옴니움

---

243 Celso Emilio Ferreiro, *Longa noite de pedra* (Editorial Galaxia, 1962).

244 1964년 12월에는 제1회 카탈루냐문화대회(Congreso de Cultura Catalana)를 바르셀로나에서 개최했다.

은 카탈루냐 언어와 문화를 증진할 목적으로 1961년에 설립된 단체였다. 이 문화옴니움이 활동을 재개한 건 1967년에 이르러서였다. 1969년에는 문화옴니움이 카탈루냐문학상(Premi d'Honor de les Lletres Catalanas)을 제정하여 시행했다. 카탈루냐어 교육과 관련해서는 지역의 진보적 교사와 교육학자들이 1965년에 교육기관 '로사 센삿(Rosa Sensat)'을 설립했고, 바르셀로나대학과 바르셀로나자치대학은 카탈루냐 언어와 문학 담당 정교수직을 신설했다. 출판과 관련해서는 출판사 에디시온스 62(Edicions 62)가 카탈루냐 고유의 작품과 세계의 문화유산을 카탈루냐어로 보급하는 일을 추진했다. 문학 분야에서는 주제프 플라와 요렌스 비야롱가, 메르세 로두레다 같은 작가들이 활동했다. 메르세 로두레다는 내전의 결과에 시달리는 서민 여성의 애환을 그린 『다이아몬드 광장』(1962년)을 펴냈다. 시 분야에서는 살바도르 에스프리우와 주안 올리베르, 가브리엘 페라테르가 1960년대 카탈루냐를 대표하는 시인이었다. 젊은 시인들은 대체로 사회적 사실주의에 심취해 있었다. 1970년에는 카탈루냐 시페스티벌(Festival Popular de Poesía Catalana)이 열렸고, 당대의 대표 시인들이 자신들의 시를 수천 명의 대중 앞에서 낭송했다. 1960년대 카탈루냐 문화운동에서는 특이하게도 노바 칸소(nova cançọ)가 새로운 대중적 저항 운동 수단으로 부각되었다. 새로운 노래를 뜻하는 '노바 칸소'는 공동의 정체성을 확인하고 카탈루냐 민족주의의 가치를 사회화하는 강력한 수단이었다. 젊은이들에게 카탈루냐어의 중요성을 깨닫게 해 준 노바 칸소는 심지어 근대성과 진보주의의 색채를 띠기도 했다.

독재의 위기와 고민

1969년 10월 29일의 이른바 단일 정부 구성에서 1975년 11월 20일 프랑코 장군 사망에 이르는 6년의 기간은 정권의 건설자가 사라진 이후 프랑코 독재 체제가 왜 지속하지 못했는지뿐만 아니라 그 뒤에 전개된 민주주의로의 전환 과정의 특징이 무엇인지를 이해하는 데 매우 중요하다. 이 시기에 대한 분석을 놓고 역사가들 사이에 중대한 논쟁이 벌어졌는데, 이 논쟁은 에스파냐 사회의 동원 가능성 혹은 수동성의 정도를 두고 시작되었다. 당시 에스파냐 사회에는 정치적 수동성이 광범하게 존재했다. 하지만 이 수동성의 테제를 받아들이더라도 사회정치적 갈등이 점차 늘어나고 있었다는 사실을 부인할 수는 없다. 게다가 프랑코 정권과 가톨릭교회의 대립도 점차 중요성을 더해 가고 있었고, 지역 민족주의 운동도 더욱 고조되고 있었다. 민주적 저항 운동은—끈질기고 가혹한 프랑코 정권의 탄압에도 불구하고—점차 확산하고 있었고, 그에 대한 사회적 지지도 커지고 있었다. 그와 동시에 정권 내부에서는 계파 갈등과 대립이 증가하고 있었으며, 프랑코주의 정치인들 사이에도 문제의식이 확산하고 있었다. 정권이 허약해지자 이들 민주적 저항 세력과 현상 유지 세력 사이의 중간 지대에서 새로운 개방파(aperturistas)가 부상하기 시작했다. 이들은 민주화의 필요성을 느낀 사람들이었다.

1969년 10월의 정부 구성은 카레로 블랑코가 확실한 승자임을 보여주었다. 그는 노년의 독재자가 사라진 이후에 체제를 계속 유지해 나갈 제일 확실한 보증자이자 프랑코의 후계자로 보였다. 블랑코를 비롯한 현상유지파의 승리는 프랑코 정권 내부에 심각한 균열을 만들어

냈다.[245] 그것은 이른바 '현상유지파'와 '개방파'의 균열이었다. '극단파(ultras)'나 '수구파(búnker)'로도 불린 현상유지파는 변화나 개혁 없이 프랑코 정권의 합법성을 수호하려는 정치인들이었다. 현상유지파의 제일 유력한 대표자인 카레로 블랑코는 체제 창설 이념을 그대로 유지해야 한다고 주장했다.[246] 반면에 개방파는 프랑코가 사망하기 이전에 정권의 기초를 확대할 개혁에 착수해야 한다고 주장한 사람들이었다. 이 개방파는 다양한 정치적 부류의 사람들로 느슨하게 연결된 집단이었다. 이를테면 페르난도 에레로 테헤도르와 로돌포 마르틴 비야, 아돌포 수아레스가 이끄는 국민운동의 청년 활동가들, 레오폴도 칼보 소텔로와 마르셀리노 오레하, 알폰소 오소리오 같은 저명한 가톨릭교도들, 페데리코 실바 무뇨스를 중심으로 하는 보수적인 가톨릭 전교자회 회원들, 마누엘 프라가와 그의 협력자들 등이 모두 개방파에 속했다.[247] 현상유지파와 개방파(또는 개혁파)의 근본적인 차이는 사실 에스파냐 사회가 겪고 있는 변화에 대한 분석과 그 변화에 대한 사회정치적 대응에 있었다. 현상유지파는 위기의 원인이 반체제 사상의 확산에 있다고 보고 체제의 기본 원칙을 더욱 엄격하게 유지해야 한다고 주문했다. 반면에 개방파는 그것이 정치 구조와 사회문화적 현실이 일치하지 않는 프랑코 체제의 시대착오적 태도에 있다고 보고

---

245 Enrique Moradiellos, *La España de Franco*, p.160.

246 Julio Gil Pecharromán, *Con permiso*, p.272; Abdón Mateos y Álvaro Soto, *El final del franquismo, 1959-1975. La transformación de la sociedad española* (Madrid: Historia 16-Temas de Hoy, 1997), pp.68-72; Enrique Moradiellos, *La España de Franco*, pp.173-174.

247 Joan Maria Thomàs, *Los fascismos españoles* (Barcelona: Ariel, 2019), pp.262-263; José Luis Rodríguez Jiménez, *La extrema derecha española en el siglo XX* (Madrid: Alianza Editorial, 1997), pp.321-324, 351-353; Julio Gil Pecharromán, *Con permiso*, p.275.

그 위기를 극복하기 위해서는 정권이 마땅히 새로운 시대에 적응해야 한다고 주장했다.

1970년 초에서 1973년 말까지 서로 다른 계파들 사이에 복잡한 논쟁이 벌어졌다. 논쟁은 대개 일부 성직자들과의 갈등, 테러 활동 증가, 노동쟁의, 대학생 시위, 문화적 저항 확산 등의 문제들을 둘러싸고 일어났다. 하지만 이러한 논쟁은 아무런 구체적 대안도 만들어 내지 못했다. 상원에 해당하는 국민운동 중앙위원회에서 벌어진 논쟁도 마찬가지였다.[248] 이 시기에 중앙위원회에는 정치적으로 서로 다른 입장들이 존재했다. 과거의 향수에 빠져 프랑코 체제의 창설 원칙에 집착하는 팔랑헤주의자들도 있었고, 프랑코 정권을 프랑코 사후에는 지속이 불가능한 예외적 체제로 보는 시각에 불만을 표시하는 대의원들도 있었으며, 카탈루냐와 바스크 지방의 민족주의 운동에 관심을 보이는 대의원들도 있었다. 또 새로운 사회에 정부가 적응하도록 정치적 변화를 추진해야 한다는 대의원들도 있었다. 주요 현안들에 대한 대의원들의 발언을 보면 그들에게는 저항 운동이 일어나고 있는 이유와 그 성격을 제대로 이해할 능력도 없었고, 해결책을 제시할 능력도 없었던 것으로 보인다. 다만 그들 가운데 상당수는 카레로 블랑코 정부가 치안을 유지하기는커녕 정권 내부의 갈등을 더욱 부추기게 될까 봐 염려하고 있었다.

이 시기에는 노동쟁의가 한층 강화되었다. 1970년에는 쟁의 횟수가 전년에 비해 3배나 늘었고, 이로 인해 노동자들의 참여와 쟁의 시간도

---

248 이에 대해서는 페레 이사스가 잘 분석했다. Pere Ysàs, "El Consejo Nacional," pp.365-380.

2배나 증가했다. 쟁의 지역도 전통적인 파업 지역들을 넘어서 다른 지역들로 확산했다. 비타협적인 정부 정책과 경찰의 탄압으로 연대운동이 더욱 활발해졌으며, 파업 참가 노동자들과 경찰의 대립도 격렬해졌다. 노동자위원회 지도부에 대한 탄압[249]에도 불구하고 노동쟁의는 사그라들지 않았다.

저항은 대학에서도 증가했다. 정부는 개혁 정책을 추진하면서도 시위는 무차별적으로 진압했다. 1970년 교육법(Ley general de Educación)으로 구체화된 호세 루이스 비야르 팔라시의 개혁안은 전 교육기관에 적용되는 야심 찬 개혁이었다. 하지만 그것이 대학에는 너무 늦게 적용되었다. 대학은 이미 소수의 대학생 활동가들에 의해 벽보가 나붙고 지하출판물이 배포되는 정기 집회와 연대활동의 장으로 바뀌었다. 여기에는 임금과 노동 조건 개선 등을 요구하는 비정규교수들의 강력한 운동이 상당한 영향을 미쳤다. 민주주의와 학문과 자율이 보장되는 새로운 대학을 요구하는 운동이 광범하게 확산하기 시작했다. 1973년 1월에는 반교육법 투쟁과 임금 및 노동 문제 개선을 내걸고 초중등 교원이 총파업을 벌이기도 했다. 전국에서 무려 10만 명의 교원이 이 파업에 참여했다. 이에 카레로 블랑코는 그해 6월 교육부 장관 비야르 팔라시를 해임했다.

정부와 가톨릭교회의 대립 또한 이 시기 프랑코 체제가 직면한 중요 문제였다. 가톨릭교회는 프랑코 체제를 지탱하는 중요 기둥 가운데 하나였기 때문이다. 앞서 살펴보았다시피 제2차 바티칸공의회의

---

249 1972년 6월 마드리드의 포수엘로 데 알라르콘 수도원에 집결한 노동자위원회 지도부 전원을 체포했다.

결정으로 민족가톨릭 국가의 토대가 뒤흔들렸고, 1953년에 체결된 정교협약은 거의 쓸모없게 되었다. 1970년대에 들어와 교회는 물론이고 주교를 비롯한 성직자들 대다수가 더 이상 국가가톨릭주의를 거론하지 않았으며, 일부 사제들은 심지어 반프랑코 운동에 가담하기까지 했다. 1971년에 교황청은 추기경 비센테 엔리케 이 타랑콘을 마드리드 교구장으로 임명했다. 1972년 3월, 제16차 주교회의 총회에서 친프랑코 체제 후보자들을 물리치고 총회장으로 선출되는 엔리케 이 타랑콘은 제2차 바티칸공의회의 정신을 따르던 인물이었다. 1971년 9월 주교와 사제 공동회의가 발표한 '교회와 국가의 상호 독립과 건전한 협력'에 관한 성명서는 에스파냐교회에 나타난 정치적 변화를 여실히 보여주었다. 이는 1953년에 체결된 정교협약을 무력화하고 프랑코 체제에 대한 교회의 독립을 주장한 선언이었다. 교회의 이러한 정치적 변화에 대해 카레로 블랑코 정부는 30년간 정권의 지원을 받아 온 교회가 배은망덕하다고만 생각하였을 뿐, 아무런 대비도 하지 않고 있었다.[250] 카레로 블랑코는 교회가 계속 든든한 지원 세력이 되어 달라고 요청했지만 주교회의는 교회와 국가의 분리, 민주적 다원주의의 정당성, 인권 존중의 가치를 명시한 '교회와 정치공동체'라는 성명서 발표(1973년 1월)로 답변을 대신했다. 정부는 또한 교회 시설의 활용에 대해서도 불만이 많았다. 교회 당국이 반정부 세력의 비밀집회와 각종 회의, 시위, 노동자들의 단식농성 등의 장소로 성당과 수도원, 신학교, 학교 등의 공간을 제공하고 있었기 때문이다. 이 밖에도 교회는 교구

250 프랑코는 교회가 등에 칼을 찔렀다고 측근들에게 얘기한 것으로 알려져 있다.

회보와 잡지를 통해 쟁의와 시위, 동원 등의 소식을 전하고 있었다. 아스투리아스와 마드리드의 일부 사제들은 경찰의 탄압에 대한 시위로 '미사 파업'을 주도하기도 했다. 이에 대해 당국은 강제 퇴거 조치를 단행하고, 간행물 출간을 금지 또는 정간 조치하였으며, 벌금도 물렸다. 또 정부를 비방하는 내용을 강론하거나 불법 전단을 배포한 혐의가 있는 성직자들을 체포하여 재판에 회부하였고, 경찰력을 동원해 체제 전복 활동에 가담한 사제와 교인들을 추적했다.

카레로 블랑코 정부가 직면한 또 다른 문제는 에타의 테러 활동이었다. 1968년 첫 암살 테러 사건 이후 에타의 테러 활동이 늘어나자 당국의 탄압도 거세졌다. 당국은 1969년에 무려 1,953명의 혐의자와 반체제 활동가를 체포했고, 1970년에는 에타 요원 16명을 체포하여 부르고스 군사령부 직할 군법회의에 넘겼다. 정치범을 군법회의에 넘긴 이 사건으로 에스파냐 국내외에서는 시위의 물결이 일었다.[251] 바스크에서는 물론이고 카탈루냐와 마드리드를 비롯한 주요 도시에서도 대중시위가 전개되었다. 이 부르고스 재판은 바스크 민족주의를 국제사회에 널리 알리는 이정표가 되었다.

이 부르고스 재판은 오히려 에타를 한층 더 자극했다. 에타의 이념에 차츰 관심을 가지게 된 바스크 주민들은 에타가 자행하는 폭력을 고육지책으로 받아들였으며, 민주적 저항 세력은 정부의 억압 정책을 비판하는 데 한목소리를 냈다. 하지만 정부는 통제를 더욱 강화했다.

---

251 16명 가운데는 사제 2명과 여성 5명도 포함되어 있었다. 이들 가운데 6명이 사형 판결을 받았으나 국내외의 압력 덕분에 장기징역형으로 감형되었다. Iker Casanova, *ETA: 1958-2008. Medio siglo de historia* (Tafalla, 2007), pp.117-119; John L. Sullivan, *ETA and Basque Nationalism* (New York: Routledge, 2015), pp.62-63, 92-99.

정부는 1970년 12월부터 1971년 4월까지 비상사태를 선포하고 4개월 동안 1,189명을 체포했으며, 사회적 갈등에 침묵하도록 언론과 출판을 통제했다.

이 시기에는 내각도 어수선했다. 공공사업부 장관 실바 무뇨스와 내무부 장관 토마스 가리카노 고니 등 정부의 현상 유지 정책과 견해를 달리하는 일부 각료가 사임했다. 1973년에는 국가원수와 총리직을 구분하는 구조조정이 단행되어 카레로 블랑코가 총리로 임명되었다. 전성기를 맞이한 카레로 블랑코는 일부 장관들을 해임하고 내각을 다시 구성했다. 카레로 블랑코 정부는 에스파냐 정치 현실에 눈을 감은 채 확실한 현상 유지 노선을 고수했다. 새 정부의 주요 목표는 체제 보전이었다. 이를 위해서 자유주의적이고 미온적인 인사들을 배제하고 프랑코주의자들을 통합하는 일에 힘을 쏟으려 했다. 하지만 프랑코주의 정치인들은 분열했고, 사회갈등은 증가했으며, 가톨릭교회와의 관계는 더욱 소원해졌다. 게다가 국제경제마저 심각한 위기에 처했다. 1973년 말에 국제유가가 갑자기 4배나 올랐다. 물론 카레로 블랑코 정부가 막을 내린 것은 이런 요소들 때문만이 아니었다. 1973년 12월 20일 오전 10시에 폭탄이 폭발하면서 총리가 타고 가던 차량이 하늘로 날아올랐다. 에타 요원이 치밀하게 기획한 오그로 작전(Operación Ogro)으로 카레로 블랑코가 사망했다. 총리 암살로 에스파냐 정계에는 엄청난 혼란이 발생했다. 그의 암살로 인해 프랑코 사후에 독재의 지속성을 유지해 나갈 디딤돌이 사라졌기 때문이다.[252] 그의 장례식은

252 카레로 블랑코의 측근 로페스 로도는 그의 죽음과 함께 프랑코 체제도 끝났다고 서술했다.

사진 6 하늘로 날아오른 카레로 블랑코 차량의 잔해

프랑코주의 정치인들의 혼란과 분노를 보여주는 표지 그 자체였다. 프랑코 체제는 이제 갈림길에 서게 되었다.[253]

카레로 블랑코 총리의 후임으로는 모든 계파가 짐작하고 있던 실용적 팔랑헤주의자이자 부총리인 토르쿠아토 페르난데스 미란다가 아니라,[254] 현상유지파 정치인 카를로스 아리아스 나바로가 임명되었다. 그는 1974년 1월 초에 프랑코주의 계파를 모두 아우르는 내각을 구성

---

253 Juan Luis Cebrián, "La agonía del franquismo," Javier Pradera y Santos Juliá (ed.), *Memoria de la transición* (Madrid: Diario El País, 1995), pp.5-16; Victoria Prego, *Así se hizo la Transición* (Barcelona: Plaza & Janés, 1995), pp.14-57.

254 총리 선출은 자문기관인 왕국위원회(Consejo del Reino)가 후보자 3명을 추천하고 프랑코가 그 가운데 한 명을 임명하는 절차를 거쳐 이루어진다. 1947년 계승법으로 신설된 왕국위원회는 1967년 국가조직법을 통해 당연직 위원 6명과 선출직 위원 6명으로 구성되었다. 이 위원회가 페르난데스 미란다를 애초부터 배제했다.

했다. 하지만 오푸스 데이 기술관료들은 제외했다. 이로 미루어 볼 때 아리아스 나바로는 기술관료 우위의 국면을 끝내고 새로운 시대를 열고자 했던 것으로 보인다. 이로써 오푸스 데이는 정부 내에서 16년간 행사해 온 영향력을 잃게 되었다.

아리아스 나바로는 1974년 2월 12일 코르테스에서 자신의 정책을 제시했는데, 그 정책에 모두가 놀라움을 감추지 못했다. 그것이 온건한 개혁 개방을 지향한다고 느껴졌기 때문이다. 이것이 이른바 '2월 12일 정신'이다. 언론은 이 '2월 12일 정신'이 신중한 변화의 바람을 상징한다고 의미를 부여했고, 개방파는 그의 새로운 정책 기조에 박수갈채를 보냈다. 하지만 민주 저항 세력은 그것이 프랑코 체제의 지속을 의미할 뿐이라며 반발했다. 일간지와 잡지에 대한 정치적 압력을 중단하고 온건파 민주주의 지도자들이 정치활동을 재개할 수 있도록 관용을 베풀겠다고 한 '2월 12일 정신'은 그들의 기대에 미치지 못했다.

아리아스 나바로 정부의 수완과 능력은 당시의 복잡한 문제를 풀어나가기에 턱없이 부족했다. 아뇨베로스 사건이 이를 잘 보여주었다. 1974년 2월 24일 빌바오 주교 안토니오 아뇨베로스는 미사 강론에서 바스크의 언어와 문화가 겪고 있는 차별을 유감스럽게 여기며 바스크인들 고유의 정체성을 존중하는 정치 체제를 수립해야 한다고 주장했다. 그러자 이러한 주장을 '국민통합에 대한 심각한 도전'으로 여긴 아리아스 나바로 정부는 그를 가택연금했다. 이는 국외 추방을 위한 사전 조치였다. 이에 아뇨베로스 본인은 물론이고 타랑콘 추기경과 주교회의까지 나서서 정부는 주교를 추방할 권리가 없고, 그런 지시를 내리는 사람은 오히려 정교협약에 따라 파문의 대상이 될 수도 있음을 상기시켰다. 교황 바오로 6세도 이들을 지원하고 나섰다. 이렇듯 에스파냐교회는 물론이고 바티칸과도 결별할 위기에 처하자 프랑코는 아리아스 나바로에게 추방령 철회를 요구하지 않을 수 없었다. 이 사건은 아리아스 나바로 정부의 정치적 패배로 끝이 났다.[255]

아리아스 나바로 정부는 억압 정책에서도 미숙함을 드러냈다. 좌파 활동가들을 대대적으로 체포하고 그 가운데 일부를 군법회의에 넘겨 교수형에 처했다.[256] 이는 당국의 정치적 권위를 높이고 카레로 블랑코의 죽음에 대한 보복을 주문하는 극우 집단의 요구에 부응하려던 조치였다. 관용을 요구하는 청원과 시위가 여기저기서 일어났으나 별 소용이 없었다. 아리아스 나바로의 2월 12일 연설로 생겨난 기대도 산산조각이 났다. 정부가 마치 표류하는 배와 같다는 인식이 생겨나면서 프랑코주의 계파들 사이에는 분열과 불신과 대립이 심화했다. 아리아스 나바로의 지지부진한 개혁 정책을 못마땅하게 생각하던 개혁파는 정부와 거리를 두기 시작했다. 반면에 체제의 지속 가능성을 염려한 극우파는 그들의 방어적 입장을 더욱 강화했다. 그런 가운데 아리아스 나바로의 정책에 반대하는 집단들은 공동의 정책을 제시하지 못하고 갈팡질팡하고 있었다.

아리아스 나바로 정부는 또한 뜻하지 않은 사건들로 조바심을 감추지 못했다. 그것은 1974년 4월 25일 이웃 나라 포르투갈에서 일어난

---

255 Enrique Moradiellos, *La España de Franco*, p.185; Luis Suárez Fernández, *Franco. Crónica de un tiempo.* VI. *Los caminos de la instauración. Desde 1967 a 1975* (Madrid: Actas, 2007), pp.743-750.

256 이때 카탈루냐의 청년 아나키스트 살바도르 푸치 안티크와 폴란드인 하인스 체스가 처형되었다. 이들은 각각 경찰과 치안대원을 살해한 혐의를 받았다.

독재 체제의 몰락과 같은 해 7월 24일 그리스에서 발생한 군사정권의 몰락이었다. 포르투갈의 '카네이션 혁명'은 장기간의 유혈 식민지 전쟁에 신물이 난 청년 장교들의 주도로 일어났다. 이 혁명을 지켜본 프랑코주의자들은 개인 위주의 독재는 체제 설립자 사망 이후에는 살아남지 못한다고 생각하기에 이르렀다. 그 후 얼마 지나지 않아 일어난 그리스 독재 체제의 몰락은 이들에게 또 다른 불길한 전조였다. 이 사건들은 극우파와 개혁파를 더욱 긴장하게 만들었다. 양측은 모두 자신들의 선택이 체제를 구출할 유일한 길이라고 확신했다.

이런 와중에 정치적으로 매우 중대한 사건이 발생했다. 1974년 7월 9일 신속한 외과수술이 필요한 혈전성 정맥염으로 프랑코가 마드리드병원 응급실에 입원한 것이다. 수술 후 합병증으로 병자성사를 받아야 할 정도로 환자의 상태는 악화했다. 그해 9월 초에 다소 회복세를 보이자 프랑코는 국가원수의 대권을 후안 카를로스에게 잠정 위임했다.

정국이 불안정하고 불확실하며 프랑코의 수명이 얼마 남지 않았음이 확실해지자 후안 카를로스가 아니라 그의 사촌 알폰소[257]를 옹립하려는 극우파의 음모가 시작되었다. 알폰소는 2년 전인 1972년에 프랑코의 맏손녀 카르멘 마르티네스 보르디우와 결혼한 인물이었다. 1974년 9월 2일에는 푸에르타 델 솔 광장 인근의 카페에서 테러 사건이 발생했다. 에타가 주도한 이 폭탄테러로 민간인 12명이 사망하고 80명 이상이 부상했다. 아리아스 나바로는 이 사건의 책임을 물어 극우파의

257 알폰소 데 부르봉 당피에르는 알폰소 13세의 아들인 돈 하이메의 아들이다.

사진 7 군대를 사열하고 있는 프랑코와 후안 카를로스(1975년 5월)

적대감을 사고 있던 개혁파 장관 피오 카바니야스를 해임했다. 그러자 이에 대한 항의 표시로 부총리 겸 재정부 장관 안토니오 바레라 데 이리모가 사임하고 개혁파 고위 관료 10여 명도 그와 함께 사의를 표명했다. 이러한 일련의 해임과 사임 사태로 개혁파와 친정부파의 정치적 결렬은 더욱 심화했다.

이 당시 상황을 더욱 복잡하게 만든 건 1973년 말에 시작된 국제경제의 위기였다. 유가 급등으로 시작된 이 위기의 심각성을 아리아스 나바로 정부는 제대로 인식하지 못했다. 이 위기를 에스파냐 외부에서 일어난 일시적 문제로 파악한 정부는 위기의 심각성을 축소해석하며 별다른 대책을 수립하지 않았다. 국제수지 흑자와 상당한 규모의 외환보유고 덕분에 에스파냐 경제가 견실하다고 믿었던 것이다. 국내총생산이 8퍼센트가량 증가하고 실업률이 매우 낮아서 1973년 에스파냐 경제는 실제로 좋아 보였다. 부정적 지표라고는 11퍼센트에 육박하는 인플레이션뿐이었다. 하지만 에스파냐은행과 경제협력개발기구가 내놓은 여러 보고서에 따르면 당시 에스파냐 경제는 중대한 약점을 지니고 있었다. 에스파냐 경제는 대외경제에 지나치게 폐쇄적이었고 국가 개입에 과도하게 의존하고 있었으며 경제 발전을 자극할 능력이 미약했고 무역적자가 심각했다. 경제협력개발기구는 한 걸음 더 나아가 근대적 기업 문화의 부재와 근대화를 자극하는 경제 환경의 결여를 에스파냐 경제의 또 다른 부정적 요소로 지적했다.

석유 위기가 시작되자 에스파냐 경제의 약점들이 더욱 두드러졌다. 1973년 10월부터 1974년 1월까지 4개월 사이에 국제유가가 배럴당 3달러에서 11.6달러로 4배나 급등하자 아리아스 나바로 정부는 규제와 통제를 강화하는 한편 수요 감소와 경기 후퇴 방지를 위해 유가보조금 정책을 폈다. 그 결과 에스파냐에서는 경제협력개발기구의 대다수 국가에서와 달리 석유 소비가 줄지 않았다. 1974년에는 석유 수입이 오히려 늘어났고, 유가보조금 정책에도 불구하고 1년 사이에 휘발유 가격은 70퍼센트나 올랐다. 위기는 곧 다른 부문들로 확산되었고, 수입 가격 증가와 수출 부진으로 무역적자도 늘어났다. 게다가 관광으로 벌어들이는 외화 수입도 줄어들었고, 대외자본의 에스파냐 투자도 급격히 감소했다. 1973년 5억 달러이던 국제수지 흑자가 1974년에는 32억 6,800만 달러의 적자로 돌아섰으며 외환보유고는 바닥을 드러냈다. 에스파냐 경제에는 경기침체와 물가상승이 동반되는 전례 없는 스태그플레이션 현상이 나타났는데, 이는 향후 10년 이상 지속되게 된다. 게다가 유럽에서 일하던 에스파냐인들 15만 명가량이 귀국하면서 노동시장의 사정도 나빠졌다. 이러한 경제 위기는 에스파냐의 산업 구조에 파괴적 영향을 미쳤다. 특히 제철업과 조선업, 직물업, 금속공업 분야는 큰 타격을 입었다. 이는 국내외의 수요 감소에 제대로 대응하지 못한 결과였지만, 보다 근본적으로는 위기가 일시적 현상일 뿐이라는 정부의 안이한 판단에서 비롯된 것이었다.

아리아스 나바로 정부는 또한 눈에 띄게 증가하기 시작한 사회갈등 문제에도 직면해야 했다. 1971년에서 1975년 사이에 분쟁이 무려 5배나 늘었다. 1975년에는 파업이 3천 건 넘게 발생했고 파업 참가자는 64만 7천 명에 달했다. 파업은 금속공업, 광업, 건설업 같은 전통적 분야에서 시작되었지만, 곧 조선, 은행, 보험, 보건, 교육, 지역 행정, 우편, 대중교통, 택시 등의 업계로도 확산했다.

임금 인상과 노동 조건 개선을 내걸고 시작한 대중시위는 사용자의 비타협적 태도와 경찰의 탄압으로 점차 정치적 성격을 띠어 갔다. 해고와 탄압 정책에 대한 단죄뿐만 아니라 노조의 자유까지 요구 사항에 포함되었다. 교회와 대학 중심의 농성과 작업장 점거, 항의 행진 등 투쟁의 형태도 다양하고 대담해졌다. 경찰과 치안대의 잦은 무기 사용으로 길거리 폭력도 늘었다. 군경 진압부대의 발포로 1969년부터 1975년까지 적어도 노동자 20명이 사망했다.

1975년 6월에는 노조연합회와 노동자위원회의 세력 대결을 방불케 하는 노조연합회 대의원 선거가 시행되었다. 90퍼센트에 육박할 정도로 높은 투표율을 보인 이 선거에서 투쟁력이 높은 공업 단지와 대기업에서는 노동자위원회, 노동조합연맹, 독립파의 3자가 주도한 '통일 민주파(democráticos unitarias)' 후보들이 승리를 거두었다. 프랑코 정권하에서 노동자 통제 기관 구실을 한 노조연합회는 대패했다.

이러한 대중 시위는 프랑코 체제 말기에 정부와 체제의 이미지를 훼손하고 체제의 내분을 심화하는 데 결정적으로 이바지했다. 그와 동시에 에스파냐 사회의 일부를 반프랑코주의 세력으로 정치화하는 데도 도움이 되었다.

이 시기에는 사회정치적 논쟁과 더불어 경찰과 사법기관의 탄압도 상당히 증가했다. 프랑코 독재 마지막 4년 동안 치안 법원에서 다룬 소송 사건이 1972년 1,695건에서 1975년 4,317건으로 대폭 늘었다. 파업 참가와 집회나 시위 참가, 표현의 문제로 재판받고 처벌받는 건수가 크게 늘어난 것이다. 이는 권리와 자유가 부재한 에스파냐의 현실을 명확히 보여주는 지표다.

한편 바스크 지방에서는 에타의 폭력 활동을 진압한다는 핑계로 경찰이 더욱 노골적으로 탄압에 나섰다. 1973년부터 1975년까지 3년간 시민 6,500명 정도가 체포되었는데, 그들 가운데 상당수가 학대와 고문을 당한 것으로 알려졌다. 에타는 이러한 탄압을 그들의 폭력을 정당화하는 구실로 활용했다. 에타에 의한 민간인 희생자가 1973년에는 6명이었는데, 1974년에는 18명, 1975년에는 16명으로 늘었다. 1968년부터 프랑코가 사망할 때까지 모두 44명이 에타에 의해 희생되었는데, 24명은 군경 진압대원이었고 나머지 20명은 민간인이었다. 이 시기에는 에타만이 아니라 마르크스-레닌주의 단체인 반파시즘애국혁명전선과 10월1일반파시즘혁명단(Grupos Revolucionarios Antifascistas

Primero de Octubre, GRAPO)도 테러 활동을 벌였다.[258]

1975년에는 아리아스 나바로 정부에 새로운 내부 위기가 발생했는데, 그에 대한 대처 과정에서 아리아스 나바로 정부는 커다란 한계를 드러냈다. 노동자들의 파업권을 제대로 인정하지 않은 정부의 정책에 이견을 지니고 있던 부총리 겸 노동부 장관 리시니오 델 라 푸엔테가 사임 의사를 밝혔다. 이 일로 아리아스 나바로는 비타협적 성향을 보인 각료 2명을 해임하고, 호세 마리아 산체스 벤투라를 법무부 장관에, 페르난도 에레로 테헤도르를 국민운동 사무총장에 각각 임명하는 소폭의 내각 개편을 단행했다. 아리아스 나바로가 개방파와 가까운 팔랑헤주의자 에레로 테헤도르를 기용한 건 뜻밖의 인사였다.[259] 1974년 10월에 기용된 정보관광부 장관 레온 에레라 에스테반은 정부 개방파의 약속과 달리 독립언론에 대한 공격의 고삐를 늦추지 않았다. 그는 『캄비오 16(Cambio 16)』과 같은 정부에 비판적인 언론들[260]을 징계하고 과징금을 물렸다.

1975년 2월에는 군 정보당국에 의해 젊은 군인들로 구성된 비밀

---

258 이 단체들에 대해서는 다음 자료를 참조하라. Carlos Hermida Revillas, "La oposición revolucionaria al franquismo: el Partido Comunista de España (marxista-leninista) y el Frente Revolucionario Antifascista y Patriótico," *Historia y Comunicación Social*, núm. 2 (1997), pp.297-312; Francisco José Setién Martínez, "El FRAP entra en escena (mayo de 1973). Discursos, mensajes y opiniones en la prensa de la época," *Historia y Comunicación Social*, núm. 4 (1999), pp.361-378; Colleen Sullivan, "First of October Antifascist Resistance Group," Gus Martin (ed.), *The SAGE Encyclopedia of Terrorism* (SAGE Publications, 2011), pp.209-210.

259 하지만 에레로 테헤도르는 그해 6월 12일에 교통사고로 사망하고 말았다.

260 『트리운포(Triunfo)』, 『안달란(Andalán)』, 『사바도 그라피코(Sábado Gráfico)』, 『엘 에우로페오(El Europeo, 유럽인)』, 『데스티노(Destino)』, 『디아리오 데 바르셀로나(Diario de Barcelona, 바르셀로나신문)』, 『누에보 디아리오(Nuevo Diario)』 같은 언론들이 여기에 해당했다.

단체의 실체가 밝혀지면서 상황이 더욱 복잡해졌다. 민주군인연맹(Unión Militar Democrática, UMD)은 1974년 포르투갈에서 일어난 혁명으로부터 추진력을 얻어 바르셀로나에서 출범했다. 그러나 불과 몇 개월 만에 소속 장교들 20명 이상이 체포되었다. 그들의 활동이 비밀회합과 성명서 발표에 국한되기는 했지만, 군대가 민주 체제로의 전환에 이바지해야 한다고 주장하는 그들의 존재 자체가 정치 상황의 복잡함과 군인들 사이에서 일고 있는 변화를 보여주는 징후였다. 물론 최고사령부와 장교들 대다수는 프랑코와 그의 체제에 여전한 신뢰를 보내고 있었다. 하지만 일부 청년 장교들은 민주적 성격의 정치개혁 추진에 공감하고 있었다. 이것이 민주군인연맹을 통해 사실로 드러났다.[261]

그 무렵 마누엘 프라가는 런던에서 에스파냐의 정치개혁이 불가피하다고 선언했다. 설립자 사후에는 프랑코 체제가 더 이상 생존할 수 없고 그것이 침몰하기 이전에 손을 써야 한다는 인식이 확산하고 있었다. 프랑코주의자들 사이에서도 불안감이 고조되고 있었다. 이에 대해 아리아스 나바로 정부는 비상사태 선포로 대응했다.

아리아스 나바로 정부는 1975년 4월 25일 비스카야와 기푸스코아에 비상사태를 선포했고 그해 8월 22일에는 테러와 전복 활동을 예방하고 혐의자를 소추하는 법령을 제정했다. 또 9월 초에는 약식 군사재판을 통해 에타 요원과 반파시즘혁명단 단원 11명에게 사형을 선고했다. 바스크 지방에서는 곧 이에 대한 저항 운동이 일어나기 시작했

261 민주군인연맹에 대해서는 다음 자료를 참조하라. Julio Busquets, *Militares y demócratas* (Barcelona: Plaza & Janés, 1999); Fidel Gómez Rosa, *UMD. Los militares olvidados por la Democracia* (Madrid: ViveLibro, 2013).

고, 이어서 이들에 대한 사면 청원 운동이 전국으로 확산했다. 에스파냐 주교회의와 교황 바오로 6세, 유럽의회, 영국 왕실, 후안 카를로스의 부친 돈 후안도 이 청원 운동에 참여했으며, 유럽 각국의 정부도 감형을 요청하고 나섰다.[262] 이에 프랑코는 6명의 형을 감형해 주었다. 하지만 나머지 5명은 그해 9월 27일 총살되고 말았다. 일이 이렇게 되자 에스파냐 주요 도시와 국외에서는 새로운 저항 운동이 확산했다. 기푸스코아와 비스카야에서는 노동자들 20만 명 이상이 참여하는 총파업이 진행되었으며, 유럽 각국의 수도에서는 대규모 시위가 전개되었다. 마드리드 주재 대사들 가운데 무려 15개국의 대사들이 본국으로 철수했고, 교황 바오로 6세도 프랑코의 관용 거부를 공개적으로 비난했다. 멕시코 대통령 루이스 에체베리아는 심지어 에스파냐를 유엔에서 추방하라고 요청했으며, 유럽의회는 에스파냐 정부 불신임안을 통과시키고 에스파냐와 유럽경제공동체의 통상협정 갱신 협상을 중단했다. 이로 인해 프랑코 정권은 또다시 제2차 세계대전 직후와 유사한 국제적 고립 상태에 놓이게 되었다.

이에 대한 아리아스 나바로 정부의 대응은 상황을 전혀 파악하지 못한 부적절한 것이었다. 이들은 10월 1일 마드리드의 오리엔테 광장에서 프랑코와 그의 체제 지지를 위한 대규모 집회를 개최했다. 쇠약한 몸으로 집회에 모습을 드러낸 프랑코는 에스파냐가 당면한 모든 문제의 원인을 좌파 프리메이슨의 음모와 공산 테러리스트의 전복 활동 소행으로 돌렸다. 이것이 국가원수로서 프랑코가 보여준 마지막

262 한편 군사기지 문제로 협상을 벌이고 있던 미국은 소극적 태도를 보였다.

활동이었다.

며칠 후인 10월 15일 프랑코에게 심근경색이 발생했고, 한 주 후에 그것이 재발했다. 의료진은 관상동맥 부전의 위기를 넘겼다고 보고했으나 82세였던 프랑코의 건강은 이미 나빠질 대로 나빠져 있었다. 그는 장폐색과 위출혈 합병증으로 국가조직법 제11조에 따라 후안 카를로스에게 권력을 이양해야 할 처지에 이르렀다. 거주지인 엘 파르도 궁에서 응급수술을 받은 그는 라 파스 병원으로 옮겨져 다시 수술받았다. 이후 온갖 수단을 동원한 연명 치료가 시작되었으나 1975년 11월 20일 새벽 프란시스코 프랑코는 결국 가족이 지켜보는 가운데 사망했다. 그의 곁에는 성녀 테레사의 썩지 않은 팔과 필라르 성모(Virgen del Pilar)의 망토가 놓여 있었다.

11월 22일 코르테스에서는 새로운 국왕 후안 카를로스 1세의 선서식이 거행되었고, 그 이틀 뒤에는 프랑코의 시신이 전몰자의 계곡 바실리카 내부 무덤에 안치되었다. 이 행사에 참가한 외국 정상은 칠레의 독재자 아우구스토 피노체트와 요르단 국왕 후세인뿐이었다. 그와 대조적으로 11월 27일에 거행된 새로운 국왕 즉위식에는 프랑스 대통령 지스카르 데스탱과 독일 대통령 발터 셸을 비롯한 외국의 고관대작들 상당수가 참석했다.

마드리드 주재 외국 대사관 상당수는 1974년 여름 프랑코가 처음 와병했을 때부터 체제의 종말이 임박했음을 짐작하기 시작했다. 독일과 프랑스, 영국의 대사들은 카우디요가 사라지면 독재 체제가 지속될 수 없을 것이라고 본국에 보고했다. 이들 국가의 정부는 독재자가 사망할 경우를 대비해 민주 저항 세력과 접촉했다. 프랑스 정부는 일

차적으로 온건파 민주주의자들과 개방파 프랑코주의자들에게 접근했다. 반면에 독일 정부와 영국 정부는 펠리페 곤살레스가 이끄는 사회노동당과 연락을 주고받았다. 그런가 하면 미국은 오직 군사기지 사용에 관한 협상에만 관심을 두었던 것으로 보인다. 마지막 순간의 프랑코 정권은 이처럼 적대적인 국제여론에 직면해 있었다.

한편 민주 저항 세력은 프랑코 정권 마지막 6년 동안 정치적 영향력을 꾸준히 늘리며 각종 사회운동에 적극적으로 참여하고 있었다. 특히 1974년 이후에는—그 과정이 비록 더디고 복잡하기는 했으나—행동의 통일과 미래의 정책에 대해서도 상당한 진전을 보였다.[263] 이렇듯 반프랑코 저항 세력의 이념과 주장이 설득력을 얻어 나간 데는 에스파냐 사회의 근대화, 곧 사회적·경제적·문화적 변화가 미친 영향이 컸다. 물론 각종 요구 사항을 내놓으며 일어난 사회갈등과 사회운동도 여기에 적지 않은 영향을 미쳤다. 1960년대의 사회적 근대화와 경제성장이 프랑코 체제를 지탱하고 있던 이념적 토대에 균열을 내기 시작했다면, 1970년대에 나타난 사회갈등의 증가는 현상 유지 체제를 약화하고 프랑코주의자들의 단일대오를 흩트리는 데 이바지했다. 자

263 기독교 민주주의자들에서부터 마르크스-레닌주의자들에 이르는 저항 세력들은 전략과 전술도 다양했다. 하지만 그들은 인권과 정치적 자유를 보장하고 민족과 지역의 권리를 인정하는 민주 체제를 수립하는 것이 최종 목표라는 데는 이견이 없었다. 실제로 민주 저항 세력의 통합 과정은 두 갈래로 전개되었다. 1974년 7월에는 공산당 중심의 민주위원회(Junta Democrática)가 발족했고, 1975년 6월에는 사회노동당 주도의 민주집중플랫폼(Plataforma de Convergencia Democrática)이 구성되었다. 프랑코 체제와의 명확한 단절을 추구한 민주위원회는 후안 카를로스의 프랑코 계승에 반대하고 국민투표를 통해 에스파냐인들이 바라는 체제를 선택해야 한다고 주장한 데 반해, 후자는 이러한 민주위원회의 단절 전략을 거부하고 후안 카를로스가 민주주의로의 전환을 수용한다면 군주제를 받아들일 수 있다고 주장했다. 이 두 단체는 결국 상호협력을 통해 1976년 3월 민주조정(Coordinación Democrática)이라는 이름으로 통합했다. 민주조정은 당시 '플랫위원회(Plata-Junta)'로 더 잘 알려져 있었다.

유주의적 군주제파나 기독교 민주주의자들 같은 온건한 내부 저항 세력이 제 목소리를 내게 만든 프랑코주의자들의 정치적 혼선 또한 여기에 한몫했다.

반프랑코 운동이 프랑코 독재를 무너뜨리지는 못했다. 하지만 프랑코 사후에 지속이 불가능할 정도로 그것을 허약하게 만들었다. 프랑코 정권은 점차 주도권을 상실해 갔고 설 자리를 잃어 갔다. 독재자가 사망했을 당시 에스파냐인들 대다수는 정치적 자유가 보장되는 체제를 바라고 있었다. 그들은 프랑코 체제의 지속이라는 해묵은 수사보다 그것을 변혁해야 한다는 저항 세력의 목소리에 더 귀를 기울이기 시작했다. 그들은 민주주의로의 정치적 변화를 염원했다.

제2부

에스파냐의 민주화

제4장

민주주의로의 전환(1975~1982년)

에스파냐의 민주화는 내전과 더불어 20세기 에스파냐 역사에 우뚝 솟아오른 봉우리와도 같다. 이 두 사건, 곧 에스파냐 내전과 에스파냐의 민주화는 에스파냐 국민의 삶과 기억에 특별한 각인을 남겼으며 나아가 다양한 국제적 관심을 촉발했다. 에스파냐의 민주화는 에스파냐에 권리·자유·다양성 추구와 사회정치적 합의 모색을 특징으로 하는 새로운 시대를 열어 주었다는 의미뿐만 아니라, 에스파냐 내전을 거치면서 두 개의 에스파냐로 나뉘어 40년 동안이나 지속되어 온 분열의 시대를 마감했다는 의미도 지니고 있다. 또한 국제적으로는 에스파냐의 민주화를 1980년대와 1990년대 라틴아메리카와 동유럽 국가들이 본받아야 할 민주화의 모델로 간주하기도 한다.[1]

에스파냐의 민주화는 1975년 프랑코의 사망과 더불어 시작되었다.

1 Josep M. Colomer, *La transición a la democracia: el modelo español* (Barcelona: Editorial Anagrama, S. A., 1998), p.9. 사회학적 측면에서 에스파냐의 민주화 모델을 연구한 대표적 학자는 후안 린츠이며 에스파냐의 민주화를 동유럽 국가들을 위한 최상의 사례로 제시한 이는 아담 쉐보르스키이다. Juan J. Linz, et. al., *Informe sociológico sobre el cambio político en España 1975-1981* (Madrid: Euramérica, 1981); Juan J. Linz & Alfred Stepan, *Problems of Democratic Transition and Consolidation* (Baltimore: The Johns Hopkins University Press, 1996); Adam Przeworski, *Democracia y Mercado: Reformas políticas y económicas en la Europa del Éste y América Latina* (Cambridge University Press, 1991), p.9.

에스파냐 역사상 최장기 독재 체제의 건설자이자 유지자였던 프랑코가 사망하면서 정치적 변화에 대한 기대감이 높아졌다. 하지만 프랑코 체제의 해체 과정은 그보다 앞서 시작되었다고 보는 게 타당하다. 1960년대 이래 에스파냐에 등장한 사회적·경제적·문화적 변화들이 사회 현실과 정치 역학 사이의 균열을 심화하고 체제 변혁의 필요성을 드러내 주었다.

1975년 11월 후안 카를로스가 국왕에 즉위하고 아리아스 나바로를 총리로 하는 제1차 군주제 내각이 출범했다. 하지만 아리아스 나바로 내각은 단명했다. 그의 뒤를 이은 아돌포 수아레스 총리는 아리아스 나바로가 추진한 현상 유지 정책의 기조를 버리고 정치개혁법을 통과시킴으로써 정치적 민주화 작업에 착수했다. 이렇게 시작된 민주화 작업은 1978년의 헌법 선포와 1979년의 총선을 거쳐 1982년의 총선으로 마무리되었다.[2]

다른 나라의 경우도 마찬가지겠지만 에스파냐의 민주화에 대해서도 제일 중요한 질문은 아무래도 그것이 어떻게 성공할 수 있었을까 하는 것이다. 이에 대해서는 크게 두 가지 해석이 존재한다. 후안 카를로스 국왕이나 아돌포 수아레스 총리 같은 정치적 변화를 주도한 정치 행위자들의 역할을 강조하는 해석이 그 하나이고, 인물보다는 구조적 요소에 더 큰 비중을 두는 해석[3]이 다른 하나이다. 후자는 사회

---

2 민주화 시기를 두고 1975년에서 1978년까지를 민주주의 수립기, 1979년에서 1982년까지를 민주주의 공고화기로 나누기도 한다. Julio Aróstegui, *La Transición (1975-1982)* (Madrid: Acento Editorial, 2000), p.9. 하지만 여기서는 좀 더 넓은 시각에서 1982년까지를 민주주의 전환기로 보고 그 이후 시기를 민주주의 공고화기로 다룬다.

3 이 흐름을 보여주는 대표 저작은 마누엘 투뇬 델 라라가 감수한 *Historia de España. Tomo 10. Transición y Democracia (1973-1985)* (Barcelona: Editorial Labor, S. A.,

경제적 변화가 민주화에 유리한 조건을 만들어 냈다고 본다. 그러나 구조적 요인과 주요 정책 결정자들의 역할을 별도로 구분하기란 거의 불가능하다. 에스파냐의 민주화는 이 두 가지 흐름이 함께 작용한 결과이며, 그 밖에 다양한 요인들로 말미암은 복잡한 과정의 산물로 보인다.[4] 그렇다 하더라도 20세기 후반의 민주화를 다루면서 민주 정부를 수립하기 위해서는 정치 지도자들이나 대중들과 같은 행위자들의 행동이 있어야 한다고 한 새뮤얼 헌팅턴의 말은 의미심장하다.[5] 이는 필시 민주화를 위한 모든 여건이 갖춰졌다고 해서 그 사회가 반드시 민주화로 이어지는 것은 아니라는 말일 것이다.

그런데 에스파냐의 민주화에 관한 연구는 지금까지 주로 구조적 측면에 무게를 두고 진행되어 왔다. 경제와 사회, 군대, 노동, 교회, 정당,

---

1991)를 들 수 있다.

4 이는 에스파냐 현대사학자 라우라 세라노 블랑코의 평가이기도 하다. Laura Serrano Blanco, *La España actual. De la muerte de Franco a la consolidación de la democracia* (Madrid: Editorial ACTAS, 2002), p.11. 한편 드 다른 역사학자 호세 알바레스 훈코는 에스파냐의 민주화를 설명하는 틀로 다음 네 가지를 들고 있다. 계급투쟁을 중심으로 보는 사회구조적 관점과 민주주의를 근대화의 결과물로 보는 기능주의적 관점, 문화심리적 요인이나 지도자론을 강조하는 주관적 해석 틀, 특정 행위자보다는 국가의 힘을 강조하는 정치-구조적 시각이 그것이다. 이 네 가지 관점을 크게 정치 우위의 시각과 사회사적 시각의 두 가지로 압축할 수도 있다. 이에 대해서는 다음 자료들을 참고하라. José Álvarez Junco, "Del franquismo a la Democracia," Antonio Morales Moya y Mariano Esteban de Vega (eds.), *La historia contemoránea de España* (Salamanca, 1996), pp.159-170; Santos Juliá, "Transiciones a la democracia en la España del siglo XX," *Sistema*, 84 (1988), pp.25-40; Juan J. Linz, "Innovative leadership in the transition to democracy and a New democracy: the case of Spain," Gabriel Sheffer (ed.), *Innovative Leaders in International Politics* (New York: State University of New York Press, 1993); Manuel Ortiz Heras, "Historiografía de la transición," *La transición a la democracia en España. Historia y fuentes documentales* (Guadalajara: Cuadernos de Archivos y Biblioteca de Castilla-La Mancha, 2004), pp.234-238.

5 Samuel P. Huntington, *The Third Wave: Democratization in the Late Twentieth Century* (Norman: University of Oklahoma Press, 1991), pp.106-108.

국제관계, 초국가적 압력 등을 연구의 단골 메뉴로 다루었다. 그에 반해 정치 지도자들의 역할을 고찰한 연구는 소수에 불과했다.

정치 지도자들의 역할, 곧 정치적 지도력의 중요성에 대해서는 앞서 언급한 새뮤얼 헌팅턴 외에도 여러 학자가 지적한 바 있다. 대표적으로 에스파냐의 민주화와 지도력 문제를 연구한 후안 린츠를 들 수 있다. 그는 일찍이 지도력의 중요성을 다음과 같이 강조했다. "잘 계획한 확실한 정치적 복안이 있어도, 그 과정에서 이를 와해시킬지 모를 예기치 못한 곤혹스러운 위기들에 직면하며 날마다 모종의 결정을 내려야 하는 특정 정치 행위자들을 다루지 않는다면, 어떠한 사회학적 모델이나 구조적 모델, 심지어는 정치적 모델도 그 과정을 설명하기에 적합하지 않다. 이런 맥락에서 지도력 문제가 중요하다."[6] 그리고 당시 총리로서 민주화를 진두지휘한 아돌포 수아레스도 에스파냐 현대사학자 카를로스 세코 세라노가 쓴 책의 서문에서 지도력의 중요성을 다음과 같이 강조했다.

> 무엇보다도 역사적으로 누적된 요인들(문화적, 사회적, 경제적 요인들)이 중요했으나, 그것을 결정하고 계획하며 완수하는 등 변화를 구체화하는 역할은 인적 요인이 담당했다. 첫째로는 전 과정의 초석이 된 국왕이다. 그의 지원과 격려가 없었더라면 이것은 불가

---

6 Juan J. Linz, "Innovative Leadership," p.142. 민주화 당시뿐 아니라 그 이후에 유행한 것은 사실 대중의 역할을 강조하는 것이었다. 하지만 1977년에 실시한 민주화의 과업에 크게 이바지한 사람이 누구인가를 묻는 설문에서는 흥미롭게도 응답자의 대부분이 대중이 아니라 주요 지도자들이라는 답을 내놓았다. Juan J. Linz, Francisco Andrés Orizo, Manuel Gómez-Reino y Darío Vila, *Informe sociológico sobre el cambio político en España* (Madrid: Euramérica, 1982), pp.115-148.

능했을 것이다. 둘째로는 당시 민주주의의 재건을 위해 정부와 정치 지도부를 맡았던 사람들이다. 셋째로는 국민이다. 에스파냐 국민은 회복된 주권 행사와 투쟁을 통해 이 역사적 변화를 지지했다.[7]

정치 지도자들 가운데서 에스파냐 민주화의 주역으로 꼽을 인물은 단연코 국왕 후안 카를로스와 총리 아돌포 수아레스이다. 흥미롭게도 프랑코 사망 후 25년이 지난 2000년에도 에스파냐 국민은 여전히 이들을 변화의 주역으로 생각하고 있었다. 에스파냐 사회과학연구소(Centro de Investigaciones Sociológicas, CIS)가 실시한 2000년 여론조사 결과에 따르면, 비중이 큰 정치적 변화의 주역이 아돌포 수아레스, 펠리페 곤살레스, 산티아고 카리요, 마누엘 프라가 등의 순서로 나타났으며, 사회 변화의 주역은 국왕, 일반 시민들, 노동운동, 언론, 학생운동, 지식인들, 군인들, 교회의 순서로 나타났다.[8] 에스파냐 국민은 아돌포 수아레스와 후안 카를로스를 민주화의 대표 주역으로 여전히 기억하고 있었다.

에스파냐 민주화에 이바지한 국왕 후안 카를로스의 역할에 관한 연구는 이미 어느 정도 진척되었다. 대표적으로 찰스 파월의 연구와 팔라시오 아타르드의 연구를 들 수 있다.[9] 반면에 아돌포 수아레스의 역

---

7 Carlos Seco Serrano, *Al correr de los días* (Madrid: Editorial Complutense, 1994), p.8.

8 Féliz Moral, *Veinticinco años después. La memoria del franquismo y de la transición a la democracia en los españoles del año 2000* (Madrid: Centro de Investigaciones Sociológicas, 2001), pp.21-24.

9 Charles T. Powell, *El piloto del cambio: El rey, la monarquía y la transición a la democracia* (Barcelona: Planeta, 1991); Vicente Palacio Atard, *Juan Carlos I y el advenimiento de la Democracia* (Madrid: Espasa Libros, Colección Austral, 1989). 이 밖에도 카를로스 세코 세라노의 글과 발터 베르네커의 글이 있다. Carlos Seco Serrano,

할에 관한 분석은 아직 많지 않은 실정이다. 이에 여기서는 독재 체제를 해체하고 헌법을 제정함과 더불어 민주적 게임의 기초를 마련한 민주화의 초기 단계(1975~1978)를 중심으로 아돌포 수아레스의 역할이 무엇이었는지를 살펴본다.[10]

개혁이냐 단절이냐

1960년대 에스파냐에서는 경제적 근대화가 추진되었고 그와 더불어 사회적 변화가 나타났다. 중산층의 생활 수준이 상승했고 도시화 속도가 빨라졌으며 복지에 대한 기대 수준도 높아졌다. 대학생 수가 전례 없이 늘어났으며 중요 계층과 도시 지역을 중심으로 사회가 더욱 활발하게 돌아갔다. 그런 가운데 프랑코 체제가 조여 대는 제도적, 정치적, 도덕적 코르셋은 더욱 답답하게 느껴졌으며 불만의 징후들은 날이 갈수록 늘어 갔다.

이런 변화는 프랑코 정권의 집권 세력 내에서도 나타났다. 내전 승리자의 자녀 세대 가운데 일부는 부모 세대가 추진해 온 운동에 반기를 들기 시작했고 베테랑 팔랑헤주의자들 가운데 일부는 국내 저항 세력과 망명지 저항 세력을 이어 주는 교량 역할을 자처하고 나섰다. 집권 세력은 독재 체제의 지속을 밀어붙이려는 무리와 그것의 제도적 결함을 보완하고 개선하려는 무리로 나뉘었으며, 1960년대에는 그들

"La Corona en la Transición española," Javier Tusell y Álvaro Soto (eds.), *Historia de la transición 1975-1986* (Madrid: Alianza Editorial, 1996); Walther L. Bernecker, "Monarchy and Democracy: The Political Role of King Juan Carlos in the Spanish Transition," *Journal of Contemporary History*, 33(1) (1998).

10 이 글은 『역사와 경계』(61, 2006)에 게재한 저자의 논문 「스페인 민주화와 아돌포 수아레스의 정치활동」을 대폭 수정 보완한 것이다.

간의 상호 적대감이 더욱 깊어졌다. 이른바 현상유지파와 개방파(또는 개혁파)의 대립이었다. 프랑코의 뒤를 이을 후계자에 대해서도 마찬가지였다. 오푸스 데이의 일원이자 기술관료인 라우레아노 로페스 로도와 해군 제독 루이스 카레로 블랑코 같은 이들은 프랑코의 후계자로 왕자 후안 카를로스를 지지했으나, 마누엘 프라가나 호세 솔리스 같은 각료들은 부르봉 왕실의 왕족 대신에 섭정을 지명해야 한다고 주장했다. 이 문제는 프랑코가 1969년 7월 22일 돈 후안의 아들 후안 카를로스를 자신의 후계자로 지명함으로써 일단락되었다.

하지만 프랑코 체제하의 제도는 여전히 미흡한 상태였다. 프랑코 개인에게 지나치게 의존하는 구조였기 때문이다. 1960년대에 프랑코는 자신이 사라진 이후에도 체제의 기본 특성이 지속되도록 코르테스를 통해 여러 기본법을 제정했다. 이를테면 1967년 국가조직법으로 국가원수와 총리를 분리했다. 이는 프랑코 없는 프랑코 체제의 존속을 위해 필수적인 장치였다.[11] 하지만 이 분리는 어디까지나 이론에 불과했고, 프랑코는 1973년까지 국가원수로서 총리직을 겸했다.

이런 법률들은 체제의 존속을 준비하기 위한 일부 조치에 불과했다. 보다 근본적인 국가원수의 승계 문제가 남아 있었다. 에스파냐는 1948년부터 왕국임을 천명했다. 하지만 후계자 지명권은 프랑코에게 있었다. 프랑코가 부르봉가의 후안 카를로스를 국가원수 계승자로 지명한 것은 앞서 말한 대로 1969년 7월 22일이었다. 이때부터 후안 카를로스는 에스파냐 왕국의 왕세자가 되었다.

---

11 이로써 프랑코는 권력을 관장하고 미래의 국왕을 모시는 절차를 진행하는 총리 직에 자신이 전적으로 신뢰하는 인물을 임명할 수 있게 되었다.

카레로 블랑코 정부하에서 프랑코 체제의 정통성은 갈수록 약화했고, 정치적 안정감도 떨어졌다. 이 시기에 정치적 반대 세력의 활동이 늘어났다. 대학생들과 일부 가톨릭 성직자들 사이에서도 그러했다. 바스크에서는 바스크 민족주의를 지지하는 새로운 세대가 등장했으며, 1959년에 출범한 에타는 1968년 이후 무장 투쟁을 벌이기 시작했다. 그뿐만이 아니었다. 노동자위원회를 중심으로 하는 새로운 노동운동이 등장했고, 노동조합연맹을 비롯한 가톨릭 성향의 노조들도 출현했다. 노동자위원회가 활발한 활동을 벌이자 1967년에 정부는 노동자위원회를 불법화하고 그 지도자들을 처벌했다. 하지만 기대와 달리 정부의 탄압으로 말미암아 노동분쟁은 오히려 증가했다.[12] 게다가 정부에 대한 가톨릭교회의 반응도 갈수록 냉담해졌다. 여기에는 에스파냐 주교회의의 세대교체와 제2차 바티칸공의회의 입장이 중대한 영향을 미쳤다.

프랑코의 집사 격인 카레로 블랑코는 개혁파의 목소리에 아랑곳하지 않고 프랑코 사후에도 프랑코 체제의 지속을 보장해 줄 정책을 펴 나갔다. 하지만 그는 1973년 12월 에타에 의해 살해되고 말았다. 이로 말미암아 그를 통해 정치적 승계 문제를 풀어 나가겠다는 카우디요의 계획에 차질이 생기게 되었다.

카레로 블랑코의 후임으로 총리에 임명된 카를로스 아리아스 나바로는 프랑코의 부인 카르멘 폴로와 그 측근들의 지원을 받고 있던 현상유지파에 더 가까운 인물이었다. 그는 개혁파와 현상유지파를 적절

---

12 노동분쟁은 1971년부터 꾸준히 증가했다. 1966년부터 1974년까지 분쟁 건수가 6배로 늘고 파업 참여 노동자들 수는 7배로 증가했다.

히 섞어서 내각을 구성했다. 그리고 1974년 2월 12일에는 변화하는 사회의 도전에 적응하고 더 많은 참여와 다원성의 요구에 부응하겠다는 온건한 개혁 개방 정책을 발표했다. 이 '2월 12일 정신'에 개혁파는 지지와 기대를 나타냈고 현상유지파는 마지못해 수긍한다는 반응을 보였다. 라이문도 페르난데스-쿠에스타와 같은 베테랑 팔랑헤주의자들과 토마스 가르시아 레불 같은 일부 장군들이 주도하는 현상유지파는 곧 '수구(벙커)' 세력으로 알려지기 시작했다. 이들 현상유지파가 개방 시도에 반발하고 아리아스 나바로 정부가 강경 정책으로 돌아서는 데는 시간이 얼마 걸리지 않았다. 이것이 가톨릭 성직자들과의 갈등, 카탈루냐 아나키스트 살바도르 푸치 안티크에 대한 사형 판결로 나타났다. 경찰은 노동자들의 집회를 해산하고 걸핏하면 그들을 체포했다. 아리아스 나바로 내각에서 현상유지파가 차지하는 비중이 커졌고, 그들의 영향력도 확대되었다.

하지만 1974년 4월 이후에는 외부의 자극으로 사회갈등이 더욱 확산됐다. 외부의 자극이란 다름 아니라 포르투갈의 카네이션 혁명과 그리스 군사정권의 몰락이었다. 이 사건들로 프랑코주의 엘리트들은 상대적으로 고립감을 느꼈다. 반면에 반프랑코 저항 세력은 새로운 희망을 얻었다. 내전 극복과 새로운 에스파냐 건설을 내걸고 민주군인연맹이 창립 성명을 발표한 것도 바로 이 무렵이었다. 민주군인연맹의 등장은 군대 내에서도 반체제 운동이 일어나고 있었음을 보여준다.

이 시기 반프랑코 저항 세력은 독재 체제의 신속한 붕괴에 대한 기대감과 유럽 각국의 사회민주 및 민주 계열 정당들의 지원에 힘입어 두 개의 플랫폼을 형성했다. 민주위원회와 민주집중플랫폼이 그것이다. 1974년 중엽에 출범한 민주위원회에는 자유주의적 군주제파부터 공산주의자들과 노동자위원회에 이르기까지 다양한 정치 세력이 참여했다. 민주위원회는 정치적 민주주의를 수립할 필요성을 확인하고 그 방법으로 이른바 민주적 '단절'을 채택했다.[13] 공산당이 그해 9월 대회에서 재확인한 이 민주적 '단절'은, 우선 독재를 타도하고 민족 화해의 임시정부를 수립한 다음에 국가형태를 묻는 국민투표를 시행하고 정치적 자유와 노조의 자유를 복원하며 대사면을 실시한다는 의미였다.

한편 민주집중플랫폼은 1975년 6월 사회노동당 주도로 결성되었다. 여기에는 좌파 정당들과 기독교민주당, 바스크민족당 등이 참여했다. 사회노동당은 1974년 10월부터 2명의 세비야 청년, 곧 펠리페 곤살레스와 알폰소 게라가 주도하기 시작했다. 파리 근교의 쉬렌에서 열린 제13차 사회노동당 전당대회에서 곤살레스는 사무총장에, 게라는 집행위원장에 각각 추대됐다. 곤살레스와 게라는 새로운 세대를 대표하는 인물이었다. 곤살레스는 마르크스주의를 받아들이기는 하지만 그것은 하나의 분석 수단일 뿐 절대적 진실은 아니며 당은 계급투쟁을 신봉하는 노동자 정당이어야 한다고 생각했다. 게다가 사회주의 사회를 지향하면서도 자유주의적 자본주의의 성과물인 인권과 경제적 발전을 도외시하지는 않았다. 이들의 사회주의를 당시 프랑스의 그것과 마찬가지로 '민주적 사회주의'로 자리매김할 수 있다. 하지만 프랑스의 미테랑과 달리 이들은 공산주의자들과 협력하는 데는 주저했다. 민주집중플랫폼의 정책은 본질적인 면에서 민주위원회의 그것과 크

13 Junta Democrática, "Manifiesto por la reconciliación," *Mundo Obrero*, 3ª semana de abril de 1975, pp.1-3.

게 다르지 않았다. 둘 다 민주적 단절을 추구했다.

이상에서 살펴본 연이은 내각 재편과 반프랑코 단체의 활동 증가뿐 아니라 테러 활동의 증가도 정치적 위기를 부추기는 데 한몫했다. 1974년 4월 이후 에타는 치안 부대원들의 암살을 기도했고 그에 따라 민간인 희생자들도 늘어났다. 이에 정부는 1975년 봄 기푸스코아와 비스카야에 비상사태를 선포하는 등 탄압의 강도를 높였다. 에타만이 테러 활동에 가담했던 것은 아니다. 반파시즘애국혁명전선과 10월1일반파시즘혁명단도 테러 활동에 뛰어들었고 그리스도왕게릴라대(Guerrilleros de Cristo Rey)와 초국가적 성향의 트리플레아(Triple A), 반테러 에타(Antiterrorismo ETA, ATE) 같은 극우 단체들도 마찬가지였다. 이들의 테러 활동으로 프랑코 정권 말기에 혼란과 불안이 더욱 가중되었다.

여기에 더해 경제 위기도 불안을 부채질했다. 1973년 시작된 국제 석유 위기의 여파와 국내 개발 동력의 점차적인 고갈로 인해 1959년에 시작된 에스파냐 경제의 팽창 국면이 서서히 끝나 가고 있었다.[14] 이런 경제 침체가 치솟은 인플레이션을 누그러뜨리지도 못했다. 정부와 기업의 부실한 대응은 경제 위기를 더욱 심화시켰고 더 많은 노동분쟁을 유발했다. 1972년에서 1974년 사이 파업 횟수가 853건에서 2,290건으로 늘었고 해고와 정직을 당한 노동자는 수천 명에 달했다.

이것이 프랑코가 사망할 당시 에스파냐의 정치적·경제적·사회적 상황이었다. 1975년 11월 20일 아침 총리 아리아스 나바로가 텔레비전을 통해 프랑코의 사망 소식을 전했다. 프랑코의 사망 소식에 대한 에

14 1972년에 7.8퍼센트이던 국내총생산 증가율이 1974년에는 5.7퍼센트로, 1975년에는 1.1퍼센트로 줄면서 이른바 에스파냐의 '경제 기적'이 막을 내리고 있었다.

사진 8 후안 카를로스 1세 국왕 즉위식(1975년 11월 22일)

스파냐 국민의 반응은 다양했다. 상당수 지역에서는 그 소식에 환호성을 질렀다.[15] 독재자의 죽음에 눈물을 흘리는 자들도 있었다. 하지만 대다수 사람은 숨을 죽이고 상황을 예의 주시했다. 11월 22일에는 부르봉가의 후안 카를로스가 국왕에 즉위했다.

프랑코의 죽음이 프랑코 체제의 갑작스러운 붕괴를 의미하지는 않았지만, 그렇다고 해서 아무런 변화가 없을 것 같지도 않았다. 새로 즉위한 국왕은 코르테스 연설에서 프랑코에게 존경과 감사를 표한 뒤에 향후 더 많은 시민의 성원이 있기를 바란다고 밝혔다. 게다가 11월 25일 국왕이 처음 주재한 제1차 각료회의는 정치범 429명에 대한 사면 조치를 단행했다. 이것이 일반사면은 아니었으나 저항 세력에게는 긍정적인 신호가 될 수 있는 조치였다.

15 다음 날 청소부가 수많은 샴페인 병을 수거해야 할 정도였다.

그런데 국왕은 아리아스 나바로를 총리직에 유임했다. 그렇다고 해서 후안 카를로스가 그를 신임한 것은 아니었다. 국왕은 그를 유임하면서 두 가지 조건을 달았다. 하나는 부르봉가의 측근인 토르쿠아토 페르난데스 미란다를 코르테스 의장 겸 왕국위원회 위원장으로 선출하라는 것이었고, 다른 하나는 내각 개편을 통해 개혁파를 입각시키라는 것이었다. 이런 조건에 따라 아리아스 나바로는 그해 12월 호세 솔리스와 아돌포 수아레스를 노동부 장관과 당 사무총장에 각각 기용했고, 마누엘 프라가를 부총리 겸 내무부 장관에 등용했다. 그러다 보니 아리아스 나바로 정부는 이질적이고 대립적인 각료들로 구성되었다.

새로 구성된 아리아스 나바로 정부는 12월 15일 최초의 각료회의 선언을 통해 서유럽과 유사한 '에스파냐 민주주의'를 수립하겠다고 약속했다. 하지만 실제로 민주화 추진에 적극적인 관심을 기울인 각료는 없었다. 아리아스 나바로의 입장도 모호했다. 그는 국왕의 요구 조건을 따르는 동시에 프랑코의 유산도 유지하고자 애썼다. 1976년 1월 코르테스에서 3가지 기본법(코르테스법, 계승법, 국가조직법)의 개혁안을 설명하면서 그는 대의제 기구의 발전과 결사의 자유의 보장, 자유와 기본권의 확대를 언급하였지만, 프랑코의 기억을 보존할 필요성도 함께 강조했다.[16] 개혁안의 기본 개념은 프랑코 체제의 지속이었고, 그것의 '완성'이었다. 반프랑코 저항 세력과 상당수의 개혁파는 아리아스 나바로의 이런 개혁을 점진적 민주화로 이어지는 실제적인 체제의 자

---

16 Carlos Arias Navarro, *Hacia una plenitud democrática: Discurso pronunciado en el Pleno de las Cortes Españolas, el día 28 de Enero de 1976* (Madrid: Edic. del Movimiento, 1976); "El presidente Arias, en el gobierno del rey," *Informaciones*, 28 de enero de 1976.

유화가 아니라, 프랑코 체제의 기본 원칙은 그대로 둔 채 그 외양만 바꾸려는 술책으로 파악했다.

이 시기에 반프랑코 저항 세력은 여러 단체의 사람들로 이루어져 있었다. 기독교 민주주의자들부터 소규모 자유주의자들과 자유주의 개혁파, 다양한 부류의 사회주의자들과 공산주의자들, 다양한 집단의 급진 좌파들이 여기에 참여하고 있었다.[17] 이 밖에 노동자위원회와 노총련 같은 노동조합 단체들도 여기에 합세했다. 이들을 묶어 주는 공통분모는 오직 한 가지, 프랑코 체제와의 확실한 단절이었다. 모든 정치범에 대한 일반사면, 노조의 자유와 언론의 자유를 포함한 집회와 결사의 기본 자유 복원, 모든 정당의 합법화, 임시정부 구성, 국가의 형태를 결정할 선거 소집, 제헌의회 구성이 즉각적으로 달성해야 할 이들의 목표였다.

에스파냐인들은 이제 프랑코 체제와 단절할 것인가, 아니면 프랑코 체제의 사회적·교리적·제도적 특성들을 지속해 나갈 것인가를 두고 양자택일해야 할 처지에 놓여 있었다. 국왕 후안 카를로스 1세는 프랑코 체제로부터 물려받은 제도와 법률의 갑작스러운 해체를 거부했다. 그는 과격한 단절이 아닌 협상에 의한 전환을 통해 군주제를 계속 유지하는 방안을 선호했다. 이처럼 국가형태 문제에 대한 그의 입장은 논쟁의 여지 없이 확고부동했다. 민주 저항 세력 가운데 일부인 개혁파도 민주주의는 군주제와 공존해야 한다고 생각했다.

그런가 하면 전환을 이끌어 나간 주역들 중 일부가 지적한 대

---

17 바스크민족당, 카탈루냐민주연합, 갈리시아인민당(Partido Popular Galego, PPG) 같은 변두리 소수 민족주의 단체들도 여기에 참여했다.

로—프랑코 체제 내 개혁파의 시각에서 보든, 민주 저항 세력의 시각에서 보든, 서유럽과 미국의 주요 지도자들 시각에서 보든—잘 설계하여 완벽하게 추진한 계획 같은 것은 없었다. 1978년 헌법과 전환 체제는 잘 준비한 계획의 결과물도, 국왕이 베푼 관용의 결과물도 아니었다. 민주주의로 전환하는 데는 여러 가지 임기응변과 우발적이고 돌발적인 합의, 곧 뜻밖의 결과들이 작용했다.

수아레스 총리의 개혁 구상

한편 민주 저항 세력의 지도자들은 내전과 장기간의 망명 생활, 지하활동 등의 경험을 통해 상호 간의 차이를 극복하고 통일 전선을 구축할 필요성을 절감했다. 이에 그들은 1976년 3월 민주위원회와 민주집중플랫폼을 통합하는 조정기관을 발족했다. 다양한 정치단체를 대표하는 민주조정(Coordinación Democrática)이라는 이름의 이 조정기관은 이후 '플랫위원회(Plata-Junta)'로 더 잘 알려졌다. 이 단체는 1976년 3월 대국민 성명을 발표하였는데, 여기에는 단체의 궁극적 목표와 그러한 목표 달성에 꼭 필요하다고 생각되는 조치들이 구체적으로 적시되어 있다. 성명서에 따르면 이 단체는 민주 국가로의 평화적 전환을 목적으로 내걸고 있고, 이러한 평화적 전환을 위해 국민의 정치적 권리 및 자유 보장, 노조의 권리 및 자유 보장, 정치범과 망명자들에 대한 일반사면 단행, 국가 내 다양한 민족과 지방의 정치적 권리 및 자유 보장, 국가와 정부의 형태를 묻는 보통선거의 국민투표 실시를 요구하고 있다.[18] 이

18 "Documento de Coordinación Democrática sobre la declaración del Gobierno," *Informaciones*, 23 de julio de 1976.

렇듯 민주 저항 세력은 민주적 단절을 공개적으로 주장하면서 민주정 수립을 위해 프랑코 체제의 개혁파와도 협상할 용의가 있음을 밝혔다. 그들은 이를 '협상에 의한 단절(ruptura pactada)'이라고 불렀다.[19] 이에 대해 동년 8월에 정부는 제헌 절차를 밟아 나갈 광범위한 민주적 합의 정부를 구성하기 위해 협상할 것이며, 이를 위해 정치적 기본권 및 노조의 기본권 행사를 보장하겠다고 밝혔다.

한편 1976년부터는 반체제 운동과 시위의 구심점이 대학에서 길거리로 바뀌기 시작했으며, 프랑코 사후 파업과 실업자 수가 급증하면서 노동분쟁이 사회운동의 주축으로 떠올랐다. 특히 1975년 11월 임금 인상의 상한선을 규정한 아리아스 나바로 정부의 법령이 코르테스를 통과하면서 1976년 초 노동분쟁의 증가를 유발하는 기폭제 역할을 했다. 물론 노동분쟁이 일시 증가한 데는 비단 노동 문제뿐 아니라 정치적 자유를 요구하며 경찰의 과잉 진압을 반대하는 시위, 각종 사면 요구도 상당한 영향을 미쳤다.

게다가 반지하단체 노조들도 반정부 운동에 박차를 가하기 시작했다. 특히 노동자위원회는 단체교섭력을 높이고 노동자들의 정치적 영향력을 증대하기 위해 노조의 통합을 제안했다. 사회주의 노조인 노총련은 이 통합안에 반대했지만, 아리아스 나바로 정부는 뜻밖에도 이러한 노총련을 지원했다. 1976년 4월 마드리드에서 열리는 노총련

---

19 Rafael del Aguila Tejerina, "La transición a la democracia en España: Reforma, ruptura y consenso," *Revista de Estudios Políticos*, núm. 25 (1982), pp.101-127; Santos Juliá, "En torno a los proyectos de transición y sus imprevistos resultados," Carmen Molinero (ed.), *La Transición, treinta años después* (Barcelona: Ediciones Península, 2006), pp.59-79.

제30차 대회의 개최를 허가해준 것이다. 정부의 속셈은 당시 약체였던 노총련을 강화하여 노조 운동의 분열을 유도하는 데 있었다. 따라서 이러한 유화 정책을 펴면서도 다른 한편으로는 경찰력을 동원해 파업을 강경 진압했다.

한편 후안 카를로스는 아리아스 나바로의 이러한 정치적 대응을 못마땅하게 생각했다. 그는 아리아스 나바로가 개혁을 마비시키고 우발적 단절로 이어질 저항의 물결을 초래하지나 않을까 노심초사했다. 그렇게 되면 군주제 복원이 위태로워진다는 생각에서였다. 군사독재에 뒤이어 들어선 민주 정부가 군주제 복원 여부를 국민투표에 부친 결과 유권자의 70퍼센트가 군주제를 반대하고 나선 그리스의 사례를 그는 타산지석으로 삼고 있었다. 아리아스 나바로는 고분고분하지 않은 총리였다. 그는 사르수엘라궁의 바람을 따르지 않는 전형적인 프랑코주의자였다. 결국 국왕이 직접 나섰다. 1976년 6월 미국을 방문한 후안 카를로스는 미국 하원에서 민주적 군주제를 복원하겠다고 밝혔다. 4월 26일 자 『뉴스위크』와의 인터뷰에서는 아리아스 나바로가 '혹독한 재난' 같은 존재라고 평하기도 했다. 아리아스 나바로는 결국 7월 1일에 사표를 제출했다.

이에 페르난데스 미란다가 주도하는 왕국위원회는 관련 규정[20]에 따라 3명을 총리 후보로 추천했다. 프랑코 정권의 장관을 지낸 젊은 개방파 인사 2명, 곧 페데리코 실바 무뇨스와 그레고리오 로페스 브라보, 그리고 거의 무명에 가까운 아돌포 수아레스였다. 사람들의 입에

---

20 당시 규정은 후임 총리를 선출할 때 왕국위원회가 3명의 명단을 작성하여 국가원수에게 제출하도록 되어 있었다.

오르내리던 외무부 장관 호세 마리아 데 아레일사나 내무부 장관 마누엘 프라가, 법무부 장관 안토니오 가리게스의 이름은 그 어디에도 없었다. 국왕은 7월 3일 이들 세 후보 중에서 아돌포 수아레스를 총리에 임명했다.

수아레스의 총리 임명 소식에 에스파냐는 물론 전 세계가 깜짝 놀랐다. 수아레스는 사실 예상외의 인물이었기 때문이다. 그는 1975년 에스파냐 언론인들이 뽑은 '미래의 정치인' 25명에도 포함되지 못했고, 1976년에는 겨우 19위에 이름을 올린 정도였다.[21] 아레일사나 다른 두 명의 총리 후보자들에게 기대를 걸었던 당시 정치인들은 속았다는 마음을 감추지 못했다.[22] 개혁파 진영에 속하는 역사가 리카르도 델 라 시에르바는 "웬 실수, 웬 엄청난 실수!"라는 제목의 기사를 『엘 파이스』에 실었다.[23] 수아레스 정부가 사실상 프랑코 정권의 정부라는 의미였다. 민주 계열의 잡지 『비평 노트』는 "정전(停電)"이라는 간단한 제목 아래 "수아레스의 임명은 실수였다. (…) 아무런 걸림돌 없이 민주주의의 도래를 후퇴시키려고 프랑코 체제의 기관들이 완벽한 술책을 쓴 것이다."라고 비판하며 반프랑코 진영 및 자유를 갈망하던 시민들의 탄식을 소개했다.[24] 공산당도 수아레스의 임명으로 "보다 개방적인 정부를 구성하여 반대파와의 협상을 개시할 가능성이 좌절되고 말

---

21 당시 1위를 차지한 인물은 마누엘 프라가였다. "25 políticos para el futuro," *Actualidad Española*, mayo de 1976.

22 Luis Carandell, "Un seductor llamado Adolfo," *Tiempo de Historia*, 72 (noviembre de 1980), p.20.

23 "Cinco años después: Un proceso abierto," *Tiempo de Historia*, 72 (noviembre de 1980), p.14.

24 Bernat Muniesa, *Dictadura y Transición. La España lampedusiana*. II. *La monarquía parlamentaria* (Barcelona: Publicacions i Edicions de La Universitat de Barcelona, 2005), p.52.

았다."라는 반응을 내놓았다.[25]

그렇다면 이 인물을 누가 왜 총리로 임명했을까? 임명이야 물론 국왕이 했다. 그렇다면 왕국위원회는 왜 수아레스를 총리로 천거했을까? 총리 천거 작업의 주역은 앞서 언급한 대로 왕국위원회 위원장을 맡고 있던 페르난데스 미란다였다. 그런데 그는 앞서 언급한 3인을 천거하는 회의를 마치고 나오면서 "국왕께서 저에게 요청하신 것"을 제안해야 할 처지에 있었다고 말했다.[26] 한마디로 그것이 국왕의 작품이라는 얘기였다.

수아레스의 전기에 나타난 그의 됨됨이를 볼 때 그가 당시 국왕의 뜻을 잘 받들 인물로 여겨졌을 것 같지는 않다. 그렇다면 국왕은 무엇 때문에 그를 낙점했을까? 아마도 1976년 6월 9일 코르테스에서 행한 수아레스의 연설이 직접적인 계기가 되었을 것으로 보인다. 자신의 정치적 복안을 분명하게 밝히는 그의 연설을 들으며 국왕은 기성세대 지도자들이 아니라 국왕 자신 세대의 인물을 총리에 임명해야 한다는 결론에 이르렀을 것이다.[27] 그리고 수아레스가 "새롭지만 아주 새롭지는 않은, 젊지만 아주 젊지는 않은, 팔랑헤당원이지만 지나친 골수 당원은 아닌, 군주제파이지만 극단적 형태의 군주제파는 아닌" 국왕 자신의 총리상을 만족시켜 줄 적임자라고 생각했을 것이다.[28] 요컨대 수아레스의 총리 임명은 국왕 후안 카를로스와 그의 측근들이 선택한

---

25 "Presidente por sorpresa," *Cambio 16* (12-18 de Julio de 1976), pp.8-13.

26 Julio Aróstegui, *La Transición*, p.37.

27 Juan J. Linz, "Innovative leadership," pp.145, 154.

28 Javier Tusell, *Dictadura franquista*, p.287. 아돌포 수아레스는 1932년생으로 당시 43세였으며, 민간 지사와 에스파냐방송국 국장을 지냈고, 국민운동 사무총장직을 수행하고 있었다.

개인적 선택의 산물이라고 할 수 있다. 그리고 그를 선택한 이유는 민주개혁의 임무를 더 젊은 세대에게 맡기려고 한 데 있었다. 아무래도 더 젊은 쪽이 다루기도 비교적 쉬울 것이라고 생각했을 것이다.[29]

이처럼 아돌포 수아레스의 총리 취임은 아리아스 나바로의 제한적 성격의 개혁 정책이 막을 내리고 국왕의 전폭적인 지원 속에 에스파냐 현대 민주주의의 막이 오르는 새로운 단계의 시작이라는 의미를 지니게 된다.[30] 하지만 일이 그렇게 쉽게 풀리지는 않았다. 우선 내각을 구성하는 데 상당한 어려움을 겪었다. 주요 정치인들이 입각을 원하지 않았기 때문이다. 결국 1976년 7월 8일, 20명으로 새 내각의 진용을 갖추었다. 새 내각의 특징은 젊음과 새로움이었다.[31] 이에 대한 반응은 수아레스 총리의 임명 때와 유사했다. 일부 반대파 지도자들은 비난을 퍼부었고, 언론들은 경험이 없고 신뢰할 수 없으며 분명한 색깔이 없는 젊은이들로 구성된 내각이 결국 단명할 것이라는 악담을 늘어놓았다.[32] 다른 한편으로는 "프랑코주의 청년들과 저항 세력의 노인들이 (…) 연대한 것"이라는 지적도 있었다.[33]

이러한 반응들에도 아랑곳하지 않고 수아레스 정부는 7월 16일에 정부의 기본방침을 발표했다.[34] 이 방침에는 새로운 체제 건설을 위한 법

---

29 Julio Aróstegui, *La Transición*, p.37; Laura Serrano Blanco, *La España actual*, p.28.

30 Carlos Seco Serrano, "La Corona en la transición española," Javier Tusell y Álvaro Soto (eds.), *Historia de la transición 1975-1986* (Madrid: Alianza Editorial, 1996), pp.155-156.

31 아리아스 나바로 내각의 각료들 가운데 3명만 새 내각의 각료로 참여했다.

32 "Parto con dolor," *Cambio 16* (19-25 de julio de 1976), pp.14-15. 각료들의 자질을 폄훼하는 의미에서 '강사들의 내각(gabinete de penenes)'이라 부르기도 했다.

33 Manuel Vázquez Montalbán, *Mis almuerzos con gente inquietante* (Barcelona: Planeta, 1985), p.144.

34 Adolfo Suárez González, *Declaración política del Nuevo Gobierno (julio de 1976)*

적·정치적 차원의 구체적 조치들이 담겨 있었다. 체제 내 개혁파들이 생각한 개혁 방식은 페르난데스 미란다가 제시한 것으로서, 기본적으로 '법에서 법으로(de la ley a la ley)', 곧 프랑코의 법에서 자유민주주의의 법으로 매우 조심스럽게 전환한다는 내용이었다. 프랑코 체제를 종식하기 위해서는 프랑코 체제 자체의 장치를 이용해야 한다는 것이다. 여기에 민주화 방식의 핵심이 존재한다. 체제를 그 내부에서부터 해체하고, 외부의 저항 세력과 더불어 미래 체제를 위한 합의를 모색한다는 것이다. 이것은 전면적인 단절을 피하기 위한 것으로서, 저항 세력은 물론이고 심지어 개혁파 상당수도 전혀 생각하지 않았던 방식이었다.[35] 정부는 이를 위해 두 가지 목적을 설정했다. 하나는 정부의 지도와 관리하에 평화적이고 질서정연한 방식으로 민주주의에 접근한다는 것이고, 다른 하나는 개혁 방안을 국민투표에 부쳐 국민의 의사에 따르겠다는 것이었다. 이는 '주권이 국민에게 있음'을 인정한다는 선언이었다.

여기서 수아레스의 개혁 구상을 좀 더 자세히 살펴볼 필요가 있다. 그는 총리 취임 직후인 7월 6일에 텔레비전을 통해 국민 앞에 선 적이 있다. 그 자리에서 수아레스는 앞으로 "정당들이 생기게 될 것이고 다음 정부들은 에스파냐 국민의 자유로운 선거를 통해 구성될 것"이라며 자신의 정치적 견해를 밝혔다. 그리고 그해 12월 15일에는 정치개혁을 위한 국민투표를, 1977년 6월 30일 이전에는 총선을 각각 시행하겠다는 정치 일정을 제시했다.[36] 이를 보면 수아레스가 민주주의에

(Madrid: Ediciones del Movimiento, 1976).

35 Julio Aróstegui, *La Transición*, p.38.

36 Bernat Muniesa, *Dictadura y Transición*, p.54.

대해 그 나름대로 분명한 입장을 지니고 있었음을 알 수 있다.

민주주의에 대한 수아레스의 이해는 그가 행한 다음 두 차례의 연설에 잘 나타나 있다. 첫 번째 연설은 그가 국민운동 사무총장이던 1976년 6월 9일 코르테스에서 정치결사법을 옹호하기 위해 행한 연설이다.[37] 그는 이 연설에서 프랑코가 통제해 온 조합주의적 코르테스를 자유화하고 민주화하는 것이 필수적이라고 호소했다.[38] 그는 '민주적 군주'가 개혁을 지지하고 있다는 내용으로 연설을 시작했다. 그리고 사회민주주의의 발전 단계에 따라 정부는 자유로운 정치결사를 허용하면서 다음 단계의 정치개혁으로 나아가야만 한다고 주장했다.

> 우리의 역사적 과업은 (…) 아주 단순합니다. 역사적인 순간의 합법적 운영자인 정부가 프랑코가 시작한 일을 완수하고 현대 민주주의를 견고히 하기 위한 장치를 만들어 낼 책임을 지고 있습니다.
>
> 정치결사체의 법제화를 제안한 정치결사법의 출발점은 우리 사회의 다원성을 인정하는 데 있습니다. 만약에 이 사회가 다원주의 사회라면 우리가 그것을 무시할 수는 없습니다.
>
> 정부가 누구와 더불어 협상해야 합니까?
>
> 선거를 치른 후에야 정당성을 지닌 질문자들과 정당한 대표자들이 존재하게 될 것입니다.

---

37 이 연설과 정치결사법의 전문에 대해서는 다음 자료를 보라. Adolfo Suárez González, *El Derecho de Asociación Política* (Madrid: Ediciones del Movimiento, 1976), pp.9-28.

38 분석가들은 국왕이 이 연설을 듣고 총리를 교체하기로 마음 먹었다고 보고 있다.

이상의 발언들에는 정당의 합법화와 자유 선거에 관한 의지가 담겨 있다. 이것을 집약적으로 표현한 것이 바로 앞서 살펴본 7월 6일의 텔레비전 연설 내용이다.

다음으로 두 번째 연설은 정치개혁 법안을 제출하기 전 텔레비전 방송에 출연해 행한 연설이다.[39] 이 연설의 목적은 코르테스 대의원들을 대상으로 정치개혁법안을 설득하는 데 있었다. 다시 말해 기존의 조합주의 코르테스를 없애겠다는 법안에 찬성하도록 코르테스 대의원들을 설득하는 연설이었다. 그들을 설득한다는 것은 사실 거의 불가능한 일이나 다름없었다. 그럼에도 수아레스는 "규칙이 없으면 '임기응변책'을 쓰기 쉽고 무정부 상태에 빠질 수도" 있으며, 새로운 헌법적 규범이 없다면 사회적 갈등이 발생할 수도 있다고 경고했다. 그는 코르테스를 향해서는 사람들이 자신들의 의사를 표현할 수 있도록 함으로써 갈등을 피해야 한다고 강조했고, 국민을 향해서는 코르테스가 이러한 역사적 과업을 잘 수행하리라고 확신한다고 말했다. 이어서 다음과 같이 공개선거 소집을 주장하고 선거일을 제시했다.

> 저는 늘 선거라는 단어를 언급해 왔습니다. 본질적으로는 이것이 제가 제안하는 가장 중요한 것입니다. 가능하면 빠르게 헌법 개정을 추진해야 합니다. 어찌 됐건 1977년 6월 이전에 직접, 보통, 비밀 선거를 통해 의회를 구성하게 될 것입니다. 국민 여러분은 이 선거를 통해 자신들의 미래를 건설하는 데 참여하게 될 것입니다. 왜

39 수아레스는 대중매체로서 텔레비전의 위력을 잘 알고 있었다. 이 연설에 대해서는 다음 자료를 참조하라. Pablo Lucas Verdú, *La octava ley fundamental* (Madrid: Tecnos, D. L., 1976), pp.103-108, 109-119.

냐하면 여러분 스스로 의사 표현을 통해 여러분 자신을 대변해 줄 대표들을 선출하고, 그렇게 선출된 대표들이 민족공동체에 영향을 주는 의사결정을 하게 될 것이기 때문입니다.

수아레스는 선거 이후까지 사임하지 않고, 군인들이 질서를 유지하고, 시민사회가 정치에 참여하게 하는 것이 자신이 맡은 기본 책무라고 생각했다. 그러면서 저항 세력 단체들과 지도자들의 존재는 인정하나 협상 대상자를 결정하는 것은 오직 선거여야 한다는 주장을 되풀이했다. "오늘날 스스로를 사상의 주역으로 자임하는 정치단체가 국민의 대표자들이 되는 길은 선거"뿐이라고 다시금 강조했다.

수아레스는 이어서 조합주의 코르테스를 해체하는 자유 선거 시행은 윤리적으로뿐만 아니라 역사적으로도 옳은 일이었다는 평가를 받게 될 것이고, 권력 공백은 없을 것이며, 법치가 성공적으로 이루어질 것이라고 국민을 안심시켰다.

프랑코 체제의 기관들이 이러한 개혁의 필요성을 이해하고 자신들이 봉사하는 국민에게 직접 호소하도록 도와줄 것이라고 정부는 확신합니다. 어떠한 헌법적 공백도 있을 수 없고, 있지도 않을 것이며, 어떠한 법적 의무의 공백도 없을 것입니다. 에스파냐가 법의 우월성에 기초한 법치국가이기에 이러한 공백은 결코 있을 수 없습니다.

또한 개혁은 정치개혁으로부터 시작되며 정치적 불모지대가 사라져야 경제가 안정되고 활성화될 수 있다고 수아레스는 파악했다. 그의 결론은 명백했다. 국민이 결정권을 행사하도록 해 주어야 한다는 것이었다. 이 연설에서 그는 "미래는 오직 국민만이 써 나갈 수 있기에 기록되어 있지 않다."라는 매우 의미심장한 말을 남겼다.

두 차례의 연설에 나타난 수아레스의 개혁 구상을 다시 한번 되짚어 보면 그가 합법적 권위를 가진 사람들에 의한 체제 변화를 지향하고 있었음을 알 수 있다. 이것은 내전의 승자들이 차지한 권력을 주권이 있는 국민에게 이양함으로써 가능할 것이었다. 이것이 바로 체제 내의 개혁도 아니고 과격한 단절도 아닌, 개혁에 의한 단절(ruptura reformada)이다. 이 개혁에 의한 단절을 위해 그는 반프랑코 저항 세력들이 요구하는 임시정부 수립이나 그들과의 연립정부 구성을 거부해야만 했다. 그리고 선거를 통해 새로운 민주 집권 세력이 선출될 때까지 권력을 유지해야 했다. 이를 위해서 한편으로는 저항 세력의 존재와 그 잠재적 대표성을 인정하되, 다른 한편으로는 선거 이후까지 그들의 민주적 대표성은 부정할 필요가 있었다.[40] 이 점을 수아레스는 애초부터 명확히 해 두었다. 그는 선거 이전에는 선거를 위해 저항 세력의 지도자들을 합법적 정치 행위자로 인정하고, 선거 이후에는 오직 정권 이양에 전념하겠다고 밝혔다.[41] 이 말에는 체제의 전면 붕괴를 피해야 한다는 그의 염원이 고스란히 담겨 있었다.

이러한 수아레스의 개혁 구상을 실현해 나갈 기본 수단이 바로 정치개혁법(Ley de Reforma Política)이었다. 사람들은 이 법을 프랑코 체제 최후의 기본법으로 간주하기도 하고 '전환 헌법'으로 간주하기도 했

40 Víctor Márquez Reviriego, *Diálogos españoles* (Barcelona: Editorial Argos Vergara, 1982), p.170.

41 Juan J. Linz, "Innovative leadership," pp.158-159.

다. 이 법은 '정치개혁의(of political reform)' 법이 아니라 '정치개혁을 위한(for the political reform)' 법이었다. 여기에는 의미상 중요한 차이가 있다. 정치개혁법이 개혁의 내용이 아니라 개혁을 위한 수단이라는 것이다. 이 법은 민주적 정통성을 결여한 사람들이 제정하는 것이기에 새로운 헌법은 아니었다. 하지만 이것이 새로운 헌법을 마련하는 전 과정에 합법적 정통성을 부여해 주기에 수아레스는 이를 매우 중요시했다. 프랑코 체제의 헌법에 충성을 맹세한 국왕에 대한 비난을 방지하기 위해서도 이것은 매우 중요했다.[42]

수아레스 정부는 출범과 동시에 세 단계의 목표를 설정했는데, 그것은 이상에서 살펴본 그의 개혁 구상에서 비롯한 것이었다. 그것은 첫째로 정치개혁법을 제정하는 단계이고, 둘째로 정당들과 주요 노조를 합법화하고 자유 선거를 시행할 선거 규정을 공포하는 단계이며, 셋째로 국민의 의사를 파악하기 위한 국민투표를 시행하는 단계였다.[43] 이제 이러한 세 단계의 목표에 비추어 수아레스와 수아레스 정부의 주요 활동을 정치개혁법 제정, 공산당의 합법화, 선거 시행과 헌법 제정으로 나누어 살펴보자.

수아레스 정부의 개혁: 정치개혁법 제정

먼저 프랑코 사후에 전개된 민주화 정책의 핵심을 담은 문서인 '정치개혁법'은 분명 코르테스 의장 페르난데스 미란다를 중심으로 만들

42 Juan J. Linz, "Innovative leadership," p.159.

43 Álvaro Soto, *Transición,* p.65.

어졌을 것이다. 그가 초안을 작성한 것으로 보인다.[44] 정치개혁법 초안은 1976년 8월 24일 각료회의에 제출되었다.

각료회의를 거쳐 마련된 정치개혁법 정부안의 골자는 국민주권의 원리와 법의 우위 선언, 기본권 불가침 확인, 보통 선거권 복원, 정치적 다원주의 확인 등이었다. 그 주요 내용을 간추려 보면 다음과 같다.[45]

· 프랑코 체제의 코르테스를 양원제 의회로 대체한다.
· 하원의원 350명과 상원의원 204명을 선출하기 위한 의회 선거를 개최한다.
· 선출된 상원의원 수의 5분의 1을 넘지 않는 범위에서 국왕이 상원의원을 임명한다.
· 상원의원과 하원의원의 임기는 4년이다.
· 의회 의장과 왕국위원회 위원장은 국왕이 임명한다.
· 헌법 개혁의 주도권은 정부와 하원에 있다.
· 헌법 개혁을 위해서는 상원의원과 하원의원 과반수의 찬성이 필요하다.
· 국왕이 헌법 개혁법을 재가하기 전에 그것을 국민투표에 부쳐야 한다.
· 국왕은 헌법적 성격의 것이든 아니든 간에 국가적 관심사의 정치적 선택을 국민에게 직접 물어볼 수 있다. 이는 국민투표를 통해 결정하고 그 결과는 국가의 모든 기관에 우선한다.

---

44 이 법안의 작성과 수정을 놓고 다양한 해석이 존재한다. 이 밖에도 국민운동 사무총장안과 오소리오안이 있었다. 하지만 총리안을 거의 원안 그대로 수용했다.

45 이하 정치개혁법안과 정치개혁법의 주요 내용은 다음 자료를 참고하라. Álvaro Soto, *Transición*, pp.66-68.

여기에 언급한 민주적 대의기구 창설과 선거제도 제정, 법 개혁 절차에 관한 내용은 개혁 그 이상의 의미를 지닌다. 그런데 그 과정에서 국왕의 역할이 결정적인 것으로 나타나 있다. 요컨대 이 법안은 한편으로는 민주적이고 다른 한편으로는 권위주의적인 이중적 성격을 지니고 있었다. 그해 9월 10일 각료회의를 통과한 이 법안은 같은 날 텔레비전을 통해 전 국민에게 공지되었으며, 다음 날인 9월 11일 프랑코 체제의 유일 정당인 국민운동의 중앙위원회에 이송되었다.

한편 수아레스는 이미 한편으로는 프랑코주의 세력들의 지지를 확보한 상태에서 다른 한편으로는 민주 저항 세력의 관용을 얻고자 이중 작업에 착수했다.[46] 7월 6일부터 저항 세력 지도자들과 국가의 정치적 미래를 의제로 면담했고, 8월에도 그러한 면담을 이어 갔다. 사회노동당의 펠리페 곤살레스도 이때 총리와 면담했다. 면담을 마친 그는 성명을 통해 수아레스에게 "진정으로 민주주의 체제를 수립할 의지가 있음"을 확인했다고 밝혔다.[47] 수아레스는 공산당 지도자 산티아고 카리요와도 회동했다. 그는 카리요에게 정치와 사회와 경제의 기존 구조를 최대한 그대로 둔 평화적 이행을 설파하며 그것을 방해하지 말아 달라고 간청했다.[48] 개혁주의 우파와 모종의 타협을 하는 것이 불가피할 뿐만 아니라 대중 세력 중심의 임시정부가 그 해결책이 될 것 같지도 않다고 판단하게 된 카리요는 평화적 변화를 위한 타협

46 Víctor Márquez Reviriego, *Diálogos*, p.170.

47 *Cambio 16*, 26 de julio-1 de agosto y 16-22 de agosto de 1976.

48 Gregorio Morán, *Adolfo Suárez: historia de una ambición* (Barcelona: Planeta, 1979), pp.331-332.

을 수아레스에게 보장해 주었다.[49] 수아레스는 9월에 저항 세력과 더 자주 회동했다. 기독교 민주주의자 힐 로블레스와 루이스 히메네스, 사회노동당의 곤살레스와 페르난도 무히카, 사회인민당의 티에르노 갈반이 총리실을 찾았다. 경제학자이자 정치가인 라몬 타마메스의 중재로 공산주의자들도 총리실을 방문했다.

수아레스 총리는 민주 저항 세력에 대해서뿐만 아니라 군부에 대해서도 깊은 관심을 기울였다. '사실상의 권력'이라고 할 수 있는 군대의 불만을 사서는 안 되기 때문이었다. 그는 9월 8일 고위급 장교 29명으로 구성된 주요 지휘관 회의를 국왕의 이름으로 소집했다. 자신의 정치개혁 방안을 설명하는 이 자리에서 수아레스는 공산당을 합법화하지 않을 것이며 선거에서 승리할 자신이 있다고 그들을 안심시켰다. 이러한 수아레스의 지지 요청은 군 내부에 커다란 반향을 불러일으켰다. "조국을 사랑하는 마음으로 여러분에게 요청합니다. 평화와 통일을 유지하십시오. 제게 보여준 것과 같은 애정과 충성으로 장차 에스파냐의 국왕이 될 부르봉가의 돈 후안 카를로스에게 복종하십시오. 그리고 제게 보여준 지지와 협력을 그에게도 늘 제공해 드리십시오."라는 프랑코 장군의 유지를 받들고 있던 군부는 총리의 배후에 있는 국왕을 생각하며 마지못해 수아레스를 지지한다는 의사를 밝혔다.[50]

법안은 곧 국민운동 중앙위원회에 넘겨졌고 국민운동 중앙위원회

49 Paul Preston, *El triunfo de la democracia en España* (Barcelona: Grijalbo Mondadori, 2001), p.172.

50 Laura Serrano Blanco, *La España actual*, p.23; María Isabel Ruiz García, "Adolfo Suárez y la ley de reforma política," Javier Tusell (dir.), *Historia de la transición y consolidación democrática en España (1975-1986)*, I (Madrid: UNED, 1995), p.275.

는 9월 29일부터 10월 2일까지 정부가 제시한 법안을 논의했다. 그리고 10월 8일 찬성 80표, 반대 13표, 기권 6표로 법안을 승인했다. 이는 사실 그리 놀라운 결과가 아니었다. 군부가 이미 법안을 수용하기로 한 마당에 그들이 이 법안을 거부할 아무런 이유가 없었다.[51]

반면에 저항 세력들은 정부안에 대해 반대 의사를 명확히 밝혔다. 우선 사회노동당은 전제적 권력 행사 요소를 내포하고 있는 이 법안에는 민주적 대안 모색에 대한 진정성이 없다고 판단했다.[52] 그런가 하면 공산주의자 라몬 타마메스는 이 법안이 "아무것도 이뤄 내지 못할 것"이라고 평가했다.[53] 공산당 집행부는 심지어 이 법안과 관련하여 '반민주적 사기'라는 내용의 성명서를 내기도 했다.[54] 좌파 지식인 호세 비달 베네이토는 이 법안을 '국왕의 정치개혁안'으로 이해했으며, 극단적으로는 이것을 '프랑코주의자들의 작품'이라고 규정했다.[55]

하지만 이 밖의 다른 저항 세력 집단들은 이 법안을 지지했다. 9월 말경에는 공산당의 합법화가 민주주의의 선결 요건이라고 지적했던 곤살레스도 11월 말경에는 그것이 현실성 없는 의견이라는 점을 깨달았다. 군부의 의사를 거스르는 변화를 시도할 수 없는 상황에서 그는 수아레스가 진행하는 시도들에 대해 수긍하는 태도를 보이지 않을 수 없었다.[56]

---

51 María Isabel Ruiz García, "Adolfo Suárez," pp.277-278.

52 *El País*, 18 de septiembre de 1976.

53 *Cambio 16*, 20-26 de septiembre de 1976, pp.8-13.

54 *Mundo Obrero*, 15 de septiembre de 1976.

55 Julio Aróstegui, *La Transición*, p.42.

56 Gregorio Morán, *Adolfo Suárez*, p.334; Eduardo Chamorro, *Felipe González: un hombre a la espera* (Barcelona: Planeta, 1980), pp.133-136.

한편 중도우파 정당들은 매우 신중한 태도를 보였다. 이들은 그 배후에 국왕의 전폭적인 지지가 있음을 알고 있었기에 감히 함부로 반대 의사를 표시하지 못했다. 반면에 자유주의자들과 사회민주주의자들은 이것이 민주화를 실현해 낼 방안이라고 보고 환영했다.[57]

법안은 11월 15일 코르테스로 이송되었다. 수아레스는 코르테스 대의원들을 설득하기 위해 더욱 기민하게 움직였다. 법안 통과를 위해서는 대의원 3분의 2 이상의 지지가 필요했다. 수아레스 정부는 이 표를 얻기 위해 많은 '노력'을 기울였다. 특히 광범위한 부동층을 공략했다. 이를테면 대의원 에밀리오 아타르드가 왜 상원을 신설하려고 하는지를 수아레스에게 물었을 때 그는 기회를 놓치지 않고 이렇게 대답했다. "항복해야 할 대의원들에게 상원 의석을 제공하지 않는다면 정치개혁법이 어떻게 성공을 거둘 수 있겠습니까?"[58]

1976년 11월 18일 저녁 9시 30분 "법안이 통과되었습니다."라는 코르테스 의장 페르난데스 미란다의 공포와 더불어 이 법안은 마침내 코르테스의 승인을 받았다. 수구 세력의 반대[59]에도 불구하고 전체 531표 가운데 497명이 투표에 참여하여 찬성 425표, 반대 59표, 기권 13표로 법안이 통과되었다.[60]

이러한 결과를 두고 전환기를 연구한 정치학자 라울 모로도는 그것

---

57 María Isabel Ruiz García, "Adolfo Suárez," pp.277-278.

58 Álvaro Soto, *Transición*, p.75. 실제로 1년 뒤에 치러진 총선에서 대의원 31명이 민주중도연합(Unión de Centro Democrático, UCD) 이름으로 출마해 27명이 의원에 당선되었고, 54명이 국민행동(Acción Popular, AP) 후보로 출마해 10명이 의원에 당선되었다.

59 이들은 프랑코가 반대했을 거라면서 반대표를 던졌다.

60 María Isabel Ruiz García, "Adolfo Suárez," p.278.

이 국왕의 법안 지지와 여론의 압력에 힘입은 것이라고 보았다.[61] 반면에 영국 역사학자 폴 프레스턴은 이를 권위에 순종하는 습관에서 비롯된 결과로 파악했다.[62] 하지만 정치개혁법이 통과된 직후 실시한 여론 조사는 수아레스 정부의 노력이 더 큰 비중을 차지했다는 사실을 보여준다. 당시 "변화의 긍정적 측면은 누구의 공적인가?"라는 질문에 대해 정부 26퍼센트, 국왕 23퍼센트, 수아레스 총리 20퍼센트, 저항 세력 8퍼센트, 의회 3퍼센트, 국민 20퍼센트라는 답변이 나왔다.[63]

프랑코의 절친인 극우파 제독 가브리엘 피타 다 베이가 해군 장관은 법안이 코르테스의 승인을 받았다는 소식을 듣고 다음과 같이 평했다고 한다. "프랑코 체제의 합법성을 통해 민주적 개혁이 추진될 것이기 때문에 마음이 편안하다." 한편 공산당 지도자 산티아고 카리요는 이런 결과를 정치 집단이 자진 해산을 결정한 전례 없는 사건으로 규정했다.

> 우리는 생뚱맞은 광경을 목격했다. 가장 강경한 프랑코주의 정치 집단이 자신과 체제를 대변하는 기관들의 희생을 받아들이고 기존의 관료주의와 관련이 적은 비교적 젊은 인물들로 구성될 개혁 세력의 등장을 허용해 주었다.[64]

법안이 코르테스를 통과한 후에도 수아레스는 자신이 추진하고 있

---

61 Raul Morodo, *Transición política* (Madrid: Tecnos, 1985), p.110.

62 Paul Preston, *El triunfo*, p.179.

63 후안 린츠 & 알프레드 스테판 지음, 김유남 외 옮김, 『민주화의 이론과 사례: 이상과 현실의 갈등』(삼영사, 1999), p.125, 각주 11.

64 Álvaro Soto, *Transición*, p.75.

는 개혁이 진정한 개혁이라며 대중을 설득하는 작업을 계속 추진해 나갔다. 이 무렵 온건한 저항 세력 지도자들과의 대화도 결실을 보기 시작했다. 수아레스 정부의 협상에 응하기 위해 1976년 10월 23일 플랫위원회의 외연을 확대해 구성한 민주단체플랫폼(Plataforma de Organismos Democráticos, POD)[65]은 당초 11월 4일 라스팔마스에 모여 정치개혁법안을 국민투표에 부치겠다는 수아레스의 계획을 거부하기로 했지만, 며칠 뒤인 11월 27일 열린 기타 집단들과의 비상대회에서는 한 걸음 물러섰다. 이들은 자신들이 주장해 온 선거 감시를 위한 임시정부 구성 요구를 철회하고 결국 수아레스의 계획을 받아들였다.

정치개혁법안은 1976년 12월 15일 시행한 국민투표에서—〈표 1〉에서 보듯이—유권자의 77.7퍼센트가 참여한 가운데 94.1퍼센트의 찬성표를 받았다.[66] 이런 결과는 에스파냐 국민이 대립이 아니라 변화를 희망했음을 보여준 것으로서, 수아레스의 입지를 상당히 강화해 주었다. 그는 현상유지파와 단절파를 동시에 물리치고 상당한 정도의 국제적 지지를 얻게 되었다. 수아레스 정부는 이제 권위주의적 권력구조를 해체하고 민주적 권력구조를 구축하는 작업에 한층 더 매진할 수 있게 되었다. 정부는 곧이어 대화와 협상과 법적 조치를 통해 민주적 자유 선거를 시행할 여건을 만들어 가기 시작했다.[67]

---

65 여기에는 민주조정(플랫위원회)을 중심으로 각 지방의 조정기관, 곧 카탈루냐총회, 발레아레스총회, 카나리아민주세력조정 등이 참여했다.

66 이 투표는 내전 이후 에스파냐에서 개최된 가장 자유로운 투표였다. 국민 대다수는 정치적으로 조종받지 않고 자신들의 견해를 자유롭게 표현했다고 생각했다.

67 1977년 1월부터 그해 6월 15일의 총선까지 정부는 무려 37개의 법령을 공포했다. Álvaro Soto, *Transición*, pp.76-77.

표 1 정치개혁법 승인을 위해 치러진 1976년 국민투표의 지역별 투표율과 지지율

	투표율(%)	지지율(%)
전국	77.7	94.1
안달루시아	81.9	95.7
카탈루냐	74.1	93.4
갈리시아	69.8	95.5
바스크	53.9	91.2

출처: 중앙선관위. José María Maravall y Julián Santamaría, "Transición política y consolidación de la democracia en España," José Felix Tezanos, Ramón Cotarelo y Andrés de Blas (eds.), *La Transición Democrática Española* (Madrid: Editorial Sistema, 1993), p.202.

수아레스 정부의 개혁: 공산당의 합법화

수아레스 정부가 정치개혁법을 제정한 다음에 직면한 또 다른 난제는 공산당의 합법화 문제였다. 이를 위해 정부는 1977년 초 3개월 동안 민주 저항 세력과 계속 협상을 벌였다. 협상의 주요 의제는 사면의 확대와 모든 정당의 합법화, 새로운 선거법 제정 등이었다. 2월 27일 산티아고 카리요와의 회동이 그 절정이었다. 이 회동을 통해 양자는 여러 사안에 대한 합의에 도달했는데, 그 가운데서 핵심적인 사안이 공산당의 합법화 문제였다. 이때 카리요는 공산당의 합법화를 조건으로 공산당이 에스파냐의 국기와 군주제를 받아들이겠다는 의사를 표시했다. 수아레스도—1976년 9월 군부와 회동할 당시에 공산당을 합법화하지 않겠다고 약속했음에도 불구하고—이 자리에서는 공산당의 합법화를 약속했다. 이러한 수아레스의 이중적 태도는 저항 세력의 참여 없이는 체제 변화의 합법성도 없다는 절박함에서 비롯된 것으로 보인다. 정치개혁법 제정이 민주화를 위한 첫 번째 관문이라면, 저항

세력의 총선 참여는 민주화를 위한 두 번째 관문에 해당했다.[68]

이런 가운데 수아레스 정부는 1977년 2월 정치결사법을 개정하여 정당을 합법화했고[69] 3월에는 특별사면을 확대했으며 4월에는 프랑코 체제 유일의 합법 정당이던 국민운동을 해체했다. 수아레스는 또한 공산당의 합법화가 불가피함을 확신하고 그 준비 작업을 비밀리에 추진했다. 이를 군인들에게는 물론 내각의 각료들에게도 비밀로 했다. 그리고 정치활동을 거의 하지 않는 성주간의 휴가 기간인 4월 9일 공산당을 합법화한다는 법령을 공포했다.

공산당의 합법화 조치는 예상대로 상당한 소동을 불러일으켰다. 피타 다 베이가 해군 장관을 비롯한 일부 장군들이 사의를 표명했고 군사쿠데타 설이 나돌았다. 이에 국왕과 제7 군관구 사령관 구티에레스 메야도 장군이 군부를 진정시키는 데 발 벗고 나서야 했다. 공산당도 공산당 나름대로 에스파냐의 국기와 군주제를 인정했다. 그 결과 공산당 합법화 조치로 인한 위기는 해소되고 정치 상황도 다소 안정되었다.

그런데 수아레스는 왜 이러한 위험을 무릅쓰고 공산당의 합법화에 몰두했을까? 이에 대한 대답은 공산당 합법화의 정당성을 다룬 그의 텔레비전 연설에서 찾아볼 수 있다.

> 합법화 요구를 거절하는 것은 공산당이 존재하고 조직되어 있는 현실과 일치하지 않는 것입니다. 그것에 반대하는 투쟁은 오직 억

---

68 Julio Aróstegui, *La Transición*, p.45.

69 1977년이 시작될 무렵 합법적 지위를 부여받은 정당은 13개였다. 정당 등록 절차를 개시하고 3개월 동안 111개 정당이 합법성 신청서류를 제출하고 그 가운데 78개 정당이 합법성을 인정받았다. 이들 정당은 대부분 지역 정당이었다.

압에 의해서만 가능합니다. 저는 공산주의자가 아닙니다. 그뿐만 아니라 내각의 다른 각료들과 마찬가지로 그 이념에 대해서도 단호하게 반대합니다. 저는 민주주의자이고 진실로 민주적입니다. 저는 우리 국민이 자신들의 다원주의에 동화할 줄 아는 (…) 충분히 성숙한 국민이라고 생각합니다.

저는 우리 국민이 이념적인 이유로 감옥이 사람들로 가득 차기를 바라고 있다고 생각하지 않습니다. 민주주의하에서 우리 모두는 방심하지 않고 스스로를 지켜야 하며 우리의 공공연한 행동들을 예의 주시하고 판단해야 한다고 생각합니다. 우리는 법적인 소수를 존중해야 합니다. 함께 살아갈 권리와 의무에는 반대파를 수용하는 것도 포함됩니다. 만일 누군가가 그에 도전한다면 문명적인 경쟁으로 그 문제를 해결해야 합니다. (…) 투표 상자로 하는 계산이 정말로 바람직하지 않은 일입니까?[70]

이 연설은 에스파냐 국민의 여론을 변화시키는 데 상당히 이바지했을 것이다. 공산당의 합법화에 국민의 40퍼센트가 찬성하고 25퍼센트는 반대하는 것으로 나타났던 1977년 3월의 여론 조사 결과가 한 달 뒤에는 각각 55퍼센트와 12퍼센트로 바뀌었다.[71] 수아레스의 연설이 이러한 여론 변화에 일정한 영향을 미쳤을 것으로 짐작해 볼 수 있다. 수아레스 정부의 공산당 합법화 조치는 이후 자유 선거에 중대한 영향을 미치게 되고, 나아가 에스파냐의 민주화에도 크게 이바지하게 된다.

---

70 1976년과 1978년 사이 수아레스가 한 연설은 다음 자료에 수록되어 있다. Adolfo Suárez González, *Un nuevo horizonte para España: Discursos del Presidente del Gobierno 1976-1978* (Madrid: Imprenta del Boletín Oficial del Estado, 1978).

71 Javier Tusell, *Dictadura franquista*, p.294.

선거는 한편으로는 과거 정권을 무너뜨리고 그 권한을 빼앗는 역할을 하고, 다른 한편으로는 새로운 민주 정부를 수립하고 그 정부에 정당성을 부여해 주는 중요한 역할을 한다. 당시 수아레스는 이 점을 충분히 파악하고 있었던 것 같다. 그는 국민투표를 통해 정치개혁법을 승인받고 나서 자유 선거 준비를 위한 협상에 들어갔다. 1976년 12월 23일에는 저항 세력 인사들을 공식적으로 만났고, 이듬해 1월 29일에는 공산당 지도자 카리요를 비공식적으로 만났다.[72] 앞서 살펴본 1977년 4월 9일의 공산당 합법화 조치는 이런 노력의 일환이라고 볼 수 있다. 이어서 3월 23일에는 정치개혁법의 제반 규정을 반영하고 동트식 의석 배분 방식[73]을 도입한 선거법을 마련했다.

이런 준비 과정을 거쳐 1977년 6월 15일 마침내 의회 선거가 시행되었다. 이 선거는 41년 전인 1936년 봄에 시행한 총선 이후 에스파냐에서 처음으로 시행된 자유 선거였다. 이 선거에는 거의 모든 정당이 참여할 수 있었지만, 실제로는 대체로 선거연합을 결성해 참여했다. 좌파 세력으로는 애매모호한 이름의 극좌파 플랫폼들[74]과 사회인민당이 주도하는 사회통일(Unidad Socialista)이라는 선거연합, 공산당, 사회노동당 등이 참여했고, 중도 세력으로는 민주중도연합(Unión de

72 카리요는 감옥에 투옥된 상태였고 공산당이 합법화되기 이전이었기 때문에 이 두 사람의 회동은 사실 위험성이 매우 컸다.

73 19세기 말 벨기에의 빅토르 동트(Victor d'Hondt)가 제시한 것으로 정당의 득표수를 1, 2, 3 … 순의 자연수로 나누어 몫이 큰 순서대로 의석을 배분하는 비례대표제 의석 배분 방식이다.

74 좌파민주전선(Frente Democrático de Izquierda), 민중통일후보(Candidatura de Unidad Popular), 노동자선거연합(Agrupación Electoral de Trabajadores), 노동자통일전선(Frente por la Unidad de los Trabajadores)을 일컫는다.

Centro Democrático, UCD),[75] 기독교민주팀(Equipo de la Democracia Cristiana), 사회민주연합(Alianza Socialista Democrática)이 참여했으며, 우파 세력으로는 국민연합(Alianza Popular)이, 극우파 세력으로는 7월18일 국가연합(Alianza Nacional 18 de Julio)과 팔랑헤 분파들이 참여했다. 또 지역에서는 상기 단체들 외의 지역 정당들과 지역 선거연합들도 가세했다.

선거전은 치열했다. 주요 정당들은 수백 차례씩 행사를 개최했으며, 이런 행사가 열리는 극장과 영화관, 투우경기장과 축구경기장마다 인파가 몰려들었다. 이를테면 대중 동원력이 제일 뛰어난 공산당의 유세 집회에는 시민들 수만 명이 모였다.

선거에는 유권자 2,358만 명 가운데 1,859만 명이 참여해 78.8퍼센트의 투표율을 보였다. 투표 결과 압도적 다수를 차지한 정당은 없었다. 민주중도연합과 사회노동당이 각각 165석과 118석의 하원 의석을 차지하면서 이 두 정당이 에스파냐 정치의 중심축으로 부상했다(표 2). 특이한 점은 제2당으로 기대를 모은 국민연합이나 공산당을 제치고 사회노동당이 제2당으로 올라섰다는 사실이다. 여기에는 유럽 사회민주 진영의 지원과 새로운 선거 구호,[76] 새로운 지도자인 펠리페 곤살레스의 지도력 등이 커다란 영향을 미쳤다. 한편 보통선거로 207명을 선출하는 상원의원 선거에서는 민주중도연합이 106석을 얻어 과반수를 차지했고, 사회노동당이 35석을 차지했다. 국왕이 지명하는 상원의원은 41명이었는데, 그 가운데 31명은 무소속이었다.

---

75 민주중도연합은 진정한 의미의 현대적 정당이라기보다는 자체의 정강이나 이념은 물론이고 통일된 조직도 갖추지 않은 여러 단체의 연합체에 불과했다.

76 사회노동당은 사회주의는 곧 자유라는 관념과 국가 쇄신 및 유럽경제공동체 가입의 필요성을 구호로 내걸었다.

표 2 하원 선거의 정당별 득표율과 의석 수(1977년)

정당	득표율(%)	의석 수	의석 비율(%)
공산당/카탈루냐통합사회당	9.3	20	5.7
사회노동당/카탈루냐사회당	29.3	118	33.7
민주중도연합	34.4	165	47.1
국민연합	8.2	16	4.6
사회인민당-사회통합	4.5	6	1.7
카탈루냐민주당	2.8	11	3.1
기타	11.5	14	4.1
계	100	350	100

출처: Miguel Martínez Cuadrado, *El sistema político español (1975-1979) y el comportamiento electoral regional en el sur de Europa (1976-1980)* (Madrid: Instituto de Cooperación Internacional, 1980), p.104.

이런 선거 결과는 당시 에스파냐 시민들 대다수가 중도를 지향하고 있었음을 보여준다. 특히 수아레스가 이끄는 민주중도연합에 대한 지지율이 높은 것은 '혁명'에 대한 두려움뿐만 아니라 현상 유지 정책에 대한 두려움도 작용했기 때문으로 보인다. 선출된 의원들의 출신 성분과 사회적 구성에서도 이런 점을 확인할 수 있다. 프랑코 체제하에서 주요 공직을 지낸 정치 엘리트 출신은 상하 양원 모두에서 20퍼센트 정도에 불과했다. 의원들 대다수는 대학 졸업자였다.

이로써 프랑코 체제로부터 물려받은 조합주의 코르테스는 역사 속으로 사라지고 자유 선거로 구성된 새로운 의회가 들어서게 되었다. 국왕과 수아레스가 이끄는 협정에 의한 개혁을 뒷받침할 기관이 생겨난 것이다.

수아레스는 이제 다수당의 당수로서 두 번째 내각을 구성하게 되었다. 그는 첫 번째 내각의 각료 상당수를 그대로 유임하고 민주중도연합을 구성하고 있는 정치 세력들 간의 형평을 고려해 내각을 구성했다. 새 내각이 처리한 첫 번째 주요 결정 사항은 유럽경제공동체 가입을 위한 협상 개시였다. 수아레스 정부는 의회의 전폭적인 지원을 받으며 유럽평의회(Council of Europe)에 가입 신청서를 냈고, 그해 11월 말 유럽평의회는 아무런 반대 없이 에스파냐를 받아들였다. 이는 에스파냐의 정치개혁에 대한 국제사회의 지지 표시나 다름없었다.

수아레스 정부의 개혁: 헌법 제정

한편 보통선거로 의회가 구성되기는 했지만 국민운동의 기본 원칙과 법률이 여전히 유효했다. 게다가 1977년 7월에 구성된 의회가 제헌의회도 아니었다. 하지만 프랑코 체제의 법률을 대체할 새로운 기본법을 마련하지 않고 의회 활동을 한다는 것은 이치에 맞지 않았다. 또 헌법 제정을 요구하는 국민의 목소리도 더 이상 외면할 수 없었다. 따라서 새 의회가 처리해야 할 첫 번째 과업이 헌법 제정 준비 작업이어야 한다는 것은 의심의 여지 없는 사실이었다. 하지만 의회가 제헌의회가 아니었기에 헌법안을 마련하는 작업은 정부 주도로 진행되었다.[77] 수아레스는 이에 발맞추어 가능한 한 빨리 헌법안을 마련하여 의회에 이송하는 것을 새 정부의 목표로 내걸었다.

한편 새로 출범한 의회는 1977년 10월 사면법안 논의에 착수했다. 사면법 제정에 대한 요구는 사실 프랑코 정권하에서도 있었다. 하지만

77 당시 헌법 제정의 주도권은 정부와 의회와 국왕에게 있었다.

1976년 7월과 1977년 3월 두 차례에 걸친 사면령으로도 이 요구는 수그러들지 않았다. 이에 의회는 이 법안을 상정해 논의했다. 1977년 10월 15일 의회를 통과한 법안은 1976년 12월 15일 이전의 모든 정치범을 사면 대상으로 설정했을 뿐 아니라 프랑코 독재에 부역한 정치인과 관료들의 책임도 묻지 않겠다고 명시했다. 의회는 이 사면법을 압도적 찬성으로 통과시켰다. 이는 지난날의 상처를 잊고 자유와 정의 안에서 민주적인 새 에스파냐를 건설하는 데 적극적으로 협력하자는 국민 화해 조치의 일환이었다. 민주 저항 세력도 이 법안에 동의했다. 당시 표결에 참여한 사회노동당 대표 펠리페 곤살레스도 훗날 이 조치를 두고 내전의 승자와 패자 간의 화해를 위한 옳은 판단이었다고 회고했다.[78] 이 사면법은 역사가 이스마엘 사스가 얘기한 대로 "평화롭고 민주적인 미래를 건설하기 위해 과거를 '잊기로' 한"[79] 법이었다. 좌파와 우파가 국민 화해를 위해 과거를 덮어 두기로 서로 합의했다는 점에서 이 사면법은 곧 '망각 협정(Pacto del Olvido)'으로 알려지게 된다.[80]

---

78 찬성이 무려 93퍼센트에 달했다. 국민연합 의원들은 기권표를 던졌고 그들 가운데 2명은 에타 테러리스트의 범죄를 포함해서는 안 된다는 이유로 반대표를 던졌다. Teresa Fernández Paredes, "Transitional justice in Democratization Processes: The Case of Spain from an international Point of View," *International Journal of Rule of Law, Transitional Justice and Human Rights*, vol. 1 (2010), pp.120-121; Paloma Aguilar, "The Timing and the Scope of Reparation, Truth and Justice Measures: A Comparison of the Spanish, Argentinian and Chilean Cases," Kai Ambos, Judith Large and Marieke Wierda (eds), *Building a Future on Peace and Justice: Studies on Transitional Justice* (Springer, 2009), pp.505, 521-522; "La amnesia y la memoria," Rafael Cruz y Manuel Pérez Ledesma (eds.), *Cultura y movilización en la España contemporánea* (Madrid: Alianza Editorial, 1997), pp.327-357; 김원중, 「'망각 협정'과 스페인의 과거청산」, 『역사학보』, 제185집 (2005), pp.290-296.

79 Ismael Saz, *Fascismo y Franquismo* (Valencia: Publicaciones de la Universitat de València, 2004), p.284.

80 Lluis Medir Tejado, "La ley de memoria histórica," *Escuela Normal Superior de*

이 밖에 실업과 인플레이션 같은 긴급 현안들을 해결하고 파업 문제를 해소해야 할 처지에 놓인 수아레스 정부는 민주적 노사관계의 틀을 마련하는 데도 뛰어들었다. 이는 다양한 사회정치적 행위 주체들 간의 협약을 통해 사회경제적 기초를 세우는 일이기도 했다. 주요 야당과 노조의 지지를 얻어야 할 처지에 있던 민주중도연합의 개혁파와 경영자단체들은 경제적 측면에서뿐만 아니라 정치적 측면에서도 모종의 양보를 하지 않을 수 없었다. 수아레스 정부와 주요 정당들, 노동자위원회와 기업가 단체들이 곧 사회경제적 현안과 정치개혁 추진을 위한 협상에 착수했다. 이들의 협상은 1977년 10월 25일 몽클로아 협약(Pactos de la Moncloa) 체결로 이어졌다.

정부와 민주중도연합, 사회노동당, 공산당, 사회인민당, 카탈루냐사회당, 바스크민족당 대표들이 서명한 이 몽클로아 협약은 하나의 협약이 아니라 두 개의 협약으로 이루어져 있다. 경제개혁 및 경제 건전화에 관한 협약과 정치적·법적 대응 계획에 관한 협약이 그것이다.[81] 단기적으로는 통화 증가 억제와 페세타화 평가절하를 통해 인플레이

Lyon (7 de abril de 2009); François Godicheau, "La represión y la guerra civil española. Memoria y tratamiento histórico," *ProHistoria*, 5(5) (2001), p.103; Omar G. Encarnació, "Forgetting, in Order to Move On," *New York Times*, 22 de enero de 2014; Ismael Saz, *Fascismo*, p.284.
이 '망각 협정'을 바라보는 시각은 역사가들 사이에 둘로 나뉜다. 이스마엘 사스와 조 라바니, 폴 프레스턴은 긍정적으로 보는 데 반해, 비센스 나바로와 이냐시오 산체스 쿠엥카는 부정적으로 본다. Ismael Saz, *Fascismo*, p.285; Jo Labanyi, "Memory and Modernity in Democratic Spain: The Difficulty of Coming to Terms with the Spanish Civil War," *Poetics Today*, 28(1) (2007); Paul Preston, *El triunfo*, p.14; Vicenç Navarro, "La Transición española no fue modélica," *Público* (25 de octubre de 2018); Ignacio Sánchez-Cuenca, "A vueltas con la Transición," *elDiario.es* (24 de marzo de 2014).

81 마누엘 프라가의 국민연합은 전자에만 서명하고, 치안대의 비무장화 내용이 포함되어 있다는 이유로 후자에는 서명하지 않았다.

션을 막고, 사회보장 개혁에 해당하는 실업보험 예산 책정과 고용 장려 정책을 통해 실업률을 낮추며, 국제수지 적자를 줄이는 조치로 경제의 건전성을 도모하기로 했다. 여기에다 부동산 투기와 자본의 해외 유출, 공공 부문의 적자 증가 등을 방지하는 대책들도 덧붙였으며, 사원의 정리 해고를 총원의 5퍼센트 내에서 허용하는 조항도 삽입되었다. 또 누진적 성격의 야심적인 조세개혁과 교육 정책 개정(어린이 취학률 증가, 교육의 민주화, 무상교육의 점진적 확대, 사립 교육기관 보조금 통제)도 여기에 포함되었다. 한편 정부는 정치적인 면에서 사전 검열 전면 폐지와 언론의 자유 보장, 야당의 공무상 비밀 접근 허용, 집회와 결사의 자유 보장, 고문 금지, 간통과 혼외관계의 형사소추 면책, 군 형사재판 규제 등의 양보를 했다. 이는 야당과 노조의 지지를 얻기 위함이었다. 이 협약의 목적은 두 가지였다. 한 가지는 시급한 개혁을 통해 거시경제를 안정화하는 것이었고, 다른 한 가지는 에스파냐 경제의 구조적 개혁에 서명 당사자들이 적극적으로 동참하게 하는 것이었다.[82]

요컨대 주요 정당들은 이 협약에서 사회적 시장경제라는 경제 모델에 합의했다. 이런 합의를 만들어 내기 위해 국민연합의 프랑코주의자들이나 공산주의자들 같은 다양한 당사자들이 대화에 참여했다. 이런 합의가 사회의 불안정을 해소하는 데는 어느 정도 이바지한 것으로 보인다. 하지만 수아레스 정부가 이 합의를 제대로 이행하지 못하는 바람에 이 협약이 경제 상황을 개선하는 데는 큰 영향을 미치지 못

---

82 몽클로아 협약에 관한 내용은 다음 자료를 참조하라. Mercedes Cabrera, "Los Pactos de la Moncloa: Acuerdos políticos frente a la crisis," *Historia y Política*, núm. 26 (2011), pp.81-110.

했다. 자본의 해외 유출을 막지도 못했고, 노동분쟁을 대폭 줄이지도 못했던 것이다.

한편 헌법 제정과 관련하여 수아레스 정부의 당초 목적은 전문가들로 이루어진 별도의 위원회를 구성하고 그 위원회에 헌법안 작성을 의뢰하는 것이었다. 하지만 의원들의 요청으로 의회 내에 헌법위원회를 설치하게 되었다. 1977년 7월 26일 원내 주요 정당의 대표자들로 구성된 헌법위원회는 곧 헌법 초안을 작성할 전문위원을 임명했다. 정당의 안배를 고려해 임명된 전문위원들은 대개 법률 전문가들이었다.[83] 이들은 그해 12월 헌법 초안을 작성해 제출했다. 이듬해 5월에서 10월 사이에 헌법위원회와 의회 본회의 수정과 보완을 거친 이 법안은 10월 31일 상하 양원에 최종안으로 부의됐다. 하원은 찬성 325표, 반대 6표, 기권 14표로, 상원은 찬성 226표, 반대 5표, 기권 8표로 상하 양원 모두 최종안에 압도적 지지를 보여주었다. 이렇게 상하 양원을 통과한 법안은 12월 6일 국민투표에 부쳐졌고 국민의 압도적 지지를 받았다. 유권자의 67.1퍼센트가 투표에 참여했고 88.5퍼센트가 찬성표를 던졌다.[84] 전체 유권자의 59퍼센트가 찬성표를 던진 셈이었다. 국민투표로 승인받은 법안은 국왕의 인가를 받았고, 1978년 12월 29일 마침내 헌법으로 선포되었다. 같은 날 수아레스는 상하 양원을 모두 해산했으며, 이듬해 3월 1일 새로운 총선을 시행한다고 공고했다.[85]

---

83 그들은 민주중도연합 의원 3명과 사회노동당 의원 1명, 국민연합 의원 1명, 카탈루냐 지역정당 의원 1명, 공산당 의원 1명 등 7명이었다.

84 David Ruiz, *La España democrática (1975-2000). Política y sociedad* (Madrid: Síntesis, 2002), pp.44 y 46.

85 Álvaro Soto, *Transición*, pp.125-126; Santos Juliá, *Un siglo de España. Política y sociedad* (Madrid: Marcial Pons, 1999), pp.246-247; Javier Tusell, *La transición*

이렇게 제정된 1978년 헌법은 전문 169개 조와 부칙 4개 조, 임시규정 9개 조로 구성되었다. 정의와 평등과 정치적 다원주의를 기본 가치로 하는 이 헌법의 기본 원리는 사회민주적 법치국가, 의회군주제, 지방자치제로 요약된다. 첫 번째 기본 원리는 한편으로는 민주주의를 심화하고 다른 한편으로는 모든 국민의 실질적 평등을 이룩한다는 이중적 의미를 담고 있다. 헌법 제1조 1항은 "에스파냐는 사회민주적 법치국가이다."라고 규정하고 있다. 이는 법치국가임을 강조한 것으로서 프랑코 체제와의 단절을 의미한다. 이제 모든 공권력은 법의 통치를 받게 되었다. 여기서 '사회'란 말은 자유주의 국가를 극복하고 자유와 평등의 원칙을 강조하면서 동시에 사회경제적 권리를 인정한다는 의미를 지니고 있고, '민주'란 말은 자유주의적 모델을 포기하고 '선진 민주 사회'의 개념을 따른다는 의미를 지니고 있다.

두 번째 기본 원리는 "에스파냐 국가의 정치형태는 의회군주제다."라는 헌법 제1조 3항에서 비롯된 것이다. 에스파냐 국가의 정치형태는 군주제이고 군주제의 형태는 의회군주제다. 여기서 왕실(Corona)은 국가와 다른 기관으로 간주한다. 따라서 국왕은 그 어느 입헌 권력에도 속하지 않는다. 국왕은 국가의 통일성과 영속성을 상징할 뿐이다.

마지막으로 세 번째 기본 원리, 즉 지방자치제는 단일국가 구조를 무너뜨리고 복합적 구조를 수립하겠다는 것으로서, 난제 중의 난제에 해당했다. 자치권의 기원은 물론이고 국가 권력과 자치단체 권력의 관계 규정을 둘러싼 문제는 이후에도 계속 논란의 대상이 된다.

---

española. La recuperación de las libertades (Madrid: Historia 16-Temas de Hoy, 1997), p.70.

이러한 원리를 담은 1978년 헌법은 민주주의를 재건하겠다는 의지를 표현한 것으로서 민주 세력이 승리했음을 보여준다.[86]

이상에서 살펴본 것처럼 원래는 단순한 개혁주의 성격을 띠었던 의회가 헌법을 제정함으로써 결과적으로는 제헌의회의 기능을 했다. 이에 대해 빅토르 마르케스 레비리에고 같은 언론인들은 놀라움을 감추지 못했다. 그는 "나중에야 우리가 제헌의회라고 부르게 되는 입법부에 헌법이 상정되었다. 1977년 6월 15일에 투표한 에스파냐인들은 자신들이 헌법을 만들게 될 상원과 하원을 위해 투표하고 있다는 사실을 몰랐다."[87]라고 언급했다. 심지어는 당시 법안 작성에 관여한 두 주역인 마누엘 프라가와 그레고리오 페세스 바르바도 막 출범한 의회의 주요 목적이 무엇인지 잘 알지 못했다. 프라가는 "새 의회의 당면 과제를 두고 엄청난 혼란이 있었다."[88]라고 지적했으며, 페세스 바르바는 "1977년 여름 당시의 사정은 그것이 쉬운 일이 아니었음을 보여주었다. 우리가 새 헌법을 만들어야 한다는 것도 확실하지 않았고, 그 작업을 처음부터 의회 단독으로 진행해야 한다는 건 더 말할 나위도 없었다."[89]라고 말했다. 결과적으로 일이 이렇게 된 것은 수아레스 정부의 강력한 추진 의지와 의회 개원 연설에 담긴 국왕의 뜻이 크게 작용

---

86 Carme Molinero y Pere Ysàs, *La Transición. Historia y relatos* (Madrid: Siglo XXI, 2018), pp.154-188. 법안과 관련하여 제일 큰 논란을 불러일으킨 내용은 에스파냐 국가의 영토와 그것을 구성하는 하위 민족 및 지역들의 자치권 문제였고, 교회와 국가의 관계 문제 또한 그에 못지않은 논란을 불러일으켰다.

87 Márquez Reviriego, "Los testigos del proceso constituyente," VV.AA., *10 años de constitución española* (Zaragoza: Asociación de la Prensa, 1988), p.23.

88 Manuel Fraga Iribarne, *En busca del tiempo servido* (Barcelona: Planeta, 1987), p.88.

89 Gregorio Peces-Barba, *La elaboración de la Constitución de 1978* (Madrid: Centro de Estudios Constitucionales, 1989), p.16.

한 결과일 것이다. 후안 카를로스는 개원 연설에서 "왕국은 우리 국민 특유의 특수성을 담은 역사적이고도 실제적인 권리들을 보장해 줄 헌법을 원한다."[90]라고 강조했다.

에스파냐는 이렇듯 합법적 절차를 통해 민주적 성격의 헌법을 마련하게 되었다. 여당으로서 권력을 쥐고 있었으나 정치적 정당성은 부족했던 프랑코주의 개혁파와 운동의 정당성을 지니고 있었으나 권력이 부족했던 야당 정치인들은 모종의 양보와 타협을 통해 중대한 변화를 이룩해 냈다. 개혁파는 지방분권 체제와 일반사면, 대의제 민주주의, 권력 분립, 사회의 점진적 세속화 등을 받아들였고, 야당의 단절파는 군주제와 기존의 국기(國旗) 및 국가(國歌)를 수용하고 전환기의 정의 실현—즉 탄압을 자행한 프랑코 정권 책임자들에게 책임을 묻고 경찰력과 군대와 행정부의 관련자들을 숙청하는 일—을 포기했으며 개혁파에 유리한 선거법을 받아들였다. 이런 합의를 통해 에스파냐는 마침내 프랑코 체제를 벗어나게 되었다. 헌법 제정과 더불어 제일 극적인 전환기의 국면을 돌파한 것이다. 프랑코 사후 3년이 지난 시점이었다.

새로운 의회 선거는 1979년 3월 1일 실시되었다. 헌법 규정에 따라 18세 이상에게 투표권이 주어져 유권자 수가 다소 늘었다. 에타가 테러를 기도했고 파업의 물결도 있었지만, 선거는 비교적 평온하게 치러졌다. 투표율은 68퍼센트로 앞선 총선에 비해 낮았다. 투표 결과 민주중도연합이 1977년보다 3석이 많은 168석을 차지해 제1당이 되었고, 121석을 차지한 사회노동당이 제2당이 되었으며, 23석을 차지한 공산

90 Emilio Attard, *La Constitución por dentro* (Barcelona: Argos-Vergara, 1983), pp.38 y ss.

사진 9 총리 취임 연설 중인 아돌포 수아레스(1979년 3월 30일)

당이 제3당이 되었다. 민주중도연합이 좋은 성적을 거둔 데는 수아레스의 지도력이 큰 영향을 미쳤다. 그에 비해 사회인민당과 사회주의 계열 지역 정당들을 흡수하여 제1당의 꿈에 부풀어 있던 사회노동당은 기대와 달리 고배를 마셨다.

한 달쯤 뒤인 4월 3일에는 지방자치단체 선거를 시행했다. 에스파냐에서 근 50년 만에 실시하는 선거였다. 이 선거에서 민주중도연합이 30.6퍼센트의 표를 얻어 지방의회 의석 2만 8,960석을 차지했고, 사회노동당은 28.2퍼센트의 표를 얻어 1만 2,077석을 가져갔다. 또 공산당은 13.1퍼센트의 표를 얻어 3,732석을 차지했다. 사회노동당과 공산당이 사전 선거 협약을 체결한 덕분에 50개 주의 절반이 넘는 27개주의 주지사직을 이들 좌파가 가져갔다.[91] 민주중도연합은 20곳의 주지사직을 차지했으며, 바스크민족당이 나머지 3곳의 주지사직을 차지했다. 이제 에스파냐인의 70퍼센트가량이 좌파가 통치하는 자치단체에서 살게 되었다.[92]

헌정 체제의 정착(1979~1982년)

1979년 4월 지자체 선거 직후 아돌포 수아레스는 기술관료와 고위관료를 중심으로 새로운 내각을 구성했다. 구티에레스 메야도와 아브릴 마르토렐을 각각 부총리로 임명하고 법무부와 외무부, 교육부에 기독교민주계 인사들을 등용했다. 내무부 장관에는 안토니오 이바녜스 프레이이레 장군을 임명하고 국방부 장관에는 민간인을 기용했다. 1978년 2월에 신설한 유럽경제공동체부 장관에는 칼보 소텔로를, 대학연구부 장관에는 사회민주계 인사인 루이스 곤살레스 세아라를 임명했다. 프랑코 독재 말기와 전환 시대 초기에 중요 역할을 담당했던 마르틴 비야와 피오 카바니야스는 이번 조각에서 제외했다. 이렇게 구성된 수아레스 정부는 수아레스 본인의 위상 하락과 민주중도연합 정당의 내분으로 1980년 내내 불안정한 모습을 보였다.

이 시기 에스파냐는 치솟는 인플레이션과 정체된 산업 생산성, 높은 실업률[93] 등으로 경제 위기가 매우 심각했고, 그에 따라 사회 불안이

---

91 마드리드와 바르셀로나, 발렌시아, 세비야, 사라고사 등 거의 모든 대도시의 주지사직이 여기에 포함되었다.

92 Xosé M. Núñez Seixas (coord.), *España en democracia, 1975-2011* (Barcelona: Editorial Crítica, 2017), p.138.

93 1977년 실업자 수가 100만 명을 넘어섰다.

널리 확산됐으며 노동분쟁도 끊이지 않았다. 상당수 사람들은 심지어 “프랑코 시절이 살기에 더 좋았다.”라는 잠재의식 속에 살고 있었다. 다시 말해 경제를 구조조정하고 사회문제를 해결하며 민주주의의 정통성을 강화할 필요가 절실한 상태였다. 새로 출범한 수아레스 정부는 이렇듯 시급하고도 중대한 문제에 직면했다.

우선 전환 시대에 극우파를 제외한 모든 정당과 정치 집단들은 지방행정 체제를 개혁해야 한다는 데 공감하고 있었다. 야당은 물론이고 개혁파도 체제 변혁을 위해서는 지방행정 구조를 개혁해야 한다는 점을 잘 알고 있었다. 새로운 민주 국가 에스파냐는 바스크와 카탈루냐에 적합한 자치정부를 구성하고 반도의 다른 지역들로 그것을 확산할 필요가 있었다. 에스파냐 일부 지방에서 지방 의식 내지 민족의식이 급증하기 시작한 것은 1970년대 초, 특히 1974년부터였다. 여기에는 카탈루냐와 바스크, 나바라 등지에서 전개된 하위 민족주의 운동, 지방 분권화나 연방화에서 민주적 단절이 심화할 가능성을 내다본 반프랑코 좌파 세력의 자치 요구, 개혁파와 지역 엘리트들 중 일부의 지방 분권화 주장, 이 세 가지가 중대한 영향을 미쳤다.[94] 1977년 6월 선거 이후 제2공화국 시절 지방자치법(estatuto de autonomía)을 제정한 적이 있는 이른바 ‘역사적 자치지방(nacionalidad histórica)’, 곧 카탈루냐와 바스크, 갈리시아에서는 의원들의 모임과 예비자치단체들이 생겨났으며, 그보다는 성격이 다소 약하지만 그것과 유사한 부류의 예비자치회나 위원회가 다른 지방에도 등장했다. 이는 에스파냐 전 지역

---

94 Xosé M. Núñez Seixas (coord.), *España en democracia*, p.141.

에 지방분권 체제가 싹트기 시작했음을 의미했다. 1976년과 1977년의 여론 조사 결과 바스크와 카탈루냐, 갈리시아, 발렌시아, 카나리아 제도에서는 지방자치 여론이 중앙집권제 지지 여론보다 높았고, 나머지 지역에서는 중앙집권제 선호도가 더 높았다. 1978년에 이르면 지방자치 찬성 여론이 상당할 정도로 증가하게 된다.

지방분권 체제를 규정한 1978년 헌법은 이런 상황과 여론을 반영한 결과였다. 이는 여러 정치세력이 타협한 결과물이었다. 카탈루냐와 바스크의 민족주의자들은 그것이 연방제이든 연합제이든 자치를 보장하는 다민족 국가를 옹호했다. 사회노동당과 공산당 같은 좌파 세력은 이론상으로는 연방제를 주창했다. 민주중도연합과 국민연합은 물론 이 주장을 받아들이기가 어려웠다. 하지만 민주중도연합은 유연한 태도를 보였다. 타협의 필요성을 느꼈기 때문이다. 그들은 에스파냐는 '나눌 수 없는' 단일국가이자 주권 국가지만, 자치지방과 지역의 자치를 인정한다는 데 합의했다. 그리고 자치에 이르는 두 가지 길을 헌법에 명시했다. 낮은 수준의 제한적 자치의 길과 높은 수준의 온전한 자치의 길이 그것이다. 5년을 기다려 지방자치법을 개정한 뒤에야 온전한 자치의 길로 나아간다는 전자의 길은 '느린 길(vía lenta)'이었고, '역사적 자치지방'이 주민투표를 통해 자치의 길을 선택할 수 있다는 후자의 길은 '빠른 길(vía rápida)'이었다. 중앙정부는 농·어업과 교통, 문화, 교육, 보건, 교역, 관광 등 다양한 분야에 걸친 입법권과 행정권을 이들 자치정부에 양도할 것이었다.[95] 물론 이에 반대한 집단도 있

95 징세권과 같은 다른 분야에 대한 입법권은 여기에 포함되지 않았다.

었다. 한편으로는 바스크의 좌파 민족주의자들, 바스크민족당, 갈리시아의 좌파 민족주의자들, 카탈루냐의 좌파 민족주의자들 일부(카탈루냐공화좌파)가 반대 의사를 표현했고, 다른 한편으로는 마누엘 프라가가 이끄는 국민연합이 신랄한 비판을 퍼부었다.

헌법 제정 이후 예비자치단체들은 중앙정부와의 협상을 통해 자치권을 획득해 나갔다. 1979년 10월 25일 자치에 관한 주민투표를 시행한 바스크와 카탈루냐는 압도적 다수의 득표로 지방자치법을 통과시켰다. '역사적 자치지방' 가운데 세 번째 자치지방인 갈리시아는 1980년 12월 주민투표를 통해 우여곡절 끝에 지방자치법을 통과시켰다. 이런 과정을 거쳐 1983년 에스파냐에는 마침내 17개 자치지방(comunidad autónoma)이 들어섰다.[96] 그리고 카탈루냐는 1980년 3월, 바스크는 1980년 5월, 갈리시아는 1981년 10월, 안달루시아는 1982년 5월에 각각 지방 선거를 시행했다. 그 결과 카탈루냐에서는 집중과연합(Convergència i Unió, CiU)이, 바스크에서는 바스크민족당이, 갈리시아에서는 국민연합이, 안달루시아에서는 사회노동당이 각각 제1당을 차지했다. 반면에 민주중도연합은 이들 선거에서 큰 패배를 겪었다.

1979년 4월 지방자치단체 선거 이후 에스파냐의 정치세력에는 상당한 변화가 생겨났는데 그 변화를 1982년 10월 총선에서 명확하게 감지할 수 있다. 공산당이 위기를 겪게 되고 사회노동당은 점차 온건해졌으며 위기에 빠진 민주중도연합은 해체 지경에 이르렀다.

우선 공산당은 1977년 선거 결과로 내홍을 겪었다. 권위주의에 익

96 이들 가운데 4개 자치지방, 곧 라 리오하와 마드리드, 칸타브리아, 무르시아는 1개 주로 이루어진 자치지방이었다. 북아프리카 도시 세우타와 멜리야는 1995년에 이르러서야 자치시가 된다.

숙하며 망명 경험이 있는 지도자들과 민주주의를 내면화한 국내의 젊은 당원들 사이에 충돌이 일어났다. 이 두 부류의 서로 다른 정치 문화뿐만 아니라 3대에 걸친 세대 차이도 심각한 갈등 요인으로 부상했다. 게다가 군주제와 국기(國旗)를 받아들이기로 한 당의 결정에 대해 당원들의 불만은 이만저만이 아니었다. 몽클로아 협약 참여는 불난 집에 부채질하는 격이었다. 1978년 4월 제9차 당 대회에서 있었던 카리요의 레닌주의 포기 선언도 일부 지역 당원들의 반발을 샀다. 1977년에서 1981년 사이에 무려 6만 명이 넘는 당원들이 당을 떠났다. 탈당한 당원들 가운데 상당수는 사회노동당으로 당적을 옮겼다. 1981년 7월에 열린 제10차 당 대회에서 내분이 다시 불거졌고 카리요 지도부를 비판한 지도자들은 그해 말 당에서 숙청됐다.

한편 사회노동당은 공산당과 달랐다. 총선과 자치단체 선거에서 성공을 거둔 사회노동당은 각 지방에서 다른 사회주의 정당의 당원들과 좌파 단체 활동가들, 전 공산주의자들을 흡수하면서 1979년 5월 기준으로 당원이 수십만 명으로 늘었다.[97] 당 지도부는 중도층을 포섭하기 위해 당의 이념을 재정립하는 작업에 착수했다. 유럽 사회민주당, 특히 올로프 팔메의 스웨덴 사회민주당(SAF)과 빌리 브란트의 독일 사회민주당(SPD)의 사례를 참조한 펠리페 곤살레스는 당의 마르크스주의적 수사가 당원들의 실제 열망이나 실제 정치 현실과 맞지 않는다는 사실을 알게 되었다. 그는 1979년 5월에 열린 제28차 전당대회에서 마르크스주의적 당 강령의 폐지를 제안했다. 그는 사회노동당이

97 1978년 5월에는 티에르노 갈반이 이끄는 사회인민당과도 통합했다.

사진 10 펠리페 곤살레스(1976년)

마르크스주의를 넘어 크라우제 철학과 자유교육원(Institución Libre de Enseñanza) 같은 에스파냐의 진보 사상을 수용하고 비마르크스주의적인 사회민주주의자들과 기독교 인문주의자들도 받아들여야 한다고 생각했다. 또한 언어상의 급진주의를 벗어나 말과 행동을 일치시키며 마르크스주의자이기 이전에 사회주의자가 되어야 한다고 생각했다.

당 지도자들 가운데는 이러한 곤살레스의 생각에 공감하고 그의 제안을 지지하는 자들도 있었다. 하지만 당내 좌파는 그것이 '파블로 이글레시아스 정당'의 혁명적 유산에 대한 배신이라며 그의 테제에 반대했다. 이에 곤살레스는 당대표직 사임으로 대응했다. 비판자들은 뾰족한 대안을 제시하지 못했다. 결국 관리위원회가 구성되었고 위원회의 관리하에 임시당대회가 열렸다. 1979년 9월에 열린 임시당대회는 결국 곤살레스와 알폰소 게라가 이끄는 온건파의 테제를 압도적 지지로 받아들였다. 곤살레스는 당 사무총장에, 알폰스 게라는 사무부총장에 선출되었다. 새로 통과한 당 강령은 지도부의 권한과 내부 규율을 한층 강화하고 당 대의원 수를 제한했다. 이렇게 위기를 극복한 사회노동당은 연방제 형태의 민주적 정당으로 거듭났다. 곤살레스의 표현을 빌리면 노동자 정당으로서의 사회노동당이 "민주 정당, 자치지방의 정당, 인민의 사회변혁 의지를 대변하고 추진하는 정당"이 되었다.[98] 1981년 10월에 열린 제29차 전당대회는 당 지도부의 테제를 지지하고 하나로 통일된 당의 이미지를 한층 더 강화했다.

여당인 민주중도연합의 상황은 사회노동당의 그것과 딴판이었다. 두 차례의 총선과 한 차례의 지방자치단체 선거에서 승리를 거두고 전환 시대를 잘 이끌어 나가고 있었으면서도 심각한 위기의 징후를 보이기 시작했다. 에스파냐의 정당 중 야당이 아니라 여당인데도 해체의 위기에 놓인 당은 민주중도연합이 유일했다. 1979~1980년에 민주중도연합은 세 가지 위기에 직면했다. 우선 1978년 헌법이 통과되자 사회정책과 경제 정책, 지역 정책에 대해 그동안 억눌러 온 당내 의견 차이가 수면 위로 부상하기 시작했다. 다음으로 1979년 총선 이후 당내 세력 균형에 변화가 생기고 그동안 중재 역할을 해 온 수아레스의 카리스마가 사라지기 시작했다. 마지막으로 당내 다양한 계파들이 자신들의 이념적 차이를 당 조직의 중앙집권화에 반발하는 수단으로 삼기 시작했다. 기독교민주당계와 자유당계가 반대 목소리를 내면서 당의

98 PSOE, "Resolución política del Congreso extraordinario" (28-29 de septiembre de 1979), p.9.

내분이 격화되었다. 게다가 자치지방 주민선거의 부실 관리와 민주중도연합에게 불리한 선거 결과, 에타의 테러 활동에 대한 무능력한 대처, 기대에 미치지 못한 몽클로아 협약의 성과 등으로 1979년 중반 이후 수아레스의 인기가 폭락했다. 온건 노선으로 돌아서서 중도 정당과의 정치적 간격을 좁혀 오는 사회노동당의 압박도 만만치 않았다.

사회노동당은 1980년 5월 의회에서 수아레스에 대한 불신임안을 제기했다. 이 불신임안이 당장에 성공을 거두지는 못했지만, 수아레스의 이미지를 추락시키는 데는 상당한 영향을 미쳤다. 심지어 민주중도연합 당내 여러 계파도 수아레스의 권위주의적 행태를 비판하고 나섰다. 당내 주요 지도자들의 신뢰를 상실한 수아레스는 결국 1981년 1월 29일 총리직과 당대표직 사의를 표명했다.[99] 수아레스가 사의를 밝힌 근본 이유는 여전히 오리무중이다. 다만 군부와 국왕의 사퇴 압력이 촉발요인이었으리라는 가설이 제일 그럴듯하다. 수아레스의 지도력이 점차 허약해지자 군부는 에타의 테러에 과감히 대응하고 야당과의 합의를 모색하는 강력한 행정부를 요구하고 있었다. 국왕 후안 카를로스도 사의 표명 1주일 전 몽클로아궁에서 수아레스와 점심 식사를 함께한 적이 있다. 국왕은 이 자리에서 수아레스가 물러나는 것이 좋겠다는 암시를 주었다.[100] 이 밖에 경영자 단체도 정부에 경제 정책 수정을 요구했으며 새로운 보수주의 바람이 분 가톨릭교회도 정부의

---

99 Enrique Suárez-Íñiguez, “La transición a la democracia en España: Adolfo Suárez y la ruptura pactada,” *Estudios Políticos*, núm. 23 (2011), p.173; Pablo Folgueira Lombardero y Javier Bayón Iglesias, “Breve accercamiento a la transición española,” *Tiempo y Sociedad*, núm. 1 (2009), p.59.

100 Gregorio Morán, *Adolfo Suárez: ambición y destino* (Random House Mondadori, 2009), pp.259-260.

세속화 정책에 반기를 들고 있었다.

1981년 2월 초에 민주중도연합은 팔마 데 마요르카에서 제2차 당 대회를 개최했다. 이 대회에서 민주중도연합은 수아레스의 측근인 아구스틴 로드리게스 사아군을 당 대표로 선출하고 호세 칼보 오르테가를 사무총장으로 선출했다. 그리고 경제부총리를 맡아 온 레오폴도 칼보 소텔로를 신임 총리로 추대했다. 아리아스 나바로 내각과 수아레스 내각에서 상업부와 재정부, 유럽경제공동체부를 두루 역임한 칼보 소텔로는 당의 특정 계파에 속하지 않은 인물이었다.

1981년 2월 23일 칼보 소텔로 총리 후보에 대한 인준 표결이 진행되고 있던 의사당에서 전환기의 정치적 흐름을 결정적으로 뒤바꿔 놓는 사건이 벌어졌다. 치안대 중령 안토니오 테헤로[101]가 치안대 병력 2백여 명을 이끌고 의사당에 난입해 현장에 있던 의원들을 인질로 잡은 것이다. 군사쿠데타에 관한 소문은 전환기 초기부터 나돌았다. 1979년 선거 이후에는—국왕에게 총리 교체와 헌법 개정 등을 요구하는 연성 쿠데타이든, 군대가 권력을 장악하는 경성 쿠데타이든 간에—군사쿠데타가 일어날 가능성이 그 어느 때보다도 높아졌다. 치안대 병력이 의사당을 장악한 직후 제3 군관구 사령관 하이메 밀란스 델 보쉬는 발렌시아에서 비상사태를 선언하고 전차를 출동시켰다. 이들 쿠데타 세력의 목표는 몇 개월 전인 1980년 9월 권력을 탈취하고 강력한 군사독재 체제를 수립한 튀르키예의 군사쿠데타 방식을 본받아 프랑코

---

101 1978년 11월 11일 마드리드의 갈락시아 카페에서 군사쿠데타 모의를 주도한 인물이기도 하다. 갈락시아 작전(Operación Galaxia)으로 알려진 이 작전은 일행 가운데 한 명의 밀고로 실패로 돌아갔으며 테헤로는 7개월 징역형이라는 가벼운 처벌을 받았다.

사진 11 권총을 들고 의사당에 난입한 안토니오 테헤로

없는 프랑코 체제를 복원하는 것이었다.[102]

당시 군 장교단의 대다수는 사실 프랑코 정권의 가치에 동조하는 정치적 반동 세력이었다. 하지만 그들은 또한 국왕 후안 카를로스에 대한 충성을 군인정신의 기본으로 삼고 있기도 했다. 따라서 그들에게는 쿠데타에 대한 국왕의 반응이 중요했다. 그런데 사건이 발생하고 몇 시간이 지난 새벽 1시경에 국왕이 텔레비전 방송을 통해 쿠데타를 인정하지 않는다고 밝혔다. 왕실은 헌법을 준수한다고 언급한 후안 카를로스는 군 지휘관들에게 헌정 질서를 유지하라고 지시했다. 그리고 국민에게는 평정을 유지해 달라고 부탁했다. 국왕의 반응을 예의 주시하고 있던 사령관들 대다수는 이러한 국왕의 지시를 존중했다.

자신들이 기대했던 지지를 받지 못하고 고립된 쿠데타 세력은 의사

102 Santiago Segura y Julio Merino, *Jaque al Rey. Los "enigmas" y las "incongruencias" del 23-F ... dos años después* (Barcelona: Planeta, 1983), pp.84-86.

당 난입으로부터 18시간이 지난 다음 날에 결국 패배를 인정했다. 테헤로는 물론이고 밀란스 델 보쉬와 함께 쿠데타에 가담한 장군들은 체포되고 처벌받았다.[103] 군사쿠데타는 그것을 기획한 자들의 의도와 달리 민주 체제를 더욱 강화하는 결과를 낳았다.

쿠데타 이후 수아레스는 자신의 사의를 철회하고자 했으나 그 뜻을 이루지 못했다. 국왕이 그것을 허락하지 않았다. 2월 25일 의회에서 총리 후보 인준 표결이 다시 진행되었고 칼보 소텔로가 의원들 다수의 지지를 얻어 총리에 임명되었다. 이러한 쿠데타 실패와 새로운 총리 임명에 이르는 일련의 과정에서 국왕 후안 카를로스는 결정적인 역할을 했으며, 그에 따라 그의 권위는 한층 높아졌다. 심지어 시민들 대다수는 그를 민주주의의 구원자로 여길 정도였다. 복원된 후안 카를로스의 군주제를 지지하는 후안카를로스주의(juancarlismo)가 생겨난 것도 바로 이 무렵이었다. 2010년대 초까지 군주제의 정당성을 지탱하는 버팀목 역할을 한 것이 바로 이 후안카를로스주의였다.

2월 23일 쿠데타 이후에는 경제 정책과 지방자치 발전 같은 주제에 대해 합의가 잘 이루어졌다. 칼보 소텔로는 반테러 투쟁에 박차를 가했으며, 민주중도연합과 사회노동당은 이른바 '지방자치 협약(Pactos Autonómicos)'을 체결했다. 하지만 칼보 소텔로와 사회주의자들의 이러한 합의 국면은 북대서양조약기구(NATO) 가입 문제를 놓고 서로 이견을 보이며 끝났다. 칼보 소텔로가 나토 가입을 신청하기로 확정

103 이들의 처형에 대해 군대와 극우 언론은 불만을 제기했고 쿠데타 시도도 끊이지 않았다. 심지어는 국왕을 겨냥한 쿠데타 시도도 있었다. 하지만 1981년 2월 23일 쿠데타와 같은 규모의 쿠데타는 없었다.

했으며, 1981년 10월 말에는 의회가 이를 승인했다.[104] 그 결과 에스파냐는 1982년 5월에 16번째 나토 회원국이 되었다. 하지만 이 기구가 민주주의를 확고히 하는 데 도움이 되지 않으며 북대서양조약기구 가입이 에스파냐 외교정책을 제약하는 요인이 될 것이라고 본 좌파는 이런 결정에 강하게 반대하며 북대서양조약기구 가입 반대 시위를 벌였다. 사회노동당 지도자들은 물론이고 공산당 지도자들도 북대서양조약기구 가입 문제를 국민투표에 부쳐야 한다며 시위에 참여했다. 당시 여론 조사는 북대서양조약기구 가입 반대 의견이 우세한 것으로 예측했다.

설상가상으로 민주중도연합은 이혼법이나 공업용 유채 기름의 식용화 정책 같은 정부 주도의 입법과 정책을 둘러싸고 내분이 심해졌다. 당의 내분은 곧 탈당으로 이어졌다. 1981년 11월에는 사회민주계 의원 9명이 민주중도연합을 탈당했다.[105] 이듬해 1월에는 또 다른 의원 한 명이 당을 탈당해 국민연합에 합류했고, 그해 7월에는 기독교민주계 의원 13명이 탈당해 민주국민당(Partido Demócrata Popular)을 창당했다. 심지어는 당 창당의 주역인 아돌포 수아레스와 그의 측근들도 당을 떠나 민주사회중도(Centro Democrático y Social, CDS)를 창당했다.[106] 게다가 민주중도연합은 지방 선거에서도 밀려났다. 1981년

104 의회는 북대서양조약기구 가입 신청을 지지하면서 2가지 조건을 제시했다. 하나는 에스파냐 영토에 핵무기를 비치하지 않는다는 것이었고, 다른 하나는 유럽경제공동체 가입과 지브롤터 주권 회복을 위해 정부가 노력한다는 것이었다.

105 민주행동당(Partido de Acción Democrática)을 창당한 이 의원들은 그로부터 몇 개월 후 사회노동당에 합류했다.

106 수아레스는 민주중도연합의 구조를 쇄신하기 위한 전권을 요구했으나, 당시 당 대표를 맡고 있던 칼보 소텔로와 그에 뒤이어 당 대표를 맡게 되는 란델리노 라비야가 그것을 허락하지 않았다.

갈리시아 지방 선거에서는 국민연합에 밀려 제2당이 되었고, 1982년 안달루시아 지방 선거에서는 사회노동당과 국민연합에 밀려 제3당으로 전락했다. 집권 여당인 민주중도연합이 이렇듯 무너져 내리자 칼보 소텔로는 1982년 8월 28일 의회를 해산하지 않을 수 없었다. 그는 새로운 의회 구성을 위한 총선 시행을 공고했다.

총선은 1982년 10월 28일 시행되었다. 선거는 별다른 사고 없이 치러졌고 80퍼센트에 육박하는 사상 최고의 투표율을 기록했다. 이 선거에서 펠리페 곤살레스가 이끄는 사회노동당이 48퍼센트가 넘는 표를 얻어 202석이라는 압도적 다수 의석을 차지했다. 사회노동당의 승리를 예측하기는 했지만 기대 이상의 결과였다. 이는 곤살레스를 중심으로 일치단결한 당이 당 조직을 확대하고 야심 찬 선거 공약을 개발한 덕분이었다. 곤살레스는 세 가지 개념을 중심으로 근대화 프로젝트를 추진하여 에스파냐를 진보의 열차에 연결해야 한다고 강조했다. 세 가지 개념은 다름 아닌 민주주의와 근대성과 유럽주의였다. 개인의 자유와 권리를 심화하고 사회적 권리를 확대하는 민주주의를 구현하고, 행정부와 군대를 개혁하고 교회와 국가를 분리하며 에스파냐 경제를 국제시장에 통합하는 근대성을 추구하며, 유럽경제공동체의 일원이 되어 민주주의를 확실하게 다지고 각종 기회와 자원을 누리는 유럽주의를 실현하겠다는 내용이었다.[107] 선거에서 제2당을 차지한 정당은 뜻밖에도 국민연합과 민주국민당의 주도로 결성된 연립 정

107 사회노동당은 이를 위해 '변화(Por el cambio)'를 선거 구호로 내걸었다. PSOE, *Por el cambio. Programa electoral* (Madrid: PSEO, 1982); Xosé M. Núñez Seixas (coord.), *España en democracia*, p.189.

당이었다. 이 연립 정당은 26퍼센트의 득표로 107석을 차지했다. 이는 중도 정당인 민주중도연합의 와해로 득을 보고 자유주의에서 프랑코주의에 이르는 우파의 표를 흡수한 결과였다. 국민연합과 민주국민당의 연립 정당과 사회노동당을 제외한 나머지 정당들은 선거에서 확실하게 패배했다. 민주중도연합은 11석을 얻는 데 그쳤고, 수아레스의 민주사회중도는 겨우 2석을 건졌다. 공산당도 4석밖에 얻지 못했다. 한편 2월 23일 쿠데타 지원으로 위신이 추락하고 여러 후보가 난립한 극우 집단들은 단 1석도 얻지 못했다. 좌파와 우파의 전술적 투표에 희생양이 된 공산주의자들과 극우파는 이후 심각한 내부 위기에 빠져들었다.[108]

108 David Ruiz, *La España democrática (1975-2000)* (Madrid: Síntesis, 2002), pp.68-70; José Luis Rodríguez Jiménez, *Reaccionarios y golpistas. La extrema derecha en España: del tardofranquismo a la consolidación de la democracia (1967-1982)* (Madrid: CSIC, 1994), p.268; Jesús A. Martínez, *Historia de España. Siglo XX (1939-1996)* (Madrid: Cátedra, 1998), pp.309-310; Paul Preston, *Juan Carlos, el rey de un pueblo*, vol. III (Hospitalet: ABC, S. L., 2004), p.482; Santos Juliá, *Un siglo de España. Política y Sociedad* (Madrid: Marcial Pons, 1999), pp.258, 261.

제5장

민주주의의 공고화(1982~2011년)

곤살레스 정부(1982~1996년)

앞 장에서 이야기한 1982년 10월 총선의 결과로 사회노동당이 집권하게 됐다. 사회노동당의 선거 승리는 그동안 전개된 정치적 전환 과정을 마무리하는 마침표와 같았다. 독재 체제의 개혁파에서 민주 저항 세력으로 정권이 평화적으로 교체되었다. 이렇게 시작한 민주주의는 향후 20년에 걸쳐 더욱 공고화된다. 그러는 사이 에스파냐는 서방 진영의 당당한 일원이 되었다.

사회노동당이 집권할 당시 국제적 환경은 그들에게 불리한 편이었다. 프랑스와 그리스에서 프랑수아 미테랑의 사회당(Parti Socialiste)과 안드레아스 파판드레우의 범그리스사회주의운동(Panhellenic Socialist Movement)이 각각 집권하기는 했으나, 미국에서는 로널드 레이건이 집권하고 영국에서는 마거릿 대처, 서독에서는 헬무트 콜이 집권하는 등 미국과 유럽의 나머지 지역에서는 이른바 '보수혁명'이 전개되고 있었기 때문이다.

사회노동당은 내전 이후 처음 집권했다. 이번에는 제2공화국 시절과 달리 혁명 정당이나 자유주의 정당에 기댈 필요도 없었고, 당이 내분에 빠져 있지도 않았다. 사회노동당은 유럽 사회민주주의와의 국제적 연계를 강화하고 혁명의 전통 대신 개혁과 변혁을 앞세웠다. 군대는 정부의 변화를 받아들였고 펠리페 곤살레스는 총리로서 '브루네테' 기갑사단(División Acorazada 'Brunete')[109]을 방문하여 에타에 의해 희생된 군인들에게 참배함으로써 군대에 화해의 손짓을 보냈다.

곤살레스는 사회노동당 당원들을 중심으로 내각을 구성했다. 물론 카탈루냐사회당 소속의 카탈루냐 민족주의자들과 1960년대 대학생 단체인 인민해방전선 출신자들, 기술관료와 전문가들도 각료로 기용했다. 그가 임명한 장차관과 비서관들은 대개 68세대의 젊은이들이었다. 내각의 각료 대다수가 41세의 곤살레스와 나이가 같은 또래였다. 이들은 내전을 겪지 않은 세대로서 대다수가 반프랑코 저항 운동에 참여한 자들이었다.

선거 이후 정당 체제는 전환기 때와 상당히 달라졌다. 민주중도연합과 사회노동당이 다수당을 차지하고 공산당과 국민연합이 각각 좌파와 우파의 소수당으로 존재하던 양극화된 다원주의 정당 체제가—다소 불완전한 형태이기는 하지만—사회노동당과 국민연합-민주국민당 연립 정당[110]이라는 '양대' 정당 체제로 바뀌었다.[111] 이 양대 정당이 의회 의석의 88퍼센트를 차지했다. 그 밖에 카탈루냐와 바스크를 중심으로 지방자치 정당들이 존재했고, 공산당과 민주중도연합 등이 그 명맥을 유지하고 있었다.

---

109 1981년 2월 23일 쿠데타를 기획하는 데 주도적 역할을 한 사단이다.

110 이 연립 정당이 나중에는 국민연립이 되었다가 1989년에는 국민당(Partido Popular)으로 변천하게 된다.

111 아직 양대 정당이라고 하기에는 사회노동당의 규모가 압도적으로 컸다. 하지만 시간이 흐를수록 양대 정당으로 발전하게 된다.

의회에서 202석을 차지한 사회노동당은 카탈루냐사회당, 노총련, 사회인민당 출신 의원 등 다양한 배경의 인물들로 구성되었으나 그들이 당내에서 별도의 계파 모임을 만들지는 않았다. 이러한 출신의 다양성은 단합된 힘을 발휘하는 데에는 별다른 걸림돌이 되지 않았다.

게다가 집권 초기에는 우파의 반대도 거의 없었다. 반테러 투쟁과 경제 정책, 외교정책 면에서 보수우파가 제기하는 주장들은 곤살레스 정부의 추진 전략과 별반 차이가 없었다. 물론 사회정책과 종교, 교육 등의 분야에서는 강경한 반대 전략을 펼쳤다. 여기에는 국민연합-민주국민당의 연립 정당뿐만 아니라 자유당(Partido Liberal)도 가세했다. 이들이 1986년 6월 총선에서는 국민연립(Coalición Popular, CP)을 결성해 선거에 참여했다. 하지만 결과가 그렇게 좋지는 않았다. 국민연립은 105석을 얻는 데 그쳤다. 4년 전에 비해 2석이 준 것이다. 국민연립은 곧 위기에 봉착했고, 그 위기는 1986년 7월 민주국민당 의원 21명이 탈당하고 6개월 후에는 자유당 의원 12명이 탈당하는 것으로 나타났다. 심지어 프라가의 정치적 후계자로 알려진 호르헤 베르스트링헤도 국민연합(AP) 의원 3명과 별도로 민주쇄신(Renovación Democrática) 정당을 꾸렸다. 국민연립에는 결국 국민연합 의원 68명만 남게 되었다. 이 규모로 원내에서 집권 여당에 효과적으로 대응하는 데는 한계가 있었다.

좌파의 상황도 사회노동당에 유리하게 전개되었다. 카리요는 1982년 선거에서 참패한 뒤 공산당 서기장에서 물러났다. 헤라르도 이글레시아스가 그 자리를 이어받았지만, 프랑코 정권 후기나 전환 시기에 교육받은 청년 세대의 염려를 해소하거나 지식인과 전문가들을 당원으로 유지하기에는 역부족이었다. 게다가 1983년 말에 개최한 제11차 전당대회에서 신임 서기장 이글레시아스를 따르는 추종자들과 전임 서기장 카리요를 따르는 추종자들 사이에 충돌이 발생했고, 1984년 1월에는 친소련파가 당을 떠나 카탈루냐공산당의 친소련파와 함께 에스파냐인민공산당(Partido Comunista de los Pueblos de España)을 창당했다. 1985년 10월에는 카리요마저 일부 당 지도자들과 함께 탈당해 혁명적 마르크스주의 에스파냐공산당(PCE marxista-revolucionario)을 창당했다. 이런 위기를 타개할 필요가 있었던 공산당 지도부는 1986년 총선을 앞두고 '좌파연합(Izquierda Unida)'이라는 좌파 대연합 조직을 출범시켰다. 여기에는 에스파냐인민공산당과 라몬 타마메스의 진보연맹(Federación Progresista) 등 카리요의 혁명적 마르크스주의 에스파냐공산당을 제외한 모든 좌파 단체가 참여했다.

이런 상황에서 곤살레스 정부는 각종 공공정책을 실현하기 위한 활동에 착수했다. 이를 시험할 가장 큰 무대가 교육정책이었다. 1982년 말에 취임한 교육부 장관 호세 마리아 마라발은 교육기관의 신설과 교육의 민주화에 중대한 변화를 도입하는 방향으로 교육정책을 수립했다. 그 결과물이 교육에 관한 법률 제정으로 나타났다. 1983년에는 대학개혁법(Ley de Reforma Universitaria, LRU)을 제정해 대학 자치의 원칙을 확립했다. 다만 교육과정과 교수진의 자질, 고등교육기관의 조직과 관리에 대해서는 일부 조건을 제시했다. 이로써 교육기관과 학과의 운영이 상당히 민주화되었고 신설 대학들이 등장했으며 학위취득자가 늘어나기 시작했다. 1985년에는 1970년의 교육일반법을 개정한 교육권법(Ley Orgánica del Derecho a la Educación, LODE)을 제정하고,

1990년에는 교육권법을 보완한 교육제도관리법(Ley de Ordenación General del Sistema Educativo, LOGSE)을 제정했다. 정부는 이 교육권법을 통해 교육기관 신설의 자유를 허용하고 두상의무교육을 시행하기로 했다. 또한 사립 교육기관에 대해서도 정부 보조금을 지원할 수 있게 했는데 그렇게 이루어지는 교육, 곧 '보조금교육(enseñanza concertada)'은 교육공동체 구성원들이 교육기관의 운영과 관리에 참여할 수 있게 했기에 이사회의 강한 반발을 사기도 했다. 교육제도관리법을 통해서는 종전의 16세까지 이어지는 9년 교육 과정을 의무화하고, 그 이후에는 2년 과정의 바치예라토(bachillerato, 고등학교)와 직업교육 중에서 선택하게 했다.

곤살레스 정부는 또한 시민권과 관련한 중요 규정들을 통과시켰다. 특히 1985년에는 많은 논란을 불러일으킨 낙태법을 제정했다. 이 법으로 산모의 건강과 생명이 위태롭거나 태아가 기형일 때, 성폭력에 의한 임신일 때는 낙태가 가능하게 되었다. 그러자 이 법의 제정을 둘러싸고 보수단체와 극우가톨릭 단체가 심하게 반발했다. 다른 한편으로 보건 분야에서는 1984년 4월에 보건법(Ley General de Sanidad)을 제정해 모든 국민이 건강 검진을 받을 수 있게 함으로써 국가 의료체계의 기초를 놓았다. 이 밖에 행정 개혁도 추진했다.

경제적으로 사회노동당 정부는 실용주의 정책을 선택했다. 외환보유고의 감소를 막고 새로운 행정부에 대한 경영계의 불신을 해소하기 위해 경제 구조 전환 정책을 일시 중단했고, 전략 부문 국유화는 아예 언급조차 하지 않았다. 이는 대기업 국유화 조치를 통해 공공부문을 강화하고 국내 소비를 진작하고 고용을 촉진하는 정책을 폈다가 시민들의 반발로 정책 노선을 바꾼 프랑스의 미테랑 정부를 반면교사로 삼은 것이었다. 에스파냐 사회주의자들이 직면한 가장 시급한 문제는 실업이었다. 16.6퍼센트에 달하는 실업률을 낮추기 위해 일자리 80만 개를 창출하겠다고 밝혔지만, 이는 실현하기 어려운 약속이었다. 미겔 보예르와 카를로스 솔차가로 이어지는 재정경제부 장관들은 워싱턴 합의(Washington Consensus)와 국제통화기금(IMF)의 정책 노선을 따라 인플레이션을 억제하고 공공부문의 적자를 해소하는 데 우선적으로 관심을 가졌다. 그 결과 1985년에는 인플레이션을 7.2퍼센트로 억제했고 공공부문의 적자는 6.9퍼센트 수준으로 유지할 수 있었다. 하지만 실업률은 오히려 21.48퍼센트로 올랐다.

정부가 취한 조치 가운데 평판이 제일 좋지 않았던 것은 산업 재편이었다. 곤살레스 정부는 공기업의 재정 건전화, 탄광과 조선, 제철 생산능력의 재조정, 화학공업 분야의 구조조정, 자본재와 전기 기계 생산, 자동차와 가전제품 생산 등에 역점을 두었다. 무엇보다도 1950년대부터 주력 산업으로 개발해 온 제철업과 조선업, 광업 분야가 이 구조 재편으로 가장 큰 타격을 받았다. 여기에 더해 정부는 공공부문을 축소하고 임금을 억제했으며 종업원 수를 재조정했다. 이는 엄청난 사회적 비용이 드는 조치들이었고, 1982년에 사회노동당을 지지한 노동자들이 그 비용을 상당 부분 떠안게 되었다. 노동자 수천 명이 조기 퇴직당하고 거리로 내몰렸고, 조선업과 제철업, 광업 재편을 반대하는 시위가 확산했다. 상황이 이러하니 당정과 노조 단체들의 관계가 좋을 리 없었다. 사회주의 노조인 노총련은 초반에는 이런 재편 정책을 지지했지만, 노동자위원회와 기타 노조들은 처음부터 강하게 반대했다. 그 결과 1983년에서 1989년 사이에 노사 분쟁은 계속 증가했다.

반테러 정책에 있어서는 전 정부의 정책 기조를 대체로 이어받았다. 내무부 장관 호세 바리오누에보는 경찰의 비무장화와 구조조정을 추진했다. 또 1984년에는 국가경찰과 고등경찰(Cuerpo Superior de Policía)로 그 지휘체계가 단일화되었다. 이론적으로는 경찰 조직을 민주화하고 자치지방의 경찰 조직과 국가경찰의 연계를 도모했으며 치안대 내부의 학대를 일소하는 조치를 단행했다. 하지만 경찰에 대해 대대적인 숙청을 단행하지는 않았다. 이렇게 경찰 개혁을 일부 추진한 사회노동당 정부는 전 정부의 반테러 투쟁 책임자들을 유임하고 치안대에 주도권을 부여했다. 그 결과 테러 활동이 재개되는 1988년 이전까지는 극우파와 극좌파의 정치 폭력이 다소 잦아들었다. 에타도 1982년 9월 무력 사용 포기를 선언한 이후 작전 능력이 점차 감소했으며 그에 대한 대중적 지지도 약화됐다. 여기에는 바스크 자치정부나 프랑스 정부와 벌인 펠리페 곤살레스의 정치적 합의 노력과 반에타 투쟁을 위한 협력 조치들도 한몫했다.[112] 물론 에타에 대한 사회적 동조 세력의 약화도 빼놓을 수 없는 요인이었다.

한편 정부의 반테러 정책은 국가 테러를 낳기도 했다. 1983년 7월 에타와 그 지원 조직에 테러를 가하기 위한 준경찰 조직으로 반테러 해방단(Grupos Antiterroristas de Liberación, GAL)이 창설됐다.[113] 내무

---

112 이를테면 에스파냐와 프랑스 양국 내무장관은 1984년 6월 프랑스 정부의 국외추방이나 범죄인 인도 조치와 에스파냐 정부의 복권 조치 등 정부 간 협력 조치를 경주하기로 합의했다. 이 합의는 1986년 3월 프랑스에 자크 시라크의 보수당 정부가 들어서면서 더욱 적극적으로 추진되었다.

113 좀 더 구체적으로는 에타 요원들 사이에 불안과 공포를 조장하고 프랑스 정부에 간접적인 압력을 행사하기 위해 활동을 벌였다. 프랑스 정부가 에스파냐에 에타 요원을 인도하기 시

부 고위 관료들이 자금을 지원한 것으로 훗날 밝혀진 이 반테러해방단은 주로 프랑스령 바스크 지방에서 활동했고 1987년 해체될 때까지 27명을 살해했다. 희생자들 가운데는 에타와 아무런 관련이 없는 민간인들도 있었다.[114] 언론인 리카르도 아르케스는 이를 에스파냐 정부가 벌인 '더러운 전쟁(guerra sucia)'이라고 불렀다.[115] 이에 대해 보수 야당도 1990년대 초까지 침묵을 지켰다. 마누엘 프라가는 이 문제에 대해 정부와 입장을 같이한다는 뜻을 여러 차례에 걸쳐 밝혔다.

사회노동당 정부는 반테러 정책에 있어서 채찍 정책뿐만 아니라 당근 정책도 폈다. 정부는 무기를 버리기로 선택한 에타 요원들의 복권을 지원했다. 이 밖에도 정부는 1986년 11월부터 1988년 2월까지, 1989년 1월부터 3월까지, 그리고 1990년 3월에 에타와 협상을 벌이기도 했다. 하지만 별 소득은 없었다.

에타 요원들의 체포가 늘고 그 지휘부가 해체된 것은 프랑스 정부의 정책과 에스파냐 경찰의 효과적 대응 덕분이었다. 1987년과 1988년에 이루어진 주요 정치 세력들 간의 정치적 합의도 여기에 이바지했다.[116]

지방자치 분야에서는 양대 정당이 합의한 정책 기조를 유지했다.

작하면서 이 반테러해방단의 활동은 끝이 났다. Xosé M. Núñez Seixas (coord.), *España en democracia*, p.215.

114 José Luis Barbería, "Un grupo terrorista autodenominado GAL se atribuye el secuestro de Segundo Marey, liberado ayer en Francia," *El País*, 15 de diciembre de 1983; Patxo Unzueta, "Los GAL asumen la responsabilidad del asesinato de dos ciudadanos franceses cerca de Bayona," *El País*, 16 de junio de 1985.

115 José María Irujo, "Muere Ricardo Arques, el lobo solitario que descubrió el caso GAL," *El País*, 30 de mayo de 2024.

116 이때 테러를 배격하고 합법적인 경찰 활동과 복권 정책을 지원한다는 내용의 마드리드협약(pacto de Madrid)과 아후리아에네아협약(pacto de Ajuria Enea)이 체결되었다.

1983년 2월 발레아레스 제도와 카스티야 이 레온, 마드리드, 엑스트레마두라에 지방자치법이 제정되면서 지방 분권화 과정이 절정에 달했다. 자치를 위한 기본 재정과 권한도 자치지방에 대폭 이양되었다. 1981년 87퍼센트에 달하던 중앙정부의 공공지출이 1991년에는 65퍼센트로, 1997년에는 60퍼센트로 줄어든 반면, 지방정부의 공공지출은 1981년 3퍼센트에서 1991년 21퍼센트로 늘었으며, 1998년에는 다시 27퍼센트로 늘어났다. 1981년 4만 4,475명이던 지방정부 공무원 수가 1991년에는 56만 5,460명으로 늘어난 반면에, 중앙정부 공무원 수는 같은 기간에 118만 1,820명에서 90만 576명으로 줄어들었다.

1983년 지방자치단체 선거에서는 사회노동당이 대다수 자치지방의 집권당이 되었다. 곧 발렌시아, 아라곤, 아스투리아스, 카나리아 제도, 카스티야 이 레온, 카스티야 라 만차, 엑스트레마두라, 라 리오하, 마드리드, 무르시아, 나바라 지방에서 사회노동당이 집권 여당이 되었다. 여기에 1982년부터 사회주의자들이 집권한 안달루시아 지방을 더하면 12개 지방에서 사회노동당이 통치를 담당하게 되었다.

한편 중앙정부와 지방정부의 권한 문제를 두고 논란이 제기되었다. 민족주의 정당이 집권한 카탈루냐와 바스크 지방에서 특히 그러했다. 카탈루냐 정부와 바스크 정부에 이어서 갈리시아 정부도 지방정부가 행사할 권한의 내용과 해석에 대한 심판을 헌법재판소(Tribunal Constitucional)에 청구했다. 하지만 시간이 흐르면서 이런 논란도 차츰 줄어들었다. 중앙정부가 제기한 것과 지방정부가 제기한 것을 합쳐 1985년에 131건이었던 헌법소송 건수가 1987년과 1993년에 각각 101건과 16건으로 줄어들더니 1994년에는 단 한 건도 없었다. 이는 지방자치 체제가 잘 정착되어 나갔음을 보여주는 좋은 지표이다. 구체적으로는 바스크인 호아킨 알무니아를 공공행정부 장관에 위촉하고 곤살레스의 두 번째 내각이 출범한 1986년 말 이후 지방정부의 기본 권한 문제가 사실상 일단락되면서 바스크와 카탈루냐의 민족주의 정당들과 사회노동당은 좋은 관계를 유지하게 되었다. 하지만 카탈루냐와 바스크, 갈리시아, 안달루시아를 제외한 다른 지방들, 특히 발렌시아와 카나리아 제도, 아라곤도 곧 앞의 4개 지방과 동등한 권한을 요구하기 시작했다. 이에 사회노동당과 국민당은 1992년 12월에 권한이양법(Ley Orgánica de Transferencia de Competencias)을 제정하고 자치지방의 권한을 점차 확대해 주기로 했다. 물론 언어와 문화 등에 관한 일부 지방의 고유 권한은 예외로 했다. 하지만 1993년 총선 결과 사회노동당이 과반 의석을 확보하지 못해 집중과연합, 바스크민족당, 카나리아연합(Coalición Canaria)의 지원을 필요로 하게 되면서 일부 자치지방들에 국한하여 과거와 같은 쌍무 협약 체제로 되돌아갔다. 이로 인해 지방자치 제도에 관한 갈등과 논란은 사회노동당 시대가 끝날 무렵까지도 여전히 남아 있게 되었다.

외교정책에 있어서는 민주중도연합 정부의 노선을 그대로 이어받았다. 사회노동당은 당초 에스파냐의 북대서양조약기구 가입에 부정적이었지만 집권하면서 당 지도부의 견해가 바뀌기 시작했다. 북대서양조약기구 참여와 유럽경제공동체 가입이 별개의 문제가 아니라고 생각하게 된 곤살레스와 일부 각료들은 북대서양조약기구 참여 반대가 유럽경제공동체 가입을 위한 협상에 걸림돌이 되어서는 안 된다는 결론을 내렸다. 곤살레스는 1984년 의회에서 에스파냐가 북대서양조약기구에 참여해야 한다고 밝혔다. 다만 통합군에는 참여하지 않고 국내 주둔 미군 병력을 감축하며 핵무기 국내 배치에도 반대한다는 조건을 제시했다. 이러한 그의 입장에 대해 그해 12월 사회노동당 제30차 전당대회에 참여한 대의원들 대다수가 지지를 표명했다.[117] 곤살레스는 북대서양조약기구 참여에 대해 국민의 의사를 묻는 국민투표를 1986년 3월 12일에 실시했다. 유권자의 59.6퍼센트가 투표한 가운데 정부의 주장에 대한 찬성표가 52.3퍼센트로 나왔다. 절반을 겨우 넘긴 수치였지만 정부의 정책에 대한 국민의 지지를 확인하기에는 부족하지 않았다.[118]

같은 해 6월 22일에는 총선이 있었다. 총선 결과는 4년 전과 비교해 유의미한 변화가 없었다. 사회노동당은 당시에 비해 18석이 적은 184석을 얻기는 했으나 여전히 압도적 과반수를 유지했다. 국민연립은 105석을 얻는 데 그쳤고 수아레스의 민주사회중도는 전보다 17석이나 많은 19석을 차지했다. 이는 펠리페 곤살레스의 지도력이 대중적 지지를 얻고 있음을 확인해 준 결과라고 볼 수 있다.[119]

한편 사회노동당 정부는 산업 재편 정책과 경제 분야의 자유화 개혁으로 또 다른 갈등을 빚게 되었다. 이런 경제 정책이 더 많은 실업과 불평등, 빈곤을 낳는다고 생각한 노총련 지도부, 특히 니콜라스 레돈도는 그 정책과 점차 거리를 두기 시작했다.

사회노동당 정부는 집권 후 1년 반 동안이나 이렇다 할 반대에 직면

117 물론 반대도 없지 않았다. 사회주의 좌파(Izquierda Socialista)나 노총련 지도자 니콜라스 레돈도는 반대 의사를 밝혔다.

118 David Ruiz, *La España democrática*, pp.82-83.

119 David Ruiz, *La España democrática*, p.86; Santos Juliá, *Un siglo*, pp.268-269.

하지 않고 이러한 경제 조치를 추진할 수 있었다. 선거에서 초라한 성적을 거둔 공산당이 방향을 잃고서 야당 역할을 제대로 감당하지 못했기 때문이다. 하지만 경영자단체가 노동 원가 감축과 더 많은 고용을 위해 필수 불가결하다고 주장하며 노동 시장 자유화를 요구하기 시작했다. 결국 1984년 11월에 정부와 경영자단체는 노총련과 함께 시간제 노동계약과 노동자 대량 해고 가능성 등의 내용을 명시한 경제사회협약(Acuerdo Económico y Social)에 서명했다. 노총련 지도부는 곧 진퇴양난에 빠졌다. '형제' 단체인 사회노동당 정부가 추진하는 산업 재편과 경제 자유화 조치를 나 몰라라 할 수도 없었고, 노조로서 노동자들의 이해를 무시할 수도 없었기 때문이다. 그러다가 1985년 이후 산업 재편과 관련된 정부의 약속들 가운데 일부가 제대로 이행되지 않은 사실이 드러나고 노동자들 가운데 상당수가 산업 재편을 비판적으로 지지해 온 노총련에 불만을 제기하고 나서자, 노총련 지도부는 정부와 거리를 두고 공산주의 노조인 노동자위원회와 협력하는 방향으로 노선을 바꾸었다.[120] 1987년 이후 노총련 지도부는 정부와의 관계를 끊었다. 그리고 이듬해에는 경제 정책의 방향을 수정할 필요가 있다는 노동자위원회와 인식을 같이하고, 단체교섭을 위한 공동강령을 마련했다. 정부는 이제 더욱 막강한 노조 단체들의 반발에 직면하게 되었다. 사회노동당 지도부와 정부는 노총련의 이러한 전략 변경을

120 여기에는 1985년에 제정한 사회보장 관련법(Ley 26/1985 de Medidas Urgentes por la Racionalización de la Estructura y Acción Protectora de la Seguridad Social)이 중대한 역할을 했다. 노동자위원회는 연금 수령 조건을 까다롭게 하고 평균 연금을 감축하기로 한 이 법에 반발하여 총파업(paro general)을 소집했고 노조 단체들 대다수가 이 파업에 참여했다.

사회주의 진영에 대한 배신으로 간주했다.

펠리페 곤살레스는 예정보다 몇 개월 빠른 1989년 10월 19일에 총선을 실시하겠다고 밝혔다. 이는 당시 에스파냐가 누리고 있던 호경기와 제1 야당이 겪고 있던 지도부의 위기가 선거에 유리하게 작용하리라는 계산에서 내린 결정이었다. 이 선거에서 사회노동당은 세 번째 승리를 거두었다. 유권자의 70퍼센트가량이 참여한 투표에서 39.6퍼센트의 득표로 175석을 확보해 절대다수 정당이 되었다. 반면에 젊은 호세 마리아 아스나르를 총리 후보로 내세운 국민당(전 국민연립)은 25.8퍼센트를 득표해 107석을 차지했다. 공산당 서기장 훌리오 앙기타가 이끄는 좌파연합의 의석은 전보다 10석이 더 많은 17석으로 늘었고, 아돌포 수아레스가 이끄는 민주사회중도의 의석은 14석으로 줄었다. 이 선거결과를 보면 의석 수가 약간 줄기는 했으나 사회노동당의 지지 기반이 여전히 굳건하였음을 확인할 수 있다.

1989년에 국민연립은 당 안팎의 쇄신 작업에 착수했다. 그해 1월 제9차 전당대회를 열고 마누엘 프라가를 당 대표로 선출했으며 당명을 국민당으로 바꾸었다. 1990년 제10차 전당대회에서 대표로 선출된 아스나르는 중도파의 내용, 지방자치 옹호, 실의에 빠진 사회주의자들과 민주사회중도 유권자들을 포섭할 온건한 이념을 결합하는 정치 전략을 구사했다. 그는 당 대표로서 전권을 행사하기 위해 부대표직을 폐지하는 등 당 조직에도 손을 댔다. 또 과거와의 단절을 위해 청년 지도자들을 주변에 배치하고 민주중도연합 출신 정치인들 가운데 일부를 포섭했다. 그 결과 1991년 자치단체 선거에서는 4년 전 선거에서 얻은 것보다 5퍼센트 더 높은 득표율을 보였고, 지방 선거에서는 아라곤과 발레아레스 제도, 카스티야 이 레온, 마드리드, 나바라, 발렌시아에서 약진을 보였다.

이 시기에 사회노동당과 정부는 연이은 스캔들에 연루되었고 국민당은 정부와 여당을 공격하는 데 이 스캔들을 십분 활용했다. 먼저 부총리 알폰소 게라의 친형 후안 게라가 안달루시아 정부 청사 사무실을 계약 내용과 다른 목적으로 사용한 게라 사건(caso Guerra)이 1990년에 언론을 통해 알려졌고, 그 일로 체면을 구긴 알폰소 게라는 1991년에 결국 부총리직을 사임했다. 게라 사건에 뒤이어 사회노동당이 일부 기업들로부터 불법 정치자금을 수수한 필레사 사건(caso Filesa)도 터졌다.

하지만 1992년은 사회노동당 정부로서는 경이적인 해였다. 그해 4월 세비야에서는 세계박람회가 열렸고, 여름에는 바르셀로나에서 올림픽 경기가 개최되었으며, 1년간 유럽 문화 수도로 지정된 마드리드는 각종 문화사업을 전개했다. 게다가 마드리드와 세비야를 잇는 고속철도(AVE)도 개통되었다.

그런 와중에도 사회노동당 내에는 알폰소 게라를 좇는 게라파(guerristas)와 총리를 추종하는 쇄신파(renovadores)가 대립하며 내분이 발생했다. 게다가 1992년 중반에 시작된 경기 침체가 1993년 내내 이어졌다.[121] 실업률이 급속도로 상승하여 무려 23.9퍼센트에 달했으며 정부의 재정 적자는 천정부지로 치솟았다.

펠리페 곤살레스는 이번에도 예정보다 몇 개월 앞선 1993년 6월에 총선을 실시하기로 했다. 선거전에서는 보수주의자들과 사회주의

---

121 이 경기 침체는 1990년 독일 통일과 1991년 제1차 걸프전쟁으로 시작된 국제적 경기 침체와 맞물려 나타났다.

자들의 이원화 현상이 나타났으며, 1982년 이래 처음으로 정권 교체의 가능성이 있다는 여론 조사도 있었다. 하지만 유권자들 가운데 상당수는 여전히 국민당을 프랑코 체제의 나머지 세력과 동일시했으며, 미성숙한 신출내기 정치인이 그 당을 이끌고 있다는 우려를 지니고 있었다. 선거 결과는 예상과 달랐다. 사회노동당이 과반수 의석에서 16석 모자라는 159석을 얻어 제1당이 되었고, 나바라주민연합(Unión del Pueblo Navarro, UPN)과 연대한 국민당은 141석을 차지하는 데 그쳤다. 좌파연합이 18석을 차지하고 집중과연합이 17석을 가져갔다. 그에 반해 아돌포 수아레스가 떠난 민주사회중도는 단 1석도 차지하지 못했다.

사회노동당은 선거전에서 에스파냐 근대화의 설계자라는 당의 이미지를 강조하고 다수의 진보를 위한 정부와 당의 쇄신을 약속했다. 반면에 국민당에 대해서는 프랑코 독재와의 연계와 자유를 위협하는 퇴행의 위험성이 있음을 강조했다. 특히 곤살레스는 우파의 승리를 두려워하는 좌파 유권자들을 겨냥해 '변화의 변화(cambio del cambio)'라는 구호를 내걸었다. 그 결과 연이은 부패 스캔들에도 불구하고 당을 장악한 곤살레스와 쇄신파가 선거에서 승리를 거두었다.

하지만 과반수 의석을 차지하지 못했기에 사회노동당이 지배하는 시대는 끝났다. 좌파연합과의 연정을 탐탁지 않게 생각한 곤살레스는 1993년 7월 바스크민족당 및 집중과연합과 손을 잡고 네 번째 내각을 구성했다. 그는 새 내각에서 게라파를 배제하고 나르시스 세라와 하비에르 솔라나를 각각 부총리와 외무부 장관으로 기용했다.

새 정부는 우선 마스트리흐트 조약(Maastricht Treaty)의 경제수렴기준을 따르는 조치를 단행해야 했다. 이를 위해서 비정규직 노동과 청년 노동계약을 허용하는 노동법 개정안을 통과시켰다. 사회노동당은 이처럼 자신들의 사회민주주의 전통에 반하는 공공지출 축소와 민영화 조치 등을 받아들이지 않을 수 없었다. 마스트리흐트 기준을 이행하려는 이러한 노력에도 불구하고 실업률은 여전히 20퍼센트를 넘었기에 노조 단체들과의 대립도 불가피했다. 노조 단체들은 1994년 1월 총파업으로 정부에 맞섰다.

청년들과 다수의 임금 노동자들이 이제 사회노동당을 떠났고, 이것이 후속 선거들에 반영되어 나타났다. 1994년 6월에 개최된 유럽의회 선거에서는 40퍼센트 대 31퍼센트의 득표율로 국민당이 사회노동당을 제치고 승리했다. 안달루시아 지방의회 선거에서는 차베스의 사회노동당이 과반 의석을 차지하는 데 실패했다. 1995년 5월에 실시한 지방자치단체 선거에서는 이런 경향이 더욱 확실하게 나타났다.[122] 국민당이 44개 주도에서 승리를 거둔 반면, 사회노동당은 4개 주도에서 승리하는 데 그쳤다. 13개 자치지방에서 치러진 지방의회 선거에서도 국민당이 44.5퍼센트의 득표율로 확실하게 승리했다. 그 결과 발렌시아와 아라곤, 칸타브리아, 무르시아, 마드리드에서 국민당이 사회노동당을 제치고 집권했다.

사회노동당의 위신은 당 지도부가 연루된 스캔들이 연이어 터지면서 더욱 추락했다. 이에 정부는 부패 범죄와의 전쟁을 위해 특별검사제를 신설했지만 별 소용이 없었다. 경찰력 남용과 국가 테러, 부당한 특수활동비 유용, 탈세, 공문서위조 등으로 공분을 산 반테러해방단

122 선거가 있기 몇 주 전에 아스나르가 에타의 차량폭탄 테러에 희생될 뻔한 사건이 발생했다. 그 후 아스나르의 인기가 다소 상승했는데 이 사건이 간접적인 영향을 미친 것으로 보인다.

사건(caso GAL)뿐 아니라 치안대장 루이스 롤단이 특수활동비를 유용해 부정 축재한 롤단 사건(caso Roldán), 탈세와 공문서위조 혐의로 에스파냐은행 총재와 마드리드거래소 이사가 체포된 이베르코르프 사건(caso Ibercorp)이 연이어 터졌다. 그런 가운데 경찰이나 군인을 살해하는 에타의 테러 활동도 계속되었다. 1996년 2월에는 마드리드아우토노마대학교 연구실에서 헌법재판소장을 지낸 법제사 교수 프란시스코 토마스 이 발리엔테가 살해되었다. 이로써 에타의 테러 대상에서 그 누구도 예외가 아니라는 불안감이 더욱 확산했다.

한편 1995년 11월 카탈루냐에서는 지방의회 선거가 시행되었는데, 그 선거에서 국민당이 약진한 반면, 조르디 푸졸의 집중과연합은 10석을 잃었다. 부패로 점철된 정부를 지원한 결과가 의석 상실로 돌아왔다고 생각한 푸졸은 그해 말 사회노동당 정부에 대한 지지 철회를 선언했다. 이에 곤살레스는 새로운 총선을 소집하지 않을 수 없었다.

선거전은 매우 치열했다. 각 정당은 십수 년 동안이나 땅에 묻어 두었던 도끼를 끄집어내 휘둘렀다. 그 도끼는 바로 역사적 기억이었다. 사회노동당, 특히 카탈루냐사회당은 사회노동당 정부의 근대화 정책 전후 에스파냐의 모습을 각각 흑백과 컬러로 대비시킨 영상물을 선거에 활용했다. 또한 국민당이 프리모 데 리베라 독재 및 프랑코 독재와 연관성이 있다고 드러내 놓고 지적했다. 이에 반해 보수주의자들은 "또다시 과반수를"이라는 승리주의 구호를 내걸었다. 1995년에 『에스파냐 제2의 전환 시대』란 제목의 책을 펴낸 아스나르는 1975~1978년의 합의 국면을 수정하여 에스파냐 민주주의 역사에서 새로운 시대를 열 필요가 있다고 강조했다.

사진 12 정권 이양을 위해 국민당 대표 아스나르를 영접하고 있는 곤살레스(오른쪽)

1996년 3월 3일에 실시된 선거의 결과는 예상한 대로 국민당의 승리였다. 하지만 그 승리는 기대와 달리 매우 힘겨웠다. 38.8퍼센트의 득표율로 156석을 얻은 탓에 아스나르의 국민당은 의석의 과반수를 차지하지 못했다. 반면에 사회노동당은 37.6퍼센트의 득표율로 141석을 가져갔다.[123] 각종 문제와 스캔들로 추락하고 있던 정당치고는 선방한 셈이었다. 국민당 당사에 모여 투표 결과를 지켜보던 당 관계자들은 총선에서 첫 승리를 거두고도 침통한 표정을 숨기지 못했다. 아스나르는 연정을 위해 집중과연합과 카나리아연합, 바스크민족당에 손을 내밀어야만 했다.

14년에 걸친 사회노동당 시대는 이렇게 끝이 났다. 곤살레스 정부가 이룩한 성과는 분명했다. 무엇보다도 전환기의 망령인 쿠데타의 위

---

123 다른 정당들의 의석에는 큰 변화가 없었다. 좌파연합은 1993년 총선 당시보다 3석이 더 많은 21석을 차지했다.

협을 없애고 민주주의의 기반을 확실하게 다졌다. 1985년까지 사소한 사건들이 우발적으로 일어나기는 했으나 군대는 더 이상 내정 개입의 주체가 아니었다. 이 밖에도 서유럽 국가 대다수에 비해 불완전하기는 하지만, 에스파냐도 복지국가를 위한 걸음을 크게 내디뎠다. 또한 유럽연합 가입에 성공하면서 종전에는 꿈꾸지 못한 국제적 지위를 누리게 되었다.

아스나르 정부(1996~2004년)

사회노동당에 뒤이어 국민당이 8년을 집권했다. 처음 4년은 제1당으로 집권했고, 다음 4년은 다수당으로 집권했다. 국민당은 자유 보수 정당으로서 조직을 강화하고 당원을 늘려 나갔으며 프랑코 체제와 관련이 있는 체제 개혁파라는 이미지를 없애는 데 주력했다.[124] 당내에는 가톨릭 보수주의에서부터 신자유주의에 이르는 다양한 이념의 정파들이 공존했으며, 심지어는 보수적 지방 분권주의자들도 있었다. 1999년 전당대회에서는 당의 정체성을 중도개혁 정당으로 정립하고 모든 계층을 아우르는 포괄정당을 지향하기로 했다. 겁 많은 신출내기 정치인으로 첫걸음을 뗀 신임 총리 아스나르는 곧 외교 무대에 적응하면서 예상 밖의 다양한 면모와 야심을 드러냈다.

아스나르의 집권은 에스파냐의 경제 성장 시기(1994~2008년)와 맞물렸다. 이 시기에 금융자본이 등장했고 부동산 투기가 진행되었으며 사모 대출이 늘어났다. 또 유로존 가입과 함께 외국자본도 밀려 들어

---

124 호세 마리아 아스나르와 로드리고 라토, 마리아노 라호이 등 당 지도자들의 대다수가 프랑코 체제의 개혁파와 연계를 지닌 국민연합에서 정치활동을 시작했다.

왔다. 서비스업이 급증하고 일부 다국적 기업들이 자신들의 기반을 다졌다. 이 덕분에 실업은 가파르게 감소했다. 국민당의 경제 정책은 직전 사회노동당의 정책과 크게 다르지 않았다. 특히 처음 4년간은 노동 시장의 유연화와 공공부문의 민영화에 주력했다. 공기업의 민영화와 더불어 항공수송 및 전기통신 분야의 자유화가 아스나르 정부 사회경제 정책의 핵심이 되었다. 공기업의 민영화는 사실 전 정부가 이미 기획한 정책이었다. 사회노동당 정부는 산업진흥공단을 해체하고 공기업들을 부분적으로 민영화했다. 하지만 아스나르 정부는 이러한 부분적 민영화가 아니라 공기업의 정부 지분을 매각하는 전면적 민영화를 단행했다. 전기통신공사 텔레포니카와 공공은행 아르헨타리아부터 석유에너지공사 렙솔과 담배공사 타바칼레라에 이르기까지 많은 공기업들을 신속하게 민영화했다. 아스나르 정부는 이러한 전략부문의 자유화를 정당화하는 논리로—다른 유럽 국가들과 마찬가지로—독점 형성 저지와 자유경쟁 보장을 내세웠다. 하지만 민영화 조치의 결과는 그와 달랐다. 국민당이나 총리와 관련이 있는 측근들이 민영화된 기업의 경영권을 차지했다. 야당은 이를 '패거리 자본주의(capitalismo de amigos)'의 전형적 사례라고 비난했다.

아스나르 정부의 경제 정책은 거시적으로는 좋은 결실을 거두었다. 우호적인 대외경제 정세 덕분에 경제 성장의 기조가 2008년까지 지속되었는데, 이는 가계의 가처분 소득 향상에도 긍정적인 영향을 미쳤다. 1인당 국민소득이 매년 3퍼센트씩 증가했고, 1996년 22.1퍼센트였던 실업률이 1999년에는 15.6퍼센트로 감소했으며 2004년에는 다시 10.5퍼센트로 줄어들었다.

서비스업, 특히 관광산업 분야와 주택 건설 및 농촌 계절노동 분야의 노동 시장이 팽창했으며, 미숙련이나 반숙련 노동의 수요가 증가했다. 그에 따라 1996년 이후 외국 이주민들이 급속도로 늘어났다. 에스파냐 여권이나 유럽연합 내 다른 국가의 여권을 소지한 라틴아메리카 이주민들을 제외한 국내 거주 외국인 수가 10년 사이 1백만 명에서 4백만 명으로 4배나 늘었다.[125] 이들 외국인 이주민들은 대도시와 주도(州都), 지중해 연안, 발레아레스 제도와 카나리아 제도에 주로 거주했다.

아스나르 정부는 외교 분야에서도 사회노동당 정부의 정책 기조 가운데 일부를 계속 이어 갔다. 유럽연합의 지역 보조금을 배당받으려 애썼고, 유로존 가입을 적극적으로 추진했다. 그러나 미국에서 조지 부시가 대통령으로 선출되고 2001년 뉴욕에서 9.11 테러 사건이 발생하면서 이전 정부와는 다른 외교정책을 펼치게 된다. 에스파냐는 이때부터 대외 문제에 대한 무력 개입이라는 미국의 외교정책 노선을 따르기 시작했다. 에스파냐의 나토군 참여 문제는 정권 교체 후인 1996년 12월 의회에서 압도적 다수로 통과되었다. 1992년부터 보스니아-헤르체고비나에 유엔 평화유지군을 파병하고 있던 에스파냐는 1999년 3월에는 의회의 동의 없이 북대서양조약기구의 유고슬라비아 폭격에 가담했으며 1천 명이 넘는 병력을 코소보 분쟁 지역에 파병했다. 그 밖에도 인도적 지원 차원에서 중앙아메리카와 아프리카에 군대를 파병했다. 한편 사회 분야에서는 1999년에 의무 병역제 폐지에 관한 법을 마련해 2001년부터 적용하기 시작했다. 그해 12월 병영을 떠난

125 라틴아메리카 이주민들을 포함하면 외국인 거주민 수가 8배로 늘어났다. 이는 당시 에스파냐 인구의 10퍼센트에 육박하는 규모였다.

사진 13 아스나르와 조지 부시(2001년 6월 12일, 마드리드)

군인들이 의무복무의 마지막 세대가 되었다.

미국의 외교정책 노선을 따르고 영국을 점차 가까이하는 아스나르 정부의 외교정책은 전통적 우방국인 쿠바와의 관계 악화를 초래했다. 쿠바와의 관계는 1999년 아바나에서 열린 제9차 이베로아메리카 정상회의 때 비로소 개선되었다. 이때 국왕 후안 카를로스도 쿠바와의 관계 개선에 중요한 역할을 했다.

한편 선거에서 패배한 사회노동당은 내분에 휩싸였다. 게라파와 쇄신파의 해묵은 대립이 다시 불거졌다. 1997년 6월 제34차 전당대회에서 중립을 유지해 온 펠리페 곤살레스가 쇄신파를 지지하면서 당 사무총장직에서 물러나겠다고 선언했다. 알폰소 게라가 그와 함께 무대에서 사라지기를 바라는 속셈에서였다. 이에 당 지도부는 쇄신파의 성향을 지닌 호아킨 알무니아를 사무총장으로 지명하고 이듬해 4월 사회노동당의 총리 후보 겸 사무총장 선출을 위한 예비선거를 소집했다. 하지만 뜻밖에도 주제프 보렐이 55퍼센트의 득표로 총리 후보 겸 사무총장에 선출되었다. 그러나 그는 당 지도부의 지지를 얻지 못했고, 자신의 협력자들이 연루된 스캔들로 인해 이듬해 5월 사임했다. 이에 알무니아가 당 사무총장에 복귀했다.

1996년 총선에서 21석을 차지한 좌파연합 내에도 갈등이 생겨나기 시작했다. 좌파연합을 단일 정당으로 만들고 사회노동당과 더 많이 협력해야 한다고 주장하는 이들이 신좌파(Nueva Izquierda)를 결성했다. 이들은 갈리시아 지방 선거에서 프라가를 물리치기 위해 사회노동당과 선거 연립을 구성했지만 그 결과는 시원치 않았다. 카탈루냐에서도 사회노동당과 협력을 주장하고 신좌파의 실용적 입장에 동조하는 카탈루냐주도(Iniciativa per Catalunya, IC)가 훌리오 앙기타의 좌파연합 지도부와 대립하여 갈등이 발생했다. 좌파연합 지도부가 신좌파를 지도부에서 축출하고 그들의 의석을 반환하라고 요구하자 신좌파는 신좌파민주당(Partido Democrático de la Nueva Izquierda)을 창당하고 의정활동을 계속했다. 제5차 좌파연합 전당대회에서 이 갈등이 다시 불거졌으며 신좌파민주당은 결국 좌파연합에서 추방되었다.[126] 카탈루냐주도 또한 좌파연합을 떠나 별도의 정당을 꾸렸다. 한편 비타협적 좌파의 원칙을 고수한 앙기타는 좌파연합 내부에서 사회노동당과의 선거 연대에 찬성하는 목소리가 커지자 1998년 말 건강상의 이유를 들어 공산당 서기장직과 좌파연합 조정위원장직을 사임했다.

아스나르가 카탈루냐의 집중과연합, 바스크의 바스크민족당과 협약

126 이때 추방된 신좌파민주당은 2001년에 사회노동당과 통합하게 된다.

을 체결하기는 했으나 지방 문제가 해소되지는 않았다. 1996~2000년에는 중앙정부의 권한 위임이 상당히 진행되고 지방자치가 공고화된 것처럼 보였다. 두 정당과 협약을 체결한 국민당은 두 지방의 재정 문제에 대한 권한도 상당 부분 양보해야 했다. 그런데도 이 시기에 보수적 성격의 신민족주의와 하위민족주의(nacionalismo subestatal)의 틈새는 더욱 벌어졌다. 초창기에는 민족 문제에 관한 토론이 문화나 교육, 학교에서 전수하는 에스파냐 역사 해석의 측면을 중심으로 전개되었다. 하위민족주의, 곧 변두리 민족주의(nacionalismo periférico)에 우호적 반응을 보이는 이들도 있었고, 국가의 재에스파냐화를 위한 교육의 재민족화를 주장하는 이들도 있었다. 아스나르 정부는 물론 후자의 입장이었다.

시간이 지나면서 급진적인 하위민족주의를 지지하는 자들이 증가했다. 이는 아마도 다음 두 가지 요인에서 비롯된 것으로 보인다. 한편으로는 전환 시대에 맺은 각종 협약의 시한이 종료된 지 오래이고 에스파냐가 유럽연합의 일원이 된 데다 군대가 가지고 있던 실세 기관으로서의 지위도 사라졌기에, 변두리 민족의 민족 주권 문제가 더 이상 금기시해야 할 주제가 아니라고 생각하는 자들이 늘어났다. 1990년대 말에 이르러 전환 시대의 '합의 정신'에서 '은퇴할' 때가 되었다고 생각하는 새로운 세대의 민족주의 지도자들이 하나둘씩 등장했다. 다른 한편으로는 이 무렵 카탈루냐와 바르셀로나에서 민족주의적 요구 사항들이 증가하는 추세를 보였는데, 그 추세를 하위민족주의 세력의 강화와 연결하여 생각하는 경향이 생겨났다.[127]

---

127 Xosé M. Núñez Seixas (coord.), *España en democracia*, pp.290-291.

이런 가운데 2000년 3월에는 총선이 실시되었고 이 총선에서 아스나르와 국민당은 압도적 승리를 거두었다. 이들은 선거 기간 내내 자신들의 과업을 완수하기에 충분한 의석, 곧 과반수 의석을 달라고 요청했다. 그들은 183석을 얻어 실제로 과반수 의석을 확보했다. 반면에 사회노동당과 좌파연합은 각각 125석과 8석을 얻는 데 그쳤다. 사회노동당은 1996년 선거에 비해 16석을 잃었고 좌파연합은 13석을 잃었다. 집중과연합과 바스크민족당은 각각 15석과 7석을 차지했다.

국민당이 압승을 거둔 배경에는 호경기와 상대적으로 온건한 면모의 아스나르가 있었다. 주요 경쟁 정당인 사회노동당과 좌파연합의 내분도 국민당에 유리하게 작용했다. 게다가 일부 유권자들은 분리주의 정당(집중과연합이나 바스크민족당)의 지원을 받는 허약한 정부보다 국민당 단독의 강력한 정부를 선호했다.

제2기 아스나르 정부는—일부 교체가 있기는 했지만—제1기 정부와 내각 구성이 비슷했다. 경제 호황 덕분에 경제 정책도 같은 기조를 유지했다. 관광업과 서비스업, 건설업이 경제 성장을 계속 주도해 나갔다. 이 가운데 건설업의 호황은 미숙련 노동력의 상당 부분을 흡수하는 순기능을 하기도 했지만 부동산 거품을 점점 더 부풀어 오르게 하기도 했다. 외국자본이 대거 유입되고 낮은 금리의 은행 대출이 전례 없이 늘어났다. 신축주택의 가격은 끝없이 오르고 월세 집은 품귀 현상이 나타났다. 늘어나는 외국인 이주민과 별장 매입으로 대도시와 지중해 연안에서는 주택 부족 현상이 더욱 심각했다. 에스파냐 경제가 기대고 있는 이러한 거품의 위험에 대한 전문가들의 경고에도 불구하고 아스나르 정부는 아무런 대책도 내놓지 않았다.

아스나르는 점차 절대 권력자 같은 오만함을 드러내며 초창기의 온건함에서 멀어지는 행보를 보였다. 심지어 정적에 대한 폄훼는 에스파냐 민주주의 정치사에서 그 유례를 찾아보기 어려울 정도로 심각했다. 2002년 11월에는 아스나르 정부의 이런 태도 변화가 명확히 드러나는 사건이 발생했다. 갈리시아 앞바다에 유조선 프레스티지호가 침몰했는데, 당국은 유조선의 아 코루냐 항구 진입 사실 자체를 부인했고 별다른 조치도 단행하지 않았다. 결국 중유의 기름띠가 갈리시아 북서해안 연안에 넓게 퍼지고 말았다. 이는 사안의 심각성을 인정하지 않으려는 정부의 완고함과 무능력을 드러낸 사건이었다. 이에 시민들로부터 거센 불만이 터져 나왔다. '눈카 마이스(Nunca Máis, 결코 다시는)'는 이러한 시민들의 분노를 담아낸 구호이자 운동 플랫폼이었다. 이 눈카 마이스가 삽시간에 광범한 사회저항 운동으로 발전했다. 반면 주요 당국자들은 재난 초기에 그 누구도 현장에 모습을 드러내지 않았다.[128] 아스나르와 의회 조사위원회도 마찬가지였다.

제2기 아스나르 정부 시기에는 정치적 대립이 심해졌는데, 민족 문제에 있어서도 마찬가지였다. 2000년에서 2003년까지 에타가 46명을 암살했다. 희생자들 상당수가 국민당과 사회노동당의 정치인이나 시의원들이었다. 이러한 에타의 범죄에 대한 사회적 비난이 거세졌지만 그럴수록 에타는 더 많은 인사들을 위협했다. 경찰의 보호를 받으며 살아가야 하는 사람이 무려 1천 명이 넘을 정도였다. 바스크민족당 내부에서도 바스크의 정당과 사회단체들이 에타의 테러 종

128 이 프레스티지 위기로 갈리시아 지방총리 마누엘 프라가는 갈리시아 정치의 주도권을 잃기 시작했다.

식을 위해 체결한 에스테야 협정(pacto de Estella)에 반대하는 목소리가 터져 나왔다. 바스크 지방의 일부 시청에서는 에우스칼 에리타록(Euskal Herritarrok, 바스크시민) 의원들이 바스크 지방의회가 바스크민족당과 공조하기로 한 협정을 파기했다. 이는 물론 바스크민족당이 통치 협약을 어긴 것에 대한 항의였다. 그런데다 아스나르 정부마저 바스크지방자치법(Estatuto de Gernika) 개정 협상을 거부하고 나서자 바스크 지방총리 이바레체는 지방의회를 해산하고 새로운 선거를 소집했다. 2001년 5월 개최된 선거에서는 바스크민족당의 이바레체가 이끄는 선거연합이 33석을 차지했고, 하이메 마요르 오레하가 이끄는 국민당이 19석을, 니콜라스 레돈도 테레로스가 이끄는 사회노동당이 13석을 얻었다. 민족주의 선거연합이 국민당과 사회노동당이 차지한 의석을 합친 수보다 1석 더 많은 의석을 확보한 것이다. 이바레체는 집권을 위해 좌파연합을 끌어들였고 좌파 민족주의 정당인 바타수나(Batasuna, 통합)로부터 지원을 약속받았다. 다시 바스크 지방총리가 된 이바레체는 2003년 10월에 바스크의 자치를 확장하는 방안을 제출했다. 준연방으로서 경제와 재정, 치안, 언어, 문화에 독자적 권한을 갖고 유럽연합에 직접 대표를 파견하며 사법주권을 누린다는 이 '이바레체안(Plan Ibarretxe)'은 연정에 참여하고 있던 좌파연합과 에우스코 알카르타수나(Eusko Alkartasuna, EA, 바스크연대)의 지지를 받아 2004년 12월 바스크 지방의회를 통과했다. 하지만 중앙정부와 중앙의회가 이에 동의할 리 만무했다. 국민당과 사회노동당 지도부는 이 방안이 사법 질서를 무너뜨린다고 생각했다. 카탈루냐공화좌파를 제외한 카탈루냐 민족주의 진영도 공감이나 지지 의사를 표시하지 않았다. 국민당은 이에 대한 보복 조치로 바스크민족당을 모든 국가기관에서 배제했으며 아스나르는 바스크 정부와의 공식 관계를 사실상 단절했다. 중앙의회에 상정된 '이바레체안'은 2005년 2월 반대 313표, 찬성 29표, 기권 2표로 결국 부결되었다.

한편 카탈루냐는 바스크와 상황이 달랐다. 국민당과 협력했다는 전력 때문에 집중과연합이 쇠퇴의 길을 걷고 있었고 카탈루냐사회당이 아스나르에 대한 반대 운동을 주도하고 있었다. 2003년 11월 치러진 지방 선거에서 집중과연합이 제1당을 차지하기는 했으나, 카탈루냐사회당과 카탈루냐공화좌파, 카탈루냐주도가 연정 구성에 성공하면서 정권을 차지했다. 카탈루냐 지방정부도 자치의 범위를 확장하고 재정 체계를 개선하며 카탈루냐를 에스파냐를 구성하는 민족들의 일원으로 인식해야 한다는 내용을 담은 카탈루냐지방자치법 개정을 추진하고자 했으나 카탈루냐의 완전한 주권을 옹호하는 카탈루냐공화좌파의 지지를 얻지 못했다.

한편 마스트리흐트에서 설정한 경제수렴 목표를 이행하고 유로존 가입이 확정된 뒤부터 에스파냐 외교정책의 제일 관심사는 더 이상 유럽 통합주의가 아니었다. 유럽연합 내에서 에스파냐 정부는 오히려 불편한 회원국으로 알려졌다. 앞서 얘기한 대로 9.11 테러 이후 아스나르 정부는 외교정책의 방향을 친미로 정하고 조지 부시 행정부와 밀접한 관계를 유지했다. 아스나르는 미국 중앙정보국(CIA)으로부터 에타의 테러 활동과 관련한 유용한 정보를 얻으면서 양국이 반테러 투쟁이라는 공동의 목표를 지니고 있다고 생각했다. 그리고 2003년 7월에는 제2차 걸프전에 해당하는 미국의 이라크 침공에 병력 1,300명을 파병했다.[129] 문제는 프랑스와 독일, 유럽의회가 반대한 미국의 이라크 침공에 파병한 데다가 의회나 국민을 상대로 이렇다 할 설명도 하지 않았다는 데 있었다. 이에 에스파냐 국내에서는 반전 여론이 들끓었다. 이라크전 참전을 지지한다는 의견은 10퍼센트에 불과한 것으로 조사되었다. 반전 여론은 곧 반정부 여론으로 바뀌었다. 국민당에 투표한 유권자들 상당수도 반유럽적이고 친미적인 외교정책으로의 노선 전환을 받아들이지 않았고, 그들 가운데 상당수가 반이라크전 시위에 참여했다.

사회노동당은 2000년 3월 선거 이후 당 쇄신 작업에 들어갔다. 호아킨 알무니아가 선거 패배의 책임을 지고 사무총장직을 사임했다. 그 해 여름 열린 제35차 전당대회에서는 40세 전후의 젊은 지도자들을 대표하는 호세 루이스 로드리게스 사파테로가 사무총장에 선출되었다. 과거 정치의 연장을 상징하는 바스크 지방의 베테랑 지도자 로사 디에스와 게라파의 대표 주자 마틸데 페르난데스, 카스티야 라 만차 지방당 대표 호세 보노를 물리치고 당선된 사파테로는 곤살레스의 기조를 유지하는 가운데 새로운 길(Nueva Vía)을 모색했다. '조용한 혁명'을 약속한 그는 당을 현대화하고 '보다 세속적이고 보다 연대적이며 보다 공정한 다원주의 에스파냐(España plural)'를 건설하는 데 전력을 다하고자 했다. 그리고 비교적 젊은 협력자들로 당 지도부를 꾸렸다.

파스쿠알 마라갈이 이끄는 카탈루냐사회당은 이러한 사파테로와 그의 새로운 길 집단을 지지했다. 그들은 특히 지방자치법 개정과 개

---

129 나중에 밝혀진 일이지만 2003년 7월 이후에는 미국이 추진한 아프가니스탄 탈레반 정권 타도를 위한 군사작전에도 군대를 파병했다.

헌에 우호적인 '다원주의 에스파냐'라는 관념에 관심을 가졌다. 사파테로는 대규모 전국 정당 지도부가 관심을 기울인 적이 없는 문화 다원주의와 정체성 다원주의에 깊은 관심을 보였다. 그는 또한 부패 청산과 지지자 명부 작성, 후보자 지명 및 정책 입안에 대한 당원들의 참여를 장려하겠다고 약속했다.

사회노동당의 경제 정책은 사실 별로 새로울 게 없었다. 신케인스주의 성향을 보이다가도 정작 공공지출 증대와 조세 인상이 필요할 때는 매우 조심스럽게 접근했다. 이념적으로는 토니 블레어나 게르하르트 슈뢰더가 주장한 '제3의 길'을 따르면서 그것을 약간 수정하고자 했다. 새 지도부는 또한 사파테로가 '에스파냐의 현안(España pendiente)'이라고 부른 사회 분야와 지방자치 분야의 문제 해결 방안뿐 아니라 민주주의의 질적 향상을 위한 정치 쇄신 방안도 모색해 나갔다.

사회노동당은 내전과 프랑코 정권 희생자들에 대한 보상이 에스파냐 민주주의의 현안이라는 신념에서 역사기억복원 운동(Movimiento por la Recuperación de la Memoria Histórica)의 요구 사항들에 귀를 기울였고, 기억법(Ley de la Memoria) 제정을 약속했다. 특히 그 자신이 프랑코주의자들에 의해 총살된 육군 장교의 손자였던 사파테로는 이 문제에 남다른 관심을 보였다. 그는 이라크전 반대 시위에도 적극적으로 참여했으며 집권하게 되면 에스파냐 군대를 즉각 철군하겠다고 약속했다.

2004년 3월 총선에서 국민당은 마리아노 라호이를 총리 후보로 내세웠다. 라호이를 후계자로 지명한 아스나르는 2002년에 신설한 국민당의 싱크 탱크인 사회조사분석재단(Fundación para el Análisis y los

Estudios Sociales, FAES) 이사장으로 물러났다. 라호이는 1936년 지방자치법을 입안한 갈리시아 보수 정치인의 손자로서 아스나르 정부하에서 장관과 부총리를 지낸 철저한 보수 정치인이었다. 사회노동당은 사파테로를 후보로 내세웠다. 여론 조사 결과는 라호이에게 유리하게 나왔다. 하지만 선거가 있기 사흘 전인 3월 11일에 발생한 비극적 사건이 그 후 정국을 바꿔 놓았다. 마드리드 아토차에서 191명의 사망자와 2천 명 이상의 부상자를 낸 열차 폭파 테러가 발생한 것이다. 정부는 애초부터 에타의 소행으로 몰고 갔지만, 곧 에스파냐의 이라크전 참전에 반대한 이슬람 테러리스트들의 범행으로 밝혀졌다.[130] 정부의 어리석고 부적절한 대응은 좌파 유권자들의 분노를 자아냈고 그들을 사회노동당 지지로 결집하게 했다. 이 사건이 결국 선거에 치명적 영향을 미치게 되었다.

선거 결과는 예상과 달리 사파테로의 승리로 나타났다. 사회노동당이 42.6퍼센트의 득표로 164석을 가져갔다. 이에 반해 37.7퍼센트를 득표한 국민당은 148석을 얻는 데 그쳤다. 이 밖에 집중과연합이 10석, 카탈루냐공화좌파가 8석, 좌파연합이 5석을 얻었다. 이 가운데 카탈루냐공화좌파의 성과가 눈에 띈다. 이 당이 확보한 의석수가 그간 카탈루냐 민족주의를 대변해 온 집중과연합의 주도권을 위협할 정도로 늘어났기 때문이다. 선거 결과 사회노동당은 카탈루냐공화좌파와 좌파연합의 지원을 얻어 재집권에 성공했다.

---

130 Herbert Genzmer, Sybille Kershner and Christian Schutz, *Great Disasters* (Parragon, 1989), p.197.

사파테로 정부(2004~2011년)

사파테로 정부도 아스나르 정부와 마찬가지로 1기와 2기로 나누어지는데 제1기 사파테로 정부는 '새로운 길' 출신의 신인 정치인들과 곤살레스 세대의 노련한 정치인들로 구성되었다. 후자로 인해 제1기 내각 구성원들의 평균 연령은 50세 정도로 상당히 높았다. 사파테로는 아스나르와 달리 7년에 걸쳐 6차례나 내각을 개편할 정도로 각료들의 구성과 조직과 권한에 상당한 변화를 가했다. 여성 장관 비율이 40퍼센트를 넘어 에스파냐 민주주의 역사상 각료의 남녀 성비가 동수에 제일 가깝기도 했다. 이렇게 구성된 제1기 사파테로 정부는 개혁주의 성향이 강했다.

2004년에 출범한 의회에서 다룬 주요 의제는 시민권과 사회권 문제, 바스크 지방의 평화 문제, 지방자치 모델의 개혁 문제, 역사기억 문제 등이었다. 이에 대해 우파 성향의 매체들과 국민당 지도자들은 정부와 사파테로 개인에 대한 모욕과 험담을 늘어놓았다. 이를테면 3월 11일 열차 폭파 테러에 에타가 연루되어 있는데, 그와 관련된 자료를 정부가 은폐하고 있다고 비난했다. 하지만 2008년에 구성된 의회에서는 상황이 바뀌었다. 종전보다 더 많은 의석을 확보한 사회노동당이 이제는 전보다 더욱 안정적으로 입법 활동을 할 수 있게 되었다. 게다가 국민당도 무조건적 반대가 아니라 구체적 사안들을 중심에 놓고 선택적으로 반대하는 정책으로 선회했다.

그러나 2008년부터 에스파냐에 경제 위기가 닥쳤다. 이에 사회노동당은 수요와 투자 진작을 위한 경기대책을 내놓고 위기를 극복하려고 시도했다. 하지만 사파테로 정부는 애초에 경제 위기의 심각성을 제대로

사진 14 사파테로 1기 내각 구성원(2004년 4월 20일)

로 파악하지 못했다. 게다가 경기 부양을 위해 각종 개혁주의 정책들을 포기해야 했다. 유럽연합의 관련 기관과 국제통화기금의 직접 개입을 피하기는 했으나 정치적 대가를 톡톡히 치러야 했다. 그러면서 사파테로와 사회노동당은 갈수록 신뢰를 잃게 되었다.

사파테로 정부는 선거 전에 약속한 대로 이라크전에 파병한 군대를 철수했다. 그 결과 조지 부시 미국 공화당 행정부와의 관계가 나빠졌다. 2004년 9월에는 이슬람 테러 문제를 평화적으로 해결하기 위한 대책으로 이슬람 국가들과의 대화를 위한 문명동맹(Alianza de Civilizaciones)을 유엔에서 제안하고 추진했으나 실제적인 성과는 미미했다.

국내 정책에서는 시민권과 사회권을 확대·강화하는 조치를 단행했다. 동성결혼을 합법화하고 이혼 절차를 간소화했으며 불임이나 난임을 위한 보조생식기술을 허용하고 성폭력방지법과 평등법을 제정했다. 이 가운데 동성결혼 합법화 문제와 보조생식기술 허용 문제는 가톨릭교회와 일부 국민당 의원들의 강력한 반발을 초래했다. 노동과 교육과 정치 분야에서 남녀 동수 고용을 장려하기 위해 제정한 평등법을 둘러싸고도 논란이 있었다. 그에 반해 성폭력방지법은 만장일치로 통과되었다.

경제 분야에서는 경제 성장의 혜택을 골고루 분배하는 조치를 단행했다. 이는 사파테로 정부가 내놓은 야심작으로, 보건·연금·교육과 더불어 복지국가의 4대 기둥에 해당했다. 장애인 권리 인정, 심신장애자 지원, 노인들에게 더 나은 삶의 가능성 제공, 새로운 청년 일자리 제공 정책 등을 폈다. 하지만 이런 정책의 실제 추진 여부는 지방정부의 성격에 따라 다양했다.[131] 실행했다 하더라도 가용 재원의 부족으로 추진 속도는 더디기만 했다.

새로운 정부는 또한 바스크 지방의 폭력을 종식하고 지방 주권의 열망을 제도화하는 문제를 중요하게 다루었다. 이전 정부가 제정한 법 중에서 에타를 지원하는 정치 단체를 불법화하겠다는 정당법(Ley de Partidos Políticos)을 유지하면서도 불법적으로 주민투표를 소집한 자를 처벌하겠다는 형법 조항은 폐지했다. 앞서 언급한 대로 2004년 12월에는 '이바레체안'이 바스크 의회를 통과했다. 국회는 바스크 지방총리가 제출한 이 안을 부결시키고 바스크 의회로 반송했다. 이에 이바레체는 바스크 의회를 해산하고 새로운 선거를 소집했다. 선거 이후 2005년 6월 다시 지방총리에 취임한 이바레체는 '이바레체안' 승인 문제보다 테러 문제와 바스크 민족 문제를 우선시했다. '이바레체

131 발렌시아와 마드리드처럼 우파가 집권한 정부는 이 정책을 아예 배척했다.

안'은 그렇게 자취를 감추고 말았다. 2008년 6월 바스크 의회는 에타와의 대화를 위한 주민투표 소집법을 통과시켰는데, 사파테로 정부가 그 법에 대해 위헌법률심판을 청구하고 헌법재판소가 위헌 결정을 내리는 바람에 그마저도 무산되었다. 그러는 사이 바스크민족당 내에서는 실용파가 당권을 장악하는 변화가 생겨났다. 그 후 바스크민족당은 점차 사파테로 정부와의 조화를 추구해 나갔다.

에타의 테러 종식을 위한 사파테로 정부의 협상은 종전과 같은 벽에 부딪혔다. 에타는 정부에 수감자들의 복권을 우선 요구한 반면, 정부는 에타에 무력 사용 포기를 우선 주문했기 때문이다. 2006년에 협상은 결렬되었으며, 그해 12월 마드리드 바라하스 공항 폭탄테러로 2명의 희생자가 발생하기까지 했다. 하지만 상황이 점차 바뀌었다. 여기에는 몇 가지 요인들이 영향을 미쳤다. 우선 경찰과 사법부의 탄압이 여전한 상황에서 정당법이 제정되면서 에타의 정치력이 상당히 약해졌다. 2008년에서 2010년 사이 305명이 테러범으로 체포되었다. 여기에는 바타수나의 지도자들도 포함되었다. 또한 바스크 시민들 사이에 폭력을 배격하는 움직임이 확산됐으며, 민족주의 좌파 내에서는 '무장투쟁'을 끝내고 평화적으로 민족 건설을 이룩하자는 목소리가 높아 갔다. 게다가 에타의 작전 능력도 갈수록 떨어졌다. 지하활동을 벌이자마자 활동가들이 체포되는 바람에 에타 지도부의 평균 연령도 매우 낮아졌다. 그런 가운데 2009년 선거를 통해 사회노동당의 파치 로페스가 국민당의 지원을 받아 지방총리로 선출되었다. 2010년 9월 5일, 에타는 마침내 폭력 사용 중단을 선언했다. 협상이나 강압 없이 이루어진 일방적인 중단 선언이었다. 그리고 산세바스티안에서 열린 평화회담 직후인 2011년 10월 20일에는 무력 사용을 최종적으로 포기하는 선언을 했다.

지방차지 문제는 카탈루냐에서도 새롭게 전개되었다. 사파테로는 자신이 집권하게 되면 카탈루냐 의회가 승인한 법을 존중하고 받아들이겠다고 약속했었다. 게다가 2004년 선거에서 그가 집권하는 데 중대한 영향을 미친 지방이 카탈루냐였다. 당시 카탈루냐사회당은 "사파테로가 승리하면 카탈루냐가 승리한다."라는 구호를 내걸었었다. 카탈루냐 정치 세력들이 마련한 카탈루냐지방자치법안이 2005년 9월 30일 89퍼센트의 지지를 얻어 카탈루냐 의회를 통과했다. 그런데 이 법안에는 에스파냐인들이 보기에는 극단적인 조항들이 포함되어 있었다. 카탈루냐인들을 하나의 민족으로 인정하고 카탈루냐에 자체 징세 기관을 신설한다는 내용이 바로 그런 경우였다. 이 법안에 대해 국민당은 반대 서명 작업에 돌입했고 사회노동당도 내부 논란에 휩싸였다. 마드리드로 이송된 법안은 일부 법안 입안자들조차 받아들이기 어려울 정도로 대폭 수정되었다. 수정된 법안은 2006년 6월 카탈루냐 주민투표에 부쳐졌다. 국민당은 이 법안이 반헌법적이라는 이유로, 카탈루냐공화좌파는 이 법안이 카탈루냐의 민족적 독자성을 인정하고 있지 않다는 이유로 반대 운동을 펼쳤다. 하지만 이들의 반대에도 불구하고 법안은 유권자의 49.4퍼센트 참여와 투표자의 73.9퍼센트 찬성으로 통과되었다.[132] 국민당은 이렇게 통과된 법에 대해 헌법재판소에 위헌법률심판을 청구했다. 그들은 무엇보다도 카탈루냐인들을

132 Antonio Elorza, "Maragall: amarga victoria," *El País*, 24 de junio de 2006.

하나의 민족으로 규정한 내용, 카탈루냐어에 부여한 '특권적' 지위, 카탈루냐 고유의 사법권 등을 특히 문제 삼았다.[133] 같은 해 11월에는 카탈루냐 의회 선거가 시행되었고 그 결과 카탈루냐사회당과 카탈루냐공화좌파, 카탈루냐녹색주도(ICV)의 3당 연합이 집권하는 데 성공했다.

한편 사파테로 정부는 2007년 12월 26일 이른바 '역사기억법(Ley de la Memoria Histórica)'으로 알려진 법을 공포했다. 내전과 프랑코 독재하에서 박해나 폭력을 당한 자들의 진상을 규명하고 그들을 위해 단행할 적절한 조치를 규정한 법이었다. 민주주의로의 전환기에는 역사기억 문제를 공개적으로 들추어내지 않았다. 한편으로는 또다시 내전으로 빠져들게 되지나 않을까 하는 두려움이 있었고, 다른 한편으로는 과거에 대한 비판적 문제 제기를 피하고 침묵해야 서로 다른 정치 세력들 간의 합의 도출이 가능하다는 판단이 있었기 때문이다. 프랑코 독재 희생자 유해 발굴과 조사가 없지는 않았으나, 학술적 연구나 일부 시민사회 단체의 노력에 그쳤다. 헌법 제정 이후 들어선 민주 정부들도 역사기억 복원 정책을 적극적으로 펴지는 않았다. 사회노동당 정부도, 국민당 정부도 내전과 프랑코 독재를 '예외적' 사건이나 집단 비극으로 간주하고 그것에 대한 언급을 회피했다. 그러다 보니 전몰자의 계곡은 여전히 건재했고 과거사에 대해서도 크게 문제 삼지 않았다.

이런 기류에 변화가 나타나기 시작한 건 21세기 초에 들어서였다. 내전의 '망각'에 대해서뿐만 아니라 프랑코 독재에 대한 비판적 시각

133 "El PP recurre al Constitucional el Estatuto catalán 'para impedir un daño irreparable'," *El País*, 1 de agosto de 2006.

의 결여에 대해서 공개적으로 문제를 제기하는 목소리가 커졌다. 여기에는 세대교체와 국제 정치환경의 변화 등 다양한 요소가 영향을 미쳤다.[134] 2000년에 민간인 유해 발굴을 계기로 내전과 프랑코 독재 희생자들의 유해 발굴을 목적으로 하는 역사기억복원회(Asociación para la Recuperación de la Memoria Histórica, ARMH)가 출범했다. 이러한 '아래로부터의' 역사기억복원 운동이 좌파 정당들의 관심을 끌어냈다. 사회노동당은 2003년 이후 기억 운동이 제시한 일부 요구 조건에 관심을 기울이기 시작했고, 좌파연합은 2002년에 기억포럼(Foro por la Memoria)을 조직하고 집단매장지 조사와 발굴에 착수했다. 사파테로 총리도 프랑코 독재 희생자들을 공정하게 예우할 때가 됐다며 문제 해결을 여러 차례 약속했다. 사파테로 정부는 마침내 법률가와 역사학자들로 위원회를 구성하고 관련 법안 마련에 착수했다.

이렇게 만들어진 역사기억법은 내전과 프랑코 독재하에서 이루어진 정치적·이념적·종교적 성격의 각종 판결과 처벌과 폭력 행위를 불법으로 규정하고, 희생자와 유가족들에 대한 재정 지원을 확대하며, 희생자들의 유해 발굴 작업을 지원한다는 등의 내용을 담고 있다. 또한 프랑코 독재의 상징물과 기념물, 기억의 장소를 점진적으로 제거해 나가고 거리와 지명도 바꿔 나간다는 내용도 포함되어 있다. 이 법에 대해 국민당은 정면으로 반발했다. 법의 내용이 부적절하고 보복적이어서 민주주의의 안정에 유해하다는 게 그 이유였다. 반면에 카탈루냐 공화좌파와 좌파연합을 비롯한 좌파 정당들은 오히려 그 내용이 미흡

134 자세한 내용은 이 책 제6장을 참조하라.

하다는 이유로 이 법에 반대했다. 이를테면 아르헨티나나 남아공이 설치했던 것과 같은 진실위원회의 신설을 이 법이 명확히 규정하고 있지 않아서 기억 운동단체들의 기대를 저버렸다는 것이다. 하지만 2011년 국민당이 집권하자마자 관련 예산을 배정하지 않는 바람에 법 시행이 중단되고 말았다.

요컨대 역사기억 문제는 2003년과 2011년 사이 활기를 띠면서 정치적 갈등 요인으로 작용했고, 수정주의 역사해석[135]이 등장하면서 집단기억의 분열을 고착화하는 데도 이바지했다. 하지만 2008년부터 경제 위기가 몰려오기 시작하자 역사기억 문제는 뒷전으로 밀려나고 말았다.

2007년 말 미국의 부동산 거품에서 시작된 경제 위기가 유로존을 강타했다. 은행 신용이 급속도로 하락했고 수출이 급격히 감소했으며 중소기업은 생존을 위협받았다. 에스파냐의 국내총생산이 2008년 말부터 계속 하락했으며 2007년에 8퍼센트이던 실업률이 2010년에는 20퍼센트로 급상승했다. 이주민들과 25세 미만의 청년들, 여성들이 그 영향을 고스란히 받았다. 자산 대부분을 건설에 투자한 은행, 특히 저축은행은 부동산 거품으로 직격탄을 맞았다. 세수 감소와 실업수당 지출 증대로 2009년 정부의 재정 적자는 11퍼센트에 달했다.

이 위기에 유로존은 유럽중앙은행의 금리 인하 조치를 단행하고 금융기관 구제를 위해 공적자금을 투입하는 방식으로 대응했다. 그에 따라 위기에 취약한 그리스·에스파냐·이탈리아·포르투갈·아일랜드

135 이와 관련해서는 이 책 제7장을 참조하라.

국채의 위험 프리미엄(risk premium)이 지나치게 올랐다. 이 국가들은 수출을 위해 자국 통화를 평가절하할 수밖에 없었다. 유럽 국가들은 최대 위기에 빠진 국가들의 채무 변제를 지원하기 위해 재원을 조성하기로 합의했던 반면에, 유럽위원회와 국제통화기금, 유럽중앙은행은 그들에게 공공지출과 적자를 감축하는 긴축재정 조치를 주문했다. 이는 복지국가의 기본 수당 축소와 임금 인하, 노동 시장의 자유화 확대로 이어질 터였다.

사파테로 정부는 이 위기를 타개하기 위해 적자 관리와 구조개혁을 위한 정책을 추진했지만, 2010년 5월부터는 긴축재정 조치를 단행해야 했다. 여기에는 유럽의 관련 기관들과 국제통화기금의 압력이 크게 작용했다. 무엇보다도 금융시장의 압박이 제일 가혹했다. 긴축재정을 위해 정부는 연금 동결과 공무원 보수 인하 등 공공부문의 지출예산을 대폭 조정했다. 그와 더불어 성차별금지나 종교의 자유와 관련된 입법 등과 같은 기존의 모든 약속과 정책을 포기해야 했다. 유럽중앙은행은 한 걸음 더 나아가 직업학교 규제 철폐, 단체협상의 지방 분산화, 노동 시장의 유연성 강화 등의 조치를 주문했다. 노동자 해고를 쉽게 만든 노동 개혁으로 인해 정부는 노조 단체들과의 정면충돌을 피할 수 없었다.

사파테로는 이런 조치가 그리스의 경우와 같은 구제금융 신청을 피하기 위한 고육지책이라고 정당화했으나, 그의 인기는 갈수록 떨어졌다. 사회노동당에 대한 지지율도 마찬가지였다. 2011년 4월 지방자치단체 선거를 앞두고 사파테로는 차기 선거에 출마하지 않겠다고 선언했다. 이에 총리 후보 자리를 놓고 1982년 세대의 알프레도 페레스 루발카바와 사파테로의 측근인 카르메 차콘이 경쟁을 벌였고, 페레스 루발카바가 후보로 지명을 받았다.

사회적 불만은 정부를 넘어서 정치 엘리트와 기업 엘리트, 금융 엘리트에게로 확산됐다. 특히 기업 엘리트와 금융 엘리트는 정부의 공적 자금 투여로 사회경제적 손실을 거의 입지 않은 것처럼 보였다. 실업률이 50퍼센트에 육박하는 25세 미만의 젊은이들은 절망과 분노로 들끓었다. 이들은 에스파냐 역사상 최고의 고등교육을 받은 세대임에도 불구하고 그에 상응하는 일자리를 얻지 못하고 있었다. 2011년 5월 15일 '이제는 진짜 민주주의를(Democracia Real Ya)'이라는 플랫폼에 가입한 젊은이들 수천 명이 70여 곳의 에스파냐 도시 광장으로 몰려들었다. 마드리드의 푸에르타 델 솔 광장에는 1만 2,000명이 집결했다. 이들 '분노한 사람들(los indignados)'의 대다수는 19세에서 30세 사이의 젊은이들이었다. 이것이 이른바 15M 운동의 시작이었다.[136] 이 운동은 주택 정책, 정치적 투명성 문제, 부패와의 전쟁, 사회경제와 공동선으로서의 공공서비스 등에 대해 자신들의 의견과 요구를 개진했다.

하지만 이 15M 운동이 며칠 뒤에 열린 지방자치단체 선거에 직접적인 영향을 미치지는 않았다. 이 선거에서는 국민당이 명백한 승리를 거두었다. 선거가 시행된 13개 자치지방 가운데 10개 자치지방에서 국민당이 집권에 성공했다. 기초자치단체 선거에서도 근소한 표 차이로 국민당이 앞섰다. 이런 상황에서 사파테로는 예정보다 빠른 2011년 11월에 총선을 소집했다. 사회노동당에서는 페레스 루발카바가 총리 후

136 좀 더 자세한 내용은 이 책 제6장을 참조하라.

사진 15 플랫폼이 소집한 시위(2011년 5월 15일, 마드리드)

보로 나섰고, 그에 맞서 국민당에서는 라호이를 총리 후보로 내보냈다. 선거 결과 국민당은 의석의 절반이 넘는 186석을 차지했고, 사회노동당은 110석을 얻는 데 그쳤다. 이제 국민당의 라호이가 새로운 정부를 구성하게 됐다.

제6장

지역 정당과 시민참여 민주주의[137]

포데모스와 시민플랫폼 정당들의 돌풍

2014년과 2015년 에스파냐에서는 시민참여 정당의 돌풍이 불었다. 유럽의회 선거와 총선, 지역 선거에서 포데모스(Podemos)와 시민플랫폼(citizen platform) 정당들이 의원과 시장을 배출하는 쾌거를 이루었던 것이다.

---

137 이 글은 저자의 글 「스페인 포데모스와 바르셀로나엔코무」 (사단법인 복지국가소사이어티, 지역정당네트워크, 직접민주마을자치전국민회, 『주민에게 허하라! 지역정당』, 쇠뜨기, 2023)를 수정·보완한 글이다. 이 글을 위해 참고한 자료들은 다음과 같다. Cristina Flesher Forminaya, *Democracy Reloaded: Inside Spain's Political Laboratory from 15-M to Podemos* (Oxford University Press, 2020); Pablo Aragón and others, "Online network organization of Barcelona en Comú, an emergent movement-party," *Computational Social Networks*, 4(8) (2017); Ismael Blanco, Yunailis Salazar & Iolanda Bianchi, "Urban governance and political change under a radical left government: The case of Barcelona," *Journal of Urban Affairs*, 42 (1) (2020); Rosa Borge Bravo & Eduardo Santamaria Sáez, "From protest to political parties: Online deliberation in new parties in Spain," *Media Studies*, 14 (2006.07); Manuel Cervera-Marzal, "Podemos: A Party-movement in Government," *Jacobin* (2020.01); Daniela Chironi & Raffaella Fittipaldi, "Social movements and new forms of political organization: Podemos as a Hybrid Party," *Partecipazione e Conflitto*, 10(1) (2017); Santiago Eizaguirre, Marc Pradel & Marisol García, "Citizenship practices and democratic governance: '*Barcelona en Comú*' as an urban citizenship confluence promoting a new policy agenda," *Citizenship Studies*, 21 (4) (2017); Fruela Fernández, "Podemos: Politics as a 'task of translation'," *Translation Studies*, vol. 11, no. 1 (2018); Marco Lisi, "Party innovation, hybridization and the crisis: the case of Podemos," *Italian Political Science Review*, vol. 49, issue 3 (November 2019); Endika Núñez & Roke Álvarez Masso, "Un mundo bipartidista que colapsó: cómo refleja el CIS el cambio a la fragmentación política," *El Diario* (11 de diciembre de 2021); Jorge Sola & César Rendueles, "Podemos, the upheaval of Spanish politics and the challenge of populism," *Journal of Contemporary European Studies*, vol. 26, no. 1 (2018).

포데모스는 2014년 개최된 유럽의회 선거에서 8퍼센트를 득표해 유럽의회 의원 5명을 배출했고, 이듬해 12월 총선에서는 20.7퍼센트를 득표해 하원 의석 350석 가운데 69석을 차지했다. 역사와 전통을 자랑하는 국민당과 사회노동당을 바짝 추격하는 제3당으로 급부상한 것이다. 득표율로는 사회노동당과 1.3퍼센트의 차이밖에 나지 않는 제3당이었다. 2014년 11월에 실시한 여론 조사에서는 창당한 지 1년도 채 되지 않은 이 신생 정당이 양대 정당을 제치고 지지율 1위에 오르는 기염을 토하기도 했다. 에스파냐인들의 관심은 물론이고 세계인들의 이목을 끌 만한 돌풍이었다.

이와 더불어 2015년 5월 실시된 지역 선거에서는 주요 도시에서 시민플랫폼 정당들이 기성 정치판을 송두리째 뒤흔들어 놓았다. 바르셀로나에서는 선거 결과 25.2퍼센트를 득표해 제1당이 된 바르셀로나엔코무(Barcelona en Comú, 이하에서는 '바엔코')가 바르셀로나 최초의 여성 시장을 배출했다. 마드리드에서는 국민당 의석에 1석 모자라는 20석을 차지한 아오라마드리드(Ahora Madrid)가 사회노동당과 손을 잡고 여성 시장을 배출했다. 사라고사와 아 코루냐에서도 마찬가지였다. 사라고사에서는 25퍼센트가량의 표를 얻어 제2당이 된 사라고사엔코문(Zaragoza en Común)이 사회노동당과 아라곤연합(Chunta Aragoneista)의 지지를 얻어서 집권했고, 아 코루냐에서는 마레아아틀란티카(Marea Atlántica)가 사회노동당과 갈리시아민족블록(Bloque Nacionalista Galego)의 지지를 얻어 집권하는 데 성공했다. 이 밖에 발렌시아, 세비야, 말라가, 무르시아, 빌바오, 알리칸테, 코르도바, 바야돌리드, 비고, 히혼, 오비에도, 그라나다, 바달로나, 오스피탈렛 데 요브레갓, 산타 크루스 데 테네리페, 팔마 데 마요르카, 라스 팔마스 데 그란카나리아 등의 주요 도시에서 풀뿌리 기반 시민단체들이 조직한 연합정당들이 시의원을 배출하는 성과를 냈다. 여기저기서 기성 정당 체제의 근간을 뒤흔드는 변화가 나타났다. 시민참여 민주주의의 바람이 분 것이다.

어떻게 이런 변화가 가능했을까? 이런 변화가 나타난 배경은 무엇일까? 우리는 그 배경을 이중의 위기와 15M 운동에서 찾아볼 수 있다.

이중의 위기와 15M 운동

여기서 이중의 위기는 경제 위기와 정치 위기를 일컫는다. 에스파냐 경제는 구조적으로 취약했다. 관광과 부동산 건설 부문의 비중이 상당했다. 그나마 1990년대에 들어 호황을 누리기는 했으나 일시적인 호황에 그쳤다. 게다가 중앙과 지방을 가리지 않고 기업과 정부의 부패 네트워크가 확산하고 있었다. 여기에 엎친 데 덮친 격으로 2008년과 2009년에 미국발 금융위기가 들이닥쳤다.[138] 2008년 말부터 물가가 급등하고 국내총생산이 감소하는 경제 불황이 시작되었다. 부동산 거품이 빠지면서 건설업체들이 무너지기 시작했고 부동산에 투자한 은행들이 줄줄이 파산했다. 정부는 은행 위기가 대형 은행으로 번지는 것을 막기 위해 은행에 공적 자금을 투입했다. 이는 자본의 필요를 우선시한 조치였다. 유럽중앙은행의 강요로 고용 지원을 줄이고 임금

138 2008~2009년 경제 위기와 긴축 정책에 대한 대중들의 불만이 세계 각지에서 쏟아져 나왔다. 이를테면 아랍의 봄, 반월가 시위(월가를 점령하라), 멕시코의 #요소이132, 터키의 게지공원 시위, 브라질의 #벵프라후아, 홍콩의 센트럴 점령 시위 등을 들 수 있다.

을 삭감하며 연금을 동결하고 복지를 축소하는 긴축 정책을 폈다. 그 결과 실업자가 급증했다. 2007년 200만 명이던 실업자가 2012년에는 600만 명으로 세 배나 늘어났다. 특히 청년층 실업률이 50퍼센트에 육박했다. 은행 대출을 갚지 못하거나 집세를 내지 못해 주택에서 퇴거당한 이들도 급증했다. 이러한 경제 위기의 최대 피해자는 노동자들과 청년들이었다.

정치 위기의 본질은 1970년대 말 수립된 양당 체제가 경제 위기의 피해자들을 대표하지 않는 데 있었다. 양대 정당의 정치 엘리트들은 경제 정책의 선택권이 자신들에게 있다고 생각했다. 그들은 금융경제 엘리트와 카르텔을 형성하고 신자유주의 금융경제 모델을 정당화했다. 사리사욕을 위해 권력을 남용하고 '위기'의 책임을 일반 대중에게 전가했다. 복지와 보건을 제공하고 시민참여를 높이는 방향으로 대의제 민주주의 모델을 수정하라는 수백만 대중의 목소리를 그들은 외면했다.

이러한 이중의 위기, 곧 경제 위기와 정치 위기를 다루는 정치인들의 비열한 방식에 시민들은 분노했다. 그들은 2011년 5월 22일 개최되는 지방 선거를 앞두고 이른바 긴축 반대 운동을 벌였다.[139] 긴축 정책이 정치 엘리트와 금융 엘리트가 담합한 결과물이라고 비판한 그들은 "우리는 정치인들과 금융업자들의 수중에 있는 상품이 아니다."라고 외쳤다. 시민들은 "우리는 99퍼센트"라면서 위기를 이용해 이윤을 챙기는 소수의 1퍼센트를 가리켜 "그들은 우리를 대표하지 않는다."라

139 여기에는 2011년 세계를 뒤흔든 '아랍의 봄'도 일정한 영향을 미쳤다. 2010년 12월 튀니지에서 시작된 민주혁명의 물결이 이집트로 퍼져 나갔고, 카이로의 타흐리르 광장을 점거한 젊은 이들의 시위로 2011년 2월 이집트의 독재정권이 무너졌다.

사진 16 마드리드 푸에르타 델 솔(2011년 5월 20일)

고 성토했다. 그러면서 대의제 민주주의를 정면으로 비판했다. 그들은 그야말로 '진짜 민주주의'를 요구했다.

이중의 위기에 대한 시민들의 반응은 거리와 광장에서의 시위로 나타났다. 마침내 2011년 5월 15일 마드리드 광장의 점거로 표출된 그들의 분노는 삽시간에 전국의 주요 도시들로 확산됐다. 시민들은 기존 정당과 노동조합의 중개를 거부하고 직접 공공장소를 점거했다. 이 운동이 바로 15M 운동이다. 5월 15일에 시작된 운동이라 하여 그렇게 부른다. 일부 언론에서는 광장으로 쏟아져 나온 시민들을 '분노한 사람들'이라고 불렀다. 따라서 이 운동을 '분노한 사람들' 운동이라고도 부른다.

15M 운동의 첫 번째 단계는 미국발 금융위기로 분명하게 드러난, 부패하고 무능하며 경제 권력에 종속된 정당 체제를 비판하는 데서

시작했다. 이후 광장 점거 운동으로 확대되었으며, 최종적으로 신생 정당과 사회세력 간의 혁신적 선거연합으로 발전했다. 그것이 앞서 살펴본 포데모스와 시민플랫폼 정당들의 돌풍으로 나타났다.

포데모스의 주요 정책과 조직 원리

긴축 정책 철회와 정치개혁을 외친 광장 점거 운동은 2011년 지방 선거가 끝나고 마무리되었다. 하지만 그 후에도 집회와 시위는 계속되었고, 그 열정은 새로운 정당 창당으로 이어졌다. 그 대표적 사례가 바로 포데모스였다. 포데모스는 시민들의 분노를 정치적 변혁으로 끌어내기 위한 조직이었다.

포데모스의 기원은 2014년 1월 발표한 성명서로 거슬러 올라간다. 이들은 '한 걸음 더'라는 제하의 성명서를 통해 그해 5월 실시될 유럽의회 선거에 유럽연합의 경제 정책에 반대할 후보를 내자고 밝혔다. 마드리드콤플루텐세대 정치학 교수 후안 카를로스 모네데로, 방송통신대 교수 하이메 파스토르, 배우 알베르트토 산 후안, 저술가 산티아고 알바 리코, 노조 활동가 칸디도 곤살레스 카르네로, 마드리드콤플루텐세대 응용경제학 교수 비비아나 메디알데아를 비롯한 30명의 지식인과 문화인, 언론인, 활동가들이 이 성명서에 이름을 올렸다. 이 운동을 주도한 인물은 마드리드콤플루텐세대 정치학 교수이자 정치평론가인 파블로 이글레시아스였다.[140]

같은 해 1월 14일 마드리드의 라바피에스 극장에서 포데모스 운동

140 파블로 이글레시아스는 무슨 연유에서인지는 모르겠으나 「한 걸음 더」라는 성명서에 서명하지 않았다.

이 공식 출범했다. 운동 추진 세력은 기자회견을 열고 긴축에 반대한다는 뜻을 분명히 밝혔다.[141] 그리고 그해 3월 11일 내무부에 정당 등록 절차를 마쳤다. 그해 5월에 치른 유럽의회 선거에서 포데모스는 8퍼센트의 표를 얻었고 에스파냐에 할당된 유럽의회 의석 54석 가운데 5석을 차지했다. 신생 정당이 거둔 성과로는 그야말로 놀라운 업적이었다. 에스파냐 언론뿐 아니라 전 세계 언론이 주목할 정도였다.

선거 후 두 달이 지난 2014년 7월 총리실 산하 사회과학연구소(CIS)가 시행한 여론 조사 결과에 따르면, 포데모스는 지지율에서 사회노동당을 제치고 제2의 정당으로 올라섰다. 제1당인 국민당과의 지지율 차이가 0.9퍼센트밖에 나지 않았다. 파블로 이글레시아스가 출연한 일부 방송사의 시사 프로그램은 사상 최고의 시청률을 기록하기도 했다.

포데모스의 창당 과정은 2014년 9월 15일에서 11월 15일까지 마드리드에서 개최한 시민총회를 통해 완결되었다. 이 시민총회에서 주요 정책과 행동 전략, 조직 원리가 결정되었다. 당원이면 누구나 시민총회에 참석할 수 있었고, 의사결정은 토론과 숙의를 거쳐 온라인 투표로 결정했다. 총회 마지막 날인 11월 15일에는 사무총장을 선출했다. 전체 등록 당원 25만여 명 가운데 10만여 명이 투표에 참여한 결과 88.7퍼센트의 지지를 받은 파블로 이글레시아스가 사무총장으로 선출되었다.

2014년 시민총회에서 채택한 포데모스 정책의 주요 골자는 헌법 개

141 파블로 이글레시아스와 후안 카를로스 모네데로, 녹색물결(Marea Verde) 운동가이자 반자본주의좌파(Izquierda Anticapitalista) 활동가인 테레사 로드리게스, 정신과 의사이자 백색물결(Marea Blanca) 운동가인 아나 카스타뇨 로메로, 정치 비평가 이니고 에레혼, 사회활동가 미겔 우르반이 기자회견의 연설자로 참여했다.

정과 군주제 개혁, 나토 군사동맹 반대, 카탈루냐와 바스크 주민들의 자결권 옹호, 긴축과 신자유주의 반대, 강력한 국가 개입, 공공지출 증대, 민주적 공유제 도입, 공채 폐기, 보편적 기본소득과 같은 빈곤 완화 조치 등이다. 포데모스는 이러한 정책 추진과 거리가 먼 국민당과 사회노동당을 똑같은 기성 세력, 곧 '카스트'라고 싸잡아 비판했다.

포데모스 조직은 지역단위의 '서클'과 전국단위의 '시민총회'가 바닥을 이루고 집행기구인 시민위원회와 사무총장이 최상위에 위치하는 피라미드 구조로 이루어져 있다. 최고 의결기구는 시민총회다. 시민총회에서 정치 노선과 강령, 조직 원리, 당직자 선출, 경선 등의 주요 사안들을 다룬다. 2014년에는 25만 명 정도였던 등록 회원이 2017년에는 47만 명에 달했다. 모든 당원은 같은 권리를 지니고 있고 의결방식으로 다수결을 채택하고 있다.[142] 투표에는 아고라(Agora)라는 블록체인 기반 온라인 투표 시스템을 사용했다.

중앙 조직은 집행기구인 시민위원회와 사무국으로 이루어진다. 시민위원회는 시민총회에서 선출하는 위원들로 구성된다. 2014년에는 62명이었는데 2017년에는 81명, 2023년에는 97명으로 늘어났다. 이들은 여성과 평등, 경제, 참여, 사회 네트워크, 언론 등 26개 분과로 나뉘어 활동하고 있다. 시민총회에서 채택한 정책을 개발하고 관련 규정을 제정하는 기능을 한다. 사무국은 사무총장과 협력자들로 이루어진다. 사무총장은 앞서 얘기한 것처럼 시민총회에서 선출한다. 사무총장과 시민총회가 선출하는 10~15명의 조정위원회가 사무총장을 지원한다.

---

142 지금까지 시민총회는 네 차례(2014년, 2017년, 2020년, 2021년) 열렸다.

포데모스는 특이하게도 산하에 민주주의보증위원회를 두고 있다. 이 보증위원회는 10명 내외의 위원들로 구성되고, 시민총회에서 선출된다. 당의 기구들이 당원의 권리를 존중하고 당규에 따라 움직이도록 보증하는 기능을 한다.

지역 조직과 지방 조직은 이러한 중앙 조직의 도델을 따라 구성되었다. 이 조직들이 창당 시에는 상당한 독립성과 자율성을 지녔던 것으로 보인다. 이를테면 지역과 지방에도 각각 사무총장을 두고 있다. 이들을 전국 사무총장과 구별하여 지역 사무총장과 지방 사무총장으로 부를 수 있겠다. 각 지역은 사회정치적 활동의 기본단위로 서클을 두고 있다. 서클은 지역 주민이 직접 참여하는 장이며 사회정치적 활동의 구심점 역할을 한다. 주민들에게 민주적 참여의 기회를 제공하기 위한 장치인 서클은 정당의 사회정치적 전략을 개발하는 모세 혈관과 같은 구실을 한다.

포데모스는 이처럼 지역/지방 조직과 중앙 조직이 함께 어우러지는 하이브리드 구조를 갖추고 있다. 다시 말해 전국 정당의 성격과 지역/지방 정당의 성격을 동시에 지니고 있다고 볼 수 있다. 전국 정당으로서 총선에 참여하고, 지방 정당으로서 지방 선거에 참여하며, 지역 정당으로서 지역 선거에 참여한다. 이를테면 카탈루냐 지방[143]에서는 포데모스의 카탈루냐 지방 조직 포뎀카탈루냐(Podem Catalunya)가 다른 좌파 정당들과 함께 엔코무포뎀(En Comú Podem)이란 이름의 선거연합을 결성하여 지방 선거에 참여했고, 바르셀로나에서는 포데모스

143 에스파냐에는 17개 자치지방이 있다.

의 바르셀로나 지역 조직 포뎀(Podem)이 다른 좌파 정당들과 바엔코라는 이름의 선거연합을 결성하여 지역 선거에 참여했다. 다른 지방과 지역에서도 각자의 상황에 따라 이와 유사한 선거연합을 결성했다.

이들이 이렇게 선거연합을 결성하는 이유는 정당명부 비례대표제라는 선거제도 때문이다. 정당이 후보와 명부 순위를 결정하면, 유권자는 그 정당명부를 보고 투표할 정당을 선택한다. 선거 후 정당별 득표율에 맞춰 의석을 배분하는데, 독일식 정당명부 비례대표제와는 달리 득표율과 의석수 비율이 정확히 일치하지는 않는다. 그렇다 하더라도 득표율이 제2당이면 의석수도 두 번째로 많이 배분되기 때문에 정당들은 되도록 선거연합을 결성하려고 한다.

포데모스는 또한 당원들의 직접 참여를 장려하기 위해 소셜 네트워크 서비스(SNS)와 웹사이트, 웹텔레비전, 디지털플랫폼을 활용하고 있다. 이를테면 2015년 총선 당시에는 선거 공약을 마련하기 위해 포데모스광장(Plaza Podemos)이라는 디지털 참여 플랫폼을 활용했다. 당시 이 플랫폼을 통해 1만 명 이상이 아이디어를 제출했다. 25개가 넘는 실무단들이 이들이 제시한 방안들을 수합하고 검토했으며 전문가들의 소견을 청취하고 관련 시민단체 보고서들을 연구하여 공약안을 확정했다. 이렇게 확정한 안을 다시 투표에 부쳤다. 그렇게 6대 거대 영역의 공약을 확정하고 하위 내용들도 확정해 나갔다.

마드리드와 바르셀로나 같은 도시에서는 전자민주주의 실험도 진행했다. 2015년 마드리드 지역 선거 결과 집권에 성공한 아오라마드리드[144]는

---

144 아오라마드리드는 포데모스와 가네모스마드리드(Ganemos Madrid)가 2015년 지역 선거를 위해 만든 연합정당이다.

그해 9월 플랫폼 데시데마드리드(decide.madrid.es)를 개설했다. 이것은 16세 이상의 시민이면 누구나 정책이나 법안을 제안하고 토론하며 투표할 수 있게 한 플랫폼으로, 토론·제안·투표·참여예산 공간을 마련하여 시민들이 정책 입안과 결정에 참여할 수 있도록 했다. 어떤 제안이 정책이나 법안으로 확정되려면 이 플랫폼에서 16세 이상 마드리드 시민 1퍼센트의 지지[145]를 얻어야 한다. 그 후 45일간의 토론 과정을 거쳐 투표를 통해 확정한다.[146] 마드리드는 연간 시청 예산 가운데 일정한 액수, 곧 1억 유로 정도를 시민참여예산으로 편성하고 그 사용처를 이곳 데시데마드리드에서 결정한다. 연초에 사업을 제안받고 그 제안을 시민 토론과 시의회의 사업 타당성 평가, 시민 투표에 부친다. 투표 결과 높은 지지를 받은 사업부터 다음 해 사업 계획에 반영하여 시행한다.

바르셀로나에서도 2015년 지역 선거 결과 포뎀이 참여한 선거연합 바엔코가 집권하는 데 성공했고, 이듬해에 플랫폼 데시딤바르셀로나(decidim.barcelona)를 열었다. 데시딤바르셀로나는 기술 정치를 활용한 오픈 소스(open source) 플랫폼이다.[147] 시의회는 이곳에 제출된 시민들의 제안과 투표 결과를 검토하여 실제 정책 입안에 반영한다. 시민들은 자신들의 제안이 정책으로 확정되기까지의 전 과정을 투명하게 확인할 수 있다. 2021년 1월 기준으로 데시딤바르셀로나에는 2만 5,000여 건의 제안들이 올라왔고, 그 가운데 절반가량인 1만여 건을

---

145 애초에는 2퍼센트의 지지를 받아야 하는 것으로 규정했으나 2016년 중반에 그 비율을 1퍼센트로 낮추었다.

146 정책이나 법안이 확정되면 시의회는 한 달 내에 예상 비용과 적법성, 실현 가능성 등을 검토한 보고서를 제출해야 한다.

147 여기서 '데시딤'은 카탈루냐어로 "우리가 결정한다."라는 뜻이다.

표 3 2014~2016년 선거 결과

득표율(%)

	2014년 5월 유럽의회선거	2015년 5월 지방 선거	2015년 5월 지역 선거	2015년 12월 총선	2016년 6월 총선
국민당	26.0	31.0	27.5	28.7	33.0
사회노동당	23.0	25.1	16.6	22.0	22.7
포데모스	8.0	13.9	22.2	20.7	21.2
시우다다노스	3.2	10.2	11.3	13.9	13.1
좌파연합	10.0	4.4	8.8	3.7	-

최종 승인했으며, 5,600여 건을 여러 가지 형태로 정책에 반영했다.

이러한 포데모스가 초창기, 곧 2014~2016년에 거둔 성과는 정말 놀라울 정도였다(표 3). 포데모스는 2015년 5월 지역 선거에서 22.2퍼센트의 득표율을, 2015년 12월 총선에서는 20.7퍼센트의 득표율을 보였다. 2016년 5월에는 그해 6월 총선을 위해 포데모스를 중심으로 좌파연합, 인민연합(Unidad Popular), 생태(Equo) 등이 연합하여 연합포데모스(Unidos Podemos)를 결성했고, 선거에서 21.2퍼센트의 득표율을 기록했다.

이렇게 잘나가던 포데모스[148]는 2020년에 그동안 거부해 오던 사회노동당과의 연정에 참여했다. 사무총장 파블로 이글레시아스가 부총리에 오르고 포데모스 당원이 4개 부처 장관직을 맡았다. 그들이 이렇게 연정에 참여한 이유는 집권에 참여하여 체제를 개혁하기 위해서였다. 하지만 체제 개혁은커녕 코로나19나 경제 위기에도 잘 대처하지

148 정확하게 말하자면 우니다스포데모스(Unidas Podemos)이다. 페미니즘 운동의 성격을 강조하기 위해 2019년부터 기존 명칭 우니도스포데모스를 여성형 접미사(-as)를 사용한 우니다스포데모스로 변경했다.

못했고, 기성 정치에 대한 반감을 제대로 대변하지도 못했다. 그 결과 2021년 5월 개최된 마드리드 지역 선거에서 포데모스는 7.24퍼센트의 표를 득표하는 데 그쳤다. 정당명부에 파블로 이글레시아스의 이름을 올렸는데도 득표율은 5위에 그쳤다. 이는 극우 정당 복스(Vox)의 득표율(9.15퍼센트)에도 못 미치는 수치였다. 결국 파블로 이글레시아스는 이에 대한 책임을 지고 당직을 사퇴하고 정계에서 물러났다.[149]

포데모스는 그동안 다음 몇 가지의 특징과 한계를 보여주었다. 우선 특징으로는 새로운 정보통신 기술(ICT) 활용, 가벼운 정당 구조를 토대로 한 탈관료적 조직 구성, 디지털 수단과 소셜 미디어 활용, 시민들의 요구 결집, 시민들의 역량 강화, 숙의 민주주의와 참여 민주주의의 활성화, 지역 동원과 효율적 정치에 대한 유권자들의 신뢰 증대 등을 들 수 있다.

그런가 하면 시간이 흐르고 선거에서 상당한 성과를 거두면서 한계도 드러났다. 첫째로, 갈수록 민주적 추진력이 약화되고 지도부 수중에 권력이 집중되는 현상이 나타났다. 둘째로, 조직 면에서 피라미드의 바닥이 약해지고 중앙당의 권력과 중요성이 갈수록 커졌다. 셋째로, 중앙집권화와 지방 분권화라는 상반된 두 경향 사이의 긴장이 드러났다. 넷째로, 이념적 유연성과 기회주의가 나타났다. 이를테면 포데모스는 2014년 시민총회에서 선택한 주요 정책들 가운데 주 35시간 노동과 보편 기본소득, 국유화, 60세 은퇴 등의 정책을 포기하였다. 또한 주류 정치인들의 '카스트'를 거부하던 초심을 떠나 일부 좌파

---

149 그가 사퇴한 뒤 포데모스의 사무총장은 이오네 벨라라가 맡았고, 우니다스포데모스의 대표직은 공산당 당원 욜란다 디아스가 이어받았다.

들과 연합포데모스를 결성하고 사회노동당과 연립정부를 구성하기에 이르렀다.

이런 한계들에도 불구하고 새로운 틀과 의제, 방식을 도입한 포데모스의 출현은 분명 진보 인사들에게 많은 영감을 주었다. 특히 양대 정당제였던 기존의 에스파냐 정치 구조에 지각 변동을 가져왔다. 이런 지각 변동 속에서 뜻밖에도 '우파의 포데모스'라고 불리는 시우다다노스(Ciudadanos, 시민당)[150]와 2013년에 창당한 극우 정당 복스가 약진하게 되었다. 이는 의도하지 않은 결과라고 볼 수 있다.

바엔코의 주요 정책과 조직 원리

15M 운동은 포데모스가 등장하는 배경뿐 아니라 다양한 시민플랫폼 정당이 출현하는 맥락을 제공해 주었다. 이러한 시민플랫폼 정당의 대표적 사례가 바엔코이다.

바엔코는 2014년 6월 과넴바르셀로나(Guanyem Barcelona)[151]로 출발했다. 지식인, 문화인, 사회운동 관련 시민 30명이 「과넴 바르셀로나」라는 제목의 성명서를 온라인에 발표했다. 이 성명서에서 그들은 지역 선거에 입후보할 후보자명부 작성을 위한 시민플랫폼을 제안했고, 같은 달 바르셀로나의 한 공립학교에서 과넴바르셀로나의 출범식을 가졌다. 출범식은 사회 활동가 아다 콜라우, 변호사 자우메 아센스, 교수 주안 수비라츠의 주도로 이루어졌다. 과넴바르셀로나는 곧 바엔코로 명칭을 바꾸었고, 여기에 카탈루냐녹색(ICV), 연합대안좌파

150 2006년에 창당하였다.

151 여기서 '과넴'은 카탈루냐어로 "우리가 이긴다."라는 뜻이다.

(EUiA), 포뎀, 생태(Equo), 입법소송(Procés Constituent) 등 5개 좌파 정당과 단체들이 참여했다.

바엔코는 구체적으로 반긴축 사회운동에서 비롯되었다. 미국발 금융위기에 시달리고 있던 2008년에서 2011년 사이 그동안 부풀어 오를 대로 부풀어 오른 부동산 거품이 마침내 폭발했다. 그 결과 노동자 계급과 중산층의 사회경제적 여건이 나빠졌으며 실업이 급증했다. 주택을 담보로 대출받은 사람들이 대출금을 상환하지 못해 강제 퇴거당했다. 퇴거당한 청년들은 부모 가정으로 복귀할 수밖에 없었다. 이러한 상황에서 강제 퇴거 피해자들을 위한 사회 운동들이 등장하기 시작했다. 2009년 바르셀로나에서 시작된 주택담보대출피해자플랫폼(PAH, 이하에서는 '주담대피플') 운동도 그 가운데 하나였다.

주담대피플 운동은 주택담보대출 문제의 프레임을 개인의 채무 문제에서 공동체 전체의 문제로 전환했다. 이것을 '개인적' 문제라고 주장한 정부와 달리, 주담대피플은 이것을 공동의 사회문제로 보았다. 이들은 주택담보대출 채무 문제를 개인이 아닌 단체 자격으로 금융기관과 협상하는 새로운 메커니즘을 만들어 내는 활동을 전개했고, 그 결과 2016년까지 2,000건에 달하는 추가 피해를 방지하는 데 성공했다. 주담대피플 운동은 17개 자치지방으로 확산되어 2017년까지 220곳에 지부를 설치했고, 2013년의 조사에서 에스파냐인들의 81퍼센트가 이 운동을 지지할 정도로 커다란 반향을 불러일으켰다.

긴축 반대 운동으로 시작된 15M 운동과 주담대피플 운동은 여기서 한 걸음 더 나아가 형식적·법적 시민권을 넘어서는 대안적 시민권을 제안했다. 이들은 시장의 필요보다 사회적 권리를 우선시했고, 복지국가의 회복을 주장했다. 이런 운동들이 전개되자 그들의 주장에 공감한 대중들이 집권 여당에 대한 지지를 철회하기 시작했다.

게다가 바르셀로나에서는 시의회와 사회운동이 상호 협력해오던 과거의 전통이 사라지고, 시민단체와 시의회의 대화가 단절되는 상황이 벌어졌다. 바르셀로나에서는 1979년 지역 선거 이후—다른 도시들과 달리—시민사회가 지역 통치와 지역복지 정책에 적극적으로 참여해 왔다. 사회노동당 중심의 연합좌파가 이끄는 시의회가 도시의 소득재분배 정책을 추진해 왔으며 민간 부문도 여기에 참여했다. 시민사회 집단과 사회운동이 정책 의제에 영향을 미칠 수 있었다. 그런데 1990년대 후반 들어 이런 상황에 변화가 생겼다. 높은 실업률과 경제위기를 이유로 시의회가 시의 지배구조를 관리주의로 바꾸었기 때문이다. 이에 시민단체들과 사회운동 단체들은 실망감을 감추지 못했다. 2011년에 보수민족주의자들이 집권한 뒤로는 민중 단체들과 시의회 사이의 대화마저 단절되었다.

시민사회와 사회운동의 제안을 수렴하는 시민정치 플랫폼 바엔코가 창설된 것은 바로 이런 상황에서였다. 주담대피플 운동에 적극적인 활동가 그룹과 사회적 권리 수호를 위한 법률 자문과 훈련을 제공하는 비영리 단체 '경제적·사회적·문화적 권리관측소(DESC) 관련 활동가 그룹'이 창설의 주역이었다. 바엔코는 공공성 회복, 시유화(또는 시영화, municipalization), 사회공간적 정의와 사회적 권리, 지속 가능한 거주, 시민참여와 투명성을 주요 의제로 내걸었다.

바엔코는 2015년 7월 총회를 통해 정치위원회, 조정위원회(coordinadora general), 집행부, 보증위원회, 기술위원회 등을 구성했다. 선출 위원

150명으로 구성되는 정치위원회는 당의 전략노선과 활동 문제를 다루고, 40명의 플랫폼 지도자들로 구성되는 조정위원회는 당의 정치 전략을 결정하며, 8명의 집행부는 조정위원회가 마련한 전략과 결정 사항을 집행한다. 보증위원회는 당이 민주적으로 기능하는지 감시하고 평등한 참여와 공정, 투명성의 원리를 잘 지키도록 보증한다. 기술위원회에는 소통과 보급, 조직과 참여, 투명성을 다루는 소위원회들이 있다. 지구(barrio)에는 지구별로 지구집단을 조직하고,[152] 구(distrito)에는 구 총회(asamblea de distrito)를 조직한다. 제일 중요한 결정을 내리는 전체 총회(plenario)는 1,500명 정도로 구성되고 3개월마다 열린다.

이 밖에 도시 정책 개발을 담당하는 2개 위원회, 곧 주제위원회와 구역위원회를 둔다. 주제위원회는 젠더, 도시계획, 참여와 민주주의, 환경, 보건 등 다양한 주제들을 다루고 선거 운동에 필요한 구체적 대안을 마련한다. 구역위원회는 주민들의 요구 사항을 수렴하고 지역 플랫폼의 이행을 보증한다.

한편 바엔코의 안내 책자에 따르면 시민플랫폼 구축은 다음 세 단계로 이루어진다. 첫째 단계는 지역 선거 후보를 위한 시민플랫폼 창설을 원하는 남녀 그룹을 모집하는 단계이다. 여기서 유의할 사항은 두 가지이다. 첫째로 젠더 균형을 고려해야 하고, 둘째로 한 도시에 하나의 시민플랫폼을 구축해야 한다. 한 도시에 복수의 플랫폼이 등장하면 혼란과 분열이 발생하기 쉽기 때문이다. 다음 단계는 일정 수 이상의 시민 지지 서명을 확보하고, 윤리강령을 제정하고, 선거강령을 작성

---

152 바르셀로나 시를 17개 지구로 편성했다.

하며 조직을 구성하는 단계이다. 바엔코는 2014년 여름 한 달 반 동안 3만 명의 시민들로부터 지지 서명을 얻어 냈다.[153] 윤리강령은 공적이고 투명하게 제정하며, 선거강령 작성에는 모든 시민이 참여할 수 있어야 한다. 입후보자명부는 관용과 협력의 정신으로 작성해야 한다. 조직은 시민들의 적극적 참여가 가능하도록 구성하고, 수평성과 효율성의 균형을 맞추어야 한다. 마지막 세 번째 단계는 선거 운동 단계이다.

바엔코는 앞서 언급한 대로 2015년 5월 지역 선거에서 25.2퍼센트를 득표해 제1당이 되었으며 바르셀로나 시장을 배출했다. 주담대피플 창설 멤버이자 대변인을 지낸 아다 콜라우가 시장이 되었다. 집권에 성공한 바엔코는 선거 공약으로 내건 35개 비상 대책들 가운데 11개를 집권 4개월 만에 이행했다. 바엔코는 2019년 5월 지역 선거에서도 승리를 거두어 재집권에 성공했다. 아다 콜라우가 2023년 7월까지 제2기 바르셀로나 시장 직무를 수행했다.

바엔코는 카탈루냐 지방에서도 최대 정치세력으로 부상했다. 2015년 총선과 2016년 총선에서 카탈루냐녹색, 연합대안좌파, 포뎀, 생태와 더불어 결성한 선거연합 엔코무포뎀(En Comú Podem)이 카탈루냐에서 제1당이 되었다.[154]

이렇듯 바엔코는 바르셀로나 지역과 카탈루냐 지방에서 새로운 돌풍을 일으켰다. 하지만 바르셀로나 지역의 집권당이 된 후에도 그들이 구상한 정책을 실행에 옮기는 데는 여러 가지 제약들이 있었다. 지역 정당인 바엔코가 안고 있었던 한계는 다음 세 가지로 정리해 볼 수

153 당시 바르셀로나 인구는 160만 명이었다.

154 2019년 총선에서는 제3당으로 내려앉았다.

있다. 첫째로, 바엔코의 승리가 제한된 승리에 불과했다는 점이다. 바르셀로나 시의회 의석(41석)의 과반을 차지하지 못했기 때문에 정책을 추진하기 위해서는 다른 정치 세력들과 협상해야 했다. 둘째로, 시민참여를 기치로 내걸고 직접 민주주의를 지향했음에도 불구하고 모든 시민이 관심을 보인 것은 아니었다. 마지막으로, 지역(local)과 지방(regional)과 전국(national)으로 이어지는 다층적 지배구조의 한계를 들 수 있다. 지역 차원에서는 실현할 수 있을지라도 지방 차원과 전국 차원의 벽을 극복하기는 어려운 정책도 있다.

이런 한계들에도 불구하고 바엔코는 반긴축 사회운동 정당의 대표적 성공 사례에 해당한다. 바르셀로나에서 보여준 바엔코의 실험은—그들의 바람대로—“카탈루냐와 에스파냐, 남유럽, 그리고 그 너머로 시민혁명을 확산하는 방아쇠가 되기”에 충분했던 것으로 보인다.

온라인 공론장과 숙의 민주주의

이상에서 살펴본 포데모스와 바엔코는 시민참여 모델의 숙의 민주주의를 추구한 대표적 사례에 해당한다. 두 정당이 추진한 숙의의 사례를 포데모스의 온라인 플랫폼 포데모스광장과 바엔코의 온라인 플랫폼 디마크러시오에스(DemocracyOS)에서 찾아볼 수 있다.

온라인 숙의 능력을 평가하는 데는 세 가지 차원이 있다. 그것은 제도(혹은 기술) 차원과 소통 차원, 결과 차원이다. 제도 차원의 평가 요소에는 포괄적 참여 정도, 비동시적 소통 정도, 내용의 가시성 여부, 조정 여부, 신원 확인 여부, 세부 분야 분할 가능성 여부, 관련 정보 제공 여부, 수평적 상호작용 정도 등이 있다. 소통 차원의 평가 요소에는 평등성, 상호성, 정당화, 성찰, 공감(공손), 진정성, 다원성 등이 있다. 결과 차원의 평가 요소에는 개인 또는 집단에 미친 결과와 영향 정도를 들 수 있다.

포데모스는 2015년 4월 포데모스광장에서 두 차례 온라인 토론을 진행했다. 토론 주제는 보편 기본소득 문제와 당 등록제도 개선 문제였다. 바엔코는 2015년 2월 19일에서 3월 2일까지 선거강령 마련을 위한 온라인 숙의를 진행했다. 이들이 진행한 온라인 숙의 과정을 앞서 얘기한 세 가지 차원의 평가 요소들로 분석한 결과를 정리하면 다음과 같다.

우선 제도의 차원에서는 두 정당 모두 숙의를 위한 기준을 대체로 충족했다. 특징적인 것들만 언급하자면, 포데모스광장은 참여를 위한 신원 확인을 본명이나 별명으로 할 수 있게 했다. 별명 참여는 적극적인 참여를 가능하게 해 주었다. 반면에 바엔코는 숙의의 질을 보증하기 위해 참여 시민의 성명을 일일이 확인했다. 그런데 이런 신원 확인 절차가 포괄적 참여를 활성화하는 데 지장을 주지는 않았다. 또한 참여자가 의견을 자유롭게 개진할 수 있도록 조정자가 매우 드물게 관여했다. 다음으로 소통의 차원에서는 포데모스의 경우 높은 수준의 평등, 상호성, 정당화, 공감을 보여주었으나 성찰의 수준은 낮았다.[155] 이에 비해 바엔코는 정당화와 공감의 수준은 매우 높았으나 상호성과 성찰의 수준은 낮았다. 마지막으로 결과의 차원에서는 두 정당 모두 숙의의 결과를 당 정책이나 선거 공약에 일부 반영했다.

---

155 여기서 성찰의 수준이 낮았다는 말은 숙의 과정을 통해 참여자가 자신의 의견이나 입장을 수정하거나 변경하는 경우가 드물었다는 것을 의미한다.

요컨대 포데모스와 바엔코는 담론 평등과 상호성, 정당화, 공감의 측면에서는 숙의의 질이 높거나 보통 수준이었으나, 성찰과 포괄적 참여, 다원성(젠더 구성과 이념)의 측면에서는 다소 미흡했다. 아마도 정당의 공론장에서는 성찰과 이념적 다원성의 기준을 충족하기가 어려웠을지도 모르겠다. 아무튼 이제는 정치적 의지만 있다면 온라인 공론장을 활용하는 것이 기술적으로 가능해졌다. 이는 시민이 참여하는 숙의 민주주의가 가능해졌다는 이야기이기도 하다. 문제는 숙의 민주주의의 수준과 질이다.

시민참여 민주주의

여기서 살펴본 포데모스와 바엔코는 시민참여 민주주의, 곧 직접 민주주의를 갈망하는 시대의 산물이다. 프랑코 독재 이후 에스파냐 사회는 민주주의로의 전환에 성공했다. 그런데 이 민주주의는 엘리트들의 합의로 이루어지는 대의 민주주의라는 한계를 지니고 있었다. 그 한계가 이중의 위기를 통해 첨예하게 드러났다. 정치권력 구조에 틀어박힌 기술관료 엘리트들은 시민들의 관심사를 아랑곳하지 않았다. 시민들이 '진짜 민주주의'를 요구하고 나선 이유가 여기에 있다. 15M 운동에 참여한 시민들은 "그들이 그것을 민주주의라고 부르지만, 그것은 민주주의가 아니"라고 주장했다. 그들은 심지어 기존 민주주의를 '사기'라고 보았다.

포데모스와 바엔코는 이러한 시민들의 갈망을 반영한 정당들이다. 이 정당들은 시민참여의 장인 온라인 공론장을 중시했다. 아울러 페이스북·트위터 등의 소셜 미디어, 앱그리·아고라·루미오·디마크러시오 에스 등의 온라인 툴과 플랫폼을 적극적으로 활용하여 전자민주주의를 시도했다. 이것들은 시민참여를 보장하고 시민들의 의사를 반영하기 위한 장치와 수단이었다. 지역 정당 바엔코의 조직과 전략은 물론이고, 지역 조직에 상당한 독립성을 부여한 포데모스의 조직과 전략도 시민참여 민주주의를 위한 것으로 설계되었다.

그동안 이 두 정당이 불러일으킨 반응은 그야말로 폭발적이었다. 이들에게서 시작된 시민참여 민주주의의 바람이 기성 정당 체제의 근간을 뒤흔들어 놓았다. 1978년 이래 구축되어 온 양대 정당 중심의 체제가 사라지고 여러 정당이 치열한 다툼을 벌이는 다당제 체제가 들어섰다. 마드리드와 바르셀로나 같은 주요 도시에서는 지역 정당이나 지역 선거연합이 기존의 양대 정당을 제치고 집권당이 되었다.

이러한 시민참여 민주주의의 바람이 유럽과 그 너머로 불어오고 있다. 우리 대한민국과 지역사회는 과연 어떤 반응을 보일 것인가? 에스파냐가 겪은 이중의 위기와 유사한 위기에 직면한 우리는 과연 어떻게 응전할 것인가? 하이브리드 정당 포데모스와 지역 정당 바엔코의 강력한 호소에 귀를 기울일 필요가 있다.

제3부

과거사 문제와 역사화

제7장

과거사 논쟁

과거사 문제의 변천

에스파냐 내전 때 살해된 자들에다 1939년과 1943년 사이 프랑코 정권이 설치한 감옥과 강제수용소와 강제노동대에서 처형된 자들을 더하고, 질병과 굶주림으로 죽은 "빨갱이" 재소자들까지 더하면 에스파냐 내전과 프랑코 정권으로 인한 희생자는 무려 58만 명에 달한다.[1] 정확한 희생자 수에 대해서는 여전히 논란이 많지만, 그 규모가 엄청나다는 데는 별다른 이견이 없다.

에스파냐의 과거사 문제는 이렇듯 엄청난 규모의 희생자 문제로 불거졌다. 그리고 지금까지 극적인 변천을 겪어 왔다. 프랑코가 살아 있을 때는 누가 누구에게 얼마나 희생당했는지를 입 밖으로 꺼내서 공론화하지 못했다. 패배한 공화주의자들은 "반역자들"이었고 국민군 승리자들은 "구세주"였다는 교육을 말없이 받아들여야 했다.[2] 과거사 관련 기억이 억압되고 터무니없이 왜곡된 것이다.

---

1 Gabriel Jackson, *The Spanish Republic and the Civil War* (Princeton, NJ: Princeton University Press, 1965), pp.526-540.

2 프랑코 정권 후반기에 들어서 이런 경향에 변화가 생기기는 하지만 적어도 전반기에는 확실히 그러했다. Carolyn P. Boyd, *Historia Patria: Politics, History and National Identity in Spain* (Princeton, NJ: Princeton University Press, 1997) 참조.

프랑코가 사망했을 때 과거사 문제와 관련해 변화가 있을 것 같았지만, 에스파냐는 침묵의 길을 선택했다. 과거사는 잊어버리자는 침묵의 길을 걸은 것이다. 좌파와 우파의 정치 엘리트들이 여기에 합의했고, 정치 엘리트들의 이러한 합의에 대중들도 동조했다. 이러한 사회적 합의의 산물이 바로 1977년 10월의 사면법이다. 그 결과 에스파냐는 큰 어려움 없이 민주화를 이룩하고 민주주의를 정착시킬 수 있었다. 일부 정치학자들이나 역사학자들이 에스파냐의 민주주의 전환을 '모범' 사례로 꼽는 이유가 여기에 있다. 하지만 이는 기억의 침묵을 담보로 한 것이었다. 사회노동당이 집권한 1980년대에도 이러한 기조는 변함없이 유지되었다.

과거사 문제와 관련한 변화는 1990년대 말에 역사기억복원 운동으로 나타났고, 이는 희생자 진상조사를 위한 범정부위원회 설치와 역사기억법 제정으로 이어졌다. 그런 가운데 기억을 복원하려는 무리와 그것에 반대하는 무리가 대립했다.

요컨대 에스파냐의 과거사 문제는 기억의 억압과 왜곡, 침묵, 기억복원의 굴곡을 겪으며 변천해 왔다. 기억의 억압과 왜곡은 프랑코 독재 정권이 일방적으로 주도했으며, 따라서 과거사 문제의 해결책이 될 수 없었다. 반면에 전환 시대의 논리로 떠오른 침묵은 사회적 합의의 산물이었고 민주화를 이룩하는 데 크게 이바지했다. 하지만 침묵도 결국 과거사 문제의 최종 해결책이 되지 못했다. 과거사 문제가 다시 불거졌기 때문이다.

그렇다면 구체적으로 무엇 때문에 과거사 문제가 다시 불거졌을까? 역사기억법은 어떤 과정의 산물일까? 침묵 또는 망각이라는 전환 시대의 논리는 어떤 과정을 거쳐서 생겨났을까? 사회적 갈등 조정과 합의에 주안점을 두고서 이 문제들을 하나씩 살펴보자.[3]

침묵의 정치

흔히 얘기하는 침묵 협정이나 망각 협정은 문서로 존재하는 협정이 아니라 1977년에 제정된 사면법의 형태로 존재할 뿐이다. 침묵 협정의 기본 정신은 이 사면법에 모두 구현되어 있다.[4] 이 사면법은 "모든 사람을 사면하고 모든 사람을 잊는"[5] 길을 열어 주었고, 그 결과 에스파냐는 과거사를 공식적으로 거론하지 않게 되었다. 에스파냐에서는—아르헨티나와 칠레 같은 군사독재 국가들에서와는 달리—인권 유린을 다루는 군사재판이 열리지 않았다. 독재 정권의 정치적 범죄를 다루기 위한 진상조사위원회 같은 것도 구성되지 않았다. 에스파냐에는 오늘날까지도 『눈까 마스』 같은 보고서가 없다. 프랑코 독재를 막 벗어난 에스파냐인들은 역사의 페이지를 넘겨 미래만 바라보기로 했고, 과거사는 접어 두었다.

사면에 대한 요구는 사실 프랑코가 사망하기 전부터 제기되었다. 정치적 사면을 처음 제기한 것은 노조나 정당이 아니라 기독교 단체였

---

3 이 글은 필자가 쓴 논문 「스페인의 과거사 논쟁」 (안병직 외, 『세계 각국의 역사 논쟁: 갈등과 조정』 (대한민국역사박물관, 2014))을 수정 보완한 글이다.

4 Sergio Gálvez Biesca, "El proceso de la recuperación de la 'memoria histórica' en España: Una aproximación a los movimientos sociales por la memoria," *International Journal of Iberian Studies*, vol. 19 (2006), p.26.

5 이 법을 두고 말한 바스크민족당 대표 하비에르 아르사유스의 표현이다(Paloma Aguilar, "Justice, Politics and Memory in the Spanish Transition," Alexandra Barahona de Brito, Carmen González-Enríquez, and Paloma Aguilar (eds.), *The Politics of Memory: Transitional Justice in Democratizing Societies* (Oxford: Oxford University Press, 2001)), p.103.

다.[6] '정의와 평화'라는 이름의 기독교 단체가 1974년에 사면을 지지하는 서명을 받았는데, 서명자 수가 무려 15만 명에 달했다.[7] 단체의 대표 호아킨 루이스 히메네스는 사면이 "에스파냐인들의 화해를 위한 중요한 조처"라고 밝혔다.[8] 그는 그 후에 국가원수에게 서신을 보내 자신들이 "처벌 면제를 선동하는 것이 아니고, 미래의 폭력 행위를 사주하는 것은 더더욱 아니며, 다만 증오의 뿌리를 제거하고 평화로운 공존의 길을 모색하려는 것"[9]이라고 주장했다. 그는 내전의 상흔을 극복하고 에스파냐인들이 서로 화해하기를 바랐다.

에스파냐 가톨릭교회는 대체로 사면을 지지했다. 1974년 11월 30일에 열린 에스파냐 주교총회는 "투옥된 사람들의 처벌을 재검토"해 달라고 프랑코 정권에 요청한다는 결론을 내렸고,[10] 이를 정부에 여러 차례 요청했다. 하지만 프랑코는 가톨릭교회의 요청을 묵살하며 내전 패배자들의 복권 조처를 일절 거부했다.

정치적 사면은 결국 프랑코의 사망 이후로 미뤄졌다. 프랑코가 사망한 이후에는 국왕과 정부도 사면에 관심을 보였고, 정당과 노조들도 적극적으로 움직였다. 국왕 후안 카를로스는 즉위 3일 만인 1975년 11

---

6 공산당 주도로 설립된 노동자위원회(CCOO)는 1966년부터 사면을 민주화의 출발점으로 생각했다. 하지만 그것은 어디까지나 노동사면을 염두에 둔 것이었다. Luis Enrique de la Villa Gil and Aurelio Desdentado Bonete, *La amnistia laboral: una crítica política y jurídica* (Madrid: Ediciones de la Torre, 1978), p.204.

7 서명자들의 사회적 배경은 매우 다양했다.

8 Joaquín Ruiz Giménez, *El camino hacia la democracia: Escritos en 'Cuadernos para el Diálogo' (1963-1976)* (Madrid: Centro de Estudios Constitucionales, 1985), p.414.

9 Joaquín Ruiz Giménez, *El camino*, p.210.

10 Jesús Iribarren, *Documentos de la Conferencia Episcopal Española* (Madrid: Biblioteca de Autores Cristianos, 1984), p.342.

월 25일에 국민적 화해를 희망하며 정치범 특사령을 내렸다.[11] 그리고 아리아스 나바로에게 조각을 위촉했다. 하지만 변화를 이끌어야 할 나바로 정부는 민주화 의지가 약해 보였다. 그러자 국왕은 총리직을 아돌포 수아레스에게 넘겼다. 그런 상황에서 총리가 된 수아레스는 민주화의 의지를 보여주고자 했다. 그 첫 조처가 바로 1976년 7월 30일 사면법의 승인이었다. 이는 어떠한 희생을 치르더라도 대립을 피하고 평화적으로 민주주의를 이룩하려는 바람의 결실이었으며, 정치적 전환이 진행되고 있음을 보여주는 첫 표지이기도 했다.[12]

이후 수아레스 정부는 1976년 7월 사면법의 사면 대상을 확대하는 제2의 사면법을 준비했다. 극우파의 반대를 우려한 정부는 이듬해 초에 교회 대표자들을 만났는데, 그 자리에서 교회 대표자들은 정부를 전폭적으로 지지한다고 밝혔다. 그 무렵에 정부는 야당에도 통 큰 양보를 했다. 1977년 4월에 공산당의 합법화를 승인해 주었던 것이다. 정부는 그렇게 민주적 선거 개최에 장애물로 작용할 걸림돌들을 제거해 나갔다.[13]

한편 당시 공산당이 이끄는 민주위원회와 사회노동당이 이끄는 민주집중공약으로 나뉘어 있던 야당 진영은 1976년 3월에 민주연합으로 통합했다. 민주연합은 민주위원회와 민주집중공약이 내건 일반사면 요구를 계속 추진해 나갔다. 그해 7월에는 '사면 주간'을 설정하고 대중 집회를 조직했다. 이듬해인 1977년 5월에는 2차 '사면 주간'을 설

11 Decreto de 25 de noviembre de 1975, no. 2940/75, *Boletín Oficial del Estado*, 25 y 26 de noviembre de 1975.

12 Paloma Aguilar, "Collective memory of the Spanish Civil War: The case of the political amnesty in the Spanish transition to democracy," *Democratization*, vol. 4, no. 4 (1997), p.94.

13 Paloma Aguilar, "Collective memory," p.96.

정했다. 이어서 9월에는 공산주의자들, 사회주의자들, 바스크 민족주의자들, 카탈루냐 민족주의자들이 공동으로 사면법안을 발의했다.

마침 제2의 사면법을 준비하고 있던 정부는 이들이 제기한 법안을 검토한 후 10월에 정부의 사면법안을 제시했다. 프랑코 정권에서 각료를 지낸 인사들이 주축이 되어 1976년에 창당한 국민연합의 반대가 있었으나, 법안이 의회를 통과하는 데는 문제가 없었다.

사실상 모든 정치범을 석방한다는 내용을 담고 있는 1977년 10월 사면법은 이렇듯 종교기관과 정부와 정당들의 합작품이었다. 이 당시에는 정치적 사면이 승자와 패자 간의 화해를 도모할 수 있게 해 주는 토대이며, 민주주의를 수립하는 데도 꼭 필요한 요건이라는 인식이 지배적이었다.[14] 따라서 이 법은 내전에서 대립한 양 진영이 화해했음을 보여주는 상징물이었다.[15]

과거를 잊고 화해하자는 정치 엘리트들의 이러한 합의에 에스파냐 대중과 시민사회 단체들은 어떤 반응을 보였을까? 결론부터 말하자면, 그들은 정치 엘리트들의 합의를 존중했다. 프랑코 사후에 에스파냐 대중의 61퍼센트가 전면 사면을 지지했다.[16] 시민사회 단체들이 과거사 문제를 다루어야 한다는 '사회적 요구'를 제기하지도 않았다.[17]

---

14 Paloma Aguilar, "Collective memory," p.104.

15 이 사면법에 대한 펠리페 곤살레스의 반응과 사면법의 의미에 대해서는 김원중의 글 「'망각 협정'과 스페인의 과거청산」(『역사학보』, 185호, 2005)을 참조하라.

16 José Ignacio Wert Ortega, "The Transition from Below: Public Opinion Among the Spanish Population from 1977-1979," Howard R. Penniman and Eusebio M. Mujal-León, *Spain at the Polls* (Durham, NC: Duke University Press, 1985), pp.74-75.

17 Sergio Gálvez Biesca, "El proceso de la recuperación de la 'memoria histórica' en España: Una aproximación a los movimientos sociales por la memoria," *International Journal of Iberian Studies*, vol. 19 (2006), p.33.

따라서 정치 엘리트들은 대중의 반응을 신경 쓰지 않고 과거를 잊거나 침묵하는 방향으로 나아갈 수 있었다.

그렇다면 종교기관이나 국왕, 정치인들, 다수의 대중은 왜 과거를 묻어 두고 화해하는 데 발을 벗고 나섰을까? 민주화 이후의 화해 문제를 연구한 오마르 엔카르나시온은 그 이유를 네 가지로 들고 있는데, 두려움, 세대교체, 경제 호황, 내전의 집단기억이 바로 그것이다.[18]

먼저 두려움 때문이었다. 오래된 상처를 건드리면 민주화가 무산되고 다시 내전이나 독재로 이어질지 모른다는 두려움 때문이었다. 당시 난무했던 폭력 행위가 이러한 두려움과 미래에 대한 불확실성에 기름을 부었다. 바스크 분리독립 운동단체인 에타가 1973년에 프랑코의 심복 카레로 블랑코 총리를 암살한 사건이 폭력 행위의 대표적 사례였다. 그 후 1975년과 1980년 사이에는 정치적 이유로 비명횡사한 사람들이 460명을 넘었다. 그 가운데 우파와 좌파의 테러 활동으로 사망한 사람들만 해도 400여 명에 달했다.[19] 여기저기서 속출하는 폭력 행위 소식을 접하면서 과거를 들추게 되면 상황이 더욱 복잡하게 꼬이고 말 뿐이라는 생각을 누구나 다 하게 되었을 것이다. 에스파냐 내전을 연구한 헬렌 그레이엄은 이 점을 다음과 같이 정리했다.

> '침묵 협정'을 만들어 낸 것은 널리 확산한 사회적 두려움이었다. 고발당하고 살해당한 사람들의 두려움뿐만 아니라 고발하고 살해

---

18 Omar G. Encarnación, "Reconciliation after Democratization: Coping with the Past in Spain," *Political Science Quarterly*, vol. 123 (2008), pp.442-446.

19 Paloma Aguilar, "Justice," p.97.

한 사람들의 후손과 그 가족들의 두려움과 죄책감, 그리고 공모한 사람들의 두려움 말이다.[20]

희생자는 물론이고 가해자도 두려움에 시달렸다고 한다. 더 나아가 『뉴스위크』 기자 마이크 엘킨은 "희생자들의 형제와 자녀들은 그 희생이 가족에게 오점이 될까 봐 아무것도 입 밖에 내지 않는 법을 터득했다."면서 희생자 유가족들까지 수치심에 시달렸다고 보도했다.[21] 이러저러한 동기에서 비롯된 희생자들의 침묵은 과거를 잊자는 국민적 합의 앞에서 더욱 깊어졌다.

다음으로 중요한 요소는 세대교체였다. 민주주의로 이행하는 전환 시대를 산 에스파냐 사람들 대부분은 내전을 겪지 않은 사람들이었다. 정치 지도자들은 전쟁을 경험한 당사자들의 자녀였다. 전쟁을 직접 겪은 사람들과 그 결과를 겪은 사람들 사이에는 '기억의 세대 차'가 있다는 연구 결과가 나와 있다.[22] 전쟁을 직접 겪지 않은 자녀 세대는 "전쟁을 잘 몰랐다."[23] 그들이 전쟁을 잘 모르게 된 데는 프랑코 시대의 역사 교과서와 역사교육이 한몫했다. 프랑코 시대 역사 교과서는 에스파냐 역사를 프랑코주의 관점에서 재구성했다. 제2공화국을 '수도원 방화, 무질서, 사회적 갈등, 분리주의, 공산주의'와 관련지어 서술했고, 공화주의를 당파 싸움만 일삼는 고질적인 반교권주의로 묘사했

20 Helen Graham, "The Spanish Civil War, 1936-2003: The Return of Republican Memory," *Science and Society*, vol. 68 (2004), p.324.

21 Omar G. Encarnación, "Reconciliation," p.444.

22 Sergio Gálvez Biesca, "El proceso," p.27.

23 Madeleine Davis, "Is Spain Recovering its Memory?," *Human Rights Quarterly*, vol. 27, no. 3 (2005), p.865.

다.[24] 내전의 왜곡은 더욱 심각해서 국민군 승자들을 '구세주'로 묘사하고 패배한 공화주의자들은 '반역자'로 기술했다. 내전을 '십자군 전쟁'과 '영예로운 봉기'라고 불렀고 선과 악의 투쟁으로 보았다. 그러니 내전의 실상을 제대로 알기가 어려웠다.

세 번째 요소는 1960년대의 경제 호황이다. 경제 호황이 과거를 멀리하는 문화를 낳은 측면이 있다. 에스파냐의 산업 생산은 1960년과 1967년 사이 매년 10.5퍼센트씩 늘어났다. 1인당 소득도 1960년 400달러에서 1974년 1,300달러로 증가했다.[25] 이러한 경제 호황이 소비지상주의를 낳았고 과거사를 멀리하는 경향을 초래했다. 내전의 기억 문제를 연구한 마이클 리처즈도 이와 같은 맥락에서 "소비주의가 대다수의 관심을 과거에서 다른 데로 돌려놓았다. 그들은 개인적으로 전쟁의 끔찍한 참상과 그 여파를 잊으려고 했다."[26]고 지적했다.

한편 경제가 번성하자 일반 대중은 과거에 대해 이중적 태도를 보이기 시작했다. 프랑코 시대에 대한 대중의 집단기억을 조사한 결과, 긍정적인 면도 있고 부정적인 면도 있다고 보는 견해가 절반가량을 차지하는 것으로 나타났다.[27] 일부는 '프랑코 시대에 대한 부정적 평가

---

24 Carolyn P. Boyd, *Historia Patria*, p.249.

25 Josep Harrison, *The Spanish Economy: From the Civil War to the European Community* (London: Macmillan Press, 1993), p.23.

26 Michael Richards, "Between Memory and History: Social Relationships and Ways of Remembering the Spanish Civil War," *International Journal of Iberian Studies*, vol. 19, no. 1 (2006), pp.88.

27 그 비율이 1985년에는 46.2퍼센트, 1987년에는 44.6퍼센트, 1995년에는 48.9퍼센트, 2000년에는 46.4퍼센트로 나타났다. Paloma Aguilar and Carsten Humlebaek, "Collective Memory and National Identity in the Spanish Democracy," *History and Memory*, vol. 14 (2002), p.131.

가 비교적 적다는 것'이 '전환기에 소급적 정의를 요구하는 사회운동의 부재' 이유를 설명하는 데 도움을 준다고 했다.[28] 프랑코 시대를 좋은 면도 있었고 나쁜 면도 있었다고 보는 관점이 프랑코 정권을 단죄하려는 사회적 추진력을 약화하는 방향으로 작용했다고 볼 수 있다.

마지막으로 전환기에 굳어진 내전에 관한 집단기억이다. 1970년대 중반 에스파냐 대중에게 내전은 승자도 없고 패자도 없으며 오직 희생자만 존재하는, 집단적 광기에서 비롯된 사건으로 간주되었다.[29] 당시 정치 엘리트들은 유혈의 내전으로 생겨난 사회정치적 파국이 재연될까 봐 두려워하며 상호 관용과 존중에 입각한 새로운 정치 수립을 위해 과거를 '잊자'는 협상을 시도했다. "우리 모두에게 책임이 있다."와 "다시는 되풀이하지 말자."와 같은 구호가 당시 유행했는데, 내전의 집단기억에 기반을 둔 이 구호들은 침묵이나 망각을 정당화하기 위해 정치 엘리트들이 만들어 낸 주문과도 같은 것이었다.

요컨대 과거를 덮어 두고 화해하자는 사회적 분위기가 조성된 것은 이런 요소들이 복합적으로 작용한 결과다. 국왕 후안 카를로스와 총리 수아레스, 좌·우파 정치 세력들이 나름의 정치적 합의에 이른 것도 이러한 사회적 분위기 속에서였다. 이들의 합의는 1977년 10월 사면법의 제정으로 구체화되었다. 따라서 우리는 이러한 일련의 과정을 침묵의 정치라고 불러도 좋을 것이다.

하지만 여기서 한 가지 유의할 점이 있다. 침묵이나 망각은 어디까

---

28 Paloma Aguilar and Carsten Humlebaek, "Collective Memory," p.132.

29 Paloma Aguilar, *Memory and Amnesia: The Role of the Spanish Civil War in the Transition to Democracy in Spain* (New York: Berghahn, 2002).

지나 정치적 논리였다는 사실이다. 침묵이 문화와 학술 활동에 대한 검열을 의미하지도 않았고, 학문적 관심의 결여로 이어지지도 않았다. 학자들은 거의 아무런 제지를 받지 않고 학술대회를 개최했고 책을 출판했다.[30] 1986년까지 출판된 내전 관련 문헌이 무려 1만 5,000권에 달할 정도였다. 이런 점에서 전환 시대에도 문화적 생산과 학술적 연구가 꾸준히 이어지고 있었다는 산토스 훌리아의 주장[31]은 옳다.

기억의 복원

전환 시대에 덮어 두기로 했던 과거의 기억을 다시 끄집어내기 시작한 것은 1990년대 후반에 들어서다.[32] 2000년 이후에는 내전과 독재 체제 희생자들의 '기억 복원' 움직임이 시민사회에서뿐만 아니라 정계와 언론계에서도 점차 가속화되었다. 그 후 기억의 붐이 일어나기 시작했고, 기억 문제가 과거사 관련 담론의 주종을 이루게 되었다.

펠리페 곤살레스가 이끄는 사회노동당 정부가 14년(1982~1996년) 동안이나 집권했어도 사회는 '침묵과 무기억'으로 일관했는데,[33] 갑자기

---

30 Javier Rodrigo, "La Guerra Civil: 'memoria', 'olvido', 'recuperación' e instrumentación," *Hispania Nova*, no. 6 (2006).

31 문서보관소의 사료 접근 금지가 하나둘씩 해제되자 내전 관련 지방사 연구가 활기를 띠게 된다. Santos Juliá, "Bajo el imperio de la memoria," *Revista de Occidente*, n. 302-303 (2006), pp.15-16.

32 이와 달리 에스파냐의 기억을 연구한 프란시스코 에스피노사는 지난 70년 동안 기억이 여러 단계를 거쳐 회복되어 온 것으로 파악한다. Francisco Espinosa, "Historia, memoria, olvido: la represión franquista," *Contra el olvido: Historia y memoria de la guerra civil* (Barcelona: Crítica, 2006), pp.171-204.

33 Sergio Gálvez Biesca, "El proceso," p.3. 이렇게 된 데는 침묵 협정이 미친 영향도 컸지만, 사회노동당이 집권하기 직전에 발생한 1981년 2월의 군사쿠데타가 미친 영향도 컸다. 민주주의 이행을 무효화하기 위해 일부 군인들이 쿠데타를 일으켰으나 실패로 돌아갔다. 펠리페 곤살레스는 1986년 내전 발발 50주년을 기념하는 대국민 담화문에서 "내전은 이제 역사

왜 이런 변화가 생겨났을까? 이 질문에 관심을 두고 있는 사람들은 대체로 비슷한 이유를 들고 있다.[34]

첫째로, 세대교체다. 내전 발발 60주년을 맞이하면서부터 전쟁을 겪은 세대가 사라지고 그들의 손자 세대가 사회의 주역이 되었다. 이들 손자 세대에게는 거리낄 게 없었다. 2004년에 총리로 선출된 사회노동당의 호세 루이스 사파테로는 1960년생이다. 사파테로를 비롯한 정치 지도자들 대부분은 과거 문제에 대한 견해가 부모 세대와 달랐다. 부모 세대가 가졌던, 또 다른 내전이나 독재의 희생자가 될지도 모른다는 두려움이 이들에게는 없었다. 이들은 오히려 사건의 진상을 알고 싶어 했다. 이들은 자신들을 두고 '두려움이나 상흔 없이 과거에 접근할 첫 세대'라고 언급했다.[35]

둘째로, 에스파냐 국내의 정치 상황 변화이다. 14년 동안 장기 집권한 사회노동당에 뒤이어 국민당이 8년(1996~2004년) 동안 집권했다. 1996년은 사회노동당에서 국민당으로의 정권 교체가 평화적으로 이루어지면서 민주주의가 정착되었음이 확인된 해였다. 이후 21세기 초에 이르기까지 에스파냐는 근 30년 동안 민주주의를 잘 유지해 왔다. 에스파냐인들은 이제 자신감을 지니게 되었고, 과거를 대하는 태도에서도 그런 자신감이 나타났을 것이다.

셋째로, 국제 정치 환경에 나타난 변화이다. 1980년대 초부터 진실

가 되었고 (…) 우리의 현실 속에 더 이상 살아 있지 않다."고 했다. Timothy Garton Ash, "The Truth about Dictatorship," *The New York Review* (February 19, 1998).

34 Sebastiaan Faber, "The Price of peace: Historical memory in post-Franco Spain," *Revista Hispánica Moderna* (Junio-Diciembre, 2005); Omar G. Encarnación, "Reconciliation."

35 Omar G. Encarnación, "Reconciliation," p.447.

과 화해 위원회를 구성하고 정의를 바로 세우려는 운동이 지구촌 여기저기서 전개되고 있었다. 과거사를 규명하기 위한 위원회가 아르헨티나에서부터 미국에 이르기까지 무려 27개국에서 꾸려졌다.[36] 이러한 국제 환경의 변화가 에스파냐에도 다소간 영향을 미쳤을 것이다.

넷째로, 아우구스토 피노체트 체포 사건이다. 칠레의 독재자 피노체트가 1998년 런던에서 체포되었다. 1973년부터 1990년까지 대통령을 지낸 뒤 런던에서 요양 중이던 그가 체포된 것이다. 에스파냐 예심판사 발타사르 가르손은 칠레에 거주하던 에스파냐인 7명이 피노체트 통치기에 실종된 사건을 들어서 그를 기소했고, 영국 사법당국이 그를 체포했다. 그에 대한 기소는 곧 1973년과 1991년 사이에 칠레인 수천 명이 당한 조직적 고문과 살해, 불법 구금, 실종 사건으로 확대되었다.[37]

피노체트 체포 사건의 정치적 파장이 제일 크게 일어난 곳은 에스파냐였다. 이 사건이 침묵 협정을 뒤흔들어 놓았기 때문이다. 그 과정은 두 단계에 걸쳐 진행되었다. 우선 에스파냐 사법부 활동에 대해 칠레인들의 비난이 쏟아졌다. 에스파냐가 자국의 과거는 직시하지 못하면서, 남의 나라의 과거사에 끼어든다는 것이었다. "자신들 일에나 신경써라.", "우리를 식민지 대하듯 하지 말라."와 같은 1998년 12월 4일자 칠레 신문들의 헤드라인이 이를 잘 보여준다.[38] 이런 비난은 곧 에

---

36 이 나라들을 알파벳 순서에 따라 열거하면 다음과 같다. 아르헨티나, 브라질, 캐나다, 콜롬비아, 칠레, 체코, 에콰도르, 엘살바도르, 피지, 가나, 과테말라, 케냐, 라이베리아, 모로코, 파나마, 페루, 폴란드, 필리핀, 시에라리온, 솔로몬군도, 남아공, 대한민국, 스리랑카, 동티모르, 우간다, 우크라이나, 미국 등이다.

37 피노체트 사건에 대해서는 Richard J. Wilson, "Prosecuting Pinochet: International Crimes in Spanish Domestic Law," *Human Rights Quarterly*, vol. 21 (1999), pp.927-979를 참조하라.

38 Omar G. Encarnación, "Reconciliation," p.448.

스파냐 사법기구가 자국 독재자의 유산 조사는 꺼리면서 외국 독재자를 재판하려 한다는 논란으로 번졌다. 그러자 이런 비난과 논란에 직면한 에스파냐인들은 자신들이 "피노체트는 기소하고 프랑코는 기소하지 않았다."는 충격에 빠지면서 독재 체제의 기억을 되살리게 된 것이다. 알렉산더 와일드가 말한 이른바 '기억의 분출'[39]은 이렇게 시작되었다.

일단 기억의 분출이 시작되자 피노체트 사건은 과거를 덮어 두자는 정치인들의 합의를 깨뜨리려는 방향으로 작용했다. 피노체트를 법정에 세우려는 시도를 둘러싸고 에스파냐 정치인들이 둘로 나뉘었다. 사회노동당을 비롯한 좌파는 이 사건을 환영했지만, 우파는 이 사건이 별일 없이 지나가기를 바랐다. 보수당인 국민당 소속 총리 호세 마리아 아스나르가 이 문제에 중립적인 태도를 보이자, 좌파는 총리가 피노체트를 보호하려고 한다며 그를 비난했다.[40]

다섯째로, 역사기억복원회의 활동이다. 2000년에 언론인 에밀리오 실바의 주도로 창립된 이 단체의 주요 활동은 프랑코 시절 살해된 공화파 희생자들의 집단매장지를 발굴하고 그 유해를 확인해서 유족들의 품으로 돌려보내는 것이었다. 사실 이러한 유해 발굴 활동은 1997년에 설립된 내전망명문서보존회(Asociacion Archivo, Guerra y Exilio, AGE)에 의해 시작되었다. 이들은 2000년 레온주(州)의 프리아란사 델 비에르소에서 역사적인 첫 발굴작업을 시작해 공화주의자 유해 13구

39 Alexander Wilde, "Irruptions of Memory: Expressive Politics in Chile's Transition to Democracy," *Journal of Latin American Studies*, vol. 31 (1999), pp.473-500.

40 Omar G. Encarnación, "Reconciliation," p.449.

사진 17 역사기억복원회의 내전 희생자 매장지 발굴

를 발굴했는데, 유전자 감식 결과 이 유해 중 한 구가 이 작업에 참여한 실바의 조부임이 확인되었다. 이를 계기로 그는 내전망명문서보존회의 일원으로 활동하던 산티아고 마시아스와 함께 역사기억복원회를 설립하였다. 역사기억복원회는 이후 역사기억복원 운동의 모체가 되었고, 과거사를 정치 분야로 끌어들이는 데 주도적 역할을 했다. 이런 이유로 에스파냐에서는 이 활동이 시작된 2000년을 역사기억 회복의 '원년'으로 삼고 있는 것이다.[41]

그런데 1997년에 창립된 내전망명문서보존회와 2000년에 창립된 역사기억복원회는 시간이 지나면서 활동 내용과 방식을 두고 이견을

41 Mercedes Justa Rodrigo, "¿《Memoria versus Justicia》? La 《recuperación de la memoria histórica》 en la España actual," *Amnis* (febrero, 2011).

노출하기 시작했다. 후자, 곧 역사기억복원회는 인도주의 입장을 우선하면서 희생자들의 존엄성 회복이나 프랑코 정권의 야만성 단죄와는 거리를 두었다.[42] 반면에 내전망명문서보존회를 비롯한 다른 단체들은 그런 방식의 활동이 1936년의 갈등은 물론이고 투쟁 활동의 정치적 성격을 희석하는 결과를 낳는다고 판단했다. 역사기억복원 운동 내부에서 일어난 이러한 논란은 2003년에 기억포럼이 출현하면서 한층 가열되었다. 기억포럼은 역사기억복원회의 활동이 '기억을 결정적으로 매장'해 버린다며 그 활동을 정면으로 비판했다. 이들은 기억 회복의 정치적 성격을 강화해야 한다고 보았다.[43]

이런 노선 갈등에도 불구하고 기억복원 운동 관련 단체들이 우후죽순처럼 생겨났다. 이미 언급한 단체들 외에도 전쟁난민어린이협회와 망명자후손회 등 전국 각처에서 160개가 넘는 단체들이 활동을 시작했다. 이런 점에서 기억복원 운동은 시민사회 단체들로부터 비롯되었다고 볼 수 있다.

그렇다면 이러한 기억복원 운동에 대해 정치인들은 어떤 반응을 보였을까? 이에 대한 반응은 정파에 따라 달랐다. 우파는 오래된 상처를 헤집어서는 안 된다는 종래의 비유를 다시 들고나오면서 이 운동에 반대했고, 좌파는 이 운동을 지지하면서 역사기억 복원 관련 담론을 확산시켰다.

먼저 우파는 프랑코 정권 대변자들과 프랑코 반대파들이 정치적 협

42 단체 설립자들이 정리한 단체 창설과 활동 이야기는 다음을 보라. Emilio Silva and Santiago Macías, *Las fosas de Franco* (Madrid: Temas de Hoy, 2003).

43 José María Pedroño, "Definición y objeto de la recuperación de la memoria histórica," *Leganés*, 2 de junio de 2005 (http://www.pce.es/foropolamemoria).

정을 통해 과거를 묻어 두기로 합의했으며, 그 결과 간절히 염원하던 국민 화해를 이룩했다고 보았다. 따라서 이들에게는 현재와 미래를 위해 전진하는 길만 남아 있을 뿐이었다. 2002년 12월, 프랑코 정권 희생자들에 대한 정부의 공식 사과 여부를 질문받았을 때 아스나르 총리가 어떻게 답변했는지를 보면 우파의 당시 입장을 잘 알 수 있다. 그는 이렇게 대답했다. "내가 사과해야 할 이유가 없다. 전환기의 역사는 화해의 역사이고, 우리는 그 토대 위에서 계속 작업을 해 나가야 한다."[44] 과거사 재론은 "오래된 상처를 덧나게 할" 뿐이라는 것이 우파의 논리였다. 우파가 즐겨 사용하는 '오래된 상처'라는 비유는 상처는 시간이 지나면 낫게 마련이라는 속담에서 따온 말이다. 상흔은 그냥 내버려둘 때 잘 치료된다는 이야기였다. 여기에는 과거를 회상하여 자연적 망각의 과정을 거스르면 오히려 역효과를 낳게 된다는 암시가 담겨 있다. 우파는 1970년대 후반 전환 시대의 논리를 여전히 답습하고 있었다.

반면에 일부 좌파들은 이행기가 불완전했고, 심지어는 거기에 결함이 있었다고 주장했다. 이들은 '침묵'의 정치가 민주주의를 훼손했으며, '민주주의 결핍'의 책임이 협상에 의한 전환에 있다고 보았다.[45] 이들은 사면과 망각이 결합하는 바람에 희생자들을 기리고 애도하며 그들의 기억과 명성을 회복하고 프랑코 정권의 권력 남용을 단죄할 기

44 Emilio Silva and Santiago Macías, *Las fosas*, p.118.

45 Alberto Reig Tapia, *Memoria de la guerra civil: Los mitos de la tribu* (Madrid: Alianza, 1999); Joan Ramón Resina, *Disremembering the Dictatorship: The politics of memory in the Spanish transition to democracy* (Atlanta, GA: Rodopi, 2000); Francisco Espinosa, "De saturaciones y olvidos. Reflexiones en torno a un pasado que no puede pasar," *Historia Nova*, 7 (2007).

회를 잃어버렸다고 지적했다. 이제라도 프랑코 정권의 탄압 역사를 조사해서 널리 알리고 희생자들의 진상을 규명함으로써 프랑코 정권이 희생자들에게 덮어씌운 누명을 벗겨 주어야 한다고 주장했다. 그들은 이것이 역사기억을 복원하는 길이라고 보았다. 좌파가 즐겨 쓴 '역사기억 복원'이라는 표현은 우파의 '오래된 상처' 비유만큼이나 널리 퍼졌다. 역사기억 복원이라는 말은 충격적인 기억들이 보존되어 있고 그 기억을 복원해야 함을 암시한다. 복원이라는 개념은 회복해야 할 대상이 감추어져 있거나 상실되었거나 도난당했음을 전제한다. 따라서 그 대상을 되찾는 일은 정의로운 일이고 질서를 회복하는 일이다.[46] 이런 맥락에서 좌파는 시민사회 단체들의 기억복원 운동을 지지했다.

요컨대 당시 에스파냐 정계에서는 내전과 프랑코 체제 희생자들의 기억을 회복하려는 무리와 그에 반대하는 무리가 대립했다. 이들은 제2공화국 선포를 기념하는 문제, 7월 18일 군사 반란과 프랑코 독재를 단죄하는 문제, 프랑코 사후에도 30년 동안이나 건재한 프랑코 정권 상징물(도시에 건립된 기마상, 성당에 안치된 전몰장병 추모비, 거리 명칭, 망자의 계곡 등)의 철거나 폐지 문제를 둘러싸고 사사건건 대립했다.

사회노동당이 침묵을 깨뜨린 것은 1993년으로 거슬러 올라간다. 사회노동당은 그해에 치른 총선 선거전에서 국민당은 프랑코 정권의 계승자라고 비난했다.[47] 과거사를 정치적으로 활용한 것이다. 이는 1980년대에는 없었던 일이다. 1995년에는 집권 여당인 사회노동당이 에스

---

46 Pedro Ruiz Torres, "Los discursos de la memoria histórica en España," *Hispania Nova*, núm. 7 (2007), p.16.

47 Paloma Aguilar, "Guerra Civil, franquismo y democracia," *Claves de Razón Práctica*, no. 140 (2004), pp.24-33.

파냐 내전에 참전한 국제여단의 생존자들에게 경의를 표하며 그들에게 에스파냐 국적을 제공하기로 했다.[48] 이 또한 집권 여당이 과거를 정치적 정당화의 수단으로 활용한 사례에 해당한다. 1999년에는 당시 집권 여당인 국민당의 반대에도 불구하고 의회 외교위 소속 야당 의원들이 1936년 7월의 군사 반란을 비난하는 결의안을 채택했다. 그들은 이 결의안에서 반란군이 합법적인 제2공화국의 정치제도를 무시했다고 주장했다. 2002년에도 야당 의원들은 1936년 프랑코의 군사 반란이 반민주적 행위였다고 비난하는 의회 성명서를 채택하였고, 내전과 독재의 희생자들에 대한 도덕적 지지를 표명하는 의회 결의안을 가결했다. 이 밖에도 일부 지방정부들, 곧 아스투리아스, 카탈루냐, 엑스트레마두라, 바스크, 나바라, 안달루시아 정부는―과거의 진상을 요구하라는 사회적 요구를 저버린 국민당 아스나르 정부와는 달리―집단매장지 조사와 발굴, 재매장을 위한 기금을 조성하였고, 내전과 프랑코 독재 희생자 진상조사위원회를 발족시켰다.

2004년 3월에 거둔 사회노동당의 총선 승리는 기억의 붐을 더욱 촉진했다. 다시 집권한 사회노동당은 내전과 프랑코 독재 희생자 진상조사를 위한 범정부위원회를 구성했다. 이제 누가 희생자이고 어떤 보상을 해 주어야 하는지, 희생자를 복권한다면 독재 정권하의 군사법정이 내린 판결을 어떻게 처리해야 하는지 등에 대한 논란이 일어나기 시작했다. 마치 기억의 판도라 상자가 열린 듯했다. 2005년 4월 17일에는

48 이에 대한 축하 행사는 내전 발발 60주년을 기념하는 1996년에 개최했다. Carsten Humlebaek, "Usos políticos del pasado reciente durante los años de gobierno del PP," *Historia del Presente*, no. 3 (2004), pp.157-167.

마드리드 중심지 누에보스 미니스테리오스에 있던 프랑코 장군 기마상이 철거되었다. 이러한 기억의 열병은 공화국 선포 75주년과 내전 발발 70주년이 되는 2006년에 절정에 달했다. 에스파냐 의회는 2006년을 '역사기억의 해'로 선포하는 법안을 승인했다. 기억을 덮어 두기로 한 지 30년이 지나서야 '역사기억의 해'가 공식적으로 선포된 것이다.

에스파냐 의회는 또한 내전과 독재 체제의 과거를 규명하자는 2006년 7월 28일 각료회의 결의에 따라 마련된 역사기억법(Ley de la Memoria Histórica)안을 2007년 10월에 통과시켰다. 법안 제1조 제1항에 명시된 역사기억법의 목표는 "정치적인 이유나 이념적인 이유로 내전과 독재의 박해나 폭력에 희생된 자들의 인권을 인정하고 신장하며, 개인과 가족의 기억 복원을 증진하고, (…) 시민들의 분열을 방지할 조치를 단행하는"[49] 것이었다. 이제 내전과 프랑코 독재 희생자들의 진상을 규명할 길이 열리게 되었다.

하지만 이 법안에 대한 정계와 언론계의 입장은 사뭇 달랐다. 국민당은 법안 내용 대부분에 반대 의사를 표명했다. 이 법안 통과에 대해서도 "불필요하고 위선적이며 법률과 상관이 없는 실책"이라고 비난했다.[50] 이들은 역사기억법이 역사를 당파적으로 이용하려는 시도의 일환이라고 잘라 말했다. 보수 언론인 『엘 문도』와 『아베세』는 이 법안이 전환기의 약속을 어기고 1977년 합의의 기초를 문제 삼은 수정

---

49 역사기억 관련 정부 홈페이지(www.memoriahistorica.gob.es) 참조. 정부는 이곳에서 진상조사와 보상 조치에 관한 정보를 공개하고 있다. 역사기억법에 관한 자세한 분석은 김원중의 논문 「역사기억법(2007)과 스페인의 과거사 청산 노력에 대하여」(『이베로아메리카연구』, 21호 (2010))를 참조하라.

50 Agustín Yanel, "Ningún otro grupo apoya la ley de la memoria histórica," *El Mundo*, 15 de diciembre de 2006.

주의적 조치라고 비난했다. 특히 『아베세』는 사설에서 정부가 "국민을 현혹하고", "오래된 상처를 덧나게 해 나라를 불안에 빠지게 할 뿐"이라고 비난했다.[51] 역사기억의 판도라 상자를 열어 과거의 망령들을 다시 불러왔다고 보는 언론들도 있었다.

그런가 하면 좌파는 우파가 '에스파냐인 홀로코스트'의 진실을 가리려 한다고 반박했다.[52] 『엘 파이스』는 "의회가 제2공화국을 기념하다."라는 제하의 기사에서 이 법안을 지지했다. 법안에는 오래된 상처를 자극한다는 비난을 살 만한 내용이 없고, 오히려 그 상처를 아물게 할 내용이 담겨 있다며 법안을 두둔했다. 한편 좌파 가운데 일부는 법안에서 다루지 않은 부분을 지적하기도 했다. 그들은 프랑코 정권이 내린 판결을 폐지하지 않고 있고, 전환기에 마련한 처벌 면제 제도의 종식에 대해서도 언급하지 않고 있다고 지적했다. 그들은 그것이 프랑코주의에 맞서 싸운 영웅들에게 모욕감을 안겨 주는 유감스럽고 창피한 법안이라며 불만을 표시했다.[53]

이렇듯 우파의 비난을 사고 좌파의 불만을 산 2007년 역사기억법은 그래도 과거사 문제를 해결하는 데 중요한 진전을 이룩했다. 독재 정권의 불법성을 드러내고 희생자들의 처지를 인정해 주었다는 점에서 그렇다. 하지만 독재 시절에 내린 판결 문제를 해결하지 못했고,[54] 침

51 "Las estatuas como cortina de humo," *ABC*, 15 de agosto de 2006.

52 Carlos E. Cué, "El gobierno quito de la ley de la memoria el consejo de suprimir simbolos franquistas," *El País*, 25 de agosto de 2006.

53 Carmen del Riego, "El apoyo de ERC pasa por Companys," *La Vanguardia*, 25 de agosto de 2006.

54 김원중, 「역사기억법」, pp.215-216.

묵 협정의 법적 토대가 된 1977년 사면법 처리 문제도 손대지 못했다는 한계를 안고 있다.

지금까지 시민사회 단체들이 벌인 기억복원 운동과 그 운동에 대한 좌·우파 정치인들의 반응, 정치인들이 단행한 기억 복원을 위한 여러 조치들을 살펴보았다. 그렇다면 일이 이렇게 흘러오는 동안에 역사학계는 뭘 하고 있었을까? 역사가들은 과거사를 어떻게 바라봤을까?

역사가들의 과거사 논쟁

사실 과거사를 다시 보기 시작한 1996년은 역사학계에서도 주목할 만한 해였다. 내전의 기억 문제를 다룬 저작들이 이때부터 등장하기 시작했다. 그 물꼬를 튼 저작이 바로 팔로마 아길라르의 『에스파냐 내전의 기억과 망각』이다.[55] 피에르 노라를 비롯한 전문 역사학자들이 펴낸 『기억의 장소』[56]의 영향을 많이 받은 책이다. 바야흐로 '기억의 역사'가 역사 연구의 주제로 떠올랐다. 아길라르의 책이 출판되고 2년쯤 지난 뒤에는 학술지 『아예르』가 '역사와 기억'을 특집으로 다루었고, 2006년에는 내전의 기억에 관한 연구가 쏟아져 나왔다.[57] 에스파냐 연구자들도 '역사적 기억'이나 '기억의 정치'에 주목하기 시작했다.

아길라르는 앞서 언급한 책에서 에스파냐 정치 엘리트들이 과거사에 침묵하기로 한 침묵 협정 이야기를 꺼냈다. 당시 정치 엘리트들은 내전을 '집단적 광기'를 연출한 사건으로 보고 있었고, 내전의 참상에

55 Paloma Aguilar, *Memoria y olvido de la Guerra Civil española* (Madrid: Alianza Editorial, 1996).

56 피에르 노라 외 지음, 김인중 외 옮김, 『기억의 장소』, 1~5 (나남출판사, 2010).

57 이들 연구의 상당수가 온라인 저널 『히스파니아 노바(Hispania Nova)』에 실렸다.

대한 공동의 책임을 주장했으며, "다시는 되풀이하지 말아야" 한다고 강조했다. 이것이 1978년 헌법을 승인할 때까지 전환기를 지배한 보편적 합의 사항이었다. 다시 말하면 전환기에는 내전의 기억이 커다란 힘을 발휘했다. 에스파냐인들은 1970년대의 상황이 1930년대의 상황과 유사하다고 인식하면서 같은 잘못을 되풀이하지 않으려고 노력했다. 동족상잔의 비극을 되풀이해서는 안 된다는 일념에서 정치인들 상당수가 역사를 멀리하고 역사에 침묵하기로 했던 것이다. 이러한 침묵은 민주화가 성공적으로 잘 이루어졌다는 에스파냐 민주주의의 신화를 만들어 내는 데 한몫했다.[58]

이러한 내전의 기억 연구가 시민사회 단체들이 주도하는 역사기억 복원 운동과 맞물리며 증폭되고 있을 때 보수주의 지식인들도 잠자코 있지는 않았다. 그들도 내전과 독재의 역사기억을 다시 만들기 시작했다. 그들은 서적과 영상물과 논문을 통해서 프랑코와 프랑코 정권의 업적을 옹호했고, 프랑코 정권의 억압적 성격을 완화했으며, 프랑코 사후 에스파냐 학계를 지배한 20세기 역사에 대한 자유주의적 해석과 진보적 해석을 폄훼했다. 이른바 수정주의자들 혹은 신프랑코주의자들의 활약이 두드러졌다. 페데리코 히메네스 로산토스, 세사르 비달, 호세 마리아 마르코, 피오 모아 등 일부 역사가들과 언론인들이 여기에 속했다.[59] 이들 가운데 대표적 인물은 모아였다. 원래 극좌파 출신이었던 그는 좌파의 급진주의적 요소를 끌어들여 신보수주의 이데올로기

58 Paloma Aguilar, *Memoria y olvido*, pp.19-24, 355-361.

59 이에 대해서는 Javier Rodrigo, "Los mitos de la derecha historiográfica. Sobre la memoria de la Guerra Civil y el revisionismo a la española," *Historia del Presente*, No. 3 (2004), pp.185-195를 참조하라.

를 옹호했다. 그는 과거에 대한 인식을 1936년 군사쿠데타 지지자들과 상당 부분 공유했다.[60] 모아는 책을 여러 권 출판했고 상업적 성공도 거두었다.[61] 그의 책이 인기를 누린 비결은 보수 언론의 지원에 있었다.

모아는 리카르도 델 라 시에르바와 같은 프랑코주의 역사가들이 1960년대에 서술한 내용을 재활용했다. 모아를 비롯한 신프랑코주의자들은 보수당 지도자 안토니오 카노바스 델 카스티요가 1876년에 창설한 자유주의적 의회 군주제를 바람직한 정치 체제로 간주했다. 1997년 카노바스 델 카스티요 암살 100주년을 기념하여 자신들의 역사적 선례를 19세기 자유주의에서 찾은 아스나르 정부의 역사 인식도 이들과 맥락을 같이한다. 이들은 의회 군주제를 무너뜨리고 등장한 제2공화국(1931~1939년)을 매우 부정적으로 보았다. 반면에 프랑코 독재에 대해서는 공화국과 내전의 혼란을 벗어나는 과정의 산물이라며 정당화했다. 이러한 역사 해석에 따르면, 1875년 카노바스 델 카스티요가 시작한 민주화 과정을 다시 시작할 수 있게 된 것은 '프랑코 정권의 평화'가 가져다준 정치 안정과 경제 성장, 사회 질서 덕분이었다. 또 이러한 정치적 계보를 이어받은 정당인 국민당은 1978년 헌법에 잘 표현되어 있는 입헌 자유주의의 정신을 구현할 정당[62]이었다.

그런데 문제는 신프랑코주의자들의 역사서술이 대중적 인기를 누

---

60 Justo Serna Alonso, "Las iluminaciones de Pío Moa: el revisionismo antirrepublicano," *Pasajes: Revista de pensamiento contemporáneo*, No. 21 (2007), pp.99-108.

61 이를테면 그의 저서 『내전의 신화(Los mitos de la guerra civil)』(Madrid: La Esfera de los Libros S. A., 2003)는 출판 첫해에 15만 부가 팔렸고, 다음 2년 동안 10만 부가 더 팔렸다.

62 Carolyn P. Boyd, "The Politics of History and Memory in Democratic Spain," *The ANNALS of the American Academy of Political and Social Science*, Vol. 617 (2008), pp.141-142.

렸다는 데 있다. 왜 그랬을까? 이 질문에 천착해 온 파블로 산체스 레온은 전문 역사가들이 그동안 보여준 내전과 프랑코 체제에 대한 해석이나 접근 방식에 대중들이 불만을 느껴서라는 설명을 내놓았다. 1980년대와 1990년대에 전문 역사가들은 역사적 지식이란 무릇 '객관적'이고 또 객관적이어야 한다고 생각했고, 그런 전제하에서 역사를 서술했다. 내전에 대해서는 특히 그러했다.[63] 하지만 공화국과 내전, 프랑코 체제를 다룬 정치적이고 비학술적인 서적과 다큐멘터리, 논쟁, 르포가 늘어나면서 전문 역사가들의 주장은 다소 힘을 잃었고, 그들의 권위도 하락했다.

1931년 이후의 에스파냐 역사에 관한 공식 담론을 만들어 온 학문 세대는 내전을 '역사적 오류'이자 '되풀이하지 말아야 할' 전쟁으로 파악하는 사회 속에서 자랐다. 이 역사가들은 객관적이고 공정한 학문 활동을 해야 한다는 이유에서 과거와 현재 사이에 일정한 거리를 두었다. 하지만 내전이 '역사적 오류'였고, 그것이 일어나서는 안 되었으며, 다시 일어나서도 안 된다는 전제를 설정하면서 객관성이란 허울은 처음부터 훼손되고 말았다. 학문적 엄밀성을 특정 역사 해석과 결부하고 평화적 이행에 필수적인 사회정치적 태도와 연관시켰기 때문이다.[64]

사실 대중의 '역사기억' 요구와 모아의 상업적 성공은 서로 다른 두 가지 현상이다. 이는 에스파냐 대중이 양극화되어 있었음을 보여준다.

---

63 Pablo Sánchez León, "La objetividad como ortodoxia," Julio Aróstegui y François Godicheu, ed., *Guerra Civil: mito y memoria* (Madrid: Marcial Pons, 2006), pp.97, 117-118, 130; Jesús Izquierdo Martín y Pablo Sánchez León, *La guerra que nos han contado: 1936 y nosotros* (Madrid: Alianza Editorial, 2006), pp.48-64.

64 Pablo Sánchez León, "La objetividad," pp.113 y 116.

게다가 실바나 모아 같은 사람들은 훈련받은 역사가들이 아니었지만, 인기를 누렸다. 이것이 전문 역사가들이 직면한 현실이다. 전문 역사가들은 이제 역사가의 임무와 기능을 다시 생각해 봐야 할 처지에 놓이게 되었다.

역사가들은 모아로 대표되는 신프랑코주의자들이나 실바를 비롯한 역사기억 복원 주창자들에 대해 다소 다른 반응을 보였다. 우선 전자에 대해서는 그들이 학자가 아니라 선전가에 불과하므로 일고할 가치도 없다고 보았다.[65] 2003년 초에는 모아의 인터뷰가 황금시간대에 에스파냐 국영 텔레비전 방송을 탄 일이 있었는데, 역사가 하비에르 투셀은 그것을 매우 못마땅하게 생각했다. 전(前) 테러주의자이자 신프랑코주의자이며 아마추어 역사가에 불과한 그가 그런 주목을 받을 만한 가치가 없다고 보았기 때문이다.[66] 모아가 계속해서 글을 쓰고, 그의 책에 대한 시중의 반응이 여전히 호의적이자 역사가들은 그에 대해 더욱 강경한 반응을 쏟아 냈다. 2005년 6월에는 투셀이나 훌리아보다 젊은 세대인 훌리안 카사노바가 나서서 모아의 감언이설을 더 이상 묵과할 수 없다고 경고했다.[67] 마침내 에스파냐 현대 정치사가 알베르토 레이그 타피아가 모아를 공격하는 선봉에 나섰고, 2006년에는 자신의 글들을 모아서 『반(反)모아』라는 책을 펴냈다.[68] 이른바 과거사 논쟁이 불거진 것이다.

---

65 Rob Stradling, "Moaist Revolution and the Spanish Civil War: 'Revisionist' History and Historical Politics," *English Historical Review*, Vol. 122 (2007), pp.448-449.

66 Javier Tusell, "Bochornosa TVE," *El País*, 22 de febrero de 2003.

67 Julián Casanova, "Mentiras convicentes," *El País*, 14 de junio de 2005.

68 Alberto Reig Tapia, *Anti-Moa* (Barcelona: Ediciones B, 2006).

반면에 실바를 비롯한 역사기억 회복 주창자들에 대한 역사학계의 반응은 대체로 호의적이었다. 지방사학자들은 역사기억복원 운동의 목표를 지지하고 나서기도 했다. 하지만 나이 든 세대의 학자일수록 지지하기를 주저했다.[69] 그들 가운데 산토스 훌리아도 있었다.

훌리아는 민주주의로의 이행이 잘 되었다는 주장의 대변자 구실을 자처해 왔다. 그는 프랑코 정권에 반대하던 야당들이 1950년대에 이미 사면을 유일한 대안으로 받아들였다고 주장했다. 또 1977년 사면법은 프랑코 사후 민주적으로 선출된 정부가 발의하여 채택한 법임을 강조했다.[70] 나아가 그는 이행이 내전과 프랑코 체제를 '망각'하게 했다는 견해에도 반대했다. 내전과 프랑코 체제를 다룬 회고록과 영상물과 연구서들이 1970년대 후반 이후 많이 출간되었으므로 에스파냐가 일종의 집단 망각에 빠졌다는 생각은 불합리하다는 것이다.[71] 요컨대 전환기에 추진한 침묵의 정치는 과거가 에스파냐의 미래를 결정하지 못하게 만들기 위한 집단적 결정이었다는 것이 그가 주장한 논지의 핵심이다.[72] 내전과 프랑코 체제의 유산이 조국의 미래에 구름을 드리우지 않게 한 것이라는 얘기이다. 그에 따르면, 침묵의 정치는 내전과 프

---

69 내전과 프랑코 정권을 연구한 에스파냐 역사가들을 세대별로 분류한다면, 마누엘 투뇬 데 라라, 피에르 빌라르, 조셉 폰타나가 1세대에 속하고, 프란시스코 에스피노사와 훌리오 아로스테기, 산토스 훌리아가 2세대에 속하며, 그들 이후의 신진 연구자들은 3세대에 속한다.

70 Santos Juliá, "Memoria, historia y política en un pasado de guerra y dictadura," Santos Juliá (coord.), *Memoria de la guerra y del franquismo* (Madrid: Taurus, 2006), pp.42-56.

71 Santos Juliá, "De 'guerra contra el invasor' a 'guerra fratricida'," Santos Juliá (coord.), *Víctimas de la guerra civil* (Madrid: Temas de Hoy, 2004), pp.48-49.

72 Santos Juliá, "Memoria," p.40.

랑코 체제를 망각한 게 아니라, 오히려 그것을 기억한 것이다.[73] 이런 점에서 그는 자신의 세대가 에스파냐 역사를 다룬 방식을 옹호했다. 당시 시민사회 단체들이 벌였던 역사기억복원 운동에 대해 그가 고개를 갸우뚱거린 적이 있는데, 아마도 이런 이유에서 그랬을 것이다.

그러나 신세대 연구자들은 훌리아와는 입장이 달랐다. 그들은 역사기억복원 운동을 지지했다. 이들의 움직임에 대해서는 별도로 연구할 필요가 있다.

새로운 이행을 향하여

독일이나 프랑스에서와 마찬가지로 에스파냐에서도 과거사 문제는 변천을 거듭해 왔고, 지금도 어디론가 움직여 나가고 있다. 이 문제는 프랑코 독재 정권 시기의 기억 억압과 왜곡, 민주주의 전환 시기의 침묵의 터널을 지나서 이제 기억 복원의 장으로 나왔다. 침묵의 정치로 완결된 것처럼 보였던 과거사 문제가 과거사 논쟁으로 비화되었다.

과거사 논쟁은 사실 민주주의로 이행하던 전환 시대에 제기될 수도 있었다. 하지만 에스파냐 사회는 과거사를 덮어 두고 민주주의라는 미래사를 선택했다. 이를 위해 종교기관과 국왕, 총리, 정치인들이 나름의 노력을 기울였고, 대중들도 평화를 염원했다. 1977년 사면법으로 구현된 침묵의 정치는 이들의 노력과 지지에서 비롯된 것이다. 물론 여기에는 여러 가지 요인들, 곧 내전이나 독재 재발에 대한 두려움, 전쟁을 잘 모르는 세대로의 세대교체, 과거보다는 현재와 미래를 생각

---

73 Santos Juliá, "Memoria," pp.46, 57-69.

하게 만드는 경제 호황, 내전의 책임이 모두에게 있다는 내전의 집단 기억이 작용했다.

전환 시기의 침묵의 정치는 에스파냐에 민주주의를 안겨 주었다. 하지만 그것이 내전과 독재 체제의 아픈 과거사를 해결해 내지는 못했다. 침묵의 정치는 민주주의를 수립하고 과거사도 해결하는 두 마리 토끼를 잡지는 못했다. 덮어 두고 제쳐 둔 과거사 문제가 두려움 없이 과거사에 접근할 수 있는 손자 세대로의 세대교체, 에스파냐 국내 정치 상황의 변화, 국제 정치 환경의 변화, 피노체트 체포 사건, 역사기억복원회의 활동 등에 힘입어 봇물 터지듯 터져 나왔다. 침묵을 위해 언제 손잡았느냐는 듯이 정치인들이 우파와 좌파로 갈리고 있고, 그에 따라 대중들도 갈피를 잡지 못하고 있다.

이제 민주주의가 더욱 성숙해지는 새로운 이행에 직면해 있다. 2007년에 발표된 역사기억법이 새로운 이행을 열어젖힐 중요한 열쇠가 될 수 있다. 물론 이 역사기억법에도 한계는 존재한다. 그 한계점들을 어떻게 풀어 나가냐에 이행의 미래가 달려 있다. 그래도 이 법은 시민사회 단체들의 활약으로 시작된 역사기억복원 운동의 한 가지 결실이다. 여기에는 정치인들의 역할도 적잖게 작용했다.

한 가지 문제가 여전히 남아 있다. 과거사 문제의 불씨가 전문 역사가들에게 옮겨붙었다. 과거사 문제가 과거사 논쟁으로 비화한 것이다. 역사와 기억의 문제를 두고 학문적 씨름을 해야 할 때가 되었다. 이제 불거진 문제이기는 하지만, 사실 진작부터 고민해야 할 문제였다. 역사뿐만이 아니라 역사와 기억 모두를 역사화해야 할 시점에 이르렀다.

제8장

수정주의의 등장

내전과 독재라는 과거사를 지닌 에스파냐는 과거사와 직접 연관이 있는 프랑코가 사망한 뒤에도 그것을 잊어버리자는 침묵의 길을 걸었다. 좌파와 우파의 정치 엘리트들이 그렇게 하기로 합의했고, 대중들도 그 합의를 지지했다. 그 결과 에스파냐에 민주주의를 큰 어려움 없이 정착시킬 수 있었다. 하지만 가라앉은 듯했던 과거사 문제는 역사기억복원 운동이 등장한 1990년대 말부터 다시 수면 위로 올라왔다.[74]

시민사회 단체들의 주도로 시작된 역사기억복원 운동에 대해 우파와 좌파 정치인들은 서로 다른 반응을 보였다. 우파 정치인들은 상처는 시간이 지나면 낫게 마련이라는 속담에 빗대어서, 과거사를 재론하는 것은 오래된 상처를 덧나게 할 뿐이라고 주장했다. 반면에 일부 좌파 정치인들은 침묵의 정치로 인해 희생자들을 기리고 애도하며 그들의 기억과 명예를 회복할 기회는 물론이고 프랑코 정권의 권력 남용을 단죄할 기회마저 잃어버렸다면서, 늦게나마 프랑코 정권의 인권 탄압을 파헤치고 희생자들의 누명을 벗겨 주어야 한다고 주장했다. 그들은 이것을 역사기억의 복원에 비유했다.

---

74 이 글은 필자의 논문 「스페인 현대사에 관한 수정주의 해석과 그 등장 배경」(『역사교육논집』 제58집(2016. 2.))을 수정 보완한 글이다.

기억의 붐은 2004년 3월 사회노동당의 총선 승리로 한층 고조되었다. 다수당이 된 사회노동당은 2006년에 의회에서 이해를 '역사기억의 해'로 선포하는 법안을 승인하였고, 내전과 프랑코 독재 희생자들의 진상 규명을 위한 역사기억법을 통과시켰다.

요컨대 시민사회 단체들은 역사기억복원 운동을 벌이고 있었고, 정치인들은 기억 회복을 위한 여러 조치를 단행하고 있었다. 그렇다면 그 무렵 역사학계는 무얼 하고 있었을까? 마치 이런 사회정치적 현상을 반영이라도 하듯 역사가들도 내전의 기억 문제에 주목하기 시작했다. 팔로마 아길라르가 그 대표적 인물이다. 1996년에 출간된 그의 저서 『에스파냐 내전의 기억과 망각』[75]으로 촉발된 역사기억에 관한 역사가들의 관심은 시민사회 단체 주도의 역사기억복원 운동과 맞물리며 증폭되기 시작했다.

보수 지식인들이 과거사 문제에 대해 기지개를 켜고 관심을 보이기 시작한 것 또한 바로 이 무렵부터였다. 보수적 성향의 저술가와 언론인들이 프랑코 사후 에스파냐 역사학을 지배해 온 에스파냐 현대사에 대한 진보적 해석을 폄훼하고 프랑코 정권을 옹호하기 시작했다. 이들은 친프랑코적 역사서술을 따른다고 해서 '신프랑코주의자'로 분류되기도 하지만, 기존의 '공식' 해석에 도전했다고 해서 '수정주의자'로 불리기도 한다.[76] 페데리코 히메네스 로산토스와 세사르 비달, 호세

75 Paloma Aguilar, *Memoria y olvido de la Guerra Civil española* (Madrid: Alianza Editorial, 1996).

76 이들이 지향하는 역사서술을 대체로 '역사수정주의(revisionismo histórico)'라고 일컫는다. 하지만 이와 약간 결을 달리하여 '의사수정주의(seudorevisionismo)'나 '복고수정주의(revisionismo restaurador)'라는 용어를 사용하는 이들도 있다. 이들 용어에 대해서는 차후에 좀 더 찬찬히 따져 볼 일이지만, 여기서는 우선 이들 모두를 '수정주의'로 통칭하고 그

마리아 마르코, 피오 모아 등이 여기에 속하는 인물들이다.

수정주의를 대표하는 인물은 저술가이자 역사가인 모아와 비달이다. 모아는 처음에는 공산당과 반파시즘저항단체(GRAPO)[77]의 일원으로 활동했으나, 혈기 왕성한 28세의 나이에 저항단체에서 축출되면서 극좌파 노선을 버리고 보수주의로 돌아선 인물이다. 1999년에 출간한 『에스파냐 내전의 기원』을 필두로 매년 한두 권의 책을 내면서 수정주의자들의 대표 주자로 떠올랐다.[78] 그의 대표 저서 『내전의 신화』는 출간 첫해에 15만 부가 팔렸고, 다음 2년 동안 10만 부가 더 팔려 나갔

런 경향을 보이는 역사가와 저술가들을 '수정주의자'로 일컫는다. 수정주의의 의미에 대해서는 다음 자료를 참고하라. 황보영조, 『기억의 정치와 역사』 (역락, 2017), pp.30-31.

77 'GRAPO'는 10월1일반파시즘저항단(Grupos de Resistencia Antifascista Primero de Octubre)의 두문자어이다. 1975년 10월 1일 공산당이 에스파냐 경찰 4명을 살해한 사건을 기려 단체 이름을 이렇게 지었고 이날을 이 단체의 출발일로 삼았다. 마르크스-레닌주의 노선을 따르는 테러 단체이다.

78 그가 쓴 책 가운데 공저를 제외한 단독 저서의 일부를 소개하면 다음과 같다. *Los orígenes de la Guerra Civil española* (Madrid: Encuentro, 1999); *Los personajes de la República vistos por ellos mismos* (Madrid: Encuentro, 2000); *El derrumbe de la II República y la guerra civil* (Madrid: Encuentro, 2001); *La oposición durante el Franquismo.* Volumen 2: *De un tiempo y de un país* (Madrid: Encuentro, 2002); *Contra la mentira: guerra civil, izquierda nacionalista y jacobinismo* (Madrid: Libros Libres, 2003); *Los mitos de la Guerra Civil* (Madrid: La Esfera de los Libros, 2003); *Los libros fundamentales sobre la Guerra Civil* (Madrid: Encuentro, 2004); *Una historia chocante: los nacionalismo catalán y vasco en la historia contemporánea de España* (Madrid: Encuentro, 2004); *Los crímenes de la Guerra Civil y otras polémicas* (Madrid: La Esfera de los Libros, 2004); *1936, el asalto final a la República* (Barcelona: Áltera, 2005); *Franco: un balance histórico* (Barcelona: Planeta, 2005); *La República que acabó en guerra civil* (Barcelona: Áltera, 2006); *La quiebra de la historia progresista* (Madrid: Encuentro, 2007); *Falacias de la izquierda, silencios de la derecha. Claves para entender el deterioro de la política española actual* (Madrid: Libros Libres, 2008); *Franco para antifranquistas: en 36 preguntas clave* (Barcelona: Áltera, 2009); *La democracia ahogada. Ensayos sobre la España de hoy* (Barcelona: Áltera, 2009); *Nueva historia de España* (Madrid: La Esfera de los Libros, 2010); *La transición de cristal. Franquismo y democracia* (Madrid: Libros Libres, 2010); *España contra España* (Madrid: Libros Libres, 2012); *Mitos del Franquismo* (Madrid: La Esfera de los Libros, 2015).

다. 당시의 출판 시장을 고려할 때 수정주의에 대한 대중의 반응이 가히 폭발적이었음을 알 수 있다.

하지만 수정주의에 대한 주류 역사학자들의 시선은 곱지 않았다. 일부 역사학자들이 모아의 테제를 비판하고 나섰으며,[79] 그 비판이 마침내 에스파냐 현대사 해석을 둘러싼 논쟁으로 비화했다.

여기서는 우선 수정주의자들이 주장한 주요 테제가 무엇이었는지를 짚어 보는 데서부터 시작한다. 이를 위해서 먼저 모아가 저술한 『내전의 신화』를 중심으로 그의 주장을 살펴본다. 이어서 그들의 테제가 왜 대중적 인기를 누리게 되었는지 그 배경을 분석해 본다. 아울러 수정주의자들과 그들의 테제에 대한 역사학계의 반응이 어떠했는지를 비판자와 지지자의 두 부류로 나누어서 살펴본다.

수정주의 테제

수정주의자들이 주로 문제 삼는 에스파냐 현대사는 제2공화국과 내전, 프랑코 독재 시기이다. 이 시기에 대해 그들은 프랑코 사후 공식화된 기존 해석과 다른 의미를 부여했다. 수정주의 테제가 기존 해석과 얼마나 다른지를 파악하려면 우선 기존 해석의 대강을 살펴볼 필요가 있다.

에스파냐 사회는 1936~1939년에 내전으로 골머리를 앓았다. 1931년에 수립된 제2공화국이 변화를 위한 개혁을 추진했는데, 이 변화를

---

79 그들은 하비에르 투셀, 폴 프레스턴, 페드로 카를로스 곤살레스 쿠에바스, 알베르토 레이그 타피아, 엔리케 모라디에요스, 프란시스코 에스피노사 마에스트레, 후스토 세르나, 메르세데스 유스타, 카를로스 릴로바 헤리코, 헬렌 그레이엄, 산토스 훌리아, 가브리엘 카르도나, 에드워드 말레파키스, 앙헬 비냐스 등이다. 이름이 알려진 에스파-냐 현대사 역사가들 거의 모두가 비판적인 견해를 밝혔다.

두려워했던 사람들이 군사쿠데타를 지지하면서 내전이 시작되었다. 쿠데타 이후 군대가 진주한 지역에서는 더러운 전쟁이 자행되었다. 동족을 대량 학살하는 일에 민간인들이 군사 당국과 협력했다. 내전은 또한 국제분쟁으로 비화했다. 히틀러와 무솔리니의 군사원조를 받은 프랑코 장군이 신생 민주공화국을 상대로 연전연승을 거두었다. 내전은 1939년 4월 1일에 프랑코가 이끄는 국민 진영의 승리로 끝이 났다.

내전이 끝났다고 해서 평화가 이룩되지는 않았다. 프랑코 정권은 패자들을 처형하고 배제하면서 나라와 사회를 재편해 나갔다. 이들은 공화국 지지자들을 '에스파냐의 적대세력'으로 악마화했다. 약식 군사재판으로 수만 명을 처형했으며, 남녀노소를 불문하고 수십만 명을 감옥과 소년원과 강제수용소에 가두었다.

이런 배제 정책을 펼 때 프랑코 정권이 무기로 이용했던 것이 바로 역사였다. 그들은 보수적 역사 해석을 동원해서 자신들의 새로운 질서 수립을 합리화했다. 15세기 가톨릭 군주들에게서 비롯된 에스파냐 '민족'의 탄생 신화를 마련했으며, 제국의 위대함을 낳은 가톨릭교와의 문화적 동질성을 찬미했다. 그들은 여기서 한 걸음 더 나아가 근대성의 '죄악들', 곧 계몽사상과 평등, 문화적 이질성을 물리치는 보루 구실을 할 위대한 나라를 다시 건설하겠다고 강조했다.[80]

수정주의자들은 이런 기존 해석에 대해 내전은 제2공화국의 실패에서 비롯된 것이었고, 공산주의자들의 음모를 무너뜨리기 위한 정당한

---

80 이상에서 정리한 기존 해석은 에스파냐 현대사를 전공하는 영국 역사가 헬렌 그레이엄의 글을 요약 정리한 것이다. Helen Graham, "Spain Coming to Terms with the Past: Spain's Memory Wars," *History Today*, 54-5 (May 2004).

전쟁이었으며, 프랑코는 민주주의와 자유주의 체제를 가능하게 만든 인물이었다는 해석을 내놓았다.

사실 수정주의자들의 수가 그리 많지는 않았다. 그런데도 그들의 주장이 미친 영향력은 상당했다.[81] 수정주의자들은 직업상 크게 두 부류, 곧 역사가와 언론인으로 구분해 볼 수 있다. 모아, 비달, 앙헬 다비드 마르틴 루비오, 루이스 에우헤니오 토고레스가 전자에 해당하고, 히메네스 로산토스, 호세 하비에르 에스파르사, 호세 마리아 사발라, 세사르 알칼라가 후자에 속한다. 전자에 해당하는 수정주의자들도 사실 전문 역사학자라기보다는 역사 저술가에 가깝다. 여기서는 전자에 해당하는 모아와 비달의 주장을 중심으로 수정주의 테제를 검토한다.

수정주의 테제를 잘 요약해 준 저서는 모아가 저술한 『내전의 신화』이다. 이 책에서 그는 자신의 저서가 내전을 다룬 체계적 역사서가 아니라, 기존의 역사서술이나 선전에서 신화화한 사건이나 인물을 비판적으로 검토한 것이라고 밝혔다.[82] 그러면서 그는 당시 사건의 주역들이 내린 결정과 실제 의도를 파헤치는 데 관심을 기울였다. 그들의 태도와 결정이 내전을 초래했다는 생각에서였다.[83]

모아는 먼저 제2공화국이 온건하고 진보적인 민주주의를 수립해 나갈 때 반동적인 과두 세력이 자신들의 특권을 상실할지 모른다는 두려움 속에서 공화국에 반기를 들고 음모를 꾸몄다는 기존 주장을 배

---

81 Enrique Moradiellos, "Revisión histórica crítica y pseudo-revisionismo político presentida: El caso de la Guerra Civil española," (Documento de Trabajo 2009/4, Depto. de Hª del Pensamiento y de los Movimientos Sociales y Políticos, UCM Fundación José Ortega y Gasset), p.3.

82 Pío Moa, *Los mitos*, p.13.

83 Pío Moa, *Los mitos*, pp. 22 y 31.

격했다. 그러면서 사실은 "공화국 수립을 방해하기는커녕 중용과 준법정신을 장려했으며 좌파의 무장 반란에 맞서서 민주주의와 법을 수호했다."고 주장했다.[84] 또한 1934년 10월에 "그동안 외곽에서 지원해오던 정당 에스파냐자치우익연합이 중도 내각 참여"를 결정하자 좌파가 반대하고 나섰으며, 그렇게 불거진 갈등이 "삽시간에 에스파냐 역사의 향방을 결정지을 중대 분쟁으로 비화했다."고 지적했다.[85] 당시에는 사회주의 지도자들조차도 에스파냐자치우익연합 의원들의 입각을 파시즘의 위협으로 인식하지 않았다고 그는 주장했다. 또한 당시 사회노동당이 공화좌파와 '카탈루냐 분리주의자들'의 '도덕적 지원' 하에 불법적 반란을 주도했는데, 그들이 반란을 일으킨 유일한 목적이 바로 공화국의 공산화였다고 강조했다. 요컨대 1934년 10월 반란이 에스파냐 민주주의를 파괴했다는 것이다.[86]

이런 의미에서 모아는 1936년 7월의 군사 반란을 흔히 얘기하는 "공화국 출범 초기부터 시작된 반공화주의 반란"이 아니라 "우파는 물론이고 일부 좌파 정치인들도 참을 수 없다고 판단한 심각한 사태를 해결하기 위해 들고 일어난 봉기"라고 규정했다.[87] 내전 발발의 책임은 의심할 나위 없이 "경기 규칙을 어기고 체제를 내전으로 몰아간 좌파들"에게 있다는 것이었다. 반면에 보수주의자들에 대해서는 상호 충돌을 피하면서 "삶과 죽음의 갈림길에 이르도록 위협의 도가 심해

---

84 Pío Moa, *Los mitos,* p.188.

85 Pío Moa, *Los orígenes,* p.40. 여기서 중대 분쟁으로 비화했다는 말은 그 갈등이 내전의 첫 단추가 되었다는 의미이다(Pío Moa, *1934,* p.26).

86 Pío Moa, *Los mitos,* pp.147-182.

87 Pío Moa, *Los mitos,* pp.188-189.

질 때까지 더러는 비겁하리만치 온건한 태도를 유지했다."[88]면서 한껏 치켜세웠다.

비달도 에스파냐 현대사의 기억이 조작되었다고 주장하면서 평화적 공존을 깨뜨린 책임을 좌파와 지역 민족주의자들에게 물어야 한다고 지적했다.[89] 이러한 그의 지적은 '봉기'를 정당화하고 '신국가'의 폭력을 합법화하기 위해 내전 당시 유포한 국민 진영의 구호를 떠올리게 한다.

모아는 내전이 "프랑코에게는 무조건 항복할 것인지 아니면 스탈린에게 굴복할 것인지를 선택"하는 전쟁이었다고 했다.[90] 그는 또 소련이 공화 진영을 '보호령'으로 삼고 에스파냐의 재원(에스파냐은행의 금)을 탈취하여 모스크바로 가져가려고 했다고 서술했다.[91] 이는 물론 프랑코 독재 정권이 만들어 낸 신화이다. 여기서 우리는 그가 프랑코 정권이 만들어 낸 전통적 테제를 재활용하고 있음을 알 수 있다.

모아는 또한 내전 중에 벌어졌던 학살에 대해 프랑코 진영의 탄압은 축소하고 공화 진영의 그것은 과장했다. 이를테면 파라쿠에요스와 바다호스의 학살을 다룬 『내전의 신화』 제17장에서 바다호스의 프랑코 진영에서 자행된 학살은 슬쩍 넘어가고 파라쿠에요스 델 하라마의 공화 진영에서 벌어진 학살은 상세히 다루었다. 비달도 당시 펴낸 두 권의 책에서 후자의 사건, 곧 좌파가 자행한 학살 사건을 자세히 다루었다.[92]

---

88 Pío Moa, *Los mitos*, p.193.

89 César Vidal, "Memoria histórica," *El Mundo*, 20 de noviembre de 2002.

90 Pío Moa, *Los crímenes*, p.127.

91 Pío Moa, *Los mitos*, p.194.

92 César Vidal, *Checas de Madrid. Las cárceles republicanas al descubierto* (Barcelona: Belacqua/Carragio, 2003); *Paracuellos-Katyn: un ensayo sobre el genecidio de la izquierda* (Madrid: Libros Libres, 2005). 이러한 연구 경향을 훌

마지막으로 모아는 프랑코 정권을 매우 긍정적으로 평가했다. 그는 프랑코 정권이 자유주의 체제도 아니고 민주주의 체제도 아니었지만, 권위주의적 추진력으로 자유민주주의 사회를 낳았다고 주장했다.

> 프랑코 체제를 공화국과 오늘날의 민주주의 사회 사이의 어두운 공백기로 파악해서는 안 된다. 오늘날의 민주주의 사회가 프랑코 체제에서 비롯되었기 때문이다. 게다가 우리 사회의 안정성은 프랑코 정권이 창출한 사회와 경제에 기반을 두고 있다. 프랑코 정권은 사회적 긴장을 순조롭게 잘 해결해 냈다.[93]

이어서 그는 오늘날의 에스파냐 사회를 제2공화국 시절의 상황과 비교하여 다음과 같이 덧붙였다.

> 공화국 헌법과 달리 새로운 헌법은 광범한 합의의 산물이다. 애매모호하고 과격한 종전의 반교권주의가 이제는 거의 자취를 감추었다. 바스크 민족주의 테러와 같은 예외를 제외한다면, 오늘날의 정치 상황은 공화국 시절의 전형적 특징이라고 할 수 있는 격렬한 대립이나 갈등과 거리가 매우 멀다.[94]

그는 마지막으로 프랑코 정권이 정당한 정권이었다고 결론을 내렸다.

로코스트 연구에서와 마찬가지로 불편한 진실을 회피하기 위해 현실을 부정하는 일종의 부정주의(negacionismo)로 파악하는 학자들도 있다(Francisco Sevillano Calero, "El revisionismo historiográfico, sobre el pasado reciente en España," *Pasado y Memoria. Revista de Historia Contemporánea*, 6 (2007), pp.185 y 187).

93 Pío Moa, *Los mitos*, p.529.

94 Pío Moa, *Los mitos*, p.529.

『한 시대와 한 나라』에서 내가 이미 지적한 것처럼, 프랑코의 내전 승리는 혁명의 충격에서 에스파냐를 구출한 것이고, 그의 정권은 세계대전에서 나라를 구하고, 사회를 근대화시켰으며, 안정된 민주 사회를 위한 여건을 조성했다. 나는 이것이 과장이라고 생각하지 않는다. 최근 들어 프랑코를 비판하는 세력이 프랑코 정권의 부정적 요소와 흉흉한 이미지들을 발굴해 냈다. 하지만 최종 평가는 매우 긍정적이다. 근거도 없는 비판들 대다수가 마치 틀림없는 진실인 양 오늘날 떠돌아다니고 있다.[95]

이 밖에도 그는 여러 책에서 우파가 계급의 적을 절멸하려는 혁명적 좌파와 정적들의 도발 위협에 대항하지 않을 수 없었다고 주장한다. 이러한 그의 주장을 볼 때, 모아는 우파의 내전 발발 책임은 물론이고 대다수 에스파냐 사회의 책임을 상대화하고, 내전과 그 이후 자행된 폭력에 눈감으며, 프랑코 독재의 역사적 과오를 면죄해 주려고 하는 것 같다.

이러한 수정주의 테제가 2000년대에 들어 갑자기 생겨난 것은 아니다. 그것은—정치사학자 레이그 타피아가 지적[96]했다시피—프랑코주의 역사서술에 연원을 두고 있다. 프랑코주의 역사서술의 대표적 인물은 저술가이자 역사가인 호아킨 아라라스이다. 아라라스는 에스파냐 내전 중에 출판한 책 『에스파냐 십자군의 역사』[97]에서 제2공화국은 혁명가들과 프리메이슨에게 포획된 노예 국가였고, 1936년의 군사

95 Pío Moa, *Los mitos,* p.531.

96 Alberto Reig Tapia, *Anti-Moa*, pp.70 y ss.

97 Joaquín Arrarás, *Historia de la Cruzada Española* (Madrid: Ediciones Españoles, 1938-1943).

반란은 조국을 위기에서 구출할 유일한 구명줄이었다고 주장했다. 이 군사 반란을 그는 십자군에 비유했다. 무려 8권에 달하는 이 책은 프랑코 정권이 내전을 선전할 때 표준서로 활용하던 책이었다. 프랑코주의 역사서술의 또 다른 대부는 1940년대와 1950년대에 내전에 관한 책을 쓴 언론인이자 외교관인 마누엘 아스나르 수비가라이다.[98] 훗날 1996~2004년에 에스파냐 총리를 지내게 되는 호세 마리아 아스나르의 조부인 그는 톨레도의 알카사르 해방 신화와 '십자군' 신화를 널리 유포했다.

프랑코주의 테제를 만들어 낸 핵심 인물은 언론인이자 저술가인 에두아르도 코민 콜로메르이다. 그는 1952년에서 1967년 사이에 정당과 좌파 운동에 관한 저서, 특히 에스파냐에 해악을 끼쳤다고 인식한 아나키즘과 프리메이슨, 공산주의에 관한 저서들을 집필했다.[99] 경찰청 소속 공무원이어서 사료를 그 누구보다 더 자유롭게 이용할 수 있었던 그는 1931~1936년에 그 실체가 드러나게 되는 반에스파냐 음모의 기원이 멀리 자유교육원(1876~1936년)으로까지 거슬러 올라간다는 테제를 내놓았다. 그는 가톨릭교의 헤게모니에 반기를 든 자유교육원을 문화 면에서 프랑코 정권에 제일 큰 위협이 되는 적으로 간주했다. 그는 또 민족의 쇠락과 내전의 책임을 제3 인터내셔널과 국제비밀결사에게로 돌렸다. 반면에 일부 장군들이 일으킨 '봉기'에 대해서는 이

98 Manuel Aznar Zubigaray, *Historia militar de la guerra de España (1936-1939)* (Madrid: Idea, 1940); *El Alcázar no se rinde* (Madrid: Ograma, 1957).

99 Eduardo Comín Colomer, *Lo que España debe a la Masonería* (Madrid: Editora Nacional, 1952); *Historia secreta de la Segunda República* (Madrid: Nos, 1954-1955); *El anarquismo contra España* (Madrid: Publicaciones Españolas, 1955); *Historia del Partido Comunista de España* (Madrid: Editora Nacional, 1965-1967).

념적인 정당성을 부여했다. 그것은 좌파들이 조장한 무질서 상태와 혼란을 해소하기 위한 '정당하고 불가피한 반란'이라고 했다. 그 결과 코민 콜로메르는 에스파냐 현대사학자 리카르도 델 라 시에르바와 더불어 프랑코 정권 최대의 역사가로 알려지게 된다.

코민 콜로메르가 1936년 군사 반란에 이념적 정당성을 부여했다면, 가톨릭교회는 그러한 작업에 힘을 실어 주었다. 톨레도 대주교이자 에스파냐의 수석 사제인 추기경 이시드로 고마는 교황청에 올린 1936년 8월 13일 자 보고문에서 1936년 군사 반란을 "최근 5년간 나라를 마르크스주의와 공산주의의 심연으로 이끌고 간 정부의 입법 조치에 대항하여 일어난, 민족의식과 애국심으로 불타는 강력한 시위"[100]로 정당화했으며, 내전에 대해서는 '에스파냐와 적(敵)에스파냐, 종교와 무신론, 기독교 문명과 야만 문명' 간의 전쟁이라고 규정했다.[101]

프랑코주의 역사서술의 마지막 주자는 라 시에르바이다. 그는 프랑코 정권 시절 정보관광부 산하 역사연구실 실장을 맡아서 정권 정당화 작업을 추진했다. 그 '공로' 덕분에 "프랑코 정권의 공식 역사가"로 불렸던[102] 그는 민주주의 전환기에 들어서는 프랑코가 에스파냐의 민

---

100 José Andrés Gallego y Antón M. Pazos (eds.), *Archivo Gomá*, Vol. 1, *Julio-Diciembre de 1936* (Madrid: CSIC, 2001), p.82.

101 Antonio Marquina, *La diplomacia vaticana y la España de Franco* (Madrid: CSIC, 1982), p.45; 황보영조, 「스페인 내전의 전쟁 이념 분석」, 『이베로아메리카연구』, 12 (2001. 12.), p.138.

102 Beatriz García, "Ruedo Ibérico: contra la estrategia del olvido, el dedo en el gatillo de la memoria," Miguel Ángel Luis Carnicer (coord.), *Nuevas tendencias historiográficas e historia local en España: actas del II Congreso de Historia Local de Aragón (Huesca, 7 al de julio de 1999)* (Instituto de Estudios Altoaragoneses: Universidad de Zaragoza. Departamento de Historia Moderna y Contemporánea, 2001), p.395.
당시 그가 저술한 책은 다음과 같다. Ricardo de la Cierva. *Cien libros básicos sobre*

주화를 가능하게 만들었다는 주장을 펼쳤다. 2000년에 나온 그의 책 제목[103]에서도 알 수 있다시피 그는 1936년 봄에 밀려든 공산주의자들의 '적조(赤潮)' 위험을 거론하면서 군사쿠데타를 정당화하였고, 추기경 고마의 말을 빌려 내전을 '무장한 국민투표(plebiscito armado)'라고 규정했다. 그는 특정 가치를 수호하기 위해 목숨을 걸고 벌인 군대의 국민운동이라는 의미를 내전에 부여했다.[104]

이상에서 살펴본 아라라스와 아스나르, 코민 콜로메르, 라 시에르바가 바로 수정주의의 선구자들에 해당한다. 수정주의는 이들의 저작 내용과 테제에 기반을 두고 있다. 그런 면에서 수정주의는 프랑코주의 역사서술이 부활한 것이라고 보아도 무방하다. 그런데 왜 1990년대 말에 이 수정주의—곧 친프랑코주의—가 다시 등장했고, 대중의 관심까지 받게 되었을까?

수정주의의 등장 배경

수정주의의 등장 배경으로는 세대교체, 국내외 정치 상황의 변화, 역사기억복원 운동의 출현, 에스파냐의 현재와 미래에 대한 보수우파들의 정치적 관심을 꼽아 볼 수 있다.

---

la guerra de España (Madrid: Publicaciones Españolas, 1966); *Bibliografía general sobre la guerra de España (1936-1939) y sus antecedentes históricos. Fuentes para la historia contemporánea de España* (Barcelona: Ariel, 1968); *Historia de la guerra civil española.* Tomo I: *Perspectivas y antecedentes (1898-1936)* (Madrid: San Martín, 1969).

103 Ricardo de la Cierva, *El 18 de julio no fue un golpe militar fascista. No existía la legalidad republicana. Deformación y violación sistemática de la memoria histórica de los españoles. Todas las pruebas* (Getafe: Fénix, 2000).

104 Ricardo de la Cierva, "El 18 de julio, un plebiscito armado de media nación" (www.ctv.es/USERS/fnff/18julio.htm).

먼저 세대교체이다. 1990년대 말에 내전과 프랑코 독재에 대한 '기억'을 갖고 있지 않은 내전의 '손자' 세대가 민주 사회의 주역이 되었다. 여러 방면에서 사회의 주역이 된 새로운 세대는 과거, 특히 트라우마를 낳은 과거에 대해 새로운 시각을 드러냈다.[105]

2001년 인구조사 결과에 따르면 그 수가 제일 많은 인구집단은 25~29살 집단이었는데, 이들은 프랑코가 사망하던 해, 곧 1975년이나 그 후 4년 이내에 출생한 사람들이다. 2001년에 에스파냐 인구의 평균 연령은 39살로 파악되었다.[106] 2001년에 39살이라면 1962년에 출생한 자들이고 프랑코가 사망하던 해에는 13살이었던 사람들이다. 2006년 인구조사에 따르면 에스파냐 인구 4,400만 명 가운데 35퍼센트, 곧 1,600만 명가량이 사면법을 제정한 1977년 이후에 태어났다. 다시 말하면 에스파냐인 3명 가운데 1명 이상이 민주주의 시대에 태어나 프랑코 체제를 전혀 경험하지 않은 사람들이다. 이는 2000년을 전후한 시기에 에스파냐인들의 과거 인식에 변화가 나타났을 수도 있음을 짐작하게 해 주는 대목이다.[107]

내전과 프랑코 독재를 직접 겪은 '할아버지' 세대는 1960년대까지만 해도 내전 이후의 역사에 대해 두 가지 상반된 시각을 지니고 있었다. 승자들은 내전을 반공주의 전쟁으로 파악하고 있었고, 패자들은

---

105 이 점에 대해서는 다음 글들을 참고하라. Alexandra Barahona de Brito, Paloma Aguilar Fernández y Carmen González Enríquez, eds., *Las políticas hacia el pasado. Juicios, depuraciones, perdón y olvido en las nuevas democracias* (Madrid: Istmo, 2002); Sathis N. Kalyvas, "Cuatro maneras de recordar un pasado conflictivo," *El País*, 22 de noviembre de 2006.

106 "Cifras INE," *Boletín Informativo del Instituto Nacional de Estadística*, 2 (Madrid, 2003), p.3. Enrique Moradiellos, "Revisión histórica," p.14에서 재인용.

107 Santos Juliá, "Los nombres de la guerra," *Claves de Razón Práctica*, 16 (2006), pp.22-31.

그것을 반파시즘 전쟁으로 기억하고 있었다. 전자의 사례를 보여주는 대표적 인물이 루이스 카레로 블랑코 제독이다. 프랑코의 오른팔이던 카레로 블랑코가 1960년 전몰자의 계곡에서 그 추념물의 의미를 설명하면서 "에스파냐인들이 1936년에서 1939년까지 싸워야 했던 전쟁은 내전이 아니라 외국 세력의 지배로부터 조국을 구출하기 위한 해방 전쟁인 동시에, 외국 세력이 그 뿌리를 송두리째 뽑아내려는 가톨릭 신앙을 수호하기 위한 성전"[108]이었다고 언급한 바 있다. 이는 승자들의 인식을 잘 보여주는 말이다.

반면에 민주주의 전환기의 주역이 된 '자녀' 세대는 내전을 사회 전체가 책임져야 할 '동족상잔의 광기'이자 '집단적 비극'으로 파악했다. 사회주의 지도자 호아킨 레온은 1973년에 군주제파 지도자이자 일간지 『아베세』의 편집국장이었던 후안 이그나시오 루카 데 테나에게 보낸 공개서한에서 "당신의 자녀나 내 자녀나 가릴 것 없이 그들은 모두 우리의 가슴을 뭉클하게 한 적이 있던 송사와 송시에 더 이상 아무런 감흥을 느끼지 않는다."고 지적했다.[109] 이들 자녀 세대는 정파와 상관없이 내전의 비극을 '잊고' '망각'하기로 합의했다. 의회가 사면법을 처리할 무렵인 1977년 10월에 일간지 『엘 파이스』는 10월 15일 자 사설에서 "이제부터 민주 에스파냐는 내전의 아픔과 책임을 잊고 40년

---

108 Michael Richards, "El régimen de Franco y la política de memoria de la guerra civil española," Julio Aróstegui y François Godicheau, eds., *Guerra Civil. Mito y memoria* (Madrid: Marcial Pons, 2006), pp.185-186.

109 Javier Muñoz Soro, "Entre la memoria y la reconciliación. El recuerdo de la República y la guerra en la generación de 1968," *Historia del Presente*, 2 (2003), pp.99-100.

독재를 뛰어넘어 미래를 내다봐야 한다."고 강조했다.[110] 이것이 전환기를 넘어 민주주의 공고화 시기인 1980년대와 1990년대 초까지 에스파냐 사회를 지배한 시각이었다.

그런데 이제 '자녀' 세대에서 '손자' 세대로 또다시 세대교체가 일어나면서 에스파냐인들은 과거가 잘못 설명되고 있다는 인식을 지니게 되었고, 그에 따라서 새로운 '이야기 시대(tiempo de contar)'가 열리기 시작했다.[111] 이런 맥락에서 활동을 개시한 이들은 라 시에르바나 안토니오 팔라시오 아타르드, 페르난도 비스카이노 카사스, 앙헬 팔로미노 같은 프랑코주의 논객과 역사가들이 아니었다. 이들은 자유에 적대적인 프랑코 정권에 직간접으로 연루된 자들이었다. 따라서 이들이 아니라 그런 혐의에서 자유로운 '손자'나 '증손자'들이 이 '이야기 시대'를 열어 갔다. 그들 가운데는 심지어 독재에 맞서 적극적으로 투쟁했던 자들도 있었다. 모아가 그 대표적 인물이다. 이들이 바로 수정주의자들이다. 이들이 내전과 내전의 결과를 현재의 관점에서 대중들에게 꺼내 놓기 시작했다.

둘째로, 1990년대에 조성된 새로운 국내외 정치 상황을 들 수 있다. 먼저 국내 차원에서는 의회민주주의 체제의 기초가 확실히 다져졌다. 이제 사회적 안정이나 제도적 안정이 무너질까 봐 크게 신경을 쓰지 않고도 국론을 분열시킨 트라우마가 있는 과거를 공개적으로 이야

---

110 Paloma Aguilar, "Justicia, política y memoria: los legados del franquismo en la transición española," Alexandra Barabona, Paloma Aguilar y Carmen González (eds.), *Las políticas*, p.159.

111 Javier Ugarte, "¿Legado de Franquismo? Tiempo de contar," Carme Molinero (ed.), *La Transición, treinta años después* (Barcelona: Península, 2006), p.189.

기할 수 있게 되었다. 독재에서 민주정으로의 평화적 이행을 가능하게 해 준 '침묵' 협정 또는 '망각' 협정은 내전과 그에 관련된 범죄들을 더 이상 정쟁의 무기로 삼지 않기로 한 정치 엘리트들의 합의였다. 그러니까 이 합의는 내전과 프랑코 독재를 실제로 '망각'하거나 '침묵'한 결과에서 비롯된 것이 아니고, 비극을 잊어버리고 그 비극을 되풀이하지 말며 평화로운 미래를 건설해 나가자는 도덕적 염원에서 비롯된 것이다. 물론 합의의 산물인 '침묵'이나 '망각'은 정치적이고 제도적인 '침묵'이나 '망각'에 그쳤고, 그것이 역사서술을 포함하는 문화 분야의 '기억 협정'으로까지 확대되지는 않았다. 그 결과 프랑코 사후 20여 년 동안 무려 4천여 건에 달하는 내전에 관한 연구논문과 단행본이 쏟아져 나왔다.[112] 에스파냐 내전의 기억을 연구한 아길라르도 같은 맥락에서 "에스파냐의 역사서술과 영화와 문학이 과거에 대한 침묵 음모를 심심찮게 언급하면서도 내전은 중요하게 다루었다."는 사실에 놀라움을 감추지 못했다.[113]

다음으로 국외 차원에서는 1989년 이후 전개된 소련의 해체와 사회주의 체제 붕괴를 언급해야 한다. 체제 붕괴로 그동안 사회주의 체제가 자행해 왔던 범죄와 그러한 범죄로 사회가 겪어야 했던 고통이 고

---

112 Santos Juliá, "De 'guerra contra el invasor' a 'guerra fratricida'," Santos Juliá, coord., *Víctimas de la guerra civil* (Madrid: Temas de hoy, 2004), pp.48-49; "Memoria, historia y política en un pasado de guerra y dictadura," Santos Juliá, *Memoria de la guerra y del franquismo* (Madrid: Taurus, 2006), pp.46, 57-69; Enrique Moradiellos, "Revisión histórica," p.18; Juan Andrés Blanco Rodríguez, "El registro historiográfico de la guerra civil, 1936-2004," Julio Aróstegui y François Godicheau (eds.), *Guerra Civil*, pp. 397 y 405.

113 Paloma Aguilar, "Presencia y ausencia de la guerra civil y del franquismo en la democracia española. Reflexiones en torno a la articulación y ruptura del 'pacto de silencio'," Julio Aróstegui y François Godicheau (eds.), *Guerra Civil*, p.250.

스란히 드러나게 되었고, 공산주의와 혁명의 신화에 대한 평판은 땅에 떨어지게 되었다. 베를린 장벽이 무너진 이후에는 공산주의 국가들의 이론과 실제가 잔혹한 전체주의적 실험이었다는 지적도 제기되었다.[114] 그 결과 일찍이 파시즘이 1945년의 패배 이후 겪었던 것과 유사한 도덕적 수치와 위상 하락을 공산주의도 겪게 되었다. 이탈리아 역사가 엔조 트라베르소는 심지어 "러시아혁명은 전체주의 체제를 낳았다. 바뵈프와 마르크스 이래 공산주의가 타도 대상으로 삼은 모든 것, 곧 억압과 불평등, 지배가 삽시간에 자연스러운 존재 양식으로 바뀌었다."고 서술했다.[115] 이는 1989년 이전의 좌파 역사가들로서는 생각조차 할 수 없는 서술이었다.

이러한 국내외의 정세 변화가 프랑스에서 파시즘 체제나 권위주의 체제에 맞서 싸운 레지스탕스 신화에 의문을 제기하는 해석을 초래한 것과 마찬가지로 에스파냐에서도 친프랑코적 수정주의를 꽃피우는 데 이바지한 것으로 보인다.[116] 이제 역사의 비극에 대한 책임을 좌파에게 오롯이 전가하는 1950년대 냉전 시대의 극단적 해석이 다시 고개를 들기 시작했고, 프랑코에 대해서는 "공산주의를 무찌른 최초의 전사", "서구의 보초", "자유주의 독재자"라며 그를 재평가하기에 이르렀다.

또한 언론 매체에서 수정주의자들을 매우 호의적으로 평가했던 시기가 호세 마리아 아스나르가 압도적 다수의 지지를 받으며 총리에 재

114 스테판 쿠르투아를 비롯한 역사가들이 추정한 바에 따르면, 8,500만 명에서 1억 명 정도가 이 실험에서 희생되었다고 한다. Stéphane Courtois, *El libro negro del comunismo* (Madrid: Espasa Calpe, 1998), pp.14-50.

115 Enzo Traverso, *El pasado, instrucciones de uso. Historia, memoria, política* (Madrid: Marcial Pons, 2007), p.77.

116 Julio Aróstegui y François Godicheau (eds.), *Guerra Civil*, 9장과 10장 참조.

선되었던 2000년 총선 시기와 맞물린다는 사실에도 주의를 기울여야 할 것이다. 자신들에게 매우 유리한 사회정치적 환경 속에서 우파 저술가들이 점차 향수 어린 시선으로 되돌아보게 되는 프랑코 정권에 관심을 기울이기 시작했고, 그 체제를 대중에게 널리 알리기 시작했다.[117]

셋째로, 역사기억복원 운동의 출현을 들 수 있다. 역사기억복원 운동의 출발은 사실 민주화의 초창기로 거슬러 올라간다. 하지만 민주화를 이룩한 직후에는 그것을 계속 추동해 나갈 사회적 요구가 사라지게 되면서 운동도 답보 상태에 빠지게 된다.[118] 여기에는 아마도 '침묵' 협정이 상당한 영향을 미쳤을 것이다. 그러다가 기억복원 운동이 다시 활기를 찾게 된 데에는 앞서 살펴보았다시피 세대교체와 안정된 민주주의의 영향이 크게 작용했다. 기억 복원을 위한 민간단체들이 우후죽순처럼 생겨나기 시작했다. 역사기억복원회와 내전망명문서보존회를 필두로 전쟁난민어린이협회와 망명자후손회 등 160개가 넘는 단체들이 전국과 지방을 무대로 활동하기 시작했고, 2000년부터 2006년 사이 이들의 활동으로 발굴된 희생자들의 유해가 무려 983구에 달했다.[119]

한편 가톨릭교회는 가톨릭교회 나름대로 역사기억 복원 작업을 벌여 나갔다. 그 대표적인 사업으로는 내전으로 희생된 '순교자들'에 대한 시복식과 시성식 거행을 들 수 있겠다. 가톨릭교회는 1936년 7월

117 Carme Molinero, "Crónica sentimental y falsa memoria del franquismo," *Historia del Presente*, 1 (2002), pp.98-100.

118 Sergio Gálvez Biesca, "El proceso de la recuperación de la memoria histórica en España. Una aproximación a los movimientos sociales por la memoria," *International Journal of Iberian Studies*, 19-1 (2006), p.26; Paloma Aguilar, "Presencia," p.257.

119 Sergio Gálvez Biesca, "El proceso," pp.34 y 38.

24일 과달라하라에서 공화 진영의 민병대에 의해 살해된 카르멜회 수녀 3명을 교회가 공경할 복자로 추대하는 시복식을 1987년에 거행했으며, 그 후에도 여러 '순교자들'을 복자로 추대했다. 가톨릭교회에서는 복자 가운데서 또 다른 기적이 확인된 복자에게는 시성식을 베풀어 그를 성인으로 추대한다. 그렇게 성인으로 추대한 사람이 2009년까지 670여 명에 이른다.[120] 가톨릭교회에서는 이러한 시복과 시성, 그리고 그들에 대한 교황의 승인이 지니는 의미가 매우 크다. 희생자와 전사자를 기리기로 한 가톨릭교회의 결정은 그 대상이 단순히 승자의 후손이나 상속자에 머물지 않고 패자의 가족들에게로 확대될 가능성도 있었다. 실제로 그런 일이 일어났다. 프랑코 정권 희생자들에 대한 '역사기억' 복원 운동에 제동을 걸고 불편한 여론을 잠재우는 일을 중대한 사명감으로 여기는 수정주의가 등장한 건 바로 이런 흐름 속에서였다.[121]

마지막으로 에스파냐 민주주의의 현재와 미래에 관한 보수우파들의 정치적 관심을 그 배경으로 들 수 있다. 이 점을 우리는 수정주의자들인 모아와 토고레스에게서 찾아볼 수 있다. 2004년 10월에 당시 논란이 되고 있던 카탈루냐지방자치법 문제를 두고 모아는 "사회노동당과 카탈루냐공화좌파가 1934년에 내전을 기획하고 조직한 적이 있다. 이 두 정당이 이제 다시 손을 잡고 있다."면서 당시의 정치 상황을 1934년 10월의 상황에 비유했다.[122] 산파블로-세우대학교 역사학 교

---

120 Enrique Moradiellos, "Revisión histórica," pp.28-29.

121 Enrique Moradiellos, "Revisión histórica," p.31.

122 "Entrevista a Pío Moa," *La Nueva España* (11 de noviembre de 2004).

수인 토고레스도 제2공화국의 의미를 평가하면서 "중산 계급이 위협을 느끼고 하층 계급에도 출구가 없던 혼돈의 세계였으며 지금과 마찬가지로 실제 해결책은 없고 말만 무성했다."고 지적했다.[123] 모아와 토고레스 두 사람 모두 자신들이 보기에 의심의 여지가 없는 확실한 과거에서 당시의 정치 상황에 관한 역사적 교훈을 끌어냈다. 제2공화국 출범 75주년을 맞이하는 2006년에도 이들은 사회노동당과 카탈루냐 지역 정당의 연립이 안고 있던 치명적 위험을 경고했다. 과거를 현실 정치에 이용한 셈이다. 이들은 좌파 민주주의는 정당하지 않고 우파의 민주주의는 정당하다는 점을 제2공화국의 상황에 빗대어 강변했다. 이들은 한 걸음 더 나아가 오늘날의 에스파냐 민주주의가 프랑코 정권의 내전 승리와 개발 노력의 산물이라고 생각했다. 모아는 이 점을 다음과 같이 표현했다.

> 나는 프랑코 정권을 비난하지 않는다. 혁명과 세계대전, 그리고 마키[124]가 주도하는 새로운 내전 시도에서 프랑코 정권이 에스파냐를 구출해 냈기 때문이다. (…) 나는 프랑코 정권을 비난하지 않는다. 전체주의자와 테러리스트가 득실거리는 반프랑코 정권이 아니라 프랑코 정권에서 그리고 프랑코 정권이 물려준 평화와 번영 속에서 (오늘날의) 입헌군주제와 민주주의가 등장했기 때문이다. 과거로 회귀하려는 반프랑코주의자들이 입헌군주제와 민주주의를 무너뜨리고 있다.[125]

---

123 "Guerra Civil: Verdades y Mentiras," *Tiempo* (18 de septiembre de 2006).

124 반프랑코 레지스탕스 단체이다.

125 Pío Moa, "¿Condena usted el franquismo?," *Libertad Digital* (30 de noviembre de 2007).

이들은 이런 관점에서 과거와 현재와 미래의 해악들에 대한 역사적 책임은 오직 죄를 범한 사람들, 곧 좌파와 그들의 공범자들이 져야 한다고 주장했다. 이를 위해서 이들은 과거사를 활용했다. 심리학자 마르가리타 리몬 루케가 지적한 대로 역사나 역사 해석이 인간 집단들에게 집단 정체성을 깨닫게 하고 개인들에게 사회적 정체성을 느끼게 하는 기본 요소라는 사실을 이들은 잘 알고 있었던 것으로 보인다.[126]

이러한 현실 정치에 대한 수정주의자들의 관심은 일부 좌파들의 정치 공세에 의해 촉발된 측면이 없지 않다. 그들은 우파를 프랑코 정권의 상속자로 몰아붙였다. 국민당이 2000년 총선에서 압도적 과반수를 차지한 걸 두고 "우파가 프랑코 정권을 계승하다."라거나 "우파는 언제나 자신들의 모체인 독재와 기꺼이 협력했다."고 한 언론인 루이스 세브리안의 평가나 "어떤 면에서는 마치 프랑코가 총선에 출마해 승리를 거둔 것과 같다."고 본 전 총리 펠리페 곤살레스의 추론[127]이 반격의 기회를 엿보고 있던 우파에게 좋은 빌미를 제공해 주었을 것이다. 이런 점에서 우파는 물론이고 좌파도 과거사 논쟁을 불러온 '공범자들'이라고 짐작해 볼 수 있을 것이다.[128]

---

126 Margarita Limón Luque, "El fin de la Historia en la Enseñanza Obligatoria," Pablo Sánchez León y Jesús Izquierdo Martín (eds.), *El fin de los historiadores. Pensar históricamente en el siglo XXI* (Madrid: Siglo XXI, 2008), pp.87-111.

127 Felipe González y Juan Luis Cebrián, *El futuro no es lo que era. Una conversación* (Madrid: Punto de Lectura, 2001), pp.36 y 48-49.

128 아길라르도 좌파가 과거의 기억을 중요 정쟁으로 삼았다고 지적한 바 있다(Paloma Aguilar, "Presencia," p.287). 한편 모라디에요스는 1996년 6월에 「역사를 위한 투쟁」이라는 성명서에서 흥미롭게도 거물급 공식 역사가들(산토스 훌리아, 훌리안 카사노바, 안토니오 엘로르사 등)을 두고 일부 극좌파 역사가들(아벨 파스, 에두아르도 폰스 프라데스, 안토니 후트글라라르 등)이 '부르주아 계급의 역사'를 얘기하면서 '혁명 운동'을 무시하거나 폄훼하고 '역사적 사실

이상에서 살펴본 네 가지 요소, 곧 세대교체와 국내외 정치 상황의 변화, 역사기억복원 운동의 출현, 에스파냐의 현재와 미래에 대한 보수우파들의 정치적 관심 등이 수정주의 해석의 등장 배경을 이해하는 데 도움을 준다. 발렌시아대학교 역사학 교수 후스토 세르나는 여기서 한 걸음 더 나아가 수정주의가 대중적 관심을 끌며 상당한 호응을 누리게 된 까닭을 다음 두 가지 측면에서 찾고 있다.[129]

먼저 정치적 선전술이다. 세르나는 모아가 단순화의 원리, 과장의 원리, 반복의 원리, 주입의 원리, 전염의 원리 같은 정치적 선전술을 사용했다고 본다. 이를테면 비판의 대상을 사회주의자들로 단순화하고, 관련 정보들을 부풀리며, 몇 가지 주장을 계속 되풀이하고, 기존의 관념과 증거들을 마구잡이로 끌어 쓰며, 여러 집단을 동원해 무관심층을 파고드는 방법이 그것이다. 이를 위해서 모아가 인터넷신문 『리베르탓 디히탈(Libertad Digital)』과 블로그를 비롯한 다양한 대중매체를 적극적으로 활용하고 있다고 그는 주장했다.

다음으로 에스파냐 대중의 무지이다. 에스파냐 대중은 내전과 프랑코 정권에 대해 잘 알지 못한다. 그들 가운데 상당수가 수정주의 테제를 자연스럽게 받아들이는 경향이 있다. 전문 역사학자들은 이런 점에서 대중과의 소통 문제를 진지하게 고민해 봐야 할 것이다.

을 날조'했다고 그들을 비난했다는 내용을 소개하고 있다(Enrique Moradiellos, "Revisión histórica," pp.11-12).

129 Justo Serna, "Las iluminaciones de Pío Moa. El revisionismo antirrepublicano," *Pasajes. Revista de Pensamiento Contemporáneo*, 21-22 (2007), pp.99-108.

역사학계의 반응

앞서 살펴본 수정주의 테제에 대해 대중들 상당수는 상당히 호의적 반응을 보였던 반면에, 역사학자들은 대체로 비판적 반응을 보였다.[130] 특히 좌파 역사학자들이 그러했다. 하지만 수정주의자들을 지지하는 역사학자들도 없지는 않았다.

역사학자들은 대체로 수정주의적 관점의 저서들이 학문적 가치가 없다면서 무시하는 경향을 보였다. 그런 가운데 학술적 대응에 나선 좌파 역사학자들도 일부 있었다. 프란시스코 에스피노사와 알베르토 레이그 타피아, 하비에르 투셀, 앙헬 비냐스, 엔리케 모라디에요스, 후스토 세르나가 그런 경우였다. 에스피노사는 2005년에 『수정주의 현상과 에스파냐 우파의 망령들』이란 책을 냈고, 레이그 타피아는 모아의 글을 반박하는 책 『반모아』를 비롯한 여러 권의 책[131]을 출간했다. 2005년에 작고한 하비에르 투셀도 일간지 『엘 파이스』에 수정주의에 대한 반론을 실었다.[132] 세르나는 모아와 여러 편의 글을 주고받았다. 이들이 주고받은 논쟁은 디지털 잡지 『엘 카토블레파스(El Catoblepas)』에 수록되어 있다. 모라디에요스도 2004년에 『1936년. 내전의 신화』라는 책을 냈다.

---

130 지면 관계상 여기서는 구체적 논점들에 대한 반응을 다루기보다는 전반적인 평가를 중심으로 서술한다.

131 Alberto Reig Tapia, *Ideología e Historia. Sobre la represión franquista y la Guerra Civil* (Madrid: Akal, 1984 y 1986); *Violencia y Terror. Estudios sobre la Guerra Civil española* (Madrid: Akal, 1990); *Franco "Caudillo": mito y realidad* (Madrid: Tecnos, 1995 y 1996); *Memoria de la Guerra Civil. Los mitos de la tribu* (Madrid: Alianza, 1999); *Franco, el César Superlativo* (Madrid: Tecnos, 2005); *La cruzada de 1936. Mito y memoria* (Madrid: Alianza, 2006).

132 Javier Tusell, "El revisionismo histórico español," *El País*, 8 de julio de 2004.

이 좌파 역사학자들이 비판하고 있는 내용은 대체로 다음 세 가지이다. 첫째로, 수정주의 테제가 프랑코 사후 진행된 역사 연구 결과와 배치된다. 둘째로, 사료를 무시하고 있다. 셋째로, 프랑코주의 역사가들의 견해와 일치한다. 미국 역사학자 스탠리 페인도 좌파 역사학자들의 비판 내용을 이와 유사하게 정리한 바 있다.[133]

특히 에스피노사와 레이그 타피아는 모아를 역사가로 대우하면서도 지적 능력이 부족하다고 그를 비난했다. 에스피노사는 모아를 한정된 공간만 따뜻하게 데우는 '이불탁자(또는 각로, mesa camilla)' 같은 역사가라고 폄훼했다.[134] 그는 "인류의 민주적 역사기억"이란 말을 사용했고 그것을 좌파의 기억과 동일시했다. 그러면서 좌파는 민주적인데 반해 우파는 '파시즘적'이라고 판단했다.[135]

레이그 타피아는 모아의 저서에 대해 "쓸데없는 반복이 많고 지루하다."라고 평가했다.[136] 또 "그 자체가 역사가 아닌 내용을 과학적으로 분석한다는 건 정말 시간 낭비이다."라는 결론을 내렸다.[137] 그는 수정주의자들과 달리 프랑코와 그의 정권을 매우 부정적으로 평가했

---

133 Stanley G. Payne, "1934: comienza la Guerra Civil," *FAES. Cuadernos de Pensamiento Político*, 5 (2005), pp.188-190. 페인은 여기서 수정주의자들이 프랑코 정권의 편견을 되풀이하고 있을 뿐이고, 그들의 저서가 사료에 연구의 기반을 두고 있지 않으며, 그들이 대학교수가 아니기에 그들의 연구에 관심을 기울일 가치가 없다는 3가지 사항으로 좌파 역사학자들의 비판을 정리하고, 그들의 비판에 반론을 제기했다.

134 Francisco Espinosa, "El fenómeno revisionista y los fantasmas de la derecha española," Francisco Espinosa, *Contra el olvido. Historia y memoria de la guerra civil* (Barcelona: Crítica, 2006), p.236.

135 Francisco Espinosa, "El fenómeno," pp.195 y 299. 이를 볼 때 그는 선과 악을 가르고 아군과 적군을 구분하는 이분법적 시각을 지니고 있었던 것으로 보인다.

136 Alberto Reig Tapia, *Anti-Moa*, p.61.

137 Alberto Reig Tapia, *Anti-Moa*, p.481.

다. 프랑코를 '두려움의 티를 내지 않으려고 안간힘을 쓰는 열등감에 사로잡힌 미성숙한 사람'이자 '유아기의 편집증적 전제주의 단계를 극복하지 못한' 사람으로 보았으며, 절대악의 화신으로 간주했다.[138] 그는 또 우파를 혐오의 대상으로 보았던 반면에 좌파는 '자유와 민주주의를 위한 투사'로 여겼다.[139]

영국 역사가 폴 프레스턴도 수정주의가 프랑코주의 역사서술을 되풀이하고 있다고 지적했다. 수정주의는 공화국을 폄훼할 뿐만 아니라 역사기억 복원을 위한 노력이 불편한 것이라는 인식을 사람들에게 심어 주고 있다고 비판했다. 에스파냐 학자들과 마찬가지로 그도 모아가 새로운 연구를 수행하는 역사가는 아니라고 지적했다.[140]

이렇듯 역사학자들 대다수가 수정주의 테제를 비판했다. 하지만 그런 가운데서 모아와 그의 저서를 긍정적으로 평가하는 학자들도 등장했다. 그들은 호세 마누엘 쿠엥카 토리비오, 스탠리 페인, 마누엘 알바레스 타르디오, 루이스 아란스이다.

우선 쿠엥카 토리비오는 모아의 저서들에 대해 '지배적 역사서술의 일방주의'를 바로잡아 주는 저작이라고 평가했다. 그는 모아의 저작들이—비록 심각한 결함들을 지니고 있기는 하지만—제2공화국에 대해 널리 퍼진 '장밋빛 전설'로 인한 불균형을 바로잡아 주는 데 필요한

---

138 Alberto Reig Tapia, *Franco*, pp.316 y 337.

139 Alberto Reig Tapia, *Franco*, p.296. 이러한 비판들에 대해서 모아는 마누엘 투뇬 델 라라가 퍼뜨린 좌파 역사서술을 교조적으로 따르는 데 머물러 있다고 반박했다. *El Catoblepas*, 64 (junio 2007)를 보라.

140 "Moa se ha pasado de la pistola a la pluma," *Elplural.com*, 4 de mayo de 2006.

저작이라고 판단했다.[141]

미국 역사학자 페인은 모아의 든든한 '후원자'이다. 그는 모아의 저서 『1934년. 내전의 시작』의 서문을 써 주었을 뿐 아니라 공화국의 몰락에 관한 최신 내용을 종합하는 자신의 저서에다 그 내용의 일부를 인용하기도 했다.[142] 여기에서 한 걸음 더 나아가 그는 공동 인터뷰와 신문 기고 등을 통해 모아가 쓴 저서들의 학문적 가치를 인정하고 존중해 주었다.[143] 한 잡지에 기고한 글에서 그는 모아를 이렇게 치켜세웠다.

> 다섯 권의 연구서에서 모아는 최근의 연구 성과와 매우 신중한 사료 분석에 토대를 둔 새로운 해석을 내놓았다. 그는 정치적으로 올바른 관념에 도전하고 있고 대학과 대중매체를 지배하고 있는 선입견들을 명백히 드러내 주고 있다. 이따금씩 유려한 표현을 구사하는 모아의 글솜씨는 생생하고도 탁월하다. 그가 내린 결론은 그 자체로 의미심장하며 논란의 대상이 되지 않는다.[144]

페인은 더 나아가 사료를 무시하고 있다는 좌파 역사학자들의 비판을 염두에 두면서 "모아가 관련 참고 자료를 모두 활용했고 중요 사료도 적잖게 조사했다."고 지적했다. 그리고 결론을 대신하여 "1934년

---

141 José Manuel Cuenca Toribio, "La Segunda República. De la leyenda negra a la rosa," *Revista de las Cortes Generales,* 56 (2002), pp.45-72.

142 Stanley G. Payne, *El colapso de la República. Los orígenes de la Guerra Civil (1933-1936)* (Madrid: Esfera de los Libros, 2006), p.148.

143 2012년에 필자가 방문학자 신분으로 위스콘신매디슨대학을 방문하여 페인 교수와 정기적으로 런치-톡 시간을 가질 기회가 있었다. 당시 모아에 대한 좌파 역사가들의 평가만 알고 있던 필자는 모아의 저서를 높이 평가하는 페인의 이야기를 들으며 고개를 갸우뚱한 적이 있다.

144 Stanley G. Payne, "1934," p.188.

혁명이 도저히 극복할 수 없고 마침내 내전으로 분출하게 되는 대립의 심연을 열어젖혔다."고 썼다.[145]

하지만 모아의 저서들을 긍정적으로 평가한 역사학자는 사실 소수에 불과하다. 그에 대한 긍정적 평가는 대체로 정치학자들에게서 나왔다. 모아가 1999년에서 2001년에 걸쳐 저술한 공화국 3부작[146]을 높이 평가한 알바레스 타르디오와 아란스가 그들이다. 이들은 모아의 테제를 프랑수아 퓌레나 에른스트 놀테로 대표되는 수정주의의 맥락에서 파악한다. 이들은 모아가 내놓은 '상품'의 품질이 퓌레나 놀테의 것보다 떨어진다는 점을 인정하면서도, 1934년 10월과 1936년 7월 18일이 연결되어 있다는—다시 말해서 내전이 1934년 10월 혁명에서 비롯되었다는—연속론 테제는 타당하다고 보았다. 한편 아란스는 모아가 에스파냐의 주류 역사학을 '진보주의' 역사학이라고 규정하면서, 그것이 마르크스주의 유물론의 낡은 틀에 갇혀 있는 경직되고 정체된 전통이라고 비판하고 있는 점을 높이 샀다. 이런 점에서 그는 모아를 의사(擬似)수정주의자로 분류할 수 있다고 본다.[147]

우리는 이상에서 수정주의자들이 주장하는 내용이 무엇인지, 그들이 그런 주장을 하고 나선 배경이 무엇인지, 그들의 주장에 대한 역사학자들의 반응이 어떠했는지를 차례대로 살펴보았다.

'수정'은 '정통'을 전제로 한다. 에스파냐 현대사에서 수정주의자들

145 Stanley G. Payne, "1934," pp.190-191.

146 『에스파냐 내전의 기원』, 『공화국의 주요 인물들』, 『제2공화국의 붕괴와 내전』을 일컫는다.

147 Luis Arranz, "Democracia y Segunda República, según Pío Moa," *Nueva Revista de Política, Cultura y Arte*, 98 (2005), pp.45-60.

이 '정통'으로 간주한 것은 좌파적 해석이었다. 좌파적 해석의 골자는 제2공화국에서 시작된 근대화의 움직임이 군사쿠데타와 내전, 프랑코 독재로 억압되었다가 프랑코 사후 되살아났다는 내용이다. 이것이 민주주의 전환기에서부터 오늘에 이르기까지 에스파냐 사회를 지배한 해석이자 담론이었다.

그런데 1990년대 말 무렵에 이런 좌파적 해석은 이분법적이고 교조적인 분석에 불과하다며 제2공화국과 내전, 프랑코 정권에 대한 기존 해석을 '수정'하는 자들이 등장했다. 이 수정주의는—한마디로 말해서—제2공화국의 실패에서 내전이 비롯되었고, 내전은 공산주의자들을 몰아내기 위한 전쟁이었으며, 내전에 승리한 프랑코가 민주주의와 자유주의 체제를 만드는 데 기여했다는 주장이다. 이는 프랑코주의 역사서술과 여러 가지 면에서 닮아 있다. 이런 '수정' 해석이 고개를 든 데는 세대교체와 국내외 정치 상황의 변화, 역사기억복원 운동의 출현, 보수우파들의 정치적 관심이 크게 작용했다.

이런 변화들로 말미암아 생겨난 역사 수정주의 현상에 대해 기존 역사학계는 애초에 별다른 관심을 기울이지 않았다. 일부 학자들이 관련 서적과 글을 통해 이에 대응하기 시작한 건 수정주의가 대중매체에서 상당한 호응을 얻게 되면서부터였다. 바야흐로 에스파냐 현대사 해석을 둘러싼 논란이 벌어지기 시작한 것이다.

하지만 좌파 역사학자들은 아쉽게도 수정주의가 등장한 배경과 그에 대한 대중의 호응을 제대로 파악하려 들지는 않은 채, 그것이 사료 분석을 거치지 않은 주장이라거나 프랑코주의 역사서술을 되풀이하고 있는 것일 뿐이라는 비판만 늘어놓았다. 그러면서 수정주의 해석의 학문적 의미에 대해서는 별다른 관심을 기울이지 않았다. 세비야노 칼레로와 곤살레스 쿠에바스를 비롯한 일부 학자들을 제외하면 그렇다. 이들은 수정주의 해석에 반대하면서도 학문적 성찰의 태도를 보이지 않는 좌파 역사학자들에 대해 아쉬움을 토로하고 있다.

수정주의의 의미를 제대로 따져 봐야 한다고 지적하는 페인의 주장은 이런 점에서 새겨들을 만하다. 에스파냐의 수정주의를 20세기 유럽 수정주의의 맥락에서 살펴봐야 한다고 강조하는 정치사학자 알바레스 타르디오와 아란스의 주장도 마찬가지이다. 이들은 에스파냐의 수정주의를 단순히 에스파냐에 국한된 현상이 아니라, 각국의 사례와 더불어 비교·검토해야 할 지구사적 현상으로 파악해야 한다고 호소한다. 우리들의 상상의 지평을 엄청나게 확대해 주는 호소이다.

에스파냐 현대사에 관한 수정주의 해석을 둘러싼 논쟁은 현재 진행형이다. 앞으로 이 논쟁의 귀추를 세심하게 지켜볼 필요가 있다. 이 논쟁은 역사학이 무엇이고 역사가의 임무가 무엇이어야 하는지를 진지하게 고민하게 해 준다.

제9장

전환기의 정의와 민주기억법[148]

전환기의 신화와 진실

정치적 의미에서의 '전환'은 흔히 특정 체제가 다른 체제로 교체되는 현상을 일컫는데, 이때 가치와 규범, 규칙, 제도 등의 변화가 나타난다. 이런 점에서 전환은 과거와의 단절이라는 의미를 지닌다. 에스파냐 현대사에서는 이러한 전환이 프랑코의 사망(1975년)과 더불어 진행되었다. 이때 프랑코 독재가 민주정으로 교체되었는데, 이를 '에스파냐의 전환(transición española)' 혹은 간단히 '전환(transición)'이라고 한다. '민주주의로의 전환'이라고 하면 아마도 그 의미가 좀 더 분명하게 다가올 것이다. 미국의 정치학자 새뮤얼 헌팅턴은 자신의 책 『제3의 물결』에서 이러한 에스파냐의 전환과 포르투갈의 카네이션 혁명(1974년)이 '제3의 민주화 물결'을 이끈 중요한 사건이라고 밝힌 바 있다.

그런데 우리가 이러한 전환이 일어난 시기를 전환기라고 부른다면, 그 시작과 끝은 어떻게 될까? 프랑코가 사망하고 후안 카를로스가 국왕으로 즉위한 1975년 11월에 전환기가 시작되었다는 데는 현재

148 이 글은 황보영조의 「전환기의 정의와 민주기억법」(『동서인문』, 29호, 2025)을 수정·보완한 글이다.

별다른 이견이 없다. 하지만 전환기의 끝에 대해서는 1936년 2월 총선 이후 처음으로 민주적 선거를 시행한 1977년 6월 설, 헌법을 제정한 1978년 12월 설, 1978년 헌법에 근거하여 처음으로 선거를 시행한 1979년 3월 설, 에스파냐가 유럽연합의 일원이 된 1986년 설 등으로 의견이 나뉜다.[149] 이처럼 의견이 나뉘는 이유는 당대의 사건들에 대한 의미 부여 정도가 학자들마다 다르기 때문일 것이다.[150] 현재 학자들은 대체로 반프랑코 민주 저항 세력인 사회노동당(PSOE)이 집권에 성공한 1982년 10월을 전환기의 끝으로 본다.

그렇다면 이러한 에스파냐의 전환은 어떤 평가를 받고 있을까? 여기에는 성공 신화와 실패 신화라는 두 가지 서사가 존재한다. 1990년대와 2000년대 초까지만 해도 주를 이룬 것은 성공 신화 서사였다. 큰 잡음이나 혼란 없이 비교적 짧은 기간에 독재 체제를 무너뜨리고 민주주의를 수립하는 데 성공했다는 내용이다. 이러한 성공에 큰 기여를 한 인물로는 정치 엘리트들, 특히 국왕 후안 카를로스와 총리 아돌포 수아레스를 비롯한 개혁파 정치인들이 꼽혔다. 1980년대에 등장하

149 Charles Powell, *España en democracia, 1975-2000* (Barcelona: Plaza & Janés, 2002), pp.11; 127-128; Pilar Ortuño Anaya, *Los socialistas europeos y la transición española (1959-1977)* (Madrid: Marcial Pons, 2005), p.22.

150 José Francisco Jiménez-Díaz & Santiago Delgado-Fernandez, "Introduction," José Francisco Jiménez-Díaz & Saniago Delgado-Fernández (eds.), *Political Leadership in the Spanish Transition to Democracy (1975-1982)* (New York, Hauppauge: Nova Science Publishers, 2016), pp.1-20; José Luis Rodríguez Jiménez, *La extrema derecha española en el siglo XX* (Madrid: Alianza Editorial, 1997), pp.489-490; Xosé M. Núñez Seixas, "Evolución sociopolítica," Xosé M. Núñez Seixas (ed), *España en democracia, 1975-2011* (Madrid: Marcial Pons, 2017), pp.191-192; Xavier Casals, *La Transición española. El voto ignorado de las armas* (Barcelona: Pasado & Presente, 2016), p.11; Charles Powell, *España*, p.129; Paul Preston, *El triunfo de la democracia en España* (Barcelona: Grijalbo Mondadori, 2001), p.353.

기 시작한 이런 내용의 전환 서사는 1990년대에 들어 광범위하게 확산했다. 여기에는 에스파냐방송사(RTVE)가 1995년 7월부터 10월까지 방영한 다큐멘터리의 영향이 컸다. '전환'이라는 제목으로 방영된 이 13부작 다큐멘터리는 카레로 블랑코가 암살당한 1973년부터 민주적 총선이 시행된 1977년 6월까지 발생했던 프랑코의 사망, 후안 카를로스 1세의 즉위, 정치개혁법 제정, 공산당 합법화 등의 사건을 다루었다. 이 다큐멘터리는 국왕과 총리의 역할을 크게 부각하면서 합의를 통한 평화로운 전환을 '전환의 정신'으로 강조했는데, 최고 시청률이 무려 22퍼센트에 달했을 정도로 대중의 관심을 끌었다.[151] 이후 에스파냐의 전환, 곧 민주화는 '전환의 모델' 혹은 '민주화의 모델'로 해외에 알려지기 시작했고, 라틴아메리카와 동유럽 여러 나라들도 이 모델을 따르기 시작했다.[152]

물론 성공 신화 서사와 반대되는 내용을 담고 있는 서사도 있다.[153] 1990년대에 등장하기 시작한 실패 신화 서사는 전환을 일종의 사기로 본다. 이 서사에 따르면 전환은 프랑코주의 기관들이 독재 체제를 지속할 목적으로 추진한 기획 작품에 불과했고, 그 결과 불완전한 민주제가 수립되었다. 따라서 전환은 실패로 끝난 것이나 다름없었다. 이 서사를 주장하는 이들은 민주주의 결함의 근본 원인이 1978년 헌

151 Rosa Rivas, "Creía que los jóvenes no verían 'La transición', pero me equivoqué," *El País*, 15 Oct, 1995.

152 전환의 신화를 연구한 베네딕트 안드레 바사나는 이 나라들이 에스파냐의 모델을 따른 데는 에스파냐 정부의 역할이 크게 작용했다고 지적하고 있다. Bénédicte André-Bazzana, *Mitos y mentiras de la Transición* (Editorial El Viejo Topo, 2006), p.70.

153 이런 이유로 이 신화를 대개는 실패 신화가 아니라 '반신화(anti-myth)'라고 부른다. 여기서는 그 내용을 부각하기 위해 실패 신화라는 개념을 사용한다.

법에 있다고 보았기에 전환으로 수립된 체제를 '78년 체제'로 규정했다. 또한 이들은 프랑코 독재를 제대로 청산하지 못했던 이유가 1977년 제정된 사면법에 있다고 주장하면서 이 사면법을 정치 변화 실패의 상징으로 꼽았다.[154] 1990년대 말에 등장한 기억복원 운동과 2008년 경제 위기로 드러난 양대 정당 제도의 위기[155]를 보면서 이러한 실패 신화 서사를 받아들이는 이들이 부쩍 늘었다.[156]

이상에서 살펴본 전환에 관한 성공 신화와 실패 신화는 사실 그 자체로 문제가 있다. 에스파냐 역사학자 카르메 몰리네로와 페레 이사스가 잘 분석해 주고 있듯이[157] 성공 신화 서사에는 두 가지 문제가 있다. 첫째로, 성공 신화 서사는 국왕 후안 카를로스를 민주주의 건설에 이바지한 중요한 인물로 꼽고 있지만, 사실 국왕 후안 카를로스가 중요하게 생각했던 것은 군주제의 공고화였다. 그는 프랑코 독재를 대놓고 비판한 적이 한 번도 없었고, 그가 자신의 몫으로 지명한 상원 의원 40명 가운데 민주주의적 신념을 드러내 보인 자 역시 단 한 명도 없었다. 둘째로, 개혁파가 민주주의를 수립하는 데 이바지했다지만, 그들의 노력과 인식에는 한계가 있었다. 이를테면 그들은 공산당의 합법화를 생각하면서도 공산주의자들의 선거 출마는 바라지 않았다.

---

154 Javier Tébar Hurtado y Andrea Tappi, "La Transición política española: ¿un modelo exitoso?," *The Conversation*, 7 mayo, 2025.

155 이것이 2011년 5월 15일 '분노한 자들'의 시민운동인 15-M 운동으로 표출되었다. 이에 대해서는 다음 자료를 참조하라. 황보영조, 「스페인 포데모스와 바르셀로나엔코무」, 사단법인 복지국가소사이어티, 지역정당네트워크, 직접민주마을자치전국민회, 『주민에게 허하라! 지역정당』 (쇠뜨기, 2023).

156 Javier Tébar Hurtado y Andrea Tappi, "La Transición."

157 Carme Molinero y Pere Ysàs, *La Transición. Historia y relatos* (Madrid: Siglo XXI, 2018), pp.7; 243-281.

카르메 몰리네로와 페레 이사스는 실패 신화 서사에 대해서도 두 가지 문제를 지적하고 있다. 우선 실패 신화 서사는 '78년 체제'를 정치 엘리트들이 체결한 '협정'의 산물로만 보고 있으며, 프랑코 정권 말기와 전환기에 중요한 역할을 했던 대중들의 반프랑코 독재 시위는 간과했다는 것이다. 둘째로, 프랑코 정권에 대한 사법적 단죄를 포기한다는 의미를 지닌 1977년 사면법이 통과될 때도 결코 단죄를 포기하지 않았던 반프랑코 저항 세력이 있었는데, 실패 신화 서사는 이 또한 간과하고 있다는 것이다.

전환에 관한 서사에는 이렇듯 사실이 아닌 내용이 들어 있다. 진정한 전환 혹은 진짜 민주화를 기대하면서 그 기대를 사실과 다르게 신화화한 측면이 존재한다는 말이다. 성공 신화 서사는 사실이 그러하지 않았는데 마치 그러했던 것처럼 과대 포장했다. 이를테면 프랑코 독재를 제대로 청산하지 못했는데도 그 전환을 바람직한 모델로 치켜세웠다. 그에 반해 실패 신화 서사는 사실이 그러했는데도 마치 그러하지 않았던 것처럼 축소 포장했다. 이를테면 의회 민주주의를 수립했는데도 그 전환을 실패한 것으로 폄훼했다. 사실을 제대로 파악하려면 이러한 신화들을 걷어 내는 탈신화화 작업이 필요하다.

에스파냐에서는 이러한 전환의 탈신화화 작업이 서사의 영역에서뿐 아니라 실제 역사 속에서도 진행되고 있다. 그동안 '협상에 의한 전환(transición vía transacción)'의 모범 사례로 인정받아 왔던 에스파냐의 전환이 해결하지 못한 심각한 문제들이 2007년의 역사기억법과 2022년의 민주기억법(Ley de Memoria Democrátca) 제정으로 조금씩 해결되어 가고 있는 것이다.[158] 여기서 언급한 에스파냐의 전환이 해결하지 못했던 심각한 문제란 '전환기의 정의(Justicia transicional)'[159]와 관련된 문제다.

이 장에서는 바로 이 전환기의 정의와 민주기억법의 문제를 다루고자 한다. 이를 위해 우선 전환기의 정의가 무엇인지를 살펴보고, 그 내용에 비추어 민주기억법 제정 이전의 에스파냐 상황을 들여다본다. 이어서 민주기억법의 제정 배경과 주요 내용을 살펴보고, 지난 3년간의 법 시행 내용을 전환기의 정의라는 측면에서 평가해 본다. 이를 통해 우리는 그동안 모범 사례로 여겨 온 '에스파냐의 전환'의 실제 진실이 무엇인지를, 또 온전한 전환을 위해 에스파냐가 뒤늦게나마 어떤 노력을 진행하고 있는지를 파악할 수 있게 될 것이다.

전환기의 정의와 에스파냐의 상황

전환기의 정의라는 용어는 1990년대 초에 미국 학자들이 처음 사용한 걸로 알려져 있다. 이 용어는 새로 집권한 체제가 과거에 있었던 대규모 인권침해 문제를 처리해 나간 방식을 묘사하기 위해 처음 사용되

---

158 Donald Share y Scott Mainwaring, "Transiciones vía transacción: la democratización en Brasil y en España," *Revista de Estudios Políticos,* nº 49 (1986), p.95; Lucia Payero López, "Justicia de transición en España: claves para aprobar una asignatura pendient," *Revista de Paz y Conflictos,* Vol. 9, Nº 1 (2016), pp.210-212.

159 이 용어의 의미에 대해서는 뒤에서 자세히 다룬다. 여기서는 다만 이 용어의 우리말 번역어와 관련된 고민을 언급하고자 한다. 우리나라에서는 사실 '이행기 정의'라는 번역어를 더 많이 사용하고 있다. 영어로 'transition'이란 말에 '이행'이란 뜻도 있고 '전환'이란 뜻도 있으니 '이행기 정의'라고 해도 무방할 것이다. 하지만 체제 전환이란 의미에서 보자면 '이행'보다는 '전환'이란 번역어가 좀 더 적절하지 않을까 생각한다. 또한 요즘 심심찮게 사용하고 있는 '사법적 정의(judicial justice)', '응보적 정의(retributive justice)', '회복적 정의(restorative justice)' 같은 용어들과 운을 맞추려 한다면 이 용어를 '전환적 정의'로 옮기는 게 더 적절할 것이다. 하지만 그 어감이 좀 어색하게 여겨져 여기서는 금세 이해하기 쉽게 그냥 풀어서 '전환기의 정의'로 옮긴다.

었다.[160] 그 후 전환기의 정의에 관한 다양한 사례 연구들이 쏟아졌다.[161]

전환기의 정의는 진실, 정의, 배상의 세 가지 차원으로 이루어진다. 전환기의 정의를 이렇게 규정하게 된 데는 유엔 인권특별보고관 루이 주아네의 보고서가 큰 역할을 했다. 그는 1996년 유엔 인권소위원회에서 발표한 '중대 인권 침해범 불처벌에 대한 보고서'[162]에서 사회의 구성원들이 과거사에 대해 진실을 알 권리, 정의 실현에 대한 권리, 배상받을 권리를 지니고 있다고 지적했다. 이때부터 전환기의 정의를 얘기할 때는 재발 방지의 보증[163]과 함께 이 세 가지 권리를 중요하게 다루게 되었다.

전환기의 정의라는 용어는 그 후에도 약간의 의미 변화를 겪어[164] 2004년에는 과거에 발생한 대규모 인권침해 문제를 해결하려는 다양한 조치와 과정을 일컫는 말로 정리되었다.[165] 그 목적은 진실을 규명

---

160 International Center for Transitional Justice, "What is Transitional Justice?", https://www.ictj.org (2025년 9월 11일 검색).

161 Santiago Ripol Carulla, "La justicia de transición: concepto y práctica española (selección de bibliografía y documentación)," *Historiografía*, 8 (Julio-Diciembre, 2014), p.105.

162 Louis Joinet, "Informe final revisado acerca de la impunidad de los autores de violaciones de los Derechos Humanos (civiles y políticos)" preparado por el Sr. L. Joinet de conformidad con la Resolución 1996/119 de la Subcomisión, (UN Doc E/CN.4/Sub.2/1997/20/Rev.1) (1997).

163 그는 3가지 권리 외에도 재발 방지의 보증을 언급했고, 그에 대한 구체적 방안으로 무장한 준군사조직 해체, 과거에 제정한 관련 법률의 폐지, 관련 고위공직자들의 파면을 제시했다.

164 이는 '정의'를 수식하고 있는 '전환기의(transitional)'라는 한정사에서 비롯된 의미 변화인데, 예외론과 관련이 있다. 정치적 전환이라는 예외적 상황에서는, 그것이 민주주의로의 전환을 안전하게 보장해 주는 것이라면, 전환을 뒷받침하는 사법 절차가 굳이 법치의 제약을 받지 않아도 된다는 인식이 생겨났다. Line Engbo Gissel, "Contemporary Transitional Justice: Normalising a Politics of Exception," *Global Society*, Vol. 31, Issue 3 (2017), pp.353-369.

165 Naciones Unidas, "El Estado de derecho y la justicia de transición en las sociedades que sufren o han sufrido conflictos," *Informe del Secretario General* (UN Doc S/2004/616) (2004).

하고 정의를 세우며 화해를 도모하는 데 있었다. 사법적 조치는 물론이고 비사법적 조치도 여기에 포함될 수 있다.

주아네가 중요하게 다룬 3가지 원리, 곧 진실과 정의와 배상은 2022년에 제정된 에스파냐 민주기억법의 뼈대를 이루고 있으므로 여기에서는 이 세 가지를 중심으로 전환기의 정의를 좀 더 자세히 살펴보자.

먼저 '진실의 원리'다. 에스파냐에서는 진실의 원리가 프랑코 독재 시기에 자행된 인권침해의 진상을 파헤치는 것과 관련이 있다. 진실에는 개인적 차원과 집단적 차원이 있는데, 개인적 차원에서는 희생자와 그 유가족에게 무슨 일이 일어났는지를 밝혀야 하고, 집단적 차원에서는 재발 방지를 위해 과거사를 규명할 필요가 있다. 따라서 국가는 알 권리 차원에서 역사기억[166]을 인정할 의무와 그 기억을 보존할 의무를 지닌다. 이는 역사 수정주의와 역사 부정주의(negacionismo)[167]의 역사 왜곡을 예방하기 위한 것이기도 하다.

주아네는 진실 규명을 위한 구체적인 조치로 진실위원회와 같은 위원회의 설치와 인권침해 관련 문서의 보존을 제안하고 있다. 그런데 에스파냐에서는—전환기에는 물론이고 지금까지도—진실위원회가 설치된 적이 없었다. 독재에서 민주정으로의 '평화적' 전환을 가

---

166 자신이 몸소 겪지 않은 과거의 사건에 대한 전달받은 기억을 의미한다. Paloma Aguilar Fernández, *Memoria y olvido de la Guerra Civil Española* (Madrid: Alianza Editorial, 1996), p.41. 이 기억은 프랑스 역사가 피에르 노라 이후 등장한 역사서술 개념으로 과거, 특히 비극적 과거에 대한 일정한 서사를 구축하기 위해 그 과거를 재구성하고 그것에 의미를 부여하며 그것을 재현하는 의식적 노력의 과정을 일컫기도 한다. 이 기억은 흔히 희생자들에 대한 배상을 위한 사법 활동과 정치 활동, 문화 행사, 기념행사 등으로 표현된다.

167 이에 대한 자세한 내용은 다음 자료를 참고하라. 황보영조, 『기억의 정치와 역사』 (역락, 2017), 제2장; 「스페인 현대사에 관한 수정주의 해석과 그 등장 배경」, 『역사교육논집』, 58 (2016).

능하게 했던 합의의 토대는 오히려 과거에 대한 침묵과 망각에 있었다.[168] 당시 에스파냐는 침묵과 망각이 오랜 상처를 덧나게 하지 않고 국민 화해를 도모하는 길이라고 생각했다. 에스파냐에서는 인권침해 관련 문서의 보존 등과 같은 역사기억의 보존 조치 역시 미진했다. 물론 2007년에 제정된 역사기억법[169]이 내전과 독재의 희생자 및 그 유가족의 기억을 회복하고 관련 자료를 보존하려는 조치를 언급하고 있기는 하다. 하지만 희생자와 유가족의 권리 차원에서 얘기하고 있을 뿐, 국가의 의무에 대해서는 별로 다루지 않고 있다.[170] 이 법은 또 집단매장지의 유해 수습, 독재에 관한 역사적 연구, 기념물과 상징물에 대한 조치 방안도 다루고 있기는 하다. 그리고 이 중 두 번째 사안, 곧 독재에 관한 역사적 연구에 대해서는 어느 정도 실질적인 조치가 취해져서 살라망카에 역사기억자료실(Centro Documental de la Memoria Histórica)이 설치되었다. 하지만 첫 번째 사안에 대해서는 희생자들의 직계 후손이 요청하면 편의를 제공할 수 있다는 정도에 그치고 있고, 세 번째 사안에 대해서는 관련 지방정부가 적절하게 조치해야 한다는 정도에 그치고 있다. 따라서 희생자들의 직계 후손이 유해 수습을 요청하지 않거나, 지방정부 선거에서 진실 규명에 관심이 없는 보수 정당이 승리하였을 경우 별다른 조치를 기대할 수 없게 되어 있다. 게다

---

168 후안 카를로스 모네데로는 극우 단체와 극좌 단체는 물론이고 국가의 치안 부대가 자행한 잔인한 폭력들을 예로 들며 '평화적' 전환 자체도 근거 없는 신화에 불과하다고 지적했다. Juan Carlos Monedero, *La Transición contada a nuestros padres. Nocturno de la democracia española* (Madrid, Los Libros de la Catarata, 2013), p.142.

169 이 법의 공식 명칭은 12월 26일 자 52/2007년 법(Ley 52/2007, de 26 de diciembre)이다.

170 게다가 2011년 말에 집권한 국민당은 관련 예산도 편성하지 않았다. Pablo Pérez Álvarez, "La Ley de Memoria Histórica es papel mojado," *Contexto y Acción*, núm. 13 (2015).

가 세 번째 사안과 관련해서는 예술 작품은 예외로 한다는 조항도 들어 있어서 프랑코주의 상징물을 철거하는 데 큰 제약이 따르기도 했다.[171] 요컨대 역사기억법에는—법학자 펠리페 고메스 이사가 말한 대로—"진실을 알아야 할 희생자의 개인 권리와 사회의 집단 권리를 보장하는 조치가 빠져 있다."[172]고 평가할 수 있겠다. 이처럼 불완전한 역사기억법으로 인해 에스파냐는 진실을 규명할 좋은 기회를 잃어버린 것인지도 모른다.

두 번째로 불처벌(impunidad)을 방지하기 위한 기본 요건이기도 한 '정의의 원리'에 대해 살펴보자. 여기서 정의는 가해자 처벌로 이어지는 공정한 재판을 요구할 희생자의 권리와 관련이 있다. 인권침해 사실이 있다면 국가는 그것을 철저히 추적·조사·재판하여 관련 범죄를 처벌해야 할 의무가 있다는 것이다. 주아네는 자신의 보고서에서 정의의 원리를 제대로 실현할 방안 두 가지를 제시하고 있는데, '희생자에게 가해자 처벌을 위한 재판 요청 기회를 제공할 것'과 '불처벌을 방지하기 위한 법률 규정을 엄격히 적용할 것'이 바로 그것이다. 이

171 Margalida Capellà, "Represión política y Derecho internacional: una perspectiva comparada (1936-2006)," Margalida Capellà y David Ginard (coords.), *Represión política, justicia y reparación. La memoria histórica en perspectiva jurídica (1936-2008)* (Palma de Mallorca: Edicions Documenta Balear, 2009), p.244. 국민적 순교를 상징하는 발레아레스 순양함 희생자를 기리는 기념물 비석 사 페이시나(Sa Feixina)의 철거를 두고 법정 공방이 이어지기도 했다. 이때 제시된 철거 반대의 근거는 건축학적 가치였다. Jesús Alonso Carballés, "Estrategias de evitación de la Ley de memoria histórica, o de las dificultades para deshacerse de la herencia simbólica del franquismo en el espacio público," Jordi Guixé, Jesús Alonso Carballés y Ricard Conesa (eds.), *Diez años de leyes y políticas de memoria (2007-2017)* (Madrid: Los Libros de la Catarata, 2019), pp.174-176.

172 Felipe Gómez Isa, "Retos de la justicia transicional en contextos no transicionales: el caso español," Santiago Ripol y Carlos Villán (eds.), *Justicia de transición: el caso de España* (Barcelona: Institut Català Internacional per la Pau, 2012), p.179.

를 위해서는 반인도적 범죄에 대해 공소시효를 두어서는 안 되고, 그 책임자를 사면해서도 안 된다. 하지만 에스파냐에서는 이 정의의 원리가 거의 실현되지 않았다. 아무도—심지어는 극좌 정당인 공산당마저도—범죄 행위 책임자들에 대한 법적 처벌을 요구하지 않았기 때문이다.[173] 민주 저항 세력의 요구로 프랑코 체제하의 특별재판부(Jurisdicción especial)를 폐지하기는 했으나, 담당 판사들은 숙청하지 않고 국가고등법원(Audiencia Nacional)에 머무르게 했다.[174] 이런 면에서 정치적 의도의 행위 일체를 사면하기로 한 1977년 사면법은 정의의 원리 실현을 가로막는 대표적 장치가 되어 버렸다. 이 법으로 인권침해에 가담한 관계 당국과 공무원들이 사면 대상에 포함되었고, 사면 대상 기간도 1977년 10월까지로 확대되었다.[175] 이러한 사면법 제정 이후에는 프랑코 독재가 저지른 범죄를 조사하거나 재판할 일이 거의 없어졌고, 그럴 일이 있었다고 해도 이 법을 근거로 조사와 재판을 충분히 피해 갈 수 있었다.[176]

마지막으로 '배상의 원리'에 관해 살펴보자. 희생자에 대한 배상은 개인 배상과 집단 배상, 이 두 차원에서 이루어진다. 우선 국가

---

173 Javier Chinchón, "El viaje a ninguna parte: memoria, leyes, historia y olvido sobre la Guerra Civil y el pasado autoritario en España. Un examen desde el Derecho internacional," *Revista IIDH*, nº 45 (2007), p.134.

174 Paloma Aguilar, "Justicia, política y memoria: los legados del franquismo en la Transición española," *Working paper*, nº 163 (2001), p.16; Perfecto Andrés Ibáñez, "Casos Garzón: necesario distinguir," *Isonomía*, núm. 37, (2012), pp.169-170.

175 Jefatura del Estado, "Ley 46/1977, de 15 de octubre, de Amnistía," *Boletín Oficial del Estado*, núm. 248 (17 de Oct, 1977).

176 Paloma Aguilar, "Justicia," pp.31-32; Alicia Gil, *La justicia de transición en España. De la amnistía a la memoria histórica* (Barcelona: Atelier, 2009), p.86.

가 개인에게 배상해야 할 유형으로는 복권(restitución), 금전적 배상(indemnización), 사회적 갱생(rehabilitación)을 들 수 있다. 복권에는 자유의 회복, 인권·가족생활·시민권의 향유, 거주지 복귀, 복직, 재산 반환 등이 포함된다. 또 금전적 배상에는 경제적 손실에 대한 보상뿐 아니라 신체적·정신적 피해와 기회 상실 등에 대한 보상까지 포함된다. 마지막으로 사회적 갱생에는 법률적·사회적 돌봄, 의료적·심리적인 돌봄이 포함된다. 한편 집단 차원의 배상으로는 역사기억과 관련된 상징적 성격의 조치 단행을 들 수 있겠다. 사실 확인과 진실 확산, 실종자 수색, 희생자의 회복(권리, 명예, 위엄) 선언, 공식 사과와 행정적·사법적 처리, 희생자 추모 등이 여기에 포함된다.

에스파냐에서 개인적 차원의 배상은—국제적 표준으로 볼 때 다소 미흡하긴 하지만—그래도 상당한 진척이 이루어졌다. 하지만 이를 주로 경제적인 차원에서 접근했다는 점에서 문제가 있다.[177] 집단 배상은 이보다 더 미진했다. 에스파냐 의회는 2002년 11월 20일에 이르러서야 비로소 내전과 프랑코 체제의 희생자들을 공식적으로 인정했다. 그 후 제정된 역사기억법은 집단적·상징적 배상 조치를 역사기억에 대한 권리의 일부로 다루고 있지만, 희생자들을 기리는 국가적 추념물은 2010년대 중반까지도 건립되지 않았다. 국왕이나 역대 총리 그 누구도 국가의 이름으로 내전과 프랑코 독재의 희생자들에게 용서를 구한 적이 없었다. 인권침해의 공범이라고 할 수 있는 가톨릭교회도 공식적

177 Felipe Gómez Isa, "El derecho de las víctimas a la reparación por violaciones graves y sistemáticas de los Derechos Humanos," Felipe Gómez Isa (dir.), *El derecho a la memoria* (Zarautz: Alberdania, 2006), p.57.

으로는 아무런 사과도 하지 않았다. 이는 에스파냐의 배상 정책이 불충분했음을 보여준다.

민주기억법 제정의 배경

이런 상황에서 '민주기억법'으로 알려진 '20/2022년 법' 제정 작업이 시작되었다. 2020년 9월에 초안이 마련된 이 법안은 10개월간의 공청회를 거쳐 2021년 7월 각료회의에 상정되었고, 승인을 받았다. 이후 의회에 제출된 이 법안은 2022년 7월 14일 하원을 통과했다. 총리 페드로 산체스의 연립정부[178]가 제출한 이 법안에 대해 하원에서는 사회노동당과 연합포데모스(Unidas Podemos), 바스크민족당(PNV), 빌두(Bildu), 카탈루냐유럽민주당(PDeCAT), 마스 파이스(Más País), 콤프로미스(Compromís)가 찬성표를 던졌고, 국민당(PP)과 복스(Vox), 시우다다노스(Ciudadanos), 카탈루냐를 위한 연대(JxCat), 국민연합후보(CUP)가 반대표를 던졌다. 중도좌파 정당들은 이 법안에 찬성했고, 역사 수정주의 운동을 벌여온 우파 정당과 극우 정당들은 이 법안에 반대했다. 투표 결과는 173 대 159였다. 카탈루냐공화좌파(ERC)와 갈리시아민족블록(BNG)은 법안에 결함이 있다는 이유로 기권했다. 하원을 통과한 법안은 절차에 따라 상원으로 이송되었고, 같은 해 10월 5일 상원을 통과했다. 2022년 10월 20일 관보에 게재된[179] 민주기억법은 그 이튿날인 10월 21일에 발효되었다.

178 이는 에스파냐 현행 민주주의 역사상 최초의 연립정부였다. 함께 연립정부를 꾸린 사회노동당(PSOE)과 연합포데모스(Unidas Podemos)는 자신들의 정부를 좌파 정부 또는 '진보' 정부라 불렀다.

179 *Boletín Oficial del Estado*, núm. 252 (20 Oct, 2022).

이렇게 제정된 민주기억법은 기존의 역사기억법을 대체했다. 이 법은 내전과 독재 시기에 자행된 박해나 폭력으로 희생당한 피해자들의 권리를 역사기억법보다 더 폭넓게 인정하고 있고, 그에 걸맞은 조치를 규정하고 있다. 이 법은 또 역사기억 관련 지출예산을 0원으로 축소 편성하는 빌미를 제공했던 '2012년 예산안 수정법'과, 전몰자의 계곡 조성과 관련 재단 설립의 근거를 제공했던 '1940년 4월 1일 법령' 및 '1957년 8월 23일 법령'을 폐지하는 내용을 담고 있었다.

이다음 대목에서 좀 더 자세히 살펴보겠지만, 이 법은 프랑코 체제를 제대로 청산하자는 취지에서 마련되었다.[180] 이는 파시즘을 청산하는 데 한발 앞서 나간 이탈리아나 독일과 어깨를 나란히 하려는 시도이기도 했다. 그렇다면 그동안 무슨 일이 있었던 것일까? 이 법을 제정하게 된 배경은 구체적으로 무엇일까?

우선 내전과 독재의 희생자들에 대한 역사기억 복원 움직임이 있었다. 1990년대 후반에 들어와서 전환 시대에 덮어 두기로 했던 과거의 기억을 다시 끄집어내기 시작했다. 여기에는 언론인 에밀리오 실바가 창립한 역사기억복원회가 중요한 역할을 했다. 집단매장지를 발굴하여 수습한 유해를 유족들의 품에 안겨 주는 사업을 주도했던 역사기억복원회는 역사기억복원 운동의 모체가 되었다.[181] 또한 내전이 재발

---

180 "España: el gobierno aprueba el proyecto de ley de Memoria Democrática que condena al franquismo," *Clarin* (20 Julio, 2021); Eduardo Bayona, "La Ley de Memoria aspira a limpiar España defranquismo con casi medio siglo de retraso," *Diario Público* (20 Julio, 2021).

181 Ángel del Río Sánchez, "Fosas de la represión franquista: del ocultamiento a la patrimonialización," Jordi Guixé, Jesús Alonso Carballés y Ricard Conesa (eds.), *Diez años de leyes y políticas de memoria (2007-2017)* (Madrid: Los Libros de la Catarata, 2019), p.184.

할지도 모른다는 두려움에 휩싸였던 내전 세대에서 과거의 진상이 어떠했는지를 알고 싶어 하는 그들의 손자 세대로의 세대교체, 평화적 정권 교체를 통해 갖게 된 민주주의에 대한 자신감, 국제 정치 환경에 나타난 과거사 청산 움직임, 에스파냐인들을 "피노체트는 기소하고 프랑코는 기소하지 않았다."라는 충격에 빠지게 한 아우구스토 피노체트 체포 사건이 과거의 기억을 다시 끄집어내는 데 상당한 영향을 미쳤다.[182] 이렇게 출범한 역사기억복원 운동은 전환기 정치 엘리트들의 합의로 침묵과 망각에 빠져 있던 프랑코 독재기의 범죄 행위들을 끄집어내기 시작했고, 희생자 진상조사를 위한 범정부위원회의 설치와 역사기억법 제정에도 중대한 영향을 미쳤다.

둘째로, 2007년 제정한 역사기억법의 결함을 들 수 있다. 앞에서 이미 언급했던 것처럼 이 법은 진실, 정의, 배상의 측면에서 유관 단체와 사회의 요구를 제대로 반영하지 못했고,[183] 그 기대에 부응하지도 못했다. 이 법은 프랑코 독재기의 인권침해 사실에 관한 조사를 제대로

182 이에 대해서는 다음 글을 참고하라. 황보영조, 「스페인의 과거사 논쟁」, 안병직 외, 『세계 각국의 역사 논쟁: 갈등과 조정』 (대한민국역사박물관, 2014).

183 Josefina Cuesta, "Los debates sobre la memoria y la historia en España. La ley de Memoria Histórica diez años después," Jordi Guixé, Jesús Alonso Carballés y Ricard Conesa (eds.), *Diez años,* p.46; Gutmaro Gómez Bravo, "La década perdida de la memoria en España," Jordi Guixé, Jesús Alonso Carballés y Ricard Conesa (eds.), *Diez años,* pp.73-83; Begoña López Anguita, "La impunidad de los crímenes del franquismo: Las insuficiencias de la ley de memoria histórica," Jordi Guixé, Jesús Alonso Carballés y Ricard Conesa (eds.), *Diez años*, pp.109-122; Josep Tamarit Sumalla, "Memoria histórica y justicia transicional en España: el tiempo como actor de la justicia penal," *Anuario Iberoamericano de Derecho Internacional Penal*, vol. 2 (2014), pp.48-51. 총리부 장관 펠릭스 볼라뇨스는 각료회의에서 민주기억법을 통과시킨 다음에 가진 기자회견에서 이 법안을 두고 "2007년에 제정한 역사기억법의 결함을 바로잡으려는" 법안이라고 강조했다. "Aprueban proyecto de ley de Memoria Democrática; anula las sentencias de tribunales franquistas," *Proceso*, 20 Julio, 2021.

보장해 주지 않아서 진실에 접근할 권리를 충족시키지 못했고, 인권침해를 불처벌하기로 한 1977년 사면법을 존속시키고 있어서 정의에 대한 권리도 침해하였으며, 내전과 독재 피해자들에게 내려진 기존의 유죄 판결을 무효화하는 조항을 포함하지 않는 바람에 배상권을 실현하는 데도 한계가 있었다.[184]

셋째로, 국제사면위원회(Amnesty International)와 국제인권감시단(Human Rights Watch), 유엔 인권위원회(UN Commission on Human Rights), 국제법률가위원회(International Commission of Jurists) 등과 같은 국제 인권단체들의 비판과 권고가 있었다. 이들은 역사기억법이 제정되자마자 '대실망', '기회 상실', '최악의 사례'라는 비판[185]을 서슴지 않았을 뿐 아니라, 국가의 책무와 가해자 처벌, 기존 판결의 폐지, 희생자의 참여, 수용 재산, 망명자, 집단매장지, 배상 등에 대해 나름의 대안까지 내놓았다.[186] 특히 콜롬비아 출신 유엔 인권특별보고관 파블로 데 그레이프는 진실과 정의, 배상, 재발 방지 보증에 관한 내용을 담은 보고서를 통해 에스파냐에는 희생자 및 시민단체들의 노력과 국

184 이는 역사기억복원회가 그들의 홈페이지에 게시하고 있는 내용이다. Asociación para la Recuperación de la Memoria Histórica, "La Ley de memoria histórica y su desarrollo normativo: ni verdad ni justicia," https://memoriahistorica.org.es, 2025년 9월 15일 검색.

185 Natalia Junquera, "Pésimo precedente en la lucha contra la impunidad," *El País*, 23 de marzo, 2007.

186 Josefina Cuesta, "Los debates," pp.47-48; Pablo Aguirre Herráinz, "Los espacios de la memoria en la sociedad actual: teoría e historia. Crónica de la jornada de estudios del 8 de mayo de 2014," *Historiografías*, 7 (enero-junio, 2014), p.109; Daniel Canales, "Amnistía Internacional y los crímenes del Franquismo: Dónde estamos y a dónde podemos llegar," Jordi Guixé, Jesús Alonso Carballés y Ricard Conesa (eds.), *Diez años*, pp.123-139.

가기관의 입장 간에 커다란 차이가 있다는 점을 지적하였고, 그 간격을 줄이기 위해 진실과 정의와 배상의 측면에서 국가가 취해야 할 조치를 권고하기도 했다.[187]

넷째로, 1998년 피노체트에게 체포영장을 발부한 적이 있는 발타사르 가르손 판사가 중요한 역할을 했다. 프랑코 독재기에 자행된 반인도적 범죄와 강제 실종 사건 조사에 착수(2006년)[188]했던 그는 2008년 10월에 이러한 범죄에 대한 형사소송을 제기하였다. 이때 그는 반인도적 범죄에는 공소시효가 없고, 중대한 인권침해 범죄는 사면 대상이 되지 않는다는 법이론을 주장했다. 하지만 국가고등법원 형사재판부는 이러한 법리를 과거의 사건에 소급하여 적용할 수 없고 1977년 사면법을 따라야 한다고 판시하며 그가 제기한 소를 기각했다. 이후 가르손 판사는 극우 단체에 의해 직권남용 혐의로 기소까지 당했으나, 2012년에 결국 무죄 판결을 받았다.[189] 그의 이러한 노력과 주장은 프랑코 체제하에서 자행된 범죄를 처벌하는 일이 얼마나 어려운지를 보여주었지만, 동시에 역사기억법의 한계를 들추어내는 데도 이바지했다.

---

187 Pablo de Greiff, "Informe del Relator Especial sobre la promoción de la verdad, la justicia, la reparación y las garantías de no repetición, Pablo de Greiff: Misión a España," ONU: Consejo de Derechos Humanos, 22 de julio de 2014; Natalia Chientaroli, " Los 10 suspensos de la ONU a España en memoria histórica," *El Diario*, 28 de agosto, 2014.

188 2008년까지 그는 14만 명이 넘는 실종자들의 명단을 작성했다. "Garzón recibe más de 140.000 nombres de desaparecidos en la Guerra Civil y la dictadura," *El Mundo*, 22 de septiembre de 2008.

189 Josep Tamarit Sumalla, "Memoria," pp.52-54; "Miles de personas marchan en decenas de ciudades españolas para apoyar a Garzón," *20 minutos*, 25 de abril de 2010. 그는 또한 거의 같은 시기에 국민당이 기업인들로부터 불법 정치자금을 수수한 대형 부패 사건인 귀르텔 사건(caso Gürtel)을 수사하면서 행사한 직권남용 혐의로 판사의 자격을 박탈당하는 처분도 받았다.

다섯째로, 상당수 자치단체에서 해당 자치단체에 적용할 민주역사기억법을 제정하고 다양한 수준의 기억 활동을 전개했던 것도 민주기억법 제정에 영향을 끼쳤다. 해당 자치지방과 자치지역 고유의 필요와 기억 문화에 부응하는 입법 활동 속에서 자치단체들 간의 상호 협력이 증진되면서 2007년 제정된 역사기억법의 개정 필요성도 점차 대두되었다.

마지막으로, 중도좌파 정당의 집권이 새로운 법 제정에 영향을 끼쳤다. 2018년 6월 1일 사회노동당의 페드로 산체스가 제기한 마리아노 라호이 내각 불신임 결의안이 의회를 통과하면서 2011년에 집권한 우파 국민당 총리가 물러나게 되었고, 그다음 날 산체스가 총리로 취임했다.[190] 이것이 1기 산체스 정부의 시작이었다. 또한 2019년 2월에 의회가 당해 연도 예산안 승인을 거부하자 산체스는 곧바로 의회를 해산하고 총선을 소집했다. 그해 11월 총선에서 승리하여 다수당이 된 사회노동당은 연합포데모스를 끌어들여 2020년 1월에는 연립정부를 구성하는 데 성공했다. 이것이 2기 산체스 정부다. 이렇게 출범한 1기와 2기의 산체스 정부는 역사기억법 예산을 배정하지 않았던 라호이 정부와는 달리 역사기억 정책에 큰 관심을 갖고 있었고, 유명무실해진 역사기억법을 다시 작동시키려 했다.[191] 이를 위해 산체스 정부는 법무부 산하에 역사기억청(Dirección General de Memoria Histórica)을

190 귀르텔 사건을 심리한 국가고등법원이 2018년 5월 국민당의 불법 자금 수수를 확인하고 당이 이 부패를 조직적으로 지원했으며 총리 라호이도 거짓 증언을 했다고 판단했다. 이에 산체스가 내각 불신임 결의안을 의회에 제출했다.

191 Manuel Sánchez-Moreno, "Las políticas de memoria democrática en España: entre la impunidad y las obligaciones internacionales," *Cuadernos de Gobierno y Administración Pública*, 7-1 (2020), pp.49-51.

신설(2018년)하였고,[192] 야당 시절인 2017년부터 추진해 왔던 역사기억법 개정 작업에도 박차를 가했다.[193] 또 2019년 10월에는 전몰자의 계곡에 묻혀 있던 독재자 프랑코의 유해를 그의 가족묘가 있는 마드리드의 푸엔카랄-엘파르도구에 위치한 밍고루비오 공동묘지로 이장하도록 조처했다.[194] 내전의 희생자를 기리는 곳에 가해자의 유해를 묻은 잘못을 바로잡은 이 조치는 당시 산체스 정부가 추진했던 역사기억 관련 사업들 가운데 제일 중요한 사업이었으며, 시사하는 바도 매우 컸다. 역사기억과 관련한 이러한 정책과 조치는 중도좌파 정치세력이 집권에 성공했기에 가능한 일이었다.

민주기억법의 주요 내용

기억복원과 법적 개입의 모범적 관계를 보여주었다는 측면에서 사파테로 정부가 추진한 역사기억법은 에스파냐 역사에 등장한 새로운 '이정표'에 해당하고, 민주기억법은 이 역사기억법을 계승한 법이라고 할 수 있다.[195] 하지만 헌법학자 마르크 카리요가 언급했던 것처럼 역사기억법의 본래 목적 달성과 에스파냐 민주주의의 강화라는 측면에

---

192 2020년에는 부처명에 '민주기억(memoria democrática)'이란 용어를 넣은 총리·의회·민주기억부(Ministerio de Presidente, Relaciones de las Cortes y Memoria Democrática, 이하 총리부)를 신설하고 민주기억청을 이 총리부로 옮겼다.

193 2020년 1월에는 역사민주기억법안을 만들어 제출했다. Grupo Parlamentario Socialista, "Proposición de Ley de Memoria Histórica y Democrática," *Boletín Oficial de las Cortes Generales*, 31 de enero de 2020.

194 Nicole Iturriaga, *Exhuming violent histories* (New York: Columbia University Press, 2022), pp.187-188.

195 Manuel Sánchez Moreno, "Las políticas de memoria democrática en España: entre la impunidad y las obligaciones internacionales," *Cuadernos de Gobierno y Administración Pública*, 7-1 (2020), p.51.

서 볼 경우, 민주기억법은 역사기억법과는 그 질을 달리한다.[196] 민주기억법은 역사기억법의 내용 일부를 손질한 단순한 개정판이 아니라는 말이다. 실제로 민주기억법은 역사기억법을 폐지하고 그것을 대체한 법이라고 할 수 있다. 이러한 내용은 민주기억법 전문에도 잘 표현되어 있다.

2022년 10월 20일 자 관보[197]에 실린 민주기억법은 그 분량이 55쪽에 달한다. 13쪽밖에 되지 않는 기존의 역사기억법과 비교하면 엄청나게 많은 편이다. 법은 전문과 4개 편(título), 부칙으로 구성되어 있다. 전체 내용을 개괄하고 있는 전문만 해도 14쪽이다. 이 전문에서 강조하고 있는 것들을 중심으로 민주기억법의 주요 내용을 살펴보자.

우선 이 법의 목표는 두 가지다. 첫 번째 목표는 1978년 헌법과 오늘날의 사회민주 법치국가(Estado Social y Democrático de Derecho)를 가능하게 한 민주주의 역사, 그리고 이러한 민주주의 역사를 위해 헌신한 인물과 단체를 널리 알리는 것이고,[198] 두 번째 목표는 진실 규명, 정의 실현, 배상 시행, 정치 폭력이나 전체주의의 재발 방지를 위한 공권력의 기억 의무 이행을 통해 전쟁과 프랑코 독재 희생자들에 관한 기억을 보전하는 것이다.

이런 목표는 에스파냐의 역사적 경험에서 나온 것이다. 역사기억법이 내전과 프랑코 독재로부터 시작된다면, 이 법은 그보다 훨씬 더 이

196 Marc Carrillo, “La memoria y la calidad democrática del Estado (comentario a la Ley 20/2022, de 19 de octubre, de memoria democrática),” *Revista de las Cortes Generales*, 114 (2022), p.183.

197 *Boletín Oficial del Estado*, núm. 252, 20 de octubre de 2022. 이하에서 다루는 법의 내용은 모두 이 관보에 실린 법을 참고했다.

198 이 점을 강조하기 위해 이 법의 명칭을 ‘민주기억법’이라고 한 것으로 보인다.

전인 카디스 의회와 1812년 헌법으로부터 시작된다. 에스파냐의 자유주의 전통과 민주주의 전통이 바로 그때 시작되었다고 보기 때문이다. 1812년 헌법과 1869년 헌법, 1931년 헌법, 1978년 헌법은 에스파냐 민주주의 역사에서 각각 하나의 이정표에 해당한다. 이러한 민주주의 제도를 수립하기 위해 수많은 에스파냐인들이 목숨을 바쳐 싸웠다. 그런데 제2공화국 시기에 군사 구데타가 일어났고, 잔혹한 전쟁, 반대 세력의 처형·강제 실종(desapariciones forzadas)·체포·강제노동·고문·납치를 자행한 프랑코 독재가 이어졌다. 그리고 이때 자행되었던 모든 폭력은 사면법에 의해 다시 침묵과 망각의 대상이 되어 버렸다.

하지만 개인과 공동체의 정체성 형성에 중요한 역할을 하는 기억은 인류 사회의 형성과 발전을 위한 필수 요소이고, 개인의 일상에서부터 국가의 중대사에 이르는 만사에 영향을 미친다. 그런 점에서 자유와 민주주의를 위한 투쟁의 역사를 알고 희생자들을 기억하는 것은 시민의 덕과 헌법적 가치를 지키기 위한 시민의 권리이자 의무라고 할 수 있다. 과거에 대한 망각이나 침묵은 민주주의를 위한 올바른 선택이 아니다. 민주기억은 역사의 비극을 되풀이하지 않기 위해 꼭 필요한 것이다. 따라서 그러한 기억을 구축하고 활성화하는 것은 국가의 중요한 책무 가운데 하나인 것이다. 이 법은 바로 이러한 목적에서 제정된 것이다.

한편 이 법이 보호하고 장려하고자 하는 것, 즉 이 법의 기초가 되는 가치와 원칙은 총칙을 다루는 서문 편에서 밝히고 있다시피 민주적 가치와 민주적 원칙이다. 또 이 법에서 규정하고 있는 일반 원칙은 모두 국제법, 특히 국제인도법을 따르고 있다. 따라서 이 법은 1977년 사면법을 포함한 모든 법이 국제법과 국제인도법에 비추어 해석·적용되어야 한다고 규정하고 있다(제2조).[199] 이 법이 희생자의 개념을 대폭 확대하고 있는 것도 같은 이유에서다(제1편).[200] 이 법에 따르면 사망자나 실종자, 자유를 박탈당한 사람들이나 임의 체포된 사람들, 고문·학대·국외 추방·강제 노동·강제수용소와 군 감호소 수감 피해자들, 재산 몰수 피해자들이나 망명자들, 성소수자들(LGTBI), 직업상 불이익을 받은 자들, 강제로 부모와 헤어지게 되었거나 부모의 동의 없이 양자가 된 어린이들, 반프랑코 게릴라, 고유 언어를 사용하거나 보급했다는 이유로 박해받은 자들, 민주군인연맹(Unión Militar Democrática), 종교적 신앙이나 비밀공제조합원이라는 이유로 박해받은 자들, 그리고 이 모든 사람의 가족들, 나아가 바스크·카탈루냐·갈리시아의 지역사회와 언어와 문화들이 모두 희생자에 포함된다. 이와 함께 민주기억법은 불법성과 위법성이 드러난 재판부와 군법회의가 내린 모든 판결을 파기한다고 선언했다. 그 결과 희생자들은 배상을 요구할 수 있게 되었고, 망명자들과 국제여단 단원 가족들 그리고 그 후손들은 에스파냐 국적 취득 신청을 할 수 있게 되었다. 또한 정부는 희생자 조사 작업 수행, 희생자 등록부 비치, 실종자의 위치를 보여주는 실종자 지도 작성의 의무를 지게 되었다.

다음으로 이 법은 민주기억의 공공정책을 국제 인권법이 제시한 원칙에 따라 진실과 정의, 배상, 재발 방지의 네 가지 차원으로 나누어

---

199 Artemi Rallo Lombarte, "Memoria democrática y Constitución," *Teoría y Realidad Constitucional,* n.º 51 (2023), pp.121-128.

200 Gutmaro Gómez Bravo, "Ley de Memoria Democrática. Una aproximación histórica," *Foro, Nueva época,* vol. 25, núm. 1 (2022), p.245.

다루고 있다(제2편). 이때 이 법은 자유·평등·연대의 가치와 민주주의를 위한 투쟁에서 주도적 역할을 한 여성들의 활동에 특별한 관심을 보이며, 희생당한 어린이들에 대해서도 주목한다. 이제 이 네 가지 차원을 하나씩 살펴보자.

우선 진실을 알 권리와 관련하여 이 법은 인권 관련 국제단체들의 권고를 따르고 있다. 전쟁과 독재 시기에 사라진 실종자들에 대해서는 정부가 나서서 수색해야 하고, 지방 정부들과도 협력해야 한다. 이를 위해 정부는 전쟁과 독재 희생자들의 DNA 은행을 창설해야 한다. 또한 정부는 대중이 공립과 사립 문서고의 장서와 자료를 이용할 수 있도록 허용해야 하고, 살라망카의 역사기억자료실과 같은 민주기억 자료실도 설치·운영해야 한다.

둘째로, 정의를 요구할 권리와 관련하여 이 법은 인권과 국제인도법 침해 사건 조사를 위한 특검을 설치하여 희생자의 신원과 소재를 파악하고 그 유해를 수습해 매장할 수 있도록 하고 있다(제2편 제2장).

셋째로, 배상과 관련하여 이 법은 전환기 이래 추진해 온 배상 조치를 계속 진행하되, 독재 치하에서 수용당한 정치세력의 재산을 원소유자들에게 반환하도록, 그리고 강제노동 희생자들에게는 응분의 배상을 하도록 명시하고 있다. 또한 전쟁과 독재 희생자들의 배상액 조사를 위한 전문위원회를 설치하도록 규정하고 있다. 이뿐만이 아니다. 이 법은 정치적·이념적·종교적 이유로 망명한 자들에게서 출생한 자들이나, 국제결혼으로 국적을 상실한 에스파냐 여성들에게서 출생한 자들에게 에스파냐 국적을 취득할 기회를 제공한다. 이는 망명자들에 대한 배상 조치의 일환이다(제2편 제3장).

넷째로, 이 법은 재발 방지를 위한 보증으로 민주기억의 의무를 다루고 있다(제2편 제4장). 우선 정부는 프랑코 체제를 미화하는 상징물을 철거해야 한다. 여기에는 건축물, 문장, 군사 반란이나 반란을 일으킨 장군을 미화하는 건물에 부착한 현판이나 초상, 깃발, 지명, 거리명, 공공기관명 등이 모두 포함된다. 이는 헌법적 가치와 원칙을 중심으로 국민의 결집과 연대를 장려하고 시민들의 분열을 억제하려는 조치이다. 같은 맥락에서 전쟁과 독재를 찬미하여 받은 표창과 임명, 작위, 훈장, 포상은 모두 취소한다. 또 민주적 가치와 자유를 위한 투쟁과 민주주의 역사를 알리는 교육, 민주적 가치와 공생의 가치를 고양하는 교육을 장려한다. 기념할 만한 가치 또는 교육적 가치가 있는 민주기억의 장소도 보존하고 확산한다. 이를테면 '전몰자의 계곡'은 해당 지역명을 따라 '쿠엘가무로스 계곡'으로 명칭을 변경하고, 민주기억의 장소로 거듭날 수 있도록 새로운 의미를 부여한다.

이 법은 특이하게도 민주기억과 희생자의 존엄을 수호하기 위해 시민사회가 추진해 온 기억복원 운동의 노력을 인정하고 있다. 이를 위해 기억 운동 관련 단체의 대장을 만들고, 기억 운동 관련 단체들이 참여하는 민주기억위원회(Consejo de Memoria Democrática)를 신설하며, 인권과 민주적 가치에 관한 민주기억을 증진하고 희생자의 존엄을 지키기 위한 민주기억센터(Centro de la Memoria Democrática)를 설립하도록 규정하고 있다.

이상의 목적을 실현하기 위해 이 법은 처벌 규정도 두고 있다. 가령 군사 반란이나 프랑코 체제를 찬미하는 행사에 대해서는 위반의 경중에 따라 200유로에서부터 15만 유로에 이르는 벌금을 부과할 수 있다. 이는 공공장소에서 헌법적 가치와 원칙을 수호하고 희생자가 모욕을 느끼지 않도록 하기 위한 예방 차원의 수단이다.

요컨대 민주기억법은 진실 규명과 정의 실현, 배상 조치, 재발 방지 보증과 같은 전환기의 정의를 대체로 잘 담아냈다. 이는 국내외 인권 관련 단체들과 기억 운동 관련 단체들의 요구와 기대를 반영하고자 노력한 결과물로 보인다.

민주기억법의 시행과 전환기의 정의

민주기억법은 2022년 10월에 발효되었으니 이제 시행된 지 약 3년이 지났다. 그간에 무슨 변화가 있었고 어떤 문제가 드러났을까? 민주기억법 시행 후 2년쯤 지났을 무렵, 일부 언론사와 국제사면위원회 에스파냐 지부가 민주기억법 시행 2년에 대한 평가를 보도하고 자료를 제시하였는데, 우선 이들이 제시한 긍정적 성과를 정리하면 다음과 같다.

먼저 2023년 7월에는 국제 인권법과 국제인도법 침해 사건을 전담하는 인권민주기억 특검(Fiscalía de Derechos Humanos y Memoria Democrática)이 설치되었고, 이를 맡을 특별검사가 임명되었다. 이 특검의 목적은 1936년 군사 쿠데타 때부터 1978년 헌법 제정 때까지 발생한 중대한 인권침해 사건의 피해자들이 진실, 정의, 배상에 대한 권리를 누리게 하는 데 있다. 이 특검은 2023년 연말까지 111건의 사건 조사에 착수하였고, 2024년 1/4분기에는 71건의 사건 조사에 착수했다.[201]

다음으로 2024년 4월에는 민주기억법에서 설치를 규정한 전문위원

201 "La Fiscalía de DDHH y Memoria Democrática abrió más de 180 expedientes en sus primeros meses de vida," *Europa Press*, 5 de septiembre de 2024.

회, 곧 집시기억화해연구위원회와 경제적배상조치연구전문위원회, 인권침해연구전문위원회가 구성되었다. 지방정책민주기억부(Ministerio de Política Territorial y Memoria Democrática)[202] 산하에 설치된 이 위원회들은 집시들에게 진실과 정의와 배상 관련 권리를 보장하는 방안 마련, 전쟁과 독재 희생자들에게 제공할 경제적 배상 조치 연구, 1978년부터 1983년까지 민주화 인사들이 겪은 인권침해 사례의 조사를 각각 목표로 했다. 전문가들로 구성된 이 위원회들은 소기의 성과를 제출할 목표로 활동에 들어갔다.[203]

셋째로, 5,600구의 유해가 수습되었다. 2022년 7월 한 일간지가 보도한 당시 법무부의 공식 자료에 따르면 실종자는 11만 4,000명이 넘었는데,[204] 이 가운데 5,600구의 유해를 수습한 것이다. 정부 담당부서는 실종자 유해 수습을 위해 실종자 위치 추적 지도를 작성·제공하고 있다. 이 지도는 역사기억법에 따라 2011년부터 작성하기 시작했지만, 2022년 민주기억법을 계기로 자치지방의 집단매장 정보까지 통합하여 제공하고 있다. 지방정책민주기억부 홈페이지에 있는 자치지방별 집단매장 지도(Mapas de fosas por Comunidades Autónomas)에서 지방별 집단매장지에 관한 상세 정보를 확인할 수 있다.

넷째로, 가해자의 유해가 이장되었다. 2022년 11월 2일, 프랑코와 함께 군사 반란을 일으킨 주범 곤살로 케이포 데 야노와 그의 오른팔 프

202 그동안 총리부가 관장하던 민주기억 업무를 2023년 11월 국토정책부로 이관하고 부처 명칭을 이렇게 변경했다.

203 "El Gobierno crea tres comisiones que desarrollan la Ley de Memoria Democrática," *La Vanguardia*, 23 de abril de 2024.

204 "La España de Franco que perdura: 2.200 fosas comunes, 114.000 desaparecidos, 6.000 símbolos franquistas...," *Infobae*, 17 de julio de 2022.

란시스코 보오르케스 베시나의 유해가 세비야의 마카레나 성당에서 다른 곳으로 옮겨졌다. 그들의 유해를 대중이 접근하는 공간에 둘 수 없다는 이유에서였다. 이는 인권 침해범을 기리고 찬미할 수 없게 만들어야 한다는 민주기억법 규정에 따른 조치였다. 이와 동일한 이유로 2023년 4월 23일에는 팔랑헤당을 창당한 호세 안토니오 프리모 데 리베라의 유해가 쿠엘가무로스 계곡(구 전몰자의 계곡)에서 그의 가족묘가 있는 마드리드의 산 이시드로 공동묘지로 이장되었다.[205]

다섯째로, 내전과 독재기에 정치적·이념적·종교적 이유로 피해를 입은 희생자들에 대한 572건의 배상 처리가 진행되었다. 정치인 유이스 콤파니스, 군인 안토니오 에스코바르, 첼로 연주자 파우 카잘스, 화가 파블로 피카소, 소설가 마리아 테레사 레온, 역사학자 니콜라스 산체스 알보르노스, 철학자 호세 루이스 로페스 아랑구렌, 아나키스트 살바도르 푸치 안티크, 노동자위원회 위원들 등이 여기에 포함되었다.

여섯째로, 2024년 7월 초에 쿠엘가무로스 계곡 재의미화 추진을 위한 범정부위원회(Comisión Interministerial para la resignificación del Valle de Cuelgamuros)가 구성되었다. 이 계곡은 프랑코가 '영광의 십자군'으로 싸우다가 쓰러져 간 희생자를 기린다는 명분으로 1940년에서 1959년에 걸쳐 조성한 복합추념 공간으로, 그동안 '전몰자의 계곡'이라 불려 왔다.[206] 민주기억법은 프랑코 독재를 찬미하는 듯한 느낌이 드는 이 명칭을 앞서 얘기한 대로 쿠엘가무로스 계곡으로 바꾸었다.

---

205 "La Hermandad de la Macarena exhuma los restos del general franquista Queipo de Llano en Sevilla," *RTVE.es*, 3 de noviembre de 2022.

206 이 계곡에 대해서는 다음 자료를 참조하라. 황보영조, 「프랑코 정권의 기억 만들기와 그 기억의 변화」, 『역사학연구』, 39 (2010), pp.301-303.

범정부위원회는 에스파냐 최대의 집단매장지[207]인 이 계곡을 베를린에 있는 학살된 유럽 유대인을 위한 추념물(Denkmal für die ermordeten Juden Europas) 같은 곳으로 만들 계획이며, 이에 걸맞은 새로운 의미를 부여하기 위해 준비하고 있다.[208] 이 작업이 완성되면 쿠엘가무로스 계곡은 민주기억의 장소로서 중요한 역할을 맡게 될 것이다.

일곱째로, 에스파냐 국적 취득의 기회를 제공하고 있는 민주기억법 규정에 따라 법 발효 후 10개월 동안 6만 9,000명가량이 에스파냐 국적을 취득했고, 2024년 11월 30일까지는 총 57만 7,620명이 국적 취득을 신청하여 그중 27만 5,804명이 국적을 취득했다.[209] 라틴아메리카 거주 에스파냐인과 그 후손들이 대다수였다. 이들은 에스파냐 국적 취득과 더불어 유럽 시민권도 얻게 되었다.[210] 정부는 이들의 국적 취득 신청 기간을 처음보다 1년 더 연장하여 2025년 10월까지 신청을 받았고, 현재 심사가 진행 중이다.

여덟째로, 1948년에서 1978년 사이에 수여한 귀족의 작위를 폐지하는 조치가 단행되었다. 프리모 데 리베라의 공작 작위를 비롯한 33개 작위가 그 대상이 되었다. 또한 1936년 군사 쿠데타 이후 정권에 적극

---

207 공식적으로 3만3,847구가 매장되어 있는 것으로 알려져 있다. Francisco Ferrándiz, "Guerras sin fin: guía para descifrar el Valle de los Caídos en la España contemporánea," *Política y Sociedad*, 48 (3) (2011), pp.484 y 494.

208 "El Gobierno cede ante la Iglesia para lanzar un proyecto en Cuelgamuros por 30,5 millones de euros," *El País*, 27 de marzo de 2025.

209 "Más de 275.000 descendientes de exiliados han obtenido la nacionalidad española con la Ley de Memoria Democrática," *El Economista*, 25 de enero de 2025.

210 Mercedes Soto Moya, "Derecho de opción a la nacionalidad española en la Ley 20/2022 de Memoria Democrática y su incidencia en la libre circulación de personas," *Revista Electrónica de Estudios Internacionales*, 46 (2023), p.65.

적으로 가담한 자들에게 수여했던 훈장 박탈 조치도 취해졌다. 독재자 프랑코와 장군 후안 야구에 블랑코, 추기경 엔리케 플라 이 데니엘 등이 그 대상이었다.[211]

아홉째로, 군사 쿠데타와 프랑코 독재를 찬미하고 미화하는 상징물 철거와 관련하여 민주기억에 반하는 상징물 목록 작성 작업이 추진되고 있다. 2007년 역사기억법으로 구시대의 상징물 일부는 철거되었으나, 아직 남아 있는 것도 많다. 2023년 2월 현재까지 철거 대상 상징물은 모두 6천여 건(문장과 부조 102건, 비문 290건, 기념물 228건, 거리명 579건, 지명 6건, 현판 4,391건 등)에 이른다.[212] 지금은 제거해야 할 상징물의 상황을 상세하게 보여주는 웹사이트(deberiadesaparecer.com)도 제작·운영되고 있다. 문제가 되는 상징물이 있을 때는 이곳에다 신고할 수 있다.[213]

마지막으로, 2023년 9월에 민주기억법을 위반한 죄로 팔랑헤 단체에 벌금이 부과되었다. 2022년 11월 19일, 일부 팔랑헤 회원들과 에스파냐가톨릭운동(Movimiento Católico Español) 회원들이 마드리드의 오리엔테 광장에 모여 로마식 경례를 올리고 프랑코주의와 파시즘을 찬미하는 노래를 불렀다. 프랑코의 사망일이자 팔랑헤당 설립자 프리모 데 리베라의 사망일인 11월 20일을 추념하기 위해서였다. 하지만 이는 독재와 파시즘 찬미 행위를 금지하고 있는 민주기억법 조항[214]을

211 Laura Olías, "Yolanda Díaz retira la Medalla al Mérito en el Trabajo a Franco y otros represores de la dictadura," *elDiario.es,* 27 de octubre de 2022.

212 Eduardo Ranz Alonso, "Retirada de la simbología franquista," *Cuadernos Republicanos,* 117 (2024), pp.24-38.

213 Luz Sela, "El Gobierno busca chivatos para que no quede ningún símbolo franquista sin retirar de las fachadas," *OkDiario,* 2 de marzo de 2025.

214 이 조항을 두고 표현의 자유를 침해하고 있다는 반론을 제기하는 이들이 있다. Artemi

위반한 집회였기에 관계 당국이 절차를 밟아서 벌금을 부과했다. 벌금 액수는 민주기억법 중대 위반에 해당하는 10,001유로였다. 이는 민주기억법 제정 후 처음 집행된 벌금 처벌이었다.[215]

이상은 민주기억법 시행 2년을 평가한 언론보도에서 확인할 수 있는 몇 가지 성과들이다. 이를 보도한 일부 언론들은 이러한 성과를 내기 시작한 민주기억법이 새로운 이정표와도 같은 법임을 인정하면서도, "아직 갈 길이 멀다."거나 전환기의 정의를 실현하기에는 "충분하지 않다."라는 평을 내놓았고,[216] 국제사면위원회 에스파냐 지부를 비롯한 여러 인권단체의 평가도 덧붙였다.

사실 국제사면위원회 에스파냐 지부는 에스파냐 언론사들보다 좀 더 냉정한 평가를 내렸다. 이들은 우선 법 시행이 더뎠으며, 이렇다 할 성과를 아직 내지 못했다고 비판했다.[217] 또한 프랑코 독재기에 자행된 중대 범죄를 규명하기 위한 결정적 조치의 결여와 불처벌이 민주기억법이 안고 있는 중대한 흠이라고 지적했다. 해당 범죄가 저질러질 당시 에스파냐 형법에는 반인도적 범죄 유형에 관한 내용이 존재하지 않았고, 국제법에 호소하는 것도 사후 입법이나 소급 처벌을 원칙적으로 금지하는 형사적 합법성의 원칙과 양립하지 않아 시도할 수 없

Rallo Lombarte, "Memoria Democrática," pp.133-142.

215 Danilo Albin, "La Falange recibe la primera sanción por vulnerar la nueva ley de memoria: 10.000 euros por los actos del 20N," *Diario Publico*, 28 de septiembre de 2023.

216 "Dos años de la Ley de Memoria Democrática: un hito con mucho camino por recorrer," *ElPlural.com*, 21 de octubre de 2024; Ramón Contreras López, "A dos años de la Ley de Memoria Democrática," *Viento Sur*, 4 de noviembre de 2024.

217 Amnistía Internacional España, "España: Dos años de Ley de Memoria Democrática," 21 de octubre de 2024 (http://www.es.amnesty.org, 2025년 9월 22일 검색).

었으며, 당시의 범죄가 이미 사면 되었기에 그 범죄를 '일반' 범죄처럼 조사할 수도 없게 되었다는 것이다. 이들은 이에 대해 1977년 사면법을 개정하거나 폐지하고 국제법에 부합하도록 형법을 개정하라고 당국에 권고했다.

신화를 넘어 진실로

이처럼 에스파냐는 문제를 깨닫고 뒤늦게나마 전환기의 정의 실현을 위해 노력하고 있다. 2007년에는 역사기억법을 제정하였고, 2022년에는 민주기억법을 제정했다. 그들은 이제 신화를 넘어 진실을 찾아 나아가고 있는 것이다.

전환기에 에스파냐 국민 대다수는 과거와의 갑작스러운 단절을 피하기 위해 점진적이고 평화적인 전환을 선택했다. 그것이 사면법의 형태로 나타났다. 그런데 그 사면법이 결국 전환기의 정의 실현을 가로막는 걸림돌이 되었다.

전환기의 정의를 실현하고 진정한 민주주의를 이룩하기 위해서는 사면이나 망각이나 침묵이 아니라, 제대로 된 기억이 중요하다. 이런 점에서 내전과 프랑코 독재 희생자들을 제대로 기억하려는 조치를 규정하고 있는 민주기억법은 전환기의 정의 실현에 한 걸음 더 다가선 법이라 하겠다. 전환기가 아니라, 전환기 이후 40년이 지나서야 본격적으로 추진되고 있는 이런 움직임은 법학자 주제프 마리아 타마릿 수마야가 얘기했다시피 '뒤늦은 전환기의 정의(late transitional justice)'의 사례에 해당할지도 모른다.[218]

에스파냐에는 세기가 바뀐 지금에도 여전히 실종자와 사망자들에게 무슨 일이 있었는지를 알지 못하는 유가족들이 상당하며, 그들의 유해를 수습해 가족묘에 모시고 싶어 하는 이들도 부지기수다. 프랑코 독재의 상징물과 기념물이 버젓이 서 있는 곳도 여전히 존재한다. 정적들에게 내린 부당한 사법 판결을 뒤집어야 한다는 요구도 늘어나고 있다. '뒤늦은 전환기의 정의'는 이런 문제들을 모두 해결하고 나서야 실현될 것이다. 이것이 실현된다면 에스파냐가 전환기의 정의를 제대로 실현하지 못한 나라들이 본받아야 할 '뒤늦은 전환기의 정의'의 좋은 모델이 될지도 모른다.

그러나 아직 넘어야 할 산이 많다. 우선 국제사면위원회가 제기한 법적 문제들(1977년 사면법 폐지와 형법 개정)을 풀어야 한다. 민주기억법을 약화 또는 폐기하기 위해 호시탐탐 기회를 엿보고 있는 우파 및 극우파 정치세력 문제도 해결책을 찾아야 한다. 이는 과거사를 덮으려는 경향과 그것을 기억할 필요성의 모순으로 표현되는 집단기억의 문제이기도 하다.

에스파냐에서 전환기의 정의는 아직도 논란을 거듭하고 있는 미완의 문제다. 민주기억법의 입법으로 커다란 진전을 보여주기는 했으나, 그것으로 과거를 온전히 청산하기에는 여전히 부족하다. 이제 막 첫걸음을 뗀 민주기억법의 시행이 앞으로 어떻게 진행될지 그 귀추가 주목된다.

---

218 Josep Maria Tamarit Sumalla, *Historical memory and criminal justice in Spain: a case of late transitional justice* (Intersentia NV, 2013), pp.75-82.

참고문헌

1차 자료

1. 문서보관소

Archivo del Foreign Office
Archivo de la Democracia
Archivo General de la Administración

2. 정기간행물

20 minutos
ABC
Actualidad Española
Arbor
Arriba
Boletín Oficial de las Cortes Generales
Boletín Oficial del Estado
Cambio 16
Clarin
Diario Público
El Alcázar
El Diario
El Economista
El Mundo
El País
ElPlural.com
Europa Press
Infobae
Informaciones
La Vanguardia
Mundo Obrero
Newsweek
New York Times
OkDiario
Proceso
RTVE.es
The Conversation
The Times

Tiempo de Historia
Viento Sur

3. 단행본과 논문

Cabanellas, Guillermo, *Cuatro generales: La lucha por el poder* (Barcelona, 1977)
Calvo Serrer, Rafael, *España, sin probloma* (Madrid: Ediciones Rialp, S. A., 1949)
Díaz-Plaja, Fernando (ed.), *La historia de España en sus documentos. El Siglo XX: La Guerra (1936-1939)* (Madrid, 1963)
Díaz-Plaja, Fernando (ed.), *La historia de España en sus documentos*, 3 (Madrid, 1972)
Fraga Iribarne, Manuel, *El reglamento de las Cortes Españoles* (Madrid, 1959)
Franco, Francisco, *Palabras del Caudillo* (Madrid: Vicesecretaría de Educación Popular, 1943)
Franco Salgado Araujo, Francisco, *Mis conversaciones privadas con Franco* (Barcelona, 1979)
González Menéndez Reigada, Albino, *Catecismo Patriótico Español* (Salamanca, 1939)
Greiff, Pablo de, "Informe del Relator Especial sobre la promoción de la verdad, la justicia, la reparación y las garantías de no repetición, Pablo de Greiff: Misión a España," ONU: Consejo de Derechos Humanos (22 de Julio, 2014)
Gutiérrez Ravé, José, *Gil Robles, caudillo frustrado* (Madrid, 1967)
Jefatura del Estado, "Ley 46/1977, de 15 de octubre, de Amnistía," *Boletín Oficial del Estado*, núm. 248 (17 de Oct, 1977)
Joinet, Louis, "Informe final revisado acerca de la impunidad de los autores de violaciones de los Derechos Humanos (civiles y políticos)" preparado por el Sr. L. Joinet de conformidad con la Resolución 1996/119 de la Subcomisión, (UN Doc E/CN.4/Sub.2/1997/20/Rev.1) (1997)
Kindelán, Alfredo, *La verdad de mis relaciones con Franco* (Barcelona, 1981)
La Cierva, Ricardo de (ed.), *Los documentos de la primavera trágica* (Madrid, 1967)
Laín Entralgo, Pedro, *España como problema* (Madrid: Escelicer, 1949)
López Rodó, Laureano, *Memorias*, vol. 1 (Barcelona: Plaza y Janés, 1990)
Montilla, Francisca, *Selección de libros escolares de lectura* (Madrid: CSIC, 1954)
Partido Comunista de España, *Declaración del Partido Comunista de España: por la reconciliación, por una solución democrática y pacífica del problema español* (s.l.: PCE, 1956)
Peirats, José, *La C.N.T. en la revolución española*, I (Toulouse, 1951)
Pemartín, José, *¿Qué es lo nuevo? Consideraciones sobre el momento español presente* (Madrid: Espasa Calpe, 1940)
Primo de Rivera, José Antonio, *Obras completas* (Madrid, 1952)
Primo de Rivera, Pilar, *Discursos. Circulares. Escritos* (Madrid: Afrodisio Aguado, 1943?)
Primo de Rivera, Pilar, *Recuerdos de una vida* (Madrid: Dyrsa, 1983)
PSOE, "Resolución política del Congreso extraordinario" (28-29 de septiembre de 1979)

PSOE, *Por el cambio. Programa electoral* (Madrid: PSEO, 1982)
Sainz Rodríguez, Pedro, "Editorial," *Revista Nacional de Educación*, nº 1 (1941)
Sección Femenina, *Consejo nacionales (libro segundo)* (Madrid: SF de FET y de las JONS, s. f.)
Sección Femenina, *La Sección Femenina: Historia y organización* (Madrid: SF de FET y de las JONS, 1952)
Serrano Suñer, Ramón, *Entre Hendaya y Gibraltar* (Mexico City, 1947)
Serrano Suñer, Ramón, *Memorias: entre el silencio y la propaganda, la historia como fué* (Barcelona, 1977)
Suárez González, Adolfo, *Declaración política del Nuevo Gobierno (julio de 1976)* (Madrid: Ediciones del Movimiento, 1976)
Suárez González, Adolfo, *El Derecho de Asociación Política* (Madrid: Ediciones del Movimiento, 1976)
Suárez González, Adolfo, *Un nuevo horizonte para España: Discursos del Presidente del Gobierno 1976-1978* (Madrid: Imprenta del Boletín Oficial del Estado, 1978)
United Kingdom Secretary of State for Foreign Affairs, *Gibraltar talks with Spain (May-October 1966)*, Presented to Parliament by the Secretary of State for Foreign Affairs by Command of Her Majesty (London, 1966)
Vigón, Jorge, *Mola (El conspirador)* (Barcelona, 1957)

2차 자료

Abellán, José Luis y otros, *El exilio español de 1939* (Madrid: Taurus, 1976)
Aguila Tejerina, Rafael del, "La transición a la democracia en España: Reforma, ruptura y consenso," *Revista de Estudios Políticos*, núm. 25 (1982)
Aguilar, Paloma, "The Timing and the Scope of Reparation, Truth and Justice Measures: A Comparison of the Spanish, Argentinian and Chilean Cases," Kai Ambos, Judith Large and Marieke Wierda (eds), *Building a Future on Peace and Justice: Studies on Transitional Justice* (Springer, 2009)
Aguilar, Paloma, *Memory and Amnesia: The Role of the Spanish Civil War in the Transition to Democracy in Spain* (New York: Berghahn, 2002)
Aguilar, Paloma, *Memoria y olvido de la Guerra Civil española* (Madrid: Alianza Editorial, 1996)
Aguilar, Paloma, "La amnesia y la memoria," Rafael Cruz y Manuel Pérez Ledesma (eds.), *Cultura y movilización en la España contemporánea* (Madrid: Alianza Editorial, 1997)
Aguilar, Paloma, "Justice, Politics and Memory in the Spanish Transition," Alexandra Barahona de Brito, Carmen González-Enríquez, and Paloma Aguilar (eds.), *The Politics of Memory: Transitional Justice in Democratizing Societies* (Oxford: Oxford University Press, 2001)

Aguilar, Paloma, "Guerra Civil, franquismo y democracia," *Claves de Razón Práctica*, no. 140 (2004)
Aguilar, Paloma, "Collective memory of the Spanish Civil War: The case of the political amnesty in the Spanish transition to democracy," *Democratization*, vol. 4, no 4 (1997)
Aguilar, Paloma, "Justicia, política y memoria: los legados del franquismo en la Transición española," *Working paper*, nº 163 (2001)
Aguilar, Paloma and Carsten Humlebaek, "Collective Memory and National Identity in the Spanish Democracy," *History and Memory*, vol. 14 (2002)
Aguirre Herráinz, Pablo, "Los espacios de la memoria en la sociedad actual: teoría e historia. Crónica de la jornada de estudios del 8 de mayo de 2014," *Historiografías*, 7 (enero-junio, 2014)
Agulló Díaz, Mª del Carmen, "'Azul y rosa': Franquismo y educación femenina," Alejandro Mayordomo (coord.), *Estudios sobre la política educativa durante el franquismo* (Valencia: Universitat de València, 1999)
Alonso Carballés, Jesús, "Estrategias de evitación de la ley de memoria histórica, o de las dificultades para deshacerse de la herencia simbólica del franquismo en el espacio público," Jordi Guixé, Jesús Alonso Carballés y Ricard Conesa (eds.), *Diez años de leyes y políticas de memoria (2007-2017)* (Madrid: Los Libros de la Catarata, 2019)
Alonso de los Ríos, César, "Deporte, sociedad y política," *Cuadernos para el Diálogo*, XXV extraordinario (mayo de 1971)
Alsina Oliva, Rosa, "Estrategia de desarrollo en España 1964-1975: planes y realidad," *Cuadernos de Economía*, vol. 15 (1987)
Alted, Alicia, "Los niños de la Guerra Civil," *Anales de Historia Contemporánea*, 19 (2003)
Álvarez Bolado, Alfonso, *El experimento del nacional-catolicismo* (Madrid: Edicusa, 1976)
Álvarez Junco, José, "Del franquismo a la Democracia," Antonio Morales Moya y Mariano Esteban de Vega (eds.), *La historia contemoránea de España* (Salamanca, 1996)
Álvaro Dueñas, Manuel, *Por ministerio de la Ley y voluntad del Caudillo: La Jurisdicción especial de responsabilidades políticas (1939-1945)* (Madrid: Centro de Estudios Políticos y Constitucionales, 2006)
Amaya Quer, Àlex, "'Unidad, totalidad y jerarquía': Continuidades y rupturas en la teoría y la praxis de la Organización Sindical Española, 1939-1969," *Historia y Política*, núm. 28 (2012)
André-Bazzana, Bénédicte, *Mitos y mentiras de la Transición* (Editorial El Viejo Topo, 2006)
Andrés Gallego, José, "La Iglesia en la España de Franco," *Almogaren*, 22 (1998)
Andrés Gallego, José y Antón M. Pazos (eds.), *Archivo Gomá*, Vol. 1, *Julio-Diciembre de 1936* (Madrid: CSIC, 2001)
Andrés Ibáñez, Perfecto, "Casos Garzón: necesario distinguir," *Isonomía*, núm. 37 (2012)
Aragón, Pablo and others, "Online network organization of Barcelona en Comú, an emergent movement-party," *Computational Social Networks*, 4(8) (2017)
Areilza, José María, *Diario de un ministro de la monarquía* (Barcelona: Planeta, 1977)

Arias Navarro, Carlos, *Hacia una plenitud democrática: Discurso pronunciado en el Pleno de las Cortes Españolas, el día 28 de Enero de 1976* (Madrid: Edic. del Movimiento, 1976)

Arija, José Manuel, "El nacimiento de Comisiones Obreras," *Historia 16*, tomo 1, nº 6 (1976)

Aristarco, Guido y otros, *Cine español (1896-1988)* (Madrid: Instituto de la Cinematografía y de las Artes Audiovisuales, 1989)

Armengou, Montserrat y Ricard Belis, *Las fosas de Franco. ¿Hay un holocausto español?* (Barcelona: Debolsillo, 2005)

Aróstegui, Julio, "La historiografía sobre la España de Franco. Promesas y debilidades," *Historia Contemporánea*, nº 7 (1992)

Aróstegui, Julio, "Los componentes sociales y políticos," Manuel Tuñón de Lara y otros, *La Guerra Civil Española. 50 añs después* (Barcelona: Labor, 1985)

Aróstegui, Julio, *La Transición (1975-1982)* (Madrid: Acento Editorial, 2000)

Aróstegui, Julio y Jorge Marco, *El último frente. La resistencia armada antifranquista en España, 1939-1952* (Madrid: La Catarata, 2008)

Arranz, Luis, "Democracia y Segunda República, según Pío Moa," *Nueva Revista de Política, Cultura y Arte*, 98 (2005)

Arrarás, Joaquín, *Historia de la Cruzada Española* (Madrid: Ediciones Españoles, 1938-1943)

Arrarás, Joaquín (ed.), *Historia de la cruzada española*, III (Madrid, 1941)

Ashford Hodges, Gabrielle y María Isabel Salido Rodríguez, *Retrato psicológico de un dictador* (Madrid: Taurus, 2001)

Asunción Castro, María y Julián Díaz Sánchez (coords.), *XXV años de paz franquista. Sociedad y cultura en España hacia 1964* (Madrid: Silex Ediciones, 2017)

Attard, Emilio, *La Constitución por dentro* (Barcelona: Argos-Vergara, 1983)

Aznar Zubigaray, Manuel, *Historia militar de la guerra de España (1936-1939)* (Madrid: Idea, 1940)

Aznar Zubigaray, Manuel, *El Alcázar no se rinde* (Madrid: Ograma, 1957)

Balcells, Albert, "L'intent de genocidi cultural del franquisme. Una perspectiva catalana," Agustí Alcoberro y Giovanni Cattini (eds.), *Entre la construcció nacional i la repressió identitària* (Barcelona: Museu d'Historia de Catalunya, 2012)

Banco de España, *60 Aniversario del Plan de Estabilización. Homenaje a Joan Sardà* (Madrid, 2019)

Barabona de Brito, Alexandra, Paloma Aguilar Fernández y Carmen González Enríquez, eds., *Las políticas hacia el pasado. Juicios, depuraciones, perdón y olvido en las nuevas democracias* (Madrid: Istmo, 2002)

Barciela, Carlos, "Guerra Civil y primer franquismo (1936-1959)," Francisco Comín, Mauro Hernández Benítez y Enrique Llopis Agelán, *Historia económica de España, siglos X-XX* (Barcelona: Crítica, 2003)

Barciela, Carlos y Inmaculada López Ortiz, "El fracaso de la política agraria del primer franquismo, 1939-1959. Veinte años perdidos para la agricultura española," Carlos Barciela (ed.), *Autarquía y mercado negro: el fracaso económico del primer*

franquismo, 1939-1959 (Barcelona: Crítica, 2003)
Bardavío, Joaquín, *La estructura del poder en España* (Madrid, 1969)
Bardem, Juan Antonio, *Discurso en las Conversaciones de Salamanca, 1955* (https://www.juanantoniobardem.es/discurso-en-las-conversaciones-de-salamanca, 2025. 3. 26. 접속)
Barford, Vanessa, "Gibraltar: las dos caras de un viejo conflicto territorial," *BBC Mundo* (13 de agosto de 2013)
Beaumont Esandi, Edurne y Fernando Mendiola Gonzalo, "Batallones Disciplinarios de Soldados Trabajadores: Castigo político, Trabajos forzados y Cautivadad," *Revista de Historial Actual*, vol. 2, núm. 2 (2004)
Benet, Josep, *Desfeta i redreçament de Catalunya* (Barcelona: Crítica, 1978)
Benet, Josep, *L'intent franquista de genocidi cultural contra Catalunya* (Barcelona: Publicaciones de l'Abadia de Montserrat, 1995)
Bernecker, Walther L., "Monarchy and Democracy: The Political Role of King Juan Carlos in the Spanish Transition," *Journal of Contemporary History*, 33(1) (1998)
Blanco, Ismael, Yunailis Salazar & Iolanda Bianchi, "Urban governance and political change under a radical left government: The case of Barcelona," *Journal of Urban Affairs*, 42 (1) (2020)
Blinkhorn, Martin, *Carlism and Crisis in Spain 1931-1939* (Cambridge, 1975)
Bordes, Juan Carlos, *El servicio de Correos durante el régimen franquista (1936-1975): depuración de funcionarios y reorganización de los servicios postales* (Madrid: Cinca, 2009)
Borge Bravo, Rosa & Eduardo Santamaria Sáez, "From protest to political parties: Online deliberation in new parties in Spain," *Media Studies*, 14 (2006. 7.)
Boyd, Carolyn P., *Historia Patria: Politics, History and National Identity in Spain* (Princeton, NJ: Princeton University Press, 1997)
Boyd, Carolyn P., "The Politics of History and Memory in Democratic Spain," *The ANNALS of the American Academy of Political and Social Science*, Vol. 617 (2008)
Bravo Morata, Federico, *Franco y los muertos providenciales* (Madrid, 1979)
Busquets, Julio, *Militares y demócratas* (Barcelona: Plaza & Janés, 1999)
Cabrera, Mercedes, "Los Pactos de la Moncloa: Acuerdos políticos frente a la crisis," *Historia y Política*, núm. 26 (2011)
Calleja, Juan José, *Yagüe, un corazón al rojo* (Barcelona, 1963)
Cámara Villar, Gregorio, *Nacional-catolicismo y Escuela: La socialización política del franquismo, 1936-1951* (Jaén: Editorial Hesperia, 1983)
Cameno Mayo, Diego, "El contubernio de Múnich (1962): balance historiográfico," *Revista de Historiografía*, núm. 35 (2021)
Capellà, Margalida, "Represión política y Derecho internacional: una perspectiva comparada (1936-2006)," Margalida Capellà y David Ginard (coords.), *Represión política, justicia y reparación. La memoria histórica en perspectiva jurídica (1936-2008)* (Palma de Mallorca: Edicions Documenta Balear, 2009)
Carandell, Luis, "Un seductor llamado Adolfo," *Tiempo de Historia*, 72 (noviembre de

1980)
Carbonell Sebarroja, Jaume, "Cuatro décadas de educación franquista. Marco legal y política educativa," *Cuadernos de Pedagogía*, Suplemento nº 3 (1976)
Carr, Raymond, *España 1808-1975* (Barcelona: Ariel, 1982)
Carrillo, Marc, "La memoria y la calidad democrática del Estado (comentario a la Ley 20/2022, de 19 de octubre, de memoria democrática)," *Revista de las Cortes Generales*, 114 (2022)
Casals, Xavier, *La Transición española. El voto ignorado de las armas* (Barcelona: Pasado & Presente, 2016)
Casanova, Iker, *ETA: 1958-2008. Medio siglo de historia* (Tafalla, 2007)
Casanova, Julián, "La sombra del franquismo: ignorar la historia y huir del pasado," Julián Casanova y otros, *El pasado oculto. Fascismo y violencia en Aragón (1936-1939)* (Madrid: Siglo XXI, 1992)
Casanova, Julián, "La dictadura que salió de la guerra," Julián Casanova (ed.), *Cuarenta años con Franco* (Barcelona: Crítica, 2015)
Casanova, Julián (coord.), *Morir, matar, sobrevivir: la violencia en la dictadura de Franco* (Barcelona: Crítica, 2002)
Casanova, Julián and Carlos Gil Andrés, *Twentieth-Century Spain: A History* (Cambridge University Press, 2014)
Castiella, Fernando María y José María de Areilza, *Reivindicaciones de España* (Madrid: Instituto de Estudios Políticos, 1941)
Cazorla Sánchez, Antonio, *Las políticas de la victoria. La consolidación del Nuevo Estado franquista (1938-1953)* (Madrid: Marcial Pons, 2000)
Cebrián, Juan Luis, "La agonía del franquismo," Javier Pradera y Santos Juliá (ed.), *Memoria de la transición* (Madrid: Diario El País, 1995)
Cerecedo, Francisco, "Sociología insolente del fútbol español," *Posible*, 5 (Madrid, 15 de enero de 1975)
Cervera-Marzal, Manuel, "Podemos: A Party-movement in Government," *Jacobin* (2020. 1.)
Chamorro, Eduardo, *Felipe González: un hombre a la espera* (Barcelona: Planeta, 1980)
Chinchón, Javier, "El viaje a ninguna parte: memoria, leyes, historia y olvido sobre la Guerra Civil y el pasado autoritario en España. Un examen desde el Derecho internacional," *Revista IIDH*, nº 45 (2007)
Chironi, Daniela & Raffaella Fittipaldi, "Social movements and new forms of political organization: Podemos as a Hybrid Party," *Partecipazione e Conflitto*, 10(1) (2017)
Chuliá Rodrigo, Elisa, "La Ley de Prensa de 1966. La explicación de un cambio institucional arriesgado y de sus efectos virtuosos," *Historia y Política*, núm. 2 (1999)
Claret, Jaume, *El atroz desmoche: la destrucción de la universidad española por el franquismo 1936-1945* (Barcelona: Crítica, 2006)
Clavera, Joan y Jacinto Ros Hombravella, *Capitalismo español: de la autarquía a la estabilización (1939-59)*, tomo II (Madrid: Cuadernos para el Diálogo, S. A., 1973)
Collotti, Enzo, "Cinque forme di fascismo europeo. Austria, Germania, Italia, Spagna,

Portogallo," Luciano Casali (ed.), *Per una definizione della dittadura franchista* (Milán: Franco Angeli, 1990)
Colomer, Josep M., *La transición a la democracia: el modelo español* (Barcelona: Editorial Anagrama, S. A., 1998)
Comín Colomer, Eduardo, *Lo que España debe a la Masonería* (Madrid: Editora Nacional, 1952)
Comín Colomer, Eduardo, *Historia secreta de la Segunda República* (Madrid: Nos, 1954-1955)
Comín Colomer, Eduardo, *El anarquismo contra España* (Madrid: Publicaciones Españolas, 1955)
Comín Colomer, Eduardo, *Historia del Partido Comunista de España* (Madrid: Editora Nacional, 1965-1967)
Conde, Francisco Javier, "Espejo del Caudillaje," Francisco Javier Conde, *Escritos y fragmentos políticos* (Madrid: Instituto de Estudios Políticos, 1973)
Conde, Francisco Javier, *Contribución a la doctrina del Caudillaje* (Madrid: Vicesecretaría de Educación Popular, 1942)
Conrad, Barnaby, *The Death of Manolete* (Phoenix Books, 2007)
Creixell, Joan, *La Caputxinada* (Barcelona: Edicions 62, 1987)
Cuenca Toribio, José Manuel, "La Segunda República. De la leyenda negra a la rosa," *Revista de las Cortes Generales*, 56 (2002)
Cuesta Bustillo, Josefina (coord,), *La depuración de funcionarios bajo la dictadura franquista (1936-1975)* (Madrid: Fundación Francisco Largo Caballero, 2009)
Cuesta Bustillo, Josefina y Benito Bermejo (coords.), *Emigración y exilio. Españoles en Francia 1936-1946* (Madrid: Eudema, 1996)
Culla Clarà, Joan Bta., *«CC». Diccionari. Catalunya durant el franquisme* (Eumo Editorial, 2006)
Courtois, Stéphane, *El libro negro del comunismo* (Madrid: Espasa Calpe, 1998)
Davis, Madeleine, "Is Spain Recovering its Memory?," *Human Rights Quarterly*, vol. 27, no. 3 (2005)
Díaz-Plaja, Guillermo, "La condición emigrante. Los trabajadores españoles en Europa," *Cuadernos para el Diálogo*, Madrid (1974)
Díaz Salazar, Rafael, *Iglesia, dictadura y democracia. Capitalismo y Sociedad en España (1953-1979)* (Madrid: Ediciones Hoac, 1981)
Domínguez Arribas, Javier, *El enemigo judeo-masónico en la propaganda franquista, 1936-1945* (Madrid: Marcial Pons, 2009)
Dreyfus-Armand, Geneviève, *El exilio de los republicanos españoles en Francia. De la guerra civil a la muerte de Franco* (Barcelona: Crítica, 2000)
Eizaguirre, Santiago, Marc Pradel & Marisol García, "Citizenship practices and democratic governance: '*Barcelona en Comú*' as an urban citizenship confluence promoting a new policy agenda," *Citizenship Studies*, 21 (4) (2017)
Elorza, Antonio, "El franquismo, un proyecto de religión política," Javier Tusell y otros (eds.), *Fascismo y franquismo. Cara a Cara. Una perspectiva histórica* (Madrid: Biblioteca Nueva, 2004)
Elorza, Antonio, *La modernización política en España* (Madrid: Endymion, 1988)

Elorza, Antonio, "Genocidios," *Historia Nova: Revista de Historia Contemporánea*, 10 (2012)
Emilio Ferreiro, Celso, *Longa noite de pedra* (Editorial Galaxia, 1962)
Encarna Nicolás, María, "Los poderes locales y la consolidación de la dictadura franquista," *Ayer*, nº 33 (1999)
Encarnación, Omar G., "Reconciliation after Democratization: Coping with the Past in Spain," *Political Science Quarterly*, vol. 123 (2008)
Engbo Gissel, Line, "Contemporary Transitional Justice: Normalising a Politics of Exception," *Global Society*, Vol. 31, Issue 3 (2017)
Enrique de la Villa Gil, Luis and Aurelio Desdentado Bonete, *La amnistia laboral: una crítica política y jurídica* (Madrid: Ediciones de la Torre, 1978)
Equipo de Estudios, "Panorama de la educación desde la Guerra Civil," *Cuadernos de Pedagogia*, núm. 9 (septiembre 1975)
Espadas Burgos, Manuel, *Franquismo y política exterior* (Madrid: Rialp, 1988)
Espar Ticó, Josep, *Amb C de Catalunya: Memòries d'una conversió al catalanisme (1936-1963)* (Barcelona: Edicions 62, 1994)
Espinosa, Francisco, "Historia, memoria, olvido: la represión franquista," *Contra el olvido: Historia y memoria de la guerra civil* (Barcelona: Crítica, 2006)
Espinosa, Francisco, "De saturaciones y olvidos. Reflexiones en torno a un pasado que no puede pasar," *Historia Nova*, 7 (2007)
Espinosa, Francisco, *El fenómeno revisionista o los fantasmas de la derecha española* (Badajoz: Del Oeste Ediciones, 2005)
Esteban, Jorge de y Luis López Guerra, *La crisis del Estado franquista* (Barcelona: Labor, 1977)
Faber, Sebastiaan, "The Price of peace: Historical memory in post-Franco Spain," *Revista Hispánica Moderna* (Junio-Diciembre, 2005)
Félix Maíz, B., *Mola, aquel hombre* (Barcelona, 1976)
Fernández Buey, Francisco, "La insólita, aunque breve, experiencia de un sindicato democrático bajo el fascismo (1965-1968)," *Materiales*, Nº 2 (1977)
Fernández Buey, Francisco, "Documentos del Movimiento Universitario durante el franquismo," *Materiales*, Extraordinario Nº 1 (1977)
Fernández Carvajal, Rodrigo, *La Constitución española* (Madrid: Editora Nacional, 1969)
Fernández, Fruela, "Podemos: Politics as a 'task of translation'," *Translation Studies*, vol. 11, no. 1 (2018)
Fernández Hoyos, Francisco, "La cárcel concordataria de Zamora: Una prisión para curas en la España franquista." (centresderecerca.uab.cat/cefid/sites/centresderecerca.uab.cat.cefid/files/comunicIII-5.pdf, 2025. 4. 2. 접속)
Fernández Paredes, Teresa, "Transitional justice in Democratization Processes: The Case of Spain from an international Point of View," *International Journal of Rule of Law, Transitional Justice and Human Rights*, vol. 1 (2010)
Ferrándiz, Francisco, "Guerras sin fin: guía para descifrar el Valle de los Caídos en la España contemporánea," *Política y Sociedad*, 48 (3) (2011)
Ferrando Badía, Juan, *El régimen de Franco. Un enfoque político-jurídico* (Madrid:

Tecnos, 1984)
Flesher Forminaya, Cristina, *Democracy Reloaded: Inside Spain's Political Laboratory from 15-M to Podemos* (Oxford University Press, 2020)
Folgueira Lombardero, Pablo y Javier Bayón Iglesias, "Breve accercamiento a la transición española," *Tiempo y Sociedad*, núm. 1 (2009)
Fontana, Josep, "Reflexiones sobre la naturaleza y las consecuencias del franquismo," Josep Fontana (ed.), *España bajo el franquismo* (Barcelona: Crítica, 1986)
Fontana, Josep (ed.), *España bajo el franquismo* (Barcelona: Crítica, 2000)
Fontana, Josep y Ramón Villares (dir.), *Historia de España*, vol. 9 (*La dictadura de Franco*) (Madrid: Crítica/Marcial Pons, 2010)
Fraga Iribarne, Manuel, *En busca del tiempo servido* (Barcelona: Planeta, 1987)
Galinsoga, Luis de, *Centinela de Occidente: semblanza biográfica de Francisco Franco* (Barcelona: AHR, 1956)
Gálvez Biesca, Sergio, "El proceso de la recuperación de la 'memoria histórica' en España: Una aproximación a los movimientos sociales por la memoria," *International Journal of Iberian Studies*, vol. 19 (2006)
García Alcalá, Julio Antonio, *Historia del "Felipe" (FLP, FDC y ESBA): de Julio Cerón a la Liga Comunista Revolucionaria* (Madrid: Centro de Estudios Políticos y Constitucionales, 2001)
García, Beatriz, "Ruedo Ibérico: contra la estrategia del olvido, el dedo en el gatillo de la memoria," Miguel Ángel Luis Carnicer (coord.), *Nuevas tendencias historiográficas e historia local en España: actas del II Congreso de Historia Local de Aragón (Huesca, 7 al de julio de 1999)* (Instituto de Estudios Altoaragoneses: Universidad de Zaragoza. Departamento de Historia Moderna y Contemporánea, 2001)
García Rico, Eduardo, *Queríamos la revolución. Crónicas del FELIPE, Frente de Liberación Popular* (Barcelona: Flor del Viento Ediciones, 1998)
Garriga, Ramón, *Los validos de Franco* (Barcelona, 1981)
Garton Ash, Timothy, "The Truth about Dictatorship," *The New York Review* (February 19, 1998)
Genzmer, Herbert, Sybille Kershner and Christian Schutz, *Great Disasters* (Parragon, 1989)
Germani, Gino, *Autoritarismo, fascismo e classi sociali* (Bolonia: Il Mulino, 1975)
Gibson, Ian, *La noche en que mataron a Calvo Sotelo* (Barcelona, 1982)
Gil, Alicia, *La justicia de transición en España. De la amnistía a la memoria histórica* (Barcelona: Atelier, 2009)
Giménez Martínez, Miguel Ángel, "El Consejo Nacional del Movimiento: la 'cámara de las ideas' del franquismo," *Investigaciones Históricas*, 35 (2015)
Giner, Salvador, "Political economy, legitimation and the State in Southern Europe," R. Hudson and J. Lewis (eds.), *Uneven development in Southern Europe* (London and New York: Methuen, 1985)
Godicheau, François, "La represión y la guerra civil española. Memoria y tratamiento histórico," *ProHistoria*, 5(5) (2001)

Gómez Bravo, Gutmaro, "Ley de Memoria Democrática. Una aproximación histórica," *Foro, Nueva época*, vol. 25, núm. 1 (2022)

Gómez Isa, Felipe, "Retos de la justicia transicional en contextos no transicionales: el caso español," Santiago Ripol y Carlos Villán (eds.), *Justicia de transición: el caso de España* (Barcelona: Institut Català Internacional per la Pau, 2012)

Gómez Isa, Felipe, "El derecho de las víctimas a la reparación por violaciones graves y sistemáticas de los Derechos Humanos," Felipe Gómez Isa (dir.), *El derecho a la memoria* (Zarautz: Alberdania, 2006)

Gómez Moreno, Francisco, *La resistencia armada contra Franco. Tragedia del maquis y la guerrilla* (Barcelona: Crítica, 2001)

Gómez Oliver, Miguel, "El Movimiento Estudiantil español durante el Franquismo (1965-1975)," *Revista Crítica de Ciências Sociais*, 81 (2008)

Gómez Rosa, Fidel, *UMD. Los militares olvidados por la Democracia* (Madrid: ViveLibro, 2013)

González Cueva, Pedro Carlos, *Acción Española. Teología política y nacionalismo autoritario en España (1913-1936)* (Madrid: Tecnos, 1998)

González Cueva, Pedro Carlos, *Historia de las derechas españolas. De la Ilustración a nuestros días* (Madrid: Biblioteca Nueva, 2000)

González, Felipe y Juan Luis Cebrián, *El futuro no es lo que era. Una conversación* (Madrid: Punto de Lectura, 2001)

Graham, Helen, "The Spanish Civil War, 1936-2003: The Return of Republican Memory," *Science and Society*, vol. 68 (2004)

Graham, Helen, "Spain Coming to Terms with the Past: Spain's Memory Wars," *History Today*, 54-5 (May 2004)

Harrison, Josep, *The Spanish Economy: From the Civil War to the European Community* (London: Macmillan Press, 1993)

Hebenstreit, María, *La Oposición al Franquismo en Puerto de Sagunto* (Valencia: Universidad de Valencia, 2014)

Heine, Hartmut, *La oposición política al franquismo. De 1939 a 1952* (Grijalbo: Crítica, 1983)

Hermet, Guy, *Los católicos en la España franquista.* Vol. 1. *Los actores del juego político* (Madrid: CSIC, 1985)

Hermida Revilla, Carlos, "La oposición revolucionaria al franquismo: el Partido Comunista de España (marxista-leninista) y el Frente Revolucionaria Antifascista y Patriótica," *Historia y Comunicación Social*, núm. 2 (1997)

Hernández de Miguel, Carlos, *Los campos de concentración de Franco: Sometimiento, torturas y muerte tras las alambradas* (Barcelona: Ediciones B, 2019)

Hills, George, *Rock of Contention. A History of Gibraltar* (London: Robert Hale, 1974)

Humlebaek, Carsten, "Usos políticos del pasado reciente durante los años de gobierno del PP," *Historia del Presente*, no. 3 (2004)

Huntington, Samuel P., *The Third Wave: Democratization in the Late Twentieth Century* (Norman: University of Oklahoma Press, 1991)

Iribarren, Jesús, *Documentos de la Conferencia Episcopal Española* (Madrid: Biblioteca de

Autores Cristianos, 1984)
Iturriaga, Nicole, *Exhuming violent histories* (New York: Columbia University Press, 2022)
Izquierdo Martín, Jesús y Pablo Sánchez León, *La guerra que nos han contado: 1936 y nosotros* (Madrid: Alianza Editorial, 2006)
Jackson, Gabriel, *The Spanish Republic and the Civil War* (Princeton, NJ: Princeton University Press, 1965)
Jerez Mir, Miguel, *Elites políticas y centros de extracción en España, 1938-1957* (Madrid, 1982)
Jiménez de la Cruz, Ángel I., *La depuración de los maestros en el franquismo: el caso de Toledo* (Toledo: Yelmo, 2003)
Jiménez-Díaz, José Francisco & Santiago Delgado-Fernández, "Introduction," José Francisco Jiménez-Díaz & Saniago Delgado-Fernández (eds.), *Political Leadership in the Spanish Transition to Democracy (1975-1982)* (New York, Hauppauge: Nova Science Publishers, 2016)
Juliá, Santos, *Un siglo de España. Política y sociedad* (Madrid: Marcial Pons, 1999)
Juliá, Santos, "Transiciones a la democracia en la España del siglo XX," *Sistema*, 84 (1988)
Juliá, Santos, "Bajo el imperio de la memoria," *Revista de Occidente*, n. 302-303 (2006)
Juliá, Santos, "En torno a los proyectos de transición y sus imprevistos resultados," Carmen Molinero (ed.), *La Transición, treinta años después* (Barcelona: Ediciones Península, 2006)
Juliá, Santos, "De 'guerra contra el invasor' a 'guerra fratricida'," Santos Juliá (coord.), *Víctimas de la guerra civil* (Madrid: Temas de Hoy, 2004)
Juliá, Santos, "Los nombres de la guerra," *Claves de Razón Práctica*, 16 (2006)
Juliá, Santos, "Memoria, historia y política en un pasado de guerra y dictadura," Santos Juliá (coord.), *Memoria de la guerra y del franquismo* (Madrid: Taurus, 2006)
Juliá, Santos (coord.), *Vítimas de la guerra civil* (Madrid: Temas de Hoy, 1999)
Juliana, Enric, *España en el diván. De la euforia a la desorientación, retrato de una década decisiva (2004-2014)* (Barcelona: RBA, 2014)
Justa Rodrigo, Mercedes, "¿《Memoria versus Justicia》? La 《recuperación de la memoria histórica》 en la España actual," *Amnis* (febrero, 2011)
Labanyi, Jo, "Memory and Modernity in Democratic Spain: The Difficulty of Coming to Terms with the Spanish Civil War," *Poetics Today*, 28(1) (2007)
La Cierva, Ricardo de, *Hendaya: Punto final* (Barcelona, 1981)
La Cierva, Ricardo de, "La trayectoria de la Falange hasta la unificación de 1937," Vicente Palacio Atard y otros, *Aproximación histórica a la guerra española (1936-1939)* (Madrid, 1970)
La Cierva, Ricardo de, *El 18 de julio no fue un golpe militar fascista. No existía la legalidad republicana. Deformación y violación sistemática de la memoria histórica de los españoles. Todas las pruebas* (Getafe: Fénix, 2000)
La Cierva, Ricardo de, "El 18 de julio, un plebiscito armado de media nación" (www.ctv.es/USERS/fnff/18julio.htm)
Lanero, Mónica, *Una milicia de la Justicia: la política judicial del franquismo, 1936-1945*

(Madrid: Centro de Estudios Constitucionales, 1996)

Limón Luque, Margarita, "El fin de la Historia en la Enseñanza Obligatoria," Pablo Sánchez León y Jesús Izquierdo Martín (eds.), *El fin de los historiadores. Pensar históricamente en el siglo XXI* (Madrid: Siglo XXI, 2008)

Linz, Juan J., "An Authoritarian Regime: Spain," Erik Allardt and Yrjö Littunen (eds.), *Cleavages, Ideologies and Party System. Contributions to Comparative Political Sociology* (Helsinki: Westermarck Society, 1964)

Linz, Juan J., "Una teoría del régimen autoritario: el caso de España," Manuel Fraga Iribarne, Juan Velarde Fuentes y Salustiano del Campo, *El Estado y la política: La España de los años setenta*, vol. III (Madrid: Editorial Moneda y Crédito, 1974)

Linz, Juan J., "From Falange to Movimiento-Organización," Samuel P. Huntington and C. H. Moore (ed.), *Authoritarian Politics in Modern Society* (New York, 1970)

Linz, Juan J., "Innovative leadership in the transition to democracy and a New democracy: the case of Spain," Gabriel Sheffer (ed.), *Innovative Leaders in International Politics* (New York: State University of New York Press, 1993)

Linz, Juan J. (et. al.), *Informe sociológico sobre el cambio político en España 1975-1981* (Madrid: Euramérica, 1981)

Linz, Juan J. & Alfred Stepan, *Problems of Democratic Transition and Consolidation* (Baltimore: The Johns Hopkins University Press, 1996)

Linz, Juan J., Francisco Andrés Orizo, Manuel Gómez-Reino y Darío Vila, *Informe sociológico sobre el cambio político en España* (Madrid: Euramérica, 1982)

Lisi, Marco, "Party innovation, hybridization and the crisis: the case of Podemos," *Italian Political Science Review*, vol. 49, issue 3 (November 2019)

Lizcano, Pablo, *La generación del 56. La Universidad contra Franco* (Barcelona: Grijalbo, 1981)

Lorenzo Rubio, César, "La máquina represiva: la tortura en el franquismo," Pedro Oliver Olmo (ed.), *La tortura en la España contemporánea* (Madrid: Los Libros de la Catarata, 2020)

Lucas Verdú, Pablo, *La octava ley fundamental* (Madrid: Tecnos, D. L., 1976)

Machado, Ximena, "Las tensiones entre el 'aperturismo' y el 'inmovilismo' franquistas. El caso Grimau," *Historia del Presente*, 22 (2013)

Mainer, José Carlos, *Falange y literatura* (Barcelona: Labor, 1971)

Maluquer de Motes, Jordi, "La incidencia de la Gran Depresióny de la Guerra Civil en la población de España (1931-1940): una nueva interpretación," *Revista de Demografía Histórica*, vol. 25, núm. 2 (2007)

Maravall, José María y Julián Santamaría, "Transición política y consolidación de la democracia en España," José Felix Tezanos, Ramón Cotarelo y Andrés de Blas (eds.), *La Transición Democrática Española* (Madrid: Editorial Sistema, 1993)

Marchán Fiz, Simón, "El Valle de los Caídos como monumento del Nacionalcatolicismo," *Guadalimar*, núm. 19 (1977)

Marco, Jorge, *Guerrilleros y vecinos en armas. Identidades y culturas de la resistencia antifranquista* (Granada: Comares, 2012)

Marín, José María, Carme Molinero, Pere Ysàs, *Historia política de España, 1939-2000* (Madrid: Istmo, D. L., 2001)
Marín Silvestre, Dolors, *Clandestinos. El maquis contra el franquismo* (Barcelona: Plaza & Janés, 2002)
Márquez, Carlos José, *Cómo se ha escrito la Guerra Civil española* (Madrid: Lengua de Trapo, 2006)
Márquez Reviriego, Víctor, *Diálogos españoles* (Barcelona: Editorial Argos Vergara, 1982)
Marquina, Antonio, *La diplomacia vaticana y la España de Franco* (Madrid: CSIC, 1982)
Martí Ferrándiz, José J., *Poder político y educación. El control de la enseñanza (España, 1936-1975)* (Valencia: Publicacions de la Universitat de València, 2002)
Martínez Alier, Joan, "Notas sobre el franquismo," *Papers: revista de sociología*, 8 (1978)
Martínez Cuadrado, Miguel, *El sistema político español (1975-1979) y el comportamiento electoral regional en el sur de Europa (1976-1980)* (Madrid: Instituto de Cooperación Internacional, 1980)
Martínez, Jesús A., *Historia de España. Siglo XX (1939-1996)* (Madrid: Cátedra, 1998)
Martínez Matute, Marta, "La evolución del sistema de negociación colectiva en España: Una panorámica general," *Temas Laborales*, núm. 123 (2014)
Mateos, Abdón, *La batalla de México. Final de la Guerra Civil y la ayuda a los refugiados, 1939-1945* (Madrid: Alianza, 2009)
Mateos, Abdón y Álvaro Soto, *El final del franquismo, 1959-1975. La transformación de la sociedad española* (Madrid: Historia 16-Temas de Hoy, 1997)
Mayordomo, Alejandro, "Iglesia y Estado en la política educativa del franquismo," Javier Vergara Ciordia, coord., *Estudios sobre la secularización docente en España* (Madrid: UNED, 1997)
Medir Tejado, Lluis, "La ley de memoria histórica," *Escuela Normal Superior de Lyon* (7 de abril de 2009)
Mesa, Roberto (ed.), *Jaraneros y alborotadores: documentos sobre los sucesos estudiantiles de febrero de 1956 en la Universidad Complutense de Madrid* (Madrid: Editorial de la Universidad Complutense, 1982)
Miguel, Amando de, *Sociología del franquismo. Análisis ideológico de los maestros del régimen* (Barcelona: Euros, 1975)
Miralles, Ricardo, "Una visión historiográfica: La dictadura franquista según Manuel Tuñón de Lara," José Luis de la Granja, Alberto Reig Tapia y Ricardo Miralles (eds.), *Tuñón de Lara y la historiografía española* (Madrid: Siglo XXI, 1999)
Miranda Rubio, Francisco, "Los procuradores de representación familiar en la novena legislatura franquista (1967-1971)," *Príncipe Viana*, núm. 203 (1994)
Moa, Pío, *Los mitos de la guerra civil* (Madrid: La Esfera de los Libros S. A., 2003)
Moa, Pío, "¿Condena usted el franquismo?," *Libertad Digital* (30 de noviembre de 2007)
Molinero, Carme, *La captación de las masas: política social y propaganda en el régimen franquista* (Madrid: Cátedra, 2005)
Molinero, Carme, "Crónica sentimental y falsa memoria del franquismo," *Historia del*

Presente, 1 (2002)
Molinero, Carme, Margarita Tintó Sala y Jaume Sobrequés (eds.), *Los campos de concentración y el mundo penitenciario en España durante la guerra civil y el franquismo* (Barcelona: Crítica, 2003)
Molinero, Carme y Pere Ysàs, *El régimen franquista. Feixisme, modernització i consens* (Vic: Eumo, 2003)
Molinero, Carme y Pere Ysàs, *La Transición. Historia y relatos* (Madrid: Siglo XXI, 2018)
Molinero, Carme y Pere Ysàs, *La anatomía del Franquismo* (Barcelona: Crítica, 2008)
Monedero, Juan Carlos, *La Transición contada a nuestros padres. Nocturno de la democracia española* (Madrid, Los Libros de la Catarata, 2013)
Montero, Feliciano y Joseba Louzao (ed.), *Catolicismo y franquismo en la España de los años cincuenta. Autocríticas y convergencias* (Granada: Editorial Comares, 2016)
Montoliú, Pedro, *Más que un desfile. Madrid en la posguerra, 1939-1946: los años de la represión* (Madrid: Sílex, 2005)
Moradiellos, Enrique, *La España de Franco (1939-1975). Política y Sociedad* (Madrid: Editorial Síntesis, 2000)
Moradiellos, Enrique, "Revisión histórica crítica y pseudo-revisionismo político presentida: El caso de la Guerra Civil española," (Documento de Trabajo 2009/4, Depto. de Hª del Pensamiento y de los Movimientos Sociales y Políticos, UCM Fundación José Ortega y Gasset)
Moradiellos, Enrique, "La Conferencia de Potsdam de 1945 y el problema español," Javier Tusell y Rosa María Pardo Sanz (coord.), *La Política exterior de España en el siglo XX* (Madrid: UNED, 1997)
Moral, Féliz, *Veinticinco años después. La memoria del franquismo y de la transición a la democracia en los españoles del año 2000* (Madrid: Centro de Investigaciones Sociológicas, 2001)
Morán, Gregorio, *Adolfo Suárez: historia de una ambición* (Barcelona: Planeta, 1979)
Morán, Gregorio, *Adolfo Suárez: ambición y destino* (Random House Mondadori, 2009)
Moreno Fonseret, Roque, "Movimientos interiores y racionamiento alimenticio en la posguerra española," *Investigaciones Geográficas*, nº 11 (1993)
Moreno Juliá, Xavier, *La División Azul –sangre española en Rusia* (Barcelona: Ed. Crítica, 2005)
Moreno Tello, Santiago y José J. Rodríguez Moreno, *Marginados, disidentes y olvidados en la historia* (Cádiz: Servicio Publicaciones UCA, 2009)
Morente, Francisco, "Hijos de un Dios menor: la Falange después de José Antonio," Ferran Gallego y Francisco Morente (eds.), *Fascismo en España: ensayos sobre los orígenes sociales y culturales del franquismo* (Barcelona: El Viejo Topo, 2005)
Morente Valero, Francisco, *La escuela y el Estado Nuevo. La depuración del magisterio nacional (1936-1943)* (Valladolid: Ámbito, 1997)
Morente Valero, Francisco, "La depuración franquista del magisterio público. Un estado de la cuestión," *Hispania. Revista Española de Historia*, LXI/208 (2001)
Morodo, Raúl, *La transición política* (Madrid: Tecnos, 1984)

Muniesa, Bernat, *Dictadura y Transición. La España lampedusiana*. II. *La monarquía parlamentaria* (Barcelona: Publicacions i Edicions de La Universitat de Barcelona, 2005)

Muñoz Soro, Javier, "Entre la memoria y la reconciliación. El recuerdo de la República y la guerra en la generación de 1968," *Historia del Presente*, 2 (2003)

Murelaga Ibarra, Jon, "Historia contextualizada de la radio española del franquismo (1940-1960)," *Historia y comunicación social*, nº 14 (2009)

Naciones Unidas, "El Estado de derecho y la justicia de transición en las sociedades que sufren o han sufrido conflictos," *Informe del Secretario General* (UN Doc S/2004/616) (2004)

Navarro Sandalinas, Ramón, *La enseñanza primaria durante el franquismo (1936-1975)* (Barcelona: PPU, 1990)

Navarro, Vicenç, "La Transición española no fue modélica,' *Público* (25 de octubre de 2018)

Núñez Seixas, Xosé Manoel, "La 'Cruzada europea contral el bolchevismo': Mito y realidad," *Cuadernos de Historia Contemporánea*, 34 (2012)

Núñez Seixas, Xosé Manoel, "Evolución sociopolítica," Xosé M. Núñez Seixas (ed), *España en democracia, 1975-2011* (Madrid: Marcial Pons, 2017)

Núñez Seixas, Xosé Manoel (coord.), *España en democracia, 1975-2011* (Barcelona: Editorial Crítica, 2017)

Oliver Olmo, Pedro (ed.), *La tortura en la España contemporánea* (Madrid: Los Libros de la Catarata, 2020)

Oltra, Benjamín y Amando de Miguel, "Bonapartismo y catolicismo. Una hipótesis sobre los orígenes ideológicos del franquismo," *Papers: Revista de Sociología*, 8 (1978)

Orella, José Luis, *La formación del Estado nacional durante la Guerra Civil española* (Madrid: Actas, 2001)

Ortiz Heras, Manuel, "Historiografía de la transición," *La transición a la democracia en España. Historia y fuentes documentales* (Guadalajara: Cuadernos de Archivos y Biblioteca de Castilla-La Mancha, 2004)

Ortuño Anaya, Pilar, *Los socialistas europeos y la transición española (1959-1977)* (Madrid: Marcial Pons, 2005)

Oviedo Silva, Daniel, "Violencia masiva y tortura en la guerra civil," Pedro Oliver Olmo (ed.), *La tortura en la España contemporánea* (Madrid: Los Libros de la Catarata, 2020)

Palacio Atard, Vicente, *Juan Carlos I y el advenimiento de la Democracia* (Madrid: Espasa Libros, Colección Austral, 1989)

Pando Ballesteros, M. P., "La denuncia de la corrupción en el franquismo: 'El caso Matesa'," *Cuadernos para el Diálogo*, vol. 10, núm. 18 (2019)

Payero López, Lucia, "Justicia de transición en España: claves para aprobar una asignatura pendient," *Revista de Paz y Conflictos*, Vol. 9, Nº 1 (2016)

Payne, Stanley G., *Politics and the Military in Modern Spain* (Stanford, 1967)

Payne, Stanley G., *Falange. A History of Spanish Fascism* (Stanford, 1961)

Payne, Stanley G., *The Franco Regime, 1936-1975* (Madison, Wisconsin: University of Wisconsin Press, 1987)
Payne, Stanley G., *Fascism: Comparison and Definition* (Madison: University of Wisconsin Press, 1980)
Payne, Stanley G., *El primer franquismo. Los años de la autarquía* (Madrid: Historia 16 – Temas de Hoy, 1997)
Payne, Stanley G., *Fascism in Spain, 1923-1977* (Madison: University of Wisconsin-Madison, 1999)
Payne, Stanley G., "1934: comienza la Guerra Civil," *FAES. Cuadernos de Pensamiento Político*, 5 (2005)
Payne, Stanley G., *El colapso de la República. Los orígenes de la Guerra Civil (1933-1936)* (Madrid: Esfera de los Libros, 2006)
Payne, Stanley G. and Jesús Palacios, *Franco: A Personal and Political Biography* (4th ed.) (Madison, Wisconsin: University of Wisconsin Press, 2014)
Peces-Barba, Gregorio, *La elaboración de la Constitución de 1978* (Madrid: Centro de Estudios Constitucionales, 1989)
Pecharromán, Julio Gil, *Conservadores subversivos. La derecha autoritaria alfonsina (1913-1936)* (Madrid: Eudema, 1994)
Pecharromán, Julio Gil, *Con permiso de la autoridad. La España de Franco (1939-1975)* (Madrid: Temas de Hoy, 2008)
Pedroño, José María, "Definición y objeto de la recuperación de la memoria histórica," *Leganés*, 2 de junio de 2005 (http://www.pce.es/foropolamemoria)
Pérez Álvarez, Pablo, "La Ley de Memoria Histórica es papel mojado," *Contexto y Acción*, núm. 13 (2015)
Pérez Ledesma, Manuel, "Una dictadura 'por la gracia de Dios'," *Historia Social*, 20 (1994)
Pérez Ledesma, Manuel (comp.), *Los riesgos para la democracia. Fascismo y neofascismo* (Madrid: Editorial Pablo Iglesias, 1997)
Pérez Puente, Leticia y Enrique González González (coord.), *Permanencia y Cambio II. Universidades hispánicas, 1551-2001* (México, D. F.: UNAM, 2006)
Pizarroso Quintero, Alejandro, *Diplomáticos, propagandistas y espías* (Madrid: CSIC, 2009)
Pla, José, *Historia de la Segunda República española*, IV (Barcelona, 1940)
Pons Prades, Eduard, *Guerrillas españolas (1936-1960)* (Barcelona: Editorial Planeta, 1972)
Powell, Charles T., *El piloto del cambio: El rey, la monarquía y la transición a la democracia* (Barcelona: Planeta, 1991)
Powell, Charles T., *España en democracia, 1975-2000* (Barcelona: Plaza & Janés, 2002)
Prego, Victoria, *Así se hizo la Transición* (Barcelona: Plaza & Janés, 1995)
Preston, Paul, *Franco. Caudillo de España* (Barcelona: Círculo de Lectores, 1994)
Preston, Paul, *Franco: Caudillo de España* (Barcelona: Debolsillo, 2004)
Preston, Paul, *El triunfo de la democracia en España* (Barcelona: Grijalbo Mondadori, 2001)
Preston, Paul, *Un pueblo traicionado* (Barcelona: Debate, 2019)
Preston, Paul, *The Spanish Holocaust: Inquisition and Extermination in Twentieth-Century*

Spain (W. W. Norton & Company, 2013)

Preston, Paul, "The Theorists of Extermination," Carlos Jerez and Samuel Amago (eds.), *Unearthing Franco's Legacy: Mass Graves and the Recovery of Historical Memory in Spain* (University of Notre Dame Press, 2010)

Preston, Paul, *Juan Carlos, el rey de un pueblo*, vol. III (Hospitalet: ABC, S. L., 2004)

Przeworski, Adam, *Democracia y Mercado: Reformas políticas y económicas en la Europa del Éste y América Latina* (Cambridge University Press, 1991)

Puelles Benítez, Manuel de, "Oscilaciones de la polítuca educativa en los últimos cincuenta años: Reflexiones sobre la orientación política de la educación," *Revista Española de Pedagogía*, núm. 192 (1992)

Raguer, Hilari, "El nacionalcatolicismo," Ángel Viñas (ed.), *En el combate por la historia. La República, la guerra civil, el franquismo* (Barcelona: Pasado y Presente, 2012)

Rallo Lombarte, Artemi, "Memoria democrática y Constitución," *Teoría y Realidad Constitucional*, n.° 51 (2023)

Ramírez Jiménez, Manuel, *España 1939-1975* (Madrid: Guadarrama, 1978)

Ramírez Jiménez, Manuel, "Hace setenta años: El régimen político y su mentalidad," *Cuadernos de Pensamiento Político*, núm. 22 (2009)

Ramón Resina, Joan, *Disremembering the Dictatorship: The politics of memory in the Spanish transition to democracy* (Atlanta, GA: Rodopi, 2000)

Reig Tapia, Alberto, *Memoria de la guerra civil: Los mitos de la tribu* (Madrid: Alianza, 1999)

Reig Tapia, Alberto, *Anti-Moa* (Barcelona: Ediciones B, 2006)

Reig Tapia, Alberto, *Anti-Moa; Revisionismo y política. Pío Moa revisitado* (Madrid: Foca, 2008)

Reig Tapia, Alberto, *Ideología e Historia. Sobre la represión franquista y la Guerra Civil* (Madrid: Akal, 1984 y 1986)

Reig Tapia, Alberto, *Violencia y Terror. Estudios sobre la Guerra Civil española* (Madrid: Akal, 1990)

Reig Tapia, Alberto, *Franco "Caudillo": mito y realidad* (Madrid: Tecnos, 1995 y 1996)

Reig Tapia, Alberto, *Franco, el César Superlativo* (Madrid: Tecnos, 2005)

Reig Tapia, Alberto, *La cruzada de 1936. Mito y memoria* (Madrid: Alianza, 2006)

Reviriego, Márquez, "Los testigos del proceso constituyente," VV.AA., *10 años de constitución española* (Zaragoza: Asociación de la Prensa, 1988)

Richards, Michael, "Between Memory and History: Social Relationships and Ways of Remembering the Spanish Civil War," *International Journal of Iberian Studies*, vol. 19, no. 1 (2006)

Richards, Michael, "El régimen de Franco y la política de memoria de la guerra civil española," Julio Aróstegui y François Godicheau, eds., *Guerra Civil. Mito y memoria* (Madrid: Marcial Pons, 2006)

Ridruejo, Dionisio, *Escrito en España* (Buenos Aires, 1964)

Ripol Carulla, Santiago, "La justicia de transición: concepto y práctica española (selección de bibliografía y documentación)," *Historiografía*, 8 (Julio-Diciembre, 2014)

Riquer, Borja de, *La dictadura de Franco*, Vol. 9 de la *Historia de España*, dirigida por Josep Fontana y Ramón Villares (Barcelona: Crítica/Marcial Pons, 2010)

Riquer, Borja de y Joan Bta. Culla Clarà, *El franquisme i la transició democràtica. 1939-1988*, VII Història de Catalunya, dirigida por Pierre Vilar (Edicions 62, 1989)

Río Sánchez, Ángel del, "Fosas de la represión franquista: del ocultamiento a la patrimonialización," Jordi Guixé, Jesús Alonso Carballés y Ricard Conesa (eds.), *Diez años de leyes y políticas de memoria (2007-2017)* (Madrid: Los Libros de la Catarata, 2019)

Rodrigo, Javier, "Internamiento y trabajo forzoso: los campos de concentración de Franco," *Hispania Nova: Revista de Historia Contemporánea*, 6 (2006)

Rodrigo, Javier, "La Guerra Civil: 'memoria', 'olvido', 'recuperación' e instrumentación," *Hispania Nova*, no. 6 (2006)

Rodrigo, Javier, "Los mitos de la derecha historiográfica. Sobre la memoria de la Guerra Civil y el revisionismo a la española," *Historia del Presente*, No. 3 (2004)

Rodríguez Jimémez, José Luis, *Historia de Falange Española de las JONS* (Madrid: Alianza, 2000)

Rodríguez Jiménez, José Luis, *La extrema derecha española en el siglo XX* (Madrid: Alianza Editorial, 1997)

Rodríguez Jiménez, José Luis, *Reaccionarios y golpistas. La extrema derecha en España: del tardofranquismo a la consolidación de la democracia (1967-1982)* (Madrid: CSIC, 1994)

Rodríguez Tejada, Sergio, *Zonas de libertad (vol. 1): Dictadura franquista y movimiento estudiantil en la Universidad de Valencia (1939-1965)* (Valencia: Universidad de Valencia, 2011)

Romero, Luis, *Por qué y cómo mataron a Calvo Sotelo* (Barcelona, 1982)

Rosés, Joan R., "Las consecuencias macroeconómicas de la Guerra Civil," Francisco Comín (coord.), *Economía y economistas españoles en la Guerra Civil*, vol. II (Barcelona: Galaxia Gutenberg, 2008)

Rubio, Javier, *La emigración de la guerra civil de 1936-1939* (Madrid: San Martin, 1977)

Rubio Jiménez, Mariano, "El Plan de Estabilización de 1959," *Moneda y Crédito*, 105 (1968)

Ruiz, David, *La España democrática (1975-2000). Política y sociedad* (Madrid: Síntesis, 2002)

Ruiz García, María Isabel, "Adolfo Suárez y la ley de reforma política," Javier Tusell (dir.), *Historia de la transición y consolidación democrática en España (1975-1986)*, I (Madrid: UNED, 1995)

Ruiz Giménez, Joaquín, "Entre el dolor y la esperanza," *Alcalá*, 23-24 (enero de 1953)

Ruiz Giménez, Joaquín, *El camino hacia la democracia: Escritos en 'Cuadernos para el Diálogo' (1963-1976)* (Madrid: Centro de Estudios Constitucionales, 1985)

Ruiz Torres, Pedro, "Los discursos de la memoria histórica en España," *Hispania Nova*, núm. 7 (2007)

Sánchez-Cuenca, Ignacio, "A vueltas con la Transición," *elDiario.es* (24 de marzo de 2014)

Sánchez León, Pablo, "La objetividad como ortodoxia," Julio Aróstegui y François Godicheu, ed., *Guerra Civil: mito y memoria* (Madrid: Marcial Pons, 2006)

Sánchez-Moreno, Manuel, "Las políticas de memoria democrática en España: entre la impunidad y las obligaciones internacionales," *Cuadernos de Gobierno y Administración Pública*, 7-1 (2020)

Sánchez Recio, Glicerio, "El sindicato vertical como instrumento políticio y económico del régimen franquista," *Pasado y Memoria: Revista Historia Contemporánea*, n.1 (2002)

Sánchez Recio, Glicerio, "Inmovilismo político y cambio social en los años sesenta," *Historia Contemporánea*, 26 (2003)

Santa Cruz, Manuel de, *Apuntes y documentos para la historia del tradicionalismo español*, tomo 5 (Madrid: Gráficas Gonther, 1980)

Saz, Ismael, "Política en zona nacionalista: la configuración de un régimen," *Ayer*, 50 (2003)

Saz, Ismael, *Fascismo y franquismo* (Valencia: Publicacions de la Universitat de València, 2004)

Saz, Ismael, "Entre la hostilidad y el consentimiento: Valencia en la posguerra," Ismael Saz (ed.), *El franquismo en Valencia: formas de vida y actitudes sociales en la posguerra* (Valencia: Epísteme, 1999)

Scanlon, Geraldine M., *La polémica femenista en la España contemporánea (1868-1974)* (Madrid: Ediciones Akal, S. A., 1986)

Seco Serrano, Carlos, *Al correr de los días* (Madrid: Editorial Complutense, 1994)

Seco Serrano, Carlos, "La Corona en la Transición española," Javier Tusell y Álvaro Soto (eds.), *Historia de la transición 1975-1986* (Madrid: Alianza Editorial, 1996)

Segura, Santiago y Julio Merino, *Jaque al Rey. Los "enigmas" y las "incongruencias" del 23-F ... dos años después* (Barcelona: Planeta, 1983)

Serna Alonso, Justo, "Las iluminaciones de Pío Moa: el revisionismo antirrepublicano," *Pasajes: Revista de pensamiento contemporáneo*, No. 21 (2007)

Serrano Blanco, Laura, *La España actual. De la muerte de Franco a la consolidación de la democracia* (Madrid: Editorial ACTAS, 2002)

Serrano, Secundino, *Maquis. Historia de la guerrilla antifranquista* (Madrid: Temas de Hoy, 2001)

Sesma Landrín, Nicolás, "Un alineamiento para el Movimiento. Rodrigo Fernández-Carvajal y la redefinición del sistema político franquista," *Rúbrica Contemporánea*, vol.3, núm. 5 (2014)

Setién Martínez, Francisco José, "El FRAP entra en escena (mayo de 1973). Discursos, mensajes y opiniones en la prensa de la época," *Historia y Comunicación Social*, núm. 4 (1999)

Sevilla Guzmán, Eduardo y Salvador Giner, "Absolutismo despótico y dominación de clase: el caso de España," *Cuadernos de Ruedo Ibérico*, núms. 43-45 (1975)

Sevillano Calero, Francisco, "El revisionismo historiográfico, sobre el pasado reciente en España," *Pasado y Memoria. Revista de Historia Contemporánea*, 6 (2007)

Share, Donald y Scott Mainwaring, "Transiciones vía transacción: la democratización en Brasil y en España," *Revista de Estudios Políticos*, nº 49 (1986)
Silva, Emilio and Santiago Macías, *Las fosas de Franco* (Madrid: Temas de Hoy, 2003)
Sinova, Justino, *La censura de prensa durante el franquismo* (Barcelona: DeBolsillo, 2006)
Sola, Jorge & César Rendueles, "Podemos, the upheaval of Spanish politics and the challenge of populism," *Journal of Contemporary European Studies*, vol. 26, no. 1 (2018)
Solé i Sabaté, Josep M., *El franquisme a Catalunya* (Barcelona: Edicions 62, 2005-2007)
Solé i Sabaté, Josep M., *La repressió franquista a Catalunya, 1938-1953* (Barcelona: Edicions 62, 1983)
Sopeña Monsalve, Andrés, *El florido pensil. Memoria de la escuela nacionalcatólica* (Barcelona: Crítica, 1996)
Soto, Álvaro, *Transición y cambio en España 1975-1996* (Madrid: Alianza Editorial, 2005)
Soto Moya, Mercedes, "Derecho de opción a la nacionalidad española en la Ley 20/2022 de Memoria Democrática y su incidencia en la libre circulación de personas," *Revista Electrónica de Estudios Internacionales*, 46 (2023)
Southworth, Herbert R., *El mito de la cruzada de Franco* (Ruedo Ibérico, 1963)
Stradling, Rob, "Moaist Revolution and the Spanish Civil War: 'Revisionist' History and Historical Politics," *English Historical Review*, Vol. 122 (2007)
Suárez Fernández, Luis, *Franco* (Barcelona: Ariel, 2005)
Suárez Fernández, Luis, *Franco. Crónica de un tiempo.* VI. *Los caminos de la instauración. Desde 1967 a 1975* (Madrid: Actas, 2007)
Suárez Fernández, Luis, *Franco. Los años decisivos, 1931-1945* (Barcelona: Ariel, 2011)
Suárez-Íñiguez, Enrique, "La transición a la democracia en Españ: Adolfo Suárez y la ruptura pactada," *Estudios Políticos*, núm. 23 (2011)
Subirats, Marina, "La mujer domada," *Cuadernos de Pedagogía*, Suplemento nº 3 (1976)
Sueiro, Daniel, *El Valle de los Caídos: los secretos de la cripta franquista* (Barcelona: Argos Vergara, 1983)
Sullivan, Colleen, "First of October Antifascist Resistance Group," Gus Martin (ed.), *The SAGE Encyclopedia of Terrorism* (SAGE Publications, 2011)
Sullivan, John L., *ETA and Basque Nationalism* (New York: Routledge, 2015)
Tamames, Ramón, "Los movimientos migratorios de la población española durante el período 1951-1960," Separata de la *Revista de Economía Política*, Madrid (1962)
Tamarit Sumalla, Josep, *Historical memory and criminal justice in Spain: a case of late transitional justice* (Intersentia NV, 2013)
Tamarit Sumalla, Josep, "Memoria histórica y justicia transicional en España: el tiempo como actor de la justicia penal," *Anuario Iberoamericano de Derecho Internacional Penal*, vol. 2 (2014)
Tébar Hurtado, Javier y Andrea Tappi, "La Transición política española: ¿un modelo exitoso?," *The Conversation*, 7 mayo, 2025.
Téllez Molina, Antonio, "España y la Segunda Guerra Mundial. Los informes reservados de

Carrero," *Mélanges de la Casa de Velázquez*, 29-3 (1993)
Tello, José Ángel, *Ideología y política de la Iglesia católica española, 1936-1959* (Zaragoza: Universidad de Zaragoza, 1984)
Thomàs, Joan Maria, *Lo que fue la Falange* (Barcelona: Plaza & Janés, 1999)
Thomàs, Joan Maria, *Los fascismos españoles* (Barcelona: Ariel, 2019)
Traverso, Enzo, *El pasado, instrucciones de uso. Historia, memoria, política* (Madrid: Marcial Pons, 2007)
Treglia, Emanuele, "El PCE y la huelga general (1958-1967)," *Espacio, Tiempo y Forma, Serie V. Historia Contemporánea*, Tomo 20 (2008)
Tuñón de Lara, Manuel, "Algunas propuestas para el análisis del franquismo," Manuel Tuñón de Lara, *Ideología y sociedad en la España contemporánea. Por un análisis del franquismo* (Madrid: Cuadernos para el Diálogo, 1977)
Tusell, Javier, *Dictadura Franquista y Democracia, 1939-2004* (Barcelona: Crítica, 2005)
Tusell, Javier, *Las elecciones del Frente Popular*, II (Madrid, 1972)
Tusell, Javier, *La dictadura de Franco* (Madrid: Alianza Editorial, 1988)
Tusell, Javier, *Franco en la guerra civil* (Barcelona: Tusquets, 1992)
Tusell, Javier, *Historia de España en el siglo XX*. vol. III (Madrid: Ed. Taurus, 1999)
Tusell, Javier, "La dictadura de Franco a los cien años de su muerte," Juan Pablo Fusi (ed.), *La historia en el 92* (Madrid: Ayer, 1993)
Tusell, Javier, *Carrero Blanco. La eminencia gris del régimen de Franco* (Madrid: Temas de Hoy, 1993)
Tusell, Javier, *La transición española. La recuperación de las libertades* (Madrid: Historia 16-Temas de Hoy, 1997)
Tusell, Javier y Genoveva García Queipo de Llano, *Franco y Mussolini. La política española durante la Segunda Guerra Mundial* (Barcelona: Planeta, 1985)
Ugarte, Javier, "¿Legado de Franquismo? Tiempo de contar," Carme Molinero (ed.), *La Transición, treinta años después* (Barcelona: Península, 2006)
Valls, Rafael, "Ideología franquista y enseñanza de la historia en España, 1938-1953," Josep Fontana (ed.), *España bajo el franquismo* (Barcelona: Crítica, 1986)
Varela, Manuel, "El Plan de Estabilización: elaboración, contenidos y efectos," Enrique Fuentes Quintana (dir.), *Economía y economistas españoles*. vol. 8. *La economía como profesión* (Barcelona: Galaxia Gutenberg, 2004)
Vázquez de Prada, Mercedes, "El nuevo rumbo político del carlismo hacia la colaboración con el régimen (1955-56)," *Hispania*, vol. 69 (2009)
Vázquez Montalbán, Manuel, *Mis almuerzos con gente inquietante* (Barcelona: Planeta, 1985)
Vidal, César, "¿Cuál fue la causa del escándalo Matesa?," *Libertad Digital* (16 de mayo de 2003)
Vidal, César, *Checas de Madrid. Las cárceles republicanas al descubierto* (Barcelona: Belacqua/Carragio, 2003)
Vidal, César, *Paracuellos-Katyn: un ensayo sobre el genecidio de la izquierda* (Madrid:

Libros Libres, 2005)
Vilanova, Francesc, "Did Catalonia endure a (cultural) genocide?", *Journal of Catalan Intellectual History*, 1(11) (2018)
Vilanova, Francesc, "Luis de Galinsoga i els seus amics: cinc anys commemorant la liberación de Barcelona, 1940-1944," *Franquisme & Transició*, I (Barcelona: Fundació Carles Pi i Sunyer, Centre d'Estudis sobre les Èpoques Franquista i Democràtica, 2013)
Viñas, Ángel, *Sobornos. De cómo Churchill y March compraron a los generales de Franco* (Barcelona: Crítica, 2016)
VV.AA., *Exilio* (Madrid: Edición Fundación Pablo Iglesias, 2002)
VV.AA., *Historia del Franquismo. Franco, su régimen y la oposición* (Madrid: Información y Prensa, 1985)
VV.AA., *Ley de Principios del Movimiento Nacional* (Cádiz: Librería Raimundo, 2006)
Wert Ortega, José Ignacio, "The Transition from Below: Public Opinion Among the Spanish Population from 1977-1979," Howard R. Penniman and Eusebio M. Mujal-León, *Spain at the Polls* (Durham, NC: Duke University Press, 1985)
Wigg, Richard, *Churchill y Franco. La política británica de apaciguamiento y la supervivencia del régimen, 1940-1945* (Barcelona: Debate, 2005)
Wilde, Alexander, "Irruptions of Memory: Expressive Politics in Chile's Transition to Democracy," *Journal of Latin American Studies*, vol. 31 (1999)
Wilson, Richard J., "Prosecuting Pinochet: International Crimes in Spanish Domestic Law," *Human Rights Quarterly*, vol. 21 (1999)
Hwangbo Yeongjo, "The Political Uses of History of the Franco Regime and the Park Regime," *Comparativ*, 24-5 (2014)
Ysàs, Pere, "El movimiento obrero durante el franquismo. De la resistencia a la movilización (1940-1975)," *Cuadernos de Historia Contemporánea*, vol. 30 (2008)
Ysàs, Pere, "El Consejo Nacional del Movimiento en el franquismo tardío," Miguel Ángel Ruiz Carnicer (coord.), *Falange, las culturas políticas del fascismo en la España de Franco (1936-1975)*, vol. 1 (Zaragoza: Instituto 'Fernando el Católico', 2013)

김원중, 「'망각 협정'과 스페인의 과거청산」, 『역사학보』, 제185집 (2005)
김원중, 「역사기억법(2007)과 스페인의 과거사 청산 노력에 대하여」, 『이베로아메리카연구』, 21호 (2010)
노라, 피에르 외 지음, 김인중 외 옮김, 『기억의 장소』, 1~5 (나남출판사, 2010)
린츠, 후안 & 알프레드 스테판 지음, 김유남 외 옮김, 『민주화의 이론과 사례: 이상과 현실의 갈등』 (삼영사, 1999)
비버, 앤터니, 김원중 옮김, 『스페인 내전』 (교양인, 2009)
임호준, 「위기의 남성들: 내전의 트라우마와 '새로운 스페인 영화'」, 『이베로아메리카연구』, 제12집 (2001)
황보영조, 『토지와 자유』 (삼천리, 2020)
황보영조, 『토지, 정치, 전쟁』 (삼천리, 2014)

황보영조, 『기억의 정치와 역사』 (역락, 2017)
황보영조, 「스페인 내전의 전쟁 이념 분석」, 『이베로아메리카연구』, 12 (2001. 12.)
황보영조, 「프랑코 체제와 대중」, 『역사학보』, 제182집 (2004)
황보영조, 「프랑코 체제와 축구」, 『역사학연구』, 28 (2006. 11.)
황보영조, 「스페인 민주화와 아돌포 수아레스의 정치활동」, 『역사와 경계』, 61 (2006)
황보영조, 「프랑코 체제 전기 팔랑헤당 여성단의 정체성 문제」, 『지중해지역연구』, 제9권 제2호 (2007. 10.)
황보영조, 「프랑코주의 건축물에 나타난 모더니즘」, 『지중해지역연구』, 제10권, 제4호 (2008)
황보영조, 「현대사의 증인 마누엘 투뇬 델 라라」, 『역사비평』, 87 (2009)
황보영조, 「프랑코 정권의 기억 만들기와 그 기억의 변화」, 『역사학연구』, 39 (2010)
황보영조, 「프랑코의 집권 과정을 통해 본 프랑코 정권의 성격」, 『서양사연구』, 제45집 별책 (2011. 11.)
황보영조, 「에스파냐 인민전선의 성립과정」, 『서양사론』, 제109호 (2011. 6.)
황보영조, 「1960년대 에따 내부의 이념 투쟁: 민족 대 계급」, 『이베로아메리카연구』, vol. 23, no. 2 (2012)
황보영조, 「프랑코 정권 초기의 교육 정책」, 『대구사학』, 111 (2013. 5.)
황보영조, 「스페인의 과거사 논쟁」, 안병직 외, 『세계 각국의 역사 논쟁: 갈등과 조정』 (대한민국역사박물관, 2014)
황보영조, 「스페인 현대사에 관한 수정주의 해석과 그 등장 배경」, 『역사교육논집』 제58집 (2016. 2.)
황보영조, 「공화 진영 에스파냐인 망명사 연구의 주요 흐름」, 『대구사학』, 153 (2023. 11.)
황보영조, 「공화 진영 에스파냐인들의 멕시코 망명에 관한 지배 담론과 실제」, 『동서인문』, 23 (2023. 12.)
황보영조, 「전환기의 정의와 민주기억법」, 『동서인문』, 29 (2025. 12.)
황보영조, 「스페인 포데모스와 바르셀로나엔코무」, 사단법인 복지국가소사이어티, 지역정당네트워크, 직접민주마을자치전국민회, 『주민에게 허하라! 지역정당』 (쇠뜨기, 2023)

찾아보기

ㄱ

ㄴ

ㄷ

ㄹ

ㅁ

ㅂ

ㅅ

ㅇ

ㅈ

ㅊ

ㅋ

ㅌ

ㅎ

C

F

숫자